पाश्चात्य काव्य-चिंतन

आभिजात्यवाद से उत्तर-आधुनिकतावाद तक

डॉ. करुणाशंकर उपाध्याय

राधाकृष्ण प्रकाशन

ISBN : 978-81-8361-541-9

पाश्चात्य काव्य-चिंतन

पहला संस्करण : 2003
पाँचवाँ संस्करण : 2021

मूल्य : ₹795

प्रकाशक
राधाकृष्ण प्रकाशन प्राइवेट लिमिटेड
जी-17, जगतपुरी, दिल्ली-110 051

शाखाएँ : अशोक राजपथ, साइंस कॉलेज के सामने, पटना-800 006
पहली मंजिल, दरबारी बिल्डिंग, महात्मा गांधी मार्ग, प्रयागराज-211 001
36-ए, शेक्सपियर सरणी, कोलकाता-700 017

वेबसाइट : www.radhakrishnaprakashan.com
ई-मेल : info@radhakrishnaprakashan.com

मुद्रक
बी.के. ऑफसेट
नवीन शाहदरा, दिल्ली-110 032

PASHCHATYA KAVYA-CHINTAN
Abhijatyavad Se Uttar-Adhuniktavad Tak
by Dr. Karunashankar Upadhyay

श्रद्धेय गुरुवर
डॉ. चन्द्रकांत बांदिवडेकर
प्रेरणास्रोत
श्रीयुत् रामानंद तिवारी आई.ए.एस.
शिक्षाशास्त्री
श्रीमती शीला तिवारी
जीवन संगिनी मंजू
सुपुत्री श्रेया एवं वत्स
अभिनव

आमुख

काव्य मानव की प्राचीनतम उपलब्धियों में से एक है और ऐसा समझा जाता है कि मानव सर्वप्रथम जिस दिन कवि बना, उसी दिन वह भावक आलोचक भी बन बैठा। क्योंकि कवि स्वयं भी अपनी कविता का पर्यालोचन करता है। इस दृष्टि से वैदिक ऋषि ही विश्व के प्रथम कवि हैं और वे ही प्रथम भावक आलोचक भी। वैदिक ऋषि ने ही उस काव्य वाणी के सौंदर्य का अनुसंधान किया था जो कि सहृदय पाठक के सम्मुख अपने सौंदर्य को व्यक्त कर देती है। काव्य जब से श्रव्य अथवा दृश्य रूप में आया तभी से उसकी आलोचना भी प्रारम्भ हुई, क्योंकि सौंदर्य पर मुग्ध होना उसकी प्रशंसा करना, रमणीयता में आत्मविभोर होने की स्थिति का विश्लेषण करना आदि मानव-स्वभाव के अंग हैं। ऋग्वेद के मंत्र काव्य ही काव्य और काव्य-चिंतन के मूल उत्स हैं। ऋग्वेद, उपनिषद, निरूक्त, भागुरि के उपरांत महामुनि भरत के 'नाट्य-शास्त्र' में काव्य-चिंतन का उत्कृष्टतम रूप प्राप्त होता है। यह परंपरा संस्कृत के अनेक आचार्यों की चिंतनात्मकता से पोषण प्राप्त करते हुए पंडितराज जगन्नाथ एवं विश्वेश्वर पाण्डेय तक अनवरत पुरस्कृत परिपुष्ट हुई है। साथ ही, हिंदी आदि आधुनिक भारतीय भाषाओं में उसे विविधता एवं सम्पन्नता का विराट क्षितिज उपलब्ध हुआ है। आज भूमंडलीकरण तथा विश्वग्राम की प्रतिष्ठा के लक्ष्य से परिचालित वर्तमान युग में भारतीय और पाश्चात्य काव्य-चिंतनात्मकता की विविध सरणियों में परस्पर निर्भरता और समायोजन की आवश्यकता बहुत बढ़ गयी है। ऐसा करके ही साहित्यिक-विश्लेषण और मूल्यांकन के लिए विश्व-प्रतिमान निर्मित किये जा सकते हैं। इस दिशा में उच्चानुशीलन हेतु इन्हीं आशयों को समेटते हुए विवेच्य पुस्तक संकल्पित है जो पाश्चात्य काव्यांदोलन की प्रेरणाभूमियों, स्वरूपों, विशिष्टताओं, प्रभावों आदि का विशद विवेचन करते हुए उनमें निहित सार्वभौम-शाश्वत महत्व के बिंदुओं को रेखांकित करती है।

भारतीय काव्यशास्त्र की भाँति पाश्चात्य काव्य-चिंतन की भी एक सुदीर्घ, समृद्ध एवं विस्तीर्ण परंपरा है जिसके विकास में पाश्चात्य विचारकों एवं काव्यांदोलनों का महत्वपूर्ण योगदान रहा है। पाश्चात्य विचारकों तथा आलोचकों ने अत्यंत प्राचीन काल से काव्य तथा कलाकृतियों में निहित सौंदर्य-तत्व की विभिन्न दृष्टिकोणों से गहराई में जाकर छानबीन की है और काव्य-चिंतन के अनेक शिखर पार किये हैं। पाश्चात्य काव्यचिंतन के इस व्यापक फलक के निर्माण में विविध चिंतन सरणियों, विचारधाराओं, कवि स्वभाओं, संस्कारों एवं देशकाल की परिस्थितियों का भी उल्लेखनीय योगदान रहा है। इस समीक्षा का बीचवपन प्राचीन यूनान एवं रोम के अंतवर्ती प्रदेशों के उन भूभागों में हुआ, जहाँ से पाश्चात्य सभ्यता और संस्कृति, कलादर्शन और काव्य-मीमांसा, ज्ञान-विज्ञान और साहित्य तथा सामाजिक और आध्यात्मिक

जीवन मूल्यों की पावन गंगोत्री प्रस्तावित हुई थी। जिस प्रकार वाल्मीकि को भारतवर्ष का आदि कवि और रामायण को आदि काव्य की प्रतिष्ठा प्राप्त है उसी प्रकार यूरोप में होमर को प्रथम कवि और 'इलियड' तथा 'ओडिसी' नामक उनकी कृतियों को आदि काव्यों का गौरव प्राप्त है। इन काव्यग्रंथों के विशाल आकार में निहित काव्यात्मकता, मानवीय भावानुभूति की सच्ची सम्पन्नता, संवेदनशील मन की अभिव्यक्तिगत विदग्धता, कलात्मकता, कल्पनात्मक छवियों का समारोह, युग विशेष की अपूर्व झाँकियाँ, मनुष्य की सार्वभौम शाश्वत प्रवृत्तियों का निदर्शन तथा अलंकारों की समुचित योजना को देखकर ऐसा विश्वास ही नहीं होता है कि ये श्रेष्ठ सर्जना की आरम्भिक कृतियाँ हैं। महाकवि होमर ने अपना सृजन कला की अधिष्ठात्री देवी 'म्यूज' के प्रति अपनी स्तुति से आरम्भ किया है। इस स्तुति का स्वरूप प्रेरणा से सम्बद्ध है, क्योंकि उसका विश्वास था कि उचित ईश्वरीय प्रेरणा के अभाव में काव्य-सृजन सम्भव नहीं होता। वस्तुतः 'प्रेरणा' के इसी स्वरूप के साथ काव्य-चिंतन का सैद्धांतिक विवेचन आरंभ होता है।

यदि पाश्चात्य काव्य-चिंतन का बीजवपन होमर की कृतियों की झमकती हुई वर्षा में हुआ तो उसका अंकुरण हेसिओद, सोलोन, सिमोनाइड, अरिस्तोफेनीस, पिण्डार इत्यादि के सौम्य विचारों के प्रभातकालीन आलोक में हुआ। वह पौधा हुआ प्लेटो, अरस्तू, लांजाइनस एवं होरेस के प्रखर विचारों के तेज एवं इंद्रधनुषी आलोक में। इस पौधे की परिणति है एक ऐसे पेड़ में, जो जितना ही आकाश में ऊपर उठा है, उतना ही उसकी जड़ें नीचे दूर धरती में समायी हैं। पाश्चात्य काव्य-चिंतन के तमाम वैचारिक आंदोलन इस महावृक्ष की प्रशाखाएँ हैं। जिनके सम्यक् अनुशीलन द्वारा पाश्चात्य समीक्षा के व्यक्तित्व और मूल्यवत्ता को उसकी समग्रता में उद्घाटित किया जा सकता हैं। इन आंदोलनों की व्याप्ति ग्रीक, लैटिन, इतालवी, जर्मन, फ्रेंच, अंग्रेजी, रूसी एवं स्पेनिश जैसी अनेक भाषाओं के साहित्य तक रही है। आभिजात्यवाद से लेकर उत्तर आधुनिकतावाद तक इन काव्यांदोलनों की लगातार उपलब्धता इस बात का सबूत है कि पाश्चात्य काव्यशास्त्र इस दृष्टि से कितना समृद्ध और विविधतापूर्ण है। जब हम पाश्चात्य काव्य-चिंतन की सुदीर्घ परंपरा पर दृष्टिपात करते हैं तो यह स्पष्ट हो जाता है कि यह परंपरा लगभग तीन हजार वर्ष पुरानी है जो यूरोप के सबसे बड़े कवि होमर से प्रारंभ होकर उत्तरआधुनिकता के शिखर पुरुष ल्योतार, बौद्रिया एवं देरिदा तक अविछिन्न रूप से प्रवहमान है। पाश्चात्य काव्य-चिंतन के सारे काव्यांदोलनों को ऐतिहासिक क्रम में इस प्रकार विभाजित किया जा सकता है :

1.	आभिजात्य युग	-	ई.पू.850 से 350 ई.
2.	अंधकार युग	-	350 ई. से 1350 ई.
3.	पुनर्जागरण युग	-	1350 ई. से 1650 ई.
4.	नवआभिजात्यवाद	-	1650 ई. से 1800 ई.
5.	स्वच्छंदतावाद	-	1798 ई. से 1832 ई.
6.	कलावाद	-	1816 ई. से 1885 ई.
7.	मार्क्सवाद	-	1840 ई. से 1885 ई.
8.	प्रतीकवाद	-	1880 ई. से 1910 ई.
9.	बिम्बवाद	-	1908 ई. से 1917 ई.

10.	अतियथार्थवाद	-	1918 ई. से 1935 ई.
11.	अस्तित्ववाद	-	1935 ई. से 1960 ई.
12.	नयी समीक्षा	-	1940 ई. से 1960 ई.
13.	संरचनावाद	-	1955 ई. से 1970 ई.
14.	उत्तरआधुनिकतावाद	-	1970 ई. से अब तक

इस तरह पाश्चात्य मनीषा ने आभिजात्यवाद से उत्तर- आधुनिकतावाद तक की साहसिक यात्रा की है जो काव्यचिंतन के क्षेत्र में उनकी गतिशील चिंतनात्मकता एवं गौरवशाली उपलब्धियों का स्वयं सिद्ध प्रमाण है। यदि गंभीरतापूर्वक विचार किया जाए तो हम इस निष्कर्ष पर पहुंचते हैं कि पाश्चात्य काव्यशास्त्र अपने वास्तविक स्वरूप में काव्यांदोलनों का ही इतिहास है। क्योंकि पाश्चात्य मनीषा ने काव्यचिंतन के क्षेत्र में सदैव प्रयोग किए हैं और अपनी गतिशील सोच द्वारा परम्परा के साथ घात-प्रतिघात करते हुए उसे पुरस्कृत किया है। इन कायांदोलनों का महत्व पाश्चात्य विचारकों के योगदान की तुलना में ज्यादा ही है क्योंकि प्लेटो से लेकर जैक्स देरिदा तक यदि विचारकों की एक सुदीर्घ श्रृंखला उपलब्ध होती है तो काव्यांदोलनों की परम्परा और भी ज्यादा समृद्ध तथा विस्मयकारी है। यह भी कम आश्चर्यजनक नहीं कि पाश्चात्य विद्वानों ने भी काव्यांदोलनों का सापेक्ष अनुशीलन करते हुए कोई ठोस और सुव्यवस्थित प्रयास किया हो। ऐसी स्थिति में इन काव्यांदोलनों के समस्त आयामों को समेटते हुए उन्हें एक सूत्र में पिरोकर प्रस्तुत करने की अपेक्षा बरकरार है। प्रस्तुत पुस्तक इसी दिशा में एक प्रयास है जो एक विशिष्ट पाठक वर्ग को लक्ष्य करके लिखी गयी है।

दूसरी तरफ अपनी विराट ज्ञान-संपदा और शास्त्रीय चिंतन की प्रदीर्घ परम्परा के बावजूद भारतवर्ष में नवीनतम साहित्य सिद्धांतों की सृष्टि तथा शास्त्रनिर्माण अत्यल्प मात्रा में हो रहा है। साथ ही जिन सिद्धांतों की सृष्टि हो भी रही है वे विश्वस्तरीय विमर्श का हिस्सा नहीं बन पा रहे हैं। जबकि विगत दो शताब्दियों से फ्रांस, जर्मनी, ब्रिटेन एवं अमरीका जैसे देशों में शास्त्रीय चिंतन एवं सिद्धांत निर्माण की प्रक्रिया जोरों पर है। यह भी एक विसंगति ही है कि उच्चकोटि का सर्जनात्मक साहित्य विकासशील एवं तीसरी दुनिया के देशों में रचा जा रहा है और शास्त्रनिर्माण अमेरिका तथा फ्रांस जैसे विकसित देशों में अपेक्षाकृत ज्यादा परिमाण में हो रहा है। सृजन और आलोचना के इस अंतराल के लिए हम भारतीय भी अपने दायित्व से नहीं बच सकते, क्योंकि हम अपनी सहस्रों वर्षों की काव्यशास्त्रीय, भाषायी एवं वैज्ञानिक चिंतन की विरासत का लाभ उठाते हुए उसे नीवनतम स्थितियों, चुनौतियों, परिवर्तित मूल्यों एवं मानों के अनुरूप आगे नहीं बढ़ा पा रहे हैं। शास्त्रनिर्माण के क्षेत्र में हमारे पिछड़ने का एक कारण यह भी हो सकता है कि हमारे मन और मस्तिष्क पर एक गौरवशाली परंपरा चुनौती के रूप में स्थापित है जिसके दबाव में हम अपनी प्रतिभा का भरपूर दोहन करते हुए उसे सही दिशा नहीं दे पा रहे हैं। हमारे लिए एकदम से मौलिकता का दावा करते हुए नये सिद्धांत के प्रणयन की बात करना लगभग असंभव है जबकि अमेरिका जैसे देशों के विचारकों के समक्ष ऐसी कोई कठिनाई नहीं है क्योंकि उन पर किसी गौरवशाली, समुन्नत प्राचीन परम्परा का कोई दबाव नहीं है। पर, इसका आशय यह भी नहीं कि इस कारण हम अपने दायित्वों से मुक्त हो जाएँ। हमारे बीच में ही आचार्य रामचन्द्र शुक्ल जैसा विश्वस्तरीय आलोचक भी हुआ है जिसने अपनी प्रखर प्रतिभा के बल पर पूर्व एवं पश्चिम के द्वंद्व तथा गत्यात्मक भारतीय परम्परा की पहचान

द्वारा भारतीय साहित्य की लोकोन्मुख गतिशील परम्परा का विकास किया और हिन्दी की स्वतंत्र, वैज्ञानिक एवं आधुनिक समीक्षा सरणि का प्रवर्तन किया। इसके अलावा सर्जनात्मक साहित्य के क्षेत्र में संस्कृत के गौरवग्रंथों और कालजयी रचनाओं की उपलबधता के बावजूद भारतीय साहित्य ने विगत शताब्दी में रचनात्मक साहित्य के क्षेत्र में उच्चकोटि की उपलब्धियाँ अर्जित की हैं, जिन पर कोई भी विश्वस्तरीय साहित्य परम्परा गर्व कर सकती है।

अतः आवश्यकता इस बात की है कि न तो हम अपनी समृद्ध परम्परा के बोझ तले दब जाएँ और न ही पश्चिमी विचार पद्धतियों को आयातित करने की धुन में अपनी विरासत से मुँह मोड़ बैठें। हमें चाहिए कि अपनी परम्परा के सर्वोत्तम एवं प्रगतिशील तत्वों का उपयोग करते हुए पाश्चात्य काव्यचिंतन की अंतर्प्रवृत्तियों के गहन-छान-बीन की कोशिश द्वारा उसके वरेण्य पक्षों को उभारें तथा उसके समुचित समायोजन द्वारा अपनी मौलिक चिंतनात्मकता का परिचय देते हुए वस्तुनिष्ठ तथा वैज्ञानिक साहित्य सिद्धांतों का प्रणयन करें। जिससे साहित्य समीक्षा के क्षेत्र में वैश्विक प्रतिमानों की निर्मिति हो सके। तभी हम अपनी परम्परा के ऋण से मुक्त होकर अपने सर्जनात्मक साहित्य के साथ न्याय करते हुए उन्हें विश्व साहित्यिक धरोहर का अटूट हिस्सा बना सकेंगे। इन्हीं आशयों को अपने में समेटते हुए प्रस्तुत पुस्तक की परियोजना संकल्पित है। यह पुस्तक आभिजात्यवाद से लेकर उत्तर-आधुनिकतावाद तक 11 अध्यायों में विभक्त है। प्रत्येक अध्याय में उस विशिष्ट काव्यांदोलन की प्रेरणाभूमियों, स्वरूपों, विशिष्टताओं एवं अंतर्वृत्तियों की गहरी छानबीन की गयी है। साथ ही, उसके अभिलक्षण से निर्मित प्रतिमानों की चर्चा कते हुए उसे सोदाहरण समझाने के लिए यथासंभव ग्रीक, फ्रेंच, अंग्रेजी इत्यादि भाषाओं की कविताओं का ही काव्यानुवाद दिया गया है। इसके अलावा इन आंदोलनों के प्रभाव संदर्भों की व्याप्ति और कोटियों का भी सम्यक विवेचन किया गया है। प्रस्तुत पुस्तक के आरम्भिक 9 अध्याय विश्वविद्यालय अनुदान आयोग की पोस्टडॉक्टरल रिसर्च फेलोशिप के अंतर्गत प्रकल्प के रूप में सम्पन्न हुए हैं, जबकि अंतिम दो अध्याय संरचनावाद तथा उत्तर आधुनिकतावाद इस पुस्तक को परिपूर्णता तथा समग्रता प्रदान करने के लिए लिखे गये हैं। उपसंहार के अंतर्गत सारे काव्यांदोलनों का सापेक्ष अनुशीलन करते हुए सार्वभौम-शाश्वत साहित्यिक प्रतिमानों के संदर्भ में उनकी उपादेयता पर विचार किया गया है। इसके अलावा संरचनावाद, उत्तरसंरचनावाद, उत्तरआधुनिकतावाद एवं विरचनावाद की साहित्यिक मूल्यवत्ता की पड़ताल करते हुए काव्यचिंतन के क्षेत्र में पाश्चात्य मनीषा की गत्यात्मक प्रतिभा की अनुशंसा की गयी है।

–डॉ. करुणाशंकर उपाध्याय

द्वितीय संस्करण की भूमिका

किसी समीक्षाग्रंथ के द्वितीय संस्करण का छपना इस बात का द्योतक है कि समीक्षक का निर्वचन मौलिक तथा नवीन है। प्रस्तुत ग्रंथ के प्रायः हर अध्याय में कुछ नया जोड़कर उसे अद्यतन बनाया गया है। विशेषकर संरचनावाद तथा उत्तरआधुनिकतावाद के प्रतिपाद्य को अपेक्षित गहनता तथा व्यापकता के साथ विश्लेषित किया गया है। उत्तरआधुनिकता की प्रवृत्ति विशेष के तौर पर विरचनावाद को वैविध्यपूर्ण चिंतन-प्रक्रिया के साथ उद्‌घाटित किया गया है। विरचना विश्लेषण की प्रविधि के रूप में प्रत्येक पाठ को निकट से पढ़कर शिल्प और भाषा कौशलों के विश्लेषण के माध्यम से कृति को आलोकित करने की रणनीति उपलब्ध कराती है। यह एक निर्वचन का दूसरे निर्वचन से मुकाबला करते हुए अर्थ की मुक्त-क्रीड़ा का प्रतिमान प्रस्तुत करती है। यह पाठ में केवल भाषा की वस्तुनिष्ठ सत्ता का निर्वचन करती है। विरचनावाद साहित्यिक पढ़त की प्रविधि के रूप में पाठ के गोपित अर्थ को किस तरह उद्‌घाटित करती है इसका दृष्टांतपूर्वक विवेचन है। मुझे पूर्ण विश्वास है कि समूचे पाश्चात्य काव्यशास्त्र के आंदोलनों को एकत्र उपलब्ध कराने का यह प्रयास हिंदी जगत को तलस्पर्शी विमर्श के लिए प्रेरित करेगा। इन आंदोलनों ने आलोचना की सैद्धांतिकी निर्मित करने की दिशा में युगांतरकारी भूमिका निभाई है। अतः इनमें निहित सत्य को निष्पक्षता, व्यापक दृष्टिकोण, वस्तुनिष्ठता तथा बौद्धिक विवक्षा के साथ उद्‌घाटित करने की अपेक्षा थी। प्रस्तुत ग्रंथ में इनके स्वरूप-विश्लेषण द्वारा पाश्चात्य काव्य चिंतन की सुदीर्घ परंपरा को आलोकित किया गया है। द्वितीय संस्करण में इस विपुल सामग्री को भरसक परिष्कृत कर लिया गया है।

अंत में, मैं राजकमल प्रकाशन समूह के प्रबंध निदेशक श्री अशोक महेश्वरी के प्रति कृतज्ञ हूँ जिनकी गुणग्राहक क्षमता के कारण इस पुस्तक का पुनर्मुद्रण संभव हो सका है।

मुंबई

–डॉ. करुणाशंकर उपाध्याय

अनुक्रम

अध्याय 1

आभिजात्यवाद
(ई.पू. 850 से 350 ई. तक)

1.1 आभिजात्यवाद अथवा शास्त्रवाद

आभिजात्यवाद अथवा शास्त्रवाद शब्द हिंदी में अंग्रेजी के क्लासिसिज्म (classicism) की तर्ज पर प्रचलित है। अंग्रेजी में क्लासिसिज्म एक जटिल प्रत्यय है जिसका अनेक संदर्भों में परस्पर भिन्न अर्थों में प्रयोग होता रहा है अर्थात संदर्भ विशेष ही इसका अर्थ निर्धारित करता है। सामान्यतः यूनान एवं रोम की प्राचीन अनुकरणीय कृतियों अथवा श्रेष्ठ, अत्युत्तम एवं उच्चकोटि के परिनिष्ठित साहित्य शैली के संदर्भ में इसका प्रयोग रूढ़ है। हिंदी में आभिजात्यवाद नाम से इस वाद की दो विशिष्टताएँ संकेतित होती हैं। सर्वप्रथम ऐसा साहित्य जो अभिजात अथवा कुलीन वर्ग से संबद्ध हो तथा जिसमें उच्चवर्ग के जीवन का प्रमुखता से चित्रण हुआ हो, वह आभिजात्यवादी साहित्य कहलाता है। दूसरे ऐसा साहित्य अपने रूपबंध एवं संरचना में सौंदर्यशास्त्रीय प्रतिमानों पर आधारित हो तथा जो साहित्य के सार्वभौम-शाश्वत मूल्यों का पालन करते हुए अपने रूपात्मक तंत्र में सुव्यवस्थित, सामंजस्यपूर्ण एवं सुपरिणत हो, उसे आभिजात्यवादी साहित्य की संज्ञा से अभिहित किया जाता है। इसी तरह शास्त्रवाद शब्द से यह ध्वनित होता है कि रचनाकार साहित्यिक नियमों एवं काव्यानुशासनों का कठोरतापूर्वक पालन करें और काव्यशास्त्रीय मर्यादाओं के निर्वाह में किसी प्रकार की कोताही न बरतें। काव्यशास्त्रीय परंपरा का सम्यक अनुपालन ही शास्त्रवाद है।

1.2 अर्थ, परिभाषा एवं स्वरूप

आभिजात्यवाद शब्द अंग्रेजी के क्लासिसिज्म का हिंदी रूपांतरण है। क्लासिसिज्म शब्द की रचना अंग्रेजी के Classic एवं Ism शब्द के मेल से हुई है। क्लासिक शब्द का कोशगत अर्थ है- उच्च-साहित्य, ग्रीक एवं लैटिन या संस्कृत साहित्य, उत्कृष्ट ग्रंथ, ग्रीक और लैटिन का विद्वान-पंडित तथा संस्कृत का निष्णात विद्वान ।

ऑक्सफोर्ड शब्दकोश में क्लासिसिज्म का अर्थ-आभिजात्यवर्ग से संबंधित अथवा प्रथम श्रेणी के मानदण्ड के रूप में स्वीकृत प्रतिमान दिया गया है।[1] इसी तरह इज्म का अर्थ हिन्दी में वाद अथवा विचारधारा के रूप में रूढ़ हो चुका है जिसका अर्थ ऑक्सफोर्ड शब्दकोश में- एक

सिद्धांत रूप अथवा अपनी निजी विशिष्टताओं के कारण अपनी स्वतंत्र पहचान रखने वाला सिद्धांत अथवा विचारधारा बतलाया गया है।[2]

हिंदी के विविध कोशों में क्लासिसिज्म का अर्थ ग्रीक और लैटिन साहित्य का पंडित, ग्रीक और लैटिन शिक्षा का समर्थन, परिनिष्ठित या ग्रीक लैटिन साहित्य शैली या क्लासिक का अनुसरण आदि बतलाया गया है। जबकि ऑक्सफोर्ड शब्दकोश के अनुसार क्लासिसिज्म उच्चकोटि के साहित्यिक अथवा कलागत मूल्यों अथवा शैली का वरण या अंगीकार करना है।[3] इस आधार पर कहा जा सकता है कि उच्चकोटि के साहित्यिक मूल्यों अथवा अभिव्यंजना प्रणाली से युक्त विचारधारा क्लासिसिज्म कहलाती है।

ब्रिटानिका विश्वकोश के अनुसार, Classicism is in the arts, historical tradition, or asthetic attitudes based on the art of Greece and Rome in antiquity. In the context of the tradition, classicism refers either to the art produced in antiquity or to later art inspired by that of antiquity.[4] अर्थात प्राचीन यूनान एवं रोम की कलाकृतियों के आधार पर निर्मित सौंदर्य दृष्टि अथवा कला की ऐतिहासिक परंपरा क्लासिसिज्म है। परंपरा के संदर्भ में प्राचीनकाल में निर्मित अथवा उनसे प्रेरित-प्रभावित परवर्ती कलाकृतियों का संकेत क्लासिसिज्म शब्द से मिलता है। इसी कोश में सौंदर्यशास्त्रीय दृष्टि से विचार करते हुए पुरातन कलाओं से संलग्नता, मृदुलता, स्पष्टता, संयम, सार्वभौमिकता तथा आदर्शवाद को क्लासिसिज्म की मूलभूत विशिष्टताओं के रूप में निरूपित किया गया है। वस्तुतः आभिजात्य साहित्य व्यवस्था, परंपरा, आदर्श, काव्य-प्रणाली, नियम, अनुदारता (कंजरवेटिज्म), अधिकार, शांति तथा अनुभव के प्रति विशेष झुकाव रखता है जो अपने रूपगत वैशिष्ट्य एवं एकात्मकता के कारण आकर्षण का केन्द्र रहा है।

प्रिंसटन विश्वकोश में क्लासिसिज्म के प्रयोगों को ऐतिहासिक संदर्भ में विवेचित करते हुए उसके छः अर्थ बतलाए गये हैं-

1. अत्युत्तम, श्रेष्ठ तथा प्रथम श्रेणी का साहित्य।
2. शाला में पढ़ाए जाने योग्य साहित्य।
3. महत्तम अथवा परिनिष्ठित (मानक) साहित्य अथवा ऐसा युग जिसमें महत्वपूर्ण साहित्यिक विकास हुआ हो।
4. प्राचीन यूनानी तथा रोमी कृतियाँ अथवा ऐसी कृतियों की अनुकृतियाँ।
5. रोमेंटीसिज्म की विरोधी प्रवृत्ति।
6. एक ऐतिहासिक युग।

जब हम इन सभी विशिष्टताओं को एक स्थान पर तलाशते हैं तो हमारा ध्यान सर्वप्रथम ई.पू.5वीं और चौथी शताब्दी के यूनान पर जाता है। यह यूनान का आभिजात्य काल है। सभ्यता और संस्कृति के उत्कर्ष तथा कलाओं की सर्वोत्तम अभिव्यक्ति को दर्शान के लिए इतिहासकार उस युग को आभिजात्य यूनान (क्लासीकल ग्रीस) के नाम से पुकारते हैं। यद्यपि महाकाव्य के क्षेत्र में आभिजात्य काल ई.पू.8वीं शताब्दी में ही आ गया था जब होमर ने इलियड और ओडिसी की रचना की। फिर भी आभिजात्यकाल की मूलभत प्रवृत्तियों को रेखांकित करने के लिए ई.पू.5वीं शताब्दी की कला को ही आधार बनाना समीचीन होगा। क्योंकि प्लेटो और अरस्तू ने अपनी काव्य-शास्त्रीय मान्यताओं को निर्धारित करने के लिए सामान्यतः होमर से लेकर अपने काल तक की

और विशेष रूप से 5वीं शताब्दी की कृतियों को ही आधार बनाया है।

सुप्रसिद्ध रोमी विचारक होरेस ने आभिजात्य साहित्य की रचना के लिए सजग विवेकशक्ति, सही चिंतन एवं नियम पालन को आवश्यक बतलाया है। उसके अनुसार, "सत्काव्य का लक्ष्य राष्ट्र की संस्कृति को अक्षुण्ण रखना है, समाज को बर्बरता से मुक्त रखना है, सभ्य समाज की नींव डालना है, वीर हृदयों में शौर्य का संचार करना है और परिश्रांत व्यक्तियों को आह्लाद प्रदान करना है। रसोत्पादन या मन को रमाने की शक्ति पर वह अत्यधिक बल देता है।"[5] कहने की आवश्यकता नहीं कि उसकी ये मान्यताएँ तत्कालीन अभिजात वर्ग की धारणाओं के सर्वथा अनुरूप है। वैसे तो आभिजात्यवादी तथा रोमानी दोनों ही प्रकार के विचारकों ने लौंगिनुस का ऋण स्वीकार किया है परंतु उदात्तता तथा विराटता को काव्य के विषय के रूप में काम्य मानने और यह उदात्तता महान विचारों, समुचित अलंकार योजना, अभिजात-पद रचना तथा प्रभावकी गरिमा में निहित होने जैसी स्थापना के कारण उसकी गणना आभिजात्यवादियों में ही की जानी चाहिए।

ध्यातव्य है कि जिस तरह के विविध आयामों को लेकर प्रत्येक युग के विचारकों, दार्शनिकों एवं काव्य शास्त्रीयों ने भिन्न दृष्टिकोण का परिचय दिया है, ठीक उसी तरह आभिजात्य साहित्य को लेकर नई-नई अवधारणाएँ सामने आई हैं। आरंभ में आभिजात्य को समाज में अपेक्षाकृत अधिक सम्पन्न वर्ग का परिचायक माना जाता था। यूनान एवं रोम के लोग अपने-अपने देश के रचनाकारों को आभिजात्य साहित्यकार मानते हैं। उन्नीसवीं शताब्दी में आभिजात्य साहित्य का आशय ऐसी साहित्यिक कृतियों से माना गया जो किसी भी भाषा में आदर्श साहित्यिक कृति का स्थान पा सके। इसी बीच आभिजात्य साहित्य की नई-नई परिभाषाएं सामने आयीं जिसमें उसे अपेक्षाकृत संकुचित रूप में प्रस्तुत किया गया। आभिजात्य साहित्य की बाद की परिभाषाओं में नियम पालन के प्रति अधिक आग्रह व्यक्त किया गया। सेंट व्यव ने अपेक्षाकृत ज्यादा नये संदर्भ में अभिजात और आभिजात्य साहित्य की व्याख्या करते हुए लिखा है कि "अभिजात साहित्यकार एक ऐसा कृतिकार है जिसने मानव मन को समृद्ध किया हो, उसके ज्ञान भण्डार की अभिवृद्धि की हो और उसे एक पग अग्रसर किया हो। जिसने किसी संदिग्ध सत्य का नहीं, सत्य का अन्वेषण किया हो।...आभिजात्य साहित्यकार शास्वत भावनाओं का दिग्दर्शन करता है तथा अपने विचार, पर्यवेक्षण या आविष्कार व्यक्त करता है। उसकी अभिव्यक्ति उदार एवं महान, परिष्कृत ओर युक्तियुक्त, स्वस्थ और सुन्दर होती है। उसकी शैली यद्यपि विशिष्ट होती है, पर वह संपूर्ण विश्व की शैली प्रतीत होनी चाहिए, उसमें नई तथा पुरानी दोनों प्रकार की शब्दावली का प्रयोग हो, तथा वह युग विशेष की शैली होते हुए भी युग-युग की शैली लगनी चाहिए।"[6] सेंट व्यव ने आभिजात्य साहित्यकार के लिए विवेक, संयम, शालीनता एवं उदात्त भावनाओं-जैसे गुणों को आवश्यक बतलाया है ताकि वह मानव मन को आलोकित कर सके, उसके ज्ञान के भण्डार की श्रीवृद्धि कर सके और युग-युग को रसमग्न तथा दिशानिर्देश कर सकनेवाली ऐसी कृति का प्रणयन कर सके जो अपना प्रतिमान स्वयं आप हो। जो व्यवस्था, सौंदर्य एवं संतुलन के अनुकरणीय तानेबाने में निर्मित हो। जिसका गौरव देशकाल की सीमाओं का अतिक्रमण करने में समर्थ होकर सदासर्वदा उसे अक्षुण्ण रख सके। सेंट व्यव ने अभिजात कृति के उपर्युक्त गुणों के साथ एकरूपता, मनीषा और विवेक का होना आवश्यक बतलाया है क्योंकि इन गुणों में अन्य सभी गुणों का समावेश है और वे उनसे अधिक महत्वपूर्ण हैं।

फ्रांसीसी क्रांति के संस्मरणों की सुप्रसिद्ध लेखिका मोशिए द रेमूसा ने मोशिए रोय कोलार की प्रशंसा करते हुए लिखा है कि "यदि हमारी अभिजात कृतियों से वे रुचि की विशुद्धता, शब्द प्रयोग का औचित्य, अभिव्यक्ति की विविधता, विचार और कार्य के सामंजस्य के प्रति सावधान चिन्तन-इन सभी गुणों को ग्रहण करते हैं तो इन सबको, जो एक विशिष्ट रूप प्रदान करते हैं, उसका श्रेय केवल उन्हीं को है।"[7] यहाँ स्पष्ट है कि अभिजात गुणों की विशिष्टताएँ मुख्यतः अभिव्यक्ति के सामंजस्य और सूक्ष्म प्रभेद और सुष्ठु एवं संयमित शैली पर निर्भर करती है।

इसी प्रसंग में मारी जोसेफ शेनिए के विचार भी उल्लेखनीय हैं। वे सेंट व्यव की मान्यता के विपरीत केवल सदवृत्ति अथवा सद्विवेक को अभिजात साहित्यकार के लिए आवश्यक मानते हैं। उनके मतानुसार शेष सभी गुण गौण हैं। यह मान्यता पर्याप्त बहस की गुंजाइश रखती है, क्योंकि सद्वृत्ति अथवा सद्विवेक को अभिजात कृति का सब कुछ नहीं कहा जा सकता। हर एक साहित्यिक कृति में कल्पना और भावना का योगदान अनिवार्यतः रहता है। और यदि हम जोसेफ शेनिए की मान्यता को आँख मूँद कर मान लें तो इसका अर्थ यह होगा कि कल्पना और भावना भी अंततः सदवृत्ति अथवा सदविवेक के अन्तर्गत आ जाएँगे। कल्पना के सहारे कवि मानवीय भावों एंव जीवन स्थितियों की बहुविध अभिव्यंजना करता है और यह निर्विवाद है कि काल्पनिक उड़ानों पर कोई प्रतिबंध नहीं होता। संयम और विवेक के अंकुश अर्थहीन हो जाते हैं। कवि की इस कल्पनाशक्ति को ही नवनवोन्मेषशालिनी प्रतिभा की संज्ञा से अभिहित किया गया है। इस तरह उपर्युक्त विवेचन से यह स्पष्ट है कि जोसेफ शेनिए प्रतिभा और सद्वृत्ति में कोई अंतर नहीं मानते। अतः उनकी यह मान्यता तर्क और विवेक की कसौटी पर खरी नहीं उतरती। यदि विवेक को काव्य प्रतिभा का पर्याय मान लिया जाए तो विवेक वही नहीं हो जाएगा जो प्रतिभा है, क्योंकि प्रतिभा तो महाकाव्य के मनोवेगों की अभिव्यक्ति में अत्यंत वैविध्यपूर्ण और नानादिशाओं में सृजनात्मक होती है। वह कल्पनात्मक छवियों से ओतप्रोत प्रतिसृष्टि करती है।

फ्रांस के प्रकृतिवादी विचारक व्यूफो अभिजात कृति में कल्पना, अंगविन्यास और अभिव्यक्ति अन्विति का आग्रह करते हैं। उनके मतानुसार अभिजात कृति का विषय कुछ भी और कितना भी व्यापक हो सकता है, किन्तु यह आवश्यक है कि उसका निर्वाह एक ही प्रबंध में किया जाए। इस तरह वे अरस्तू की भाँति रचनात्मक अन्विति पर विशेष ज़ोर देते हैं। सेंट व्यव ने अभिजात कृति के संबंध में अंतिम निष्कर्ष देते हुए लिखा है कि "अभिजात कृति तो वही होगी जिसमें हमारे प्रौढ़ विचारों को प्रतिबिंबित किया गया हो, जो हमें कभी निराश न करे, जो हमारी शांति और सभ्यता की संवेदना की आकांक्षा को पूर्ण करे, जो हमें समस्त विश्व से एकाकार कर दे तथा जिसकी शैली भी गरिमामण्डित हो।"[8] इस तरह सेंट व्यव का अभिजात संबंधी चिंतन अधिक मौलिक और सुचिंतित है। यह अपेक्षाकृत अत्यधिक प्रगल्भ, स्वच्छ और संतुलित स्थापना है जो अपने आप में इस महत्वपूर्ण तथ्य का परिचायक है कि प्रत्येक युग के काव्य चिंतकों एवं विचारकों ने इस विषय को अपने चिंतन की परिधि में रखा है। सेंट व्यव का प्रतिपादन इस दृष्टि से भी अत्यंत महत्वपूर्ण है कि उसने इस भ्रांत धारणा का खण्डन किया कि केवल प्राचीन और बहु प्रसंशित कृतियाँ ही क्लासिक की महत्ता पाने का अधिकार रखती हैं। दरअसल, आभिजात्यवादी साहित्य उस समाज का साहित्य है जिसे अपनी उपलब्धि एवं प्रगति का भान हो। जिसे जीवन के समुचित तथा व्यापक दृष्टिकोण की सटीक जानकारी हो। साथ ही, जिसे भाषा तथा कलारूपों में अपने मानस की अभिव्यक्ति के सटीक माध्यम को पा लेने का बोध

हो। यही कारण है कि मैथ्यू आर्नल्ड अभिजात-साहित्य में विषय की सर्वोच्च महत्ता, रचना-शिल्प की गरिमा के साथ युगबोध तथा जीवन के प्रति संगत दृष्टिकोण का भी संश्लेष करते हैं। आप संदिग्ध, मिथ्या तथा वास्तविक नाम से अभिजात-साहित्य के प्रभेद भी बतलाते हैं। इनके संदर्भ में एफ.एल.ल्यूकस ने अपनी पुस्तक 'द डिक्लाइन एण्ड फॉल ऑफ द रोमांटिक आयडियल' में लिखा है कि, "यदि हम गोइटे अथवा आर्नल्ड के काव्य को आभिजात्यवादी काव्य की संज्ञा देते हैं तो मैं सोचता हूँ यह इसलिए नहीं करना चाहिए कि उनमें ग्रीक रूपाकार का प्रतिफलन हुआ है, बल्कि इसलिए कि वे अपने वस्तु-तत्त्व के मूल्य तथा रूपाकार के सौंदर्य के कारण स्थायित्व का विश्वास पैदा करते हैं तथा उनमें कुछ ऐसे तत्त्व होते हैं जिनकी प्रत्येक आभिजात्यवादी कृति को अपेक्षा रहती है। और संभवतः यहाँ हम आभिजात्यवादी और स्वच्छंदतावादी कला-रूपों के परस्पर सहयोग-स्थल पर पहुँचते हैं।"

टी.एस.इलियट ने अभिजात साहित्य का अर्थ एक भिन्न रीति से किया और उसमें विषय की गरिमा, युग जीवन की प्रौढ़ता, कलाकार की प्रतिभा और व्यापक प्रभाव आदि का उल्लेख किया है। उपर्युक्त विश्लेषण से हम इस निष्कर्ष पर पहुँचते हैं कि आभिजात्यवाद और कुछ नहीं बल्कि एक सार्वभौम, शाश्वत-कलात्मक वैभव है। ऐसा साहित्य सामान्य से पर्याप्त श्रेष्ठ होता है। वह स्वयं एक प्रतिमान अथवा आदर्श रूप होता है। वह युक्तिमूलक, अन्तर्दृष्टि संपन्न और अपने रूपबंध की सुगढ़ता में निहायत आकर्षक होता है। वह कालजयी रचनाओं का प्रतिष्ठाता अथवा सनातन मानदण्ड है। आभिजात्यवाद शब्द से हमारे मन में एक ऐसे युग अथवा आंदोलन का बिंब उभरता है, जो बहुआयामी प्रतिभासम्पन्न कलाकारों का युग रहा हो तथा जिसमें गुण और परिमाण दोनों ही दृष्टियों से उच्च कोटि की कलाकृतियाँ निर्मित हुई हों। यह युग प्रकारांतर से इतिहास का स्वर्ण काल होता है क्योंकि इस समय शांति, समृद्धि, सुव्यवस्था, औदात्य एवं उत्कर्ष का साम्राज्य होता है। कदाचित इसी कारण समीक्षकों द्वारा कहा गया है कि "क्लासिक शांति और समृद्धि के समय की रचनाएँ हैं। जो कुछ भी अभिव्यक्त हुआ है, एक गहरे और लंबे अनुभव के बाद, और वह हमें कभी भी उदासीन नहीं बनाती हैं।"[9]

इस कथन में कुछ ऐसा नहीं है जो अतिव्याप्ति दोष के अन्तर्गत आता है। इसके पीछे ग्रीक साहित्य के गौरव की पृष्ठभूमि है। ग्रीक कलाकार मानवीय शौर्य, सौंदर्य और आदर्श के व्याख्याता थे। वे कला में उसे इस प्रकार प्रस्तुत करते थे कि वह पूज्य भाव को प्राप्त हो जाए। महाकवि होमर अभिजात जगत का आदि पुरुष माना जाता है। उसका महाकाव्य इलियड एक वीर जाति का महाकाव्य है जिसमें एक संपूर्ण युग और तत्कालीन यूनानी सभ्यता और संस्कृति की व्यापक जीवंत अभिव्यक्ति मिलती है।

इतिहासकारों की दृष्टि में आभिजात्य युग ई.पू.5वीं शताब्दी से लेकर तीसरी शताब्दी तक फैला हुआ है। तथापि आभिजात्य कला का उत्कर्ष काल 5वीं शताब्दी ई.पू. ही माना जाता है, और उसमें भी एथेंस में पेरीक्लिज के शासन का समय ही उसका स्वर्णकाल माना जाता है। आगे चलकर मूर्तिकला, वास्तुकला और साहित्यकला के क्षेत्र में जो कृतियाँ प्रतिमान स्वरूप स्वीकार की गयीं, वे सब इसी युग की देन हैं। हमारा मानना है कि आभिजात्य शैली का प्रधान गुण संतुलन और औचित्य है जिसकी पृष्ठभूमि आर्ष युग में ही तैयार हो गयी थी। किन्तु इस युग में उसने प्रायः सभी कलाओं में उपलब्धियों के बड़े शिखर पार किए। यह काल आभिजात्यकला की चरमोन्नति का काल है जिसमें मनुष्य अपेक्षाकृत ज्यादा व्यवस्थित, संयमित, संतुलित एवं अपने

सर्वोत्तम कलात्मक अभिरुचियों का निदर्शन कर सका है। कुल मिलाकर आभिजात्यवाद मानव जीवन के सार्वभौम, सनातन सिद्धांतों का प्रतिष्ठापक है जो मनुष्य से उसकी सर्वोत्तम कला प्रतिभा का अभिव्यंजन करवाता है। वह कलात्मकता, रूपात्मकता और सानुपातिक सामंजस्य से तैयार ऐसा रसायन है जिसमें युग-युग को रसमग्न, प्रेरित एवं आकर्षित करने की क्षमता निहित है जो अपनी भव्यता एवं गरिमा में अपना प्रतिमान आप ही है। अभिजात कलाकृतियाँ श्रेष्ठतम् मानव प्रतिभाओं की सर्वोत्तम अभिव्यक्तियाँ हैं जो सदैव मानव मन को बौद्धिक एवं संवेदनात्मक खुराक प्रदान करती हैं। उसके ज्ञान भण्डार की अभिवृद्धि करती हैं तथा उसे एक कदम आगे बढ़ने के लिए प्रेरित करती है। वह आगामी मनीषा (प्रतिभा) की चेतना पर चुनौती के रूप में स्थापित रहती हैं जिसका अतिक्रमण वही कर सकता है जो महान प्रतिभाशाली कृतिकार हो और जो अपनी रचना द्वारा इस परंपरा में बहुत कुछ जोड़ने के साथ-साथ उसे आगे बढ़ाने का माद्दा रखता हो। अभिजात शैली अपनी विशिष्टता में अप्रतिम होती है और अपनी सहजता एवं व्यापकता में संपूर्ण विश्व की शैली प्रतीत होती है। वह एक युग की शैली होते हुए भी युग-युग की शैली बन जाती है अथवा सदा सर्वदा के लिए अनुकरणीय बन जाती है। इसी दृष्टि से भारतीय संदर्भ में वाल्मीकि, व्यास, कालिदास, वाणभट्ट, भवभूति, जायसी, सूर, तुलसी, गालिब, रवीन्द्रनाथ, प्रसाद, निराला आदि क्लासिक रचनाकार हैं और उनकी रचनाएँ कालजयी अथवा क्लासिक हैं। साथ ही पाश्चात्य संदर्भ में होमर, बर्जिल, दांते, मिल्टन, शेक्सपियर, गेटे आदि क्लासिक कलाकृतियों के स्रष्टा हैं। ये सब विश्व के प्रतिभा सम्पन्न कवि हैं, इनकी शैली भव्य और उदात्त है तथा इनकी कृतियाँ विश्व साहित्य की अमर निधियाँ हैं।

1.3 आभिजात्यवाद की उद्भवकालीन परिस्थितियाँ अथवा उसकी प्रेरणाभूमियाँ

विश्व मानव के इतिहास में भारत, चीन, मिस्र, यूनान एवं रोम की सभ्यता अपनी अतिप्राचीनता एवं सम्पन्नता में अग्रगण्य हैं। प्राचीन यूनान संसार के महानतम विचारकों, दार्शनिकों एवं कलाकारों की जन्मस्थली रही है। उसने ज्ञान-विज्ञान, दर्शन, राजनीति, साहित्य, कला आदि अनेक क्षेत्रों में मानव को उसकी संभावनाओं और उपलब्धियों से परिचित कराया। संपूर्ण यूरोप का सबसे बड़ा कवि होमर प्राचीन यूनान की महत्तर उपलब्धियों में से एक है। उसके द्वारा रचित महाकाव्य इलियड और ओडिसी विश्वसाहित्य की अमर कृतियाँ हैं जिन्हें विद्वान रामायण और महाभारत की भाँति विकसनशील महाकाव्य मानते हैं। ओडिसी के विशाल आकार में निहित कवितापन, सच्ची मानवानुभूति, विदग्धता, कलात्मक सौष्ठव, संवेदनात्मक समृद्धि आदि को देखकर यह विश्वास करना बड़ा मुश्किल है कि ये श्रेष्ठ सर्जना की आरंभिक कृतियाँ हैं। मानवीय चेतना का इतना स्वच्छ, विशद और वैभवपूर्ण इतिहास इन कृतियों में उपलब्ध है कि आज आश्चर्य होता है। होमर की कृतियों में विद्यमान अंतर्दृष्टि एवं परिष्कृत कलात्मक वैभव से ऐसा आभास मिलता है कि होमर पूर्व साहित्य की अक्षुण्ण परंपरा अवश्य रही होगी। किन्तु दुःख इस बात का है कि उन प्रतिभाओं की सम्यक् जानकारी आज उपलब्ध नहीं है।

यूनान का कलाक्रमानुसार निश्चित इतिहास ई.पू.8वीं शताब्दी से आरंभ होता है। परंतु कला परंपरा के सम्यक अध्ययन के लिए इसके पहले के काल पर दृष्टिपात करना जरूरी है।

यूनान में प्रचलित पुराकथाओं, पौराणिक आख्यानों, होमर के महाकाव्यात्मक गीतों और दृश्यकलाओं के अवशेष के रूप में उस पूरे युग की झलक पायी जा सकती है।

इतिहासकारों का मानना है कि क्रीट टापू पर मिनोआन सभ्यता ई.पू.1600 से ई.पू.1400 तक अपने पूर्ण वैभव पर थी। इसी की अगली कड़ी के रूप में माइसिनीयन सभ्यता ई.पू.1200 तक फूलती-फलती रही। यह 1400 ई.पू. से 1200 ई.पू. का काल था, जब माइसिनीयनों ने एजियन सागर के पूर्व में लघु एशिया तक की साहसिक यात्राएँ और लूटमार भी की। विश्व विख्यात सुंदरी हेलन के लिए ट्राय नगर के साथ किया गया युद्ध इसी काल से संबंधित है। यह युद्ध 10 वर्षों तक लड़ा गया था। इसके अंतिम अंश की घटनाएँ होमर के इलियड महाकाव्य का विषय बनीं। ओडिसी का नायक भी इसी में भाग लेने वाला एक योद्धा है। होमर के दोनों महाकाव्य वीर जाति के सजीव चित्र हैं। होमरकालीन समाज अभिजात वर्ग, कृषक वर्ग, श्रमिक वर्ग और दास वर्ग में विभक्त था। इस युग की सभ्यता मुख्यतः ग्रामीण थी। राजा, कुलीन वर्ग के सदस्य स्त्रियां तथा सभी वर्ग के लोग शारीरिक श्रम करते थे। मदिरा पान किया जाता था परन्तु अत्यधिक मदिरा पान की निंदा भी की जाती थी। स्त्रियों का समाज में मान-सम्मान था। सुन्दर स्त्रियों के लिए आपसी संघर्ष सामान्य बात थी। इस युग में यूनानी सरल जीवन बिताते थे और उनमें शिकार, व्यायाम, द्वन्द्व-युद्ध, संगीत और नृत्य का विशेष शौक था। इस युग में यूनानियों के सभी प्रमुख देवता 'ओलम्पिया परिवार' के थे जिनका मुखिया 'जीयस' था। उसे मनुष्यों और देवताओं का जनक माना जाता था। जीयस आकाशवासी था और उसका मुख्य अस्त्र वज्र था। उसकी पत्नी का नाम 'हेरा' था। एथिना बुद्धि, हस्तकला और युद्ध की देवी थी। अपोलो प्रकाश, स्वास्थ्य, पवित्रता और काव्य का देवता था। पोसिदोन समुद्र, भूचाल और घोड़ों का देवता था। हर्मीज को पशुओं, यात्रियों और चोरों का संरक्षक देवता माना जाता था। वह जीयस का संदेशवाहक भी कहलाता था। डायोनीसस को वनस्पति की आत्मा माना जाता था। दिमित्र अन्न की देवी थी। शिल्पकारों की देवी का नाम हैफेस्तस्र था। एफ्रोडाइट प्रेम की पवित्रतता की देवी थी। युद्ध का देवता ओरस कहलाता था। हेस्तिया चूल्हे की देवी थी। हादेस अथवा प्लुटो चोर-डाकुओं का देवता था। इस प्रकार, इस युग के यूनानी बहु देववादी थे। वे भूत-प्रेतों की भी पूजा करते थे। संक्षेप में, यूनानी सभ्यता-संस्कृति अनेक प्रकार की धार्मिक-सांस्कृतिक आस्थाओं और अंधविश्वासों पर आधारित थी।

ऐसा समझा जाता है कि ई.पू.1200 में उत्तर से आई दोरियन जाति ने माइसीनियन सभ्यता वाले नगरों पर आक्रमण कर उन्हें नष्ट कर दिया। दोरियन जाति सभ्यता की आदिम अवस्था में थी। इसलिए उन्होंने जिन नगरों को नष्ट किया उनके पुनर्निर्माण का प्रश्न उठ खड़ा हुआ।

इतिहासकारों का अनुमान है कि डोरियनों के ड़र से भागे हुए राजपरिवार और उनके सहयोगी योद्धा एथेन्स आदि उन नगरों में आ बसे जहाँ उनकी सभ्यता विद्यमान थी। कालांतर में जनसंख्या वृद्धि के दबाव और जीविकोपार्जन की तलाश में कुछ लोग पूर्व दिशा में एजियन सागर के टापुओं और लघु एशिया के तटबंधों पर जाकर बस्तियाँ बसाने लगे तथा कुछ लोग इटली की ओर गये। इन नयी बस्तियों में पूर्वी सभ्यता के संपर्क में आने के बाद यूनानियों के आचार-विचार और रहन-सहन में परिवर्तन हुआ। भौतिक सम्पन्नता की दृष्टि से भी यूनानी मूल निवासियों से बेहतर स्थिति में थे। लघु एशिया का तटबंध और पास के टापू आयोनिया नाम से पुकारे जाने लगे। हिन्दी शब्द यवन भी इसी का तद्भव रूप माना जाता है। यूनान के अनेक विचारक, महाकवि होमर और

कवयित्री सैफो तथा अनेक गीतकार यहीं के थे। ई.पू.8वीं शताब्दी में यूनान में राजनीति के क्षेत्र में एक अभूतपूर्व परिवर्तन उपस्थित हुआ। अब तक नये नगर राज्यों में जहाँ राजपरिवार का एक ही व्यक्ति शासक हुआ करता था और धार्मिक अनुष्ठानों में जिसकी प्रमुखता उसके अधिकारों के कारण थी, यदि वहाँ किसी कारणवश राजसत्ता राजपरिवार के हाथों से निकली तो स्थानीय अभिजात वर्ग (एरिस्टोक्रेट) ने उसे सहज ही संभाल लिया। परिणामस्वरूप जब यूनान ने नये युग में आँख खोली तो कुछेक नगर-राज्यों को छोड़कर सभी जगह अभिजात तंत्र अथवा कुलीन तंत्र स्थापित हो चुका था। यह अभिजात वर्ग वस्तुतः उन योद्धाओं का परिवार था जिन्होंने अंधकार युग (1200 ई.पू. से 750 ई.पू.के मध्य) में नये स्थानों पर आकर अपने बाहुबल से धरती पर अधिकार कर लिया था और अपनी स्वतंत्र जागीरें बना ली थी। आरंभ में केवल जागीरदार ही अभिजात वर्ग में आते थे। बाद में व्यापारियों की सम्पन्नता तथा शक्ति को देखते हुए इस वर्ग को भी सम्मिलित कर लिया गया। तदुपरांत दस्तकारी का सामान तैयार करने वाले धनी उत्पादक भी अपने ऐश्वर्य के कारण इस वर्ग में शामिल कर लिए गये।

ऐसा माना जाता है कि "छठी शताब्दी ई.पू. में अकस्मात चेतना की एक ऐसी ज्योति प्रज्वलित होती है जिसके अलौकिक आलोक से एथेन्स में ज्ञान-विज्ञान का प्रत्येक क्षेत्र उद्भासित हो उठता है और दो सौ वर्षों के बाद न जाने वह ज्योति कहाँ तिरोहित हो जाती है कि फिर कभी उसकी कोई झलक भी नहीं दिखाई देती। यूनान के सुदीर्घ इतिहास में ऐसी चतुर्मुख ज्योति न तो छठी शताब्दी ई.पू. से पहले कभी दिखी और न चौथी शताब्दी ई.पू. के बाद।"[10] इस संदर्भ में बीसवीं शताब्दी के प्रख्यात दार्शनिक बर्ट्रेड रसल ने बड़ी ही सटीक टिप्पणी करते हुए लिखा है कि, "संपूर्ण इतिहास में कुछ भी इतना आश्चर्यकर तथा अव्याख्येय नहीं है जितना यूनान में सभ्यता का आकस्मिक उदय।"[11] यद्यपि एथेन्स की समस्त बौद्धिक, वैज्ञानिक एवं कलात्मक उपलब्धियों और चमत्कारों का यही काल है। परंतु ईसा से आठ सौ वर्ष पहले होमर जैसे महाकवि का उदय कम महत्वपूर्ण नहीं है। होमर और हैसियोड (इसिआदोस) की रचनाएँ यूनानी सभ्यता और संस्कृति की भव्य और कलात्मक इमारत की आधारशिलाएँ हैं। ये समूचे सांस्कृतिक और कलात्मक समारोह की पूर्व पीठिका हैं। यदि यूनानी इतिहास का स्वर्णकाल न भी आता, तो भी इलियड और ओडिसी जैसे महाकाव्य उसे विश्व इतिहास में चिरस्मरणीय बनाए रखने के लिए पर्याप्त थे। साथ ही जब हम मिनोआन सभ्यता, माइसिनियन सभ्यता और आयोनियन सभ्यता के क्रमागत विकास के रूप में एथेंस की सभ्यता का अवलोकन करते हैं तो यह उतना आकस्मिक भी नहीं लगता जितना रसल साहब को लगा है। दूसरी तरफ एथेंस ई.पू.5वीं शताब्दी में भी पूर्णतः विघ्नबाधाहीन नहीं था। ई.पू.490 से 480 तक यूनान के नगर राज्य फारसी सम्राट (ईरानी नरेश) दर्यूस और उसके पुत्र के साथ होने वाले युद्धों की विभीषिका से आक्रांत थे। यह दूसरी बात है कि ईरान को दोनों बार के आक्रमण में मुँह की खानी पड़ी। विधिवत प्रशिक्षित विशाल फारसी सेना को हराने में स्पार्टा की सेना की केन्द्रीय भूमिका रही। 480 ई.पू. के युद्ध में माराथोन के मैदान में ईरान को ऐसी शर्मनाक पराजय का सामना करना पड़ा कि यूनान पर दोबारा आक्रमण करने का उसे साहस नहीं हुआ।

इस विजय ने पूरे यूनान को यह विश्वास दिया कि वह अपने पड़ोसी साम्राज्यों से हर दृष्टि से बेहतर और श्रेष्ठतर हैं और ई.पू.चौथी शताब्दी में उस समय तो बाजी ही पलट गयी जब सिकन्दर ने ईरान को ही पराजित कर यूनानी साम्राज्य में मिला लिया। माराथोन के युद्ध में

यूनान की विजय ने यूनानवासियों में जिस नवीन उत्साह और आत्मविश्वास का संचार किया, उसी के फलस्वरूप ई.पू.पाँचवी शताब्दी में यूनान की सर्वतोन्मुखी प्रगति हुई। इस युद्ध के पश्चात एथेन्स के पुनर्निर्माण और सौंदर्यीकरण का निर्णय लिया गया और नगर के बीच वाली पहाड़ी को देवभूमि घोषित कर उस पर मंदिरों के निर्माण का अभियान छेड़ा गया। अब राज्य संघ का कोष हाथ में आ जाने और चाँदी की खानों के निकल आने के कारण ये योजनाएँ विराट स्तर पर कार्यान्वित होने लगीं। एथेन्स वासियों की हार्दिक इच्छा थी कि ये मंदिर विशेष रूप से एथिना का मंदिर, इतना भव्य और आकर्षक हो कि मिलों दूर सागर से गुजरने वाले पोतों से भी वे दिखाई दें और लोग उनके प्रति नतमस्तक हों। इस संदर्भ में एलिस व जोन ने अपने विश्व-इतिहास में लिखा है कि, "इस योजना के अनुसार एथेन्स को लम्बी-चौड़ी सड़कों, भव्य इमारतों तथा कलात्मक मूर्तियों से सुसज्जित किया गया। इन सबमें तत्कालीन स्थापत्य कला की अत्युन्नत स्थिति का परिचय देनेवाली सर्वश्रेष्ठ कलाकृति 'पार्थेनान का मंदिर' है। जो एक्रोपोलिस नामक स्थान पर बनाया गया। समूचा मंदिर संगमरमर के पत्थर का बना हुआ था। इस विशाल मंदिर का निर्माण इक्टिनस और फेलिफेटिज की देखरेख में हुआ था। यह मंदिर 76 गज लम्बा, 33.5 गज चौड़ा और 21.5 गज ऊँचा था। यह डोरिक शैली में बना हुआ था, जिसमें सुंदर, सादे और भारी तथा ठोस स्तम्भों की प्रधानता थी। मंदिर में 46 स्तम्भ थे और प्रत्येक की ऊँचाई 34 फुट थी। इन खम्भों की चौड़ाई ऊँचाई में कम होती जाती थी। मंदिर के भीतर फीडियस द्वारा निर्मित एथिना देवी की अत्यंत सुंदर और भव्य प्रतिमा स्थापित थी। यह मंदिर 432 ई.पू. में बनकर तैयार हो गया था। यह पेरिक्लिज के युग की अप्रतिम कलाकृति था।" आगे चलकर एथेन्स में बड़े-बड़े संगीत भवन, मंदिर तथा नाट्यशालों का भी निर्माण हुआ।

इस दौरान मूर्तिकला के क्षेत्र में भी पर्याप्त विकास हुआ। यूनानी मूर्तिकारों ने सोने, काँसे तथा पत्थर की कलात्मक मूर्तियाँ निर्मित की। इनमें खिलाड़ियों तथा देवी-देवताओं की मूर्तियाँ अपेक्षाकृत ज्यादा परिणाम में थीं। इस युग के कलाकारों ने परम्परागत मर्यादाओं, आदर्शों तथा बन्धनों का पालन नहीं किया। इस संदर्भ में प्लैट एवं ड्रमंड ने अपनी पुस्तक 'हिस्ट्री ऑफ द वर्ल्ड' में लिखा है कि, "वे यथार्थ और सौंदर्य को अधिक महत्व प्रदान करते थे। माइरन, पोलिक्लीटस तथा फीडियस उस युग के प्रमुख मूर्तिकार थे। फीडियस ने अपनी मूर्तियों में यूनानी धर्म तथा आदर्शों का अंकन किया। उसके द्वारा निर्मित मूर्तियों में एथिना देवी की 11.75 मीटर ऊँची मूर्ति विश्वविख्यात है। यह मूर्तिकाँसे की बनी थी। देवी की मूर्ति मुस्कुराती मुद्रा में थी। उसकी मूर्तियों में शौर्य और सुकुमारता का सुन्दर समन्वय देखने को मिलता है। माइरन खिलाड़ियों की मूर्तियों
में शौर्य और सुकुमारता का सुन्दर समन्वय देखने को मिलता है। माइरन खिलाड़ियों की मूर्तियाँ
बनाने में दक्ष था। उसके द्वारा निर्मित 'डिस्कस थ्रोअर' मूर्ति अप्रतिम है।" इस प्रकार विवेच्य युग यूनानी मूर्तिकला के प्रकर्ष का युग है। इस युग में मूर्तिकला के साथ-साथ चित्रकला का भी विकास हुआ। इस युग में चित्रकला की तीनों प्रविधियों-फ्रेस्को विधि, टेम्पेरा विधि तथा एक्कास्टिक विधि का सम्यक विकास हो चुका था। इस युग के चित्रकारों में पोलिग्नोटस, ज्यूक्सिज और परसियस मुख्य थे। पोलिग्नोटस के चित्रों में 'ट्राय का ध्वंस' तथा 'ओडेसियस' प्रमुख माने जाते हैं। ज्यूक्सिज के 'धावक' नामक चित्र में पसीने की बूँदें ऐसी दिखाई गयी हैं कि मानों अभी नीचे गिरनेवाली हों। उसके द्वारा निर्मित हेलेन चित्र नारी-सौंदर्य का अप्रतिम प्रतिमान है। उसकी

अद्वितीयता निर्विवाद है। इस तरह एथेन्स की कला, श्रेष्ठता, उच्चता एवं साम्राज्य भावना की अभिव्यक्ति का अत्यंत सशक्त, विश्वसनीय एवं प्रभावकारी माध्यम बनकर प्रतिष्ठित हुई।

फारसी सेनाओं को हराने के बाद एथेन्स के अभिजात वर्ग पर अपने नगर राज्य की व्यवस्था के साथ-साथ डेलियन लीग के माध्यम से लगभग तीन सौ राज्यों के नेतृत्व का उत्तरदायित्व भी आ गया था। वस्तुतः उस समय उसके अधीन संपूर्ण यूनानी साम्राज्य था जिससे उसकी महत्वाकांक्षाएँ तथा लक्ष्य और भी ऊँचे हो गये थे। फलतः यश और धन की कामना रखने वाले कलाकारों ने उस वर्ग से जुड़ना श्रेयस्कर समझा। इसी दौरान परम यशस्वी पेरीक्लेज (500 से 429 ई.पू.) का तीस वर्षीय (460 से 430 ई.पू.) शासन काल एथेंस के इतिहास का स्वर्णयुग सिद्ध हुआ। यह एथेंस की सर्वांगीण प्रगति और बौद्धिक, सांस्कृतिक, कलात्मक उपलब्धियों के प्रकर्ष का युग है। इस संदर्भ में आचार्य देवेन्द्रनाथ शर्मा ने ठीक ही लिखा है कि "पेरिक्लेज जैसा सुसंस्कृत, सुशिक्षित, दूरदर्शी, कल्पनाशील, राजनीतिकुशल, कलाप्रवीण, वाग्मी और लोकप्रिय शासक एथेंस में दूसरा नहीं था। अपने इन दुर्लभ गुणों के कारण वह लगातार पन्द्रह वर्ष एथेंस का शासक निर्वाचित हुआ और उसके शासन में एथेंस की आशातीत प्रगति हुई। सांस्कृतिक, राजनैतिक, आर्थिक, साहित्यिक- सभी क्षेत्रों में उसकी देन अभूतपूर्व रही। कहा तो यहाँ तक जाता है कि यूरोप में पुनर्जागरण युग (14 वीं शताब्दी ई.) के पहले कहीं भी इतना रचनात्मक, स्फूर्त सक्रियता और समृद्धि दृष्टिगोचर नहीं होती जैसी पेरीक्लेज के शासनकाल में। सोफोक्लेज (495-405 ई.पू.) यूरीपिडीज़ (480-406 ई.पू.)और एस्खिलुस (525-456 ई.पू.) जैसे विख्यात दुःखांतक (ट्रेजडी) नाट्यकार, अरिस्तोफानेस (445-385 ई.पू.) जैसा अद्भुत प्रहसकार, सोक्रोतेस (470-399 ई.पू.) जैसा महान विचारक, पिंदार (522-443 ई.पू.) जैसा यशस्वी प्रगीतकार, हेरोदोतुस (480-425 ई.पू.), थूकिदिदेस (464-404 ई.पू.) जैसा प्रसिद्ध इतिहासकार, हिपोक्रोतेस (460-377 ई.पू.) जैसा लब्धकीर्ति चिकित्सक, एम्पेदोक्लेस और देमाक्रितुस (464-404 ई.पू.) जैसे गंभीर वैज्ञानिक, पेरिक्लिज युग की ही देन हैं। बर्ट्रेंड रसल का कहना है कि "संभवतः संपूर्ण इतिहास में पेरिक्लेज-युगीन एथेन्स की उपलब्धियाँ विलक्षणतम हैं। पेरिक्लेज के पहले एथेंस यूनान के ही कई राज्यों से पीछे था, वहाँ किसी क्षेत्र में कोई उल्लेख्य व्यक्ति उत्पन्न नहीं हुआ। किन्तु विजय, वैभव और निर्माण की प्रेरणा के फलस्वरूप एक से एक नाटककार, मूर्तिकार, वास्तुकार उत्पन्न हुए जिनकी कृतियाँ ढाई हजार वर्षों के बाद भी आज अपनी रमणीयता एवं कलात्मकता से लोगों को मोह लेती हैं। वस्तुतः उनसे उत्कृष्ट कृतियाँ यूरोप में आज तक निर्मित नहीं हो पायीं।"[12] इसी क्रम में सुकरात, प्लेटो और अरस्तू जैसी दिग्गज एवं बहुआयामी विभूतियों का आगमन यूनान के बौद्धिक, सांस्कृतिक एवं कलात्मक प्रकर्ष को कालजयता प्रदान करता है। प्लेटो और अरस्तू अपने मूल स्वरूप में आभिजात्यवाद के पुरस्कर्ता ही हैं। भले ही काव्य के प्रभाव पर विचार करने के कारण कुछ विद्वान प्लेटो को प्रथम स्वच्छंदवादी समीक्षक मानते रहे हों।

प्लेटो द्वारा गीति, नाटक, त्रासदी एवं संभाषण की तुलना में महाकाव्य को श्रेष्ठत्व प्रदान करना इस बात का परिचायक है कि वह आभिजात्यवादी था। उसके द्वारा महाकवि होमर की प्रशंसा से भी यही सिद्ध होता है। साथ ही, शैली के सम्बन्ध में कही गयी उसकी बातें विषय का व्यापक ज्ञान, कला के नियमों का ज्ञान तथा अभ्यास, प्रारूप में एकरूपता और विभिनन अंगों का सुष्ठ एवं पुष्ट गठन इत्यादि उसे सच्चे अर्थों में अभिजात विचारक की गरिमा प्रदान करते

हैं। महामनीषी अरस्तू इस परंपरा के शिखर पुरुष ही हैं। लौंगिनुस अथवा लोंजाइनस का उदात्त सिद्धांत आभिजात्यवाद को व्यापकता, उत्कृष्टता और मानवीयता प्रदान करता है। अभिजात युग की महान चिंतना शक्ति का ही फल है कि इस युग में तीन सार्वकालिक महान कृतियों का सृजन हुआ। प्लेटों का 'गणराज्य', अरस्तू का 'काव्यशास्त्र' और लौंगिनुस का 'काव्य में उदात्त तत्व'। वस्तुतः ये कृतियां केवल यूनान के लिए ही स्वाभिमान की वस्तु नहीं है, अपितु संपूर्ण मानव जाति इन पर गर्व कर सकती है।

यूनानी सभ्यता अदम्य उत्साह और बौद्धिक गवेषणा के साथ ही कतिपय जीवनव्यापी आस्थाओं और विश्वासों पर आधारित थी। ग्रीक नागरिकों के जीवन में अव्यवस्था एवं विशृंखलता का अभाव था। समूचा राष्ट्र एक व्यक्ति की भाँति संगठित और व्यक्तित्वमान था। वहाँ किसी भी प्रकार के विघटनकारी तत्वों के लिए गुंजाइश नहीं थी। बावजूद इसके प्रत्येक नागरिक अपने विचारों और कार्यों में अपेक्षित स्वतंत्रता का लुत्फ भी उठा सकता था। यह अपने ढंग की अद्वितीय और आदर्श व्यवस्था थी। यूनानियों का जीवनदर्शन प्राचीन भारतीय दर्शन की ही भाँति देवोपासना से अनुप्राणित था। देवता इनके सहचर थे। इनके पर्वों और उत्सवों में सहभागी रहते थे। कदाचित इसी कारण देव मूर्तियों के निर्माण में ग्रीक कलाकार अप्रतिम सौंदर्य का प्रदर्शन कर सके। इन कलाकारों ने दलित द्राक्षा की भाँति अपनी सर्जनात्मकता का सर्वस्व निचोड़ कर रख दिया है। इसी प्रकार होमर का महाकाव्य इलियड एक महाकवि की रचनात्मकता का अधिकतम दोहन है। वह एक वीर और सामर्थ्यशाली जाति का ही महाकाव्य हो सकता है। एस्खिलुसु, सोफोक्लीज और यूरीपिडीज की त्रासदियाँ महत संघर्ष और महान दैवदुर्विपाक से समन्वित हैं।

यह ग्रीक सभ्यता का स्वर्णयुग था। इसके अनन्तर ग्रीक सभ्यता में स्थिरता आई जिससे बौद्धिक अनुशीलन के लिए उर्वर जमीन और अनुकूल वातावरण तैयार हुआ। प्लेटो और अरस्तू इसी अनुशीलन के शिखर पुरुष हैं। आगे चलकर यूनानी जीवन में व्यवस्था के उत्कर्ष के साथ-साथ रीति और परंपरा का वर्चस्व भी बढ़ा। मौलिक जीवनशक्ति के अपकर्ष के बावजूद यह युग अपनी नियम निर्भरता की छाया शताब्दियों तक खींचता गया। यहाँ तक कि जब सभ्यता का केन्द्र एथेंस से हटकर रोम हो गया तब भी यह ग्रीक छाया अपने समूचे प्रभाव के साथ उपस्थित रही। रोमन सभ्यता के सर्वश्रेष्ठ महाकाव्य वर्जिल के 'इनियड' पर भी यूनानी आभिजात्यवाद का घोर प्रभाव रहा है। वर्जिल के रचनाकार पर होमर की आत्मा प्रेरणाशक्ति के रूप में सतत विद्यमान रही है।

रोमी काव्यशास्त्रियों की विचारधारा अपेक्षाकृत ज्यादा व्यावहारिक थी। वे यूनानी उपलब्धियों से इतने अभिभूत थे कि उन्होंने अनुकरण को ही सर्वोत्तम साधन माना। रोमी आचार्यों में दो बड़ी विभूतियों के दर्शन होते हैं- होरेस तथा क्विन्टिलीयन। होरेस के विचारों पर अरस्तू की गहरी छाप है और क्विन्टिलीयन के काव्य सिद्धांतों पर प्लेटो, अरस्तू और होरेस का सम्मिलित प्रभाव। रोमी सर्जक ऐसे काव्य एवं राष्ट्रीय साहित्य का सृजन करना चाहते थे जो यूनानी अभिजात साहित्य के टक्कर का हो। रोमन सभ्यता के सर्वश्रेष्ठ महाकाव्य वर्जिल के इनियड की रचना से उनके विश्वास को दृढ़ता मिली। यह युग रोम के प्रथम ख्यातिलब्ध महान शासक ऑगस्टस का युग था आगस्टस की तुलना एथेन्स के पेरिक्लिज, भारत के अशोक तथा इंगलैंड के एलिजाबेथ के गौरवशाली शासन से की जाती है। ऑगस्टस साहित्यप्रेमी और कला संस्कृति का संरक्षक

था। उसके शासनकाल के गौरव और वैभव को लेकर संपूर्ण यूरोप में यह उक्ति चल पड़ी कि सारे मार्ग रोम को जाते हैं। (ऑल रोड्स लीड टू रोम)। इस युग के महान साहित्यकारों में वर्जिल, होरेस, टिबुलस, प्रोपात्रेयस, ओविड तथा लीनी की गणना की जाती है। इनमें वर्जिल महाकवि के रूप में और होरेस महान विचारक के रूप में जाने जाते हैं। ये विषय, भाव, भाषा तथा छन्द समेत काव्य के सभी अंगों-उपांगों में औचित्य के आग्रही हैं। वैसे भी औचित्य शास्त्रवाद का एक प्रकार से अभिन्न सहचर है।

दूसरी शताब्दी के रोम के एक लेखक आउलूस गोल्लिउस ने अपने समय के साहित्य में दो प्रमुख प्रवृत्तियां लक्षित करते हुए उसके आधार पर तत्कालीन साहित्यकारों को दो वर्गों में रखा। पहले वर्ग के अन्तर्गत आभिजात्यवादी लेखकों को स्थान दिया गया, जिन्हें उसने 'क्रिप्टरक्लासिकुस' की संज्ञा से अभिहित किया है। उसने दूसरे वर्ग के अन्तर्गत जनवादी लेखकों का समावेश किया तथा उन्हें स्क्रीप्टर प्रोलितेरिउस नाम दिया है। इस प्रकार आभिजात्यवादी रचनाकारों का विषय और पाठक आभिजात्यवर्ग से संबद्ध हैं और जनवादी लेखकों के साहित्य का विषय उनकी प्रतिबद्धता एवं उनके पाठक सर्वहारा वर्ग अथवा सामान्य जनता से संबद्ध हैं। कालांतर में आभिजात्यवादी कृतियों का अध्ययन-अध्यापन अकादमियों एवं शिक्षण संस्थाओं में सुव्यवस्थित ढंग से होने लगा। उस युग में प्रायः कुलीन परिवार के बच्चों को ही अध्ययन की सुविधाएँ प्राप्त थीं जिससे इस प्रकार की वर्गीय चेतना निरंतर पुष्ट होती रही। आगे चलकर जिसका पुनरुत्थान इटली, फ्रांस, जर्मनी और इंगलैंड में नव्यआभिजात्यवाद के रूप में हुआ है।

इस प्रकार आभिजात्यकाल यूनान और रोम के दो महाकवियों-होमर और वर्जिल के बीच का काल है जो एक हजार वर्षों के अन्तराल में फैला हुआ है अर्थात ई.पू.850 से लेकर ई.की दूसरी शताब्दी तक। यही वह समय है जब ग्रीक और रोमन सभ्यताएँ अपने शिखर पर पहुँची और मानव इतिहास के गगन मण्डल पर जाज्वल्यमान नक्षत्र की भाँति चमकते हुए सहसा लुप्त हो गयीं। इस दौरान ग्रीक रोमन प्रतिभाओं ने हर एक कला के क्षेत्र में अपनी रचनात्मकता का सर्वोत्तम अवदान देते हुए सार्वभौम-शाश्वत कलात्मक प्रतिमान प्रस्तुत किए। अपनी सर्जनात्मकता का अधिकतम दोहन कर के साहित्य और कला को पराकाष्ठा पर पहुँचाया। यह दूसरी बात है कि क्लासिकल कलाकृतियों के सृजेताओं ने भी यह नहीं सोचा होगा कि बाद में उनका युग क्लासिकल कहलाएगा। उस समय वे केवल अपने युग की मांग को पूरी करनेवाली कलाकृतियों का निर्माण कर रहे थे। इसे तो इतिहासकारों ने मानव सभ्यता की संपूर्ण एवं अद्यतन उपलब्धियों के परिप्रेक्ष्य में निर्धारित किया है क्योंकि यही वह समय है जब साहित्य और कला ने सर्वाधिक ऊँचाइयों का स्पर्श किया। इनसे उत्कृष्टतर, भव्यतर, ललित और उदात्त कृतियाँ संपूर्ण यूरोप के इतिहास में आज तक नहीं निर्मित हो सकीं। यूरोप ही क्या, भारत को छोड़कर संपूर्ण विश्व के इतिहास में इनसे महत्तर कलाकृतियाँ फिर कभी नहीं निर्मित हुई। अतः होमर और वर्जिल के बीच का एक हजार वर्ष सभी दृष्टियों से आभिजात्य काल है। इस युग के प्रतिनिधि साहित्यिक रूपों में महाकाव्य, त्रासदी और गीतिकाव्य हैं। होमर और वर्जिल विवेच्ययुग के महाकाव्यकार, एस्खिलुस, सोफोक्लेज और यूरीपिडीज त्रासदीकार तथा पिण्डार एवं हेरोदोतुस प्रमुख प्रगीतकार हैं। विचारकों में प्लेटो, अरस्तू, सिसरो, होरेस और लोंगिनुस प्रमुख हैं। ये सभी अपने-अपने क्षेत्र की अप्रतिम विभूतियाँ हैं। इनकी तुलना लगभग असंभव है।

1.4 आभिजात्यवाद की प्रमुख विशेषताएँ

सामान्यतः आभिजात्यवाद शब्द काव्यशास्त्र के संदर्भ में अपने व्यापक रूप में प्रयुक्त होता है। इसके द्वारा जागरणकाल से पहले के सभी यूनानी और रोमी काव्यशास्त्रियों एवं कवियों की अवधारणाओं का बोध होता है। चूंकि दूसरी शताब्दी के उपरांत हजार वर्षों का अन्धकार युग आता है, अतः हमने होमर से लेकर वर्जिल तक के काल को आधार बनाकर आभिजात्यवाद का ऐतिहासिक संदर्भ निश्चित किया है। आभिजात्यवादी कृतियाँ मौलिकता, उत्कृष्टता, उपयोगिता, अभिव्यक्तिगत विशिष्टता तथा अपनी संरचना एवं रचनात्मक उपलब्धि में अपना प्रतिमान स्वयं बन जाती है। आनेवाला समय जिनके यथार्थ अनुकरण में ही अपने को धन्य मानता है। विचारणीय है कि यूनान के जिन कलाकारों ने आभिजात्य कला के प्रतिमान बनाये, उनके सामने अनुकरण करने के लिए पूर्व कृतियाँ नहीं थीं। इन्होंने एक प्रकार से 'ट्रायल एण्ड एरर मेथड' अर्थात बार-बार प्रयोग करते हुए अपनी भूल सुधारने की कला के आधार पर अपने रचनात्मक गंतव्यों तक की यात्रा तय की। चूँकि इनके समक्ष कोई निर्धारित मार्ग नहीं था अतः अपने समय की आवश्यकताओं की पूर्ति और युगजीवन के प्रतिबंधन के लिए नये प्रयोग इनकी नियति थे। ध्यातव्य है कि ये प्रयोग ई.पू.8वीं शताब्दी में ही शुरू हो गये थे। होमर के अमर महाकाव्य इसी युग में रचे गये। इसलिए हम कह सकते हैं कि महाकाव्य के क्षेत्र में आभिजात्यकाल तब तक आ गया था किन्तु अन्य कलाओं में उसका आगमन शेष था क्योंकि सभी कलाओं पर समान रूप से प्रभाव डालने वाली समाज-रचना अभी प्रतीक्षित थी। ई.पू. पाँचवीं और चौथी शताब्दी में आने वाले त्रासदीकारों, नाटककारों, प्रगीतकारों, मूर्तिकारों, वास्तुकारों तथा चित्रकारों ने अपनी रचनात्मक प्रतिभा के अधिकतम दोहन द्वारा ऐसी कलाकृतियाँ निर्मित कीं जो आगे की शताब्दियों में यूनान और यूरोप के कलाकरों के लिए प्रतिमान बन गयीं। इन कलाकारों की कृतियों में यूनान का सामूहिक अवचेतन मन अपनी संपूर्ण आशा-आकांक्षा के साथ चित्रित हुआ है। आगे चलकर रोमी रचनाकारों ने यूनानी कृतियों का विषयानुकरण किया। यदि सेनेका ने एस्खिलुस, सोफोक्लिज तथा यूरिपिडीज से विषय लिए तो वर्जिल के लिए होमर की रचनाएँ प्रेरणास्रोत बनीं। इस प्रकार जहाँ भी आभिजात्य कृति के अनुकरण के तहत निर्धारित नियमों का सचेत होकर पालन किया जाए, उसके लिए आभिजात्यवाद शब्द का प्रयोग ही किया जाता है। मध्यकालीन यूरोप में फ्रांस और जर्मनी की कलाकृतियाँ इसी प्रकार के प्रयासों के अन्तर्गत हैं। क्योंकि ये यूनानी आभिजात्य कलाकृतियों का अन्यदेहिवत् अनुकरण हैं जिसे ध्वन्यालोककार आनंदवर्धन ने आत्मा का अनुकरण कहा है। इस तरह आभिजात्वाद एक व्यापक अवधारणा है जिसकी प्रमुख विशेषताएँ संक्षेप में इस प्रकार हैं-

1.4.1 जीवन के सार्वभौम और शाश्वत पक्ष का चित्रण

आभिजात्यवाद जीवन के सार्वभौम और शाश्वत पक्षों की खोज का प्रयास करता है। इसकी दृष्टि में ऐसे नियम और सिद्धांत महत्वपूर्ण हैं जो किसी एक व्यक्ति या युग के लिए नहीं वरन हर युग और संपूर्ण समाज के लिए, मनुष्यमात्र के लिए स्वीकार्य हैं। यह सिद्धांत व्यक्तिकेन्द्रित न होकर समाज केन्द्रित होता है जो व्यक्ति-विशेष के बदले सामान्य की प्रतिष्ठा में अपने चिंतन और शास्त्र की सार्थकता मानता है। आभिजात्यवादी कृतियाँ मानव-समाज के 'सामूहिक

अवचेतन' मन का चरम निदर्शन हैं जिनका स्वर आदेशात्मक होता है। जो कहता है, "अगर तुम श्रेष्ठकृति का निर्माण करना चाहते हो तो इन सिद्धांतों का पालन करो जो हमारी भव्यतम निर्मिति से प्रतिमान बनकर उभरे हैं।" फलस्वरूप श्रेष्ठता की एक सामान्य कसौटी बन जाती है जिसे सभी रचनाओं के मूल्यांकन के लिए बतौर मानदण्ड प्रयोग में लाया जाता है। काव्य-क्षेत्र में यही काव्यात्मक अनुकरण बन जाता है।

अरस्तू आदर्श-स्वरूप के इसी काव्यमय अनुकरण का विश्लेषण करते हुए कहते हैं कि, "कवि या कलाकार द्वारा अनुकरण किया गया जीवन-चित्र अवास्तविक नहीं होता बल्कि वह वास्तविक सत्य है, शाश्वत सत्य है, सार्वभौम सत्य है। इसे सिद्ध करने के लिए अरस्तू काव्य और इतिहास की तुलना करते हुए कहते हें कि कवि का कार्य यह नहीं है कि वह घटनाओं का विवरण प्रस्तुत करे बल्कि उसका कार्य यह बताना है कि सम्भावना और आवश्यकता के नियमों के अनुसर क्या संभाव्य है। कवि और इतिहासकार में भेद यह नहीं है कि एक पद्य में लिखता है, दूसरा गद्य में। वास्तविक भेद यह है कि एक तो उसका वर्णन करता है जो घटित हो चुका है और दूसरा उसका जो घटित हो सकता है। परिणामत: काव्य में दर्शन तत्व अधिक होता है, उसका स्वरूप इतिहास से भव्यतर है क्योंकि काव्य सामान्य (सार्वभौम) की अभिव्यक्ति है और इतिहास विशेष की। सामान्य (सार्वभौम) से मेरा तात्पर्य यह है कि विशेष प्रकार का कोई व्यक्ति सम्भाव्यता अथवा आवश्यकता के नियम के अनुसार किसी अवसर पर कैसे बातचीत या व्यवहार करेगा। नाम-रूप से विशिष्ट व्यक्तियों के माध्यम से इसी सार्वभौमता की सिद्धि काव्य का लक्ष्य होती है।"[13] इस प्रकार काव्य का सत्य मात्र वास्तविकता की प्रस्तुति नहीं बल्कि उन वास्तविकताओं में निहित सत्य है जो देशकाल की सीमा से परे है। वह शाश्वत है, उसमें कोई मौलिक परिवर्तन नहीं होता। निस्संदेह, जीवन में शाश्वत और सार्वभौम सिद्धांतों का अपना महत्व है।

आभिजात्यवाद विशिष्ट के माध्यम से सार्वभौम-सनातन सत्य की खोज का कलात्मक प्रयास है। इस संदर्भ में डॉ. तारकनाथ बाली का अभिमत हैं कि, "अपने सीमित अर्थ में प्रकृति विशिष्ट एवं नश्वर है, गतिशील है और व्यापक अर्थ में प्रकृति एक सनातन सत्ता है जो निश्चित नियमों के अनुसार गतिमान होती रहती है, परिवर्तित होती रहती है। प्राचीन यूनान का चिंतन प्रकृति के इस दृश्य एवं परिवर्तनशील रूप के पीछे विद्यमान एवं कार्यशील मूल सत्य को पकड़ने का प्रयास करता रहा- मूल सत्य स्थिर भी हो सकता है और परिवर्तनशील भी। मगर नश्वर और विशिष्ट के माध्यम से शाश्वत और सनातन की खोज का क्षेत्र प्रकृति ही है क्योंकि वह दोनों अर्थों में ही सत्तावान है।... मानव नश्वर होते हुए भी कुछ सनातन आदर्शों को स्वीकार करता है उनके द्वारा परिचालित होता है। इस प्रकार मानव व्यक्ति के रूप में भी अस्तित्ववान है और जीवन के, आत्मा या चेतना के शाश्वत नियमों के प्रतिनिधि के रूप में भी।"[14] इस प्रकार कथित जीवन दृष्टि को कलाकृतियों के अध्ययन का आधार बनाया जा सकता है। क्योंकि जिन कृतियों को चिरकाल से मान्यता प्राप्त है, और युग-युगांतर से जिनका महत्व बना हुआ है, वे अपने आप में विशिष्ट रचनाएँ हैं। ऐसी कृतियों को 'क्लासिक', 'कालजयी कृति', 'अमर कृति', 'चिर सम्मत ग्रंथ' या 'गौरवग्रंथ' अथवा 'आर्ष ग्रंथ' की संज्ञा से अभिहित किया जाता है। परन्तु, उत्कृष्ट कलाकृतियाँ विशिष्ट होते हुए भी विशिष्ट व्यक्ति या प्रवृत्ति के रूप के समान नश्वर नहीं हैं। होमर मर्त्य है मगर 'इलियड' और 'ओडिसी' अमर काव्य हैं। इनमें निहित

काव्यात्मकता, संवेदनगत-सम्पन्नता, भावनात्मक गहराई, अनोखी सूझ-बूझ, प्रतिभाशाली संकल्पना, चिर-नवीन दृष्टि, उच्च स्तरीय-चिंतन एवं कलात्मक-सौष्ठव इन्हें कालजयता प्रदान करते हैं। ये रचनाएँ कराल-काल की वेगवती धारा में भी अविच्छिन्न और अविचलित हैं। वाल्टर रैले ने आभिजात्यवाद के इस वैशिष्ट्य पर विचार करते हुए ठीक ही लिखा है कि, "आभिजात्यवादी लेखक वह है जो साहित्य में शालीनता की चिर प्रतिष्ठा करने का और उसका शाश्वत आवास बनाने का प्रयत्न करता है। वह चाहता है कि साहित्य विश्वजनीन सभ्यता का चरम प्रतीक हो। वह विविध युगों को एक सूत्र में बांधने, एक दीप्तिमान संघ के अंतर्गत युग-युगों के प्रतिष्ठित जनों को एकत्रित करने तथा मानवता के विच्छिन्न प्रयत्नों को एक समष्टि में सूत्रबद्ध करने ताकि विवेक और व्यवस्था की प्रतिष्ठा हो सके जैसे श्रमसाध्य लक्ष्य से परिचालित होता है।" कहने का आशय यह है कि महानतम कृतियाँ अपने सार्वभौम आकर्षण तथा बहुलार्थता के कारण ही हर देश और हर युग में ग्राह्य होती हैं। कदाचित् इसी को लक्षित करके प्रख्यात जर्मन कवि गोइटे ने अपने फाउस्ट में आभिजात्यकालीन गौरव-मंडित यूनान के शाश्वत यश का उद्घोष किया है-

"यूनान और उसकी बुनियादें
गहरी कहीं युद्ध-लहर के नीचे
आधारित, विचार-सागर के
निर्मल जल पर शाश्वत।"

ग्रीक और रोमन भाषाओं में महान रचनाकारों द्वारा लिखे गये साहित्य को ही क्लासिकल साहित्य कहा जाता है। इस क्लासिकल साहित्य के आधार पर जो आलोचना शास्त्र निर्मित हुआ उसमें प्लेटो, अरस्तू, होरेस, लॉन्जाइनस आदि का केन्द्रीय योगदान है। इनके द्वारा निर्मित प्रतिमानों पर खरी उतरने वाली कृतियों को अभिजात रचना का दर्जा प्राप्त है। यद्यपि इन विचारकों और रचनाकारों का मुख्य सरोकार अपने समय के समाज, परिवेश, साहित्य और मानवीय नियति से था, परंतु इनकी कृतियों एवं स्थापनाओं के अंतर्गत मनुष्य, समाज और साहित्य के बारे में चिरंतन सत्य की अभिव्यक्ति हुई हैं। इनमें ऐसी समस्याएँ और जीवन- स्थितियाँ चित्रित हैं जो देश-काल की सीमाओं से परे हैं- जो देश-देशांतर और युग-युगांतर के लिए पर्याप्त प्रासंगिक हैं। ऐसा चिंतन ऐतिहासिक परिस्थितियों की उपज तो है, परंतु वह सार्वजनीन और सर्वकालीन मीमांसा का विषय है। किसी भी महान रचनाकार-विचारक के चिंतन का कुछ अंश उसकी अपनी परिस्थितियों और प्रयोजनों की अभिव्यक्ति हो सकता है, परन्तु उसका बहुत बड़ा हिस्सा चिरंतन सत्य की अभिव्यक्ति होता है। ऐसी गरिमामयी कलाकृतियाँ सार्वभौम-शाश्वत जीवन-मूल्यों की प्रतिष्ठाता होती हैं।

1.4.2 दैवी-प्रेरणा एवं निसर्गजात प्रतिभा में आस्था

आभिजात्यवादी यूनानी रचनाकार एवं विचारक इस बात को मानते हैं कि काव्य का उद्भव दैवी-कृपा या दैवी-प्रेरणा से होता है। भारतीय चिंतकों की भाँति वहाँ के कवियों एवं आचार्यों दोनों की यही मान्यता रही है कि ईश्वर-अनुग्रह से ही कवित्व-शक्ति प्राप्त होती है और उसी के द्वारा कवि-कर्म के मार्ग में आनेवाली बाधाओं का शमन होता है। जिस प्रकार काव्यारंभ में भारतीय कवि सरस्वती-वंदना या मंगलाचरण या नान्दी-पाठ की परंपरा का अनुपालन करते हैं, ठीक,

उसी प्रकार यूनानी कवि कला की अधिष्ठात्री देवी 'म्यूज' *(Muse)* को काव्यारम्भ में स्मरण करते हैं। महाकाव्यकार होमर का दृढ़ विश्वास था कि कवि दैवी-प्रेरणा से प्रेरित होकर कविता की सृष्टि करता है, इसलिए उसने 'इलियड' तथा 'ओडिसी' दोनों ही ग्रंथों में कला देवी 'म्यूज' की वन्दना की है। भारतीय विद्या-देवी सरस्वती की भाँति 'म्यूज' वहाँ कला की अधिष्ठात्री देवी के रूप में प्रतिष्ठित हैं। 'म्यूज' के आधार पर ही म्यूजिक शब्द बना, जो कला-देवी की भक्ति के अर्थ में प्रयुक्त हुआ। यूनान में बहुत समय से कवियों द्वारा दैवी कृपा तथा प्रेरणा का आवाहन होता आया है। इस विश्वास से स्पष्ट पता चलता है कि कविता का मूल स्रोत किसी ऐसी पारलौकिक या आध्यात्मिक शक्ति में है, जो कवि के नियंत्रण से बाहर होती है। हेसियोड ने तो घोषणा कर दी थी कि म्यूज ने अपार कृपा के साथ काव्य रचना की शक्ति उसे प्रदान की।

सुप्रसिद्ध यूनानी दार्शनिक सुकरात भी दैवी-प्रेरणा पर विश्वास करते थे। प्लेटो ने इस तथ्य को 'आयोन' में प्रस्तुत किया है। सुकरात वहाँ आयोन से कहता है कि, "जो प्रदाय तुम्हें मिला है वह कला नहीं है अपितु उसे एक प्रेरणा कहना चाहिए और यह प्रेरणा एक दैवी शक्ति के द्वारा नियंत्रित हैं। उसने इस दैवी प्रेरणा के नियंत्रण को स्पष्ट करने के लिए एक उदाहरण दिया कि जिस प्रकार चुम्बक आसपास के अन्य लोहे के टुकड़े को खींचता है ठीक उसी प्रकार वह दिव्य शक्ति तुम्हें आकर्षित करती हुई संचालित करती हैं। उस दिव्य चुम्बक से अनेक आकर्षण उत्पन्न होते हैं और प्रेरणा की एक धारा चल पड़ती है। अर्थात कवि जो कुछ कहता है वह दैवी प्रेरणा से वशीभूत होकर व्यक्त करत है।"[15] महाकाव्य और प्रगीत दोनों के रचयिता श्रेष्ठ कवि अपनी सुंदर कविताओं को कलात्मक प्रतिभा के द्वारा नहीं रचते हैं अपितु वे दैवी प्रेरणा के वशीभूत होते हैं *(Compose their beautiful Poems not by art, but they are inspired and possessed.)* इस प्रकार 'आयोन' कविता की प्राचीन धारणाओं को शुद्ध प्रेरणा के अन्तर्गत रखता है। प्लेटो जोर देकर कहता है कि, "कवि जो कुछ कहता है वह मन की आविष्ट अवस्था में कहता है और वहाँ बोलने वाला ईश्वर ही होता है जो कवि को माध्यम बनाकर अपनी बात कह लेता है। इसलिए कवि परमात्मा की बात के व्याख्याकार मात्र हैं।"[16] शेक्सपियर ने भी कहा है कि, "कवि, प्रेमी और पागल एक विचित्र कल्पना के अतिरेक से बोझिल होते हैं।"[17] इस प्रकार प्लेटो के अनुसार कवि के समस्त कार्य-व्यापार ईश्वर द्वारा संचालित होते हैं।

अरस्तू दैवी-प्रेरणा के स्थान पर 'अनुकरण' को काव्य-प्रेरणा के रूप में स्वीकारते हैं। उनके अनुसार 'अनुकरण' ही समस्त कलाओं का मूल है। काव्यजीवन और प्रकृति का अनुकरण है। अनुकरणात्मक कलाएँ जीवन के उदात्त पक्ष को ग्रहण करती हुई जीवन के सार्वभौमिक सत्यों को प्रकाश में लाती हैं। वह प्रकृति से संयोग स्थापित कर जीवन को अपूर्णता से पूर्णता की ओर ले जाती है। दूसरी तरफ लांजाइनस भी भारतीय मनीषी चिंतकों की भाँति 'नव-नव-नवोन्मेषशालिनी प्रज्ञा प्रतिभा' को निसर्गजात मानते हैं। उनके अनुसार प्रकृति ही सृजनशक्ति का मूल है। कला इस प्रकृति के सौंदर्य का ही रूप है। उदात्त प्रवृत्ति या प्रतिभा नैसर्गिक होती है, शिक्षा के द्वारा इसकी प्राप्ति नहीं होती। "प्रकृति ही एकमात्र ऐसी कला है जो उसे अपनी परिधि में बाँध सकती है।"[18] लोंजाइनस के मत से जो लोग यह मानते हैं कि प्रकृति व्यवस्था स्थापित नहीं करती तथा प्रतिभा जन्मजात नहीं होती वे सत्य को झुठलाना चाहते हैं। ये अलौकिक प्रतिभा को काव्य का प्रधान हेतु स्वीकार करते हैं। इनकी दृष्टि में नैसर्गिक प्रतिभा का विस्फोट एक विराट ज्वालामुखी की तरह होता है, जो युग-युगांतर तक मानव मन पर अपनी अमिट

छाप छोड़ती है।

होरेस ने यूनानियों की भाँति काव्य को दैवी-प्रेरणा का परिणाम माना है। ये काव्य-हेतु के अन्तर्गत प्रतिभा तथा अभ्यास के सामंजस्य पर जोर देते हैं और यह स्पष्ट करते हैं कि जन्मजात-काव्य-प्रतिभा से सम्पन्न कवि भी अभ्यास के द्वारा अपनी प्रतिभा और कला को परिमार्जित एवं विकसित करके ही शाश्वत यश की कामना कर सकता है। इस प्रकार आभिजात्यवादी रचनाकारों एवं विचारकों ने काव्य-की दैवी प्रेरणा एवं निसर्गजात प्रतिभा के प्रति अपनी अटूट आस्था व्यक्त की है।

1.4.3 उच्चादर्शों, महत्‌चरित्रों, विराट विषय-वस्तुओं एवं भव्य कलात्मक प्रतिमानों का अनुकरण

आभिजात्यवाद काव्य को जीवन और प्रकृति का अनुकरण मानकर चलता है। यद्यपि प्लेटो ने अनुकृति की अवधारणा का प्रवर्तन किया तथापि अरस्तू ने उसके वास्तविक रूप का विस्तार किया तथा अनुकरण की प्रक्रिया को नया रूप और नया आयाम प्रदान किया। प्लेटो ने अनुकरण का संबंध वस्तु से जोड़ा था, अरस्तू ने अनुकरण का संबंध कार्य व्यापार से जोड़ा। अरस्तू के अनुसार प्रकृति सर्जनात्मक शक्ति के रूप में सभी वस्तुओं में विद्यमान है और काव्य उसी का अनुकरण है। कवि या कलाकार प्रकृति के निम्न रूपों में से किसी का भी वर्णन करने में स्वतंत्र है- (1) जैसी वह है या दिखाई देती है, (2) जैसी वह समझी जाती है और (3) जैसी उसे होना चाहिए। प्लेटो इसके तीसरे रूप को कला में स्थान देने के पक्षपाती थे, जबकि अरस्तू तीनों प्रकार के अनुकृत रूपों का समर्थन करते हैं। हिंदी कवि मैथिलीशरण गुप्त ने इस तथ्य को 'साकेत' में काव्य पंक्तियों के माध्यम से इस प्रकार व्यक्त किया है-

> यह तुम्हारी भावना की स्फूर्ति है,
> जो अपूर्ण कला उसी की पूर्ति है।
> हो रहा है जो जहाँ, सो हो रहा,
> यदि वही हमने कहा तो क्या कहा?
> व्यक्त करती है कला ही यह यहाँ।[19]

अरस्तू के विचार से अनुकृति, वास्तव में कल्पना द्वारा जीवन की पुनः सर्जना है। कलाकृति मानव-जीवन का आदर्शीकृत प्रतिरूपण है। अनुकरण पुनरुत्पादन, मानसबिंब, जीवन का सामान्य तथा आदर्श पक्ष का प्रतिरूपण है। यूनानी त्रासदीकार सुधारवादी विचारधारा से अनुप्राणित होने के कारण पात्रों को आदर्श रूप में प्रस्तुत करते थे। चूँकि त्रासदी उन दिनों शिक्षा का महत्वपूर्ण साधन था, अतः महत्‌चरित्रों की निर्मिति और प्रस्तुति लोगों में प्रेरणा जगाती थी। मानवीय सीमा के भीतर ही होने के कारण यह यथार्थ का उज्जवल पक्ष बनकर व्यक्त होता था। वस्तुतः यह यथार्थ-प्रेरित आदर्श था। अरस्तू ने इसी के अनुकरण का समर्थन किया था। उसके अनुसार चरित्र अच्छा, यथार्थ, औचित्यपूर्ण एवं जीवन की सचाई से ओत-प्रोत होना चाहिए। उसमें सुसंगति अर्थात आदि से अंत तक एकरूपता परिलक्षित होनी चाहिए। अरस्तू ने इस बात पर जोर दिया था कि काव्य में ऐसी भावना का चित्रण करने से, जिस पर विश्वास न हो सके, ऐसी असंभावना का चित्रण करना अच्छा है जिस पर विश्वास किया जा सके। ज्युक्सिस के एक आलोचक का कहना था कि उन्होंने ऐसे लोगों की तस्वीरें बनाई जो कभी यथार्थ में रहे ही नहीं

होगें। इस तरह कलाकार का चित्र मॉडल से भी बेहतर होना चाहिए।

लोंजाइनस का मानना है कि रचनाकार में महान और उदात्त विचारों को धारण करने की क्षमता होती है। यदि उसके द्वारा अनुकृत विषय और चरित्र उच्च तथा गरिमामय हैं तो सभी बातें स्वतः ही उदात्त हो जाती हैं। अरस्तू की भाँति उत्कृष्ट कलात्मक प्रतिमानों और महान साहित्यिक विभूतियों के अनुकरण का वह भी समर्थन करते हैं। उनके अनुसार पूर्ववर्ती महाकवियों तथा महालेखों के अनुकरण तथा उनसे स्पर्धा के द्वारा हम महानता की ओर अग्रसर होते हैं- "अनुकरण की यह प्रवृत्ति हेय नहीं है, (जैसा कि प्लेटो ने माना था) अपितु नैसर्गिक प्रवृत्ति है (जैसा कि अरस्तू मानता था) तथा मानव सब कुछ आरम्भ में अनुकरण से ही सीखता है। यह अनुकरण साहित्यिक चोरी नहीं है, यह तो किसी सुन्दर आकृति या रूप या कला की अन्य कृतियों से प्रभाव-ग्रहण करने के समान है और मुझे ऐसा अहसास होता है कि प्लेटो के दार्शनिक-सिद्धांतों में श्रेष्ठता का इतना सुंदर पुष्प न खिल पाया होता, और अनेक मामलों में उसने काव्यात्मक विषय-वस्तु तथा अभिव्यक्ति के ढंग को न पाया होता, यदि सम्पूर्ण मन और मस्तिष्क से उसने होमर के साथ श्रेष्ठता में प्रतियोगिता न की होती,... और सर्वाधिक महत्वपूर्ण बात यह है कि यदि कोई व्यक्ति होमर, डेमस्थनीज, प्लेटो तथा अन्य महान लेखकों की भूलों को चुनकर इकट्ठा करे तो भी वे उनकी उपलब्धियों की तुलना में बहुत नगण्य ठहरेंगी। यही कारण है कि उनका महत्व आज भी अक्षय है। वे आज भी अनुकरणीय हैं।"[20] यह भी कम महत्वपूर्ण नहीं है कि डायोनिसियस ने तो अनुकरण पर एक प्रबंध की सृष्टि की थी जो दुर्भाग्यवश सम्पूर्णता में उपलब्ध नहीं है। उसके अपने कथन के अनुसार कथित प्रबंध के तीन भाग हैं- पहला सामान्य अनुकरण पर, दूसरा अनुकरणीय लेखकों के चयन पर (जिसमें कवि, दार्शनिक, इतिहासवेत्ता और वक्ता सभी आ जाते हैं) और तीसरा अनुकरण की समुचित पद्धति पर। डायोनिसियस की व्याख्या के अनुसार, "अनुकरण कुछ सिद्धांतों की सहायता से आदर्शों की प्रतिकृति करता है। उससे एक प्रकार का मनोवैज्ञानिक उन्नयन होता है। यह आत्मा की क्रियाशीलता है, जो प्रत्यक्षतः सुन्दर दृश्य से प्रेरित होती है।" लोंजाइनस महान इतिहासकारों और प्राचीन कवियों के उत्साहपूर्ण अनुकरण को उन मार्गों में से एक मानते हैं जो औदात्य की ओर ले जाते हैं। इस युग के विश्वविख्यात यूनानी मूर्तिकार फीडिएस की शैल्पिक प्रतिभा की प्रशंसा करते हुए सिसरो ने अपने 'ओरेटर' (वक्ता) में लिखा है कि, "जब वह महान कलाकार जुपिटर या मिनेर्वा की मूर्ति बना रहा था तो वह किसी प्रत्यक्ष प्रतिमान की प्रतिकृति बनाने का प्रयास नहीं कर रहा था बल्कि उसे तो पूर्ण सौंदर्य का दर्शन अभिप्रेत था। उसी लक्ष्य से उसने हाथ और छेनी का प्रयोग किया। और जिस प्रकार गोचर रूप और आकृतियाँ किसी-न-किसी सीमा तक पूर्णता या उत्कर्ष में योग देती हैं। उसी प्रकार एक बोधगम्य आदर्श की सहायता से कलाकार निपट गोचर अनुभव के परे देखता है।"

होरेस के समय रोम की महानता अपने शिखर पर थी तथा रोम के कवि प्राचीन यूनानी कवियों से स्पर्धा करने लगे थे। कवि नयी दिशायें चाहते थे, उनके पास महान विषय-वस्तु तथा महान् उद्देश्य थे जिन्हें उस समय की एलेग्जैन्ड्रियन तथा लैटिन पद्धति व्यक्त करने में असमर्थ थी। अतः अपने को पूर्ण अभिव्यक्ति देने के लिए उन्होंने प्राचीन यूनानी आदर्शों को अपनाना ही श्रेयस्कर समझा। रोम के साहित्य में इस प्रकार एक नवीन आन्दोलन चल पड़ा जिसे वर्जिल तथा होरेस ने नेतृत्व प्रदान किया। वर्जिल केवल सर्जनात्मक साहित्य में ही नए गौरव को लाए

लेकिन होरेस रचनात्मक और समीक्षात्मक दोनों ही क्षेत्रों में इस गौरव को लाए हैं। वे यूनान के महान् आदर्शों और उच्चतर कलात्मक प्रतिमानों से इस कदर प्रभावित थे कि उन्हें कहना पड़ा कि, "तुम उत्कृष्ट यूनानी कृतियों का अध्ययन करो। दिन-भर उनका गहन चिन्तन करो और रात्रि में उन्हीं के सपने देखो।"[21] इसी बात को पोप ने अपने ऐसे ऑन क्रिटिसिज्म में इस प्रकार कहा है-

> Be Homer's Works your study and delight
> Read them by day, and mediate by night.[22]

इस तरह होरेस ने अपने युग के लेखकों को निर्देश दिया कि यदि वे उत्कृष्ट काव्य की रचना करना चाहते हैं तो उन्हें प्राचीन रचनाओं का, जोकि आदर्श कलात्मक प्रतिमान हैं, अनुकरण करना चाहिए। उसने औचित्य सिद्धांत का प्रतिपादन करके भी श्रेष्ठ साहित्य के निर्माण का मार्ग प्रशस्त किया। इस प्रकार आभिजात्यवादी लेखकों एवं समीक्षकों ने उच्चादर्शों, महत्‌चरित्रों, विराट विषय-वस्तुओं एवं भव्य कलात्मक प्रतिमानों के अनुकरण की वकालत करके साहित्यिक स्तर को ऊँचा उठाने का प्रयास किया।

1.4.4 उपादेयतात्मक, संबंधात्मक एवं रूपात्मक मूल्यों के सामरस्य की प्रतिष्ठा

आभिजात्यवाद काव्य में उपादेयतात्मक (Utilitarian), संबंधात्मक (Associational) एवं रूपात्मक मूल्यों (Formal Values) के बीच संतुलन एंव सामरस्य स्थापित करता है। वस्तुतः ये तीनों मूल्य अपने सहअस्तित्व के कारण किसी कृति को अभिजात गरिमा प्रदान करने में प्रमुख भूमिका निभाते हैं। यूनान में प्रचलित प्राचीन पुराकथाओं (Myths) में काव्य का प्रयोजन मानव का संस्कार एवं परिष्कार बतलाया गया है, जो अपनी परिणति में उपादेयतात्मक मूल्य ही है। होमर आनंद और चमत्कार की सह-स्थिति स्वीकारते हैं। 'इलियड' में एक स्थान पर वे अपने बात सोदाहरण प्रस्तुत करते हुए कहते हैं कि एचिलीस (Achilles) की सोने की ढाल पर हेफायस्टोज (Hephaistos) ने टटकी-जुती मिट्टी अथवा सद्यःकर्षित खेत का चित्र अंकित किया था, उसमें ऊपर की मिट्टी काली लग रही थी। उसकी ढाल यद्यपि स्वर्ण-निर्मित थी तथापि उस पर श्यामता का चमत्कार उस चित्रकार की कला का चमत्कार है। होमर ने इस प्रकार सोने के ऊपर जुती हुई भूमि का भ्रम उत्पन्न कर देने वाली कला की मुक्त कण्ठ से प्रशंसा की है।

विवेच्य युग के दूसरे कवि हेसियोड उपयोगितावादी दृष्टिकोण अपनाते हुए शिक्षा को काव्य-प्रयोजन ठहराते हैं। पाँच सौ ईसवी पूर्व के आस-पास सुप्रसिद्ध प्रगीतकार पिण्डार ने काव्य-सत्य एवं काव्य-सौंदर्य के उपादानों पर ठहरकर विचार किया है। उसका विचार था कि कला-धर्म में जीवन्तना, प्राणवत्ता और प्रभविष्णुता उत्पन्न करने में पुष्ट-सूत्रता तथा संक्षिप्तता को अपनाना ही पड़ता है या पड़ेगा। बड़ा कलाकार-सृजन कर्म की कसावट या अन्विति को पहचानता है। पिण्डार के उपरांत गार्जियश (Gorzias) ने काव्य मूल्यों पर विचार करते हुए कहा कि, "शब्द में असीम शक्ति है। वे भय को भगा सकते हैं, सांसारिक तापों से मुक्ति दे सकते हैं, विश्वास और आस्था उत्पन्न कर सकते हैं, आनंद में निमग्न कर सकते हैं।"[23] अरिस्तोफनीस ने अपने नाटक 'फ्राग्स' में सुप्रसिद्ध त्रासदीकार यूरिपिडीज से कहलवाया है कि, "यदि उसकी कला सत्य है एवं उसका परामर्श सत्य है, यदि वह किसी भी दृष्टि से मानव को उत्कृष्ट बनाकर राष्ट्र का हित करता है तो यश का अधिकारी माना जा सकता है।"[24] उसने

यह भी कहा कि जैसे शिशुओं को शिक्षा देने के लिए अध्यापक की आवश्यकता होती है वैसे ही युवक तथा प्रौढ़ों को शिक्षा देने के लिए कवियों की जरूरत होती है। इस तरह यूरिपिडीज ने उपयोगिता परक, संबंधपरक और रूपपरक कलामूल्यों की सहस्थिति की अपरिहार्यता बतलायी है।

प्लेटो के मत से, "काव्य का प्रयोजन ऐसा होना चाहिए, जिनमें देवताओं की स्तुतियाँ हों, महात्माओं तथा महान् नायकों की उचित प्रशंसा हो ताकि समस्त जाति उनसे आदर्श ग्रहण कर सकें। उसमें उन कर्मठ एवं सही नियमों के पालन-कर्ता नागरिकों की भी उचित प्रशंसा होनी चाहिए।"[25] इस प्रकार प्लेटो की दृष्टि में कवि को आनंद प्रदाता के साथ-साथ समाज एवं जाति का पथ-प्रदर्शक भी होना चाहिए। वह मानवता की शक्तियों का विकास करे तथा उस सत्य से साक्षात्कार कराये, जिससे लोक-कल्याण हो सके। अरस्तू की दृष्टि में, "काव्य-कला समुदाय के उदात्त जीवन का मूल तत्व है और इससे स्थायी आनन्द की प्राप्ति होती है। एक सौन्दर्यपरक आनन्द जिसे समाज कल्याण या उसके उदात्तीकरण से नितान्त अलग नहीं किया जा सकता ?"[26] लोंजाइनस उक्त तीनों मूल्यों के सामरस्य को महान रचना के लिए अनिवार्य मानते हैं। इनके अनुसार, "वास्तव में वही महान है जो परीक्षण की अनेक कसौटियों पर कसे जाने पर भी खरा उतरता है, और जिससे अभिभूत न होना सर्वथा कठिन या असम्भव होता है और जिसकी स्मृति इतनी प्रबल तथा दृढ़ होती है कि मिटाए नहीं मिटती है... जब विभिन्न प्रकार के व्यक्तियों के भिन्न-भिन्न उद्देश्य, जीवन, महत्वाकांक्षाएँ, समय, भाषाएँ एक होते हुए भी यदि वे किसी विषय पर सहमत हो जाते हैं, तो उनका निर्णय, जो अनेक परस्पर विरोधी तत्वों के सामंजस्य से प्राप्त होता है, प्रशंसित वस्तु में हमारी आस्था को दृढ़ और अविवादित बना देता है।"[27] इस तरह अभिजात कृति महान अवधारणाओं की क्षमता, विरुद्धों के सामंजस्य तथा गरिमायुक्त और उन्नत रचना-संयोजन का सर्वोत्तम प्रतिमान होती है जिससे उसे अमरता प्राप्त होती है।

सुप्रसिद्ध रोमन विचारक होरेस ने उपयोगिता परक, संबंधपरक एवं रूपपरक मूल्यों के समन्वय पर जोर देते हुए लिखा है कि कवि की कामना चाहे सुधार के लिए हो या आनन्द के लिए अथवा प्रसादन और लाभप्रद के समन्वय के लिए, उसका सार्वजनिक स्वागत होगा यदि वह अपने काव्य में सौंदर्य, उपयोगिता, प्रसादन और उपदेश का उचित समन्वय कर सके। एफ.एल.ल्यूकस के अनुसार, "अभिजात कलाकार एक ओर श्रेयस के नाम पर कुछ अयथार्थ रूपों के प्रति निर्मम होता है तो दूसरी ओर उत्तम रुचि के नाम पर अन्य रूपों का सविस्तार विकास करता है और उसकी अंत:प्रेरणाओं तथा कल्पनाओं पर परिष्कृत सभ्य वर्ग के प्रभाव से निर्मित सामाजिक आदर्श का अत्यधिक शासन होता है।" इस तरह उपर्युक्त तीनों मूल्य अपने संतुलित एवं समरस रूप में जिस कृति में विद्यमान हों उसे आभिजात्यवादी रचना माना जा सकता है।

1.4.5 सुसंगठित कथानक, रूपों की शुद्धता, स्वाभाविक भाषा एवं समुचित अलंकार योजना

आभिजात्य युग का प्रमुख साहित्यिक रूप त्रासदी एवं महाकाव्य है। कदाचित इसी कारण अरस्तू ने कथानक को सबसे अधिक महत्त्वपूर्ण तत्व माना क्योंकि अरस्तू के मतानुसार त्रासदी के अन्य सभी तत्वों की शक्ति कथानक की शक्ति पर आधारित होती है। अरस्तू के अनुसार त्रासदी

गम्भीर विषयों का अलंकृत भाव में निरूपण है। जीवन के महान कार्यव्यापार ही विषय को गम्भीरता प्रदान करते हैं। कार्य-व्यापारों के उदात्त प्रस्तुतीकरण के लिए घटनाओं एवं कथासूत्रों का भलीभाँति सुसंगठित होना आवश्यक है। अरस्तू कथान्विति की एकता एवं पूर्णता पर विशेष जोर देते हैं और इसके पहले सफल प्रयोक्ता होमर की जमकर तारीफ भी करते हैं। वे लिखते हैं कि "उसने (होमर ने) 'ओडिसी' को, और इसी प्रकार 'इलियड' को भी ऐसे कार्य-व्यापार का केन्द्र बनाया है जिसे हम अपने अर्थ में एक कह सकते हैं। इसीलिए जैसा कि अन्य अनुकरणात्मक कलाओं में अनुकार्य वस्तु के एक होने पर अनुकरण भी एक होता है, उसी प्रकार कथावस्तु को, कार्य व्यापार का अनुकरण होना चाहिए एवं वह कार्य-व्यापार समग्र होना चाहिए, अंगों की संरचना ऐसी हो कि, यदि उनमें से किसी एक को भी हटाकर दूसरे स्थान पर रख दिया जाये या निकाल दिया जाये तो पूर्ण असम्बद्धता अथवा अव्यवस्था दृष्टिगत हो। क्योंकि जिस वस्तु की उपस्थिति या अनुपस्थितिका कोई प्रभाव दिखाई नहीं देता वह पूर्ण का स्वभावगत अंग नही हो सकती।"[28] इस तरह कथान्विति की एकता से अरस्तू का तात्पर्य आदि, मध्य और अन्त के सामंजस्य से प्रतीत होता है। परन्तु, इन्होंने 'संकलन त्रय' कार्य संकलन (Unity of Action), समय संकलन (Unity of Time) और स्थान संकलन (Unity of Place) की चर्चा करके अपनी अवधारणा को तार्किक परिणति प्रदान की है।

कहना न होगा कि ग्रीक-सौंदर्य-धारणा में, "क्रमबद्धता-सामंजस्य, औचित्य एवं पूर्णता के आधार विद्यमान हैं, और जब यह सौन्दर्य-धारणा किसी 'जीवित प्राणी' के साथ जोड़ी जाती है (चाहे वह मानव हो या अन्य जीवधारी) तब इसमें संरचना की पूर्णता के साथ-साथ सुन्दर स्वास्थ्य भी अपेक्षित होता है।"[29] इसमें संदेह की गुंजाइश नहीं है कि ग्रीक सौंदर्य-धारणा का यही वैशिष्ट्य उसे अभिजात गरिमा प्रदान करता है।

अरस्तू तथा होरेस ने साहित्यिक रूपों की शुद्धता पर विशेष बल दिया है। इनकी दृष्टि में साहित्यिक रूपों का मिश्रण सर्वथा त्याज्य एवं हास्यास्पद है। इनके अनुसार यदि लेखक त्रासदी की रचना कर रहा है तो उसमें हास्य पूर्ण दृश्यों का समावेश नहीं होना चाहिए और यदि वह कामदी की रचना कर रहा है तो उसमें त्रासद तत्व नहीं होने चाहिए। जिस प्रकार प्रत्येक प्राणी का एक तयशुदा सहज-सामान्य रूप होता है, उसी प्रकार प्रत्येक काव्यरूप का भी अपना स्वतंत्र व्यक्तित्व एवं वैशिष्ट्य होता है। जैसे मछली के शरीर पर मानव का चेहरा हास्यास्पद लगेगा, वैसे ही एक रूप पर दूसरे रूप का आरोप भी उपहासास्पद एवं अवास्तविक होगा।

आभिजात्यवाद का एक अन्य महत्वपूर्ण वैशिष्ट्य स्वाभाविक भाषा एवं समुचित अलंकार योजना है। उपयुक्त और प्रभावी शब्दावली के द्वारा रचना में भव्यता, मार्दव, गरिमा, ओज, शक्ति आदि गुणों का समावेश एवं जीवंतता का संचार होता है। सुंदर शब्दों द्वारा ही वस्तुतः विचार आलोकित होता है। किंतु, लोंजाइनस स्वाभाविक भाषा-प्रयोग पर जोर देते हुए इस बात से भी रचनाकार को आगाह कर देते हैं कि, "गरिमामयी भाषा का प्रयोग सर्वत्र नहीं करना चाहिए क्योंकि छोटी-मोटी बातों को बड़ी-बड़ी और भारी-भरकम संज्ञा देना किसी छोटे से बालक के मुख पर पूरे आकार वाला त्रासद अभिनय का मुखौटा लगा देने के समान है। 'फिलिप में बातों को पेट में पचा लने की बड़ी शक्ति थी।' इस प्रकार का सीधा-सादा कथन कभी-कभी भव्य भाषा की अपेक्षा कहीं अधिक सार्थक होता है क्योंकि साधारण जीवन से उपलब्ध होने के कारण वह तुरंत समझ में आनेवाला और परिचित होने के कारण अधिक ग्राह्य होता है।"[30]

लोंजाइनस के मत से अलंकार केवल वाणी की साज-सज्जा के ही साधन नहीं हैं वे भावाभिव्यक्ति के भी सहज और समर्थ द्वार हैं। वे भाषा की संपूर्ण शक्ति को व्यंजित करते हैं और काव्योत्कर्ष में सहायक होते हैं। वे शैली में उक्ति-वैचित्र्य या विदग्धता को जन्म देते हैं तथा मानव-मन के समस्त कलात्मक सौंदर्य को प्रकाश में लाते हैं। अलंकारों का प्रयोग आरोपित न होकर शरीर में त्वचा की भाँति सहजात होना चाहिए। इसीलिए वे अलंकारों का काव्य में ऐसा स्थान मानते हैं जहाँ वे वाणी के अपरिहार्य अंग बन जाते हैं। साथ ही, होमर के काव्य में अलंकारों के सम्यक् विनियोग की वे मुक्तकंठ से प्रशंसा करते हैं। लोंजाइनस होमर के द्वारा दिव्य-शक्तियों का अतिरंजित वर्णन उद्धृत करते हैं-

बैठ शिखर पर दृष्टि गड़ाए कोई सुरा-श्याम सागर पर
जितनी दूर देख सकता है जल-रेखा की धुन्ध चीरकर
उतनी दूर छलाँग लगाते मृत्युंजय के अश्व गरजते
एक बार में।[31]

होमर की इन पंक्तियों की समीक्षा लोंजाइनस इस प्रकार करते हैं कि कवि उनकी छलाँग का इतना विस्तार करता है जितनी दूरी पूर्व और पश्चिम के बीच है। इस वर्णन की भव्यता इतनी प्रबल है कि कहा जा सकता है कि यदि ये दिव्य अश्व लगातार दो छलाँग लगाएँ तो विश्व की सीमा का अतिक्रमण कर जाएँगे। पुनः देवताओं के युद्ध-वर्णन में उसकी कल्पना-संबंधी प्रतिभा का प्रमाण मिलता है-

दूर-दूर चहुँ ओर गगन में, ओलिम्पुस में
गूँजा उसका वज्र-तूर्य अब जिसको सुनकर
तिमिर लोक का शासक आदिस लगा काँपने
सिंहासन से उछल-चीख उट्ठा इस डर से
पोसिदोन भू-कम्पी कहीं उठाकर सत्वर
कर डाले न विदीर्ण धरा को, उद्घाटित कर
मर्त्य-अमर्त्यों के समक्ष वे गेह भयंकर-
वे भीषण विकराल सौध देवों से निन्दित।[32]

लोंजाइनस इन पंक्तियों के संबंध में अपने रोमी मित्र को लिखे पत्रों के संकलन 'पेरिइप्सुस' में लिखते हैं कि मित्र, तुम देखो, कैसे धरी को उसके आधार से छिन्न कर दिया गया है, पाताल अनावृत पड़ा है, संपूर्ण विश्व खंड-खंड होकर उलट गया है, और साथ ही सभी पदार्थ-स्वर्ग और नरक, मर्त्य और अमर्त्य समान रूप से संघर्ष और उस युद्ध के खतरों के समभागी हैं। यद्यपि ये वर्णन भयंकर हैं तथापि यदि इन्हें रूपक न समझा जाय तो वे पूर्णतः धर्म-विरुद्ध और अनुचित हैं। मुझे सचमुच ऐसा लगता है कि होमर ने देवताओं के आहत होने का, उनके झगड़ों, प्रतिशोध, शोक, बंधन और नाना प्रकार के आवेगों का वर्णन करके 'इलियड' में मनुष्यों को देवता, और देवताओं को मनुष्य बनाने की अपनी ओर से पूरी कोशिश की है। यदि हम मर्त्य लोग दुःखी हैं तो हमारे लिए मृत्यु ही 'विपत्ति सागर में नियत बन्दरगाह है।' किन्तु होमर ने देवताओं को न केवल उनकी अमर प्रकृति प्रदान की बल्कि उन्हें अमर शोक भी दिया है। देवताओं के युद्ध-वर्णन से भी कहीं अधिक श्रेष्ठ वे स्थल हैं जिनमें दिव्य स्वभाव का पवित्र, शानदार और अद्वितीय रूप में चित्रण किया है। उदाहरण के लिए पोसिदोन-संबंधी निम्नोक्त

पंक्तियाँ लीजिए-

दूर-दूर तक विस्तृत गिरिमाला, वन-कानन
तुंग-श्रृंग, त्रिअ नगर आदि सब थर्राए थे
थर्रा उठी अखैया के पोतों की पातें
अमर पदों के तले- बढ़ा था पोसिदोन जब।
फिर जब बढ़ा तरंगों पर वह, भीषण जलचर
अपने स्वामी को पहचान, गह्वरों से उठ
नाच-नाचकर क्रीड़ा करने लगे चतुर्दिक्
द्विधा हो गया सिन्धु हर्ष से, अश्व उड़ चले।[33]

लोंजाइनस का मानना है कि अलंकारों की समुचित योजना से ही काव्य में औदात्य आता है। मानव-मन के औदात्य को अभिव्यक्त करनेवाले तत्व ही सबसे प्रभावी और सारवान हैं। अपनी बात को समझाने के लिए वे होमर और अरातुस की काव्य-पंक्तियों का तुलनात्मक विवेचन करते हैं। वे पहले होमर की काव्य-पंक्तियाँ उद्धत करते है-

टूट पड़ा वह उन पर जैसे उठकर श्याम घटाओं से
झंझा स्फीत तरंग सिन्धु की किसी पोत पर टूट पड़े
आच्छादित कर उसे फेन के शुभ्र कफ़न की चादर से
गरज उठें उसके पालों में झंझानिल की उच्छ्वासें
और देख अपने प्राणों को महाकाल के चंगुल में
त्रस्त-भीत उसका नाविक दल त्राहि-त्राहि कर काँप उठे।[34]

होमर की इन पंक्तियों की समीक्षा करते हुए लोंजाइनस लिखते हैं कि होमर ने एक क्षण के लिए भी दृश्य की भयावहता को सीमित नहीं किया है। वह निरंतर संकटापन्न और संघर्षरत मनुष्यों का चित्र अंकित करता है जो हर उमड़ती लहर के साथ मौत के मुँह तक पहुँच जाते हैं। इसके अतिरिक्त उसने अस्वाभाविक रीति से जबरदस्ती ऐसे परसर्गों को एकत्र कर दिया है जो साधारणः एक दूसरे के साथ संयुक्त नहीं होते। इस प्रकार उसने अपनी पंक्तियों को आसन्न संकट के अनुरूप ढाल दिया है, छंद के आकुंचन द्वारा विपत्ति को सुन्दरता के साथ चित्रित किया है और संकट के आकार और दबाव तक को शब्दावली पर मुद्रित कर दिया है। इसके विपरीत वे अरातुस की एक पंक्ति उद्धृत करते हैं-

और एक पतला तख्ता उन्हें मौत से बचा रहा है।[35]

लोंजाइनस के अनुसार अरातुस ने उक्त पंक्ति में तथ्य का चुनाव सही ढंग से नहीं किया है। वहाँ अभिव्यक्त भाव उदात्त न होकर तुच्छ है, क्योंकि उसने संकट को परिसीमित कर दिया है-मौत से बचाने वाली कोई सामग्री है तो वहाँ।

इस प्रकार लोंजाइनस भयावहता और संकट को परिसीमित कर देने वाले दृश्यों को क्षुद्र मानते हैं। भयंकर संकटापन्न परिस्थितियों के अंतहीन महासमुद्र में अदम्य साहस लिये नितांत बेसहारा मनुष्य को जूझते हुए दिखाना ही उनके मन से औदात्य की सृष्टि करता है। उनके अनुसार, ऐसे स्थलों पर भय या करुणा का भाव नहीं जागता, ओज और औदात्य का स्फुरण होता है। ऐसा तभी संभव है जब रचना में अभिव्यक्तिगत भव्यता, स्वाभाविक भाषा एवं समुचित अलंकार योजना का त्रिवेणी संगम विद्यमान हो।

1.5 आभिजात्यवाद का प्रभाव

आभिजात्यवादी विचारधारा के निर्माण में यूनान और रोम की जीवनदृष्टि, सभ्यता-संस्कृति, साहित्य, कला आदि का समन्वित योगदान रहा है और यह बात इस तथ्य से प्रमाणित हो जाती है कि साहित्य-रचना के साथ-साथ मूर्तियों और चित्रों की रेखाएं भी निश्चित करने का प्रयत्न किया गया। आभिजात्य युग के अंत के उपरांत जब यूनानी-सभ्यताएँ यूरोप के अन्यान्य देशों में फैलने लगी तब उनका प्रभाव भी वहाँ स्थापित होता गया। अंग्रेजी साहित्य की क्लासिकी पृष्ठभूमि का विवेचन करते हुए जे.ए.के. थॉमसन ने लिखा है कि, "यूनानी और रोमन सभ्यता की विराटता का प्रमाण यह है कि अस्तंगत हो जाने के बाद भी वह यूरोपीय साहित्य को भीतर-भीतर मथती रही और रचनाकार उन ऊँचाइयों पर जाना अपने जीवन का स्वप्न मानते रहे, जिन तक यूनानी एवं रोमन कृती पहुँचे थे।"[36] आभिजात्यवाद के व्यापक प्रभाव का इससे बड़ा प्रमाण और क्या हो सकता है कि इसका सुव्यवस्थित अभ्युदय पुनर्जागरणकाल (इटली की 14वीं, 15वीं और 16वीं शताब्दी) में दिखाई देता है। इसका आरंभ फ्लोरेंस से होता है। उस समय फ्लोरेंस में समाज-संरचना और राजनीतिक ध्रुवीकरण की स्थिति ई.पू. 5वीं शती में एथेन्स जैसी ही थी। यहाँ के मिदिची परिवार का भी व्यापारिक साम्राज्य इतना फैल चुका था कि शासकवर्ग के लोग भी उनके बैंकों से ऋण लेने के लिए विवश थे। इसी समय रोम में पादरियों का प्रभुत्व स्थापित हुआ। ऐसी स्थिति में धनिक वर्ग और शासक वर्ग के आश्रय का अनुकूलन पाकर कलाएँ खूब फली-फूलीं और उनके नए-नए प्रतिमान भी स्थापित हुए। यदि एक ओर इस समय दांते, बोकाच्चियो एवं पेत्रार्क जैसी बड़ी साहित्यिक विभूतियाँ अस्तित्व में आयीं तो दूसरी ओर दृश्य कलाओं के क्षेत्र में लियोनार्दो, माइकेलांजेलो और रैफेल जैसी विश्व प्रसिद्ध प्रतिभाओं का आगमन हुआ। यहीं से प्रेरित होकर तथा स्थानीय परंपराओं को आत्मसात् करके 17वीं शताब्दी के उत्तरार्ध में फ्रांस का आभिजात्यकाल आता है जिसे जर्मन नवआभिजात्यवाद कहना पसंद करते थे। परन्तु, मुझे ऐसा लगता है कि प्राचीन कृतियों एवं शास्त्रों का अनुकरण होने पर भी उसमें पर्याप्त मौलिकता है, इसलिए उसे फ्रांसीसी आभिजात्यवाद कहना अधिक श्रेयस्कर होगा।

फ्रांस में 18वीं शताब्दी के अंतिम वर्षों में राजशाही का पतन तथा नेपोलियन बोनापार्ट जैसे तानाशाह का उदय जैसी महत्वपूर्ण घटनाएँ घटी। इसी शताब्दी में यूरोप में विद्वानों की एक ऐसी पीढ़ी आयी जिसने प्राचीन यूनानी-रोमन सभ्यता, संस्कृति, साहित्य एवं कलाकृतियों का विश्लेषण-मूल्यांकन आरंभ किया। चूँकि रोम यूरोपीय जनता के हृदय के सर्वाधिक करीब था, इसलिए वह वर्तमान से विद्रोह का प्रतीक बन गया।

फ्रांसीसी जनता में यह स्वर कुछ ज्यादा ही मुखर था। फलतः नेपोलियन ने सत्ता पर आधिपत्य जमाते ही इटली पर आक्रमण कर दिया। पर, नेपोलियन वहाँ से धन या दास के बदले कलाकृतियाँ लूटकर लाया। आगे चलकर उसने इटली के ही कलाकारों को लाकर फ्रांसीसी कला को नए साँचे में ढालने का प्रयत्न किया। जहाँ तक नेपोलियन की योजनाओं और अपेक्षाओं का सवाल है तो वे निस्संदेह महान और ऊँची थी, परन्तु, उसके अपने यहाँ की जमीन उतनी उर्वर और परिपक्व नहीं थी जितनी कि प्राचीन यूनान में। साथ ही, दोनों के परिवेश भी अलग थे। दूसरी ओर नेपोलियन यूनान एवं रोम से सबकुछ आयातित करने पर

इतना ज्यादा जोर देता रहा कि वह जाने-अनजाने स्थानीय परंपराओं की उपेक्षा कर बैठा। उसका आदर्श रोम था। उसी की प्रतिकृति के रूप में वह पेरिस को देखना चाहता था। अपने दरबार को भी उसने रोम सम्राटों की भाँति ही सजाया था, उन्हीं के चिह्न भी अपनाये थे। इसके चलते वहाँ निर्मित होने वाली कृतियों में प्रतिमान के शत-प्रतिशत अनुकरण पर विशेष जोर दिया गया। परिणामस्वरूप शास्त्रीय नियमों की कठोरता ने मौलिक एवं नयी रचनात्मक प्रतिभाओं के लिए एक परिधि बना दी जिसके कारण वे नवीन दिशाओं के उद्घाटन के लिए छटपटाने लगे। यह स्थिति जर्मन, फ्रेंच और अंग्रेजी रचनाकारों को समान रूप से उद्वेलित कर रही थी। वे काव्य के शताब्दियों से चले आ रहे प्रतिमानों एवं परंपरागत रूढ़ियों से मुक्त होने के लिए छटपटाने लगे। परिणामस्वरूप जो विद्रोह हुआ उसी का नाम स्वच्छंदतावाद है। इसे हम आभिजात्यवादी परंपरा का विपरीत दिशा में किया गया योगदान कह सकते हैं। क्योंकि परंपरा के प्रति विद्रोह भी प्रकारांतर से उसके प्रभाव की अप्रत्यक्ष स्वीकृति है।

1.6 निष्कर्ष

इस प्रकार हम देखते हैं कि आभिजात्यवाद साहित्य के अध्ययन की एक प्रणाली है। जिसे प्रायः स्वच्छंदतावाद के प्रतिपक्ष में रखकर देखा जाता है। चूँकि स्वच्छंदतावाद में व्यक्तिपरक एवं आभिजात्यवाद में बस्तुपरक नियमों के प्रति विशिष्ट आग्रह होता है इसलिए साहित्य को क्लासिक एवं रोमेंटिक श्रेणियों में विभाजित करने की एक परंपरा-सी बन गयी है। जबकि सचाई यह है कि दुनिया में कोई भी ऐसा कवि नहीं हुआ, जो शत-प्रतिशत क्लासिक अथवा रोमेंटिक रहा हो। संसार के बहुप्रतिष्ठित क्लासिक रचनाकारों की रचनाओं में भी स्वच्छंदतावाद की अनेक प्रवृत्तियाँ अन्तर्वर्तिनी धारा के रूप में मौजूद हैं और घोर स्वच्छंदतावादी कवियों की रचनाएँ भी अपनी अभिव्यक्ति की पराकाष्ठा पर पहुँचकर क्लासिकी गरिमा, भव्यता एवं औदात्य प्राप्त कर लेती हैं। इस दृष्टि से ही गेटे, वर्ड्सवर्थ, रवीन्द्र, प्रसाद एवं निराला क्लासिक रचनाकार हैं। हमारा मानना है कि यदि साहित्य को राजनीतिक चौखटों में न घसीटा जाय तो उच्चकोटि की ऐसी समस्त रचनाओं को क्लासिक के अन्तर्गत परिगणित किया जा सकता है जिनमें उस युग की अधिकतम प्रवृत्तियाँ मौजूद हैं और जो युग-युगांतर को रस मगन करने की क्षमता से भरपूर हैं। इसी दृष्टि से पृथ्वीराज रासो, पद्मावत, रामचरित मानस, बिहारी सतसई एवं कामायनी हिंदी की क्लासिक रचनाएँ हैं। क्योंकि इनमें रचनात्मक उपलब्धि तथा युग-चित्रण की ऐसी झाँकियाँ विद्यमान हैं जो उन्हें कालजयता प्रदान करती हैं, अमरत्व प्रदान करती हैं।

आभिजात्यवाद ज्ञान का संगठित रूप हैं। उसकी शैली लगभग वैज्ञानिक शैली है। जो आद्यन्त, संयम, आत्मनियंत्रण एवं अभिव्यक्तिगत-गरिमा से ओत-प्रोत होती है। आभिजात्यवाद मानव-जीवन के सार्वभौम-शाश्वत आयामों के चित्रण पर जोर देता है। वह मानव-मस्तिष्क को सदा-सर्वदा के लिए बौद्धिक खुराक प्रदान करने एवं मनुष्य के उज्ज्वल भविष्य के प्रति आस्थावान् बनाने का कार्य करता है। वह आत्मसंतोष एवं आश्वस्तिभाव का साहित्य है। जहाँ तक यूरोपीय संदर्भ का सवाल है तो वह ग्रीक और रोमन सर्जनात्मकता का चरम निदर्शन है। क्योंकि जब ये सभ्यताएँ अपने शिखर पर थीं तो उस समय जिन श्रेष्ठतम ग्रंथों की रचना हुई, उन्हें ही 'क्लासिक' की संज्ञा से अभिहित किया गया। कदाचित इसी कारण अभिजात साहित्य प्राचीन, प्रौढ़, उत्कृष्ट ओर शाश्वत साहित्य का पर्याय माना जाता रहा है। आभिजात्यवाद यदि एक

ओर साहित्य में संगठन, अनुपात, संतुलन एवं आत्मानुशासन की माँग करता है तो दूसरी ओर वह देश-काल, क्रिया एवं संरचना में अन्विति का विधान करता है। जिससे साहित्य-सर्जना के क्षेत्र में सुव्यवस्था, समृद्धि एवं नियमन कायम हो सके।

आभिजात्यवाद साहित्य के रूपात्मक ढाँचे पर विशेष जोर देता है। एक ऐसा रूप जिसकी रेखाएँ सुस्पष्ट, निश्चित, प्रशस्त एवं व्यापक हों। इस तरह आभिजात्यवाद साहित्यिक-अध्ययन की वस्तुपरक दृष्टि है जो जीवन के आदर्शीकृत प्रतिरूपण में विश्वास करती है। इसका एक सम्पूर्ण इतिहास है और कहीं-कहीं यह परंपरा का पर्याय भी बन गया है। आभिजात्यवादी विचारधारा के निर्माण में भले ही यूनान-रोम की जीवन-दृष्टि, सभ्यता-संस्कृति, साहित्य-कला, मानव-मूल्य एवं सर्जनात्मकता का सम्मिलित योगदान रहा हो, परन्तु, उसके प्रभाव से सम्पूर्ण यूरोप आक्रांत रहा है। यूरोप की प्रायः सभी भाषाओं के साहित्य में आभिजात्यवाद के प्रति कभी न खत्म होनेवाला आकर्षण-विकर्षण, प्रभाव प्रतिक्रिया का भाव पाया जाता है। यूरोप के बाहर यदि उसे भारतीय संदर्भ में संस्कृत-साहित्य से जोड़कर देखा जाए तो यह बिना किसी संकोच के कहा जा सकता है कि मानव-सभ्यता के इतिहास की श्रेष्ठतम सर्जनात्मक उपलब्धि आभिजात्यवाद के अंतर्गत हुई है। वह आज भी, साहित्यिक अध्ययन का सार्वभौम, शाश्वत एवं सर्वोत्कृष्ट प्रतिमान है। वह आगामी सर्जनात्मकता के लिए भी सदैव प्रेरक एवं उपयोगी बना रहेगा। साहित्यिक विचारधरा एवं रचनात्मक उत्कृष्टता की दृष्टि से उसकी उपादेयता हमेशा अक्षुण्ण बनी रहेगी। संक्षेप में, आभिजात्यवाद साहित्यिक या कलात्मक उपलब्धि का चरम आदर्श है। यह मनुष्य की सर्जनात्मक शक्ति को उस सीमा तक ले जाता है जिसके बारे में महाकवि जयशंकर प्रसाद ने कहा था कि 'जिसके आगे राह नहीं।' अर्थात आभिजात्यवाद प्रतिभाशाली रचनाकारों की साधना को सिद्धावस्था में बदलने का सर्वोत्तम विकल्प है। कृति और कृतिकार की चिरंतन महिमा का शाश्वत मानक एवं अनुकरणीय आदर्श है। जिस तरह इस धरती का सर्वोच्च मानदंड हिमालय है उसी तरह आभिजात्यवाद साहित्य का सर्वोत्कृष्ट प्रतिमान है। दोनों ही अपने क्षेत्र के उच्चतम मानक एवं चरम आदर्श हैं, किसी अन्य से इनकी तुलना लगभग असंभव है।

संदर्भ सूची

1. Classic- of the highest class, approved as a model of the first order Oxford Dictionary- II, Page-360
2. Ism - A form of doctrin, theory or practice having or claiming to have, a distincetive character or relation, vol-IV, Page - 196
3. Classicism -The Principle of classic literature or art; adher-ence to, or adoption of, classic style. - Oxford Dictionary, Vol.-II, Page - 361
4. Encyclopaedia of Brittanica Vol. -3, Page 355
5. विश्वसाहित्य शास्त्र, संपादक डॉ. नगेन्द्र पृष्ठ 196
6. पाश्चात्य काव्यशास्त्र, की परंपरा, प्रधान संपादक, डॉ.नगेन्द्र, पृ. 186
7. वही., पृष्ठ 186
8. वही., पृष्ठ 186
9. R.A. Scott James - The making of litrature, Page - 130

10. पाश्चात्य काव्यशास्त्र, आचार्य देवेन्द्रनाथ शर्मा, पृष्ठ 2
11. "In all history, nothing is so suprising or so difficult to account for as the sudden rise of civilization in Greece." -A History of Western Philosophy, Page-21
12. पाश्चात्य काव्यशास्त्र, आचार्य देवेन्द्रनाथ शर्मा, पृष्ठ 2-3
13. पाश्चात्य काव्यशास्त्र की परंपरा, प्रधान संपादक डॉ. नगेन्द्र, पृष्ठ 33
14. पाश्चात्य काव्यशास्त्र का इतिहास, डॉ. तारकनाथ बाली, पृष्ठ 241
15. "The gift which you possess.... is not an art, but, as I was just saying, an inspiration" there is a divinity moving you, like that contained in the stone which Euripides calls a magnent, but which is commonly known as the stone of Haracles,. This stone is not only; attracts iron rings, but also imparts to them a similar power of attracting other rings, and sometimes you may see a number of pieces of iron suspended from one another so as to form quite a long chain and all of them derive thier power of suspension from the original stone. in like manner the Muse first all inspires man her self, and from there inspired persons a chain of other persons is suspended, who take inspiration from them." -Ion - Literary criticism Plato to Dryden - Allan H. Gilbert, Page no. 14
16. "For the poet is a light and vinged and holy things and here is no invention in his untill he has been inspired and is out of his senses and mind is no longer in him." - Critical Approaches to literature - Davidac Daiches Page - 7
17. "The lunatics, the lover and the poet Are of Imagination all compact." - Shakespeare
18. "A loftiness says one, is inriate and does not come by teach ing nature is the only art that can compass it." - The great critics - Smith and Parks, Cht, II Page- 40
19. साकेत, प्रथम सर्ग, मैथिलीशरण गुप्त, पृष्ठ 19
20. The great critics - Smith and Parks - Page 75-76
21. Literary Criticism - Plato to Dryden _ Allan H. Gilbert - Page - 136
22. Eassay on criticism - Pope - II Page 124-25
23. एटकिन्स, लिटरेरी क्रिटिसिज्म इन एण्टिक्विटी, पृष्ठ 18
24. दि फ्राग्स, पृ. 74
25. Literary criticism- Plato to Dryden-The Laws (Selections)Page 60
26. Butcher: Aristotles theory of Poetry and their arts- Page- 213
27. The great critics - Smith and Parks - Page - 44
28. Aristotle's Poetics : Butcher Page - 33-35
29. "The ideas of gder, harmony, proportion and completeness are all present in the normal Greak idea of what is beautiful and when attached a "living creature" (whether a man or an animal) would repuire not only structural completeness, but also good health." Aristotle's Poetics - Humphry house, Page-57

30. The great critics- on the sublime - Smith and Parks Page- 69-70
31. 'Longinus on the sublim'-Ed. and Trans. by T.S. Dorch, Penguin Classics, London 1977 से अनूदित।
32. वही।
33. वही।
34. वही।
35. वही।
36. J.A.K. Thomson - The classical Background of English literature, Introduction.

अध्याय 2

नवआभिजात्यवाद अथवा नव्यशास्त्रवाद
(1650 से 1800 ई.तक)

जिस प्रकार मनुष्य की रुचियाँ, सभ्यता, संस्कृति, चित्तवृत्ति आदि समय के साथ निरन्तर बदलते रहते हैं ठीक उसी प्रकार साहित्य भी बराबर करवटें लेता रहता है। प्रत्येक युग के परिवेश का उस युग के साहित्य पर भरा-पूरा प्रभाव होता है और कई बार युगीन परिवेश ही अपने युग के साहित्य को दिशा-निर्देश देते हैं। इसमें संदेह नहीं कि देशकाल एवं जनता की चित्तवृत्ति में परिवर्तन के कारण काव्यस्वरूप में भी बदलाव आ जाता है और जिसके फलस्वरूप काव्य-चिंतन एवं काव्य-समीक्षा के क्षेत्र में नई दिशाओं के उद्घाटन की संभावना अत्यंत बलवती हो उठती है। सत्रहवीं-अठारहवीं शताब्दी में पाश्चात्य चिंतन की परंपरा में इटली, फ्रांस, जर्मनी और इग्लैंड की काव्य समीक्षा नवआभिजात्यवाद की ओर उन्मुख हुई। जिस आभिजात्यवाद का मूल प्रवर्तन यूनान और रोम के अंतर्वर्ती प्रदेशों के उन भूभागों से हुआ था जहाँ से पाश्चात्य सभ्यता और संस्कृति, कलादर्शन और काव्य-मीमांसा तथा सामाजिक-आध्यात्मिक मूल्यों की पावन गंगोत्री प्रस्तावित हुई थी, वही आभिजात्यवाद विवेच्य युग में फ्रांस की विचारसम्पदा बनकर अपना प्रभामण्डल विस्तीर्ण करता है। यद्यपि जर्मनी वाले उसे आभिजात्यवाद के बदले नवआभिजात्यवाद कहना पसंद करते हैं। फिर भी, सचाई यही है कि वह नये युगीन संदर्भों में यूनानी आभिजात्यवाद का पुनराविष्कार ही है। वैसें तो नवआभिजात्यवाद का मूल उत्स इटली है परन्तु, उसे निश्चित आयाम एवं आकार फ्रेंच साहित्य ने दिया है और उसके व्यक्तित्व का चरम प्रस्फुटन जर्मन-अंग्रेजी साहित्य के संग्रथन से हुआ। पाश्चात्य साहित्य समीक्षा के इतिहास में नवआभिजात्यवाद का स्थान अत्यंत गौरवपूर्ण है। इसने साहित्य-समीक्षा के ऐसे मूलभूत प्रश्नों और आयामों को उद्घाटित किया जिनकी उपादेयता आज भी बरकरार है।

नवआभिजात्यवाद को हिंदी में नव्यशास्त्रवाद भी कहा जाता है। ये दोनों शब्द अंग्रेजी के Neoclassicism का हिंदी रूपांतर है। इस आंदोलन का उत्थान पुनर्जागरण के अंतिम चरण में फ्रांस में हुआ- शायद इसलिए कि पुनर्जागरण की प्रवृत्तियों का ह्रास भी सबसे पहले वहीं दिखाई पड़ा। इस प्रवृत्ति का बीजारोपण लगभग पुनर्जागरण के समानांतर हुआ जिसकी मूल-प्रेरणा फ्रांसीसी बारोक संस्कृति की गैर-शास्त्रीयता है।

2.1 नवआभिजात्यवाद की प्रेरणाभूमियाँ

नवआभिजात्यवाद यूरोपीय साहित्य चिंतन का दूसरा महत्वपूर्ण आंदोलन है जो कमोबेश कुछेक

नवीनताओं के साथ आभिजात्यवाद का पुनरुत्थान ही है। इसकी प्रेरणाभूमि अत्यंत व्यापक है। ईसा की तीसरी शताब्दी से तेरहवीं शताब्दी तक यूरोपीय सर्जना किसी महत्वपूर्ण उपलब्धि का दावा नहीं कर सकती क्योंकि यह हजार वर्षों का अंधकार-युग है। इस युग के आरंभिक छोर पर वर्जिल और समापन छोर पर दाँते जैसे महाकवि स्थित हैं। इस सम्पूर्ण युग में मूर्ति और वास्तुकला की विशेष उन्नति हुई और साहित्य-समीक्षा के क्षेत्र में एक विशेष प्रकार की निष्क्रियता बनी रही, जिससे कोई उल्लेखनीय उपलब्धि हासिल नहीं हो सकी। इस समय की परिस्थितियाँ साहित्य के अनुकूल नहीं थी, धर्म और राज्य का संरक्षण उसे प्राप्त नहीं था, उसे घोर विरोध का सामना करना पड़ रहा था।

जब हम आभिजात्यकाल को सहस्रवर्षीय दिन और अंधकार-युग को हजार वर्षों की रात्रि के रूप में निरूपित करते हैं तो पाते हैं कि इस रात्रि के आरम्भ से ही सांस्कृतिक विखण्डन की स्थिति तैयार हो चुकी थी। एक समन्वित जीवन-दर्शन के स्थान पर अनेक खण्ड विचारधाराएँ अपना सर उठा रही थी जिनमें पारस्परिक स्पर्धा एवं मुखर विरोध की प्रवृत्ति ज्यादा प्रबल थी। उदाहरण के लिए 'स्टोइक' विचारधारा संयम एवं तप पर जोर देकर चली तो इसके विपरीत 'एपीक्यूरियन' विचारधारा सुख और स्वच्छन्दता को प्रश्रय देने लगी। इसी प्रकार नवागत ईसाई धर्म भी वैराग्य प्रधान और निवृत्तिमूलक था जो यूनान की प्रशस्त लौकिक एवं राष्ट्रीय कला को स्वीकार नहीं कर सका। इसके बदले वह अपने अलौकिक दर्शन के अनुरूप धार्मिक साहित्य रचना पर जोर देने लगा, जिससे जन-भावना की घोर उपेक्षा हुई। दूसरे शब्दों में हम यह भी कह सकते हैं कि आरम्भिक ईसाई मत तत्कालीन फूलती-फलती कलाओं के लिए तुषारापात ही सिद्ध हुआ। इस संदर्भ में एक विद्वान आलोचक ने ठीक ही लिखा है कि, "सन् ईसवी की पाँचवीं शताब्दी से लेकर पन्द्रहवीं शताब्दी तक यूरोप में एक ऐसा समय रहा जिसमें चर्च की प्रधानता रही और चर्च इसी बात पर अधिक बल देता रहा था कि साहित्य आदि मनुष्य को पतन की ओर ले जानेवाले हैं। इन शताब्दियों में साहित्य की साधारणतः कोई प्रगति नहीं हुई, अगर ऐसा कहा जाए तो कोई अत्युक्ति नहीं होगी। धर्म को छोड़कर ऐहिकता परक कलात्मक कृति पर एक प्रकार से रोक लगा दी गई। पादरियों पर इस बात के लिए प्रतिबंध लगा दिया गया कि उन्हें नाटक से संबंधित नृत्य गीतादि में भाग नहीं लेना चाहिए। उन्हें इस सब धर्म विरोधी कृत्यों से अलग रहने का आदेश दिया गया। चर्च ने नाटक तथा अभिनय करने वालों के विरुद्ध जेहाद छेड़ दिया। चर्च ने नाटक और कविता को बुद्धि और ज्ञान का संहार करने वाला कहा। चर्च का संचालन करने वाले पादरी यह तय करते थे कि कौन-सी पुस्तक पढ़ी जा सकती है और कौन-सी नहीं।"[1] इस तरह विवेच्य युग में काव्य, कला और नयी सर्जनात्मकता धर्म, नैतिकता एवं रूढ़ियों में जकड़ उठी, जिससे नित्य नवीन साहित्यिक उपलब्धियों पर एक दीर्घकालिक विराम लग गया। ऐसी स्थिति में व्यावहारिकता के तकाजे के कारण विद्वानों का एक ऐसा वर्ग उभरा जिसने लौकिक काव्य रचना को भी अलौकिक अर्थ प्रदान करके धार्मिक लोगों की दृष्टि में उन्हें महत्वपूर्ण बनाने की चेष्टा अन्योक्ति-परक अर्थ विधान द्वारा की। होमर और वर्जिल की रचनाओं में भी इसके सहारे गूढ़ार्थ व्यंजना ढूंढ़ी जाने लगी। कुछ इसी तरह का प्रयास आधुनिक हिंदी साहित्य के द्विवेदी-युग में श्रृंगार-प्रवण साहित्य की आध्यात्मिक व्याख्याओं के रूप में दिखाई पड़ा। जब कालिदास के मेघदूत में भी पंडित लोग अपनी दिव्य दृष्टि से उच्चकोटि की आध्यात्मिकता के दर्शन करने लगे। इसी प्रकार यूरोप में उस समय यदि एक ओर साहित्यिक कृतियों को आध्यात्मिक शिखर पर चढ़ाया

जाने लगा तो दूसरी ओर धार्मिक कृतियों को साहित्य के नंदन कानन में उतारने का प्रयास होने लगा। 'बाइबिल' के साहित्यिक सौंदर्य की चर्चा इसी परिवेश में हुई। जेरॉम ने बड़े उत्साह के साथ उसके काव्य-सौष्ठव को उद्घाटित किया।

इस साहित्यिक, सांस्कृतिक एवं धार्मिक परिदृश्य के साथ जब हम यूरोप की राजनीतिक अशांति और अव्यवस्था पर दृष्टिपात करते हैं, तब उस समय का सारा चित्र और भी भास्वर हो जाता है। इस तरह घोर उठापटक, राजनीतिक विवर्तन एवं धार्मिक झंझावात के वातावरण में यूरोप की यह अंधेरी रात बीती। लेकिन यहाँ हमें यह नहीं भूलना चाहिए कि ईसाई धर्म की छाया में एक अंतर्मुखी मानव-चेतना अंकुरित हुई जो यूरोपीय वातावरण के हजारों वर्षों में पुष्पित-पल्लवित होती रही और जब वह तेरहवीं शताब्दी के अंत में दान्ते के महाकाव्य के रूप में प्रतिफलित हुई तब सारा यूरोप आश्चर्य चकित हो गया। दान्ते का महाकाव्य 'डिवाइन-कॉमेडी' यूरोप के नव-प्रभाव का नया पुष्प जो सहस्रवर्षीय मौन-सिंचन के फलस्वरूप प्रस्फुटित हुआ था। इस पुष्प की दिगन्तव्यापिनी सुरभि द्वारा यूरोप की रात बीतने की पहली सूचना प्रसारित हुई। दान्ते की यह महाकाव्यात्मक कृति इतालवी लोक-भाषा और लोक-भावना का प्रतिनिधि है क्योंकि इसकी निर्मित में ईसाई धार्मिकता के साथ-साथ निषिद्ध किन्तु अनिवार्य लोक-कला की भी यथेष्ट भूमिका रही है।

चौदहवीं से सत्रहवीं शताब्दी तक का यूरोप पुनर्जागरण के आलोक से भास्वर हो उठा था। यह उदार सांस्कृतिक आंदोलन था जब धर्म का जटिल बंधन टूटने लगा था और तत्कालीन मनीषा स्वतंत्र-चिंतन के आलोड़न से उन्मथित होने लगी थी। इसे आधुनिक युग की पृष्ठभूमि भी माना जाता है। इस युग में होनेवाली वैज्ञानिक और औद्योगिक क्रान्तियों ने जीवन-दृष्टि को निर्विवाद रूप से प्रभावित किया, जिससे एक नये प्रकार के मानववाद का अभ्युदय हुआ।

पुनर्जागरण का प्रारंभ सर्वप्रथम इतालवी नगरों में हुआ। इसका कारण यह हो सकता है कि इटली रोमन सभ्यता से जुड़ा हुआ था। वह प्राचीन रोमन साम्राज्य और संस्कृति का प्रतीक था। इतालवी नगरों में प्राचीन रोमन सभ्यता के बहुत से स्मारक अब भी लोगों को उसकी स्मृति का आभास कराते थे। पुनर्जागरण को प्राचीन रोमन संस्कृति से प्रेरणा मिलती थी। इटली के नगरों ने कलाकारों और साहित्यकारों को सर्वाधिक प्रश्रय दिया। अकेले फ्लोरेन्स नगर ने ही दांते, पेट्राक, बुकासिया, लियोनार्दो दविन्सी, माइकल एंजेलो, मेक्याविली जैसी विश्व-विख्यात प्रतिभाएँ दी हैं। इस दृष्टि से इतालवी नगर पुनर्जागरण के लिए उपयुक्त थे। साथ ही, रोम अब भी सम्पूर्ण यूरोपीय ईसाई जगत का केन्द्र बना हुआ था। रोमन कैथोलिक चर्च का सर्वोच्च धर्माधिकारी 'पोप' रोम में ही रहता था। संयोगवश कुछ पोप भी पुनर्जागरण की भावना से प्रभावित हुए और उन्होंने विख्यात विद्वान तथा कलाकारों को रोम में बसने के लिए आमंत्रित किया और उन लोगों से यूनानी ग्रंथों का लैटिन भाषा में अनुवाद करवाया। पोप के कार्यों का प्रभाव अन्य नगरों पर भी पड़ा। वेनिस, फ्लोरेन्स और मिलान जैसे नगरों में विश्वविद्यालय स्थापित किये गये, जिसके परिणाम स्वरूप लोगों में ज्ञान-विज्ञान के प्रति रुचि का विकास हुआ।

पुनर्जागरण के तत्व मुख्य रूप से साहित्य, कला, विज्ञान और राजनीति के क्षेत्र में दिखाई देते हैं। वैसे तो इतिहास के हर युग में साहित्य की रचना हुई है, परन्तु पुनर्जागरण काल में जिस साहित्य की रचना हुई है, उसका अपना एक विशिष्ट महत्व है। इससे पूर्व रचनाकार केवल लैटिन अथवा यूनानी भाषा में ही लिखते आये थे और बोलचाल की भाषाएँ उपेक्षितप्राय थीं। परन्तु

पुनर्जागरण काल में बोलचाल की भाषाओं को अपेक्षित प्रतिष्ठा और गरिमा प्राप्त हुई। पश्चिमी यूरोप में बोलचाल की दो भाषाओं का विकास हुआ। एक थी 'उच्च जर्मनिक' भाषा जिसके अंतर्गत इटालियन्, फ्रेंच, स्पेनिश और पुर्तगाली भाषाएँ आती हैं और दूसरी थी निम्न 'जर्मनिक भाषा' जिसमें निम्न जर्मन, अंग्रेजी, नार्वेजियन, डच और स्वीडिश भाषाएँ सम्मिलित थीं। इन्हीं को देशज भाषा भी कहा जाता है। विवेच्य युग के लेखक अब दैनिक बोलचाल की इन्हीं भाषाओं में साहित्य का सृजन करने लगे थे। विषयवस्तु की दृष्टि से भी अब धर्म के स्थान पर मानववादी विचारधारा और भौतिकवादिता का प्रभुत्व बढ़ा। जिन इतालवी साहित्यकारों की रचनाओं में पुनर्जागरण के तत्त्व निहित हैं, उनमें दांते, पेट्राक और बुकासियों के नाम अग्रणी हैं। इटली के तुस्कानी प्रदेश में बोली जाने वाली 'तुस्कान' भाषा में दांते ने 'द डिवाईन कॉमेडी' नामक महाकाव्य की रचना की। यही तुस्कानी भाषा आगे चलकर इटली की साहित्यक भाषा बन गई। दांते न केवल समस्त इटालियन कवियों में सर्वश्रेष्ठ है, अपितु उसकी गणना विश्व के महानतम् कवियों में की जाती है।

यदि एक ओर साहित्य के क्षेत्र में महाकवि दांते ने प्राचीन ग्रीक भाषा के स्थान पर बोलचाल की इतालवी भाषा का प्रयोग करके नयी पीढ़ी के रचनाकारों के समक्ष नया आदर्श प्रस्तुत किया तो दूसरी ओर गैलीलियों (1564-1642ई.) ओर न्यूटन (1642-1727ई.) के वैज्ञानिक अनुसंधानों ने सोचने-समझने की भिन्न दिशाओं के लिए नये वातायन खोले। न्यूटन ने प्रकृति के 'सार्वभौम गुरुत्वाकर्षण' का सिद्धांत देकर धार्मिक कट्टरता की जड़ें हिला दीं। 1497 ई. में वास्कोडिगामा ने नयी दुनिया खोजकर पूर्व और पश्चिम के अंतराल को काफी कम कर दिया। यह युग अनेक अर्थों में आग्ल-साहित्य का स्वर्ण युग माना जाता है। यह शेक्सपियर ओर मिल्टन का युग है। इस युग में सामंती तौर-तरीकों और रोमन कैथोलिक चर्च को अनेक मोर्चों पर चुनौती का सामना करना पड़ा, क्योंकि यह युग वैज्ञानिक आविष्कारों, स्वतंत्र विचारों, परिवर्तनों, नयी जीवन दृष्टियों और कला की नयी अभिव्यक्तियों का युग है। इसी युग से सामंतवादी अंकुशों के विरुद्ध चिंतनपरक व्यक्तिवाद और अंधविश्वासों के विरुद्ध विज्ञान के संघर्ष का युग है। इस युग में चर्च ओर उसके पारलौकिक आदर्शों के विरुद्ध मानववादी बुद्धिवादिता का वातावरण तैयार हुआ। इसी बुद्धिवाद ने मध्य युग की धार्मिकता का अंत किया। कैथोलिक मत के विरुद्ध प्रोटेस्टेंट मत की प्रतिष्ठा हुई। औद्योगिक क्रांति ने आर्थिक क्षेत्र में विस्मयकारी परिवर्तन उपस्थित किये। विज्ञान की उन्नति से मुद्रण-कला का आविष्कार हुआ जिससे साहित्य जन-साधारण के लिए सुलभ हो गया। साहित्य में यह युग पुनरुत्थानवादी अथवा नवआभिजात्यवादी युग कहलाता है।

ध्यातव्य है कि यूरोप में यूनान, रोम की सभ्यता-संस्कृति से उत्प्रेरित आभिजात्यकाल के उपरांत जब मध्य युग का उदय हुआ, तब क्लासिकी साहित्य पृष्ठभूमि में चला गया। यह मध्य-युग भी हजार वर्षों का रहा है, जिसे ऊपर अंधकार युग की संज्ञा से अभिहित किया गया है। मध्ययुग को दो भागों में बाँटकर देखने की प्रवृत्ति है- पूर्व मध्ययुग (500-1000ई.तक) तथा उत्तर मध्य युग (1000-1500 ई.तक)। लेकिन पुनर्जागरण युग (15-16वीं शती) में एक बार साहित्य ने फिर से आभिजात्यकाल पर दृष्टिपात किया और नये ढंग से उसके उपयोग का उत्साह दिखाया। इस युग में दो प्रमुख समीक्षाशास्त्री हुए- सर फिलिप सिडनी और बेन जॉन्सन। सिडनी ने काव्य की मौलिक श्रेष्ठताओं का उल्लेख करते हुए अत्यंत जोरदार शब्दों में उसका बचाव किया। धर्माधिकारियों और स्टीफिन गौसन द्वारा की गई काव्य-निंदा का अत्यंत सबल तर्कों द्वारा उत्तर देकर उसने कविता की महत्ता प्रतिष्ठित की। उसने कहा कि कवि अपनी सर्जना

शक्ति द्वारा एक नई दुनिया की ही सृष्टि करता है और यह दुनिया वास्तविक जगत की अपेक्षा अधिक श्रेष्ठ होती है। क्योंकि काव्यकला अन्वेषण और सृजन की कला अपने पाठकों को उन्नत-बनाने और आनंदित करने के लिए सीमाहीन सृष्टि रचने में सक्षम हैं। हिंदी के कालजयी कवि जयशंकर प्रसाद की यह उक्त भी इस भाव-लोक के सृजन का साक्ष्य प्रस्तुत करती है-

"कवि का जीवन एक जगत है,
जग के भीतर जग के बाहर।
जग का पुण्य जहाँ सुन्दर है,
और पाप भी नहीं असुन्दर।।"

बेन जॉन्सन ने साहित्य-नियमों की व्यवस्था पर ध्यान दिया। पुनर्जागरण युग में स्वतंत्रता की झोंक में संयम और व्यवस्था का अतिक्रमण होने से विशृंखलता का खतरा उत्पन्न हो गया था। जॉन्सन ने इस स्थिति से बचने के लिए प्राचीन यूनान और रोमन कवियों तथा आचार्यों का आदर्श सामने रखकर काव्यशास्त्रीय व्यवस्था की। साथ ही, उसने प्राचीनों के अंधानुकरण से बचने की सलाह देते हुए कहा कि जैसे मधुमक्खी फूलों से मधु-संचय करती है, वैसे ही हमें सारग्रहण करना चाहिए। उसने शैली के लाघव पर बल दिया, किन्तु स्पष्टता की कीमत पर नहीं। विमसॉट के अनुसार जॉन्सन में पहली बार व्यवस्थित नव्यशास्त्रवाद का रूप दिखाई देता है। ये दोनों आचार्य इंगलैंड-वासी थे।

पुनर्जागरण के उपरांत साहित्य-चिंता का केन्द्र कुछ दिनों के लिए फ्रांस हो गया और वहीं की चिंतन-धारा से सारा यूरोप प्रेरणा ग्रहण करने लगा। फ्रेंच कवि रोंसेर कवि की स्वच्छंदता के कायल थे और उन्होंने शास्त्रीय नियमों की तुलना में कवि स्वातंत्र्य को वरीयता दी। फलतः फ्रांस के काव्य-जगत में उसके स्वातंत्र्य-सिद्धांत का दुरुपयोग आरंभ हुआ और साहित्य क्षेत्र में एक अव्यवस्था फैल गयी। शीघ्र ही इसकी प्रतिक्रिया भी हुई और साहित्य को शास्त्रीय मर्यादा में बाँधनेके प्रयास होने लगे। मॉलेर्ब ने काव्य-मंच पर प्रवेश किया और काव्य-रचना के सिद्धांत निर्धारित किये। इस प्रकार नव्यशास्त्रवाद का जन्म हुआ। बुअलो, रापे, बोस्यू, व्यावल्यू, वाल्तेयर तथा देनिस दिदेरोने नव्यशास्त्रवाद को गतिशीलता तथा निश्चित आयाम एवं आकार प्रदान किया। वाल्तेयर ने अपने कृतित्व द्वारा फ्रांसीसी आभिजात्यवाद का सर्वाधिक प्रतिनिधित्व किया है। वह सारस्वत प्रतिभा के धनी एवं प्रबुद्ध साहित्यकार थे। उनकी अभिरुचि साहित्य सर्जना और साहित्यानुशीलन के प्रति निरंतर बनी रही। उनका शेक्सपियर विषयक मूल्यांकन पाश्चात्य समीक्षा के इतिहास में अपूर्व उपलब्धि माना जाता है जिसमें उन्होंने उसके कल्पना-सौंदर्य की प्रभूत प्रशंसा की है। उनके दाँते और मिल्टन विषयक निर्णय समीक्षा जगत में आज भी उद्धृत किये जाते हैं। होमर की मौलिकता तथा वर्जिल की भव्यता के संबंध में की गयी उनकी समीक्षात्मक टिप्पणियाँ उन्हें साहित्य का महान् विचारक सिद्ध करती हैं। एरिओस्टो तथा टासो जैसे विदेशी साहित्यकारों की प्रतिभा के परीक्षण में भी वे अप्रितम माने गये हैं। रेसिन की रचनाओं का रहस्योदघाटन करने में वे अग्रणी रहे हैं। रूसो की रचनाओं का मर्म उद्घाटन करने तथा उनकी कमियों को उजागर करने में आप सिद्धहस्त रहे हैं। इनके साहित्यिक निर्णयों में जिस संतुलित दृष्टिकोण और परिष्कृत रुचि का प्रकटन हुआ है, वह इनके 'साहित्यिक मनीषी' व्यक्तित्व का परिचायक है। इन्होंने साहित्य को साहित्य की दृष्टि से विवेचित करना समीचीन समझा है जिसका प्रमाण इनका 'पैराडाइज लॉस्ट' विषयक समीक्षा है।

देनिस दिदेरो ने होमर को सर्वश्रेष्ठ कवि के रूप में विवेचित करते हुए उनकी तारीफ के पुल बाँधे हैं। वे होमर के वस्तुविधान और शिल्प तंत्र को अद्भुत और उनकी काव्य भाषा को अनुपम मानते हैं जिनकी तुलना किसी अन्य कवि से नहीं जा सकती। होमर के पश्चात ही वे वर्जिल की गणना करते हैं। वे होरेस के 'आर्स पोइतिका' और व्यावल्यू के 'आर्त पोइतीक' को काव्य-चिंतन के क्षेत्र में मील का पत्थर मानते हैं। वे यूनानी त्रासदी से भी गहराइयों तक प्रभावित थे। एचिलीस के 'इउमेनीडीज' में उन्होंने महाकाव्यात्मक उदात्तता और भव्यता के दर्शन किये हैं तो सोफोक्लीज के 'फिलोक्टीटीज' में सर्वोच्च कला के चरम उत्कर्ष का संधान किया है। अठारहवीं शताब्दी के अन्य समीक्षकों की भाँति वे भी कलाओं के पुनर्संयोजन में आस्था रखते थे जिनमें नृत्य, संगीत, चित्र, अभिनय तथा काव्य आदि का समुचित सामंजस्य हो। उनका विचार था कि उच्च कोटि की कविता महान् प्रतिभाएँ ही रच सकती हैं, "हमारी प्रज्ञा को भौतिक प्रतीकों के आधार पर प्रभावित करने वाली कविता केवल प्रतिभावान, भावक एवं नवनवोन्मेषशाली मस्तिष्क द्वारा ही प्रस्तुत की जा सकती है।"[2] इस प्रकार फ्रांस के अनेक कवियों, लेखकों और आलोचकों ने काव्यचिंतन और नवआभिजात्यवाद की प्रतिष्ठा में अपना योगदान दिया है। इन लोगों ने यहाँ तक कहा कि प्राचीन नियमों का उल्लंघन करना संस्कृति को चुनौती देना है, अतः सभ्य और सुरुचि सम्पन्न होने के लिए अरस्तू, होरेस आदि के द्वारा प्रतिपादित सिद्धांतों का पालन आवश्यक है। अतः परम्परागत शास्त्रीय नियमों की पुनर्प्रतिष्ठा ही, 'नव्य शास्त्रवाद' अथवा 'नवआभिजात्यवाद' कहलाता है। व्यावल्यू की पुस्तक 'आर्त पोइतीक' नवआभिजात्यवाद के लिए सिद्धांतग्रंथ बन गयी। इसमें काव्यशास्त्रीय नियमों और सिद्धांतों का कट्टरता से पालन कराने का आग्रह था। फ्रांस की आभिजात्यवादी परिपूर्णता और वाग्वैदग्ध्य का विमोहक प्रभाव अंग्रेजी साहित्य पर भी ड्राइडेन से लेकर पोप तक बराबर पड़ा।

सत्रहवीं शताब्दी के द्वितीय अर्द्धाली से लेकर लगभग पूरी अठारहवीं शताब्दी तक, जिसे 'आगस्टन युग' की संज्ञा दी गयी है, अंग्रेजी साहित्य पर आभिजात्य मनोवृत्ति का पूर्णतः वर्चस्व था। इनका विश्वास था कि आभिजात्यवाद साहित्यिक सौंदर्य का श्रेष्ठतम मानक और अधिकृत प्रतिनिधि है अतः अंग्रेजी लेखकों को अपनी कला में पूर्णता लाने के लिए केवल उसका अनुकरण करना चाहिए। इस लक्ष्य को प्राप्त करने के लिए इन अंग्रेजी रचनाकारों ने अपनी सारी शक्ति इसी दिशा में झोंक दी। इस सत्य को जानते हुए भी कि चासर, स्पेन्सर और बेकन की महान उपलब्धियों में इनका कोई प्रत्यक्ष योगदान नहीं रहा है।

इसी समय चार्ल्स प्रथम का विवाह फ्रांस की राजकुमारी से हुआ। राजकुमारी के साथ फ्रांस के दरबारियों और कवियों का एक पूरा उपनिवेश आया जिसके कारण अंग्रेजी साहित्य पर फ्रांस का भरपूर प्रभाव पड़ा जिससे आभिजात्यवाद को नयी शक्ति मिली। व्यावल्यू की 'आर्त पोइतीक्स' रैपिन की 'रिफ्लेक्शन' और बीसु का महाकाव्य संबंधी ग्रंथ इस प्रभाव के मुखर साक्षी हैं। युगीन-प्रवृत्ति और बाह्य प्रभाव के कारण आभिजात्यवाद की एक प्रभावशाली लहर इंगलैण्ड में आयी जिसके प्रमुख पुरस्कर्ताओं में जॉन ड्राइडेन, जोसेफ एडिसन, अलेक्जेन्डर पोप, डॉ. जॉनसन आदि प्रमुख हैं। इस दृष्टिकोण की प्रतिनिधि रचना पोप का एस्से ऑन क्रिटिसिज्म (1711) है। यूँ आलोचकों ने बेन जॉनसन को पहला अंग्रेज विद्वान माना है, जिनमें नव्य-आभिजात्यवादी प्रवृत्ति अपने पूर्ण रूप में निरंतर दिखायी पड़ती है। बेन जॉनसन ने सिद्धांत विवेचन भी किया है और होरेस की आर्स पोइतिका का अनुवाद भी ड्राइडेन ने भी वर्जिल, जुबेनल,

ओविड आदि का अनुवाद किया और अपनी रचनाओं में परम्परा के श्रेष्ठ तत्वों के प्रति आस्था का परिचय दिया। उनकी रचना 'एन एस्से ऑफ ड्रेमेटिक पोएजी' (1668) में उनकी साहित्यिक मान्यताओं का विशद विवेचन हुआ है। पोप के साहित्यिक सिद्धांतों का आधार भी प्राचीन यूनानी और रोमन विचारकों की प्रणाली है। उन्होंने फ्रेंच आभिजात्यवाद के विवेक, संयम तथा अनुशासनप्रियता को तो ग्रहण किया, किंतु उसके उच्चवर्गीय या दरबारी चरित्र को अपनी स्वीकृति नहीं प्रदान की। उन्होंने लेखकीय दायित्व को उसकी सामाजिकता से जोड़कर देखा है।

फ्रांसीसी नवआभिजात्यवाद का प्रभाव जर्मन साहित्य पर भी पड़ा। संयम और संभाव्यता के नव्यशास्त्रवादी नियम-जिनका प्रवर्तन ओपित्स ने किया था और जिनका पल्लवन बुअलो तथा रेसिन ने ही नहीं, इंगलैण्ड में बेकन ड्राइडेन, फ्रांस में डेस्कारटीज और जर्मनी में गोट्टफ्रीड विलहेल्म लाइबित्स (1646-1716 ई.) ने भी किया था- अंततोगत्वा जर्मन साहित्य पर छा गये। जर्मन साहित्य में नवआभिजात्यवाद गोईठे अथवा गेटे एवं शिलर की रचनाओं में चरम उत्कर्ष पर पहुँचा। यद्यपि दोनों विचारकों में वैचारिक मतभेद थे तथापि दोनों ने ही अभिजात साहित्य के संयम और औदात्य को अंगीकार कर लिया था। इस प्रकार 17वीं-18वीं शताब्दी के यूरोपीय साहित्य-चिंतन में प्राचीन आभिजात्यवादी नियमों के अनुसार तर्क बुद्धिपक्ष की प्रधानता तथा संयम संतुलन एवं आदर्शवाद को समर्थन मिला, जिसे नव्यआभिजात्यवाद की संज्ञा से अभिहित किया गया।

2.2 नवआभिजात्यवाद का स्वरूप

नवआभिजात्यवाद (Neo-Classicism) प्रकारांतर से आभिजात्यवाद का पुनराविष्कार है जिसका अभ्युदय तत्कालीन स्वेच्छाचारिता पर अंकुश पाने के लिए हुआ। इसमें भी आत्मपरकता की अपेक्षा वस्तुपरकता पर अधिक जोर दिया जाता था और कलाकृति की संरचनात्मक अन्विति तथा उसकी निर्मिति में परंपरित सिद्धांतों का पालन ही उसकी श्रेष्ठता के निर्णायक तत्व होते थे। जहाँ तक सिद्धांतों का सवाल है, आभिजात्यवाद और नवआभिजात्यवाद में बहुत मामूली अंतर है। उदाहरणार्थ अन्विति, संकलन-त्रय तथा रूपों आदि की शुद्धता के बारे में थोड़े बहुत मतभेद हैं, किंतु मूल प्रवृत्ति दोनों की समान है। दोनों ही इस बात पर जोर देते हैं कि साहित्य के कुछ सनातन मूल्य हैं जिनका महत्व सार्वदेशिक है अतः लेखकों को उनका पूरी तरह पालन करना चाहिए। सिद्धांत और आदर्श की प्रधानता, साहित्यिक उत्कृष्टता में आस्था तथा व्यक्तिगत रचनात्मक प्रतिभा की गौणता की मान्यता के कारण दोनों सिद्धांतों में कोई विशेष अंतर नहीं है। दोनों ही रचना-कर्म पर नियंत्रण के आग्रही हैं। दोनों में एक मात्र उल्लेखनीय अंतर यह है कि जहाँ आभिजात्यवाद मात्र अभिजात वर्ग तक सीमित था वहीं नव्यआभिजात्यवाद की दृष्टि जन-सामान्य तक व्यापक हो गयी थी। इसका एक कारण यह भी हो सकता है कि अधिकांश नव्यशास्त्रवादी मध्यमवर्ग से संबंध रखते थे और भिन्न-भिन्न प्रादेशिकताओं के कारण स्वभाषा विकास के प्रेम से गहराइयों तक आंदोलित थे जिससे वे अपने समाज और राष्ट्रीयता की परिधि का अतिक्रमण नहीं कर सकते थे।

डेविड डिचेज ने नवआभिजात्यवाद का स्वरूप निर्धारित करते हुए लिखा है कि, "नवआभिजात्यवाद से तात्पर्य उस आलोचनात्मक प्रयास से है जिसमें सैद्धांतिक और व्यावहारिक रूप से प्राचीन ग्रीस और रोमी आभिजात्यों का आधार बनाया गया हो और उन्हें

नियम के रूप में परिणत कर आधुनिक साहित्य सृजन में साहित्यकारों का उनसे मार्गदर्शन किया जाए।"

नव्यआभिजात्यवाद में बाह्य जगत् के यथार्थ अनुकरण को आदर्श रचना के लिए आवश्यक माना गया है। इस युग के विचारकों ने यूनान और रोम के साहित्यिक महारथियों के आदर्श पर चलने का उपदेश किया है। यद्यपि आरंभ में अंधानुकरण से भी परहेज नहीं दिखाई देता, किन्तु आगे चलकर विवेक का अनुशासन बनाए रखने की बात कही गयी। विवेच्च युग में आभिजात्यवाद के प्रति ऐसी धारणा विकसित हुई कि उसमें मानव मन के उदात्त स्तर की अभिव्यक्ति है ओर साहित्यिक सौंदर्य की पराकाष्ठा। अतः साहित्य-सृजन में पूर्णता प्राप्त करने के लिए अभिजात कृतियों का अनुकरण अनिवार्य है। नव्यशास्त्रवाद के प्रतिष्ठाता बुअलो इस तथ्य को स्वीकार कर चले कि साहित्य में उत्कर्ष के कुछ शाश्वत और अपरिवर्तनीय मानदण्ड होते हैं और प्राचीनों से नियम ग्रहण करके प्रत्येक जाति की कविता में इस प्रकार के मानदण्डों की सिद्धि हो सकती है। चूंकि प्राचीन अभिजात रचनाकारों ने प्रकृति और विवेक के आदेशों का पालन किया है इसलिए उन्हें पथ-प्रदर्शक के रूप में स्वीकार करना ही समीचीन होगा। उसने समसामयिक कवियों के समक्ष होमर को एक अनुकरणीय आदर्श के रूप में प्रस्तुत करते हुए लिखा है कि, "होमर ने, जो अद्वितीय कलाकार था, हृदय को आकर्षित करने के लिए सुन्दरता की देवी वीनस की करधनी चुराई। वस्तुतः उसकी काव्य-कृतियों में सौंदर्य का अतुल भण्डार है। वह जिस वस्तु का भी स्पर्श करता है उसे स्वर्ण बना देता है। उसके हाथ में पहुँचकर प्रत्येक वस्तु नया सौंदर्य ग्रहण कर लेती है। वह सदैव आनंद प्रदान करता है और क्लान्त कभी नहीं करता। उसमें सर्वत्र एक आह्लादकारी ऊष्मा मिलती है। उसकी कृतियों में कहीं भी लम्बे-लम्बे विषयान्तर नहीं। उसके सभी छन्द किसी नियम का अनुसरण किए बिना एक विशिष्ट रीति से नियोजित होते हैं। सभी परिस्थियाँ उसके उद्देश्य की पूर्ति में सहायक प्रतीत होती हैं। प्रत्येक अक्षर घटना के सौंदर्य को निखारता है। होमर के उदाहरण से तुम्हारे प्रयत्नों को बल मिलना चाहिए। उसकी कविताओं को प्यार करना भी प्रशंसा का एक प्रकार है।"[3] इस तरह बुअलो ने यूरोप के सबसे बड़े एवं आदि कवि के सर्वोत्कृष्ट काव्यात्मक गुणों की चर्चा करके उसके प्रति अपनी पीढ़ी के रचनाकारों को आस्थालु होने की प्रेरणा दी है।

ऐसा माना जाता है कि नवआभिजात्यवाद अरस्तू और होरेस के काव्य-चिंतन के सम्मिश्रण से तैयार रसायन है। रेनेवेलेक ने इसके स्वरूप की चर्चा करते हुए लिखा है कि, "यह साहित्य, साहित्यिक-सृजन अथवा कलाकृति के रूप में साहित्यिक संघटनों से संबंधित सिद्धांतों एवं नियमों का अन्वेषण करने के साथ ही इनके प्रति पाठक की प्रतिक्रिया को प्रदर्शित करता है। इस प्रकार के प्रयास को नकारने का एकमात्र तरीका पलायनवाद, अराजकतावाद और अंतिम रूप में सैद्धांतिक नपुंसकता ही हो सकती है।"[4] कहना न होगा कि उस समय प्रायः सभी नवआभिजात्यवादी आलोचकों ने साहित्यिक कार्य-प्रणाली के सिद्धांतों की व्याख्या, साहित्य की रचना-प्रक्रिया, साहित्य के हेतु एवं प्रयोजन और साहित्य निर्माण के मार्गों एवं विधियों के लिए नियम निर्धारित किये। वे अधिनायकवादी न होकर हेतुवादी अथवा विवेकवादी थे। अपनी बात को आगे बढ़ाते हुए रेनेवेलेक लिखते हैं कि 'हेतुवाद' शब्द भ्रामक हो सकता है यदि इसकी व्याख्या इस अर्थ में की जाए कि नवआभिजात्यवादी आलोचक अनुभव, कल्पना और अवचेतन के योग के बिना ही सचेतन बौद्धिकता द्वारा कलाकृति के निर्माण में विश्वास

करते हैं। साहित्य-सिद्धांत सचेतन मस्तिष्क की उपज होते हैं, लेकिन एक भी प्रतिष्ठित आलोचक ने कभी किसी कलाकृति की सृष्टि नहीं की, जो कि स्वयं में ही एक सचेतन बौद्धिक-प्रक्रिया है। हम इस बात से पूर्णरूपेण परिचित हैं कि 'प्रतिभा', 'प्रेरणा' और काव्यरूपों के अन्वेषण संबंधी अभिनव मान्यतायें पुनर्जागरण-काल की विशिष्टतायें हैं।

नवआभिजात्यवादी काव्य के हेतुवादी सिद्धांत में विश्वास तो करते हैं, परन्तु इसे (काव्य को) सर्वथा हेतुवादी नहीं मानते। वे इसे अवचेतन मन की प्रक्रिया न मानकर निर्णय, विवेक ओर सृजन के अभिकल्प से संबंधित करते हैं। ऐसी स्थिति में कल्पना पर बुद्धि का अंकुश रहता है।[5] इस प्रकार नव्यशास्त्रवादी कल्पना के अश्व को विवेक की वल्गा से नियंत्रित करने के हिमायती थे जिससे सर्जनात्मक प्रतिभा कल्पना के असीम, अवास्तविक विस्तार से बच सके। कुल मिलाकर, नवआभिजात्यवाद थोड़े-बहुत परिवर्तनों एवं नवीन संदर्भों के समाहार के साथ आभिजात्यवाद का ही पुनरुत्थान है जिसने साहित्य के सार्वभौम शाश्वत मानदण्डों के निर्धारण, नियमन और व्यवस्थापन में केन्द्रीय भूमिका निभायी। यह मूलतः समाजोन्मुखी साहित्य-दृष्टि है जिसने बुद्धि और भाव के सामंजस्य पर विशेष जोर दिया।

2.3 नवआभिजात्यवाद की प्रमुख विशेषताएँ

नवआभिजात्यवाद 17वीं-18वीं शताब्दी के यूरोपीय काव्य-चिंतन-सरणि का केन्द्रीय प्रवाह है। जिसका अभ्युदय पुनर्जागरण कालीन काव्य-चिंतन के परिष्करण और विकास के रूप में हुआ। विवेच्य आंदोलन ने साहित्यिक ओर कलात्मक रचनाओं के सिद्धांत, नियम और संरचना की विधियों के अनुसंधान की दिशा में अपने कदम बढ़ाये। इस आंदोलन के द्वारा प्रचीन ग्रीक और लैटिन के काव्यशास्त्रीय ग्रंथों का ठीक अनुवाद और टीकायें भी प्रस्तुत की गयीं। साथ ही, आभिजात्यवाद एवं प्राचीन गौरव-ग्रंथों के पुनर्मूल्यांकन का एक सार्थक प्रयास आरंभ हुआ जिसके फलस्वरूप काव्य-मीमांसा के क्षेत्र में एक युगांतर उपस्थित हुआ। नवआभिजात्यवाद आभिजात्यवाद को पूरी तरह आत्मसात् कर जाने के बावजूद कतिपय नयी विशिष्टताओं से संवलित है जिससे उसे अर्थव्याप्ति एवं अभिनव उपादेयता प्राप्त हुई है। संक्षेप में, इस काव्यांदोलन की प्रमुख विशेषताएं इस प्रकार है-

2.3.1 प्रकृति, जीवन, वस्तुजगत एवं प्राचीन यूनानी गौरव-ग्रंथों (Classical Literature) के अनुकरण पर जोर

नवआभिजात्यवाद की सर्वाधिक महत्वपूर्ण विशेषता प्रकृति, जीवन, वस्तुजगत एवं प्राचीन यूनानी गौरव-ग्रंथों का अनुकरण है जिसके अनुसार अनुकरण का अर्थ मूल वस्तु का पुनरुत्पादन है। प्रकृति के अनुकरण का अर्थ है- यथार्थ चित्रण। प्रकृति के अन्तर्गत अन्य प्राकृतिक वस्तुओं के साथ-साथ मानव प्रकृति का भी समावेश किया गया है। इसमें प्रकृति के सौंदर्य, उसमें निहित जगत के नियम और भाव भी सम्मिलित है। 'प्रकृति' शब्द पर विद्वानों में परस्पर मतभेद है क्योंकि इसका निम्नलिखित अर्थों में प्रयोग हुआ है।[6]

1. यह अनुकरण के बाह्य यथार्थ का निरूपक है। इस संदर्भ में प्रकृति का अनुगमन सत्याभास का परिचायक है।
2. प्रकृति का अर्थ 'मानव प्रकृति' भी माना जा सकता है। इस अर्थ में यह मानव के

विशिष्ट स्वभाव की परिचायक बन जाती है।

3. प्रकृति का अर्थ मानव गुणों एवं विशिष्टताओं का अभिव्यंजक है।
4. प्रकृति का अनुकरण उस आदर्शीकरण का सूचक है जिसे हम इसमें निहित सौंदर्य के चुनाव द्वारा प्राप्त कर सकते हैं।
5. प्रकृति के अर्थ में जागतिक नियम के भाव निहित हैं। यह अर्द्धनैसर्गिक प्रक्रिया की परिचायक है।

इस प्रकार प्रकृति के अनुकरण का व्यापक संदर्भ में प्रयोग किया गया है जिसमें मानव-जीवन और जगत की तमाम आदर्शीकृत स्थितियों का समावेश है। इसी संदर्भ में नव्यशास्त्रवादी लेखकों ने प्राचीन रचनाकारों और कालजयी कृतियों के अनुकरण पर जोर दिया। इस परिप्रेक्ष्य में अलेक्जेण्डर पोप ने ठीक की लिखा है कि, "होमर की कृतियों का आप अध्ययन करें और आनंद लें, दिन में उन्हें पढ़ें और रात में चिंतन करें।"[7] होरेस ने भी भावी लेखकों को यही सीख दी थी। पोप ने ऐसा इसलिए भी कहा था क्योंकि उसका विश्वास था कि, "यूनान और रोम के प्राचीन लेखकों ने प्रकृति के व्यवस्थित स्वरूप को अभिव्यक्ति प्रदान की थी।"[8] इसी के आधार पर इतालवी और फ्रांसीसी लेखकों ने अपने साहित्य-सिद्धांत निर्मित किये थे। नव्यशास्त्रवादियों के मतानुसार मानव प्रकृति अपने आप में एक ऐसी सार्वभौमिक और सार्वकालिक अवधारणा है जो देश और काल की सीमाओं में नहीं बांधी जा सकती। जहाँ तक मानवेतर प्रकृति का सवाल है उसमें विशुद्ध रूप से स्थानीय महत्व की तथा अतिप्राकृतिक स्थितियों और घटनाओं का बहिष्कार होना चाहिए। इसी क्रम में होरेस का औचित्य सिद्धांत भी उल्लेखनीय है जिसके अनुसार मंच पर हिंसात्मक स्थितियों एवं घटनाओं का चित्रण वर्जित है। एक फ्रांसीसी साहित्यकार के शब्दों में, "कवि को लोभ की निकृष्टता, भोग की कुत्सा, विश्वासघात की कालिमा, दुष्टता का भय और दरिद्रता की दुर्गंध का वर्णन नहीं करना चाहिए।" इस प्रकार मानवीय प्रकृति की सार्वभौमिकता और मानव प्रकृति के दुर्गंधमय एवं कुत्सित अंश की अस्वीकृति द्वारा मानव प्रकृति के आदर्श रूप का निर्माण किया गया। इस प्रकार मानव-प्रकृति का अर्थ आदर्श प्रकृति बन गया और आदर्श प्रकृति का अर्थ ऐसी प्रकृति से हो सकता है जो सुस्थापित नैतिक परंपराओं और सौंदर्यशास्त्र की मान्यताओं के अनुरूप हो। काव्य अथवा कला का उद्देश्य इसी आदर्श प्रकृति का चित्रण करके सौंदर्य की सृष्टि करना है। यह तभी संभव है जब रचनाकार लालित्य, कल्पना और विवेक में सामंजस्य स्थापित करने में सक्षम हो। इस युग में कला के क्षेत्र में सार्वभौम प्रकृति भी समस्त व्यवस्था का एक अंग थी जिसने 'प्राकृतिक विधि', 'प्राकृतिक अधिकार', 'प्राकृतिक धर्मशास्त्र', 'सृष्टिचक्र और मानव के एक मनोविज्ञान का रूप धारण किया जो अपने व्यावहारिक उपदेशों में मूलतः समरसता का पोषक था। रेसीन की यह धारणा बन गई थी कि उसके नाटकों की, जिसका आधार होमर और यूरीपिडीज से लिया गया था, सफलता ने यह सिद्ध कर दिया है कि सहज बुद्धि और विवेक हर युग में समान रहते हैं तथा पेरिस के लोगों की रुचि तथा एथेंस के लोगों की रुचि में कोई भेद नहीं है।" (इफ़िजीनिया की भूमिका से उद्धृत)

2.3.2 कल्पना और भावना के स्थान पर विवेक की प्रतिष्ठा

नवआभिजात्यवाद की दूसरी महत्वपूर्ण विशेषता कल्पना और भावना के स्थान पर विवेक की प्रतिष्ठा है। इस साहित्य में भावना की अपेक्षा बुद्धि और तर्क का प्राधान्य है। इसमें सिद्धांत-

निरूपण के लिए तर्क, विवेक और युगानुरूपता को अत्यधिक महत्त्व दिया गया है। नव्यआभिजात्यवादियों का मानना है कि ज्ञान भंडार अपार है, उसकी कोई सीमा नहीं अतः कवि को अपने अध्ययन के लिए विवेकपूर्ण चुनाव की आवश्यकता होती है। समय और शक्ति दोनों ही मनुष्य के पास सीमित है, अतः उनका श्रेष्ठतम प्रयोग अपनी आवश्यकता के अनुकूल चुने हुए विषयों के अध्ययन में ही करना चाहिए। अध्ययन में विविधता किन्तु सटीकता होनी चाहिए, क्योंकि बेकन के अनुसार इसी से मनुष्य पूर्ण बनता है। कवि को केवल इतिहास और वस्तुस्थिति का ही ज्ञान नहीं होना चाहिए बल्कि विषय और शैली पर उसका अधिकार होना चाहिए, व्यवस्थित संचालन का अनुभव होना चाहिए तथा शब्दों के चयन, प्रयोग और विचलन का कौशल आना चाहिए जिससे काव्य की आत्मा और कलेवर में भव्यता आ सके।

आरंभ में नवआभिजात्यवादियों का विश्वास था कि आभिजात्य युग के रचनाकारों ने अभिव्यक्ति के सही साधन पाकर सभी कला रूपों को सिद्ध कर लिया है। इसलिए उनके द्वारा स्थापित नियमों को सार्वभौम और शाश्वत मानकर हर युग में उन्हें कला के मूल्यांकन की कसौटी बनाना चाहिए। परन्तु, धीरे-धीरे नवआभिजात्यवादियों में इस धारणा के प्रति विवेकपूर्वक पुनर्विचार शुरू हुआ। इस संदर्भ में सर्वप्रथम बेन जॉन्सन ने अपना अभिमत प्रकट करते हुए कहा कि, "प्राचीनों के विशाल खाजानों के साथ हमारा वर्तमान और उसका अनुभव भी है जिसकी उपेक्षा नहीं की जा सकती। यह सत्य है कि उन्होंने हमारे लिए मार्ग प्रस्तुत किया है और उन्हें हमारा मार्गदर्शन भी करना है किन्तु मार्गदर्शक की तरह, सेनानायक की तरह नहीं। सत्य का मार्ग सबके लिए खुला है, वह किसी की व्यक्तिगत सम्पत्ति नहीं है। किसी मान्य लेखक को डिक्टेटर बना देना सर्वाधिक हास्यास्पद है जैसा कि अरस्तू के लिए लोगों ने किया है। इससे ज्ञान की क्षति ही नहीं बल्कि उसका अपमान भी होता है। यदि कोई व्यक्ति आभिजात्यों या प्राचीनों की गहन छाया में अपने अनुभवों के अस्तित्व को मिटा दे तो उसकी स्वतंत्रसत्ता समाप्त हो जाएगी और वह हमेशा के लिए गुलाम हो जाएगा।"[9] बेन जॉन्सन ने अपने कथन के समर्थन में जेम्स स्कॉट के इस वाक्य को उद्धृत किया है कि, "The Samefire which moved the greatest Elizabeth and burned also in him."[10] अर्थात जो आग एलिजाबेथ कालीन महान् मनीषियों में प्रज्वलित थी वही आग उसके हृदय में भी जल रही थी। इस तरह हरेक युग की प्रतिभाएँ मौलिकता और संभाव्यता से भरपूर होती हैं। आवश्यकता सिर्फ इस बात की है कि उनका विवेकपूर्ण तरीके से समुचित रूप में दोहन किया जाए। बुअलो और ड्राइडेन भी समान रूप से विवेकशील आचार्य थे और दोनों ने परंपरा के अंधानुकरण का विरोध किया है। इस संदर्भ में ड्राइडेन का कहना है कि प्राचीन यूनानी और रोमन कवि ही महान नहीं हैं आधुनिक कवि भी महान हैं, वर्जिल और होमर ही सब कुछ नहीं हैं, शेक्सपियर और फ्लेचर भी बहुत कुछ हैं। वे लिखते हैं कि, "अरस्तू ने ऐसा कहा है, यही कहना पर्याप्त नहीं है। अरस्तू ने त्रासदी नाटक के आदर्श के रूप में 'सोफोक्लीज' और 'यूरीपिडीज' को मान्यता प्रदान की थी। अगर वह हम लोगों के आधुनिक नाटकों को देख सका होता तो आवश्य ही अपने दृष्टिकोण को बदल देता।"[11] इस तरह ड्राइडेन ने युगीन साहित्य के प्रति भी अपेक्षित सम्मान व्यक्त किया है। इन्होंने मिल्टन पर लिखी हुई अपनी एक कविता में उन्हें होमर और दांते के समकक्ष रखा है-

> Three Poets, in three distant ages born,
> Greece, Italy and England did adorn.

The first in loftiness of thought surpassed,
The next in majesty, in both the last:
The force of nature could no further go;
To make a third she joined the former two.

श्री उमेश जोशी ने इन पंक्तियों का काव्यानुवाद इस प्रकार किया है-

कविवर तीन, जन्मे भिन्न तीन समयों में
यूनान, इटली, और इंगलैण्ड को विभूषित करने।
पराकाष्ठा भावों के उड़ान में पहले ने पाई,
दूसरे ने वैभव में, दोनों ही में अंतिम ने।
प्रकृति की देन न इससे ऊपर उठ पाई,
कर दोनों को लीन तीसरे को सिरजा उसने।[12]

इस प्रकार नव्यशास्त्रवादियों ने परंपरा के साथ एक विवेकपूर्ण, सार्थक मुठभेड़ की पहल की। चूंकि यह युग वैज्ञानिक संस्कृति एवं बुद्धिवाद के प्रसार का युग है इसलिए कल्पना, भावना और अनुभवगम्यता की तुलना में विवेक शीर्षस्थ हो गया। ड्राइडेन ने कल्पना और विवेक की सहभाविता को स्वीकारते हुए भी विवेक के प्रति अतिरिक्त राग प्रदर्शित किया है। उनका मानना है कि कल्पना और विवेक साथ-साथ चलते हैं। कल्पना विवेक को पीछे नहीं छोड़ सकती, हाँ आकाश मिलने पर कल्पना लम्बी छलाँग लगा सकती है किन्तु विवेक इसकी लम्बी छलांग को नियंत्रित करता रहेगा। "ड्राइडेन कल्पना को ऐसी उच्छृंखल और दुराग्रही मानते हैं कि एक तीव्र वेगधारी 'स्पेनियल' की तरह उसे अगर किसी बंधन (छन्दोबद्धता) से बाँध न दिया जाए तो यह निर्णय की सीमा पार कर जाती है।"[13] अलेक्जेण्डर पोप भी रचनाकार से विवेकशीलता की अपेक्षा करते हैं और लिखते हैं कि आलोचक को केवल लेखक के अभिकल्प और उद्देश्य की ही जानकारी नहीं होनी चाहिए बल्कि उसके धर्म, देश और युग प्रतिभा से भी उसे परिचित होना चाहिए। शेक्सपियर की आलोचना में वह लिखता है कि शेक्सपियर को अरस्तू के नियमों से परखना उसी प्रकार गलत होगा जैसे कि दूसरे देश के दोषी का दूसरे देश के कानून के अनुसार दण्डित किया जाना। लेकिन पोप के इस विचार का भी समर्थन नहीं किया जा सकता कि प्रत्येक देश और युग के लिए अलग-अलग नियम हों। युग प्रवृत्तियों और परिस्थितियों में अन्तर अवश्य होता है किन्तु मानव मन की मूल प्रवृत्तियाँ नहीं बदलतीं और साहित्य द्वारा व्यक्त शाश्वत सत्य भी परिवर्तित नहीं होते।

2.3.3 कलाकृति के अंतरंग और बहिरंग के विभेद का निर्धारण और वस्तुनिष्ठता पर बल

कलाकृति के गठन एवं संरचना के संबंध में नव्यआभिजात्यवादी अरस्तू की मान्यताओं से भिन्न विचार रखते हैं। जहाँ अरस्तू विषय-वस्तु एवं रूप-विधान में संघटनात्मक एकता को स्वीकार करते हैं, वहाँ नवआभिजात्यवादी दोनों पक्षों की अलग-अलग सत्ता स्वीकार करते हैं। अरस्तू ने स्पष्ट शब्दों में यह कहा था कि कलाकृति अपने आप में ऐसी स्वतः पूर्ण इकाई होनी चाहिए कि उसके किसी भी अवयव के इधर-उधर हो जाने या स्थानापन्न रूप में किसी अन्य अवयव के समावेश से समूची काव्यकृति बिखर जाए। अरस्तू के अनुसार यह तभी संभव है जबकि

काव्यकृति में संगठनात्मक एकता हो। अरस्तू की इस सर्वस्वीकृत मान्यता के विपरीत नव्यशास्त्रवादियों ने काव्यकृति के बाह्यरूप विधान और उसकी विषयवस्तु को पृथक-पृथक सत्ताएँ स्वीकार किया। इस मान्यता के दो परिणाम हुए- एक तो काव्यकृति के बाह्यरूप का अस्तित्व स्वीकार कर लिया गया, दूसरे काव्य की विषय-वस्तु को काव्येतर मूल्यों अर्थात् नैतिक मूल्यों की कसौटी पर कसने की प्रवृत्ति का विकास हुआ। नवाभिजात्यवाद में बाह्यसंरचना और वस्तुनिष्ठता पर अधिक बल देने के कारण रूपात्मक ढाँचे को अत्यधिक महत्व दिया गया। कृति की श्रेष्ठता का आधार उसके बाह्य-गठन का सौष्ठव हो गया। काव्य-भाषा अलंकार तथा छंद-योजना का महत्व बढ़ता गया और मौलिक सृजन की संभावना कम होती गयी। आलोचना के लिए कथावस्तु, विचार, चरित्र, छंद, भाषा आदि पर अलग-अलग विचार होने लगा और साहित्यालोचन की नित्य नयी प्रणालियाँ बनने लगीं।

इसमें संदेह नहीं कि नवआभिजात्यवादियों द्वारा शैली के प्रति अत्यधिक रुझान तथा बाह्य परिष्कार के प्रेम के कारण एक अत्यंत कृत्रिम तथा रूढ़िवादी शैली विकसित हो गयी जो शीघ्र ही एक परम्परागत काव्यभाषा के रूप में रूढ़ हो गयी। सभी तरह की 'क्लासिकल' कशीदाकारी का मौके-बेमौके हमेशा इतना अधिक प्रयोग किया गया कि वह फटकर तार-तार हो गयी और निरंतर प्रयोग के कारण हास्यास्पद बन गयी। परिष्कार के संबंध में लोगों में एक ऐसे असत्य विचार का विकास हो गया जिसके आगे सादगी और स्वाभाविकता लुप्त हो गयी तथा वर्ण्य-विषय अत्यन्त साधारण कोटि का होने पर भी सीधी-सादी भाषा के स्थान पर आडंबरपूर्ण शब्दजाल एवं वागविस्तार का प्रयोग होने लगा। इस संदर्भ में विलियम हेनरी हडसन ने एक बड़ा ही रोचक उदाहरण दिया है। वे लिखते हैं कि, "यदि कोई क्लासिक कवि किसी पुरानी गाथा की 'अपरिष्कृत' सामग्री को पुनः गढ़ने का बीड़ा उठाता तो वह सीधे-सादे 'ईश्वर उसकी आत्मा को शांति दे' (God rest his soul) के स्थान पर उसका अनुवाद 'शाश्वत आशीषें उसकी छाया का अनुगमन करें' (Eternal blessings on his shade attend) जैसी रूढ़ एवं कृत्रिम शैली में कर देता और ऐसा करते समय वह ईमानदारीपूर्वक यही सोचता कि इस प्रकार वह बोलचाल की भाषा के एक अत्यंत सामान्य व अशिष्ट प्रयोग को सुन्दर काव्य का रूप दे रहा था। यह उस 'आडंबर पूर्ण तथा निरर्थक शब्दजाल' का एक अच्छा उदाहरण है जिसका दृढ़ विरोध वर्ड्सवर्थ द्वारा शीघ्र ही होने वाला था।"[14] इस तरह नवआभिजात्यवादियों द्वारा रचना में वस्तुनिष्ठता और शिल्पगत सजगता के प्रति अतिरिक्त आग्रह के कारण काव्य का अंतःपक्ष उपेक्षित हुआ, जिससे काव्य की प्रभाव-शक्ति का क्षरण हुआ।

2.3.4 त्रासदी की तुलना में महाकाव्य को वरीयता और तुकांत दोहा छंद की प्रतिष्ठा

यूनानी काव्य-शास्त्री त्रासदी को महाकाव्य से श्रेष्ठ मानते थे किन्तु नवआभिजात्यवादियों ने महाकाव्य को वरीयता प्रदान की। इनका सीधा सवाल था कि कौन सी ऐसी विशेषता त्रासदी में है जो महाकाव्य में नहीं है। महाकाव्य में अहंकार दमित होता है, गुण पुरस्कृत होते हैं, दुर्गुण को दण्ड भुगतना पड़ता है और त्रासदी की संकीर्णता की अपेक्षा इन्हें यथोचित विस्तार के लिए पर्याप्त अवसर मिलता है। अरस्तू ने अनेक समानताओं के बावजूद त्रासदी को दो कारणों से महाकाव्य से श्रेष्ठ माना था, प्रथम, यह अपना संदेश संक्षेप में कह देती है, दूसरे, इसे मंच पर देखा-पढ़ा भी जा सकता है। किन्तु नवआभिजात्यवादियों को ये दोनों तर्क गलत प्रतीत हुए। सर्वप्रथम

ड्राइडेन ने इसका खण्डन करते हुए लिखा कि त्रासदी को अपनी सीमाओं के कारण बहुत कुछ छोड़ना पड़ता है और समय सीमा के कारण उसका प्रभाव उतना स्थायी और व्यापक नहीं होता जितना महाकाव्य का जो मंथर गति से अपने अवयवों के विस्तार को समेटता हुआ लक्ष्य तक पहुँचता है। वस्तुतः त्रासदी का प्रभाव अत्यंत हिंसक होता है, तात्कालिक होता है, अतः उसके दीर्घजीवी होने की संभावना न्यूनतम होती है। महाकाव्य की श्रेष्ठता प्रतिपादित करते हुए ड्राइडेन इस निष्कर्ष पर पहुँचते हैं कि, "महाकाव्य निश्चित ही मानव की सर्जनात्मक प्रतिभा का श्रेष्ठतम कार्य है। इसका कार्य महान है, इसके कलेवर विशाल हैं, इसके पात्र अधिक गौरवशाली हैं, इसकी भाषा अत्यधिक उत्कर्षक, इसका कथानक अधिक वैविध्यपूर्ण और इसका प्रभाव अधिक स्थायी होता है। महाकाव्य लेखन के लिए भी त्रासदी की अपेक्षा अधिक प्रतिभासम्पन्न या प्रकृति प्रदत्त मेधा की आवश्यकता होती है, यही कारण है कि महाकाव्यकर्ता कवियों की संख्या संसार में बहुत कम है और जो है उसमें भी कितनों को अपेक्षित सफलता मिल सकी है? संक्षेप में, त्रासदी मानव-जीवन का लघु-संस्करण हैं और महाकाव्य उसका विस्तृत प्रवाह है।"[15]

नव्यशास्त्रवादियों ने महाकाव्य में नैतिकता के आग्रह पर भी अरस्तू से भिन्न विचार व्यक्त किया है। नैतिकता महाकाव्य के कवि का प्रथम कर्तव्य है, उसके संदेश की मुख्य आधारशिला है। इस अवधारणा के साथ वह एक प्रारूप का चुनाव करता है और अपनी नैतिकता के अनुरूप उसे नियोजित कर उन पात्रों का चुनाव करता है जिनके माध्यम से वह उन्हें अभिव्यक्ति प्रदान कर सकता है, उसके पश्चात् शब्दों के चुनाव का प्रश्न आता है जो उस प्रारूप को सौंदर्य और रंग प्रदान करते हैं। महाकाव्य में उन सभी गुणों का समाहार होता है जो अलग-अलग किसी भी एक विद्या की पूर्णता के लिए पर्याप्त है। नवआभिजात्यवादी कवियों का विश्वास था कि गंभीर प्रकार की कविता केवल एक ही छंद में संभव है और वह है तुकांत दोहा छंद। अतएव तुकांत दोहा छंद की प्रधानता पर विशेष ध्यान देना आवश्यक है। अलेक्जेण्डर पोप ने इस छंद का बखूबी प्रयोग किया। यह छंद हर प्रकार की लोकप्रिय कविता के लिए अपनी सामासिकता के कारण अत्यंत उपयुक्त था। लेकिन दीर्घकाल तक प्रयुक्त होने की स्थिति में इसका नीरस होना अवश्यंभावी था तथा अत्यंत संकुचित और कठोर होने के कारण इसे ऊँचे भावावेग या शक्तिशाली कल्पना की अभिव्यक्ति का माध्यम भी नहीं बनाया जा सकता था।

2.3.5 काव्य-प्रयोजन की व्यापकता

नव्यशास्त्रवादियों ने काव्य-प्रयोजन को व्यापकता प्रदान की। इन विचारकों के समक्ष होरेस की काव्य-प्रयोजन संबंधी मान्यताएँ उपलब्ध थी। होरेस के अनुसार काव्य में सौंदर्य, उपयोगिता, प्रसाधन और उपदेश का उचित समन्वय होना चाहिए। नवआभिजात्यवादियों ने उपयोगिता के साथ-साथ काव्य का प्रयोजन नैतिक-शिक्षा और आनंद प्रदान करना माना है, पर जोर नैतिक शिक्षा और उपदेश पर दिया है। ड्राइडेन का अभिमत है कि काव्य का मुख्य उद्देश्य आनंद और भावलोक में संतरण है। वह मात्र जीवन का अनुकरण नहीं, बल्कि सम्पूर्णता का सुन्दर सादृश्य है। आनंद या प्रसादन यदि काव्य का एक मात्र उद्देश्य नहीं है तो वह उसका प्रमुख उद्देश्य अवश्य है, उपदेश को भी स्वीकार किया जा सकता है किन्तु दूसरे स्थान पर और वह भी आनंद की परिधि के भीतर ही। ड्राइडेन के अनुसार कवि न तो उपदेशक है, न कोरा अनुकरणकर्ता। वह फोटोग्राफर नहीं सर्जक है, विधाता है जो प्रकृति से उपादानों को ग्रहण कर नितांत नई वस्तु का सृजन करता

है। मूल से उसका सादृश्य भले ही हो, परन्तु, कलाकृति होने के कारण वह मूल से ज्यादा सुन्दर होती है।

नव्यशास्त्रवादियों ने काव्य-प्रयोजन के अंतर्गत नैतिक मूल्यों की प्रतिष्ठा करने के अतिरिक्त कवि और कलाकार में प्रतिभा और प्रेरणा के साथ-साथ कला-विषयक तथा संसार विषयक ज्ञान की अपरिहार्यता भी प्रतिपादित की है। पोप ने श्रेष्ठ आलोचक के लिए निम्न विशिष्टताओं पर जोर देते हुए लिखा है कि, "सफल आलोचक वह है जिसे सिखाने में आनंद मिलता हो किंतु उसे ज्ञान का अहंकार नहीं हो, पक्षपात और घृणा से परे हो, पूर्वाग्रह और अंधाग्रह से मुक्त हो, विद्वान, कुलीन और गंभीर हो, विनम्रतापूर्वक निर्भीक हो और मानवतापूर्वक कठोर, जो मित्र की बुराइयों को निःसंकोच बता सकता हो और दुश्मन के गुणों की भी प्रसन्नतार्पूक प्रशंसा कर सकता हो, उसमें सहज और उदार साहित्याभिरुचि हो, मानव-मन तथा पुस्तकों का अधिकृति ज्ञान हो, वह वार्ता में शिष्ट हो, उसकी आत्मा पर अहम् की छाया न हो और विवेकपूर्ण प्रशंसा उसे प्रिय हो।"[16] कहने की जरूरत नहीं कि पोप की आलोचक विषयक धारणा नवआभिजात्वाद के आदर्शवाद के सर्वथा अनुरूप है। मिल्टन की जीवनी में डॉ. जॉन्सन ने एक बड़ी ही सारगर्भित बात काव्य के संबंध में कही है। वे लिखते हैं कि काव्य कल्पना एवं विवेक के सहयोग से सत्य या जीवन की अनुकृति है और उसका उद्देश्य है आनंद। शेक्सपियर की भूमिका में वह कहता है कि लेखन का उद्देश्य उपदेश है और काव्य का उद्देश्य आनंद के आवरण में उपदेश है। गेटे ने भी अपने ढंग से काव्य के उद्देश्य पर विचार किया है। उसकी दृष्टि में सहज आस्था जीवन की कविता है और स्थितियों की सजीव अनुभूति और उनकी अभिव्यंजना करने वाला व्यक्ति कवि। कविता एक काल्पनिक जगत का निर्माण करती है जिसमें वास्तविक जीवन के पदार्थों और कल्पना के बीच एक आभासिक संबंध होता है। वे काव्य-प्रयोजन पर विचार करते हुए लिखते हैं कि, "काव्य को प्रच्छन्न रूप से शिक्षाप्रद होना चाहिए। काव्य को सदवृत्तियों का प्रेरक होना चाहिए। डिक्टेटर नहीं पाठक स्वयं काव्य से अनुप्रेरित हों, सद्भाव को ग्रहण कर सकें, काव्य की ऐसी संरचनात्मक व्यवस्था होनी चाहिए। उपदेशात्मक काव्य लोकरंजक होता है। लोकहृदय का स्पर्श करता है। परिहास और गंभीरता का आनुपातिक मिश्रण इसे लोकप्रिय बनाता है और कवि को उससे ख्याति और यश मिलता है।"[17] इस प्रकार नवआभिजात्यवादियों ने काव्य-प्रयोजन पर गंभीरतापूर्वक सविस्तार विचार करके उसे अर्थदीप्ति और व्यापकता प्रदान की है।

2.3.6 काव्य-प्रभाव और विरेचन-सिद्धांत की पुनर्व्याख्या

नवआभिजात्यवादियों ने काव्य-प्रभाव और अरस्तू के विरेचन-सिद्धांत की पुनर्व्याख्या प्रस्तुत की। अरस्तू के विरेचन-सिद्धांत की इतनी अलग-अलग व्याख्याएँ हुईं कि उसका अभिप्रेत अर्थ ही बदल गया। कतिपय विद्वानों द्वारा यह भी कहा गया कि विरेचन-प्रक्रिया के लिए चुने गये भय और करुणा के भावों के बार-बार प्रदर्शन से दर्शकों की संवेदना जड़ हो जाती है और उसका प्रभाव लगभग निष्प्रभावी हो जाता है। ठीक उसी प्रकार जिस प्रकार एक सर्जन, बार-बार चीर-फाड़ करते हुए स्वयं पीड़ा अनुभव करने की क्षमता से शून्य हो जाता है।

काव्य-प्रभाव पर विचार करते समय बुअलो ने विषय-चयन के अनुरूप भाषा-शैली की समन्वित कलात्मकता के द्वारा श्रोता के हृदय को भावोद्रिक्त करने की सलाह दी। उसका मानना है कि इस भावोद्वेलन का उद्देश्य है श्रोता या दर्शक का मनःप्रसाद। वह काव्य की प्रभाव-शक्ति

में श्रीवृद्धि करने, काव्य को सुंदर बनाने और आश्चर्य उत्पन्न करने के लिए पौराणिक बिंबों के प्रयोग की सलाह देता है। जैसे- "वह मेघ के समान नहीं जहाँ से चंचला का उद्भव होता है वरन् गर्जना करने वाले जुपिटर के समान है, माँझी को कष्ट देने वाला प्रचण्ड तूफान नहीं है, वह तो नेपचून (वरुण) का रोष है जो उत्ताल-तरंगों में व्यक्त होता है। इसी प्रकार प्रतिध्वनि केवल असार वायवीय ध्वनि ही नहीं है, एक सुंदर जलपरी का अपने जलमग्न प्रेमी के लिए व्याकुल क्रंदन है।"[18] त्रासदी के संबंध में अरस्तू के विरेचन-सिद्धांत की व्याख्या करते हुए फ्रेंच लेखक रैपिन ने लिखा है कि अहम् और सहानुभूति का अभाव मानव-स्वभाव की प्रमुख बुराइयाँ हैं। इन्हीं बुराइयों से मुक्त करने के लिए त्रासदी की खोज मनीषियों ने की और उसमें करुणा एवं त्रास पर इतना बल दिया गया। त्रास से अहंकार का शमन होता है और करुणा से हृदय की संवेदन-शून्यता का जो काव्य का स्पष्ट उपदेशात्मक उद्देश्य है किन्तु अरस्तू की धारणा से काफी अग्रसर। ड्राइडेन भी त्रासदी के प्रभाव के संदर्भ में लिखते हैं कि भावनाओं को उभारना और फिर उन्हें शांत करना तथा अहंकार का परिहार इस प्रकार करना कि बड़ा से बड़ा व्यक्ति भी मानवीय दुखों से अपने को मुक्त नहीं रख सकता, दुःख और सुख मानव-नियति के अमिट लेख हैं आदि सत्यों को थोड़े से शब्दों में कहकर 'कु' का परिहार और 'सु' का संचार त्रासदी के प्रभाव की सबसे बड़ी गरिमा है।

सुप्रसिद्ध जर्मन विचारक जी.ई. लेसिंग ने त्रासदी के मूल में अंतःशुद्धि और विरेचन का सिद्धांत स्वीकार किया है जो उसकी प्रयोजनीयता सिद्ध करता है। अरस्तू की त्रासदी में भी भय (Fear), आतंक (Terror) तथा करुणा (Pity) का महत्व स्वीकार किया गया है जिनके मूल अर्थों में अंतर है। भय आतंक नहीं हैं। क्योंकि वह व्यथित प्राणी की पीड़ा के साम्य पर हमारे मन में हमारे लिए उत्पन्न होता है। हमें ऐसे नायक के प्रति करुणा उत्पन्न हो सकती है जो हमारे स्तर का होने के कारण दया का पात्र प्रतीत होता है। लेसिंग ने भयमिश्रित करुणा को विश्वप्रेम, क्रियान्वित सहानुभूति और उदारता से भिन्न माना है। उन्होंने 'पर्गेशन' तथा 'कैथार्सिस' पदों की व्याख्या भी अपने ढंग से की है। कुछ विचारकों ने कैथार्सिस को भय और करुणा की भावनाओं के विरुद्ध अपने मन को कठोर तथा दृढ़ बनाना कहा है जबकि अन्य विचारक उसे करुणा और भय का संशोधक, परिष्कारक तथा स्वच्छकारी भाव मानते हैं। उसके संचार द्वारा व्यक्ति के मन में परोपकार, दया तथा लोकहित की भावनाएँ भी बढ़ जाती हैं। बर्नेज आदि नवीन अरस्तूवादियों ने उसे औषधि विज्ञान की होम्योपैथिक चिकित्सा के संदर्भ में विवेचित किया है। उनका कहना है कि मन का शुद्धिकरण 'करुणा' और 'भय' द्वारा ही संभव है। विरेचन उसे स्वस्थ बनाने की एक प्रक्रिया है। लेसिंग ने 'निकोमैचियन नीतिशास्त्र' की शिक्षा के अनुसार उसे वासनाओं के संतुलन का सही माध्यम माना है जिसके द्वारा हमारी दुर्वासनाएँ गुणों की प्रकृति में बदल जाती है। वे ट्रेजेडी को नैतिक विश्व का शिक्षण-संस्थान मानते हैं जो साहित्य के प्रति नवक्लासिक दृष्टिकोण के अनुरूप है। उनके मतानुसार सभी काव्य हमारे मानसिक उत्थान के प्रयोजन से अभिप्रेत रहते हैं। उसके प्रति अन्य दृष्टिकोण रखना किसी भी रूप में उचित नहीं है।

2.4 नवआभिजात्यवाद का प्रभाव

नवआभिजात्यवादी आंदोलन के दौरान साहित्य निर्माण के विविध पक्षों एवं सिद्धांतों पर न केवल व्यापक परिचर्चा हुई अपितु आभिजात्यवाद के पुनराख्यान के साथ-साथ साहित्य के सार्वभौम-

शाश्वत नियमों का निरूपण भी हुआ। नवआभिजात्यवाद ने इटली, फ्रांस, इंग्लैण्ड, जर्मनी और रूस के रचनाकारों को उनकी तमाम राष्ट्रीय अनुराग लालसा और स्वभाषा प्रेम के बावजूद प्रभावित किया।

यहाँ तक कि इस आंदोलन को 18वीं शताब्दी में जर्मनी के विख्यात दार्शनिकों- गेटे, शिलर, ह्यूम आदि के विचारों के आलोक में ही दार्शनिक आधार प्राप्त हुआ। ह्यूम के अनुसार मनुष्य की वृत्ति मूलतः पापोन्मुख होती है, इसलिए उसे स्वतंत्रता की नहीं नैतिक नियमों की आवश्यकता है। इन मूल्यों को तभी प्रभावी बनाया जा सकता है जब उसके मापदण्ड निर्वैयक्तिक, वस्तुपरक और सामाजिक हों। सत्रहवीं शताब्दी के अंत में नवआभिजात्यवादियों और उससे भिन्न विचारधाराओं के बीच एक प्रकार का गहन वाक्-युद्ध आरंभ हुआ जो अठारहवीं शताब्दी तक चलता रहा। विजय अंततः स्वच्छंदतावादियों की हुई।

नवआभिजात्यवादी काव्य मुख्यरूप से बुद्धि द्वारा उद्भूत था तथा भावना और कल्पना का उसमें अत्यंत अभाव था। यह प्रायः ऐकांतिक रूप से नगरकाव्य था और इसमें ग्रामीण जीवन तथा मनोरम प्राकृतिक छवियों की यथासंभव उपेक्षा हुई। इसमें रोमेंटिक भावना और आवेग का स्पष्ट अभाव था। इसकी शैली अत्यधिक औपचारिक और कृत्रिम थी। प्राचीन आदर्शों का अनुकरण लगभग रूढ़ि में तब्दील हो चुका था। काव्य के उपदेशात्मक सिद्धांतों और कठोरतापूर्वक उनके पालन के आग्रह के कारण युवा पीढ़ी के रचनाकार अनावश्यक नियंत्रण महसूस करने लगे। इसमें दो पंक्तियों में ही भाव समाप्त हो जाने वाले दोहा-छंद का कड़ाई से प्रयोग होता था। इन सभी बातों के विरुद्ध प्रतिक्रिया हुई और नवआभिजात्यवाद के साम्राज्य पर स्वच्छंदतावाद की विजय पताका लहराने लगी। परन्तु, यदि गंभीरतापूर्वक तथ्यों के आलोक में विचार किया जाय तो हम पाते हैं कि इन दोनों विचारधाराओं का विकास ऐतिहासिक क्रम में न होकर लगभग समानांतर पुरस्करण हुआ क्योंकि नवआभिजात्यवादी दौर में भी स्वच्छंदतावादी रचनाओं के प्रयास हो रहे थे और स्वच्छंदतावाद के दौरान अनेक आभिजात्यवादी रचनाकार और चिंतक मौजूद थे। यहाँ तक कि 'वर्ड्सवर्थ' जैसे कवि भी अनेक दृष्टियों से आभिजात्य परंपरा के संवाहक हैं। 'क्लासिक' और 'रोमेंटिक' दोनों ही साहित्य निर्माण और उसके मूल्यांकन की सार्वभौम-शाश्वत दृष्टियाँ हैं जो अपनी जटिलता में वक्राकार रूप में उपलब्ध रहती हैं और क्रमशः अपना वर्चस्व दिखलाती हैं। यदि स्वच्छंदतावाद को नवआभिजात्यवाद की प्रतिक्रिया में पनपा काव्यांदोलन माना जाय तो भी यह मानना पड़ेगा कि प्रतिक्रिया भी प्रभाव का एक रूप है क्योंकि परंपरा हमेशा अनुकूलता में ही नहीं, प्रतिकूल दिशा में भी गतिशील होती है।

उन्नीसवीं शताब्दी के मध्य से फ्रांस में और 19वीं सदी के अंत तथा 20वीं सदी के आरंभ में इंग्लैण्ड तथा अमेरिका में भी फिर से नव्यआभिजात्यवादी प्रवृत्ति का उत्थान हुआ। फ्रांस में सेंटव्यव (1804-69) ने क्लासिक रचनाओं का उल्लेख करते हुए नैतिकता, आदर्श, मानवीयता तथा मध्यम मार्ग की जमकर वकालत की। इसके अतिरिक्त सेंट व्यव ने क्लासिक रचना के लिए अभिकल्प की अन्विति (Unity of Design), समुचित निष्पादन (Executive) तथा सुव्यवस्था को आवश्यक ठहराते हुए संप्रेषणीता और सार्वकालिता की वकालत की। इंग्लैण्ड में मैथ्यूआर्नल्ड (1822-89) ने स्वच्छंदतावाद के पराभव के समय 'साहित्य जीवन की आलोचना है' कहकर लोक-कल्याण को उसका प्रमुख प्रयोजन बतलाया। वे रचना तथा आलोचना

दोनों के ही संदर्भ में गरिमा, संतुलन तथा नैतिक दृष्टि के आभिजात्यवादी मूल्यों पर बल देते हैं। बीसवीं शताब्दी में इर्विंग बेबिट, टी.एस. इलियट और ह्यूम ने नवआभिजात्यवादी दृष्टि के माध्यम से वस्तुनिष्ठता को अनिवार्य कला मूल्य के रूप में स्थापित किया। इस तरह नवआभिजात्यवाद एक सार्वभौम-शाश्वत काव्य-सिद्धांत और उत्कृष्ट परंपरा की भाँति लगातार रचनाकारों को उत्प्रेरित अथवा प्रभावित कर रहा है।

2.5 निष्कर्ष

इस प्रकार हम देखते हैं कि नवआभिजात्यवाद ने न केवल आभिजात्यवादी मूल्यों का पुनराविष्कार किया बल्कि क्लासिक कृतियों पर पुनर्विचार करते हुए उन्हें नयी अर्थ दीप्ति और व्यापकता प्रदान की। इस आंदोलन ने भौगोलिक, ऐतिहासिक, राष्ट्रीय, जातीय एवं भाषायी सीमाओं का अतिक्रमण कर जीवन और साहित्य के सनातन मूल्यों का प्रतिपादन किया। नवआभिजात्यवाद ने आभिजात्यवाद के आदर्शों का अनुकरण करते हुए ऐसे साहित्य-सिद्धांतों का निरूपण किया जो कलात्मक उत्कर्ष के पर्याय हैं। यद्यपि यह साहित्य में गुणात्मक सुधार और उच्चस्तरीयता लाने की आकांक्षा से अनुप्राणित आंदोलन है तथापि काव्यादर्शों एवं नियमों के अनुपालन में कट्टरता की हद तक जोर देकर जाने-अनजाने रचनात्मकता की उपेक्षा कर बैठा। विज्ञान एवं यांत्रिक सभ्यता के विकास के कारण जन-मानस की भावनात्मक आवश्यकताओं में वृद्धि हुई जिससे हार्दिक जरूरतों को पूरा करने वाले साहित्य की माँग को पूरा नहीं कर सका। साथ ही, वस्तुवादी मूल्यों पर अतिरिक्त निर्भरता के कारण नवआभिजात्यवाद आगामी अंतर्मुखी काव्यप्रवृत्ति का विश्लेषण करने में समर्थ नहीं था। अपनी मान्यताओं एवं अभिरुचियों में बदलते परिवेश के साथ परिवर्तन न ला पाने के कारण नवआभिजात्यवाद का पतन हुआ। इस युग में पहली बार वास्तविक अर्थों में विश्लेषणात्मक अध्ययन की साहित्यिक परंपरा की शुरूआत हुई और अतीत के समूचे साहित्य के समीक्षात्मक विवेचन की महत्वाकांक्षा जगी। साहित्यिक इतिहास, ऐतिहासिक समझ और वैयक्तिक दृष्टिकोण के विकास का प्राचीन आभिजात्य साहित्य से सामंजस्य स्थापित करके इस युग का साहित्य लिखा गया। नवआभिजात्यवाद ने आभिजात्यवादी मूल्यों में बहुत कुछ जोड़कर उसे अभिनव दीप्ति, प्रासंगिता और गतिशीलता प्रदान की। नवआभिजात्यवाद ने सिद्धांत के धरातल पर रचना में बुद्धि और भाव के समन्वय, संतुलन और गरिमा पर जोर दिया। इसके मूलस्वरूप में अनेक ऐसी बातें हैं जिनके कारण परवर्ती समीक्षा पर इसका गहरा और उल्लेखनीय प्रभाव पड़ा।

संदर्भ सूची

1. पाश्चात्य काव्य शास्त्र के सिद्धांत- डॉ.कृष्णदेव शर्मा, पृ.209
2. A History of Modern Criticism-Renewellek, Vol. I Page-52
3. पाश्चात्य काव्यशास्त्र की परंपरा-प्रधान संपादक डॉ. नगेन्द्र, पृ.94
4. "It attempted to discover the principles or the 'laws' or 'rules' of litrature, of litrary creation, of the structure of a literary work of art, and of the reader's

response. To deny the necessity of such an attempt would lead to more skepticism, to anarchy, and fianlly to total theoratical importace."- A History of Modern Criticism-Neoclassisicm and the new trends of the time-Renewellek, Vol. 1, Page-12.

5. "But the term 'rationalist' is misleading if it is interpreted to mean that neo-classical criticism conceives of art as a con struct of the conscious intelligence to the exclusion of feel ing, imagi nation, and even the unconscious. The theory of literature is a matter of the conscious mind, but no reputable critic has ever held that artistic creation itself is nothing but conscious rational process. The terms 'genius' 'inspiration' poeta vates, furor poeticus are the stock in trade of Renais sance poetics, and even the most rigid critics of the most formalistic kind never forgot to say that poets need 'inspi ration', 'imagination' 'invention' this last a term which covers much that later criticism would have called creative imagi nation. They believed in a rational theory of poetry but not that poetry was entirely rational. But, of course, neither did they believe that poetry was a merely subconsious process, something like the twittering of a bird in a tree, or automatic writing. They constantly stressed the share of judgment, discrimination and disign in the composition of poetry, Imagination needs the guide and bridle of reason." - वही पृष्ठ संख्या 13-14।
6. Literary Criticism - Dr. R.A. Dwivedi and Dr.V.Rai, Page-166.
7. "Be Homer's work your study and delight, Read them by day, and mediate by night." - Pope An Essay on Criticism from English Critical Texts. -D.I. Enright and Ernest D. Chickera, Page-12
8. "Those rules of old discovered, not devised, Are nature Still, but Nature mathodized. वही पृष्ठ 113
9. पाश्चात्य आलोचना - डॉ. रणधीर श्रीवास्तव, पृष्ठ 142
10. The making of literature-James Scott, Page-120
11. वही पृष्ठ संख्या 113
12. अंग्रेजी की श्रेष्ठ कवितायें - उमेश जोशी, पृष्ठ संख्या 14
13. "Imagination in a poet is a faculty so wild and lawless, that like a high ranging spaniel, it must have clogs (shyme) tied to it, lest it qutturn the judgement." Dryden, quoted by scott James, making of literature, Page-144
14. History of English literature-william henary Hudson, Page-134.
15. पाश्चात्य आलोचना - डॉ. रणधीर श्रीवास्तव, पृष्ठ 142
16. पाश्चात्यकाव्यशास्त्र की परंपरा - प्रधान संपादक डॉ. नगेन्द्र, पृष्ठ 108
17. जर्मन साहित्य का इतिहास- वर्नर पाउल फ्रीडरिख - हिंदी अनुवाद डॉ. नगीन चन्द सहगल, पृष्ठ 91
18. पाश्चात्यकाव्यशास्त्र की परंपरा- प्रधान संपादक डॉ. नगेंद्र, पृष्ठ 92

अध्याय 3

स्वच्छंदतावाद
(1798-1832)

स्वच्छंदतावाद शब्द आभिजात्यवाद अथवा शास्त्रवाद (Classicism) की विपरीत साहित्यिक प्रवृत्ति के अर्थ में प्रयुक्त होता है। यह अंग्रेजी के रोमेंटिसिज्म (Romanticism) का हिंदी रूपांतर है जिसका सर्वप्रथम प्रयोग प्रख्यात जर्मन आलोचक फ्रेड्रिक श्लेगल ने 1798 ई. में किया। स्वच्छंदतावाद बौद्धिक ज्ञान की अपेक्षा भाव-सौंदर्य को विशेष महत्व देता है। विंकिलमैन, लेसिंग, शिलर, गेटे आदि जर्मनी में स्वच्छंदतावाद के प्रमुख पोषक हुए हैं। जर्मनी से स्वच्छंदतावाद इंग्लैण्ड और फ्रांस पहुँचा। इंग्लैण्ड में उसने उपलब्धियों के अनेक शिखर पार किये। यह अंग्रेजी कविता का सर्वाधिक शक्तिशाली आंदोलन माना जाता है। इंग्लैण्ड में वर्ड्सवर्थ, कॉलरिज, बायरन, शेली, कीट्स और लेहंट इसके उन्नायक हुए। ये सब कवि और विचारक दोनों थे। इसलिए इन्होंने सिद्धांत और व्यवहार दोनों में स्वच्छंदतावाद का स्वरूप स्पष्ट किया है।

3.1 स्वच्छंदतावाद की प्रेरणाभूमियाँ

परिवर्तन सृष्टि का शाश्वत नियम है। इस सृष्टि की हरेक वस्तु परिवर्तनशील अथवा गत्यात्मक है। यहाँ तक कि स्वयंप्रकृति के बारे में कहा जाता है कि 'पल-पल परिवर्तित प्रकृति वेश।' यह परिवर्तन सर्जनात्मक और विध्वंसात्मक दोनों ही दिशाओं में हो सकता है। जिस प्रकार समूची प्रकृति नित्य नवीन रूप धारण करने के लिए संकल्पित है उसी प्रकार मानव-मन भी एकरसता से ऊबकर निरंतर नयी राहों का अन्वेषण करता है। आधुनिक यूरोप में नवीन चेतना की अभिव्यक्ति जीवन के सभी क्षेत्रों में हुई। स्वच्छंदतावादी काव्य इस चेतना की कलात्मक धरातल पर अभिव्यक्ति का परिणाम है। अठारहवीं शताब्दी में औद्योगिक क्रांति के फलस्वरूप जहाँ एक ओर जीवन का आर्थिक ढाँचा बदला और विज्ञान के विकास के साथ बुद्धिवादी जीवन-दर्शन की स्थापना हुई वहाँ दूसरी ओर परम्परागत विचारों का स्रोत भी बराबर बहता रहा और बुद्धिवाद एवं शास्त्रीयता की अतिशयता के विरुद्ध हृदय के विरोध की प्रवत्ति भी बलवती होती गयी। कालांतर में युग-मानस ने इन दोनों में सामंजस्य स्थापति कर डाला।

फ्रांस की राज्य क्रांति ने स्वच्छंदतावादी भावना को सर्वाधिक प्रभावित किया। 14 जुलाई, 1789 को यह क्रांति निष्पन्न हुई, "जिसके फलस्वरूप निरंकुश राज्यसत्ता की समाप्ति और प्रजातांत्रिक व्यवस्था का सूत्रपात हुआ।"[1] फ्रांसीसी क्रांति कई चरणों में संपन्न हुई है। यह रूसो,

वाल्तेयर और माण्टेस्क्यू के विचारों को प्रश्रय देकर आगे बढ़ी। रूसो ने अपने सामयिक परिवेश के प्रति घोर असंतोष व्यक्त किया। उसने व्यक्ति स्वातंत्र्य की माँग करते हुए कहा कि - 'Man was born free, and everywhere he is in chain' अर्थात् आदमी स्वतंत्र जन्मा था, पर वह सर्वत्र जंजीरों में जकड़ा हुआ है। उसने सरकार, कानून, शासन और धर्म जो आनुवांशिक रूप से समाज पर ओरापित थे उन्हें तथा यथास्थितिवाद के समर्थक रीति-रिवाज एवं परंपराओं को चुनौती दी। उसने पुरानी व्यवस्था के अनुसार नाजायज रूप से लाभान्वित हो रहे लोगों के विरुद्ध मानवाधिकार की प्रतिष्ठा करनी चाही। वैयक्तिक स्वातंत्र्य और वैचारिक प्रकाश में समाज के पुनर्गठन की माँग उसने की। उसके सिद्धांतों ने फ्रांसीसी क्रांति का मार्ग प्रशस्त किया। उसने प्रकृति की उदारता एवं उन्मुक्तता को श्रेयस्कर एवं श्लाघ्य समझते हुए लिखा है कि, "प्रकृति की ओर लौट चलो। समाज में विकृति है, प्रकृति में सौन्दर्य, समाज बाँधता है और प्रकृति मुक्त करती है। विवेक के बन्धनों का परित्याग कर मन की सहज वृत्तियों के आदेश पर जीवन व्यतीत करना उसके मत से अधिक प्रकृत और अनुकूल है।"[2] इसी के साथ रूसो ने "स्वाधीनता, समानता और बन्धुत्व की भावना का सूत्रपात भी किया। वस्तुतः उसके ये विचार रोमेंटिक कवियों के चिंतन पक्ष के अविच्छिन्न अंग बन गये।"[3] फ्रांसीसी क्रांति और रोमेंटिक क्रांति के लगभग एक ही प्रकार के बौद्धिक और वैचारिक आयाम रहे हैं।

इससे पूर्व 15वीं शती से 18वीं शती तक के पुनर्जागरण काल और नवआभिजात्यवादी युग में यूरोपीय जीवन रोमन कैथोलिक चर्च से मुक्त होने के लिए छटपटा रहा था। सामंती तौर-तरीके और रोमन चर्च-वैज्ञानिक आविष्कारों, स्वतंत्र विचारों, परिवर्तनों, कला की नई अभिव्यक्तियों के विरुद्ध थे। परिणामस्वरूप व्यक्ति के साहस ने उन्हें चुनौती दी और एक लंबे संघर्ष का सूत्रपात हुआ। सर्वप्रथम चर्च की सत्ता के विरुद्ध वैचारिक आक्रमण हुए। तदुपरांत राजा, सामंत तथा लाभान्वित व्यक्ति इस आक्रमण के शिकार बने। इस बीच औद्योगिक विकास ने सड़कों तथा रेललाइनों का जाल बिछाना आरंभ किया। वैज्ञानिक और प्रौद्योगिकीय विकास ने तोपों, बन्दूकों, जहरीली गैसों, हवाई-जहाजों, बमों इत्यादि का निर्माण आरंभ किया। साथ ही, समाचार पत्र, टेलीग्राम एवं वायरलेस के कारण सूचना के क्षेत्र में भारी प्रगति हुई। इस तरह वैयक्तिक साहस और मनुष्य की आगे बढ़ने की महत्वाकांक्षा ने पुरानी दुनिया की समस्त मान्यताओं के समक्ष चुनौती प्रस्तुत की। फलतः सोचने के ढंग, समस्याओं के समाधान के तरीके, दार्शनिक-चिंतन, समीक्षा दृष्टि, राजनीतिक, सामाजिक स्थितियों इत्यादि में क्रांतिकारी परिवर्तन उपस्थित हुए। नवयुग की यह चेतना एक झंझावात की तरह आयी, जिसने यूरोपीय जीवन को झकझोर कर रख दिया। साहित्य के क्षेत्र में लेसिंग, गेटे, ब्लेक, वड्र्सवर्थ, कॉलरिज इत्यादि ने नवीन चेतना का समर्थन किया।

मनुष्य के स्वाभाविक अधिकारों की माँग के इस युग में फ्रेंच समाज में वर्ग-विभेद अपनी चर-सीमा पर था। चर्चों और सामंतों ने सामान्य जन के सारे अधिकार हड़प लिए थे। इन वर्गों में भी स्तर-भेद था। बड़े जागीरदार और सामन्त लगान वसूल करते, बेगार करवाते और हर प्रकार से जनता का शोषण करते। साधारण खेतिहरों तथा किसानों की अपेक्षा व्यापारियों और डॉक्टर-वकीलों के वर्ग अधिक सुखी तथा सम्मानित जीवन व्यतीत करते थे। औद्योगिकता के प्रसार के साथ इस वर्ग की शक्ति और बढ़ी। अब तक फ्रांस में धर्माचार्यों तथा सामंतों का बोलबाला था। इस नवोदित मध्यमवर्ग को वह सामाजिक प्रतिष्ठा प्राप्त न थी, जिसका अबाध

उपभोग धर्माचार्य और सामंतगण कर रहे थे। फ्रेंच राज्यक्रांति के पीछे इस उभरते हुए वर्ग का बहुत बड़ा हाथ था। क्रांति के कई नेता इसी वर्ग के प्रतिनिधि थे।

फ्रांसीसी क्रांति को सम्पन्न होने में अनेक सोपानों से होकर गुजरना पड़ा जिसके कारण साहित्य में भी आरोह-अवरोह के क्षण आते रहे। फ्रांसीसी क्रांति के रहनुमा चाहते थे कि हर फ्रांसीसी को अपने विचार रखने की आजादी हो। वे किसी प्रतिनिधि सभा द्वारा अपनी बात कह सकें। सबको विकास के समान अवसर मिलें और मनुष्य-मनुष्य के बीच बराबरी का व्यवहार हो। इस क्रांति के विभिन्न चरणों पर विचार करते हुए डॉ. प्रेमशंकर ने लिखा है कि, "फ्रांसीसी क्रांति का प्रथम चरण 1789 से 1791 ई. तक माना जा सकता है, जब मध्यमवर्ग ने स्थिति में सुधार लाने की चेष्टा की और जिसे 'ऐस्ताते जैनराल' कहा जाता था, उसे राष्ट्रीय असेम्बली का नाम दे दिया गया। 20 जून, 1979 ई. फ्रांसीसी क्रांति के शुभारम्भ का क्षण है, जब 'टेनिस के मैदान की शपथ' के जरिये फ्रांसीसी राजतंत्र को सीमित कर दिया गया। 21 अगस्त, 1789 ई. को राष्ट्रीय असेम्बली ने मानवअधिकारों की घोषणा की। पर लुई भीतर-ही-भीतर षड्यन्त्र करता रहा। जून 1791 ई. में लुई और उसकी पत्नी मारी आन्त्वानैत जब फ्रांस से बाहर भागने की कोशिश कर रहे थे, तब उन्हें पकड़ लिया गया। इस बीच किसानों और यहाँ तक कि महिलाओं ने भी क्रांति में भाग लिया। इस प्रकार 14 जुलाई, 1789 ई. को पेरिस की एक क्रुद्ध भीड़ ने राजा के सैनिकों पर जो आक्रमण किया था, वही फ्रांस का स्वाधीनता दिवस बना। क्रांति के दूसरे दौर में फ्रांस का मध्यमवर्ग पूर्ण रूप से क्रांति का नेतृत्व कर रहा था और राष्ट्रीय कन्वेन्शन (1792-1795) ने फ्रांस को गणराज्य घोषित कर दिया। इस बीच लुई सोलहवें को प्राणदण्ड दे दिया गया। यूरोप के राजतंत्र ने स्वयं पर खतरा आते देखकर फ्रांस पर आक्रमण किया, पर फ्रांस की विजय हुई। फ्रांस की क्रांति में एक नया मोड़ तब आया जब नवम्बर, 1799 ई. में नेपोलियन बोनापार्ट ने, जो उस समय एक सैनिक जनरल था, फ्रांस की राजसत्ता पर अधिकार करने का प्रयत्न किया। उसके बाद फ्रांस की क्रांति थोड़ी दिग्भ्रमित हो गयी। सारे यूरोप पर अधिकार करने की महत्वाकांक्षा में नेपोलियन 1813 ई. में रूस, आस्ट्रिया और प्रशा से बुरी तरह पराजित हुआ। उसने एक बार निर्वासन से भागकर पुनः आक्रमण किया, पर 1815 ई. के वाटरलू युद्ध में पुनः पराजित हुआ और सेण्ट हेलेना द्वीप में कैद रहकर 1821 ई. में चल बसा।"[4] इसमें संदेह नहीं कि फ्रांस की जो क्रांति 1789 ई. में आरंभ हुई थी, उसे अनेक मोड़ों से गुजरना पड़ा और उसने समूचे यूरोप एवं विश्व को गहराइयों तक प्रभावित किया।

फ्रांसीसी क्रांति के प्रमुख नारों स्वतंत्रता, समानता और बन्धुत्व ने समस्त यूरोप की जनता को अपनी ओर आकृष्ट किया। यहाँ स्वतंत्रता से आशय विचार, अभिव्यक्ति, धर्म, सम्पत्ति का अधिकार और शासन में जनता की सहभागिता से था। समानता से फ्रांसीसियों का आशय कानून की दृष्टि में विशिष्ट वर्ग के विशेषाधिकार समाप्त करने से था और बन्धुत्व में सारे संसार के मनुष्यों से जुड़ने का एक सदाशयता पूर्ण भाव था। इस क्रांति के चलते प्राचीन धर्म और परंपरागत सामाजिक संस्कार प्रभावहीन हुए। साथ ही, कैथोलिक चर्चों के विशेषाधिकारों के साथ-साथ सामंतों की अक्षुण्ण प्रभुता को भी समाप्त कर दिया गया। शिक्षा का व्यापक प्रसार हुआ। धर्म और शिक्षा को मनुष्योन्मुख बनाया गया। फ्रांस के व्यापर पर भी इस क्रांति का असर हुआ। कई दृष्टियों से यह बुर्जुआ क्रांति थी।

अठारहवीं शती का आरम्भ होते-होते जर्मनी में भी स्वाधीन चेतना का विकास होने लगा।

वहाँ के मनीषी प्राचीन यूनानी कलाकृतियों के पुनर्मूल्यांकन में रत हुए। सर्वप्रथम सुप्रसिद्ध कला-समीक्षक विंकलमेन ने यूनानी चित्रों और मूर्तियों की कलात्मक संरचना की प्रशंसा की। उसने कहा कि यूनानियों ने जो इतनी सुघटित मूर्तियों का निर्माण किया है वह उनके स्वस्थ मस्तिष्क और स्वच्छ आत्मा का द्योतक है। कुछ ऐसी ही बात डॉ.हजारीप्रसाद द्विवेदी ने कालिदास की शकुन्तला के सौंदर्य के संबंध में कही है। उनका कहना है कि शकुन्तला इसलिए सुन्दर है क्योंकि वह कालिदास के हृदय में डुबकी लगाकर निकली है। उसने जिस हृदय में डुबकी लगायी है वह कितना स्वच्छ और सुन्दर होगा। तात्पर्य यह है कि कलात्मक रचना द्वारा ग्रीक मूर्तिकारों का मन-मष्तिष्क ही अभिव्यक्त हुआ है। कोई भी कलाकृति उसके स्रष्टा का आंतरिक प्रतिबिंब है। बिना आत्मा के शरीर और बिना शरीर के आत्मा का अस्तित्व संभव नहीं। यूनानी कलाकारों ने मुनष्य को उसके वास्तविक और मूल रूप में प्रस्तुत किया है। ग्रीक मूर्तिकारों ने मानवीय संवेदनाओं, आवेगों, मनुष्य के मन, मस्तिष्क और हृदय के अनंत भावों का सजीव-सवाक् चित्रण किया है। इन्हें मनुष्य के इतिहास में वास्तुकला और शिल्पकला की सर्वोत्तम अभिव्यक्ति माना जा सकता है। मूर्तिकला की भाँति काव्यकला में भी विषयवस्तु और बाह्यरूप का अभिन्न संबंध है। प्रत्येक रचना चाहे वह मूर्ति हो चाहे चित्र और चाहे कविता- सबके साथ एक ही नियम लागू होता है।

यहीं से पाश्चात्य समीक्षा नवअभिजात्यवाद से उस बिंदु की ओर प्रस्थान करती है जिसे स्वच्छंदतावाद कहते हैं। स्वच्छंदतावाद में जिस आंतरिक अनुभूति को प्रमुख माना गया है, सबसे पहले विंकलमेन ने उसे स्पष्टतापूर्वक रेखांकित किया। यहीं से नवअभिजात्यवाद और स्वच्छंदतावाद का अंतर परिलक्षित होने लगता है। दूसरे जर्मन विद्वान लेसिंग ने कहा कि कलाकृति कलाकार की आत्मिक अभिव्यक्ति अवश्य है किंतु उसकी सफलता उसके संप्रेषण में है - अर्थात् कलाकार की आत्मिक अनुभूति को सफल और प्रभावी ढंग से सहृदय तक पहुँचा देने में है। उसने कला में अभिव्यंजना-शक्ति को अपेक्षाकृत ज्यादा महत्व देते हुए कहा है कि कला की शक्ति प्रकृति की कुरूप वस्तु को भी सुन्दर रचना के रूप में परिवर्तित कर देती है।

इस प्रकार साहित्यिक क्षेत्र का यह आंदोलन व्यापक सामान्य आंदोलन का केवल एक पक्ष था, जिसका दूसरा पहलू फ्रांसीसी क्रांति में उपलब्ध होता है। मूलतः राजनीतिक और साहित्यिक दोनों आन्दोलनों की प्रेरणा का स्त्रोत एक ही था। यह था सामाजिक बन्धनों, परम्पराओं, जर्जर रूढ़ियों एवं मृत आदर्शों के अत्याचार से अधैर्य वैयक्तिकता पर जोर तथा स्वतंत्रता एवं विस्तृत जीवन की आकांक्षा। क्रांतिवादी विचारकों की शिक्षाओं की ही भाँति इस कविता के सिद्धांतों में भी ऐसी बहुत सी बातें थीं जिनमें प्राचीन को चुनौती दी गयी थी और उस पर भरसक आक्रमण किया गया था। इसमें संदेह की गुंजाइश नहीं है कि.सन् 1789 के महान् विप्लव ने सम्पूर्ण सभ्य संसार में नवजीवन की लहर दौड़ा दी। इसका आगमन एक नये युग की भविष्यवाणी के रूप में हुआ तथा थोड़ी देर के लिए तो ऐसा प्रतीत हुआ मानो समस्त मानवता अतीत के सारे दुर्गुणों को पीछे छोड़कर एकदम से ऐसे युग में प्रवेश करने वाली थी जिसमें लोकतांत्रिक आदर्शों की पूर्ति हो चुकी थी - स्वतंत्रता, समता और बन्धुत्व के नारों के रूप में। इस कारण उत्साही युवकों के हृदय में लोककल्याण संबंधी एक आश्चर्यजनक उत्साह तथा उन्नति और पूर्णता के प्रभापूर्ण स्वप्न जागृत हो उठे। फ्रांस की भाँति इंग्लैण्ड में भी उदार प्रकृति के लोग फ्रांसीसी क्रांति द्वारा प्रसूत मनोवेगों की आग में धधक उठने को तैयार ही थे। अठारहवीं शताब्दी के अंतिम दशक

का अंग्रेजी साहित्य इस बात का सबूत है। इंग्लैण्ड में उन सिद्धांतों में से अनेक अबाध रूप से विकासमान थे जो अब तक राजनीतिक क्रांति के कारण केवल अमूर्त सिद्धांत न होकर सजीव तथ्यों का रूप धारण करने वाले थे। आगे चलकर वर्ड्सवर्थ ने इस संदर्भ में ठीक ही लिखा कि-

"किन्तु यूरोप मग्न था उस काल हर्षातिरेक से,
फ्रांस खड़ा था स्वर्णिम घड़ियों की चोटी पर,
अरु लगती मानव-प्रकृति पुनर्जन्म लेती हुई।"[5]

इसी क्रम में वे अपनी बात को आगे बढ़ाते हुए कहते हैं कि -

"उस उषाकाल में जीवित रहना ही था परमानन्द,
किन्तु युवा होना तो बिलकुल ही स्वर्गिम था।"[6]

लेकिन शीघ्र ही फ्रांसीसी क्रांति की प्रगति और परिणति ने यह सिद्ध कर दिया कि सन् 1789 के शानदार संकल्पों का अपूर्ण रह जाना ही उसकी नियति थी। शायद मानव- जीवन के सर्वोत्तम आदर्शों और सपनों का वास्तविकता में परिणत होना इतना सरल नहीं है। राजनीतिक-सामाजिक, धार्मिक-आर्थिक प्रेरणा भूमियों के इसी विवर्तनशील माहौल में स्वच्छंदतावाद का आगमन हुआ।

3.2 स्वच्छंदतावाद का स्वरूप

3.2.1 अर्थ, उदभव एवं उसका विकास

हिंदी में 'स्वच्छंदतावाद' शब्द अंग्रेजी के 'रोमेंटिसिज्म' के पर्याय के रूप में प्रयुक्त होता है। रोमेंटिसिज़्म शब्द का प्रयोग रोमेंटिक प्रवृत्तियोंवाले साहित्य के अर्थ में होता है। 'रोमेंटिक' शब्द तीन अर्थों में प्रयुक्त होता रहा है, "प्रथम अर्थ में रोमेंटिक कला वह है जो स्थापित नियमों के विरुद्ध स्वच्छंद मार्ग पर चलती हो। द्वितीय अर्थ में रोमेंटिक कला वह है जिसमें किशोर तत्व (ऐड्रलेन्सॅन्स) अधिक हो - प्रेम, कल्पना और संवेग की प्रचुरता हो। तृतीय अर्थ में रोमेंटिक कला वह है, जिसमें विषय की उपेक्षा और शैली या विधान की चूड़ान्त प्रधानता हो।"[7] रोमेंटिक शब्द का संबंध रोमांस से जोड़ा जाता है। रोमांस का मूल अर्थ है 'रोमांस' भाषा में लिखी कृति। रोमांस भाषा के अंतर्गत फ्रेंच, स्पेनिश, इटैलियन, पोर्तुगीज़ इत्यादि सात भाषाएँ आती हैं। यह शब्द लैटिन "रोमेनस (Romanus) से बना है।"[8] उस समय रोमांस शब्द के कई अर्थ प्रचलित थे, जैसे - मिथ्या, अनर्गल, कपोल-कल्पित अवास्तविक इत्यादि। दूसरे शब्दों में "रोमांस शब्द का सर्वप्रथम प्रयोग मध्ययुग में ऐसी बोलियों के लिए किया जाता था जिनका अभ्युदय लैटिन भाषा के अपभ्रंश रूप से हुआ था। कालांतर में इन रोमांस भाषाओं में लिखी गयी कथाएँ भी रोमांस के नाम से जानी जाती थीं। इन कथाओं में अधिकांशतः साहसपूर्ण कृत्यों का वर्णन तथा वीरों के शौर्य का आकलन होता था।"[9] इसमें वास्तविकता और चरित्र-चित्रण की अपेक्षा रहस्यमयता, भावुकता, कामुकता इत्यादि का बाहुल्य हुआ करता था।

डॉ. कुमार विमल का मत है कि, "मध्यकाल में रोमेंटिक शब्द का प्रयोग इस अभिनव अर्थ में होने लगा कि 'रोमांस' या 'रोमेंटिक' प्रवृत्ति 'वर्नाकुलर' लैटिन की तुलना में साहित्यिक लैटिन का विभाजक गुण है। तदनंतर 'रोमांस' का प्रयोग 'होल्-इ-ग्रेल' (Holy Grail) की तरह होने लगा - प्रेम और प्रेमिका के लिए युद्धार्थ वीर भाव। इस तरह रोमेंटिक का अर्थ हो गया - मध्यकालीन 'रोमांस' के गुण अर्थात् यथार्थ से पलायन, दूरस्थ और अनिश्चित के प्रति प्रेम

शैली और संवेग में उन्मुक्तता तथा चित्रोपमता, सौंदर्य और भावावेश की प्रधानता।"[10] आधुनिक यूरोपीय भाषाओं में सर्वप्रथम फ्रेंच में Romaz शब्द का प्रयोग हुआ। अंग्रेजी में सन् 1654 के लगभग इसका प्रथम प्रयोग मिलता है।[11] सत्रहवीं शताब्दी तक रोमांस अतिशय कल्पनात्मक एवं असाधरणत्व की विशिष्टता के परिणामस्वरूप हीनार्थक दृष्टि से देखा जाता रहा। 18 वीं शती में इंग्लैण्ड में इस शब्द का अर्थोत्कर्ष हुआ और सन् 1798 में इसे विधिवत मान्यता मिली। साहित्य के क्षेत्र में इसका सर्वप्रथम प्रयोग जर्मनी में हुआ। श्लेजेल ने अभिजात साहित्य की तुलना में नये साहित्य को स्वच्छंदतावादी कहा। फ्रेंच लेखिका मदास द स्ताइल ने उनकी इस धारणा को लोकप्रिय बनाया। 18 वीं शती के उत्तरार्द्ध में इसने 'रोमेंटिसिज्म' (स्वच्छंदतावाद) नाम से एक वाद का रूप धारण किया। धीरे-धीरे इसकी अनेक परिभाषाएँ की गयीं और उसने अनेक महत्वपूर्ण काव्य-विशेषताओं को आत्मसात् कर मुख्यतः भाव-विपुलता, कल्पनात्मक-अतिशयता, नैसर्गिक विषय-योजना एवं अकृत्रिम कथन भंगिमा का रूप धारण कर लिया।

3.2.2 परिभाषा

उन्नीसवीं शताब्दी के आरंभ में क्लासिक और रोमेंटिक साहित्य पर व्यापक परिचर्चा आरंभ हुई। थोड़े ही दिनों में परिभाषा का कुहासा इतना गहरा हो गया कि 'स्वच्छंदतावाद' शब्द द्वारा किसी सुनिश्चित अर्थ की व्यंजना ही असंभव हो गयी। विभिन्न कवियों-आलोचकों की दर्जनों परिभाषाओं में शायद ही कोई सम्पूर्ण हो। साहित्य-रचना के इस अत्यंत उर्वर युग में रचित समस्त महत्वपूर्ण कृतियाँ किसी एक परिभाषा के सीमित दायरे में नहीं आ सकती। कदाचित इसीलिए कुछ लेखकों ने स्वच्छंदतावाद की अपेक्षा स्वच्छंदतावादों की चर्चा को अधिक तर्कसम्मत माना है। यहाँ यह स्पष्ट कर देना अनिवार्य है कि ए.ओ. लवज्जाय ने कहा था कि इस अवधारणा में समय-समय पर विभिन्न देशों में भिन्न-भिन्न अर्थ जुड़ते गये हैं, अतः इसे 'Romanticism' न कहकर 'Romanticisms' कहना चाहिए। परन्तु अन्य विद्वानों द्वारा इसका घोर विरोध हुआ और स्वच्छंदतावाद में विभिन्न प्रवृत्तियों के मिश्रण के बावजूद उसे एक ऐतिहासिक और स्वतंत्र विचारधारा के रूप में मान्यता प्रदान की गयी। संक्षेप में इसकी प्रमुख परिभाषाएँ इस प्रकार है-

1. स्वच्छंदतावाद के प्रवर्तक सुप्रसिद्ध कवि-आलोचक वर्ड्सवर्थ ने प्रत्यक्ष तौर पर तो स्वच्छंदतावाद को पारिभाषित करने का प्रयास नहीं किया। परन्तु, उनकी कविता संबंधी परिभाषा में स्वच्छंदतावाद की अनेक विशिष्टताएँ मौजूद हैं। परिभाषा इस प्रकार है, " All good poetry is spontaneous overflow of powerful feelings...it takes its origin from emotion recollected in tranquality...It is a selection of the words used by the language of the common man."[12] अर्थात् कविता प्रबल अनुभूतियों का सहजोद्रेक है। इसका उद्‌गम शांतिकाल में संचित अनुभूतियों से होता है। इस कविता का माध्यम चुनी हुई जनभाषा है। इस परिभाषा में प्रबल भावावेग, सहज उच्छलन, चिंतन-मनन, वैयक्तिकता तथा जनभाषा जैसी स्वच्छंदतावाद की प्रमुख प्रवृत्तियों का उल्लेख है।
2. बेनेदेतो क्रोचे ने अपनी परिभाषा में स्वच्छंदतावाद की मूल प्रवृत्ति को स्पष्ट करते हुए लिखा है कि, "रोमेंटिक कवि विधान (Form) की अपेक्षा विषय (Content) पर अधिक बल देता है। यह अपने विषय या भाव की ईमानदार अभिव्यक्ति में इतना

तन्मय रहता है कि विधानपक्ष के बन्धन शिथिल ही नहीं होते, टूट भी जाते हैं।"[13]

3. एबरक्राम्बी ने स्वच्छंदतावाद को ऐसी मानसिक वृत्ति माना है जिसमें बाह्यजगत से संबंध विच्छेद कर मनुष्य अंतःजगत पर अपना ध्यान केन्द्रित करता है। वे लिखते हैं कि, "जब जीवन की सम्पूर्ण वास्तविकता में आंतरिक अनुभव सर्वोच्च महत्व प्राप्त कर लेता है, अपितु इससे भी आगे जब वही एकमात्र महत्वपूर्ण रह जाता है तो स्वच्छंदतावाद का उदय होता है।"[14]
4. वाल्टर पीटर ने सौंदर्य-भावना के प्रति आभिजात्य तथा स्वच्छंद दृष्टियों की चर्चा करते हुए कहा है कि प्रथम में जहां सौंदर्य के साथ सुव्यवस्था जुड़ी रहती है वहाँ स्वच्छंदतावाद में सौंदर्य के साथ विस्मय-भाव सन्निहित रहता है। वे लिखते हैं कि, "सौंदर्य के साथ अद्भुत का संयोग ही कला में स्वच्छंदता के स्वरूप का निर्माण करता है। प्रत्येक कलात्मक सृजन में सौन्दर्याकांक्षा की एक स्थायी प्रवृत्ति होती है। इसके साथ औत्सुक्य का योग ही स्वच्छंद प्रकृति का पोषक है।"[15]
5. जर्मन स्वच्छंद काव्य की चर्चा करते हुए हेन ने कहा है कि, "वह गीतों, चित्रों, इमारतों और जीवन में मध्ययुगीन काव्य की नव-जागृति के अतिरिक्त और कुछ नहीं है। किन्तु इस काव्य का मूल स्त्रोत ईसाई धर्म है, वह ईसा मसीह के रक्त से उत्पन्न भावना का पुष्प है।"[16]
6. एफ. एल. ल्युकस ने स्वच्छंदतावाद की मनोवैज्ञानिक व्याख्या करते हुए लिखा है कि, "यह एक ऐसा साहित्य है जिसमें बुद्धिगत चेतना का निम्नस्तर तथा स्वप्निल कल्पना का प्राधान्य पाया जाता है।"[17]
7. टी.एस इलियट ने, "जिज्ञासा को स्वच्छंदतावाद की स्थायी और अच्छी बात मानी है।"[18]
8. सर पॉल हार्वे ने स्वच्छंदतावाद के प्रवर्तन के संबंध में लिखा है कि, "आवेग, भावना तथा जीवन की रहस्यमयी प्रवृत्ति के महत्व को स्वीकार करते हुए व्यापक दृष्टिकोण ने प्राचीन संकीर्ण बौद्धिक दृष्टि का, रचनात्मक वृत्ति ने आलोचनात्मक वृत्ति तथा विनोद का और वेदना ने वाग्वैदग्ध्य का स्थान ले लिया।"[19]
9. स्कॉट जैम्स का अभिमत है कि, "शास्त्रीय काव्य सदा मार्ग का अनुसरण करता है कि जबकि स्वच्छंद काव्य अतिवादी होता है। शास्त्रीय कवि को शांति प्रिय है, स्वच्छंद कवि को नव्यानुभव और खतरों का मार्ग। एक को रूढ़ियाँ प्रिय हैं, दूसरे को नवीनताएँ। शास्त्रीय काव्य में पूर्णता, औचित्य, नाप-तौल, संयम, पुराणता, प्रामाणिकता, शान्ति, अनुभव और अनुकूलता से संबंधित गुण और दोष हुआ करते हैं जबकि स्वच्छंद काव्य जोश, स्फूर्ति, बेचैनी, आध्यात्मिकता, कौतूहल, अशांति, प्रगति, स्वतंत्रता, प्रयोग और उत्तेजना आदि से संबंधित है।"[20]
10. प्रो. कज़ामियाँ ने भावना और कल्पना को स्वच्छंदतावाद का मुख्य लक्षण मानते हुए तीव्र भावावेग तथा बिम्बों के बाहुल्य को नये साहित्य का आधार तथा पोषक तत्व ठहराया है। उनका कथन है कि, "स्वच्छंदतावादी काव्य वह काव्य है जिसमें उस भावुकतामय जीवन की प्रधानता हो, जो कल्पना की दृष्टि से ही उद्दीप्त अथवा निर्दिष्ट हुआ हो और जिसमें स्वयं कवि की आत्मा उस कल्पना दृष्टि को सशक्त बनाती एवं

निर्देश करती है।"[21]

11. जे.टी. शिप्ले ने स्वच्छंदतावाद में नियमों और रूढ़ियों से मुक्ति, संवेदनात्मकता और गीतात्मकता के प्राचुर्य पर बल देते हुए लिखा है कि, "In expression romanticism proclaims freedom from rules and conventions, exphasizes spontaneity and lyricism, and tends to reverie vagueness, synaesthesia, and over-laping, of the function of the arts."[22]
12. कॉलियर विश्वकोश की स्वच्छंदतावाद के आंतरिक तत्वों के विषय में निम्नलिखित पंक्तियाँ भी अत्यंत महत्वपूर्ण हैं, " Romanticism, a preference for simplicity and naturalness, a love of plain feeling and truth to common place reality, especially as found in natural scenes-in a word, the rejection of the artificialities-that inevitably develop in the urban centers of an advanced civilization."[23]
13. अमेरिकी विश्वकोश में स्वच्छंदतावाद में विद्यमान सहजता, प्रभुविष्णुता एवं आत्मपरकता को बड़ी बारीकी से प्रस्तुत किया गया है, "Romanticism, however, aims to represent what is inner and subjective, and therefore, necessity protest against making art stilled and formal by the application."[24]
14. इसी प्रकार काव्य एवं काव्यशास्त्र विश्वकोश में अभिव्यक्त निम्नांकित पंक्तियों की भी स्वच्छंदतावाद के स्वरूप निर्धारण में उल्लेखनीय भूमिका है, "Universally it proposes absolute creative freedom, spontaneity, 'sincerity', and a sort of emotional engagement on the part of the poet...Where classical literature aims at the perfection of being, the romanticist, torn between the ideal and physical reality, express in his work the dialectics of becoming, a flux which corresponds to his inner conflict."[25]

इस प्रकार स्पष्ट है कि स्वच्छंदतावाद एक वैचारिक आंदोलन एवं जीवन-दृष्टि है जिसने यूरोपीय जीवन के हरेक पहलू को प्रभावित किया। इसका प्रभाव बहुत व्यापक है। इसने इतिहास, राजनीति, संस्कृति, साहित्य, कला सभी क्षेत्रों में समान रूप से अपनी उपस्थिति दर्ज करायी। वस्तुतः स्वच्छंदतावाद एक नव्य कल्पनाशील, आत्मपरक दृष्टिकोण से जीवन और प्रकृति को देखने की प्रवृत्ति है जिसने समस्त कला-रूपों के साथ-साथ इतिहास और दर्शन पर भी प्रभाव डाला है। इसने साहित्य को शास्त्रीय नियमों, निर्धारित सीमाओं, परंपरागत आदर्शों एवं नियत उद्देश्यों के वृत्त से निकालकर उसे व्यापक भाव-भूमि प्रदान की। स्वच्छंदतावाद ने 18वीं शती के सांध्यबेला में विश्वसाहित्य को यह संदेश दिया कि साहित्य जीवन की तरह ही गतिशील है और युग एवं परिवेश के अनुकूल परिवर्तनशील। इसका बोध होते ही तत्कालीन रचनाकारों ने परंपरा के प्रति विद्रोह किया तथा अनुकरण के स्थान पर आंतरिक प्रेरणा को सर्वोपरि महत्व दिया। साहित्य और कला के क्षेत्र में स्वच्छंदतावाद पैनी सूक्ष्म संवेदनाओं एवं उत्कृष्ट काल्पनिक अनुभूतियों को अभिव्यक्त करने की कला है।

स्वच्छंदतावाद यथार्थ और समाज की परवाह न करते हुए स्थापित नियमों एवं परंपराओं का अतिक्रमण करता है। यह मनुष्य को तथ्यों और कर्तव्यों से उदासीन बनाकर उन्हें स्वप्नों और भावावेग के इन्द्रजाल में भरमाता है। स्वच्छंदतावादी साहित्य में आत्मतत्व की प्रधानता, कल्पनाप्रवणता और सूक्ष्मसौंदर्याभिव्यक्ति के कारण प्रगीतात्मकता की अपेक्षा रहती है। स्वच्छंदतावाद में भावों की प्रबलता, प्रेम, सौंदर्य-चित्रण, चिंतन-मनन, सहजता, प्रकृति में चेतना का आरोपण एवं उसके प्रति आध्यात्मिक स्तर का जुड़ाव, बाह्य रूप के स्थान पर आंतरिक कथ्य पर बल, सरल और प्राकृतिक जीवन की आकांक्षा, कृत्रिमता के स्थान पर नैसर्गिकता, आत्माभिव्यक्ति पर जोर, स्वतंत्रता एवं रूढ़िभंजन के प्रति आग्रह, कल्पनाशीलता, भावुकता, वैयक्तिकता तथा मानवतावादी दृष्टिकोण जैसी विशिष्टताएँ उपलब्ध होती हैं। स्वच्छंदतावाद विषयवस्तु की खोज में सीधे साधारण जीवन एवं स्वानुभूत सत्य की ओर जाता है। इसकी अभिरुचि सामान्य ग्रामीण जीवन की ओर विशेष रूप से रही है। इसने कृत्रिम आडम्बर एवं निरर्थक वाग्जाल के स्थान पर अपनी अभिव्यंजना में सटीक, समर्थ एवं वास्तविक जनभाषा के प्रयोग पर बल दिया। चूँकि स्वच्छंदतावाद का उद्भव जर्मनी में हुआ, इसलिए वहाँ पर इसने साहित्य की विविध विधाओं के अतिरिक्त अभिव्यक्ति के तमाम माध्यमों को भी प्रभावित किया। यहाँ तक कि दर्शन का क्षेत्र भी इस प्रभाव से अछूता नहीं रहा। इसके प्रभावस्वरूप जर्मन संगीतकार वेग्नर, ब्रैहम्स तथा फ्रेंच संगीतकार बिजै, गूनोद ने नयी धुनों का आविष्कार किया। फ्रांस के ही ख्यातिलब्ध कलाकार देलाक्रवा को स्वच्छंदतावादी चित्रकला का प्रवर्तक माना गया। कला और साहित्य के क्षेत्र में समूचा यूरोप और यहाँ तक कि अमेरिका भी स्वच्छंदतावाद के प्रभाव से नहीं बच सका। काव्य के क्षेत्र में इसका सर्वोत्तम नमूना अंग्रेजी कविता में ही उपलब्ध हुआ। कुल मिलाकर, स्वच्छंदतावाद सृष्टि एवं समाज के प्रति आत्मपरक, कल्पनामय, भावनात्मक दृष्टिकोण है जिसने 18वीं शती के सांध्यकाल के दिनों एवं 19वीं शती के स्वर्णिम प्रभात में समूचे यूरोप को न्यूनाधिक मात्रा में आंदोलित कर रखा था।

3.3 स्वच्छंदतावाद की विशेषताएँ

आभिजात्यवाद की भाँति स्वच्छंदतावाद भी अपने आपमें एक वैचारिक आंदोलन है, एक साहित्यिक एवं जीवन-दृष्टि है जिसका उद्भव एक विशेष प्रकार की राजनीतिक, सामाजिक, आर्थिक, दार्शनिक और आध्यात्मिक भावभूमियों के प्रेरणा-स्वरूप हुआ। यूरोपीय राष्ट्रों में इसका उद्भव सर्वप्रथम जर्मनी और इंगलैण्ड में हुआ। श्लेजेल-बन्धुओं की समीक्षा (1798-1800) और वर्ड्सवर्थ कॉलरिज के 'लिरिकल बैलेड्स' (1798) का प्रकाशंन लगभग एक साथ हुआ। फ्रांस में यह आन्दोलन अवश्य ही कुछ बिलम्ब (सन् 1830) से आरम्भ हुआ - वैसे श्लेजेल के आदर्शों को सामने रख मदाम द स्ताइल ने सन् 1813 में ही अभिजात स्वच्छंद - काव्य की चर्चा शुरू कर दी थी। इसी प्रकार इटली में भी सन् 1816 के आस-पास स्वच्छंदतावाद के रोमानी संस्पर्शों का अहसास होने लगता है। इस दृष्टि से स्वच्छंदतावाद को यूरोप-व्यापी आंदोलन माना जाना चाहिए। यह काव्यधारा भावना के स्तर पर सीमाहीन खुलेपन और नवीन जीवन-मूल्यों के अन्वेषण तथा स्वीकृति का परिणाम है। संक्षेप में, इस काव्यधारा की प्रमुख विशेषताएँ इस प्रक़ार हैं -

3.3.1 आत्मपरक चेतना

स्वच्छंदतावाद की सबसे प्रमुख विशेषता आत्मपरक चेतना अथवा व्यक्ति- निष्ठता है। यह आत्मपरकता और रचनाकार की स्वतंत्रता के अधिकार का दावा करता है। स्वच्छंदतावाद की दृष्टि में कवि-व्यक्तित्व ही काव्य का मूल उत्स है। वस्तुतः कविता कवि की आत्माभिव्यक्ति है। इस प्रकार स्वच्छंदतावाद रचनाकर के व्यक्तित्व को रचना का मूल स्रोत मानता है। इनकी दृष्टि में रचना कवि की वैयक्तिक अनुभूति और आत्माभिव्यक्ति का स्थापत्य है। कवि-व्यक्ति ही रचना को प्रामाणिकता प्रदान करता है। इस आत्मपरक चेतना ने स्वच्छंदतावादी कवियों में जहाँ एक ओर असीम स्वतंत्रता की लालसा को जन्म दिया वहाँ दूसरी ओर समाज की रीति-नीतियों और मर्यादा-बन्धनों ने इस भावना में व्याघात उत्पन्न किया। सामंती व्यवस्था का स्थान पूँजीवादी व्यवस्था ने ले किया था। नयी औद्योगिक सभ्यता में कवि 'मिस-फिट' था, क्योंकि वह न तो सेनानायक था, न राजनीतिज्ञ और न उद्योगपति या व्यवसायी ही। पर, स्वच्छंद कवि ने भी किसी की परवाह नहीं की। सामाजिक उत्तर दायित्व से अपने को मुक्त रखकर वह अपने अवचेतन मन की प्रतिक्रियाओं और कल्पनालोक की उड़ानों को रूपापित करने में तत्पर हुआ। व्यक्ति और समाज का यह द्वन्द्व कहीं तो बड़े तीखेपन के साथ व्यक्त हुआ है और कहीं इन दोनों में संतुलन स्थापित करने की चेतना के साथ स्वच्छंद कवियों ने समाज की रूढ़ नीतियों और आचार-विचारों का विरोध अपनी रचनाओं द्वारा ही नहीं, वरन् अपने व्यक्तिगत जीवन के कार्य-कलापों द्वारा भी किया। इस संदर्भ में प्रिस्टले ने ठीक ही लिखा है कि, "उनका मुक्त स्वच्छंद आचरण और स्वेच्छाचार प्रकारान्तर से व्यक्ति और समाज के बीच के असंतुलित संबंध को प्रकट करता है। अपने युग के समाज के अनुकूल ढल सकने में असमर्थ स्वच्छंद कवि निष्कासित, विद्रोही या मसीहा बनकर कभी तो विद्रोह के गीत गाता है, कभी एकाकी जीवन को अपनी नियति मानकर संतोष कर लेना चाहता है और कभी अपने अवचेतन मन के आदर्शों के अनुरूप काल्पनिक समाज की रूपरेखा निर्धारित करने की चेष्टा करता है। अपनी व्यक्तिगत अनुभूति के अतिरिक्त उसके निकट अन्य किसी वस्तु का महत्व नहीं।"[26] स्वच्छंद कवि को अपने स्वप्नों तथा अन्तर्दृष्टि का मूल्य समाज से निर्वासित होकर चुकाना पड़ा। इस प्रकार दुख और निराशा उसकी नियति बन गयी। इस संदर्भ में एफ.एल. ल्यूकस का मंतव्य विशेष रूप से चिंतनीय बन पड़ा है। वे लिखते हैं कि, "स्वच्छंदतावादी कला अंतःप्रेरणाओं का मूर्त रूप है। स्वच्छंदतावादी साहित्य जीवन का स्वप्नचित्र है तथा यथार्थ और समाज द्वारा दमित अंतःप्रेरणाओं को अवलम्बन और तृप्ति प्रदान करता है। स्वच्छंदतावाद अचेतन जीवन को क्रूरतापूर्ण दमन से मुक्ति दिलाने के अतिरिक्त मूलतः इन दो स्वरों को अनुसना करते का प्रयत्न करता है: 'यह बुद्धिग्राह्य नहीं है', 'ऐसा नहीं किया जाता।' यह उन्माद स्वप्न-दर्शन है और इस प्रकार का आत्मोन्माद प्रायः अस्वास्थ्यकर हो सकता है। आत्मा का अज्ञात क्षेत्रों में विचरण ही स्वच्छंदतावादी का सुखद अभीष्ट है-

> "उत्तर के सूखे पर्वत पर,
> निपट अकेला चीड़ जगता है
> रुई सदृश उड़ते हिम तुषार के गालों का मुखौटा पहन
> निज शीश झुकाता है
> वह स्वप्न देखता है किसी ताड़-तरु का

जो मूक-अकेला परमदुःखी है
सदूर, सुबह के किसी देश में,
तपते पत्थरों की पहाड़ियों पर।"

अच्छा हो या बुरा, मैंने हाइन का यह गीत उद्‌धृत किया है क्योंकि यह मेरे समीप न केवल मूलतः स्वच्छंदतावादी कविता है, वरन् स्वच्छंतदावाद का सार रूप है।" - (एफ.एल. ल्यूकल, द डिक्लाइन एण्ड फॉल ऑफ द रोमांटिक आइडियल, पृष्ठ 1-2)। स्वच्छंदतावादी कवियों के एकाकीपन एवं जीवन-स्थितियों का चित्रण करते हुए करमोड फ्रैंक ने ठीक ही लिखा है कि, "जीवन को एक त्रासदी मानने के उपरांत ही हम जीना आरम्भ करते हैं, जैसे मन्तव्यों के पीछे अपनी व्यक्तिगत दुखद स्थिति की तटस्थ भाव से स्वीकृति के साथ ही उच्चतर धरातल के जीवन की महिमा का संकेत भी छिपा हुआ है। वह अकेले ही अन्तः सत्य तथा अन्तः सौंदर्य की खोज में दिशा-दिशा भटकता फिरता है। हैजलिट् तथा कीट्स ने समाज में रहकर भी उससे असम्पृक्त कलाकार के आत्मगत एकाकीपन का विवेचन किया है।"[27] फ्रेंच स्वच्छंद काव्यधारा के समर्थ कवि अल्फ्रेड द विग्नी ने भी आधुनिक युग के मुनष्य को इस विराट संसार में हतभाग्य और अकेला बतलाया है। इन कवियों में मध्ययुग, ग्रीक आदर्शों और सुदूरवर्ती अनजान देशों के प्रति आकर्षण भी केवल दूरी का सौंदर्य नहीं था वरन् उन आदर्शों का सौंदर्य भी था जिनकी ओर स्वच्छंद कवि अपनी समस्त चित्तवृत्तियों के साथ उन्मुख हुआ था। इस आत्मपरक चेतना के चलते स्वच्छंदतावादी कवियों ने या तो सौंदर्य, प्रेम और प्रकृति के उत्कृष्ट गीत लिखे हैं या फिर सामाजिक बन्धनों के कारण प्रेम-व्यापार में असफलता तथा अन्य समस्याओं से पीड़ित होकर विषाद, निराशा और वेदना की अभिव्यक्ति की है। इन कवियों ने दार्शनिक दृष्टि, जीवन की क्षण-भंगुरता, व्यक्ति-स्वातंत्र्य को लेकर भी निराशावादी काव्य लिखा है।

3.3.2 प्रकृति में चेतना का आरोप एवं उसके प्रति आध्यात्मिक स्तर का रागात्मक लगाव

स्वच्छंदतावादी कवियों में प्रकृति के प्रति बड़ा ही गहरा लगाव पाया जाता है। वड्‌र्सवर्थ तो प्रकृति के चतुर-चितेरे ही माने जाते हैं। इन्होंने प्राकृतिक सुषमा, पुष्पों, लताओं, सरिताओं, हरे-भरे खेतों तथा चहचहाती हुई चिड़ियों से प्रेरणा प्राप्त की तथा उनपर कविताएँ लिखीं। प्रकृति का गौरवगान किया। प्रकृति के व्याख्याता के रूप में वड्‌र्सवर्थ का स्थान सर्वोच्च है और इस दृष्टि से अंग्रेजी में इनकी टक्कर का और कोई कवि नहीं हुआ। प्रकृति के प्रति इनका प्रेम असीम था तथा प्रकृति-संबंधी इनका ज्ञान भी इनके प्रेम के समान ही अतिशय व्यापक था। इनकी प्रकृति-संबंधी कविताएं अंग्रेजी काव्य की सर्वोत्तम निधियों में से हैं तथा इनको उन लोगों के बीच उच्च स्थान दिलाने के लिए पर्याप्त है जिनके विषय में इन्होंने स्वयं लिखा है -

Blessings be with them, and eternal praise,
who gave us nobler loves, and nobler cares.
The Poets, who on earth have made us heirs,
of truth and pure delight by heavenly lays.

इन पंक्तियों का काव्यानुवाद इस प्रकार किया जा सकता है -

मिले उन्हें वरदान और प्रशंसा शाश्वत,

दिये जिन्होंने प्रेम दिव्यतर और दिव्यतर चिंताएँ,
जिन कवियों ने भू पर स्वर्गिक गीतों को गाकर,
बना दिया अधिकारी हमको शुद्ध सत्य आनंद का।

वड्र्सवर्थ तो मूलतः प्रकृति के ही कवि हैं। प्रकृति के अणु-अणु के प्रति वे रागात्मकता का अनुभव करते हैं। प्रकृति के साथ उनका 'निसर्ग सिद्ध तादात्म्य भाव' उन्हें संसार के प्रमुख संवेदनशील कवियों के बीच प्रतिष्ठा दिलाता है। प्रकृति की ममतामयी गोद में बैठते ही वे प्रत्यक्ष जगत के सारे दुःख-दर्द भूल जाते हैं। 'चाइल्ड हेराल्ड' में बायरन ने भी लिखा है कि प्रकृति की ओर उन्मुख होने का कारण यह नहीं कि उन्हें मनुष्य से कम प्यार है, वरन् यह है कि प्रकृति से उनकी प्रीति अधिक गाढ़ी है। स्वच्छंदतावादी कवि के लिए प्रकृति गुरु है। वे अपनी प्रेरक शक्तियों और जीवन ध्वनियों को प्रकृति में खोजते हैं। प्रकृति इनके लिए आत्मविकास का प्रतीक है। स्वच्छंद कवि प्रकृति की राशि-राशि दृश्यावलियों पर मुग्ध हो उठते हैं और उसे जीवित सत्ता के रूप में देखते हैं। ये कवि प्रकृति में चेतना का आरोप करके उसके प्रति आध्यात्मिक स्तर का रागात्मक लगाव महसूसते हैं। कॉलरिज को कामना थी कि महान कवि को उस आत्मतत्व की खोज करनी चाहिए जो कि प्रकृति और मानव-मन को एक अविच्छिन सूत्र में बाँध सके। प्रकृति ने इन कवियों को रहस्योन्मुख भी बनाया। प्रकृति की शोभा और उसका पल-पल परिवर्तित वेश स्वच्छंदतावाद की सतरंगी आभा है जिसमें कवि विभोर हो उठता है। इन प्राकृतिक दृश्यों ने कवियों की संवेदना को व्यापकता और कोमलता प्रदान की है। प्रकृति में मानव-भावनाओं के आरोप ने स्वच्छंदतावाद में मानवतावाद का उन्नयन किया। इस संदर्भ में कविवर डब्ल्यू यू.एस. लैण्डर की काव्य-पंक्तियाँ दर्शनीय बन पड़ी हैं-

I strove with none, for none was worth my strife,
Nature I loved, and, next to Natrue, Art;
I warmed both hands before the fire of life
It sinks, and I am ready to depart.
अर्थात् न किसी से मैंने स्पर्धा की, स्पर्धा के योग्य न था कोई,
'प्रकृति' से मैंने प्यार किया, 'प्रकृति' के बाद 'कला' हो ली।
सेंके हैं ज़ी भर, जीवन-ज्वाला से हाथ मैंनें दोनों,
अब वह मद्धिम होती जाती, प्रस्थान-हेतु प्रस्तुत मैं भी।[28]

स्वच्छंदतावादी कवियों ने निरपेक्ष दृष्टि से दूर खड़े होकर प्रकृति को नहीं निहारा, बल्कि प्रकृति के सर्वांगपूर्ण वर्णन के साथ-साथ उसके अन्तर्जगत् को भी उद्घाटित किया। प्रकृति के अनेक गुप्त रहस्यों को प्रकट करते हुए उसकी आत्मा की दिव्यता के दर्शन कराये। कविवर ब्लेक की दृष्टि में कविता में सृजन प्रतिभा के व्यापार की मूल-प्रेरणा प्रकृति है-

"बालुका-कण में विश्व समस्त
निरखता वन्य कुसुम में स्वर्ग
बन्द मुट्ठी में निखिल अनंत
क्षणों में शाश्वतता का स्वर्ग।"

इस तरह दुःखदग्ध जगत तथा गोचर प्रकृति में अनंत के अन्वेषण की दृष्टि स्वच्छंदतावाद का निजी वैशिष्ट्य है।

3.3.3 कल्पना-प्रवणता

स्वच्छंदतावाद की सर्वाधिक चर्चित विशेषता कल्पना-प्रवणता है। इस धारा के कवियों ने कल्पना का उपयोग अपने बचाव और आक्रमण दोनों के लिए किया है। इन कवियों ने कल्पना के सहारे न केवल तर्क बुद्धिवाद और विज्ञानवाद के प्रहारों से कविता तथा आध्यात्मिक चेतना का बचाव किया बल्कि अपने विरोधियों पर जोरदार प्रत्याक्रमण भी किया। विलियम ब्लेक ने 'तर्क' और 'तुलना' से बचने की सलाह देकर केवल 'निर्माण' का समर्थन किया है। ब्लेक की कल्पना संबंधी अवधारणा कला और सौंदर्य के क्षेत्र का अतिक्रमण कर आध्यात्मिकता का संस्पर्श करने लगती है। वे कल्पना को अलौकिक शक्ति के रूप में स्वीकार करते हुए लिखते हैं कि, "कल्पना के रूप में ही मनुष्य की आध्यात्मिक प्रकृति का चरम विकास देखने को मिलता है।"[29] इसी तरह काण्ट ने भी कल्पना को महत्वपूर्ण स्थान दिया है। वे कल्पना को, "सृष्टि की मूलवर्ती प्रेरणा के रूप में स्थिर करते हुए उसके रचनात्मक, सौंदर्यात्मक और पुनर्रचनात्मक भेद करते हैं।"[30] शेलिंग ने इस विवेचन को आगे बढ़ाते हुए कलाजगत तथा प्रत्यक्ष जगत दोनों को एक ही बोध का परिणाम बताया है। कॉलरिज कल्पना को 'अनिवार्यतः जीवंत' मानते हुए कहते हैं कि, "इसका उद्गम अचेतन में है।"[31] कॉलरिज ने कल्पना के तीन भेद किये हैं-

(1) मुख्य कल्पना (Primary Imagination)- जो समस्त मानवीय प्रत्यक्ष ज्ञान की जीवंत शक्ति तथा मुख्य स्रोत है।

(2) गौण कल्पना (Secondary Imagination)- यह मूल की प्रतिध्वनि है यद्यपि मात्रा और क्रिया प्रणाली में भिन्न होती है, तथा -

(3) ललित कल्पना (Fancy Imagination)- यह मनोराज्य की स्थिति है, जो देशकाल के बन्धन से मुक्त एक स्मृति व्यापार है। इसे अनुभव की प्रक्रिया संशोधित करती है जिसे हम 'वरण' अथवा 'चयन' शब्द से व्यंजित करते हैं।

कॉलरिज ने कल्पनाशक्ति और तर्कशक्ति के बीच विभेद स्थापित करते हुए लिखा है कि विज्ञान और दर्शन का संबंध तर्क से है जो मस्तिष्क की उपज है, जबकि काव्य और कलाओं का सबंध कल्पना से है जो आत्मा से उद्भूत होती है। इनकी मान्यता है कि कल्पना मन और वस्तु का अंतर समाप्त कर देती है। कॉलरिज अपनी एक कविता में कल्पना करते हैं कि यदि उनके पास पंख होते तो वे प्रियतम (अनंत-सत्ता) के पास उड़कर चले जाते। यथा-

If I had but two little wings
And were a little feathery bird,
To you I'd fly, my dear!
अर्थात् यदि मुझे होते दो नन्हें डैने,
और होती मैं छोटी उड़ती चिड़िया,
तुम तक मैं उड़ आती, मेरे प्रियतम!

इस प्रकार कल्पना कॉलरिज के रचना-कर्म और काव्य-चिंतन का केंद्रबिंदु है। वड्र्सवर्थ की दृष्टि में कल्पना अन्तर्दृष्टि सम्पन्न होती है और शेली का मानना है कि कल्पना-शक्ति के सहारे कवि मनुष्य से भी अधिक वास्तविक और अमर सृष्टि का निर्माण कर सकता है। शेली कविता को कल्पना की अभिव्यक्ति कहता है - "Poetry, may be defined to be the expression of the imagination." और कल्पना को मनुष्य की सबसे बड़ी मानसिक शक्ति

मानता है जिसके द्वारा वह स्थूल प्रत्यक्ष पदार्थों के पीछे छिपी गूढ़ रहस्यमय सत्ता का साक्षात्कार करता है। कीट्स का मत है कि कल्पना द्वारा कवि दो स्मृतियों को एक में ढालता है, सत्य का साक्षात्कार और सौंदर्य का दर्शन करता है क्योंकि कल्पना वह शक्ति है जो अनुद्घाटित करती है, सत्य को उसके संपूर्ण आयामों में प्रकट करती है। इस तरह स्वच्छंदतावादियों ने कल्पना को अपने काव्यचिंतन के माध्यम से अभिनव प्रतिष्ठा प्रदान की। कवि की सृजनशक्ति कल्पना है जिसके ऐंद्रजालिक प्रभाव से वह एकत्व का भाव और रंगीनी बिखेर देता है। वह अपने सभी संस्कारों और अनुभवों के संश्लेषण से अर्थपूर्ण काव्य-रूपों और शैलियों के सृजन में समर्थ होता है।"

3.3.4 प्रेम एवं सौंदर्य-भावना

स्वच्दंदतावाद की अन्य महत्वपूर्ण विशेषता प्रेम एवं सौंदर्य-भावना है। इन कवियों ने प्रेम के मांसल रूप की तुलना में उसे भावनात्मक स्वरूप को प्राथमिकता दी है। इन कवियों का मानना है कि काव्य-कला का आरंभ ही सौंदर्य के प्रति आकर्षण और हृदय में उठनेवाली प्रेम-तरंगों के प्रेरणा-स्वरूप हुआ। रोमेंटिक कवि की मान्यता है कि प्रेम से सबकुछ संभव है- प्रेम से ही जीवन पूर्णता प्राप्त करता है - "All things are possible with love-life perfectible with love." इन कवियों ने प्रेम के सूक्ष्म और आंतरिक स्वरूप का प्रतिपादन किया है। इन्हें प्रेम में सादगी, सहजता और सरलता पसंद है। इनका सौंदर्यजनित प्रेम उदात्तीकृत होकर ईश्वरोन्मुख होता है। प्रेम के संबंध में इनकी अंतिम धारणा यह थी कि वैयक्तिक मस्तिष्क की रहस्यात्मक भावना प्यांर की राह से ही गुजरकर ईश्वर के प्रदेश में प्रवेश करती है और उसे पहचानती है- "The mystical theme of individual mind through love knowing and entering into God." इस प्रकार इन कवियों का प्रेम शरीर की तुलना में भावना पर अधिक अवलंबित था। पी.बी. शेली ने प्रेम को सृष्टि-व्यापी भावना के रूप में निरूपित किया है। वे प्रेम-दर्शन (Love's Philosophy) शीर्षक कविता में लिखते हैं कि-

The fountains mingle with the river
And the rivers with the ocean.
The winds of heaven mix for ever
with a sweet emotion;
Nothing in the world is single,
All things by a law divine
In one another's being mingle-
why not I with thine?

इन पंक्तियों का काव्यानुवाद श्री उमेश जोशी ने इस प्रकार किया है-

निर्झर सरिता में मिल जाते
सरिता सागर में रम जाती,
ये वायुलोक के झोकें भी
मधुर ऊर्मियों से हिल-मिल जाते,
जग में एकाकी कोई नहीं,

सब नैसर्गिक नियमों द्वारा
आपस में नित ही लय होते---
तो तुम में मैं ही क्यों न मिलूँ ?[32]

स्वच्छंद कवि का मन प्रेम-निरूपण एवं सौंदर्य-चित्रण में विशेष रूप से रमता है। इनका झुकाव प्रेम के त्रासद पक्ष की ओर विशेष रूप से रहा है। इन कवियों ने जिस नारी का चित्रण किया वह हाड़-मांस की न होकर उसके मन और संस्कारों की उपज कोई अद्वितीय छवि थी जो परी, जलपरी, ग्रीकबाला, राजकन्या अथवा कृषक-कन्या इत्यादि रूपों में अभिव्यक्ति पाती थी। इनकी प्रेम कविताएँ उद्दाम जीवन-लालसा तथा नारी सौंदर्य की मनोरम झाँकियाँ प्रस्तुत करने में समर्थ हुई हैं। जर्मनी के श्लेजेल और नावेलिस, फ्रांस के लामताईन, द विग्नी, द मजे तथा इंग्लैण्ड के वर्ड्सवर्थ, बायरन, शेली, कीट्स आदि की रचनाओं में प्रेम एवं सौंदर्य के विविध पक्षों तथं रूपों की अद्भुत व्यंजना हुई है। कीट्स इस धारा के प्रमुख सौंदर्य-स्त्रष्टा रहे हैं। इन्होंने 'इन्डीमियन'शीर्षक कविता की प्रथम पंक्ति में ही लिखा है कि "A thing of beauty is a joy for ever." अर्थात् सुंदरता सदा आह्लादकारी है। इन्होंने अन्यत्र भी लिखा है कि-"I have loved the principle of beauty in all things." अर्थात् मैंने समस्त वस्तुओं में सौंदर्य के सिद्धांत से ही प्रेम किया है। कीट्स ने सत्य एवं सौंदर्य में भी अभेद स्थापित किया है। स्वच्छंदतावादी कवियों ने यदि एक ओर प्रकृति में नारी-सुलभ व्यापारों का आरोप कर उसके सौंदर्य में चार-चाँद लगाया है तो दूसरी ओर नारी सौंदर्य-चित्रण में प्राकृतिक उपादानों का यथेष्ट प्रयोग करके उसे अभिनव दीप्ति प्रदान की है। इस दृष्टि से कविवर बायरन की कतिपय पंक्तियाँ द्रष्टव्य है-

सौंदर्यमयी वह चलती है, जैसे यामिनी,
मेघहीन नक्षत्र-खचित नभ में जो विचरण करती।
और अंधकार एवं उजाले में जो कुछ है सुन्दर
वह उसके आनन एवं चितवन में पाया जाता।
यह है वह कोमल स्निग्ध कांति
जो भड़कीले दिन को न विधाता ने दी है।[33]

स्वच्छंदतावादी कवियों की प्रेम एवं सौंदर्य-भावना के संबंध में वाल्टर पेटर ने ठीक ही लिखा है कि, "स्वच्छंदतावादी भावना के पीछे उत्सुकता तथा सौंदर्य के प्रति असीम अनुराग की प्रधानता मुख्य तत्व थे। नये कवियों ने आनंद, सौंदर्य और कल्पना के नये-नये स्त्रोत ढूँढ़ निकाले, अद्भुत सौंदर्य की आत्मा प्रस्तुत की, कल्पना के नेत्रों से दूर की वस्तुओं का छिपा हुआ सौंदर्य दिखाया।"

3.3.5 परंपरागत नियमों के प्रति उपेक्षा भाव एवं आडम्बर तथा कृत्रिमता का विरोध

स्वच्छंदतावाद में परंपरागत नियमों के प्रति उपेक्षा भाव पाया जाता है। इन कवियों ने परंपरागत नियमों एवं सिद्धांतों के साथ-साथ तत्कालीन वैज्ञानिक एवं बौद्धिक प्रगति के प्रति भी असंतोष प्रकट किया। इन कवियों के कारण पहली बार कविता पुरातनपंथी नियमों और सिद्धांतों के शिकंजे से मुक्त होकर जीवन की सहजता और स्वाभाविकता में प्रवहमान हुई। स्वच्छंद कविता में ऐसी बहुत-सी सहज अनुभूतियों का खुला चित्रण हुआ, जिनकी अभिव्यक्ति पहले मर्यादा के विपरीत

और नियम-विरुद्ध समझी जाती थी। स्वच्छंदतावाद ने बाह्य नियमों की तुलना में आंतरिकता को ही प्रधान आधार माना। यह प्रचलित रूढ़ियों, शास्त्रीयता तथा बौद्धिकता के प्रति अनायास विद्रोह ही था।

स्वच्छंदतावादी कवियों ने सांसारिक जीवन का अत्याचार, सामाजिक बन्धन, आचरणगत मलिनता, कुरूपता आदि छोड़ दी। इन्होंने आडम्बरों का परित्याग किया और कृत्रिमता तथा पार्थिव चिंताओं से अपने आपको मुक्त रखा। कविता में बुद्धि, तर्क और दिमागी कसरत के स्थान पर हृदय की स्वच्छंद भावनाओं तथा मृदुल-भाव-तरंगों को अभिव्यक्ति प्रदान की। काव्य को अनुभूतियों की विविध दिशाओं में ले जाने की दृष्टि से इन कवियों ने अत्यधिक साहस का परिचय दिया। इन कवियों का विद्रोह मानव-जीवन की ऐसी स्थितियों के प्रति भी था, जिसे दैवी-विधान और नैतिकता की सीमा में जकड़ दिया गया था। वर्ड्सवर्थ तो शुरू में बड़े क्रांतिकारी थे पर फ्रांस से लौटने के बाद, वहाँ के अत्याचार, दमन एवं प्रतिशोध को देखकर, उन्हें फ्रांसीसी क्रांति से अरुचि हो गयी। वैसे वे जीवनभर विद्रोही ही बने रहे, पर उनका वह विद्रोह राजनीतिक न होकर साहित्यिक ही रहा। बायरन (1788-1824), शेली(1792-1822) और कीट्स (1795-1821) ये तीनों भरी जवानी में ही चल बसे और शिक्षित अभिजात वर्ग के होते हुए भी इन्होंने अपने को आभिजात्य से दूर रखा। बायरन तो विद्रोह और क्रांति के पुंज थे। वे आजीवन विद्रोही बने रहे जीवन और कवित्व दोनों में। शेली ने भी 'ओड टु द वेस्ट विंड' शीर्षक कविता में पश्चिमी पवन से प्रार्थना की है कि तुम जैसे पुरानी पत्तियों को झाड़कर फेंक देते हो, वैसे ही जीर्ण, जर्जर एवं मृत विचारों को समाप्त कर दो और मेरे नये विचारों को सारे संसार में फैला दो। स्वच्छंदतावादी कवि ने रूपबंध को एक तरह से अस्वीकार कर दिया था। इनकी रचनाओं में सरंचनात्मक अन्विति की परवाह नहीं की गयी है। उसमें रूप की समरूपता के कहीं दर्शन नहीं होते। वैविध्य इनकी प्रवृत्ति रही है। अतः रूप को लेकर किसी उपलब्धि की संभावना इस काव्य में नहीं है। रोमेंटिक कवियों ने अलंकृति और छन्द-विधान में भी रूढ़ि और परम्परा से हटकर, सहज स्वाभाविक अलंकारों ओर लयों को अपनाने पर जोर दिया। इन्होंने भाषा और अभिव्यक्ति के बनावटीपन से दूर रहकर सहज भाव तरंगों को हृदय-स्पर्शी अभिव्यक्ति देना ही श्रेयस्कर समझा। यही कारण है कि इनके काव्य में सहज आकर्षण और अकृत्रिम मनोरम छटा के दर्शन होते हैं।

3.3.6. भावमूलक मानवतावाद

स्वच्छंदतावादी कवि का दृष्टिकोण जीवन और साहित्य दोनों ही के प्रति भाववादी था। जो वैज्ञानिक प्रगति के कारण बुद्धि, यंत्र और तर्क के बढ़ते प्रभाव की प्रतिक्रिया-स्वरूप उभरा था। सर्वप्रथम रूसो के विचारों ने मानव के गौरव और गरिमा की जोरदार शब्दों में प्रतिष्ठा की। उसने इस बात पर जोर दिया कि मनुष्य को मनुष्य के रूप में मान्यता मिलनी चाहिए। चूँकि नागरजीवन की कृत्रिमता ने मुनष्य को भ्रष्ट कर दिया है। इसलिए प्रकृति का सामीप्य ही उसके लिए मंगलकारी है। रूसो की स्थापनाओं का स्वच्छंदतावादी काव्य पर बड़ा ही गहरा प्रभाव पड़ा, जिसके कारण उसका विकास गाँव और प्रकृति के स्वच्छ वातावरण में हुआ। स्वच्छंदतावादी काव्य के द्वारा जन-सामान्य, किसान, मजदूर, गड़रिये तथा कुटियों में रहने वाले दीन-हीन व्यक्तियों के जीवन के प्रति दृष्टिपात किया गया। शहरी जीवन के फैशन तथा सभ्यता से हटकर ग्रामीणों के जीवन तथा समस्याओं में इस काव्य द्वारा रूचि उत्पन्न की गयी। उन्हें प्रकृति के अंचल में विचरण करते

हुए प्रकृति का अविभाज्य अंग माना गया। इस प्रकार उच्च वर्ग के राजा, सामंत, अमीर, जागीरदार के बदले जन-सामान्य साहित्य का विषय बना। इस तरह कृत्रिमता का आवरण दूर हो गया तथा फैशन और अति सभ्यता के स्थान पर मनुष्यता की प्रतिष्ठा हुई। वड्र्सवर्थ, बायरन, शेली तथा कीट्स जैसे कवियों ने मानवीयता की स्थापना तथा मौलिक अनुभूतियों की अभिव्यक्ति की। मनुष्य के हृदय को कविता में बहाया गया। इस काव्य में दुःखियों एवं पीड़ितों के प्रति गहरी संवेदना का भाव पाया जाता है।

स्वच्छंदतावाद के भावमूलक मानवतावाद की चर्चा करते हुए डॉ. तारकनाथबाली ने लिखा है कि, "इसका मूल सिद्धांत यह है कि भाव के स्तर पर मानव मात्र समान हैं, सभी समान रूप से समय, हर्ष, शोक आदि का अनुभव करते हैं। व्यक्तियों के विचारात्मक पक्ष का स्वरूप तो भिन्न-भिन्न हो सकता है और होता ही है मगर नितांत भिन्न और विरोधी सिद्धांतों पर विश्वास रखने वाले व्यक्तियों के प्रेम, शोक आदि के अनुभव समान होते हैं। आनंद एवं विषाद के स्तर पर सबका स्वभाव समान है। इसलिए भाव पर बल देने का अर्थ हुआ मानव स्वभाव के उस अंश पर बल देना जो समान हैं, जो सार्वभौम और सार्वकालिक है।"[34] इस संदर्भ में वड्र्सवर्थ ने ठीक ही कहा है कि आवेग मानव-स्वभाव के मूलभूत नियमों का प्रकाशन करते हैं। आवेग के स्तर पर मानव मात्र में समानता है और इसी में कविता की सार्वकालिक शक्ति का रहस्य भी निहित है। यह मान्यता रस-सिद्धांत के अत्यधिक निकट है। आचार्य रामचंद्र शुक्ल ने कविता के अनुभूति पक्ष की जो व्याख्या की है, वह उक्त दृष्टिकोण के अत्यंत निकट जान पड़ती है। कविता द्वारा विशुद्ध भाव या अनुभूति के स्तर पर पहुँचे हुए व्यक्ति का वर्णन करते हुए आचार्य शुक्ल ने लिखा है कि, "इस भूमि पर पहुँचे हुए मनुष्य को कुछ काल के लिए अपना पता नहीं रहता। वह अपनी सत्ता को लोकसत्ता में लीन किए रहता हे। उसकी अनुभूति सबकी अनुभूति होती है या हो सकती है।"[35] इस प्रकार स्पष्ट है कि कवि स्वानुभूति को लोकसामान्य अनुभूति के रूप में ही प्रकाशित करता है। इस दृष्टि से ही स्वच्छंदातावादी कवि का भाववाद मानवतावाद में परिणत हुआ है।

3.3.7 काव्य-भाषा के प्रति नवीन दृष्टिकोण

स्वच्छंदतावाद ने काव्य को भाषा के एक मॉडल के रूप में प्रस्तुत किया है। वड्र्सवर्थ ने नव-आभिजात्यकाल के 'कृत्रिम और आडंबरपूर्ण वाग्जाल' पर जमकर प्रहार किया तथा काव्यभाषा एवं लोकभाषा में अभेदता स्थापित की। इनकी दृष्टि में काव्यभाषा लोकभाषा का ही एक विशिष्टीकृत रूप है। इन्होंने 'लिरिकल बैलेड्स' की भाषा के विषय में लिखा है कि इन कविताओं की भाषा उस भाषा का चयन है जो मनुष्य के द्वारा सचमुच बोली जाती है। इस तरह वड्र्सवर्थ ने कृत्रिम और शास्त्रीय भाषा के स्थान पर बोलचाल की भाषा की वकालत की। काव्य और उत्तम कोटि के गद्य की भाषा के बीच का अन्तर मिटाने के प्रयत्न में वड्र्सवर्थ अपने सिद्धांतों को आवश्यकता से बहुत आगे बढ़ा ले गया, साथ ही यह भी उल्लेखनीय है कि अपने प्रारम्भिक प्रयोगों को छोड़कर उसने स्वयं ही अपने सिद्धांतों का अनुसरण नहीं किया। परन्तु इतना होते हुए भी दीर्घकाल से स्वीकृत घिसी-पिटी और रूढ़िप्रधान भाषा की प्रतिष्ठा को नष्ट करने तथा उसके स्थान पर काव्य में सादी और स्वाभाविक शैली को प्रतिष्ठित कराने में उसके तर्क बड़े ही सहायक सिद्ध हुए। वर्ड्सवर्थ ने अपनी काव्यभाषा में उन्हीं मुहावरो, विरोधालंकारों, रूपकों,

विपर्ययों, पर्यायोक्तियों आदि का आश्रय लिया है जो बहुप्रचलित तथा साधारण पाठक के लिए सुपरिचित थे। कॉलरिज का भी मानना है कि उत्तम गद्य और उत्तम कविता में भाषागत कोई तात्विक अंतर नहीं है, वरन् अंतर मात्रा का है। उत्तम गद्य में भी शब्दों का सटीक चयन होता है किन्तु कविता में शब्दों का अत्यंत सटीक चयन होता है।

काव्य भाषा पर विचार करते हुए पी.बी. शेली ने लिखा है कि कवियों की भाषा सदा नाद के एक रूप एवं मैत्रीपूर्ण आवर्तन को पसंद करती रही है जिसके बिना वह भाषा कविता नहीं कही जा सकती और जो प्रभाव के सम्प्रेषण में शब्द की अपेक्षा कदाचित् ही कम अनिवार्य है। इस प्रकार स्पष्ट है कि विवेच्य काव्यधारा के कवियों ने काव्य-भाषा के प्रति अपने मौलिक-चिंतन एवं अभिनव दृष्टिकोण का परिचय दिया है। इन कवियों ने कविता के रूप में भाषा का कैसा मॉडल तैयार किया, उस पर विचार करते हुए वाल्टर रैले ने लिखा है कि, "भाषा के द्वारा प्रदत्त सभी साधनों और रूपों को वे (स्वच्छंदतावादी) लोलुपतापूर्वक झपट लेते हैं और उन्हें इस एक लक्ष्य के लिए ढालते हैं, वे नये विज्ञानों की शब्दावली को लूटते हैं और विलक्षण शब्दावली अपनाते अथवा आविष्कृत करते हैं। वे पुराने शब्दों को चमकाते अथवा नये को जैसे-तैसे मिलाते हैं, वे अपनी वाणी के यंत्र पर अधिकार रखते हैं, न कि उससे अधिकृत होते हैं। वे अपने प्रदेश के मुहावरों से अनबन रखते हैं क्योंकि यह सामान्य आवश्यकताओं को पूरा करता है और इसे अपनी निजी इच्छा के अधीन करने के लिए इसके सभी रूपांतरों की खोज करते हैं।"[36] इस तरह स्वच्छंदतावादियों ने अपनी मूल प्रवृत्तियों के अनुसार ही काव्यभाषा का निर्माण किया।

इन कवियों ने प्राकृतिक बिम्बों के सहारे अपनी आंतरिक अनुभूतियों को व्यक्त किया जिससे अभिव्यक्ति की संप्रेषणीयता में मार्दव, आकर्षण और नवीनता उत्पन्न हुई। साथ ही, लाक्षणिकता का परिमाण बढ़ने से कुछ दुरूहता भी आयी। वाक्यों की रचना-प्रक्रिया में भी अंतर आ गया। परन्तु प्रेम-सौंदर्य एवं प्रकृति-चित्रण की बहुलता तथा आंतरिक अनुभूतियों की उदात्तता के कारण भाषा में एक विशेष प्रकार की मसृणता आ गयी, जिससे उसे अभिनव लालित्य एवं अर्थ दीप्ति प्राप्त हुई। इस तरह काव्यभाषा के क्षेत्र में भी स्वच्छंदतावाद का उल्लेखनीय योगदान रहा है।

3.4 आभिजात्यवाद एवं स्वच्छंदतावाद में अंतर

साहित्य जगत में आभिजात्यवाद एवं स्वच्छंदतावाद को परस्पर विरोधी प्रवृत्ति के रूप में देखने की परंपरा रही है। जबकि सचाई यह है कि इनमें परस्पर अन्योन्याश्रितसंबंध हैं। दोनों एक दूसरे का प्रतिसंतुलन है। ये दोनों नदी के उन कगारों की तरह नहीं हैं जो कभी मिल ही नहीं सकते। कोई भी कलाकार न तो शत-प्रतिशत आभिजात्यवादी हो सकता और न ही स्वच्छंदतावादी। ये दोनों शब्द कविता की राजनीति के तरह फैलाए गये हैं। वस्तुतः 'क्लासिक' और 'रोमेंटिक' साहित्यिक अध्ययन एवं विश्लेषण की सार्वभौम शाश्वत दृष्टियाँ हैं। यद्यपि आभिजात्यवादी रचनाकार स्थिर मनोदशा, प्रशस्त सामाजिकता, सुव्यवस्थित रूपबंध एवं नियमित और नियंत्रित शैली के साथ रचनारत होता है, फिर भी, उसमें स्वच्छंदतावादी प्रवृत्तियाँ अंतर्धारा के रूप में मौजूद रहती हैं। इसी प्रकार आवेग-प्रधान भाव-दशा और विस्फोटक शैली से प्रेरित होने के बावजूद रोमेंटिक कवि एक खास सीमा के बाद नियमित, नियंत्रित और मर्यादित हो जाता है। साथ ही, यह भी सच है कि स्वच्छंदतावादी सर्जना अपनी रचनात्मक उपलब्धि के चरम शिखर

पर पहुँचकर क्लासिक हो जाती है।

आभिजात्यवाद को एक लेखक ने 'सूर्य का प्रकाश और स्वच्छंदतावाद को अँधेरी रात का आसमान कहा है, जिसमें असंख्य तारे टिमटिमाते रहते हैं।' जिस प्रकार सूर्य के प्रकाश में मनुष्य अपनी खुली आँखों से दुनिया को देख सकता है और जीवन के सत्-असत्, अच्छे-बुरे, सामान्य-विशिाष्ट सभी आयामों का विवेकपूर्वक उद्‌घाटन कर सकता है उसी प्रकार आभिजात्यवाद ज्ञान का सुव्यवस्थित एवं संगठित रूप है। वह विविध कलात्मक क्षेत्रों में रचनात्मक उपलब्धि का मानक स्थापित करते हुए भावी सर्जनात्मकता के लिए नियमन, व्यवस्थापन, दिशा-निर्देश एवं महत्तर अनुकरण का आदर्श प्रस्तुत करता है। स्वच्छंदतावादी अँधेरी रात के टिमटिमाते तारों से रागात्मक संबंध जोड़ने लगता है, उसे ऐसी प्रतीति होती है कि 'न जाने नक्षत्रों से कौन निमंत्रण देता मुझको मौन' (पंत)। उसकी दृष्टि रात के अँधेरे में जीवनऔर जगत का कम, झिलमिलाती प्रकृति का ज्यादा आभास पाती है। वह कल्पना के सहारे स्वप्नलोक (Fantacy) का सृजन कर सकता है। जो धूमिलता के भीतर से भी हमें ईश्वरानुभूति तक ले जा सकता है। स्कॉट जेम्स ने क्लासिक और रोमेंटिक का अंतर स्पष्ट करते हुए लिखा है, "आभिजात्यवादी सदैव मध्यम मार्ग की खोज में रहता है, स्वच्छंदतावादी अति का मार्ग पकड़ता है। आभिजात्यवाद के पक्ष में वे सब गुण और दोष आ सकते हैं, जिनका संबंध चुस्ती, दुरुस्ती, औचित्य, संतुलन, संयम, गतानुगतिकता, अनुशासन, शांति अनुभव के साथ है। स्वच्छंदतावादी के पक्ष में उन गुणों और दोषों का समावेश है, जो आवेश, शक्ति, आकुलता, आध्यात्मिकता, कौतूहल, प्रक्षुब्धता, प्रगति, स्वातंत्र्य, प्रयोगिकता और उत्तेजकता की भावनाओं के साथ करते हैं।"[37]

आभिजात्यवाद वस्तुपरकता पर जोर देता है। वह भाव-व्यवस्था कायम करने के साथ-साथ बाहरी रूपबंध एवं संरचनात्मक अन्विति पर विशेष जोर देता है। उसमें समानता, संतुलन, नियमन, अनुपात आदि पर विशेष ध्यान दिया जाता है। आभिजात्यवादी रचनाकार कामना करता है कि उसकी रचना विश्वजनित सभ्यता का चरम प्रतीक हो। इसलिए वह सार्वभौमिकता को लक्ष्य करके रचनारत होता है और उसकी कोशिश होती है कि वह अपनी रचना को अधिकाधिक निर्वैयक्तिक बनाये रखे। आभिजात्यवाद सामाजिक, सांस्कृतिक, साहित्यिक उच्चादर्शों और उच्च कोटि के कलात्मक प्रतिमानों के अनुकरण पर बल देता है, जबकि स्वच्छंदतावाद परंपरा के प्रति विद्रोह भाव रखते हुए नवीनता के उद्‌घाटन पर जोर देता है। वह शक्तिशाली संवेगों के सहज उच्छलन को ही काव्य मानता है और कल्पना की उड़ान के सहारे नित नए लोकों में भ्रमण करने की आकांक्षा रखता है। उसमें वैयक्तिक आग्रह इतना ज्यादा होता है कि वह साहसिकता की हद तक जाकर नितांत निजी अनुभूतियों को भी व्यक्त कर देने में नहीं झिझकता। स्वच्छंदतावादी कवि मन की भाव-तरंगों के अनुरूप बहता है। उसे रूपबंध की परवाह नहीं होती। वह अपना मानक आप ही होता है। आभिजात्यवाद एवं स्वच्छंदतावाद के अंतर को स्पष्ट करते हुए एफ.एल. ल्युकस ने लिखा है कि, "क्लासिकल काव्य में 'अति अहं' (Super Ego) की प्रधानता के कारण रूढ़ि, परंपरा और नियमबद्धता का अधिकतम निर्वाह रहता है, जिसके कारण कवि अन्य कलाओं से सहायता लेकर विषय अथवा विधान के क्षेत्र में कोई नवान्वेषण नहीं कर पाता किंतु रोमेंटिक काव्य में 'इद' यानी रागावेगों के आधिपत्य के कारण परम्परा, रूढ़ि और नियमों को तोड़कर कवि विषयगत और विधानगत नवान्वेषण के लिए इस तरह व्याकुल रहता है कि उसे नये ढंग से काव्येतर कलाओं की सहायता लेनी पड़ती है।"[38] फलस्वरूप, रोमेंटिक

युग में कलासंगम की एक विशिष्ट प्रवृत्ति रहती है। इस तरह आभिजात्यवाद में रूपगत शुद्धता और स्वच्छंदतावाद में वैविध्य की प्रवृत्ति पायी जाती है। सैमुअल अलेक्जैण्डर क्लासिक और रोमेंटिक की गणना सौंदर्यशास्त्रीय प्रतिपक्षों (Aesthetic Opositions) के रूप में करते हैं और कवि या कलाकार के द्वारा गृहीत प्रकृति के स्वरूप को दोनों के बीच विभाजग गुण के रूप में स्वीकार करते हैं। वे लिखते हैं कि, "जब कलाकार प्रकृति को यथासंभव उसके प्रकृत रूप में ग्रहण करता है तथा प्रकृति पर अपनी भावनाओं की रंगामेजी का अपेक्षाकृत कम आरोप करता है, तब 'क्लासिकल' कला की सृष्टि होती है, किन्तु, जब कलाकार प्रकृति के ग्रहण में आत्मभाव का अत्यधिक प्रक्षेपण करता है और प्रकृति के व्यक्तित्व पर अपने भावों का भरपूर आलिम्पन कर देता है, तब 'रोमेंटिक' कला की रचना होती है।"[39] इस प्रकार आभिजात्यवाद और स्वच्छंदतावाद दोनों ही जीवन और जगत्, कला और प्रकृति, सृष्टि और साहित्य के संबंध में निर्मित दृष्टिकोण हैं। एक में यदि विचार-तत्व की प्रधानता है तो दूसरें में संवेदनों की। यदि एक का जोर रचनाविधान (Form) पर होता है दूसरे का विषयवस्तु (Content) पर।

इटली के सुप्रसिद्ध सौंदर्यशास्त्री बेनेदेतो क्रोचे ने आभिजात्यवाद और स्वच्छंदतावाद को काव्य-कला के दो नितांत भिन्न गुण न मानकर उनकी परस्पर निर्भरता की चर्चा की है। वे लिखते हैं कि, "एक ही कवि क्लासिक और रोमेंटिक दोनों हो सकता है। ततोधिक, सभी महान् कवि क्लासिक और रोमेंटिक- दोनों होते हैं, केवल मध्यम या उपेक्षणीय कोटि के कवि ही विशुद्ध रोमेंटिक या विशुद्ध क्लासिक होते हैं।"[40] इस तरह क्रोचे यह प्रतिपादित करना चाहते हैं कि क्लासिक और रोमेंटिक दोनों ही काव्य-कला की सार्वभौम शाश्वत प्रवृत्तियाँ हैं। उच्चकोटि की रचनाओं में दोनों की ही सहस्थिति होती है। कविवर रामधारी सिंह दिनकर ने भी अभिजात और स्वच्छंद रचना-प्रणालियों पर गंभीरतापूर्वक विचार किया है। वे दोनों की विभाजक वृत्तियों को स्पष्ट करते हुए लिखते हैं कि, "क्लासिकवाद की शैली लगभग यांत्रिक होती है, उसका आविष्कार सदियों पूर्व हो चुका है। किन्तु, रोमेंटिक कवि को अपनी राह, अपनी वेदना और निराशा में से खोजनी पड़ती है। संक्षेप में, क्लासिक चरित्रवान और रोमांटिक व्यक्तित्वशील होता है। क्लासिक वह है जिसके विचार बँध चुके हैं, रोमांटिक वह है जो अभी चिंतन के प्रवाह में है। क्लासिक कवि जब लिखता होता है, तब उसका दिमाग दिमाग की जगह पर रहता है, किंतु रोमेंटिक का दिमाग हरदम उसके हृदय के समीप होता है। कविता में जो कुछ भी काव्यात्मक है, उसे रोमेंटिक से विभक्त करना दुष्कर कार्य है। रोमांसवाद में यह ताजगी इसलिए होती है कि वह क्षण-क्षण अधीर, क्षण-क्षण पिपासित रहता है। क्लासिकवाद की शैली संतोष की शैली है, स्वामित्व की शैली है, संयम और आत्मनियंत्रण से तृप्त कवि का भाव है। किंतु, रोमांसवाद उच्छृंखलता के छोर पर रहता है, यद्यपि वह वहीं से बाँहें बढ़ाकर सारी सृष्टि को एक ही आलिंगन में समेट सकता है।"[41] कहने का आशय यह है कि आभिजात्यवादी कला में परिष्कृत रुचि, व्यापक जीवन-दृष्टि, विवेक-भावना, सानुपातिक संरचना तथा संयत शिल्प व्यवस्था होती है जबकि स्वच्छंदतावाद में वैयक्तिकता, साहसिकता, उत्तेजना, जिज्ञासा, शक्ति, आंतरिक अनुभव तथा वैचारिक विक्षुब्धता की स्थिति होती है।

यदि आभिजात्यवाद का मूलस्वभाव अपने तटबंध में मर्यादित, धीर-गंभीर, मंथर गति से बहनेवाली सरिता के समान है तो स्वच्छंदतावाद पर्वत की कठोर, साहसी चट्टान को फोड़कर निकलने वाली निर्झरिणी का तुमुल नाद है। यदि आभिजात्यवाद का व्यक्तित्व रामेश्वरम् के

शान्त समुद्र की भाँति है तो स्वच्छंदतावाद कन्याकुमारी के उन्मद समुद्र की तरह। आभिजात्यवाद के भीतर उतरने पर गहराई का आभास होता है जबकि स्वच्छंदतावाद खुले में अपने उत्ताल स्पर्श और उन्मद व्यग्रता से प्रभावित करता है। यदि आभिजात्यवाद से प्रबंध काव्य के समान नियमन, व्यवस्था, गरिमा और औदात्य की प्रतीति होती है तो स्वच्छंदतावाद से प्रगीतकाव्य की आत्मीयता, रागात्मकता, भावावेग एवं मसृणता की। पहले में संयम की प्रधानता रहती है तो दूसरे में भावोच्छ्वास की। यदि एक में जीवन और जगत के प्रति वैज्ञानिक और बौद्धिक चिंतन पाया जाता है तो दूसरे में सृष्टि एवं अनंत सत्ता के प्रति राग परक रहस्य चेतना। इसी प्रकार आभिजात्यवाद हृदय एवं बुद्धि के सामंजस्य पर जोर देता है और स्वच्छंदतावाद भाव एवं कल्पना-प्रवणता पर। पहले में सांसारिक सौंदर्य तथा मनुष्य के श्रेष्ठतम रूप का आदर्शीकृत प्रतिरूपण है तो दूसरे में अनंत एवं भाव लोक के प्रति रहस्यानुभूति का निरूपण। कुल मिलाकर, आभिजात्यवाद और स्वच्छंदतावाद दोनों ही काव्य-कला की सार्वभौम शाश्वत प्रवृत्तियाँ एवं रचना पद्धतियाँ हैं। दोनों में पर्याप्त अंतर होते हुए भी काफी कुछ ऐसा है जो उन्हें परस्पर पूरकता प्रदान करता है। दोनों की सहस्थिति ही रचनात्मक उपलब्धि, कलात्मक उत्कर्ष और काव्यात्मक औदात्य के सर्वोच्च शिखर तक ले जा सकती है।

3.5 स्वच्छंदतावाद का प्रभाव

स्वच्छंदतावाद ने साहित्य को ललित कल्पनाओं से युक्त अनेक रमणीय कृतियों से सम्पन्न किया है। अंग्रेजी और जर्मन साहित्य की प्रायः सभी विधाओं पर इसका प्रभाव पड़स। आगे चलकर इस आंदोलन का फ्रांसीसी साहित्य पर भी (1820-1850) व्यापक प्रभाव पड़ा। सन् 1820 ई. में लेमरटेन के 'मेडिएशन्स' के प्रकाशन के साथ ही फ्रांसीसी क्षितिज पर स्वच्छंदतावादी प्रेरणा के चिह्न परिलक्षित हुए। फ्रांसीसी स्वच्छंदतावाद में भावुकता और हृदय की संचित अभिलाषा के साथ ही नवीन एवं क्रांतिकारी विचारों को प्रश्रय मिला। परन्तु, प्रकृति एवं मनुष्य के रहस्यमय स्वरूपों की विशिष्ट अभिव्यक्ति हुई। फ्रेंच की भाँति इतालवी साहित्य पर स्वच्छंदतावाद का प्रभाव पड़ा। यदि फ्रेंच साहित्य में जोबर्ट, स्टेंढल तथा ह्यूगो आदि ने स्वच्छंदतावाद को अपना समर्थन दिया तो इतालवी साहित्य में 'डी. ब्रमे', 'सिलविओपेलिको', 'एरमेस विस्कोण्टी' तथा 'अगोफोस्कोलो' आदि ने पुरस्कृत किया। अगोफोस्कोलो ने काव्य-स्वरूप पर विचार करते हुए लिखा कि, "वस्तुतः काव्य कष्टप्रद यथार्थ को काल्पनिक स्वप्नों से आवृत करके हमारी आवश्यकता की पूर्ति करता है। कवि हमारे मन के मूक और अज्ञात स्वप्नों को सम्मोहक बिंबों के माध्यम से प्रस्तुत करके हमारे चिन्तन को अनुभूति, कल्पना एवं बौद्धिकता के आधार पर निश्चित दिशा प्रदान करता है।"[42] इनके उपरांत डी. सेन्किट्स ने स्वच्छंदतावाद से प्रभावित होकर लिखा कि, "आलोचना का श्रीगणेश कृति के द्वारा उत्पन्न स्वतः स्फुरित प्रभाव से होता है। इसके बाद इस प्रभाव का विश्लेषण लेखक के व्यक्तित्व एवं वातावरण के संदर्भ में किया जाता है। पुनः प्रत्यावर्तित सर्जन (Reflectd Creation) के आधार पर निर्णय का संश्लेषणात्मक स्वरूप प्रस्तुत होता है। वह कला को विज्ञान एवं नैतिकता से भिन्न मानता है।"[43]

अंग्रेजी साहित्य में तमाम दबावों के बावजूद स्वच्छंदतावादी प्रवृत्तियाँ निष्प्राण नहीं हुई। मैथ्यू आर्नल्ड (1822-1888 ई.) अपने तमाम सांस्कृतिक एवं नैतिक आग्रहों के बावजूद जब

प्रभावस्थापन की बात करते हैं तो प्रकारांतर से स्वच्छंदतावाद को ही स्वीकृति प्रदान करते हैं। इसी प्रकार टेनिसन (1809-1892 ई.) दाँते ग्रेबीथ, रोजेटी (1828-1882 ई.) विलियम मॉरिस (1812-1889 ई.) आदि में भी स्वच्छंदतावादी वृत्तियाँ अपने विविध रूप में न्यूनाधिक मात्रा में उपलब्ध होती हैं। आगे चलकर वैज्ञानिक एवं यांत्रिक सभ्यता की जटिलताओं एवं विसंगतियों से ऊबकर आष्कर वाइल्ड तथा स्विनबर्न (1837-1909 ई.) ने भी स्वच्छंदतावाद को प्रतिध्वनित किया। इसी प्रकार यीट्स (1865-1939 ई.) की रागपरक रहस्यचेतना बौद्धिक होते हुए भी स्वच्छंदतावाद से जोड़कर देखी जाती है। बीसवीं शताब्दी में टी.ई.ह्यूम, वाल्ट ह्विट मैन, टी. एस. इलियट तथा रिल्के आदि ने स्वच्छंदतावाद की तुलना में आभिजात्यवाद का समर्थन किया।

स्वच्छंदतावाद इतना व्यापक और शक्तिशाली आंदोलन था कि इसका प्रभाव विश्वव्यापी रहा है। भारतीय साहित्य पर इसका बहुत गहरा प्रभाव पड़ा। सर्वप्रथम बँगला साहित्यकारों-रवीन्द्रनाथ टैगोर, मोहितलाल मजूमदार तथा मधुसूदन की रचनाओं पर स्वच्छंदतावाद का प्रभाव परिलक्षित हुआ। ठाकुरदास मुखोपाध्याय तथा डॉ. सुरेन्द्रनाथ दास गुप्त की सौंदर्यमूलक समीक्षा शैली स्वच्छंदतावाद से ही अनुप्राणित रही है। हिन्दी में आचार्य शुक्ल ने श्रीधर पाठक को सच्चा स्वच्छंदतावादी बतलाया है। छायावाद को नवीन परिस्थितियों में उत्पन्न स्वच्छंदतावाद का भारतीय संस्करण ही माना गया। छायावादी कवियों में प्रसाद संस्कृत कवियों भारवि, कालिदास और भवभूति से प्रभावित रहे परन्तु, पंत और निराला के आरंभिक काव्य पर स्वच्छंदतावाद का प्रभाव रहा है। पंत ने स्वयं लिखा है कि, "पल्लव काल में मैं उन्नीसवीं सदी के अंग्रेजी कवियों मुख्यतः शेली, वर्ड्सवर्थ, कीट्स और टेनीसन से विशेष रूप से प्रभावित रहा हूँ, क्योंकि इन कवियों ने मुझे मशीन-युग का सौंदर्यबोध और मध्यवर्गीय संस्कृति का जीवन स्वप्न दिया है।"[44] निराला ने भी स्वच्छंदतावाद की अच्छी बातों को उदारतापूर्वक स्वीकार करने की बात कही है। वे लिखते हैं, "पश्चिम के लिए जिस तरह यहाँ के भावों की गहनता, त्याग, सतीत्व की शिक्षा आवश्यक है, उसी प्रकार वहाँ से प्रेम की स्वच्छंदता, तरलता, उच्छ्वसित वेग यहाँ वालों के लिए जरूरी है।"[45] इनके अतिरिक्त महादेवी वर्मा, रामकुमार वर्मा, गंगाप्रसाद पाण्डेय, नंददुलारे वाजपेयी तथा शांतिप्रिय द्विवेदी ने भी स्वच्छंदतावाद के कतिपय बिंदुओं से प्रेरण ली है।

मराठी साहित्य में श्री हरिनारायण आप्टे, श्री. बी. एस. खाण्डेकर, प्रो. वामन मल्लहार जोशी तथा भ.रा. ताम्बे की सौंदर्य दृष्टि स्वच्छंदतावाद के सहारे निर्मित हुई है। गुजराती में उमाशंकर जोशी तथा विष्णुप्रसाद मौर्य ने कला एवं सौंदर्य की परख स्वच्छंदतावादी दृष्टि से की है। उर्दू में शिवली, नासिक, रशीद अहमद तथा फिराक आदि की सौंदर्यमूलक दृष्टि स्वच्छंदतावाद की ऋणी रही हैं। विद्वानों का मानना है कि तेलुगु, कन्नड़ एवं मलयालम के रचनाकारों पर भी स्वच्छंद काव्य की मुक्त भावना का प्रभाव रहा है। इस प्रकार स्पष्ट है कि स्वच्छंदतावाद ने न केवल समकालीन एवं परवर्ती यूरोपीय साहित्य पर ही अपना प्रभाव छोड़ा अपितु उसने भारतीय साहित्य को भी आंदोलित किया, प्रभावित किया।

3.6 निष्कर्ष

इस प्रकार हम देखते हैं कि स्वच्छंदतावाद न कवेल विशिष्ट परिस्थितियों के दबावों से उद्भूत यूरोपीय साहित्य का एक प्रमुख आंदोलन है अपितु साहित्य की एक सार्वभौम-शाश्वत,

सर्वमानवीय रचना-दृष्टि है, समीक्षा-पद्धति है। यह न्यूनाधिक मात्रा में विश्व की हरेक भाषा के हर युग के साहित्य में विद्यमान रहता है। परन्तु, 19वीं शती के आरंभ में ही इसे व्यवस्थित दार्शनिक गरिमा मिल सकी। जब इसने स्वतः ही युगजीवन को दिशा देने वाली अवधारणा के रूप में आंदोलन का रूप धारण कर लिया। स्वच्छंदतावाद ने पहली बार इस बात का अहसास कराया कि कवि अथवा कलाकार का व्यक्तित्व ही समस्त सर्जनात्मकता का मूल उत्स है। रचनाकर में सृजन की अपरिमित संभावनाएँ होती हैं। इसने कल्पना की स्फूर्ति से तरोताजा होने का गुरुमंत्र दिया। स्वच्छंदतावादी रचनाकारों द्वारा निर्मित प्रकृति एवं नारी-सौंदर्य की मनोरम, कल्पनात्मक छवियों ने वैज्ञानिक एवं यांत्रिक सभ्यता की नीरसता से ऊबे हुए समाज को संवेदनात्मक खुराक प्रदान की। इन रचनाकरों का प्रकृति प्रेम एवं भाव प्रवणता ऐतिहासिक महत्व का अधिकारी है। स्वच्छंदतावाद ने साहित्य को न केवल कई चिंतनपूर्ण और रमणीय कृतियों से संपन्न किया है बल्कि उसके भावमूलक मानवतावाद ने काव्य-कला को नवीन अर्थच्छटाओं से युक्त बनाया है। विवेच्यधारा के रचनाकारों ने नवान्वेषण के सहारे काव्य-कला के क्षेत्र में ऐसे प्रयोग किये हैं कि उसमें युग-युग को रस-मग्न करने की क्षमता आ गयी है। अपनी इन तमाम अच्छाइयों के बावजूद सामाजिकता तथा वस्तुपरकता का अभाव स्वच्छंदतावाद के पतन का कारण बना। स्वच्छंदतावाद के पतन के मूल कारणों की छान-बीन करते हुए एफ.एल. ल्युकस ने लिखा है कि, "स्वच्छंदतावादी लेखक... अपनी अनुभूतियों और अपनी कल्पना की स्पष्ट तीव्रता में, और उस वातावरण के निर्माण में, जो केवल भावोन्माद द्वारा ही साध्य है...बहुत प्रभावशाली होता है...। परंतु जैसे-जैसे उसका उन्माद बढ़ता जाता है, वह बहुत कुछ वह सब खोता जाता है, जो महान कृतिकारों के गुण होते हैं, जैसे संतुलन, अनुपात, नियंत्रण, समन्वय-सामर्थ्य, सामान्य सांसारिक बुद्धि और शालीनता, शांत-सहृदयता-जिसके सहारे कोई लेखक अपने या अपनी छायानुकृतियों के अतिरिक्त अन्य चरित्रों का अध्ययन और अंकन करता है।"[46]

इसमें संदेह नहीं कि अपनी कतिपय दुर्बलताओं के कारण स्वच्छंदतावाद एक काव्यांदोलन के रूप में समाप्त हो गया, परन्तु, साहित्य की एक सनातन प्रवृत्ति के रूप में वह सदैव विद्यमान रहेगा। इसने कल्पनाशीलता, भाव-प्रवणता और भाषागत प्रयोगों के सहारे आभिजात्यवाद को उसके अधूरेपन का अहसास कराया। साथ ही, काव्येतर ललित कलाओं के समावेश द्वारा काव्य को बहुरंगी छवि प्रदान की। जब-जब मनुष्य सभ्यता एवं संस्कृति के दबावों और वैज्ञानिकता तथा यांत्रिकता के प्रसार के कारण घुटन, जड़ता और ऊब का अनुभव करेगा, तब-तब उसे संवेदनात्मक खुराक प्राप्त करने तथा तरोताजा होने के लिए स्वच्छंदतावाद के पास जाना पड़ेगा। क्योंकि उसमें मनुष्य की चिरन्तन भूख मिटाने की शक्ति है।

संदर्भ सूची

1. History of Europe, Vol. 2 - Hayes C.J.H. & Cole C.W., Page 135 & 138
2. Literature and Western Man - J.B. Priestly, Page 125 & 127
3. Rousseau's assertion of man's natural goodness, social equality and the social contract, together with sentimental idealism of his La Nouvelie Heloise

and the vage religiosity. -Encyclopedia of Britannica, Vol. 19, Page 561

4. हिंदी स्वच्छंदतावादी काव्य, डॉ. प्रेमशंकर, पृष्ठ 7-8
5. "But Europe at that time was thrilled with joy, France standing on the top of golden hours; And human nature seeming born again." -History of English Literature - Page 217
6. "Bliss was it in that dawn to be alive, But to be young was very haven." --वही, पृष्ठ 217
7. छायावाद का सौंदर्यशास्त्रीय अध्ययन --डॉ. कुमार विमल, पृष्ठ 25
8. Encyclopedia of Britannica, Vol. 19, 1960, Page 424
9. 'The term romance in the early middle agesmeant the new vernacular language derived from Latin, in contradistinction to the learned language, Latin itself...the word became asso ciated with the content of these diverse works-usually nondidactive narratives of ideal love and chivalricadventures.'-A dictionary of Modern Critical Terms, Page 162
10. छायावाद का सौंदर्यशास्त्रीय अध्ययन --डॉ. कुमार विमल, पृष्ठ 25-26
11. The Oxford companion to English Literature, Third Edition Reprinted, 1958-Sir Paul Harvey, Page 351
12. 'लिरिकल बैलेड्स' के द्वितीय सं.करण की भूमिका।
13. The Romantic Theory of Poetry - A.E.Powell, Page 1-2
14. "It is when inner experience assumes the first importance still more when it assumes the only importance, in the composite fact of life, that romanticism appears." -Abercrombiel, Romanticism, Page 125
15. "It is the addition of strangeness to beauty, that constitutes the romantic character in every artistic organization, it is the addition of curiosity to this desire of beauty, that constitutes the romantic temper." -Walter Pater: Three Essays from Appreciations, Page 66
16. Grierson H.J.C., Page 257
17. 'Aliberation of the less conscious levels of the mind, an intoxicating dreaming classical is control by the conscious mind.'- (Lucas) Gleckner Enscoe (Ed.); Romanticism Points of view, Page 89
18. "What is permanent and good in Romanticism is curiosity." -The Sacred Wood - T.S. Eliot, Page 31
19. The Oxford Companion to Engilish Literature, Third Edition, Page 667
20. The making of Literature - R.A. Scott James, Page 167
21. "The Romantic spirit can be defined as an accentuated predominace of emotional life, provoked or directed by the exercise of imaginative vision and on its turn stimulating or directing such exercise.- A History of English Literature Legouis and Cazamain, Page 997
22. Dictionary of world literature : (Ed. by J.T. Shipley) Page 352
23. Collier's Encyclopedia : Vol. 17, Page 114A

24. The Encyclopedia of Americana, Page 656
25. Encyclopedia of Poetry and Poetics, Page 718 & 719
26. Priestley :- Chapter: Rousseau and the Romantic Age in Literature and Western man, Page 115
27. Karmode Frank : The Romantic Image : Routledge and Kegan Paul, London, Second Impression 1957, Page 7-10
28. अंग्रेजी की श्रेष्ठ कविताएँ, अनुवाद - उमेश जोशी, पृष्ठ 30
29. The Romantic Imagination - C.M. Bowra, Page 3
30. Literary Criticism, A short History - Wimatt W.K. and Brooks Cleanth, Page 393
31. Biographia Literaria - Coleridge S.T., Part-I, Page 202
32. अंग्रेजी की श्रेष्ठ कविताएँ, अनुवाद - उमेश जोशी, पृष्ठ 47
33. "She walks in beauty, like the night of cloudless climes and starry skies, And all that's best of dark and bright Meet in her aspect and her eyes; Thus mellow'd to that tender light which heaver to gaudy day denies." -The Pick of English Verses, कव्यानुवाद - उमेश जोशी, पृष्ठ-32
34. पाश्चात्य काव्यशास्त्र का इतिहास, डॉ. तारकनाथ बाली, पृष्ठ 250
35. चिंतामणि, भाग-एक, रामचंद्र शुक्ल, पृष्ठ 141
36. हिंदी विश्व-कोश- संपादक डॉ. गणपतिचंद्र गुप्त, पृष्ठ 801
37. "The one seeks always a mean, the other an extremity Repose satisfies the classic Adventure attracts the Romantic. The one appeals to tradition, the other demands the novel. On one side we may find the virtues and defect which go with the notion of fitness, propriety, measure, restraint, conservatism, authority, calm, experience, cameliness, on the other those which are suggested by excitement, energy, restlessness, spirituality, curiosity, troublousness, progress, liberty, experiment, provocativeness." - The making of literature-Scott James-259
38. Literature and psychology - F.L. Lucas, Landon 1951, Page 100.
39. Beauty and other Forms of Values, Samual Alexander, London 1933, Page 169-170
40. The Romantic Theory of Poetry - A.E. Powell, Landon - 1926, Page 2
41. शुद्धकविता की खोज, रामधारी सिंह 'दिनकर', पृष्ठ 27-28
42. History of Modern Criticism - The Italian Critics, Vol. II, Renewellek, Page 267-268
43. Dictionary of world literature - J. T. Shipley, Page 239
44. आधुनिक कवि, भाग-दो, सुमित्रानंदन पंत, पृष्ठ 13
45. चाबुक सूर्यकांत त्रिपाठी 'निराला', पृष्ठ 54-55
46. पाश्चात्य काव्यास्त्र - सिद्धांत और वाद - संपादक राजकुमार कोहली से उद्धृत, पृष्ठ 37

अध्याय 4

कलावाद

(1816-1885 ई.)

कलावाद को कतिपय विद्वान स्वच्छंदतावाद का स्वाभाविक विकास मानते हैं। क्योंकि यह भी काव्येतर मूल्यों के दबाव के खिलाफ विद्रोह की अभिव्यक्ति ही है। जिस प्रकार विशुद्ध आत्मपरकता स्वच्छंदतावाद की केन्द्रीय विशिष्टता बनकर उभरी, उसी प्रकार कला की स्वायत्तता और विशुद्धता को अपना उपजीव्य बनाकर कलावाद परिचालित हुआ। वस्तुतः कलावाद का मूल संबंध काव्य-कला के प्रयोजन से है। काव्य का लक्ष्य शिक्षा, उपदेश या उपयोगिता है अथवा आनंद? इसी सनातन प्रश्न ने एक विशिष्ट परिवेश में इसे सिद्धांत का रूप दिया। कलावाद अपने वास्तविक रूप में उपयोगितावाद की विरोधी प्रवृत्ति है। इसे यथार्थवाद का प्रतिसंतुलन भी माना जा सकता है। यह साहित्य तथा कला के आनंदवादी स्वरूप का प्रतिष्ठाता है। यह काव्य एवं कला के मुक्त विकास का आग्रही सिद्धांत है। परन्तु, जिस अर्थ में अन्य साहित्यिक, दार्शनिक एवं राजनीतिक विचारधाराओं को 'वाद' के अन्तर्गत परिगणित किया जाता है, उस अर्थ में 'कलावाद' को वाद की संज्ञा से अभिहित नहीं किया जा सकता। यह कला के प्रति एक विशिष्ट दृष्टिकोण का परिचायक है, जो यूरोप में प्लेटो एवं अरस्तू से लेकर वर्तमान समय तक किसी-न-किसी रूप में बराबर उपलब्ध होता है। यह दूसरी बात है कि 19वीं शती में इसे एक विशिष्ट पहचान और ख्याति प्राप्त हुई। भारतवर्ष में भी काव्य के अलंकार, रीति, वक्रोक्ति आदि अनेक सम्प्रदाय रहे हैं जिन्होंने कलापन को अपेक्षाकृत ज्यादा महत्वपूर्ण मानते हुए उस पर विशेष जोर दिया। आधुनिक काल में इसकी प्रतिष्ठा उपयोगितावाद की स्थूल सामाजिकता के विरोध में हुई।

4.1 कलावाद की प्रेरणाभूमियाँ

फ्रेंच राज्यक्रांति ने सामंतवाद के गढ़ तो ध्वस्त कर दिये पर वैधानिक शासन के अभाव में वह अपनी स्थिति सुदृढ़ नहीं कर सकी। बर्क की भविष्यवाणी सत्य सिद्ध हुई फ्रांस के राजनीतिक क्षितिज में नेपोलियन बोनापार्ट का धूमकेतु की भाँति उदय हुआ। उसने घोषणा की, "क्रांति का रोमांस अब समाप्त हुआ, अब हमें उसका इतिहास गढ़ना है।" 19वीं शती के आरम्भ में इस महत्वाकांक्षी सैनिक तानाशाह के अभ्युदय ने नवीन युग तथा युगाकांक्षा के विपरीत यूरोपीय राष्ट्रों की अनुदार भावना को परिपुष्ट किया। सन 1815 ई. तक यह माना जाने लगा कि फ्रेंच राज्य क्रांति निष्फल हो गयी। सारे यूरोप पर अधिकार करने की महत्वाकांक्षा ने नेपोलियन को

युद्धों में उलझाये रखा। यहाँ तक कि उसने इटली पर भी आक्रमण किया और वहाँ से बड़े पैमाने पर कलाकृतियाँ लूटकर लाया। उसने इटली के कलाकारों को फ्रांस लाकर फ्रांसीसी कला को अभूतपूर्व ऊँचाई प्रदान करने का प्रयास किया। रोम उसका आदर्श प्रतिमान था, उसी की प्रतिकृति के रूप में वह पेरिस को देखना चाहता था। उसने न केवल रोम सम्राटों के प्रतीक अपनाए अपितु उन्हीं की भाँति अपने दरबार को भी सुसज्जित करवाया, नेपोलियन ने बड़े पैमाने पर पेरिस का सौंदर्यीकरण करवाया। उसने अपने स्तर पर कला की उन्नति के अभूतपूर्व प्रयास किये। परन्तु, लगातार युद्धरत रहने के कारण वह अपनी योजनाओं को पूरी तरह क्रियान्वित नहीं कर सका। सन् 1813 ई. में उसे रूस, आस्ट्रिया और प्रशा से बुरी तरह पराजित होना पड़ा। उसने एक बार निर्वासन से भागकर पुनः आक्रमण किया, पर 1915 ई. के वाटरलू युद्ध में उसकी अंतिम और निर्णायक पराजय हुई। नेपोलियन की पराजय के उपरांत राजसत्ता की स्थिति सुदृढ़ करने के उद्देश्य से जार अलेक्जेण्डर ने जिस पवित्र संधि का प्रस्ताव रखा था, इंग्लैण्ड ने बहाना बताकर उसमें शामिल होने से इनकार कर दिया। इससे सिद्ध होता है कि इंग्लैण्ड का अनुदारवाद दूसरे यूरोपीय राष्ट्रों से भिन्न था। इंग्लैण्ड इस संधि में केवल इसलिए नहीं शामिल हुआ क्योंकि इसमें अन्य बातों के अलावा राजा के दैवी अधिकारों का उल्लेख तथा उसे बनाए रखने की अपरिहार्यता बतलायी गयी थी। इस प्रकार स्पष्ट है कि इंग्लैण्ड मध्यमार्गी था। वह स्वभाव से परंपरा के प्रति आस्थालु एवं प्रगति का समर्थक रहा है।

उन्नीसवीं शताब्दी का यूरोप प्रजातंत्र के विकास, विज्ञान की प्रगति और अधिकारों के मध्यवर्गीय हाथ में हस्तांरण के लिए जाना जाता है। औद्योगिक आंदोलन की सफलता और विस्तार ने सामाजिक जीवन, साहित्यसृजन और आलोचना सभी क्षेत्रों में मध्य वर्ग को अपरिहार्य बना दिया। पूँजीवाद के अभ्युदय से व्यापार में तेजी आयी। एडम स्मिथ के व्यापारिक स्वाधीनता संबंधी सुप्रसिद्ध आर्थिक सिद्धांत के प्रतिपादन से उत्साहित होकर व्यापारियों ने अपनी दृष्टि बाजार तथा हानि-लाभ पर केन्द्रित की। सुदूर एशियायी तथा अमेरिकी देशों के रूप में नये बाजार मिल जाने से उत्पादन की गति में तीव्रता पाने की आवश्यकता महसूस की गई। इस संदर्भ में एक विद्वान ने ठीक ही लिखा है कि, "नये वैज्ञानिक अनुसंधानों द्वारा उत्पादन-क्षमता बढ़ाने की दिशा में कार्य करने की संभावनाओं पर विचार किया गया।वस्त्र-उत्पादन इंग्लैण्ड का मुख्य उद्योग था। कपड़ा बुनने के लिए मध्य-युग से जिस चरखे-तकली का व्यवहार किया जाता, क्रमिक रूप से उसमें सुधार होता गया। कई दशकों बाद जाकर कार्टराइट के पावरलूम का उपयोग शुरू हुआ। कपड़े में रंग भरने की रासायनिक विधियों के प्रयोग किये गये। जेम्स वाट के भाप के इंजनों ने इन मशीनों को तेजी से चलाने की सुविधा भी उपलब्ध कर दी। कपड़े के विस्तार के साथ-साथ इंग्लैण्ड ने यूरोपवासियों का ध्यान खनिज पदार्थों की ओर भी आकृष्ट किया।"[1] इंग्लैण्ड दूसरे यूरोपीय देशों की तुलना में औद्योगिकीकरण के क्षेत्र में किस प्रकार आगे निकल गया, इस पर विचार करते हुए केम फ्रेडरिक ने लिखा है कि "ईंधन के रूप में लकड़ी के स्थान पर खनिज, कोयले का व्यवहार किया जाने लगा। कच्चे लोहे को शुद्ध करके मजबूत बनाने की दिशा में भी अनुसंधान हुए। अब भाप के इंजन के अतिरिक्त लोकोमोटिव इत्यादि बनाने की दिशा में भी प्रगति शुरू हुई। यातायात तथा आवागमन की सुविधा प्राप्त करने की दिशा में महत्वपूर्ण कार्य हुए। सड़क तथा नहरों का जाल बिछाया गया।बड़े-बड़े जहाजों का निर्माण हुआ जिनमें विक्रय की वस्तुएं लादी जाकर सुदूर बाजारों में भेजी जाने

लगीं। कुछ दिनों बाद तार तथा टेलीफोन के आविष्कार हुए। विद्युत संबंधी अनुसंधानों की दिशा में भी महत्वपूर्ण सफलता मिली। औद्योगिकता की इस दौड़ में ब्रिटेन सब देशों से आगे था।"[2]

औद्योगिकीकरण के व्यापक प्रचार के कारण साधारण व्यक्ति के जीवन स्तर में भी पर्याप्त सुधार हुआ। नित्य प्रति के उपयोग की वस्तुओं से भी बाजार पट गया। मशीनें जिस तेजी के साथ उत्पादन कर रही थीं उसकी तुलना में स्थानीय बाजार छोटे पड़ने लगे। इसलिए शक्तिशाली एवं सम्पन्न यूरोपीय राष्ट्रों ने सुदूरवर्ती देशों में भी अपने साम्राज्य का प्रसार आरंभ किया। इंग्लैण्ड, फ्रांस, पुर्तगाल, हालैंड और स्पेन इत्यादि देशों के ऐसे अभियानों के साथ ही उपनिवेशवाद तथा साम्राज्यवाद अपनी पराकाष्ठा पर पहुँचा। इस क्षेत्र में भी इंग्लैण्ड को सर्वाधिक सफलता मिली, क्योंकि उसके नियंत्रण में कनाडा. भारत और आस्ट्रेलिया के विशाल भू-भाग आये जिससे यह कहावत प्रचलित हुई कि अंग्रेजी राज्य में कभी सूरज नहीं डूबता।

19वीं शती के दूसरे दशक के आस-पास 'कला-कला के लिए' जैसे नारे की धूम रही। कलावाद का प्रवर्तन करने का श्रेय फ्रांस के चित्रकारों को है। इस समय यहाँ चित्रकारों का बोलबाला था। फ्रांस का तत्कालीन जीवन विलासी था। उनका एकमात्र देवता धन था। यह विलासी वर्ग कला को भोगवादी दृष्टि से देखता था। भोग-लिप्सा ही उनका एक मात्र व्यसन था और कला का उपयोग वे मनोरंजन के लिए करना चाहते थे। नेपोलियन बोनापार्ट के प्रयासों से इस समय फ्रांसीसी चित्रकला अपने प्रकर्ष पर थी वह अपने पूर्ण वैभव और गौरव के साथ फ्रांस को ही नहीं बल्कि सम्पूर्ण यूरोप को प्रभावित कर रही थी। फ्रांसीसी चित्रकला के इसी वैभवकाल में किसी कारणवश दो चित्रकार 'कूंजे' *(Cousins)* और 'गोतेयर' *(Gautier)* अलग होकर साहित्य के क्षेत्र में आये। इन्होंने साहित्य में कलावाद की प्रतिष्ठा के लिए अभूतपूर्व प्रयास किये। कूंजे ने अपनी भाषण कला से और गोतेयर ने अपनी लेखनी की शक्ति से इस सिद्धांत को पुरस्कृत किया। इसी समय अमेरिका में जेम्स व्हिसलर (James Whisler) नामक चित्रकार ने कला पर रस्किन के नैतिकतावादी अंकुश का कड़ा विरोध किया, यहाँ तक कि अदालत में उसके विरुद्ध मुकदमा दायर कर दिया। कतिपय विद्वानों का मानना है कि ताल्स्तॉय एवं रस्किन के उपयोगितावादी तथा नैतिकतावादी मूल्यों की प्रतिक्रिया में ही कलावाद का विकास हुआ।

जहाँ तक इंग्लैण्ड का सवाल है तो वहाँ पर स्वच्छंदावादी कवियों में ही आम जनता द्वारा अपनी उपेक्षा के प्रति खिन्नता थी। जनता द्वारा तात्कालिक स्वीकृति न मिलने के कारण इन कवियों के मन में उसके प्रति क्षीण अनादर और असंतोष का भाव पैदा हुआ। फलतः कवियों को सलाह देते हुए एक बार शेली को लिखना पड़ा कि, "तुम तब तक कुछ भी नहीं लिखो, जब तक तुम्हें यह विश्वास न हो जाए कि तुम्हारे भीतर कोई सत्य है, जो तुम्हें लिखने को लाचार कर रहा है। सीधे-सादे लोगों को तुम सलाह दे सकते हो, किंतु, उनसे सलाह लेना तुम्हारा काम नहीं है। अपढ़ और बेवकूफ जनता कवि पर जो राय कायम करती है, वह टिकाऊ नहीं होती। काल अपनी राय उसके विरुद्ध बनाता है। समकालीन आलोचना उन मूर्खताओं का पुंज है, जिनसे प्रतिभाशाली लोगों को बेकार उलझना पड़ता है।"[3] यहाँ स्पष्ट है कि जनता के प्रति इस प्रकार की भावना प्रकट करके शेली यही प्रतिपादित करना चाहते थे कि काव्य अथवा कला की जो असली बारीकियाँ हैं, उसे विशिष्ट रुचि के पाठक ही समझ सकते हैं। कविता जिन खास विशिष्टताओं के कारण कुछ और न होकर सिर्फ कविता होती है उसे बौद्धिक क्षमता से

सम्पन्न सूक्ष्म और परिष्कृत रुचि के पाठक ही समझ सकते है। इस प्रकार स्वच्छंदतावाद में ही कलावाद का पूर्वाभाव परिलक्षित होता है। दरअसल, कलावाद कला को नैतिकता, राजनीति और सामाजिकता के प्रतिमानों से मुक्त कराकर कला की स्वायत्तता प्रतिष्ठित करने का आंदोलन था। इसे दार्शनिक आधार मिला 18वीं शती के अंतिम चरण में इमैनुएल कांट (1724-1804) के 'Critic of Judgment' (1790) के प्रकाशन से। इमैनुएल कांट प्रख्यात जर्मन दार्शनिक थे जिन्होंने सौंदर्य बोध तथा सौंदर्यसुख को नैतिकता, उपयोगिता तथा वैज्ञानिक सत्य की वास्तविकता से भिन्न कोटि का माना है जिसकी अनुभूति शुभ की सापेक्षिक धारणाओं से पृथक् तथा निरपेक्ष होती है। इनके पूर्व कला की स्वायत्ता और पूर्णता का विश्लेषण इट्चसन तथा मैंडलसन ने भी किया था जिसे कांट ने सर्वांगीण दृष्टि से सुव्यवस्थित करने का सफल उपक्रम किया। ये काव्यकला और सौंदर्य की आत्मपरकता स्वीकार करते हैं तथा इनका कलाविषयक औदात्य सिद्धांत (Theory of the Sublime) केवल प्रकृति के मनोरम, मांगलिक और रौद्ररूपों में ही नहीं घटित होता अपितु सौंदर्यशास्त्र के इतिहास को भी गहराइयों तक प्रभावित करता है।

4.2 कलावाद का स्वरूप-विकास

पाश्चात्य देशों में काव्य की गणना कलाओं के अंतर्गत ही की जाती है जबकि भारतवर्ष में काव्य को चौंसठ कलाओं से बाहर रखा गया है। इसका कारण यह बताया जाता है कि भारत में काव्य को विद्या और कला को उपविद्या मानने की परंपरा रही है। यहाँ काव्य को समस्त कलाओं से श्रेष्ठतर माना गया है। सर्वप्रथम भरत के नाट्यशास्त्र में 'कला' शब्द का प्रयोग हुआ है, 'नज्जानं न तच्छिल्पं न सा विद्या न सा कला।' यहाँ पर काव्य कला में अन्तर्भुक्त नहीं है। कालिदास के 'रघुवंश' महाकाव्य के अज-विलाप प्रसंग में ललित कला शब्द का प्रयोग पाया जाता है, 'गृहिणी सचिवः सखी मित्रः प्रियशिष्या ललिते कलाविधौ।' इसी तरह भर्तहरि भी साहित्य, संगीत और कला शब्द का प्रयोग करते हैं, "साहित्य संगीत कला विहीनः। साक्षात् पशुः पुच्छ विषाण हीनः।" लेकिन इस श्लोकार्थ से एक प्रश्न उठता है। इन चरणों का अन्वय साहित्य कला और संगीत कला ऐसा माना जाय अथवा साहित्य संगीत तथा कला इनको अलग माना जाय? यदि कला को साहित्य और संगीत से अलग माना जाय तो इसका मतलब होगा कि उस काल में साहित्य और संगीत कला में अंतर्भुक्त नहीं हुए थे। लेकिन वात्स्यायन के 'कामसूत्र' में चौंसठ कलाओं की जो सूची मिलती हैं उसमें संगीत अर्थात् नृत्य, गीत और वाद्य का समावेश हुआ है। उसमें भी काव्य समाविष्ट नहीं है। 'ललित-बिस्तर', 'शुक्र-नीतिसार', 'शिल्परत्न' में वस्तु, मूर्ति, चित्र को शिल्प कहा गया है। राजशेखर भी 'काव्यमीमांसा' में काव्य को विद्या ही कहते हैं।

हिन्दी के सबसे प्रतिभाशाली कवि जयशंकर प्रसाद और सर्वश्रेष्ठ आलोचक आचार्य रामचंद्र शुक्ल भी काव्य में अनुस्यूत प्रभावी ज्ञान के कारण उसे कलाओं से श्रेष्ठतर मानते हैं। जयशंकर प्रसाद के अनुसार, यहाँ कला को कौशल या शिल्प माना गया है। 'क्रोचे का अभिव्यंजनावाद' शीर्षक निबंध में शुक्लजी कहते हैं कि, "सारा उपद्रव काव्य को कलाओं के भीतर लेने से हुआ है। इसी कारण काव्य के स्वरूप की भावना भी धीरे-धीरे बेलबूटे और नक्काशी वाली भावना के रूप में आती गयी। हमारे यहाँ काव्य की गिनती चौंसठ कलाओं में नहीं की गयी है।" कला

का संबंध वे 'आनंद की सिद्धावस्था या उपभोग पक्ष से स्थापित करते हैं। चित्रकला, मूर्तिकला, नृत्यकला और संगीत को वे उपभोग पक्ष तक सीमित कर देते हैं। वे काव्य को एक व्यापक विधान कहते हैं। इस प्रकार स्पष्ट है कि भारतवर्ष में काव्य को प्राचीन काल से लेकर आधुनिक काल तक कलाओं से उच्चतर दर्जा प्राप्त रहा है। 'कला' शब्द से क्रियाशीलता अथवा कुशलता का बोध होता है। संस्कृत में इसका अनेक अर्थों में प्रयोग हुआ है। कला का मतलब है 'अंश' जैसे चंद्रकला। वाक्पदीय में कला के 'जायते, अस्ति, परिणमते, वर्धते, उपक्षीयते और नश्यति' ये छः लक्षण बताये गये हैं। इस प्रकार 'कला' संपूर्ण जीवन न होकर जीवनांश है। जिसे हम आज कला कहते हैं उनमें जीवन के कुछ अंग ही प्रतिबिंबित हुई दिखाई देते हैं। शायद इसीलिए जीवन के अंकों के इस पुनर्दर्शन का 'कला' यह नामाभिधान हुआ होगा।

यूरोप में काव्य और कला के प्रयोजन पर अत्यंत प्राचीन काल से ही विचार किया जाता रहा है। वस्तुतः कलावाद कला की प्रयोजन-विषयक धारणा का एक पक्ष है। इसके विरुद्ध दूसरा मत वह है जो कला को लोकहित का अनिवार्य साधन मानता है। कलावाद के अनुसार कला का प्रयोजन स्वयं कला ही है। उपयोगिता-सौंदर्य तथा नीति-आनंद का यह संघर्ष सनातन है। पाश्चात्य काव्य चिंतन में इसका बीजारोपण महामनीषी प्लेटो ओर अरस्तू द्वारा हुआ। प्लेटो और अरस्तू ने कवियों एवं कलाकारों के विषय में जो धारणाएँ व्यक्त की उनसे ज्ञात होता है कि प्राचीन यूनान में हेलेनेस्टिक काल में कलावाद की प्रमुखता रही है अन्यथा प्लेटो के 'गणराज्य' में कल्पनाशील कलाकारों के अनियंत्रित प्रभाव को नैतिक एवं सामाजिक दृष्टि से अवांछित माना गया है। उसमें कवि का प्रवेश निषिद्ध था। अरस्तू के लिए आनंद ही काव्य का एकमात्र उद्देश्य था। उनके संबंध में सुप्रसिद्ध सौंदर्यशास्त्री बूचर का कथन है कि "अरस्तू पहले विचारक थे, जिन्होंने सौंदर्यशास्त्र से नीतिशास्त्र का पृथक्करण किया और यह भी बताया कि एक परिष्कृत आनंदानुभूति ही काव्य-कला का चरम ध्येय है।" लोंजाइनस ने आनंद एवं शिक्षा के साथ-साथ भावना के उदात्तीकरण को भी काव्य-प्रयोजन के अंतर्गत रखा है। रोमन विचारक सिसरोने 'डेकोरम' और भव्यता को कला का प्रधान प्रतिपाद्य बतलाया। होरेस ने आनंद एवं शिक्षा दोनों को ही काव्य का प्रयोजन माना है। तदुपरांत, अंधकार-युग के एक विस्तृत व्यवधान के बाद दान्ते ने पुनः कला के क्षेत्र में उदात्त गुणों की प्रतिष्ठा की। पुनर्जागरण-काल एवं नवआभिजात्य युग में प्राचीन नियमों, नैतिकता, आदर्श एवं औचित्य के आग्रह पर ही बहुत जोर था। स्वच्छंदतावादी रचनाकारों ने आनंद को ही काव्य का प्रधान प्रयोजन माना है, परन्तु, यह दार्शनिक आधार पाकर लोकोत्तर आनंद में परिणत हो गया है।

उन्नीसवीं शती के पूर्वार्द्ध में सेन्टसाइमन के अनुगामी भाववादी कोंत, प्रकृतिवादी इमीलजोतर तथा यथार्थवादी आलोचक तेंन आदि ने फ्रांस में बड़े जोर-शोर से उपयोगितावाद की स्थापना की। इन लोगों की दृष्टि कला के वस्तु तत्व पर थी, रूप तत्व या कला तत्व पर नहीं। इन्हें तॉल्सतॉय के उपयोगितावाद तथा रस्किन के नैतिकतावाद से शक्ति प्राप्त हुई। फलतः कवि-कलाकारों से इनकी अपेक्षा इतनी ज्यादा बढ़ गयी कि ये उसे संत, उपदेशक, पथप्रदर्शक और समाज सुधारक के रूप में देखने की कामना करने लगे। 19वीं शती के दूसरे दशक में इस अतिवाद की प्रतिक्रिया दूसरे अतिवाद के रूप में हुई, जिसे 'कला कला के लिए' (Liart Pour Lart) अथवा कलावाद का नाम दिया गया। यह कला की स्वाधीनता का आंदोलन था, जिसके प्रवर्तन का श्रेय फ्रांसीसी चित्रकार 'कूजे' और गोतेयर को है। कलावाद की प्रतिष्ठा के लिए

गोतेयर ने 'De maupan moisselle' शीर्षक से एक उपन्यास लिखा, जिसमें सौंदर्य के बहुविध रूपों का निरपेक्ष भाव से नग्न चित्रण किया गया। गोतेयर की दृष्टि में जीवन का कोई भी चित्र अश्लील नहीं होता। श्लीलता और अश्लीलता का प्रश्न सामाजिक है, नैतिक है, सौंदर्य से उसका कोई लेना-देना नहीं। गोतेयर के उपन्यास में अभिव्यक्त नग्नता की तुलना में खजुराहो की कलात्मक मूर्तियाँ भी कहीं नहीं ठहरतीं। फलतः इस पुस्तक को जब्त करके इसकी विक्री पर प्रतिबंध लगा दिया गया। फ्रांस विश्व के सर्वाधिक आधुनिक राष्ट्रों में से एक है। यदि वहां पर किसी कलाकृति को अश्लीलता के आधार पर प्रतिबंधित होना पड़ा तो इससे उसके भयावह नग्न-यथार्थ का अनुमान सहज ही लगाया जा सकता है। सन 1850 में गोतेयर की कविताओं का संग्रह प्रकाशित हुआ, जिसमें सौंदर्यवादी कला-सिद्धांत के सभी नियम प्रयुक्त हुए। इस प्रकार गोतेयर को इस आंदोलन का प्रवर्तक माना जा सकता है। फ्रांस में कूजे और गोतेयर के अतिरिक्त फ्लाबेयर, बॉदलेयर, मलार्मे तथा गोंकोर आदि कलावादी आंदोलन के पुरस्कर्ता माने जाते हैं। जबकि इस सिद्धांत को जर्मन दार्शनिक 'कान्ट' के सौंदर्य-सिद्धांत से दार्शनिक आधार प्राप्त हुआ।

जर्मनी और फ्रांस के प्रभाव से इंग्लैण्ड में भी कलावादी आंदोलन का सूत्रपात हुआ। रोसेटी, ए.सी.स्विनबर्न, वॉल्टर पेटर, ऑस्कर वाइल्ड, जेम्स ह्विसलर, रोजर फ्राइ, क्लाइव बेल, ए.सी.ब्रैडले आदि ने भी कलावादी आंदोलन को आगे बढ़ाने में महत्वपूर्ण भूमिका निभायी। इन सभी कवि-आलोचकों ने कलावाद को व्यवस्थित करने का प्रयास किया। वॉल्टर पेटर ने कलावादी मान्यताओं को सैद्धांतिक आधार प्रदान किया। ऑस्कर वाइल्ड ने अपने लेखन से शिल्प पक्ष को विशेष महत्व दिया। इन्होंने घोषित किया कि, "All Art is useless" अर्थात् 'संपूर्ण कला अनुपयोगी है।' एडगर एलेन पो ने कहा कि कला का आत्मा के उत्तेजित करने के सिवा कोई और काम नहीं है। साथ ही, 'आत्मा का यह उत्कर्षकारी उत्तेजन' तर्कातीत होता है। मैथ्यू आर्नल्ड ने मध्यमार्ग का अनुसरण करते हुए 'काव्य को जीवन की आलोचना' कहा। बॉदलेयर ने अपनी काव्यरचना 'द फ्लावर्स आण्ट ऑफ इविल' में सिद्ध किया कि कला अरूप, कुरूप और बुराइयों से भी सौंदर्य की सृष्टि कर सकती है इसलिए यह नैतिकता से परे है। ह्विसलर की स्थापना है कि प्रकृति तो कला की दृष्टि से अपूर्ण एवं सदोष है। कलाकृति में ही प्रकृति को पूर्णता प्राप्त होती है। ब्रैडले ने 'कला कला के लिए' की तर्ज पर 'काव्य काव्य के लिए' का नारा दिया। इन्होंने काव्य के बहिरंग की तुलना में अंतरंग को ज्यादा महत्व दिया। इस प्रकार स्पष्ट है कि कलावादियों ने अपने मत की पुष्टि के लिए अनेक तर्कों एवं अवधारणाओं का सहारा लिया है, जिससे कलावाद के स्वरूप को पर्याप्त विविधता मिली है। कलावादी आंदोलन इटली के विश्वविख्यात सौंदर्यशास्त्री बेनेदेतो क्रोचे के अभिव्यंजनावाद के रूप में अपनी पराकाष्ठा पर पहुँचा, जिसमें कला का संपूर्ण अस्तित्व ही मानसिक धरातल तक सीमित कर दिया गया। संक्षेप में, यह माना जा सकता है कि, कलावादी कला को लोकातीत वस्तु, कलाकार को लोकोत्तर प्राणी और कलाजन्य आनंद को अलौकिक आस्वादयुक्त एवं समाज-निरपेक्ष मानता है।"[4] इस प्रकार स्पष्ट है कि कलावाद काव्य एवं कला के स्वाधीन अस्तित्व और विशिष्ट प्रभाव को लेकर चलाया गया आंदोलन है। यह मूल रूप से 19वीं शताब्दी के कलामर्मज्ञों द्वारा नैतिक उद्देश्य को कला का अनिवार्य अभीष्ट प्रतिपादित करने के विरोध में विकसित हुआ। यह कला और कलाकार के गौरव के पुनर्प्रतिष्ठा के प्रयास की अभिव्यक्ति था। इसने उपयोगितावाद तथा नैतिकतावाद का परिसीमन करके अपनी विशुद्धता और पवित्रता का उन्नयन किया। इसने सौंदर्य एवं कला के अपने निजी नियम और

प्रतिमान निर्मित करने के लिए विचारकों को उत्प्रेरित किया। कलावाद ने यह प्रतिपादित किया कि वही कला उत्तम है, जो आत्मनिर्भर रहकर अपनी स्वतंत्र सत्ता द्वारा एक विशिष्ट प्रकार के आनंद की उपलब्धि कराती है।

4.3 कलावाद की विशेषताएँ

कलावाद ने 19वीं शताब्दी की यूरोपीय मनीषा को गहराइयों तक उन्मथित किया। इसका उद्‌भव भले ही, काव्य एवं कला की स्वायत्तता स्थापित करने के उद्देश्य से हुआ हो, परन्तु, इसके द्वारा फैलाये जाने वाले शुद्धतावाद और निरपेक्षतावाद ने भी अनेक प्रकार की प्रतिक्रियाओं को जन्म दिया। 19वीं सदी की यूरोपीय मनीषा 'कला कला के लिए', 'कला जीवन के लिए' तथा 'काव्य काव्य के लिए' जैसे नारों में उलझी रही। कलावाद विशुद्ध कलात्मक सौंदर्यशास्त्रीय सिद्धांत हैं, जिसने कला को परखने की एक नयी एवं तटस्थ दृष्टि प्रदान की। संक्षेप में इस आंदोलन की प्रमुख विशेषताएँ इस प्रकार हैं -

4.3.1 काव्य-कला की उपयोगिता और सोद्देश्यता का विरोध

कलावादियों ने काव्य कला की विशिष्टता और स्वायत्तता स्थापित करने का प्रयास किया। इनकी दृष्टि में कला का निर्माण करने वाली शक्ति एक विशिष्ट शक्ति है। इसलिए उससे निर्मित कला भी विशिष्ट है। इन्होंने काव्य एवं कला के प्रयोजन के संदर्भ में तॉलस्तॉय के उपयोगितावाद, रस्किन के नैतिकतावाद तथा बेलिन्स्की के लोककल्याणवाद का जमकर विरोध किया। तॉलस्तॉय ने कला का मूल्यांकन करने के लिए उपयोगिता तथा नैतिक आदर्शों की उच्चता और भव्यता पर विशेष जोर दिया। रस्किन ने कला के तीन प्रमुख प्रयोजन माने हैं जिसके अनुसार वह मनुष्य के मन में धार्मिक चेतना जगाती है उसकी नैतिकता का विकास करती है तथा उसे लोकसेवा का पाठ पढ़ाती है। उन्होंने कला को राष्ट्रमानस का प्रतीक तथा राष्ट्रीय चरित्र का दर्पण माना है जिसमें राष्ट्रजीवन का आत्मचरित्र चित्रित होता है। वह मानवीय उपलब्धियों का रमणीय भावसिंधु है जिसकी उत्ताल तरंगें जीवन संवेदनाओं की रत्नराशि विकीर्ण करती हे। यथा-"Art is the exponent of the mind of nation, the mirror and index of national character the most note worthy national autobiography." सुप्रसिद्ध रूसी विचारक बेलिन्स्की का अभिमत है कि कलासृष्टि का प्रयोजन इस तथ्य में निहित है कि वह समाजसेवा से प्रेरित होकर सामाजिक शक्ति के उन्नयन में नियोजित की जाय। सामाजिक प्रगति ही उसका उपलक्षण है जिसके माध्यम से विकास और अभ्युत्थान की मंजिल तक पहुँचा जा सकता है। उन्होंने आधुनिक कला की शक्ति समाजसेवा में मानी हैं तथा प्रकृतिवाद की प्रशंसा वास्तविकता के धरातल पर की है। इस विषय में इनका निम्नलिखित कथन दर्शनीय है, "The strength of modern art is in nobly undertaking to serve the interest of society. Naturalism is praised as a movement toward reality averse to the fantastic and ghostly... one can go only forward never back. Development is improvement success, progress."[5]

कलावादियों ने इन अवधारणाओं का डटकर विरोध किया और काव्य एवं कला को सोद्देश्य

मानने से इनकार कर दिया। इन्होंने विशुद्ध अथवा लोकोत्तर आनंद को ही काव्य का एकमात्र लक्ष्य माना। सुप्रसिद्ध कलावादी चिंतक एडगर एलेन पो ने अपने युग की उपदेशपरकता तथा नैतिकता के कठोर नियमों का विरोध किया। उनका कहना था कि कविता के लिए कविता का सिद्धांत ही सुग्राह्य है जिसे प्रकृत सत्यों के रूप में घटित करना उचित नहीं है। वे लिखते हैं कि "It is doubtful that the ultimate object of poetry is truth. There are radical and chasmal differences between the truthful and the poetical modes of inculcation. Itis impossible to reconcile the obstinate oils and waters of poetry and truth."[6]

इन्होंने उपयोगिता और सोद्देश्यता को कवि के लिए बिल्कुल त्याज्य बतलाया है। इनका स्पष्ट अभिमत है कि "प्रत्यक्ष या अप्रत्यक्ष रूप से यह बात, प्रायः मान ली गयी-सी लगती है कि कविता का अंतिम ध्येय सत्य है। लोग कहते आये हैं कि प्रत्येक कविता में कोई नीति अथवा उपदेश होना ही चाहिए। बल्कि उनका भाव यह दीखता है कि कविता का कवित्व उसमें निरूपित उपदेश से ही परखा जाना चाहिए। हमारे दिमाग में यह बात बैठ गयी-सी लगती है कि अगर कोई कवि काव्य की रचना केवल कवित्व के लिए करे और यह बात स्वीकार कर ले कि यह दोष उसने जान-बूझकर किया है, तो साधारणतः लोग उसे समर्थ कवि मानने से इनकार कर देंगे। लेकिन सीधी बात यह है कि अगर हम अपनी आत्मा की गहराई में डूबकर विचार करें, तो हमें पता चलेगा कि जो कविता कवित्व के लिए रची गयी है, कवित्व से आगे जिसका कोई लक्ष्य नहीं है, जो केवल कविता है अन्यथा कुछ भी नहीं, उस कविता से बढ़कर सुंदर और गौरवपूर्ण कृति संसार में और दूसरी नहीं हो सकती।"[7] एडगर एलेन पो के मतानुसार श्रेष्ठ कवि सामाजिक, राजनीतिक, भौतिक और नैतिक परिस्थितियों का दास बनकर नहीं चलता अपितु वह आत्मचेतना की नेपथ्य रचना से विश्चमंच की ओर झाँकता है जहाँ उसे अपने अंतर्बोध की छवियाँ अभिनय करती हुई प्रदर्शित होती हैं।

एडगर एलेन पो ने काव्य-प्रयोजन पर विचार करते हुए लिखा है कि काव्य का उपयोगितावादी दृष्टिकोण उसकी सामाजिकता से अधिक जुड़ा रहता है जबकि रचनाकर की कलात्मक अभिरुचि उसकी प्रतिभा तथा नैतिकता के बीच सेतु का कार्य करती है। काव्य सौंदर्य का रूप जीवन और प्रकृति के अंतर्सूत्रों से सुसम्बद्ध होना चाहिए ताकि वह कला का लोकोत्तर स्वरूप व्यंजित कर सके। वस्तुतः काव्य और सौंदर्य परस्पर सुसम्पृक्त हैं जिनकी नैसर्गिकता में उनकी नैतिकता समाहित है। नारी सौंदर्य एकमात्र शारीरिक सौंदर्य तक ही सीमित नहीं होता अपितु उसका अपना एक अध्यात्मपरक सौंदर्यपक्ष भी होता है जिसके माध्यम से कविता कामिनी की कांतिमयी रमणीयता रूपायित की जा सकती है। इस संबंध में वे लिखते हैं कि, "The Poetical Principle is in part an inumeration of natural beauties and in part a list of ethical values, all noble thoughts all unwordly motives all holy impulses all chivalrons generaous and spiritual the hormony of the rustling of her robes as well as her gentle charities her meek devotional endurances the faith the purity the strength the altogether divine majesty of her love. The philosophy composition that Beauty of whatever kind in its supreme development invariably excites the sensitive soul to tears and that the death of a beautiful woman is unquestionably the most poetic subject in the world."[8]

4.3.2 सौंदर्य की सर्वोच्चता की प्रतिष्ठा

कलावादियों की दृष्टि में सौंदर्य सर्वोच्च तत्व है और वही जीवन का चरम आदर्श है। कलावादियों की धारणा है कि प्रकृति स्वयं उच्चतम कोटि के सौंदर्य का सृजन नहीं कर सकती। उसमें परिष्कार, अनुपात और व्यवस्था की कमी है और कुरूपता के तत्व निरंतर सौंदर्य की पूर्णता में बाधा उत्पन्न करते रहते हैं। कला ही सर्वोत्कृष्ट सौंदर्य को रूपायित करने में सक्षम है, चाहे वह प्रकृति अथवा सृष्टि के जड़ पदार्थों का सौंदर्य हो अथवा सचेतन नर-नारी का रूपगत आकर्षण हो। एक उत्तम चित्र में बँधा हुआ प्रकृति का रूप उसके सामान्य रूप से कहीं अधिक आकर्षक प्रतीत होता है और रूपसी का रूप-सौष्ठव कलात्मक सजावट के बाद ही निखार पाता है। अपनी इसी अवधारणा के चलते कलावादी कलात्मक सौंदर्य को प्राकृतिक सौंदर्य की अपेक्षा अधिक आकर्षक, भव्य एवं संतोषप्रद मानता है। वाल्टर पेटर ने अपने सभी ग्रंथों में जीवन में सौंदर्य के गंभीर प्रभाव की व्याख्या की है। सौंदर्य इनकी विचारधारा का केन्द्र बिंदु है। सौंदर्य को चरम मूल्य मानने के कारण,आनंदवादी होने के नाते पेटर ने मनः प्रसादन को साहित्य का प्रमुख ध्येय बतलाया है। शेफ्टसबरी ने सौंदर्य को 'रूप' तथा 'वस्तु' के औचित्य विधान तथा अंगांगिभाव से जोड़कर देखा है। साथ ही, सौंदर्य को ऐसा सुमधुर आयोजन माना है जो संगीत की नाद-लहरियों की भाँति हमारे मानस में आह्लाद की सृष्टि करता रहता है। सौंदर्य कलाकार की अंतर्दृष्टि का सृजन और ईश्वरीय प्रकाश का प्रतिबिंब है। कलाकार की अभिरुचि व्यक्तिपरक होने पर भी विश्वात्मभाव से संपृक्त रहती है जिसके द्वारा वह शाश्वत सौंदर्य का अभिव्यक्ति-कामी होता है। पो के अनुसार सम्पूर्ण काव्य का लक्ष्य सौंदर्य-सृजन है।

कलावाद के प्रवर्तक गोतेयर की मान्यता है कि कला साधन नहीं साध्य है। वह अपने आप में पूर्ण है। सौंदर्य ही उसकी वस्तु है और सौंदर्य ही उसका उच्चतम मूल्य। सौंदर्य की सर्वोत्तम अभिव्यक्ति कलात्मक पूर्णता में ही होती है। ये कविता को नक्काशी और कारीगरी का काम मानते हैं, जिसकी सफलता तकनीकी पूर्णता में ही देखी जा सकती है। दार्शनिक सामाजिक और नैतिक उद्देश्य कला को पूर्णता प्राप्त करने से रोकते हैं। इन्होंने और आगे जाकर यहाँ तक कहा कि "जो भी कलाकार सौंदर्य को छोड़कर किसी अन्य वस्तु को अपना लक्ष्य बनाता है, वह हमारी दृष्टि में कलाकार नहीं है।... कला का ध्येय शैली का सौंदर्य है और सौंदर्य-सृष्टि के बाद कला को किसी और लोभ में नहीं पड़ना चाहिए।"[9] दूसरे कलावादी एडगर एलेन पो ने सौंदर्य के अभिव्यंजन में सुंदर वस्तुओं के सौष्ठवपूर्ण समायोजन तथा समुचित सम्मिश्रण को विशेष महत्व दिया है। इनकी दृष्टि में काव्य सौंदर्य का लयपूर्ण सृजन है। डेविड ह्यूम के मतानुसार सौंदर्य वस्तुपरक गुण नहीं है अपितु वह हमारे मानस का सामरस्यपूर्ण अभिव्यंजन है जिसकी आत्मपरकता असंदिग्ध है। उसमें मानव प्रकृति की एकरूपता तथा साहचर्य के सिद्धांत स्वतः ही नियोजित रहते हैं। वाल्टर पेटर ने दृश्य सौंदर्य के प्रेमी को ही कलाकार माना है और आस्कर वाइल्ड ने तो कलाकार को सुन्दर वस्तुओं का स्रष्टा कहा है। कलावादी सौंदर्य में ईश्वरीय और पैशाचिक दोनों शक्तियों का समाहार है। बॉदलेयर ने सौंदर्य की प्रार्थना करते हुए पूछा था कि "तुम शैतान के यहाँ से आये हो या भगवान के यहाँ से ?" अर्थात् सौंदर्य में केवल रुचिकर

भावनायें ही नहीं होतीं, भय, विषाद, ईर्ष्या, विद्रूपता आदि भी होती हैं। कोई भी रचनाकार अपनी कलाकृति में सौंदर्य-सृजन कल्पना, फैन्टेसी, बिंब, प्रतीक, अलंकार-विधान तथा भाषिक प्रयोगों द्वारा करता है। इन समस्त कलात्मक तत्त्वों के संयोजन एवं सुपरिणत रूप द्वारा ही सौंदर्य-सृजन संभव है। कवि एवं कलाकार इसलिए महान होते है कि वे उदात्तता तथा कुरूपता दोनों की ही प्रस्तुति में सौंदर्य-बोध देते हैं। यदि उदात्तता की सौंदर्यात्मक परिणति कठोर साधना की अपेक्षा रखती है, तो कुरूपता को केवल व्यंजकता के सहारे ही सौंदर्य में रूपांतरित किया जा सकता है।

बॉदलेयर ने कलात्मक सौष्ठव को स्वाभाविक सौंदर्य से श्रेयस्कर माना है। नगर की वारवनिताओं की सजावट उनके लिए सौंदर्य का चरम आदर्श प्रस्तुत करती है। इनका मानना था कि सौंदर्य पाप से जन्म लेता है और शक्ति प्राप्त करता है। इन्होंने अपनी "The fiowers of evil"[10] नामक कविता में नैतिक दृष्टि से नागरिक जीवन के आपत्तिजनक और उपेक्षणीय पक्ष को काव्यात्मक अभिव्यक्ति प्रदान की है। इनका प्रेम भी विचित्र प्रकार का प्रेम है। जो गंदगी, दुराचार, नग्नता, कुरूपता और बीभत्स वासना के जाल में फँसे आलंबनों के ईद-गिर्द घूमता है। इन्होंने समाज के पापों, कदाचारों और विद्रूपताओं को उनके नग्न रूप में प्रस्तुत किया है। ये अपने मनः प्रसादन के लिए सौंदर्य और आनंद की खोज बीभत्सता में करते थे-

"मैं तुम्हारी जवानी की आग को
खिलते और बलते देखता हूँ,
तुम्हारे खोये हुए दिनों को देखता हूँ
जो या तो चमकीले या गन्दे और गमगीन रहे होंगे।
मेरा हृदय एक के बाद एक,
तुम्हारे सभी पापों का आनन्द उठाता है।
लेकिन मेरी आत्मा की गहराई में
तुम्हारे दिव्य पुण्य की शिखा चमकती है।"[11]

इस प्रकार स्पष्ट है कि बॉदलेयर का प्रेम एक मानसिक व्यापार है। जिसके अनगिनत मनोवैज्ञानिक पहलू हैं। इनके प्रेम का लक्ष्य सौंदर्यानुभूति के अतिरेक में पहुँचना है। कहना न होगा कि सौंदर्यवादिता कलावाद का केन्द्रबिन्दु है। प्रायः सभी कलावादी सौंदर्य के अनन्य उपासक थे। इन लोगों ने यह प्रतिष्ठित करने का प्रयास किया कि कला में सौंदर्य ही सबकुछ है। इसका प्रभाव लोक-जीवन पर भी पड़ा और युवा पीढ़ी फैशन-परस्ती और प्रदर्शन-प्रियता की ओर उन्मुख हुई है।

4.3.3 कलापक्ष एवं रूपविधान पर विशेष जोर

कलावाद में शिल्प और रूप-विधान पर विशेष जोर दिया गया है। कलावादियों ने इस बात की बिल्कुल भी परवाह नहीं की, कि कृति के सौंदर्यपरक मूल्यों के समान भाव और विषयवस्तु भी महत्वपूर्ण हैं। इनका मानना था कि कलाकार का सृजन व्यापार वस्तुतः अभिव्यंजना का ही व्यापार है। कलाकार का लक्ष्य सौंदर्य को रूपायित करना भर होता है, अतः कला का मूल्यांकन भी सौंदर्यशास्त्रीय प्रतिमानों तथा अभिव्यंजना के गुणों के आधार पर ही होना चाहिए। आस्कर वाइल्ड ने कलाकृति के शिल्प और रूप को सर्वाधिक महत्त्व प्रदान किया है। उन्होंने यहाँ तक कहा कि

किसी रचना में रूप तथा भाव भले ही, परस्पर एकरूप हो जाते हों, परन्तु कलाकार की यात्रा शिल्पविधान से शुरू होकर भाव तक जाती है। वे लिखते हैं कि, "Form is everything. It is the secret of life. Start with the worship of form, and there is no secret in art that will not be revealed to you."[12] कलावादियों की दृष्टि में रूप ही कला का प्राण है। रूप जितना स्पष्ट एवं प्रशस्त होगा, वह जितना इन्द्रियग्राह्य होगा, सौंदर्यांकन उतना ही सफल माना जाएगा। इनका आग्रह था कि प्रत्येक रचना का निर्माण उसी कौशल से होना चाहिए जो पच्चीकारी, चित्रकारी अथवा जरी के काम में परिलक्षित होती है। कलावादियों ने काव्य में संगीतमयता एवं चित्रमयता को महत्वपूर्ण स्थान दिया है। इनके अनुसार रूप को विशिष्टता प्रदान करने के लिए यह जरूरी है कि उसे अधिक से अधिक ऐंद्रिक बनाया जाय।

वाल्टर पेटर ने रूप-विधान के महत्त्व का प्रतिपादन करते हुए लिखा है कि "जो मस्तिष्क 'रूप-विधान' के प्रति संवेदनशील होता है उसमें बाह्य जगत से, बिना किसी व्यवस्था के, ध्वनियों, रंगों, घटनाओं का अनवरत प्रवाह बना रहता है। मनस उस राशि-प्रवाह में से सहानुभूतिपूर्वक चयन करता है और उसे अपने संघटना का अंग बना लेता है। जिस बाह्य जगत् का मनस ने प्रत्यक्षीकरण किया है, यह राशि उसका प्रत्यक्ष रूप-परिधान और अभिव्यक्ति होती है। मनस् के साथ उसका आंशिक सामंजस्य हो चुका होता है, फिर भी शत-शत बिन्दुओं पर वह परिष्कार, विस्तार, शोध-संस्कार ग्रहण करती है। यहीं, इन्हीं संशयपूर्ण बिन्दुओं पर शैली का कार्य कौशल अथवा सुरुचि के रूप में प्रकट होता है।.... वस्तुतः रूप और वस्तु का पूर्ण तादात्म्य ही पूर्ण शिल्प है।"[13] उन्नीसवीं सदी के विशिष्ट समीक्षक कारलायल ने कलाकृति की पूर्णता और एकता का समर्थन करते हुए स्वीकार किया है कि उसका निर्माता उसकी विषय वस्तु और रूप योजना में अपने व्यक्तित्व की एकरसता घोलता हुआ उसे प्रतीक पद्धति से व्यक्त करता है। कवि के व्यक्तित्व में जब उसकी प्रतिभा की सृजन शक्ति का तालमेल जम जाता है तो वह अपनी विशिष्ट सीमाओं को लाँघकर विश्वमानव के रूप में उभरने लगता है जिसकी अभिव्यक्ति का ही नाम 'कला' है। कला की स्वायत्ता और आत्मनिर्भरता ही काव्य के उच्चतम गुण की प्रकाशिका कही जा सकती है। इनकी दृष्टि में वस्तु और रूप की अखण्डता ही कलासृष्टि का मूलतत्व है जिसे शरीर और आत्मा तथा शब्द और विचार का अंगांगिभाव कहा जा सकता है। कलाकृति के रूपतंत्र के गौरव का बखान करते हुए गोतेयर कहते हैं कि "रूप और शिल्प की इस बारीकी से जनता अनभिज्ञ रहे तो रहे, हमें क्या, हम तो सौंदर्य के आराधक और रूप के रसिया हैं।" फ्लाबेयर को रूप का जादूगर कहा गया है। उसकी हार्दिक इच्छा थी कि वह वस्तुरहित ऐसी कृति की निर्मित करे, जिसमें केवल शिल्प-विधान का चमत्कार हो। इस प्रकार स्पष्ट है कि कलावादियों द्वारा कलापक्ष एवं शिल्प-विधान पर अत्यधिक जोर देने के कारण रूपवाद और अभिव्यंजनावाद का मार्ग प्रशस्त हुआ।

4.3.4 कलाकृति की रचना-प्रक्रिया पर विचार

कलावादियों ने कलाकृति की रचना प्रक्रिया पर भी गंभीरतापूर्वक विचार किया है। इनकी मान्यता थी कि काव्य अथवा कला की रचना-प्रक्रिया अत्यंत श्रमसाध्य है, क्योंकि रूप की पूर्णता अपने आपमें स्वयं एक साधना है, तपस्या है। वस्तुतः कला कोई प्रेरणात्मक उपलब्धि न होकर, एक सचेतन प्रक्रिया है। रचनाकार रचनारत होने के पूर्व अध्ययन, लोकनिरीक्षण, चिंतन-मनन तथा

रचना-प्रक्रिया के दौरान अपनी सर्जनात्मक ऊर्जा के अधिकतम दोहन के कारण कष्टसाध्य परिश्रम से गुजरता है। कलावादियों का अभिमत है कि कविता विविध अनुभवों का क्रम है, जो हमें ध्वनियों, कल्पनाओं, बिम्बों, विचारों, भावों आदि के रूप में कविता पढ़ते समय प्राप्त होता है। यह अनुभव स्वयं ही साध्य है। यही काव्य का मूल्य भी है। कविता इसी अनुभव और रूप का संश्लेषण है। डॉ. तारकनाथ बाली ने कलावादियों द्वारा प्रतिपादित रचना-प्रक्रिया पर विचार करते हुए लिखा है कि "कलावादियों का मत है- और जो मान्य है- कला का सर्जना-व्यापार एक स्वच्छंद व्यापार है। वह किसी प्रकार के बाह्य नियंत्रण को बर्दाश्त नहीं कर सकता। वह मन के भीतर से जन्म लेनेवाली मानसिक स्तर पर संचरण करने वाली क्रिया है। जब कलाकार सृजन कर रहा होता है तो उसकी संपूर्ण चेतना सर्जना-व्यापार में ही समाहित होती है, वह पूर्णतः उसी में लीन रहता है। उसे यह अवकाश ही नहीं होता कि वह लोक-कल्याण तथा उससे संबद्ध किसी सिद्धांत को ध्यान में रखकर सर्जना को उसके अनुरूप संयोजित करने का प्रयास करें। ऐसा करने पर वह सर्जना के व्यापार की स्वच्छंदता को नष्ट कर देता है तथा सर्जना व्यापार से कलाकृति का निर्माण न होकर प्रचारात्मक साहित्य का निर्माण होता है। बाहरी नियंत्रण को. चाहे वह कितनी ही महान विचारधारा का नियंत्रण क्यों न हो, स्वीकार करने से कलागत मूल्यों की हानि होती है। इस प्रकार रचनात्मक क्रिया की स्वच्छंदता के आधार पर यह कहा जाता है कि इस पर बाहरी आदर्शों का नियंत्रण अस्वाभाविक एवं अवांछनीय है। कलाकार के सामने तो एक ही लक्ष्य होता है- प्रेरणा विशेष के अनुरूप रचना करना। इसलिए कला में नैतिक मूल्यों के अनुरोध की स्वीकृति असंगत है।"[14]

इस प्रकार कलावादियों की दृष्टि में रचना-प्रक्रिया कलाकार की संपूर्ण चेतना का सृजन-व्यापार है जिसमें उसका मन-मस्तिष्क प्राण-आत्मा सबकुछ रचनारत होता है। आचार्य रामचंद्र शुक्ल ने इस स्थिति का नाम 'मधुमती भूमिका' रखा है। एडगर एलेन पो ने कवि तथा अन्य कलाकारों की मानसिकता में समानधर्मी गुणों का समर्थन किया है। वे संगीत और चित्रकलाओं की प्रकृति में भी काव्य गुणों का प्रस्फुरण पाते हैं भले ही उनके उपकरणों तथा शिल्पतंत्रों में भिन्नता ही क्यों न हो। इन्होंने काव्य तथा उसकी संवेदनाओं को अपरिभाषेय तथा असीम कहकर भी उन्हें 'सौंदर्य', 'औदात्य' तथा 'रहस्य' के त्रिकोण में अनुबंधित करने का प्रयास किया है। इनकी दृष्टि में कवि सर्जक के रूप में अपनी रचनाओं के अंतर्गत अपनी अनुभूतियों तथा पार्थिव जगत के सुंदर पदार्थों का ही चित्रण नहीं करता अपितु अदृश्य तथा अश्रव्य विषयों का भी अभिव्यंजन करता है। वस्तुतः समस्त कलाओं के सृजन में फैंसी, कल्पना, फैंटेसी और ह्यूमर जुड़े रहते जिनमें कल्पना का महत्व सर्वोपरि है। इनका सम्मिश्रण रासायनिक वस्तुओं के मिश्रण की प्रक्रिया से समझा जा सकता है जिसमें यदि किसी प्रकार की कमी अथवा मात्रात्मक विसंगति रह जाती है तो उनका रस-रूप अथवा सौंदर्यबोध विकृत हो जाता है। इस तरह कलावादियों ने कलात्मक उपकरणों के बिखरे हुए बारीक रेशों के संश्लेषण-प्रक्रिया का निर्वचन किया है।

4.4 कलावाद का प्रभाव

कलावाद 19वीं सदी का एक व्यापक आंदोलन था। जो साहित्य और कला के सभी क्षेत्रों में परिव्याप्त हुआ। इसने साहित्य और कला की स्वाधीनता की दिशा में अभूतपूर्व प्रयास किया तथा इन्हें साहित्येतर और कलेतर प्रतिमानों से बचाया। कलावाद का परवर्ती प्रभाव बहुत

व्यापक रहा है। इसने बाद के अनेक आंदोलनों पर अपना प्रभाव स्थापित किया। कलावाद ने साहित्य को सौंदर्यशास्त्रीय दृष्टि प्रदान की इसने न केवल सौंदर्य को सर्वोच्चता प्रदान की अपितु कला एवं कलाकार तथा कवि और कविता को उनके स्वायत्ता तथा गौरव का बोध कराया। कलावाद की चरम परिणति क्रोचे के अभिव्यंजनावाद जैसे पूर्णतः आत्मपरक सिद्धांत में हुई। वस्तुतः अभिव्यंजनावाद कलावाद का आभ्यंतरीकरण और उदात्तीकरण है। क्रोचे अभिव्यंजनावाद के दो रूप मानता है- भौतिक अभिव्यंजना जैसे, क्रोध से काँपना, करुणा से विगलित होना, लज्जारुण हो जाना तथा कलात्मक अभिव्यंजना- जिसमें कल्पना का अनिवार्य योग होता है। क्रोचे की दृष्टि में कलात्मक अभिव्यंजना ही अभिव्यंजनावाद है। अभिव्यंजना ही कला है। क्रोचे ने अभिव्यंजना को एक आध्यात्मिक क्रिया के रूप में देखा है। आचार्य शुक्ल ने अभिव्यंजना को कलावाद कहते हुए इसे 'वाग्वैचित्र्यवाद' और वक्रोक्तिवाद से जोड़ा है।

कलावाद ने परोक्ष रूप से प्रतीकवाद और बिंबवाद को भी प्रभावित किया। कतिपय विद्वानों का मानना है कि रूपवाद तो प्रकारांतर से कलावाद का ही पुनराविष्कार है। रूपवाद का उद्भव रूस में हुआ जिसे बोरिस इकेनबाम, विस्टर श्केलोवस्की, रोमन जैकोब्सन, बोरिस तोयस्जेवस्की और तानिनोव आदि ने पुरस्कृत किया। रूपवादी समीक्षा और कलावाद में अद्भुत साम्य पाया जाता है। रूपवाद की दृष्टि में साहित्य एक प्रकार की भाषिक संरचना है जो अपने-आप में स्वायत्त, अन्वितिपूर्ण और आत्मानुशासित है और अंततः संरचनात्मक भाषिकी और नृतत्वशास्त्र से संबद्ध हो जाती है। कलावाद ने संरचनावाद पर भी अपना प्रभाव डाला है। संरचनावाद आज की एक व्यापक बौद्धिक व्यवस्था है जिसमें जीव विज्ञान, अर्थशास्त्र, नृतत्वशास्त्र, साहित्य आदि का समाहार किया जा सकता है। संरचनावाद का मूल उत्स रूसी रूपवाद माना जाता है। रोलाँ बार्थ साहित्यिक संरचना के क्षेत्र में सर्वाधिक प्रसिद्ध नाम है। साहित्य की संरचना के विश्लेषण के लिए संरचनावाद भाषायी प्रतिमान का सहारा लेता है। साहित्य इस प्रतिमान का अतिक्रमण भी करता है लेकिन प्रस्थान बिन्दु के रूप में इसे अपरिहार्य भी मानता है। तदुपरांत कलावाद का प्रभाव परोक्ष रूप में उत्तर-संरचनावाद पर भी परिलक्षित होता है जो संरचनावाद का ही अगला चरण है। सातवें दशक में जॉक देरिदा ने उत्तर-संरचनावाद का प्रवर्तन किया। यह संरचनावाद की अपेक्षा भाषागत प्रतिमान पर ज्यादा जोर देता है। देरिदा का कथन है कि भाषा अर्थ की सृष्टि करती है उसके बाहर कुछ भी नहीं है। इस प्रकार स्पष्ट है कि विगत दो शताब्दियों से कलावाद किसी-न-किसी रूप में विद्यमान है। इसने काव्य-कला के रूप, शिल्प, संरचना तथा कलापक्ष से संबंधित समस्त आंदोलनों को न्यूनाधिक मात्रा में प्रभावित किया है।

4.5 निष्कर्ष

इस प्रकार स्पष्ट है कि कलावाद 19वीं शती के सर्वाधिक महत्वपूर्ण आंदोलनों में से एक है। इसने न केवल काव्य और कला के स्वाधीन अस्तित्व के प्रतिष्ठा की अपितु कला के संदर्भ में दूसरी विचारधाराओं के उत्थान के लिए वैचारिक भूमि तैयार की। कलावाद की प्रतिक्रिया में 'कला जीवन के लिए' जैसे आंदोलन का उभार इसका प्रमाण है। कलावादियों ने शताब्दियों से चले आ रहे कला संबंधी चिंतन की सीमाएं बतलायी। साथ ही, कला के मूल्यांकन के लिए

सौंदर्यशास्त्रीय प्रतिमानों का प्रसाद खड़ा किया। काव्य-कला के इतिहास में कला पक्ष, शिल्प-विधान और रूप-तंत्र को इतनी प्रतिष्ठा कभी नहीं मिली थी। कलावादियों ने न केवल वस्तु और रूप के बीच अद्वैत स्थापित किया अपितु रूप में ही वस्तु का विलयन करके रूप और सौंदर्य की सर्वोपरिता सिद्ध की । इस आंदोलन ने काव्य-कला के मूल्यांकन के लिए एक नई दृष्टि दी। काव्य-कला को पुनर्प्रतिष्ठा दिलवायी। कदाचित् इसी कारण कलावाद ने परवर्ती काव्यांदोलनों प्रतीकवाद, बिंबवाद, नयीसमीक्षा, रूपवाद, संरचनावाद तथा उत्तर संरचनावाद को परोक्ष अथवा अपरोक्ष रूप से प्रभावित किया। कला की महत्ता केवल कलात्मक प्रतिमानों के आधार पर ही निर्धारित की जा सकती है यही कलावाद का सार है। अपनी तमाम विशिष्टताओं के बावजूद कलावाद की अतिशय विशुद्धता एवं रूपात्मक आग्रह इसे घोर आत्मपरक सिद्धांत-अभिव्यजंनावाद में रूपांतरित करने में सफल रहा। कुल मिलाकर इसने यूरोपीय मनीषा को गहराईयों तक उन्मथित किया। तदुपरांत वाद-विवाद, प्रतिक्रिया-प्रभाव का एक विस्तृत दौर शुरू हुआ जो किसी-न-किसी रूप में आज भी जारी है। जब तक कलाकार की सर्जनात्मक चेतना जीवन-मूल्यों के साथ कला-मूल्यों के सानुपातिक संयोजन में रत रहेगी तब तक कलावाद प्रासंगिक बना रहेगा।

संदर्भ सूची

1. A History of Europe from 1715 to 1814 - W.F. Reddaway, Methuen and Company, London, Fourth Edition, 1951, Re printed, 1945 Page 493.
2. A History of Western Tecknology-by Klemn Friedrich; Translated by Dorothea Waley Singer; The Scientific Book Guild, 1959, Page-223
3. शुद्ध कविता की खोज-रामधारी सिंह 'दिनकर' द्वारा उद्धृत, पृष्ठ-35
4. हिंदी साहित्य कोश, भाग-एक- संपादक : डॉ. धीरेन्द्र वर्मा, पृ. 175
5. V. Belinsky: Russian Literature (1846-7) G, 3, 677
6. A. Poe: The Complete Works (ed. James A. Harrison, New York 1902) 14, 271-2.
7. शुद्ध कविता की खोज-रामधारी सिंह 'दिनकर' द्वारा उद्धृत, पृष्ठ-39
8. A. Poe: The Complete Works (ed. James A. Harrison, New York 1902) 14, 291 &14,201
9. शुद्ध कविता की खोज-रामधारी सिंह 'दिनकर' द्वारा उद्धृत, पृष्ठ-42
10. "With Heart at rest I climbed the citadel's
    Steep height, and saw the city as from a tower
    Hospital, brothel, prision, and such hells
    Where evil comes up softly like a flower
    Thou knowest, O satan, Patron of my pain,
    Not for vaintears I went up at that hour;
    But, like an old and faithful lecher, fain.
    To drink delight of that enormous trull

Whose hellish beauty makes me young again,
Whether thousleep, with heavy vapors full,
Sodden with day, or, new apparelled, stand
In gold laced veils of evening beautiful,
I love thee, infamous city! Harlots and
Hunted have pleasures of their own to give.
The vulgar herd can never understand."
- साहित्य-सिद्धांत- डॉ. रामअवध द्विवेदी द्वारा उद्धृत, पृष्ठ-140

11. शुद्ध कविता की खोज-रामधारी सिंह 'दिनकर' द्वारा उद्धृत, पृष्ठ-43
12. साहित्य-सिद्धांत- डॉ. रामअवध द्विवेदी द्वारा उद्धृत, पृष्ठ-146
13. पाश्चात्य काव्यशास्त्र की परंपरा-प्रधान संपादक- डॉ.नगेन्द्र, पृ.228-229
14. पाश्चात्य काव्यशास्त्र का इतिहास, डॉ.तारकनाथ बाली, पृ.230

अध्याय 5

मार्क्सवाद

(1840 -1885)

मार्क्सवाद 19वीं और 20वीं शताब्दी की विश्व की सबसे शक्तिशाली विचारधाराओं में से एक है। मार्क्सवाद शब्द अंग्रेजी के Marxism शब्द का हिंदी रूपांतर है। चिंतन के इतिहास में इसका उद्‌भव कार्ल मार्क्स के विचारों से माना जाता है। मार्क्सवाद को एक सम्पूर्ण जीवन-दर्शन माना जाता है जिसने राजनीति, समाज, अर्थव्यवस्था, कला, साहित्य, संस्कृति, दर्शन समेत जीवन के सभी पक्षों को प्रभावित किया। मार्क्सवाद का लक्ष्य समाज के किसी अंग विशेष का परिष्कार न होकर मनुष्य के सम्पूर्ण सामाजिक स्वरूप में बदलाव लाना था। अपने प्रशस्त रूप में मार्क्सवाद समाजवादी विचारधारा है जिसे समाजवाद के इतिहास में वैज्ञानिक समाजवाद की गरिमा प्रदान की गयी है। इसे स्वयं एंगेल्स ने स्वप्निल अथवा यूटोपियाई समाज से पृथक् मानते हुए 'वैज्ञानिक समाजवाद' की संज्ञा से अभिहित किया है। चूँकि मार्क्सवाद सामाजिक परिवर्तन के वैज्ञानिक नियमों पर आधारित है इसलिए विगत दो शताब्दियों के अनेक परिवर्तनों में इसने सक्रिय भूमिका निभाई है। भारत के प्रथम प्रधानमंत्री पं. जवाहरलाल नेहरू ने अपनी आत्मकथा में मार्क्सवाद के वैज्ञानिक दृष्टिकोण की प्रशंसा करते हुए लिखा है कि "जिस समय संसार के अन्य समस्त सिद्धांत अँधेरे में भटक रहे थे, उस समय केवल मार्क्सवाद ही ऐसा था जो परिस्थितियों की संतोषजनक व्याख्या करने और एक सच्चा समाधान प्रस्तुत करने में समर्थ हो सका।" मार्क्सवादी समाज-शास्त्र और इतिहास-दर्शन वर्गसंघर्ष, पूँजीवाद के उत्तरोत्तर ह्रास तथा सर्वहारा की अंतिम विजय की आकांक्षा से परिचालित है।

5.1 मार्क्सवाद की प्रेरणाभूमियाँ

अठारहवीं और उन्नीसवीं शताब्दी में उदारवाद (Liberalism), व्यक्तिवाद (Individualism) और उपयोगितावाद (Utilitarianism) के अंतर्गत व्यक्ति की स्वतंत्रता (Liberty) की जो माँग की जा रही थी, उसका मुख्य ध्येय व्यक्ति की आर्थिक गतिविधियों पर से ऐसे प्रतिबंधों को हटाना था जो सामाजिक प्रगति और वैयक्तिक विकास में बाधक सिद्ध हो सकते थे। इसी तरह स्वच्छंदतावाद (Romanticism) और कलावाद ने मनुष्य के भाव-विचार, साहित्य और कला को परंपरागत रूढ़ियों और सामाजिक मर्यादाओं के बन्धनों से

मुक्त कराया जिससे रचनाकर्मियों में आत्माभिव्यक्ति और आत्मप्रसार की भावना जागी। 19वीं शताब्दी में व्यक्ति के राजनीतिक अधिकारों (Political Rights) पर भी ध्यान दिया गया ताकि जो व्यक्ति आर्थिक प्रतिस्पर्धा (Economic Competition) में पिछड़ जाएँ, वे सार्वजनिक नीति को प्रभावित करने के लिए अपने राजनीतिक अधिकारों का प्रयोग कर सकें। लेकिन इन तमाम बदलावों के बावजूद मनुष्य की स्वाधीनता का नैतिक और वैज्ञानिक आधार पूरी तरह उभरकर सामने नहीं आ सका। उदारवाद के अंतर्गत मनुष्य को विवेकशील प्राणी मानते हुए ऐसा समझा जा रहा था कि मनुष्य का विवेक केवल अपने स्वार्थ (Self-Interest) का ठीक-ठाक हिसाब लगाने की क्षमता रखता है। सामान्य हित (Common Interest) की परिभाषा भिन्न-भिन्न व्यक्तियों के स्वार्थों के समुच्चय के रूप में दी जा रही थी। यह प्रवृत्ति व्यक्ति को समुदाय (Community) से मुँह मोड़ने की प्रेरणा दे रही थी जिससे मनुष्य की नैतिक और सामाजिक भावना की बुनियाद खोखली हो रही थी। मानव-जीवन के इस अधूरेपन को भरना जरूरी था।

इन परिस्थितियों में सुप्रसिद्ध जर्मन दार्शनिक जी. डब्ल्यू.एफ.हेगेल का आगमन हुआ। जिनका मानना था कि इतिहास एक निरंतर विकास की प्रक्रिया है जिसकी मूलप्रेरणा विवेक (Reason) या चेतना (Spirit) है। इस प्रक्रिया के द्वारा यह चेतना अपने परम लक्ष्य, अर्थात् परम चैतन्य (Absolute Conciousness) अथवा परम सत्य (Absolute Truth) की ओर अग्रसर होती है। यह प्रक्रिया अपने अंतर्निहित नियमों से बँधी है जिसे बाहर से नियंत्रित या परिवर्तित नहीं किया जा सकता। इस मान्यता के आधार पर हेगेल ने व्यक्तिवाद (Individualism) के दार्शनिक आधार पर प्रहार किया जो इस आधार पर अवस्थित था कि मनुष्य अपने चंचल चित्त की इच्छा के अनुसार समाज को मनचाहे रूप में ढाल सकते हैं। हेगेल के अनुसार प्रत्यय अथवा विचारतत्व (Idea) सृष्टि का सार-तत्व है। अतः विकास की संपूर्ण प्रक्रिया शुरू से अंत तक प्रत्ययों या विचारों के उत्थान-पतन की कहानी है जिनका मूर्तरूप सामाजिक संस्थाओं के उदय और अस्त में देखने को मिलता है। हेगेल का मानना है कि सारा सामाजिक परिवर्तन और विकास परस्पर-विरोधी तत्वों या विचारों का परिणाम है। इस पद्धति को द्वंद्वात्मक पद्धति कहा जाता है। द्वंद्वात्मक पद्धति का अर्थ है- वह प्रक्रिया जिसके द्वारा बौद्धिक वाद-विवाद (Intellectual Debate) के अंतर्गत विचारों का निर्माण और स्पष्टीकरण होता है। इसके अनुसार विचार द्वंद्वात्मक मार्ग पर अग्रसर होता है, जिसका अर्थ निषेध का निषेध (Negation of Negation) है। परस्पर विरोधी विचारों का द्वंद्व ही संपूर्ण प्रगति की कुंजी है।

हेगेल के अनुसार सामाजिक परिवर्तन, चिंतन या विकास की प्रक्रिया तीन-तीन चरणों में आगे बढ़ती है। (1) पक्ष या वाद (Thesis), (2) प्रतिपक्ष या प्रतिवाद (Antithesis), और (3) संपक्ष या संवाद (Synthesis)। पक्ष और प्रतिपक्ष की तुलना में संपक्ष सत्य के अधिक निकट होता है। हेगेल की द्वंद्वात्मक पद्धति को रेखाचित्र के रूप में इस प्रकार प्रस्तुत किया जा रहा है-

वाद..प्रतिवाद

(Thesis) (Antithesis)

संवाद (Synthesis)

(नया)वाद..प्रतिवाद

(NewThesis) (Antithesis)

संवाद (Synthesis)

(फिर नया) वाद..प्रतिवाद

(Again NewThesis) (Antithesis)

संवाद (Synthesis)

(फिर नया) वाद (Again NewThesis)... इत्यादि।

(यह प्रक्रिया तब तक चलती रहेगी जब तक यह पूर्ण सत्य (Absolute Truth) तक नहीं पहुँच जाती।)

हेगेल ने अपने सामाजिक चिंतन के अंतर्गत दास-प्रथा की समीक्षा भी की है। स्वामी और दास के चरित्र में अंतर करते हुए हेगेल ने यह सिद्ध करने का प्रयास किया कि दास अपनी स्थिति में से स्वयं सद्‌गुण अर्जित करता है जबकि स्वामी सद्‌गुण से शून्य हो जाता है। हेगेल ने यह तर्क दिया कि दास अपने जीवन को श्रम में लगाकर तीन गुण अर्जित करता है :(1) ज्ञान (Knowledge)(2) प्रकृति पर नियंत्रण (Power over Nature), और आत्मसंयम (Self-Discipline)। दूसरी ओर, स्वामी श्रम से दूर रहने के कारण इनमें से कोई भी गुण अर्जित नहीं कर पाता। दास में एक ही कमी पाई जाती है- वह अपने भय (Fear) के कारण दास बना रहता है। यदि वह अपने भय पर विजय प्राप्त कर ले तो वह दासता से मुक्त हो जाएगा। हेगेल ने आशा प्रकट की कि कालांतर में स्वामियों का अस्तित्व निरर्थक हो जाएगा और वर्तमान दास ही नए समतामूलक समाज का निर्माण करेंगे। दरअसल, हेगेल ने उभरते हुए पूँजीवाद (Capitalism) के अंतर्गत धनवान और निर्धन अथवा कामगार वर्गों (Working Classes) के परस्पर संबंध को स्वामी और दास के परस्पर संबंध के रूप में निरूपित किया है। ऐसा करके वे श्रमिक वर्ग को अपनी क्षमताओं के प्रति सचेत करके उसके मन से डर को भगाना चाहते थे ताकि वह अपनी तथाकथित दासता से मुक्त होकर एक नए समाज का निर्माण कर सके। हेगेल के इन विचारों में कार्ल मार्क्स के क्रांतिकारी विचारों का-विशेषत: सर्वहारा की वर्गचेतना (Class-Consciousness) और वर्गहीन समाज (Classless Society) की संभावना का -पूर्वाभास मिलता है।

हेगेल ने इस उदावादी संकल्पना का खंडन किया है कि स्वतंत्रता का अर्थ 'प्रतिबंध का

अभाव' (Absence of Restraint) है। हेगेल के अनुसार, ऐसी स्वतंत्रता औपचारिक, स्वार्थमूलक और निस्सार होगी। इनका अभिमत है कि मनुष्य की इच्छा, आवेग और भावावेश पर लगाए गए प्रतिबंध उसकी स्वतंत्रता को सीमित नहीं करते बल्कि ये प्रतिबंध उसकी स्वतंत्रता की आवश्यक शर्त है, क्योंकि वे मनुष्य को अपना व्यवहार राज्य के उच्चतर विवेक के अनुरूप ढालने को विवश करते हैं। हेगेल ने 'राज्य' संस्था के अंतर्गत स्वतंत्रता, समानता और बंधुत्व के सार-तत्व का सामंजस्य स्थापित करने का भव्य प्रयत्न किया है। हेगेल के चिंतन का कार्ल-मार्क्स और एंगेल्स के विचारों पर सर्वाधिक प्रभाव पड़ा।

मार्क्सवाद का उदय 19वीं शताब्दी के मध्य में हुआ जब चिर समम्त उदारवाद (Classical Liberalism) अपने चरमोत्कर्ष पर था, और पूँजीवाद (Capitalism) पूरी तरह प्रतिष्ठित हो चुका था। औद्योगिक प्रगति के फलस्वरूप समाज में जो नई संपत्ति पैदा हुई थी, वह इने-गिने पूँजीपतियों की बपौती बन गयी थी और कामगार वर्ग (Working Class) घोर शोषण एवं दुर्दशा का शिकार हो रहा था। अतः उदारवाद ने मानव-कल्याण और मानव-स्वतंत्रता की जो आशा बँधाई थी, उसे पूँजीवाद ने धूल में मिला दिया था। यह स्वाभाविक था कि इस स्थिति के प्रति प्रतिक्रिया का भाव उत्पन्न हो। सर्वप्रथम हेगेल ने उदारवाद की सीमाएँ बतलायीं और कार्लमार्क्स ने पूरे मानव इतिहास का विश्लेषण करके इस समस्या को समझने और सुलझाने का प्रयत्न किया और इसी से मार्क्सवाद का आरंभ हुआ।

वस्तुतः जिस युग में मार्क्सवाद का आविर्भाव हुआ, वह औद्योगिक क्रांति के व्यापक प्रसार का युग है जिसमें वर्गों का पारस्परिक सनातन संघर्ष अपने भयावह रूप में प्रकट हुआ। इस घोर वर्ग-संघर्ष-युक्त वास्तविकता के गर्भ से वर्गवाद का जन्म अवश्यंभावी था। इस वर्गवाद की पराकाष्ठा हमें मार्क्स के इतिहास-दर्शन में मिलती है। कार्ल-मार्क्स न केवल अपने राजनीतिक, सामाजिक, आर्थिक और दार्शनिक विचारों के लिए हेगेल के ऋणी रहे हैं अपितु उनके साहित्य, कला और सौंदर्यशास्त्रीय अवधारणा पर भी हेगेल की मान्यताओं का हल्का-सा संस्पर्श दिखाई पड़ता है। इसलिए हेगेल की सौंदर्य-विषयक अवधारणा पर भी यहाँ अत्यंत संक्षेप में विचार कर लेना समीचीन होगा। हेगेल की सौंदर्यशास्त्रीय मान्यताओं पर विचार करते हुए डॉ. निर्मला जैन ने लिखा है कि, "उनका 'सौंदर्यशास्त्र-संबंधी भाषण' (1835) जो अंग्रेजी में 'ललितकला-दर्शन' (फिलॉसफी ऑफ फाइन आर्ट) नाम से विख्यात है, एक प्रकार से रोमेंटिक कला-दर्शन का ही संशोधित रूप है। ऐतिहासिक दृष्टि से कला के युगों का विभाजन करते हुए हेगेल ने पहली अवस्था प्रतीकात्मक कला की मानी तो दूसरी क्लासिक कला की और तीसरी अवस्था रोमांटिक कला की। प्रतीकात्मकता के नमूने मिस्र के पिरामिड हैं, जिनमें जड़-तत्व प्रधान है, चेतना-तत्व गौण। क्लासिक कला के उदाहरण ग्रीक प्रतिमाएँ हैं, जिनमें जड़ और चेतन का अद्‌भुत सामंजस्य है। रोमांटिक कला के उदाहरण स्वरूप आधुनिक संगीत, चित्र और सबसे अधिक काव्य है जिनमें जड़-तत्व के ऊपर चेतना की प्रधानता दिखाई पड़ती है। इस प्रकार कला के ऐतिहासिक विकास की दिशा की ओर संकेत करते हुए परोक्षतः हेगेल ने रोमांटिक कला को अपना समर्थन दिया। किन्तु, सौंदर्यशास्त्र के इतिहास में हेगेल का महत्व विशेष रूप से इसलिए है कि उन्होंने समस्त ललित-कलाओं के सामान्य तत्वों के आधार पर एक व्यवस्थित कला-सिद्धांत का निर्माण किया जिसके अंतर्गत प्रत्येक ललित-कला की व्यावर्त्तक विशेषताओं का निरूपण करते हुए उनके बीच अंतरावलंबन

एवं तारतम्य की स्थापना की गई।"[1] हेगेल की दृष्टि में कला का विकास महाप्रत्यय अथवा विश्वात्मा की विशिष्ट अभिव्यक्ति है। इन्होंने इतिहास की प्रगति में कला एवं साहित्य की भूमिका का भी निरूपण किया है जिससे कार्ल-मार्क्स ने प्रेरणा ग्रहण की है।

हीगेल आदर्शवादी विचारक थे। उन्होंने इसके आधार पर मानव के भौतिक साधनों और परिस्थितियों को विश्लेषित करने के स्थान पर विरोधी प्रत्ययों की उपस्थिति के कारण मानव-मस्तिष्क में घटित होने वाले अन्तर्द्वन्द्व को विश्लेषित करने का प्रयत्न किया। इनकी दृष्टि में ये बौद्धिक अन्तर्द्वन्द्व ही इतिहास-निर्माण के प्रमुख साधन हैं। कार्ल-मार्क्स भी भौतिकवादी विचारक थे, परन्तु, उन्हें हीगेल की प्रत्ययवादी परिकल्पना अस्वीकार्य थी। उन्होंने हीगेल की इस मान्यता का उपयोग अपने भौतिकवादी चिंतन की बारीकियों को समझने और इसके तात्त्विक सत्य तक पहुँचने के लिए किया। कार्ल-मार्क्स डार्विन के विकासवाद से भी परिचित थे जिसने मनुष्य को यह विचार छोड़ देने के लिए विवश किया कि समाज और जगत स्थिर है। फलस्वरूप परिवर्तन, विकास, परिवर्धन और उन्नति उसके जीवन-सूत्र बन गये और मनुष्य का दृष्टिकोण भौतिकवादी हो गया।

5.2 मार्क्सवाद का स्वरूप

मार्क्सवाद का नाम इसके मुख्य प्रवर्त्तक कार्ल मार्क्स (1818-83) के नाम के साथ जुड़ा है, परंतु मार्क्स के सहयोगी फैड्रिक एंगेल्स (1820-95), वी.आई. लेनिन (1870-1924), माओ-त्से-तुंग (1893-1976), प्लेखानोव, क्रिस्टोफर काडवेल, राल्फ फॉक्स, हावर्ड फास्ट तथा मैक्सिमगोर्की समेत बहुत सारे विचारकों ने भी इसके विकास में महत्वपूर्ण योग दिया है। मार्क्सवाद को एक रूपक में इस प्रकार निरूपित किया जाता है कि उसकी दृष्टि में समाज का बुनियादी आधार (Base) आर्थिक है, साहित्य, कला, संगीत, राजनीति, दर्शन, कानून आदि उसके भव्यतम प्रासाद (Superstruture) हैं। आर्थिक ढाँचे में परिवर्तन आने पर ऊपरी ढाँचे अथवा प्रासाद में भी परिवर्तन आ जाता है। परन्तु, परिवर्तन की यह प्रक्रिया पर्याप्त जटिल है। मार्क्सवाद के अंतर्गत मानव समाज की समस्याओं को इतिहास के माध्यम से समझने का प्रयत्न किया जाता है और इतिहास को परस्पर-विरोधी शक्तियों और वर्गों के संघर्ष की प्रक्रिया के रूप में देखा जाता है। यह संघर्ष उत्पादन प्रणाली (Mode of Production) की त्रुटियों के कारण पैदा होता है जिसमें कुछ लोग उत्पादन के साधनों (Means of Production) पर अपना स्वामित्व स्थापित कर लेते हैं, और शेष समाज को अपनी शर्तों पर श्रम (Labour) करने के लिए विवश कर देते हैं। इससे धनवान और सर्वहारा वर्ग (Haves and Have -nots) अस्तित्व में आ जाते हैं जो क्रमशः प्रभुत्वशाली और पराधीनवर्गों (Dominant and Dependent Classes) की भूमिका संभाल लेते हैं।

मार्क्सवाद यह मानकर चलता है कि प्रभुत्वशाली और सर्वहारा वर्ग के हितों में सामंजस्य (Reconcillation) की कोई संभावना नहीं है। पूँजीवाद के अंतर्गत इनका संघर्ष अपने चरम पर होता है। अतः मार्क्स ने विश्वभर के कामगार वर्ग (Working Class) को संगठित होने और पूँजीपतियों के विरुद्ध क्रांति (Revolution) करने का आह्वान किया, जिससे संपूर्ण व्यवस्था में आमूलचूल परिवर्तन लाया जा सके। क्रांति के बाद उत्पादन के प्रमुख साधनों पर सामाजिक

स्वामित्व (Social Ownership) स्थापित करके समाजवाद (Socialism) की नींव रखी जाएगी।

इस स्थिति में पूँजीवाद के अवशिष्ट अवशेषों को भी हटाना होगा। समाज के सारे स्वस्थ व्यक्तियों के लिए श्रम को अनिवार्य बनाकर प्रौद्योगिकी (Technology) तथा उत्पादन की शक्तियों का पूर्ण विकास करना होगा ताकि उन्हें सामाजिक आवश्यकताओं की पूर्ति में लगाया जा सके। समाजवाद की विकसित अवस्था में सामाजिक भेदभाव स्वतः समाप्त हो जाएगा, और वर्गहीन समाज (Classless Society) में मनुष्य सच्चे अर्थ में स्वतंत्र होकर अपने इतिहास का निर्माता बन सकेगा। मार्क्सवादी मान्यता के अनुसार, "सर्वहारा एकाधिकार के फलस्वरूप जिस वर्गहीन समाज की स्थापना होगी उसमें प्रत्येक व्यक्ति के जीविकोपार्जन का एक ही आधार होगा और वह होगा उसका श्रम।"[2] इस प्रकार मार्क्सवाद यह प्रतिष्ठापित करना चाहता है कि समाज-व्यवस्था तत्कालीन आर्थिक स्थिति द्वारा नियंत्रित एवं निर्धारित होती है। यह विशिष्ट आर्थिक व्यवस्था जिस समाज-व्यवस्था को निर्मित करेगी, उसी के अनुरूप उस समय के साहित्य, कला, धर्म, दर्शन आदि का स्वरूप भी निर्मित होगा।

यद्यपि मार्क्स और फैड्रिक एंगेल्स अपने राजनीतिक-अर्थशास्त्र संबंधी चिंतन के कारण विश्वविख्यात हुए तथापि उन्होंने साहित्य एवं कला-संबंधी विचारों को कम महत्त्व नहीं दिया। मार्क्स के साहित्यानुराग का पता इस बात से चलता है कि युवा मार्क्स ने खुद कविताएं लिखी है।[3] एक काव्य नाटक की रचना की है तथा एक हास्य प्रधान उपन्यास भी लिखा है। इसके अलावा उनकी हार्दिक इच्छा थी कि वे नाट्य-समीक्षा की एक गंभीर पत्रिका निकालें और फ्रेंच कथाकार बाल्जाक और सौंदर्यशास्त्र पर ग्रंथ लिखें। परन्तु कठिन जीवन-स्थितियों और पूंजी को पूरा करने की व्यस्तता और ललक के चलते वे इस योजना को क्रियान्वित नहीं कर सके। यहाँ तक कि कला और साहित्य के बारे में उन्होंने जो टिप्पणियाँ की हैं उनमें से भी अधिकांश उनके जीवन में प्रकाशित नहीं हो सकीं।[4]

मार्क्स को कला-संबंधी चिंतन की एक अत्यंत समृद्ध एवं सुदीर्घ परंपरा यूरोपीय मनीषा से प्राप्त हुई थी। इन्होंने यूनानी कला एवं साहित्य का गहरा अध्ययन किया था। होमर के साहित्य में इन्हें गहरी दिलचस्पी थी ये दांते और मिल्टन को पुनर्जागरणकालीन यूरोप की महानतम उपलब्धि मानते थे। शेक्सपियर एवं शेली उनके सर्वाधिक प्रिय रचनाकार थे। अपने साहित्यानुराग के कारण ही उन्होंने ब्रुसेल्स में स्थापित जर्मन-मजदूर सभा की बैठकों में सप्ताह का एक दिन कला एवं साहित्य की समस्याओं पर विचार करने के लिए सुरक्षित रखा था।

मार्क्सवाद किसी भी वस्तु के अध्ययन अन्वेषण में द्वंद्वात्मक पद्धति अपनाने का आग्रह करता है ताकि उस वस्तु को उसकी समग्रता में जाना जा सके। मार्क्सवाद साहित्य और कलाओं के वस्तुनिष्ठ चिंतन और विश्लेषण का हिमायती है, परन्तु, इस कार्य को वह भौतिकवादी विश्वबोध द्वारा संपन्न कराना चाहता है। यह ऐसा सिद्धांत है जो जीवन के हरेक क्षेत्र में वर्ग-परकता और द्वन्द्वात्मकता को लाकर खड़ा कर देता है। लेकिन यहाँ हमें यह नहीं भूलना चाहिए कि कार्लमार्क्स एक द्रष्टा चिंतक थे और वस्तु, रूप तथा कलात्मक उत्कर्ष को समान महत्व देते थे। एंगेल्स को लिखे एक पत्र में उन्होंने अपनी रचनाओं को कलात्मक पूर्णता तक ले जाने की इच्छा व्यक्त की थी। प्रकाशन के पूर्व अनेक संशोधनों की चर्चा करते हुए उन्होंने पूंजी के प्रथम खण्ड को पूर्ण रूप से कलात्मक बतलाया था। वे इस तथ्य से भलीभाँति परिचित थे कि साहित्य और कला

को द्वन्द्वात्मक भौतिकवाद के दायरे में लाने के लिए यह जरूरी है कि उसके रूपवादी आधार को तात्विक बनाया जाए। अपने जीवन में उन्होंने बार-बार साहित्य-सृजन और कलात्मक अभिव्यक्ति पर जोर दिया है। इसका एक कारण यह भी हो सकता है कि जिस समय वे अपने जीवन-दर्शन को मूर्त्त रूप देने में व्यस्त थे उस समय यूरोप में कलावाद अपने चरमोत्कर्ष पर था।

साहित्य और कला को समाज के आर्थिक भौतिक विकास से नियत मानने के कारण मार्क्स के समक्ष अनेक व्यावहारिक कठिनाइयाँ उपस्थित हुईं। उनके समक्ष प्राचीन ग्रीक-रोमन आभिजात्य साहित्य एवं कलात्मक वैभव चुनौती के रूप में उपस्थित था। परिणामस्वरूप उन्हें अपने रुख में लचीलापन लाना पड़ा। उन्होंने माना कि भौतिक उत्पादन और कलात्मक उत्कर्ष के बीच असमान संबंध है। मार्क्स का मानना है कि आधुनिक युग में जिस खण्डित मनुष्य की तस्वीर बनी, वह पूँजीवादी श्रम-विभाजन का परिणाम थी। प्राचीन ग्रीक कलाओं के विषय में मार्क्स के विचार संभवतः प्राचीन समाजों में मनुष्य और प्रकृति के उस आदिम संतुलन एवं समग्रता की ओर संकेत है जिसे पूँजीवाद अनिवार्यतः नष्ट करता है और जिस संतुलन एवं समग्रता को साम्यवाद में अधिक उन्नतिशील बनाया जा सकता है।

मार्क्स का मानना है कि कलात्मकता अंतर्वस्तु का परम विधायक शर्त है। कथ्य चाहे कितना ही सही एवं उपयोगी क्यों न हो, कलात्मक रूप के अभाव में न तो रुचिकर हो सकता है और न प्रभावशाली ही। इस संदर्भ में वे लिखते हैं कि, "यदि आप मनुष्य को मनुष्य और जगत के प्रति उसके सबंधों को मानव संबंध माने तो आप प्रेम से प्रेम और विश्वास से विश्वास का ही विनिमय कर सकते हैं। यदि आप कला का आस्वाद करना चाहें तो आपको कलात्मक दृष्टि से सुसंस्कृत होना चाहिए, यदि आप दूसरों पर प्रभाव डालना चाहें तो आपको ऐसा व्यक्ति होना चाहिए जो दूसरों को सफलतापूर्वक प्रोत्साहित और प्रेरित करे। मनुष्य के और प्रकृति के प्रति आपका प्रत्येक संबंध आपकी इच्छा के विषयानुरूप आपके यथार्थ व्यक्तिगत जीवन की निश्चित अभिव्यंजना होना चाहिए।"[5] मार्क्सवाद के अनुसार साहित्य एवं कला पर केवल परिवेश का ही प्रभाव नहीं पड़ता अपितु कभी- कभी साहित्य को सामाजिक परिवर्तन का अमोघ अस्त्र मानता है और ऐसे साहित्य की अपेक्षा करता है जो प्रगतिशील एवं जनोन्मुख हो। जिसके वस्तु एवं रूप में एकता हो। मार्क्सवाद की मान्यता है कि द्वन्द्वात्मक भौतिकवाद के आधार पर संसार की सभी समस्याओं का हल ढूंढ़ा जा सकता है।

5.3 मार्क्सवाद के प्रमुख सिद्धांत एवं विशेषताएँ

मार्क्स ने उन्नीसवीं शताब्दी के यूरोप में पूँजीवाद से जुड़े हुए उदारवादी चिंतन (Liberal Thought) को चुनौती देकर नए सामाजिक, आर्थिक और राजनीतिक विचारों को बढ़ावा दिया जिससे मार्क्सवादी चिंतन (Marxist Thought) की परंपरा शुरू हुई। मार्क्स मुख्यतः सिद्धांतशास्त्री थे और उन्होंने प्रधान रूप से अर्थशास्त्र तथा समाजशास्त्र के क्षेत्र में ही कार्य किया। वर्तमान समय में यह चिंतन दर्शनशास्त्र, अर्थशास्त्र, समाजशास्त्र, राजनीतिविज्ञान और साहित्य के क्षेत्रों में विस्तृत-मीमांसा का विषय बना हुआ है। वस्तुतः सामाजिक विज्ञान (Social Science) तथा मानविकी विषयों (Humanities) की किसी भी शाखा का विद्यार्थी मार्क्सवाद

से अपरिचित रहकर अपने विषय में पारंगत नहीं हो सकता। मार्क्स ने इतिहास के जिन युगों-दास प्रथा, सामंतवाद, पूँजीवाद, समाजवाद और साम्यवाद-की चर्चा की और समाज के जिन वर्गों (बुर्जुआ-वर्ग और सर्वहारा) का विवरण दिया वे विश्वजनीन प्रयोग का विषय बन चुके हैं। मार्क्स के संबंध में लेनिन का अभिमत है कि, "मार्क्स ही वह प्रतिभाशाली व्यक्ति था जिसने यूरोप के तीन महान देशों की, 19वीं शताब्दी की तीन महान विचारधाराओं अर्थात् जर्मन दर्शन, अंग्रेजी राजनीतिक-अर्थशास्त्र और फ्रांस की समाजवादी क्रांतिकारी विचारधाराओं को आगे बढ़ाया और पूर्णता प्रदान की।"[6] संक्षेप में, मार्क्सवाद के प्रमुख सिद्धांत एवं विशिष्टताएं इस प्रकार हैं-

5.3.1 द्वंद्वात्मक भौतिकवाद

द्वंद्वात्मक भौतिकवाद का सिद्धांत मार्क्सवाद का दार्शनिक आधार माना जा सकता है। यह सिद्धांत भौतिकवाद की मान्यताओं को द्वंद्वात्मक पद्धति (Dialectical Method) के साथ मिलाकर सामाजिक परिवर्तन की व्याख्या देने का प्रयत्न करता है। द्वन्द्व और भौतिकवाद, इन दो विचार पद्धतियों के संयोग से निर्मित होने के कारण ही यह विचारधारा द्वंद्वात्मक भौतिकवाद के नाम से प्रसिद्ध हुई। स्तालिन के शब्दों में, "यह द्वन्द्वात्मक भौतिकवाद इसलिए कहा जाता है कि प्राकृतिक घटनाओं को देखने-परखने और पहचानने का इसका ढंग द्वन्द्वात्मक है और इन प्राकृतिक घटनाओं की इसकी व्याख्या, धारणा एवम् सिद्धांत विवेचना भौतिकवादी है।"

हिंदी में द्वंद्ववाद शब्द का प्रयोग अंग्रेजी के Dialectics के पर्याय के रूप में होता है। यह शब्द यूनानी भाषा के डाय एवं लोगोस (Dia and Logos) से बना है। डाय का अर्थ है कि किसी वस्तु को दो परस्पर एवं विरोधी भागों में विभक्त करना तथा लोगोस का अर्थ तर्क करना होता है। इस प्रकार तर्क करने की जो पद्धति जिसमें हम किसी पद या वस्तु के बारे में उसके पक्ष एवं विपक्ष को सामने रखकर निर्णय करते हैं, द्वन्द्व न्याय कहा जाता है। इसी पद्धति के आधार पर ग्रीक दार्शनिकों ने प्रकृति में व्याप्त परिवर्तन एवं गति की व्याख्या प्रस्तुत की।

महान् जर्मन दार्शनिक हेगेल (1770-1831) ने इस पद्धति को अपने दर्शन में अपनाया। हेगेल के अनुसार, चिंतन की प्रक्रिया में सबसे पहले परस्पर विरोधी विचार सामने आते हैं। इनके टकराव से इनके कुछ असत्य अंश नष्ट हो जाते हैं और बचे हुए अंश आपस में जुड़ जाते हैं। इस तरह जो नया विचार अस्तित्व में आता है, वह सत्य के अधिक निकट होता है। इस नए विचार को दुबारा अपने विरोधी विचार से टकराना होता है, और यह प्रक्रिया तब तक दोहराई जाती है जब तक वह परम सत्य (Absolute Truth) के लक्ष्य तक नहीं पहुंच जाती। परस्पर विरोधी विचारों के उत्तरोत्तर टकराव की प्रक्रिया को 'निषेध का निषेध' (Negation of Negation) कहा जाता है। हेगेल ने चेतन-तत्व या विचार-तत्व को सृष्टि का सार तत्व मानते हुए यह तर्क दिया है कि विकास की संपूर्ण प्रक्रिया शुरू से अंत तक विचारों के उत्थान-पतन की कहानी है। हेगेल कहते हैं कि, "बुद्धि के क्षेत्र में परंपरागत तर्कशास्त्र के स्थान पर द्वंद्व न्याय की पद्धति का प्रयोग समीचीन है क्योंकि इसमें पक्ष एवं विपक्ष के विरोधाभासों का संश्लेषण हो जाता है।"[7]

मार्क्स ने हेगेल की द्वंद्वात्मक पद्धति को भौतिकवाद के साथ मिलाकर यह मान्यता रखी कि स्वयं भौतिक तत्व या जड़-तत्व के भीतर विकास की क्षमता पाई जाती है। हेगेल के द्वंद्वात्मक पद्धति से अपनी द्वंद्वात्मक पद्धति की भिन्नता सिद्ध करते हुए मार्क्स ने लिखा है कि, "मेरी

ऐतिहासिक भौतिकवाद : ऐतिहासिक विकास की प्रक्रिया

Historical Materialism : Process of Historical Development

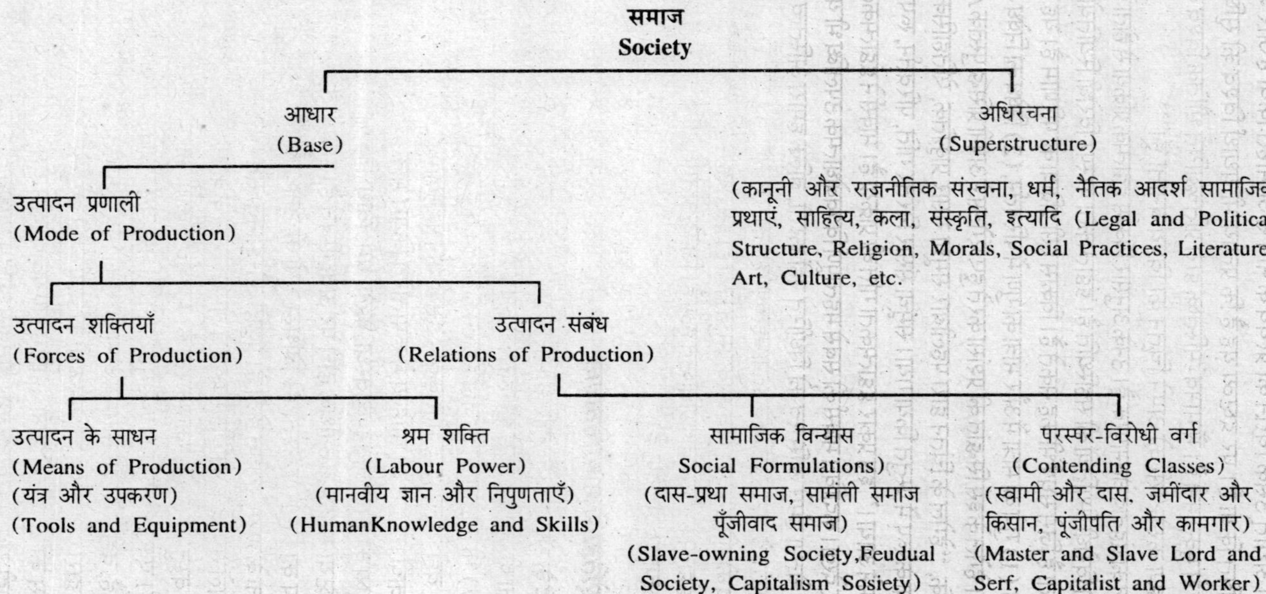

द्वंद्वात्मक पद्धति हेगेल से भिन्न ही नहीं अपितु उसकी सर्वथा विरोधी है। हेगेल ने मानव-जीवन की प्रक्रिया अर्थात् उसके चिंतन को प्रत्यय के नाम से अभिहित किया है और इसे उसने स्वतंत्र विषय घोषित किया है। पर द्रष्टव्य यह है कि प्रत्यय भी यथार्थ विश्व की सृष्टि होने के कारण भौतिकता से मुक्त नहीं है। मैं मानव-मस्तिष्क द्वारा प्रतिच्छायित भौतिक विश्व को अपने आदर्श रूप में ग्रहण करके इसी को अपने चिंतन का विषय बनाता हूँ।"[8]

हेगेल का द्वंद्ववाद चेतनापरक है। उनके अनुसार विकास द्वंद्वात्मक प्रक्रिया से होता है। कोई भी स्थिति वस्तुतः दो विरोधी स्थितियों की सहस्थिति है। द्वंद्वात्मकता परस्पर विरोधी स्थितियों की अथवा तत्त्वों की सक्रियता है जिसे संघर्ष भी कह सकते हैं। विकास इसी प्रक्रिया का परिणाम है। यह प्रक्रिया तीन तरह से होती है। (1) गुण का मात्रा में और मात्रा का गुण में परिवर्तन, (2) निषेध का निषेध और (3) विरुद्धों की एकता। हेगेल के इस सिद्धांत की प्रशंसा करते हुए एंगेल्स ने अपनी प्रसिद्ध पुस्तक Anti-Duhring में लिखा कि, "हेगेल के चिंतन द्वारा पहलीबार समूचा संसार प्राकृतिक, ऐतिहासिक, बौद्धिक संसार, एक प्रक्रिया के रूप में प्रस्तुत किया गया। समूचा संसार निरंतर गति, परिवर्तन, रूपांतरण, विकास के रूप में सामने आया।" इस प्रकार द्वंद्वात्मकता गति की प्रक्रिया है। मार्क्स ने द्वंद्वात्मकता को भौतिकवाद से जोड़कर देखा। कदाचित मार्क्स की सबसे महत्वपूर्ण विश्वबोधात्मक उपलब्धि भी यही है। उन्होंने कहा कि हमारी चेतना हमारे अस्तित्व को निर्धारित नहीं करती, बल्कि हमारा अस्तित्व हमारी चेतना को निर्धारित करता है। इस उपलब्धि के इतना महत्वपूर्ण होने का एक कारण यह भी है कि मार्क्स ने इस द्वंद्वात्मक भौतिकवाद को इतिहास पर घटित करके प्रस्तुत किया है। इस तरह मार्क्सवाद के विचारधारात्मक उपकरण के रूप में द्वंद्वात्मक भौतिकवाद प्रतिष्ठित हुआ है। जिनके अंतर्गत राज्य, दल, प्रकोष्ठ, संघ और अन्य वादगत उत्पादन समाविष्ट हैं।

5.3.2 ऐतिहासिक भौतिकवाद

मार्क्सवाद के अंतर्गत ऐतिहासिक भौतिकवाद को द्वंद्वात्मक भौतिकवाद के पूरक सिद्धांत के रूप में मान्यता दी जाती है। इसे इतिहास की आर्थिक व्याख्या (Economic Interpretation of History) भी कहा जाता है।जहाँ द्वंद्वात्मक भौतिकवाद मार्क्सवाद का दार्शनिक आधार प्रस्तुत करता है, वहीं ऐतिहासिक भौतिकवाद उसका अनुभवमूलक आधार प्रस्तुत करता है। कॉडवेल ने मार्क्सवादी सिद्धांत को साहित्य में रूपांतरित किया। मार्क्सवाद की सबसे प्रमुख स्थापना यह है कि मनुष्य की सारी जीवन-व्यवस्था, कला, धर्म, विधि, विज्ञान, साहित्य-संस्कृति तथा अन्य सारी सृष्टियाँ समाज के आर्थिक ढाँचे पर अवलम्बित है। समाज का आर्थिक ढाँचा ही साहित्य के स्वरूप का निर्धारण करता है। विभिन्न युगों की आर्थिक स्थिति प्रकृति से मानव संघर्ष की निरन्तरता के द्वारा नियंत्रित होती है। प्रकृति और मानव-संघर्ष की निरन्तरता और उसके अनुरूप बदलनेवाले समाज के आर्थिक स्वरूप में आस्था रखने के कारण मार्क्सवाद साहित्य को सार्वभौम-शाश्वत वस्तु मानने से इनकार करता है। मार्क्सवाद कार्य-कारण परंपरा से साहित्य को जोड़कर देखता है। एक विशिष्ट मानव-समूह अपने विशिष्ट युग में प्राकृतिक संघर्षों के बीच जिस स्थिति में रहता है, वही स्थिति उस समय के साहित्य की नियामक होती है। डॉ.विश्वनाथ प्रसाद त्रिपाठी ने मार्क्स द्वारा प्रतिपादित विभिन्न युगों की चर्चा करते हुए लिखा है कि, "मार्क्स ने मानव-समाज के विकास की ये मंजिलें मानीं-आदिम साम्यवाद, दास युग, सामंतवादी युग, पूँजीवादी युग, समाजवादी और साम्यवादी युग। इतिहास आदिम साम्यवाद के बाद से शुरू हुआ था, साम्यवादी

युग में इतिहास का एक चक्र समाप्त हो जाएगा, क्योंकि समाजवाद में वर्ग संघर्ष समाप्त हो जाएगा। मानव-प्रकृति के परिवर्तन होने और नए मानव के उदय में काफी समय लगेगा। यह काम साम्यवादी युग में होगा। तब वास्तविक मानव इतिहास प्रारंभ होगा जिसमें द्वंद्व मानव वर्गों में न होकर मानव और प्रकृति में होगा। तब मनुष्य रोग और मृत्यु आदि से जूझने के लिए स्वतंत्र होगा। कह सकते हैं कि साम्यवाद मार्क्स का स्वप्न था।"[9]

मार्क्स के ऐतिहासिक भौतिकवाद की व्याख्या के लिए आधार (Base) और 'प्रासाद' (Superstucture) के रूपकका सहारा लिया जाता है। भवन निर्माण से मिलते-जुलते इस रूपक के अंतर्गत उत्पादन प्रणाली (Mode of Production) अथवा समाज की आर्थक संरचना (Economic Structure) को समाज का आधार (Base/Substructure) अथवा नींव मानते हैं। समाज के कानूनी और राजनीतिक ढाँचे (Legal and Political Structure) तथा सामाजिक चेतना (Social Consciousness) की विविध अभिव्यक्तियों को 'प्रासाद' की श्रेणी में रखा जाता है। साथ ही धर्म, नैतिक आदर्श, सामाजिक प्रथाएँ, परंपरा, साहित्य, कला और संस्कृति इत्यादि को भी प्रासाद का ही हिस्सा माना जाता है। इस मान्यता के अनुसार सामाजिक विकास के दौरान उत्पादन प्रणाली में जो परिवर्तन होते हैं, उनके परिणामस्वरूप अधिरचना के सब हिस्सों में उसी के अनुरूप स्वतः परिवर्तन हो जाते हैं। उत्पादन प्रणाली के अंतर्गत- उत्पादन के तरीके तथा तकनीकी स्वरूप, तत्कालीन समाज-व्यवस्था तथा उत्पादन साधनों के स्वामित्व के प्रतिमान आदि का समावेश होता है। स्वयं उत्पादन प्रणाली का निर्माण दो तत्त्वों के संयोग से होता है- उत्पादन शक्तियाँ और उत्पादन के संबंध। उत्पादन की शक्तियों के अंतर्गत उत्पादन के साधन जैसे उपकरण, यंत्र इत्यादि तथा श्रमशक्ति अर्थात् उत्पादन करनेवाले मनुष्यों के ज्ञान, अनुभव, निपुणता और क्षमताओं के स्तर का समावेश किया जाता है। उत्पादन संबंधों से यह संकेत मिलता है कि उत्पादन की प्रक्रिया में मनुष्य किन संबंधों में बँध जाते हैं? स्वामी और दास (Master and Slave), जमींदार और किसान (Lord and Serf), पूँजीपति और कामगार (Capitalist and Worker) के परस्पर संबंध उत्पादन संबंधों के उपयुक्त उदाहरण हैं। इतिहास के भिन्न-भिन्न युगों में प्रचलित उत्पादन संबंध भिन्न-भिन्न प्रकार के सामाजिक विन्यास (Social Formation) को जन्म देते हैं। मार्क्सवाद के अनुसार, ऐतिहासिक क्रम की प्रत्येक अवस्था- चाहे वह कितनी ही खराब क्यों न दिखाई दे- अपनी पिछली अवस्था से बेहतर होती है। इसलिए मार्क्सवाद को प्रगतिवादी सिद्धांत भी कहा जाता है।

5.3.3 वर्ग संघर्ष का सिद्धांत

मार्क्सवाद के अंतर्गत वर्ग संघर्ष (Class Conflict/Class Struggle) का सिद्धांत ऐतिहासिक भौतिकवाद का पूरक सिद्धांत है। एंगेल्स ने इतिहास के अध्ययन में वर्ग-संघर्ष की भूमिका का प्रतिपादन करते हुए लिखा है कि "आधुनिक इतिहास में कम से कम यह तो सिद्ध हो चुका है कि समस्त राजनीतिक संघर्ष वास्तव में वर्ग-संघर्ष ही है और स्वतंत्रतता के लिए चलनेवाले वर्गों के यह समस्त संघर्ष, अपने विशिष्ट राजनीतिक स्वरूप को रखते हुए भी- क्योंकि प्रत्येक वर्ग-संघर्ष एक राजनीतिक संघर्ष है- अंततः आर्थिक स्वतंत्रता के प्रश्न से ही जुड़े हुए हैं।"[10] मार्क्स का मानना है कि समाज का अब तक का इतिहास वर्ग -संघर्षों का इतिहास मात्र है। स्वतंत्रजन और दास, कुलीन और सामान्यजन, जमींदार और किसान, ठेकेदार और मिस्त्री संक्षेप में जालिम और मजलूम-निरंतर एक दूसरे के दुश्मन रहे हैं, वे कभी चोरी-छिपे और कभी खुले-आम लगातार

आपस में लड़ते रहे हैं और इस लड़ाई का अंत हर बार या तो सारे समाज के क्रांतिकारी पुनर्निर्माण में हुआ, या फिर दोनों संघर्षरत वर्गों के विनाश में। सामाजिक इतिहास का प्रत्येक अध्याय साक्षी है कि राजनीतिक सत्ता प्रभुत्वशाली वर्ग के हाथों में रही है जिसने दूसरे वर्ग को पराधीन बनाकर निरंतर उस पर अत्याचार किए। इस तरह राज्य उत्पीड़न का साधन रहा है। मार्क्स का अभिमत है कि अब तक के इतिहास में जिस वर्ग ने शोषणकर्ताओं से सत्ता छीनी, कालांतर में वह स्वयं शोषणकर्ता सिद्ध हुआ। इसलिए अब तक जितनी क्रांतियाँ हुई, उनसे शोषण मुक्त समाज का उदय नहीं हो पाया। मार्क्स का यह भी कहना है कि, "आधुनिक पूँजीवादी-व्यवस्था सामंती-समाज के ध्वंस से पैदा हुई है। उसने समाज के वर्ग विरोधों को खत्म नहीं किया है। उसने पुराने वर्गों के स्थान पर नये वर्ग, पीड़न के पुराने तरीकों के बदले नये तरीके और संघर्ष के पुराने स्वरूपों की जगह नये स्वरूप खड़े कर दिये हैं।"[11] इसीलिए मार्क्स की कामना है कि पूँजीपति और सर्वहारा वर्गों के संघर्ष से जो क्रांति होगी, वह पिछली सब क्रांतियों से भिन्न होगी क्योंकि उसके फलस्वरूप शोषक वर्ग का अस्तित्व ही मिट जाएगा और वर्गहीन समाज की स्थापना का मार्ग खुल जाएगा। मार्क्स ने वर्गहीन समाज को साम्यवादी समाज (Communist Society) की संज्ञा दी है। चूंकि मार्क्सवादी संकल्पना के अनुसार राज्य दूसरों के उत्पीड़न का साधन मात्र है, इसलिए साम्यवादी क्रांति के बाद राज्य भी लुप्त हो जाएगा। इस प्रकार साम्यवादी समाज वर्गहीन (Classless) तो होगा ही, राज्यहीन (Stateless) भी होगा। परन्तु, साम्यवाद की स्थापना से पहले एक अंतरिम अवस्था- सर्वहारा का अधिनायक तंत्र (Dictatorship of the Proletariat) होगी। जिसमें पुराने शोषक वर्ग का उत्पीड़न किया जाएगा। तदुपरांत समाजवाद के अभिनव और परिष्कृत संस्करण के रूप में साम्यवाद का उदय होगा। जब मनुष्य प्रकृति के निर्विकार नियमों के बंधन के 'विवशता-लोक' (Kingdom of Necessity) से निकलकर 'स्वतंत्रता-लोक' (Kingdom of Freedom) में प्रवेश करेगा। इस तरह वर्ग-संघर्ष के सिद्धांत से कार्य का निर्देशन होता है।

5.3.4 क्रांति का सिद्धांत (Theory of Revolution)

इस सिद्धांत के अनुसार जब उत्पादन की शक्तियाँ (Forces of Production) इतनी विकसित हो जाती है कि पुराने उत्पादन-संबंध (Relations of Production) उनके पाँव की बेड़ियाँ सिद्ध होते हैं, तब ये संबंध इन शक्तियों को ज्यादा देर तक नहीं सँभाल पाते और एकाएक छिन्न-भिन्न हो जाते हैं। उदाहरण के लिए, औद्योगिक उत्पादन (Industrial Production) शुरू हो जाने पर जमींदार-किसान का सामंत-युगीन संबंध उसे संभाल नहीं पाता और वह ऐसे ही टूट जाता है जैसे पानी का बहाव बहुत तेज होने पर कोई बाँध टूट जाता है। इस मान्यता के अनुसार, सामंतवाद (Feudalism) से समाजवाद (Socialism) के युग में प्रवेश के लिए दो क्रांतियाँ जरूरी थीं- (1) बुर्जुआ क्रांति (Bourgeois Revolution) जिसमें बुर्जुआ या पूँजीपति वर्ग (Capitalist Class) सामंती अभिजात वर्ग (Feudal Aristocracy) को धराशायी करके कृषकीय समाज (Agraian Society) से जुड़े हुए विशेषाधिकारों (Privileges) का अंत कर देता है और पूँजीवाद की स्थापना करता है, और (2) सर्वहारा क्रांति (Proletarian Revolution) जिसमें सर्वहारा एवं कामगार वर्ग (Working Class) पूंजीपति वर्ग को धराशायी करके पूँजीवाद से जुड़े हुए विशेषाधिकारों का अंत कर देता है, और समाजवाद की स्थापना करता है। मार्क्स

के अनुसार, फ्रांसीसी क्रांति (1789) बुर्जुवा क्रांति की प्रतीक थी, और साम्यवादी घोषणापत्र (Communist Menifesto) के प्रकाशन (1848) के समय सर्वहारा क्रांति की पूर्व पीठिका तैयार हो चुकी थी। उन्होंने उक्त घोषणा-पत्र में लिखा है कि, "आधुनिक पूँजीवादी समाज ने उत्पादन और विनिमय के विशाल साधनों को जादू की तरह जन्म तो दे दिया है, लेकिन उत्पादन, विनिमय और सम्पत्ति की उसकी व्यवस्था उन्हें सँभाल नहीं पाती। वह एक ऐसे जादूगर के समान है जिसने अपने जादू के जोर से इन शक्तियों को भौतिक जगत में बुला तो लिया है, लेकिन अब उन्हें काबू करने में असमर्थ हैं।"[12]

मार्क्स का यह सपना उस समय चरितार्थ हुआ, जब ब्लादिमीर लेनिन (1870-1924) के नेतृत्व में सोवियत रूप में 1917 में पहली समाजवादी क्रांति संपन्न हुई। लेनिन ने लिखा है कि, "कोई कलाकार वास्तव में तभी महान हो सकता है, जबकि उसने अपनी रचना में क्रांति के कुछ-न-कुछ पहलुओं का अवश्य चित्रण किया हो।" मार्क्सवाद की प्रेरणा से दूसरी समाजवादी क्रांति माओ-त्से-तुंग (माओ जेदोंग) (1893-1976) के नेतृत्व में चीन में 1949 में हुई। लेकिन मार्क्सवाद की समूची अवधारणा सन 1991 ई. में उस समय संकट में पड़ गई, जब सोवियत रूस समाजवादी व्यवस्था छोड़कर पुनः पूँजीवादी-बाजारवादी व्यवस्था की ओर लौट गया। यह एक तरह की प्रतिक्रांति थी, जिसने मार्क्सवादी-चिंतन की वैज्ञानिकता के समक्ष सवालिया निशान खड़े कर दिये। उसके भविष्य को सदा-सर्वदा के लिए संदिग्ध बना दिया।

5.3.5 मानवतावादी चिंतन (Humanistic Thought)

मार्क्सवाद के मानववादी पक्ष का ध्येय केवल पूँजीवाद की जगह समाजवाद लाना नहीं, बल्कि बेबस मनुष्य को सच्ची स्वतंत्रता दिलाना है। मार्क्स के मानववादी चिंतन का सर्वोत्तम विवरण उनकी एक आंरभिक कृति 'सन् 1844 की आर्थिक और दार्शनिक पांडुलिपियां' (Economic and Philosophical Manucscripts of 1844) के अंतर्गत मिलता है। ये पांडुलिपियां लंबे समय तक अज्ञात रही थीं। सन् 1927 तक ये जर्मन सामाजिक लोकतंत्रवादियों के अभिलेखागार में पड़ी रहीं, और 1932 ई. में ये जर्मन भाषा में पहली बार प्रकाशित हुईं। इनका अंग्रेजी अनुवाद तीन वर्ष बाद प्रकाशित हुआ। कभी-कभी इन्हें तरुण मार्क्स की कृति मानकर मार्क्स के प्रौढ़-चिंतन से अलग भी किया जाता है। तरुण मार्क्स के शब्दों में, "साम्यवाद का अर्थ है निजी संपत्ति (Private Property) और मानवीय पराएपन (Human Alienation) का नितांत उन्मूलन और मानवीय प्रकृति का मानव के लिए यथार्थ विनियोजन। अतः यह स्वयं मनुष्य की वापसी है (खोए हुए मनुष्य की वापसी)-एक सामाजिक व्यक्ति के रूप में, एक मानव के रूप में- पूर्ण और सचेतन वापसी जिसमें पूर्ववर्ती विकास की सारी संपदा को आत्मसात् कर लिया जाता है।"[13] दरअसल, साम्यवाद पूर्ण-विकसित प्रकृतिवाद (Naturalism) के रूप में मानववाद है और पूर्णविकसित मानववाद के रूप में प्रकृतिवाद है। इसकी चिंता के केन्द्र में मनुष्य है। मार्क्सवाद शोषण एवं उत्पीड़न-विहीन समाज की स्थापना को लेकर संकल्पित है। इसकी हार्दिक कामना है कि संपूर्ण मनुष्य जाति शारीरिक और मानसिक रुग्णता से मुक्त हो। मानव-मात्र में भेदभाव-रहित समानता, स्वतंत्रता और बंधुत्व की भावना का विनियोग हो। संक्षेप में, साम्यवादी समाज की अवधारणा ही अपने मूल स्वरूप में मानववाद का श्रेष्ठतम प्रतिमान है। अंत में ल्यूइस के शब्दों में कहा जा सकता है कि, "मार्क्सवाद मानववाद का उच्चतम विकास है। यह ऐसी

अवस्था है जिसमें मानवीय उन्नति और मानवीय पराधीनता के बीच युगों पुराने अंतर्विरोध का समाधान हो जाता है। यह उत्पीड़ित वर्ग का अंतिम विद्रोह है जिसमें सफलता संभव है। इसकी उत्पत्ति अमानवीय परिस्थितियों के विरुद्ध मनुष्य के विद्रोह से हुई है और इसका एकमात्र लक्ष्य मनुष्य की खोई हुई मानवता को ढूँढ़ निकालना है। मानववाद का सार-तत्त्व यही है, अतः मार्क्सवाद मानववाद का समकालीन रूप है।"[14] इस तरह समाजवादी वास्तविकता के क्षेत्र में मार्क्सवाद का मानववादी चिंतन जीवन को समृद्ध और व्यापक बनाता है। साहित्य को गहनता प्रदान करता है।

5.3.6 साहित्य एवं कला विषयक अवधारणा

मार्क्स का मत है कि साहित्य एवं कला जीवन के लिए हैं। वे आर्थिक समानता स्थापित करने में साहित्य और कला की सहयोगी भूमिका के पक्षधर हैं। मार्क्स का मत है कि साहित्य एवं कला सहित ज्ञान की सभी शाखाएं वर्ग-संघर्ष को तीव्रतर करें जिससे साम्यवाद की स्थापना हो सके। मार्क्सवाद के अनुसार साहित्य और कला विचारधारा का ही एक अंग है। ये मूलतः समाज के आर्थिक-भौतिक विकास से संबद्ध हैं। मनुष्य उसी समय रचनारत होता है जब भौतिक आवश्यकता से मुक्त होता है। मार्क्स ने अपने कला-विषयक विवेचन में यह सिद्ध किया है कि कला के क्षेत्र में कुछ विशिष्ट रूपों की सर्जना, समाज की अवस्था-विशेष में ही संभव है। इस संदर्भ में वे लिखते हैं कि, "कठिनाई इस बात को समझने में नहीं है कि ग्रीक कला तथा ईपास का सम्बन्ध सामाजिक विकास के कुछ खास रूपों से है, मुख्य कठिनाई इस बात को समझने की है कि वे आज भी हमारे आनंद और सौंदर्य का स्रोत क्योंकर बने हुए हैं और कुछ अर्थों में तो एक ऐसे आदर्श के रूप में स्थित हैं, जिस तक पहुँचना आज संभव ही नहीं है।"[15] मार्क्स ने इस सवाल का स्पष्टीकरण इस प्रकार किया है, "क्या प्रत्येक युग की प्रतिष्ठा, प्रकृति के निकट बिलकुल वास्तविक रूप में बच्चे की प्रकृति में नहीं होती ? ऐसी स्थिति में मनुष्यता का वह सामाजिक शैशव, जिसके अंतर्गत उसने अपना सुन्दरतम विकास किया है, एक ऐसे युग के रूप में हमारे शाश्वत आकर्षण की वस्तु क्यों न बने, जिसका दुबारा लौटना असंभव है।...ग्रीक लोग औसत बच्चों की भाँति थे। उनकी कला का जो आकर्षण हमारे लिए है, वह उस आदिम अवस्था की सम्पूर्ण अनुकूलता में है, जिससे उसका जन्म हुआ है।"[16] इसमें संदेह नहीं कि मार्क्स के भौतिक और आर्थिक चिंतन के समक्ष यूनानी महाकाव्य, त्रासदी और कलाकृतियाँ चुनौती की तरह उपस्थित थे। जिन्होंने इनके मानदण्ड की सीमाएँ निर्धारित किये। कदाचित् इसी कारण मार्क्स को यह स्वीकार करना पड़ा कि, "यह सर्व विदित है कि कला के सर्वोच्च विकास के कुछ युगों का कोई भी स्पष्ट संबंध न तो समाज के साधारण विकास के साथ और न भौतिक आधार अथवा उसकी व्यवस्था के ढाँचे के साथ ही मालूम पड़ता है। आज के राष्ट्रों या शेक्सपियर की भी तुलना में ग्रीक-कला का दृष्टांत इसका साक्षी है।"[17]

मार्क्स और एंगेल्स ने काव्य-कला को सोद्देश्य माना है। इनकी दृष्टि में साहित्य सामाजिक परिवर्तन का महत्वपूर्ण कारक हो सकता है, ये लोक-कल्याण को साहित्य का प्रमुख लक्ष्य मानते हैं। इनका अभिमत है कि कलाकार को सामाजिक दायित्व से अनुप्राणित होकर रचनारत होना चाहिए। मार्क्सवादी सौंदर्यबोध पर विचार करते हुए डॉ. विश्वनाथ प्रसाद त्रिपाठी ने ठीक ही लिखा है कि, "मार्क्सवादी सौंदर्य बोध एक ओर जहाँ प्रकृति और मनुष्य में जो रुचिकर पाता है उसकी स्तुति करता है, दूसरी ओर वह सौंदर्य-विरोधी तत्वों का शमन भी करने की प्रेरणा देता है। वस्तुतः यह उसकी

सौंदर्यानुभूति का ही लक्षण है। नया सौंदर्यबोध शोषण, पराधीनता, आत्मग्रस्तता को नहीं सह सकता। इसलिए मार्क्सवादी कला इनका विरोध करना भी सौंदर्य-प्रेम का अनिवार्य लक्षण मानती है। जो सौंदर्यबोध या कला शोषण को सहन करे, शोषण की अनदेखी करे या उसका विरोध न करे, वह आज कला नहीं हो सकती क्योंकि वह आज की मानवीय नैतिकता, संवेदना, बौद्धिकता अतः सहृदयता से वंचित है। वह या तो गतकालिक है या प्रतिक्रियावादी। सौंदर्यबोध की ही माँग है कि सौंदर्य में बाधा पहुँचानेवाले तत्वों का विरोध किया जाय।"[18] मार्क्स की साहित्य एवं कला-विषयक उद्‌भावनाएँ उनके गहन अनुशीलन तथा कला-मर्मज्ञता का प्रमाण है। इन्होंने कथ्य और वस्तु पर जोर देते हुए भी रूप और कलात्मक सौष्ठव से समझौता न करने की सलाह दी है। इनकी स्पष्ट घोषणा थी कि, "कला के वास्तविक आस्वादन के लिए व्यक्ति का कलात्मक दृष्टि से सुसंस्कृत होना आवश्यक है।"[19] कॉडवेल का मानना था कि प्राचीन कला वर्तमान के अनुरूप तो होती नहीं है, इसलिए उसे नई कला के लिए स्थान खाली करना ही पड़ता है जिसकी सामाजिक संबंधों की नई व्यवस्था माँग करती है और जिसमें प्राचीन का बहिष्कार नहीं, अपितु समावेश होता है। समसामयिक बुर्जुआ कला के मृतप्राय होने और पूँजीवाद से समाजवाद के युग में पहुँचने तक के संक्रांति काल के कारण कॉडवेल इस निष्कर्ष पर पहुँचे थे कि, "जिस नई कला का जन्म होगा, उसे इस बात का अधिक बोध होगा कि वह समग्र सामाजिक प्रक्रिया की ही अंग है और वह कला साम्यवादी कला होगी। (स्टडीज इन ए डाइंग कल्चर, पृष्ठ-47)। इस तरह कॉडवेल ने आगे की भी संकल्पना प्रस्तुत की। मार्क्सवादी चिंतक ऐसे कलात्मक प्रतिमानों के आग्रही रहे हैं जो वर्ग-संघर्ष को तीव्रतर बनाकर सर्वहारा वर्ग की प्रगति का मार्ग प्रशस्त करते हों।

5.4 मार्क्सवाद का प्रभाव

मार्क्स और एंगेल्स के सिद्धांतों का प्रभाव विश्वव्यापी रहा है। मार्क्सवाद के सबसे बड़े पुरस्कर्ता रूस की बोल्शेविक क्रांति के कर्णधार ब्लादिमीर इलियच लेनिन माने जाते हैं। इन्होंने अपनी अनेक कृतियों के माध्यम से मार्क्सवादी सिद्धांत और व्यवहार के विकास में विशेष योग दिया है। यहाँ तक कि सोवियत रूस और चीन में साम्यवादी सरकारों की आधिकारिक नीतियों को मार्क्सवाद-लेनिन की संज्ञा दी गयी है। लेनिन ने साहित्य और कला को केवल सोद्देश्य ही नहीं बनाया, अपितु उसे साम्यवादी दल के उद्देश्यों का प्रचारक और वाहक घोषित किया। इनके अनुसार कलाकार की स्वतंत्रता वस्तुतः एक सौंदर्यशास्त्रीय सिद्धांत है जिसमें कला की सामान्य प्रकृति और वैयक्तिक विशेषताओं दोनों का समावेश हो जाता है। वे कलाकार की सामाजिक प्रतिबद्धता के कायल थे और यह मानकर चलते थे कि कलाकार को पूर्ण स्वतंत्रता समाजवादी सिद्धांतों के अनुसार विकसित नए समाज में ही मिल सकती है। क्लारा जेटकिन से अपने पत्राचार में उन्होंने साहित्य सम्बन्धी अवधारणा की अभिव्यक्ति इन शब्दों में की है, "कला जनता की थाती है। उसकी जड़े मेहनतकश जनता के बीच गहरी होनी चाहिए। इसी जनता द्वारा उसे समझा और प्यार किया जाना चाहिए। उसे जनता की भावनाओं, विचारों और इच्छाओं को एकजुट करना और उसे उदात्त बनाना चाहिए।"[20]

मार्क्सवाद के दूसरे प्रमुख परस्कर्ता माओ-त्से-तुंग माने जाते हैं। ये चीन के लोकप्रिय नेता और विचारक थे। इन्होंने चीन में साम्यवादी आंदोलन का नेतृत्व संभालकर 1949 में समाजवादी

राज्य की स्थापना की, और आजीवन उस देश का नेतृत्व संभाले रखा। इन्होंने सन् 1942 में आयोजित येनान की गोष्ठी में कला और साहित्य पर विचार करते हुए कहा कि, "साहित्य-सृजन का प्रथम उद्देश्य सर्वहारा वर्ग के हितों का संरक्षण है। इस कारण सच्चा साहित्यकार बुर्जुआ के स्थान पर सर्वहारा वर्ग के प्रति प्रतिबद्ध होता है तथा उसका साहित्य में बुर्जुआ का चित्रण भी सर्वहारा के दृष्टिकोण से होता है। लेनिन का अनुसरण करते हुए माओ-त्से-तुंग भी कलाकारों एवं साहित्यकारों में पार्टी प्रतिबद्धता का आग्रह करता है। उसकी विचारधारा में राजनीति प्राथमिक महत्व रखती है, कला और साहित्य उससे सम्बद्ध होते हुए भी गौण महत्व के अधिकारी हैं।"[21] तदुपरांत प्ले खानोव ने अपनी पुस्तक Art and Social Life में मनुष्य की कलात्मक चेतना के विकास पर प्रकाश डाला है और सक्रिय रुचि, पारस्परिक सहानुभूति तथा सामंजस्य पर आधारित सर्जनात्मक प्रतिभा की सोद्देश्यता को साहित्य-सर्जना की अनिवार्य शर्त बतलाया है।

इसी क्रम में ट्रॉटस्की, क्रिस्टोफर कॉडवेल, राल्फ फॉक्स, हावर्ड फास्ट, मैक्सिम गोर्की, जार्ज लूकाच, अर्न्स्ट फिशर, चाऊ यांग तथा इलिया एटरेन बुर्ग आदि विचारकों ने मार्क्सवादी साहित्य चिंतन की समृद्धि में महत्वपूर्ण योगदान दिया। कॉडवेल ने स्पष्ट किया कि सौंदर्य कलाकार का साध्य नहीं होता, वह उस यथार्थ का अविभाज्य अंग है जिसे कलाकार रूपायित करता है सच्ची सौंदर्य-भावना का जन्म वर्गमुक्त और शोषण रहित समाज में ही संभव है। मैक्सिम गोर्की ने साहित्य और कला के क्षेत्र में सामाजिक यथार्थवाद की प्रतिष्ठा की।

मार्क्सवादी सिद्धांत का प्रभाव हिंदी साहित्य पर भी पड़ा। यहाँ मार्क्सवाद को आधार बनाकर प्रगतिवाद नाम का आंदोलन ही चला जिसे बाद में जनवाद की भी संज्ञा प्रदान की गयी। हिंदी के प्रमुख मार्क्सवादी विचारकों में डॉ. रामविलास शर्मा, डॉ. शिवदान सिंह चौहान, राहुल सांस्कृत्यांयन, प्रकाशचन्द्र गुप्त, डॉ. नामवर सिंह, डॉ. विश्वंभरनाथ उपाध्याय, डॉ. विश्वनाथ त्रिपाठी तथा डॉ. शिवकुमार मिश्र की गणना की जाती है। इन विद्वानों ने अपने ढंग से मार्क्सवादी चिंतन को पुरस्कृत और प्रवर्द्धित किया है। हिंदी के अतिरिक्त अन्य भारतीय भाषाओं के साहित्य पर भी मार्क्सवादी चिंतन का प्रभाव रहा है।

इधर पूंजीवादी विचारधारा के प्रभुत्व को क्षीण करने के लिए मार्क्सवाद के अभिनव संस्करण के रूप में नव-मार्क्सवाद का विकास हो रहा है। इसे पूंजीवाद की प्रति संस्कृति (Counter Culture) के रूप में प्रस्तुत किया जा रहा है। इसमें परंपरागत मार्क्सवाद से जुड़े हुए ऐतिहासिक भौतिकवाद से हटाकर चेतना (Consciousness) को मार्क्सीय सामाजिक विश्लेषण के मुख्य घटक के रूप में देखा जाता है। कतिपय नवमार्क्सवादी मार्क्स के चिंतन के उन तत्वों से प्रेरणा प्राप्त करते हैं, जो प्रत्यक्षतः हेगेल के विचारों पर आधारित हैं, जैसे कि अलगाव का विश्लेषण, द्वन्द्वात्मकता की संकल्पना और एक महान् युग की ओर इतिहास की प्रगति-यात्रा। जबकि कुछ नवमार्क्सवादी मार्क्सवाद को हेगेल के विचारों से अलग करके अस्तित्ववाद (Existentialism) और संरचनावाद (Structuralism) की ओर ले जाते हैं और इन्हीं को मार्क्सवाद की सही व्याख्या मानते हैं। कतिपय विद्वानों ने तो उत्तर-आधुनिकतावाद (Post-Modernism) से भी मार्क्सवाद के सूत्र-संबंध जोड़ दिये हैं। समकालीन नवमार्क्सवाद के पुरस्कर्ताओं में थ्योडोर एडोर्नी, मैक्स हार्खाइमर, लुई, आल्थ्यूजर, एरिक फ्रॉम, ज्याँ पॉल सार्त्र, हर्बर्ट मार्क्यूजे और युर्गेन हेबरमास का प्रमुख स्थान है। इन विचारकों ने मार्क्सवाद को

नयी अर्थवत्ता और प्रासंगिता प्रदान की है। जिसके कारण मार्क्सवाद गतिशील चिंतन के रूप में टिका हुआ है।मार्क्सवाद के नवीनतम व्याख्याताओं में विखंडनवाद के प्रणेता जॉक देरिदा का नाम लिया जा सकता है। देरिदा के अनुसार मार्क्स को नहीं पढ़ना फिर-फिर नहीं पढ़ना और उस पर विमर्श नहीं करना एक अपराध या भूल जैसा ही होगा। यह एक प्रकार का हमारा सैद्धांतिक, दार्शनिक और राजनीतिक दायित्व है, जिसमें चूकना एक बड़ी भूल या कि अपराध बन जाएगा। मार्क्स के अपने विचारधारात्मक उपकरण हैं जो आज लुप्त होने की प्रक्रिया में हैं। इस दायित्व से मुँह मोड़ने के लिए कहीं कोई माफी नहीं है, केवल अन्यत्र स्थितियाँ (Alibis) हैं। देरिदा स्पष्ट शब्दों में मानता है कि बिना मार्क्स की स्मृति और उसकी विरासत के कोई भविष्य नहीं होगा। देरिदा पूर्व कल्पना करता है और उसे अपना पूर्वग्रह तक कहने से भी नहीं हिचकता है कि उसके लिए मार्क्स हमेशा एक से अधिक हैं और उसे हमेशा एक से अधिक ही होना चाहिए। मार्क्स के संबंध में देरिदा का यह कथन निश्चय ही महत्वपूर्ण बन पड़ा है।

5.5 निष्कर्ष

इस प्रकार स्पष्ट है कि मार्क्सवाद एक गतिशील भौतिकवादी अवधारणा है जिसने समाज के वर्गपरक आधार का विश्लेषण प्रस्तुत करके ऐसी मान्यताओं पर प्रश्न चिह्न लगा दिया है जिनके कारण समाज में निहित स्वार्थों को बढ़ावा मिलता है और शोषण का चक्र चलता रहता है। यह मूल रूप में एक प्रगतिवादी दर्शन है जिसका मुख्य संदेश यह है कि सामाजिक अन्याय की जड़ें समाज-व्यवस्था के अंदर ढूँढ़नी चाहिए और वहीं उसका प्रतिकार भी करना चाहिए। साथ ही, नवमार्क्सवादियों ने समकालीन परिस्थितियों में नव-मार्क्सवाद की नयी व्याख्यायें देकर मानव स्वतंत्रता के लिए नए क्षितिज ढूँढ़ निकाले हैं। मार्क्स और एंगेल्स ने साहित्य को सोद्देश्य बताकर और उसे सामाजिक परिवर्तन का साधन मानकर प्रकारांतर से कलावाद के समक्ष चुनौती प्रस्तुत की। मार्क्सवादी साहित्य और कलादृष्टि जनता की पक्षधर है। मार्क्स ने साहित्य और कला पर विचार करते समय कलात्मक मूल्यों और रूपतंत्र को यथेष्ट महत्व देकर संतुलित दृष्टि का परिचय दिया है परन्तु, उनके कतिपय अनुयायियों ने साहित्य और कला को प्रचारवादी बनाकर मार्क्सवादी सौंदर्यशास्त्र को ठेस पहुँचायी है। वस्तुतः मार्क्स और एंगेल्स ने आनंद की तुलना में लोककल्याण को ज्यादा तरजीह देकर अपनी गतिशील दृष्टि का परिचय दिया है। कुल मिलाकर, मार्क्सवाद उपेक्षित और पीड़ित मनुष्यता को शोषण के दुश्चक्र से मुक्त कराकर उसे साम्यवाद के आदर्शलोक में प्रतिष्ठित कराना चाहता है जो उसकी जनोन्मुखता और समाज-सापेक्षता का चिरंतन प्रमाण है। वह सदियों से उपेक्षित एवं उत्पीड़ित सर्वहारा वर्ग को भयमुक्त बनाकर उन्हें क्रांति एवं परिवर्तन के लिए तत्पर करता है ताकि वे उपलब्ध सुविधाओं के उपभोग में सहभागी हो सकें।

संदर्भ सूची

1. रससिद्धांत और सौंदर्यशास्त्र-डॉ. निर्मला जैन, पृष्ठ 56
2. "...It Will result in the appearance of a homogenerous society, all of whose members dere their incomes from the same source, viz their labour." John Strachy the theory and practice of socialism, page-405

3. कम्युनिस्ट नैतिकता, संपा./अनु. रमेश सिन्हा, इण्डिया पब्लिशर्स, लखनऊ, 1980, पृष्ठ-25
4. Marxism and Literary Criticism-Terry, Agelton, Mathun Co. Ltd. London-1977, Pge-1
5. पाश्चात्य काव्यशास्त्र की परंपरा, प्रधान संपादक- डॉ. नगेंद्र, पृष्ठ-323
6. Marx, Engles Marxism -Lenin-Page-16
7. The philosophy of Hegel-W.T. Stace, U.S.A. Dover Pub. Inc.1955, Page-94
8. "My dialectie method is not only different from the Hegelian, but it is direct opposite. To Hegal the life process of the human brain, i.e. the process of thinking, which under the name of the Idea, he even transforms into an independent subject, is demiurgos of the real world, and the real world is only the external phenomenal from the Idea with me, on the contrary the ideal is nothing else than the mateial world, reflected by the human mind, translated into forms of thought."
- Karl Marx and F. Engels, Selected Works, Page-413
9. विश्वसाहित्यशास्त्र, संपादक- डॉ. नगेंद्र, पृष्ठ- 375
10. "In Modern History at least it is therefore proved that all political struggles are class struggles for emancipation in the last resort, despite their necessarily political form.... for ever class struggle is a polotical struggle-turn ultimately on the question of economic emancipatiom." F. Engels-Ludwing Fenuback and the outcome of clasical German Philosophy.P. 61
11. मार्क्स और एंजेल्स, कम्युनिस्ट पार्टी का घोषणापत्र, पृष्ठ- 34
12. वही, पृष्ठ- 41-42
13. Political Thought-from plato to Marx-by Dr. Prakash Chander and Brij Grower, Page-285
14. John Louise-Literature and Politics London 1956, Page-268
15. "The difficulty does not lie in the fact.... that Greek art and the epic are bound to certain forms of social development, The difficulty is that they still provide us with artistic pleasure and in certain sense represent for us a norm and an unattainable standard."-Marx on Literature and Art, Page-84.
16. वही.
17. Karl Marx-Critic of Political Economy-Introduction.
18. विश्वसाहित्यशास्त्र- संपादक- डॉ. नगेन्द्र, पृष्ठ 379
19. "If you want to enjoy art you must be an artistically cultured person." -Karl MarxEconomic Philosophy Manuscript 1844
20. Leinn on Literature and Art, Page-250-251
21. Mao-Tse-Tung-Talks at the yenan Forum on Art and Literature,Page-32

अध्याय 6

प्रतीकवाद
(1880-1910)

प्रतीकवाद फ्रांसीसी कविता के सर्वाधिक महत्वपूर्ण आंदोलनों में से एक है जिसने 19वीं शताब्दी के अंतिम दशकों में फ्रांस के साहित्य और कला के सभी अंगों-उपांगों को प्रभावित किया। इसे यथार्थवाद का विरोधी आंदोलन माना जाता है। वस्तुतः 19वीं शती को फ्रांसीसी काव्यांदोलनों की शताब्दी माना जा सकता है। क्योंकि इस शताब्दी के आंरभ में नवआभिजात्यवाद अपने प्रकर्ष पर था जिसकी प्रतिक्रिया में स्वच्छंदतावाद का अभ्युदय हुआ। स्वच्छंदतावाद का स्वाभाविक विकास कलावाद में हुआ जिसने यथार्थवाद के आविर्भाव के लिए जमीन तैयार की। यथार्थवाद की स्वाभाविक परिणति प्रकृतवाद में हुई। प्रकृतवाद अपनी जड़ें मजबूत करने का प्रयास ही कर रहा था कि प्रतीकवाद का ज्वार आ गया। इस प्रकार सम्पूर्ण 19वीं शती फ्रांसीसी काव्यांदोलनों से उन्मथित रही। प्रतीकवाद इस शती का अन्तिम साहित्यिक और कलात्मक विवर्तन था। कतिपय विद्वानों की दृष्टि में प्रतीकवाद स्वच्छंदतावाद की अत्युन्नत एवं विकसित शाखा है जिसमें प्रतीकों का सायास और सचेत प्रयोग किया गया। वैसे तो प्रतीकवादी काव्य-धारा का प्रवर्तन फ्रांसीसी रचनाकारों बॉदलेयर, वर्लेन, मलार्मे, रिम्बों, क्लाउडेल तथा पॉल वालेरी द्वारा हुआ, परन्तु, इसका प्रभाव जर्मन कवि रिल्के, रूसी लेखक ब्लोक, आयरिश कवि यीट्स, अमेरिकन कवि हत्थॉर्न तथा वाल्ट ह्विटमैन आदि पर भी पड़ा।

6.1 प्रतीकवादी प्रेरणा भूमियाँ

प्रतीकवाद अपने वास्तविक स्वरूप में व्यक्तिवादी आंदोलन था, पर इसके अभ्युदय के लिए तत्कालीन सामाजिक-आर्थिक एवं साहित्यिक परिवेश जिम्मेदार था। दरअसल, 19वीं शताब्दी का फ्रांस एक विशेष प्रकार के राजनीतिक और सामाजिक विवर्तन के दौर से गुजर रहा था। सन् 1848 और सन् 1870 की क्रांतियाँ इस बात का प्रमाण हैं जो जन-मन में व्याप्त असंतोष और नूतन अकांक्षा की अभिव्यक्ति थीं। चूँकि इन क्रांतियों से कवि और लेखक भी जुड़े हुए थे, इसलिए साहित्यिक क्षेत्र में भी इसका अपना महत्व है। सन् 1848 में फ्रांस में जो अंतरिम सरकार बनी, उसका अध्यक्ष कवि लेमरतेन को बनाया गया। इसी तरह सन् 1870 में फ्रांस में कतिपय दुर्घनाओं के बीच तीसरे गणराज्य की स्थापना हुई। फलस्वरूप सच्चे अर्थों में लोकतांत्रिक व्यवस्था की स्थापना के साथ जीवन के हरेक क्षेत्र में परिवर्तन दृष्टिगत हुआ। विशेषकर शिक्षा

के क्षेत्र में क्रांतिकारी परिवर्तन परिलक्षित हुआ, क्योंकि तत्कालीन शासन ने लोककल्याणकारी राज्य के आदर्शों के अनुरूप समूचे देश में शिक्षा का निःशुल्क तथा व्यापक प्रसार किया। इस युग में ज्ञान-विज्ञान की अभूतपूर्व उन्नति एवं लोकतांत्रिक-व्यवस्था तथा नयी आर्थिक-नीतियों के चलते आधुनिकतावाद ने जोर पकड़ा। परन्तु, तथाकथित यथास्थिति की संवाहक शक्तियाँ-सामंत, पुरोहित और बुर्जुआ-अपने-अपने धरातल पर रूढ़ नैतिकता और शोषण के पारंपरिक तरीके को पुरस्कृत करने में संलग्न थीं। चूँकि नयी लोकतांत्रिक प्रणाली ने जिन शिक्षण संस्थाओं को खुलवाया था, उनमें पढ़ानेवाले अध्यापकों द्वारा छात्रों को बुर्जुआ-वर्ग और धर्माधिकारियों के अतिचारों के प्रति सचेत किया जा रहा था। इसलिए इसकी प्रतिक्रिया में अभिजात-वर्ग ने अपने बच्चों के लिए उच्च स्तर के धार्मिक स्कूल(Ecoles libres) खुलवाए। इसके परिणामस्वरूप इन धार्मिक स्कूलों के छात्रों तथा लोकतंत्रवादी शिक्षकों द्वारा शिक्षित छात्रों के स्तर में कुछ उसी प्रकार का अंतर आ गया, जिस प्रकार का अंतर आज हमारे देश में कैथोलिक चर्चों द्वारा संचालित अंग्रेजी माध्यम के कॉन्वेन्ट स्कूलों के छात्रों और विभिन्न सरकारी इकाइयों द्वारा संचालित शिक्षण-संस्थानों के छात्रों के स्तर में हैं। उस समय धार्मिक स्कूलों के छात्र अपने प्रभावों से फ्रांसीसी सेना के उच्च पदों पर नियुक्त हो जाते थे, जबकि सरकारी शिक्षण-संस्थानों से निकलनेवाले छात्रों को सामान्य-सैनिकों के रूप में साधारण नौकरियों से संतोष करना पड़ता था। इस प्रकार स्पष्ट है कि तत्कालीन फ्रांस में समाज के विभिन्न वर्गों तथा पारंपरिक और आधुनिक मूल्यों के बीच जबर्दस्त द्वन्द्व चल रहा था।

जहाँ तक साहित्यिक पृष्ठभूमि का सवाल है तो प्रतीकवाद के आगमन के पूर्व फ्रांस में यथार्थवाद और प्रकृतवाद जैसे स्थूल और वस्तुवादी आंदोलनों का बोलबाला था। यथार्थवाद के कारण साहित्य में यथातथ्य वर्णन और तथ्यात्मकता का आग्रह बढ़ा और जो आंदोलन आरंभ में जीवन की समग्रता को लेकर चला था, वह अपनी पराकाष्ठा पर पहुँचकर जीवन के सुन्दर और असुंदर पक्ष का चितेरा बन गया। वह जीवन के कुत्सित, बीभत्स और कुरुचिपूर्ण अंशों के चित्रण में विशेष रुचि लेने लगा। दूसरी तरफ प्रकृतवादी आंदोलन पूँजीवादी वैभव-विलास के वातावरण में मानव-प्रकृति में निहित विकृतियों को उघाड़ने में तत्पर था। वह जीवन के अश्लील और उपेक्षणीय पक्षों का भी ज्यों का त्यों वर्णन करने में प्रवृत्त था। ऐसी स्थिति में मनुष्य को यह समझने में देर नहीं लगी कि उसके समक्ष जीवन का जो रूप प्रस्तुत किया जा रहा है, उसके अतिरिक्त भी बहुत कुछ ऐसा है जो मनुष्य के भीतर है, जो उसका आंतरिक सौंदर्य है और जिसे यथार्थवाद की सतही दृष्टि नहीं पकड़ सकती। फलतः इन स्थूल, वस्तून्मुखी, यथार्थवादी, प्रकृतवादी प्रवृत्तियों के विरोध में सूक्ष्मतापरक, आदर्शवादी, रहस्योन्मुख तथा सांकेतिक अभिव्यक्तियों से युक्त एक नवांदोलन उठा खड़ा हुआ, जिसे 'प्रतीकवाद' की संज्ञा से संबोधित किया गया।

जहाँ तक प्रतीकों की प्राचीनता का सवाल है तो यह लगभग उतना ही पुराना है जितना कि स्वयं मनुष्य। यहाँ तक कि विश्व की सारी संज्ञाओं को भी प्रतीक माना जाता है। कतिपय विद्वान दृढ़तापूर्वक यह मानते हैं कि सारी मानव-उपलब्धियाँ-साहित्य, विज्ञान, भाषा-पुराण, संस्कृति, धर्म, सभ्यता आदि सभी प्रतीकात्मक हैं। यदि भारतवर्ष में ऋग्वेद से लेकर अब तक अनवरत रूप से प्रतीकों का प्रयोग होता रहा है तो पाश्चात्य-चिंतन में इसके प्रथम-प्रयोग की सूचना प्लेटो से मिलती है। प्रतीकवादियों को जर्मन श्लेगल, गेटे, हेगेल और इंग्लैण्ड के कार्लाइल से दार्शनिक

आधार प्राप्त हुआ। श्लेगल ने कहा था कि कला का सार प्रतीकात्मक है। जर्मन विचारक अर्नेस्ट कैसिरर का मानना है कि मनुष्य का हर सृजन प्रतीकात्मक होता है। हेगेल ने कला के आविर्भाव पर प्रकाश डालते हुए लिखा कि, "कला की अवधारणा का जन्म ही प्रतीक के साथ नहीं हुआ, वरन् मानव-इतिहास में स्वयं कला का उदय प्रतीक के साथ हुआ।"[1] हेगेल ने कला के तीन प्रभेद किए है-1. प्रतीकात्मक कला। 2. शास्त्रीय कला। 3. स्वच्छंद कला। इनके अनुसार सर्वप्रथम कलात्मक सौंदर्य की अभिव्यक्ति कला के रूप में होती है, जिसका मूर्त रूप वास्तुकला है। वास्तुकला चरमसत्ता के मूल प्रत्यय की उदात्तता एवं ऐश्वर्य के प्रस्तुतीकरण का समर्थ प्रयत्न है। इसे प्रतीकात्मक कला की संज्ञा से अभिहित किया जा सकता है। हेगेल के अनुसार, "प्रतीक के चरित्र में ही कुछ ऐसा तत्व है, जो उसे कलात्मक बना देता है, इसलिए प्रतीक कला के उद्भव की पहली और प्राचीनतम पहचान है।"[2] इस तरह हेगेल की दृष्टि में कला की प्रतीकवादी कोटि उसकी आरंभिक पर आधारभूत कोटि है। इनका अभिमत है कि, "जब निरपेक्ष की अभिधारणा अभिव्यक्ति के माध्यम का अन्वेषण आरम्भ करती है, तो प्रतीकवादी कला का उदय होता है। इसलिए प्रत्येक कला अपने शुरुआती दौर में अनिवार्य रूप से प्रतीकात्मक होती है।"[3] कहने की आवश्यकता नहीं कि हेगेल प्रतीकवादियों की तरह प्रतीक को कला का चरम साध्य न मानकर उसका प्रस्थान बिंदु मानते हैं। इस तरह हेगेल के कला-चिंतन ने प्रतीकवादियों के लिए प्रेरणाभूमि तैयार की, परन्तु, प्रतीकवादियों ने अन्य विचारकों का ऋण स्वीकारने के बावजूद हेगेल का ऋण स्वीकार नहीं किया। इसका कारण यह हो सकता है कि प्रतीकवादी स्वच्छंतावादियों की तरह भाव-व्यंजना और रागपरक रहस्य-चेतना के कायल थे, जबकि हेगेल प्रत्ययवादी थे और उनका समूचा चिंतन ही वास्तविकता, वैज्ञानिकता, भौतिकता तथा बौद्धिकता से अनुस्यूत है।

6.2 प्रतीकवाद का स्वरूप

6.2.1 अर्थ, परिभाषा एवं स्वरूप

प्रतीकवाद शब्द हिंदी में अंग्रेजी के Symbolism शब्द के समानार्थी के रूप में प्रयुक्त होता है जो 'Symbol+lsm' से बना है। ऑक्सफोर्ड इंगलिश डिक्शनरी के अनुसार, " 'सिम्बल' शब्द का जीवंत संबंध लैटिन भाषा के 'Sybolum' शब्द से है, जो स्वयं ग्रीक शब्द 'Sybolun' का रूपांतरण है। यह शब्द विगत पाँच शताब्दियों में कई बार रूपांतरित हो चुका है। मसलन, Symbol (16वीं शती), Symbola तथा Symbole (16-17वीं) और Symbole (17वीं शती)।"[4] प्राचीन यूनान में किसी वस्तु के उस भाग को 'सिम्बोलन' कहते थे, जिसे दो गुट आपस में बाँटकर दूसरे गुट के प्रमाण के रूप में रखते थे। कालांतर में ऐसी समस्त वस्तुओं को 'सिम्बोलन' शब्द के अंतर्गत समाहित कर लिया गया जो इस प्रकार के प्रमाणों और पहचान चिह्नों के रूप में प्रयुक्त होती थी, जैसे-लाख पर लगी सील या सीलवाली अँगूठी। इस शब्द के अन्य अर्थ भी इसी श्रेणी के हैं जैसे- "चिह्न, निशानी, टिकिट, टेसेरा (हड्डी का टुकड़ा जो रोम में टिकिट के रूप में चलता था), परिचय-पत्र इत्यादि।"[5]

हिंदी में 'प्रतीक' शब्द का प्रयोग-'संकेत', 'चिह्न', 'प्रतिरूप' आदि के लिए किया जाता है। भारतीय संदर्भ में इसका सर्वप्रथम प्रयोग विश्व के सबसे पुराने ग्रंथ 'ऋग्वेद' में हुआ है। वैदिक युग से सतत व्यवहार में रहने के बावजूद इस शब्द में उल्लेखनीय विकार नहीं आया है।

"उससे अर्थ ग्रहण करते हुए बालगंगाधर तिलक ने इसका अर्थापन अपने ढंग से किया है- 'प्रतीक' (प्रतिः+ इक) का धात्वर्थ यह है- 'प्रतिः' अपनी ओर 'इक' झुका हुआ। जब किसी वस्तु का कोई एक भाग पहले गोचर हो, और फिर आगे वस्तु का ज्ञान हो तब उसको 'प्रतीक' कहते हैं। इस नियम के अनुसार सर्वव्यापी ईश्वर का ज्ञान होने के लिए उसका कोई भी प्रत्यक्ष चिह्न, अंशरूपी विभूति या भाग 'प्रतीक' हो सकता है। आचार्य शुक्ल ने भी प्रतीक का ऐसा ही अर्थ लिया है।"[6] संक्षेप में, प्रतीक अपने रूप, गुण, कार्य या अन्य विशिष्टताओं के आधार पर किसी अप्रस्तुत का संकेत अथवा प्रतिनिधित्व करता है। वैसे मोटे रूप से प्रतीक का अर्थ है, वह जो परंपरा अथवा रूढ़ि आदि के कारण किसी और को द्योतित करे। जैसे- सिंह वीरता को द्योतित करता है तो गीदड़ कायरता को। प्रतीक की भारतीय अर्थ-परंपरा पाश्चात्य परंपरा से बहुत ज्यादा पुरानी है। ऋग्वेद में इन्द्र, मित्र, मरुत, सविता, रुद्र आदि देवता क्रमशः शक्ति, चेतना, बल, प्रेरणा तथा दण्ड के प्रतीक माने गये हैं। जीवन का कोई भी ऐसा क्षेत्र नहीं है जहाँ प्रतीकों का प्रयोग न होता हो। इसका व्यवहार सभी देशों और कालों में होता रहा है। विभिन्न विद्वानों ने प्रतीक की परिभाषा अपने-अपने ढंग से दी है, जिनमें से कुछ प्रमुख परिभाषाएँ इस प्रकार है-

1. ब्रिटानिया विश्वकोश में 'चिह्न' और 'दृश्य' पर ध्यान केन्द्रित करते हुए प्रतीक को इस प्रकार परिभाषित किया गया है- "इस शब्द (प्रतीक) का प्रयोग किसी ऐसी दृश्य वस्तु के लिए होता है जो हमारे मनोजगत के सामने किसी ऐसी चीज की झलक का प्रतिनिधित्व करती है, जो वैसे तो अज्ञात होती है, पर प्रतीक के साहचर्य के कारण उसका अनुभव हो जाता है। प्रतीक के साथ जो विचार सामान्यतः सम्बद्ध होते हैं, उन्हीं के द्वारा उसका संप्रेषण हो जाता है। उदाहरणार्थ- खजूर की शाखा की छाप विजय का प्रतीक है और लंगर आशा का।"[7]
2. धर्म और नीति-विश्वकोश (Encyclopaedia of Religions and Ethics) में प्रतीक को ऐसे सत्य का प्रस्तोता माना गया है जो मानसिक धरातल पर कल्पना के सहारे आभासित होता है। यथा, "प्रतीक किसी विचार, भाव या अनुभव का दृश्य या श्रव्य चिह्न है। वह उसकी व्याख्या करता है, जो वस्तुतः मानस और कल्पना द्वारा ही अभिगृहीत किया जा सकता है और यह अभिग्रहण होता है, उस वस्तु के सहारे जो हमारे प्रेक्षण क्षेत्र (Field of Observation) के भीतर प्रविष्ट हो जाती है।"[8]
3. प्रतीक पर विचार करते समय हिंदी साहित्य कोशकार ने अपेक्षाकृत ज्यादा उदार दृष्टिकोण और सर्वसमावेशक प्रवृत्ति का परिचय देते हुए लिखा है कि, "प्रतीक शब्द का प्रयोग उस दृश्य अथवा गोचर वस्तु के लिए किया जाता है, जो किसी अदृश्य (अगोचर या अप्रस्तुत) विषय का प्रतिविधान उसके साथ अपने साहचर्य के कारण करती है, अथवा कहा जा सकता है कि किसी अन्य स्तर की समानरूप वस्तु द्वारा किसी अन्य स्तर के विषय का प्रतिनिधित्व करनेवाली वस्तु प्रतीक है। अमूर्त्त, अदृश्य, अश्रत्य, अप्रस्तुत विषय का प्रतीक प्रतिविधान मूर्त, दृश्य, श्रव्य, प्रस्तुत विषय द्वारा करता है। जैसे अदृश्य या अप्रस्तुत ईश्वर, देवता अथवा व्यक्ति का प्रतिनिधित्व उसकी प्रतिभा या अन्य कोई वस्तु कर सकती है।"[9]
4. वेबस्टर ने प्रतीक को 'अदृश्य' का प्रतिनिधि मानते हुए कहा है कि वह अभिप्रेत अर्थ

को व्यंजित करने का एक उत्कृष्ट साधन है- "प्रतीक वह है जो संबंध सूत्रता, साहचर्य, परंपरागत-रीति सचेतन रूप से नहीं वरन संयोगवशात् उत्पन्न समरूपता के आधार पर, किसी दूसरे का प्रतिनिधित्व या संकेतन करता है। वह किसी अदृश्य वस्तु का (जैसे कि किसी विचार का, किसी गुण का अथवा चर्च या राज्य जैसी किसी समष्टिगत सत्ता का) दृश्य चिह्न होता है।"[10]

उपर्युक्त परिभाषाओं के आधार पर यह कहा जा सकता है कि प्रतीक किसी अदृश्य अथवा अमूर्त सत्ता का जीवंत प्रतिनिधि है जो किसी विषय का प्रतिनिधित्व करने के साथ-साथ उसे समाज द्वारा स्वीकृत भी कराता है। उसके माध्यम से कवि को किसी विषय का स्पष्टीकरण करने में सरलता होती हैं। साथ ही, वह कवि के लिए पलायन का मार्ग प्रशस्त करता है। प्रतीकों में मानवशास्त्र की सुप्त तथा दमित अनुभूतियों को झंकृत करने की अद्वितीय क्षमता होती है। वह कवि की अभिव्यंजना के सर्वोत्तम साधनों में से एक है। विभिन्न विद्वानों ने उसके निम्नलिखित भेद किए हैं-

प्रतीक

- प्राकृतिक प्रतीक
- सांस्कृतिक प्रतीक
- ऐतिहासिक प्रतीक
- जीवन व्यापार संबंधी प्रतीक
- शास्त्रीय एवं वैज्ञानिक प्रतीक

- संस्कार-संबंधी
- पौराणिक
- आद्यबिंबीय
- आध्यात्मिक

कहना न होगा कि जीवन का कोई भी ऐसा क्षेत्र नहीं जहाँ प्रतीकों का प्रयोग न होता हो। वस्तुतः रचनाकार के हाथ में अभिप्रेत वस्तु, भाव या अर्थ का संकेत करने के लिए प्रतीक सबसे कारगर हथियार है।

विभिन्न विद्वानों ने 'प्रतीक' के अतिरिक्त प्रतीकवाद को भी परिभाषित करने का श्लाघ्य प्रयास किया है। इस संदर्भ में आर्थर साइमंस का निम्न कथन उल्लेखनीय बन पड़ा है, "जिस प्रकार हमारे द्वारा प्रयुक्त शब्दों के मूल में ही प्रतीक है उसी प्रकार आरंभ से ही सभी साहित्य में यह अंतर्निहित रहा है, फिर भी प्रतीकवाद से इसका पूर्ण बोध लेकर और हमारे बहुत-से प्रतिबंधों से मुक्त होने के एकमात्र साधन के रूप में आया। हम पाते हैं कि दीर्घकालीन प्रयोग से शब्द इतने धुँधले हो गए हैं कि वे पहचान में नहीं आते। अतः साहित्य को यदि आगे बढ़ाना है तो शब्दों में जान डालनी होगी, संकेत और व्यंजना के लिए उसके रूप को परिपूर्ण बनाना होगा। इस तरह प्रतीकवादी आंदोलन काव्यभाषा का आंदोलन है।"[11] प्रतीवाद के स्वरूप को स्पष्ट करते हुए हिंदी-साहित्यकोशकार ने लिखा है कि, "साधारण तौर से कहा जा सकता है कि प्रतीकों के माध्यम से किसी विषय का प्रतिविधान करना 'प्रतीकवाद' है। अपने मौलिक अर्थ में प्रतीकवाद किसी व्यक्ति, विषय, घटना अथवा क्रिया की ओर ध्यान करनेवाले पदार्थों अथवा चिह्नों तक सीमित था। किन्तु उसके अर्थ के क्रमिक विस्तार की प्रक्रिया में उसके अंतर्गत रुकने और चलते जाने का संकेत देनेवाले लाल और हरे रंगों जैसे तुच्छ पदार्थों से लेकर राष्ट्रों की ध्वजाएँ, धार्मिक कर्मकाण्ड के विविध उपकरण तक सम्मिलित हो गए हैं। शब्द-लिपि, गणित और संगीत में प्रयुक्त होनेवाले चिह्नों और सूत्रों का भी समावेश उसकी सीमा में हो जाता है। मनुष्य के सामाजिक

और धार्मिक व्यवहार का अधिकांश प्रतीकात्मक होता है। मनोविश्लेषक, अवचेतन जीवन और स्वप्नों की व्याख्या करने में प्रतीकवाद का प्रयोग करता है। साहित्य और कला के क्षेत्र में प्रतीकवाद एक विशिष्ट भावधारा का आंदोलन और अभिव्यक्ति है।"[12]

इस प्रकार स्पष्ट है कि प्रतीकों का प्रयोग जीवन के हरेक क्षेत्र में होता है और प्रतीकवाद साहित्य एवं कला के क्षेत्र में प्रतीकों के प्रचुर प्रयोग पर जोर देनेवाला आंदोलन है। प्रतीकवाद में 'प्रतीक' शब्द 'प्रतीक' नामक शिल्प पद्धति का द्योतक न होकर उस आंदोलन की समस्त प्रवृत्तियों का द्योतक है। प्रतीकवाद को तत्कालीन यथार्थवाद, प्रकृतवाद और 'पारनेशियनिज्म' का विरोधी माना जाता है। उस समय 'पारनेशियन' धारा के गातिया, लेकांत तथा हरदिया केवल ऐतिहासिक वृत्त और प्रकृत रूपों को यथावत् व्यक्त करने में प्रवृत्त थे। स्तीफेन मलार्मे ने 'पार्नेशिएन्स' के विरुद्ध अपनी काव्य-विषयक अवधारणा को स्पष्ट करते हुए लिखा है कि, "वे (The Parnassians) वस्तुओं को सीधे प्रस्तुत करते हैं, जबकि मेरे विचार से उन्हें संकेतगर्भी (allusive) रूप में प्रस्तुत करना चाहिए। किसी वस्तु का नाम लेने से काव्यात्मक आस्वाद बहुत-कुछ नष्ट हो जाता है। वस्तु की ओर संकेत करना ही आदर्श है। इस रहस्य के पूर्ण उपभोग से ही प्रतीक निर्मित होता है। आत्मा की स्थिति विशेष का दर्शन कराने के लिए वस्तु को क्रमशः उद्‌बुद्ध करना चाहिए, अथवा किसी वस्तु का चयन करके फिर उससे आत्मावस्था को क्रमशः विशेष प्रक्रिया द्वारा उपलब्ध कराना चाहिए।"[13] द ऑक्सफोर्ड कॉम्पेनियन टू इंग्लिश लिटरेचर में प्रतीकवाद के स्वरूप को स्पष्ट करते हुए कहा गया है कि, The term (Symbolism) is widely applied, but in its most useful and restricted sense refers to the period c. 1880-1895. The movement may be seen as a reaction against dominant realist and naturalist tendencies in literature generally and, in the case of poetry, against the descriptive precision and 'objectivity' of the parnassians. The symbolists stressed the priority of suggestion and evocation over direct description and explicit analogy, and to the symbol was ascribed a pre-eminent fuction in the effort to distil a private mood or to evoke the subtle affinities which were held to exist between the material and spiritual worlds. Symbolist writers were particularly concerned to explore the musical properties of languages, through the interplay of connotative sound relationships, but were deeply interested in all the arts and much influenced by the synthesizing ideals of wagner's Musical Dramas. Other influences on the movement were the mystical writings of Swedenborg, and the poetry of Nerval, Baudelaire and Poe."[14] अर्थात् प्रतीकवाद (Symbolism) शब्द का व्यापक तौर पर प्रयोग होता है किन्तु इसका सर्वाधिक उपयुक्त और मर्यादित अर्थ 1880-1895 ई. के काल को अभिव्यक्त करने के लिए किया जाता है। इस आंदोलन को सामान्यतः साहित्य में प्रभावशाली यथार्थवादी एवं प्रकृतवादी प्रवृत्तियों तथा काव्य के संदर्भ में वर्णनात्मक शुद्धतावाद तथा पारनेशियन्स के ध्येयवादिता के विरुद्ध प्रयुक्त किया जाता है। प्रतीकवादियों ने प्रत्यक्ष कथन तथा प्रव्यक्त सादृश्यता पर सुझाव तथा अंतर्बोधों की प्राथमिकता पर बल देते हुए प्रतीकों को भौतिक और आध्यात्मिक जगत के मध्य विद्यमान

सूक्ष्म संबंधों को उभारने अथवा वैयक्तिक मन:स्थिति को द्रवित करने के प्रयासों हेतु एक पूर्वोत्कृष्ट कार्य के रूप में निरूपित किया है। प्रतीकवादी लेखक गुणार्थक ध्वनि संबंधों के पारस्परिक प्रभावों के माध्यम से भाषाओं के संगीतात्मक गुणों के अन्वेषणादि से विशेष सरोकार रखते थे। फिर भी, सभी कलाओं में उनकी गहरी रुचि थी और वैगनर के सांगीतिक वाद्यों के आदर्शों के प्रति अपेक्षाकृत ज्यादा अभिभूत थे। इसके अलावा इस आंदोलन पर स्वेडेनवर्ग के रहस्यात्मक लेखन और नार्वेल, बॉदलेयर और पो के काव्यों का भी विशद प्रभाव रहा है।

इसमें सन्देह नहीं कि प्रतीकवाद का स्वाभाविक विरोध वैज्ञानिक यथार्थवाद, प्रकृतवाद, पारनेशियनवाद तथा कुछ सीमा तक स्वच्छंदतावाद से भी था परन्तु, उसमें स्वच्छंदतावाद के अनेक और पारनेशियवाद के कतिपय तत्व परोक्ष रूप से विद्यमान थे। प्रतीकवाद का मूल व्यक्तित्व व्यक्तिवादी, रूपवादी और भाववादी था जिस पर रहस्यवादी और कलावादी चिंतन का गहरा प्रभाव था। साथ ही, यह भी उल्लेखनीय है कि प्रतीकवाद के प्रवर्तकों ने उसका प्रवर्तन जिस वैचारिक साँचे में किया था, फ्रांस से चलने के बाद उसमें लगातार परिवर्तन और विस्तार होता रहा। इसका सबसे बड़ा प्रमाण यही है कि उससे स्टीफेन जार्ज जैसे राष्ट्रवादी, ब्लोक जैसे यथार्थवादी और रिल्केजैसे स्वच्छंदतावादी समान रूप से जुड़े थे। जब हम छायावाद, प्रयोगवाद और नयी कविता जैसे हिंदी काव्यांदोलनों पर प्रतीकवाद के प्रभाव के चर्चा करते हैं तो उसे इसी अर्थ-विस्तार के रूप में ही लेना चाहिए। प्रतीकवाद के प्रमुख रचनाकारों में बॉदलेयर, वर्लेन, मलार्मे, रेम्बो, एरी द रेन्ये, वर्हैरेन, गस्ताव कान, क्लोडेल, प्रूस्त, पॉल वॉलेरी, एडगर एलेन पो, वाग्नर, कोरविएर, टी.एस. इलिएट, जेम्स ज्वॉयस, यीट्स, सिंज, कैरल, शेखाफ, यूजीन ओनील आदि की गणना की जाती है। इन साहित्यिक विभूतियों के अतिरिक्त कतिपय ख्यातिलब्ध चित्रकारों ने भी प्रतीकवाद को अपना समर्थन दिया, जिनमें गोगिन, रोनार्ड, विलार्ड, रुजेल, मारिस, डेनिस, गस्तैव मोदय, केवेन्स ओर रोदाँ आदि प्रमुख हैं। इन चित्रकारों ने प्रतीकात्मक संदर्भों और प्रचुर अलंकरणों के माध्यम से अपने स्वप्नों के कल्पनात्मक संकेतों को प्रस्तुत करके प्रतीकवादी आंदोलन को शक्ति और गति प्रदान की।

6.3 प्रतीकवाद की प्रमुख विशेषताएँ

प्रतीकवाद यथार्थवाद के बाद का साहित्य-सिद्धांत है जिसमें स्वच्छंदतावाद की संभावनाओं का दिशा-विशेष में चरम विकास परिलक्षित होता है। इस आंदोलन का विधिवत् प्रवर्तन फ्रांस के सुप्रसिद्ध पत्र 'फिगारो' के 18 सितंबर, 1886 के अंक में छपे 'प्रतीकवाद के घोषणा पत्र' से हुआ। इसमें या मोरेया ने यह स्थापित करने का प्रयास किया कि 'चार्ल्स-बॉदलेयर' इस आंदोलन के अग्रदूत हैं और मलार्मे ऐसे प्रथम कवि हैं जिन्होंने प्रतीक को केन्द्र में रखकर अपने समय की यथार्थवादी धारा से अलग सौंदर्यशास्त्र का एक संक्षिप्त पर प्रभावी ढाँचा खड़ा किया। इनके अतिरिक्त पॉल वालेरी (फ्रेंच), रायनर मारिया रिल्के (जर्मन), विलियम बटलर यीट्स (अंग्रेजी) आदि प्रतीकवादी आंदोलन तथा रचनात्मकता के प्रमुख आयोजक संयोजक और प्रतिनिधि माने जाते हैं। वैसे तो प्रतीकवाद का शुभारंभ सन् 1857 में प्रकाशित चार्ल्स बॉदलेयर के काव्य-संकलन 'ले फ्लर द्यु माल' (The Flowers of Evil) जिसका हिंदी-अनुवाद 'पाप के पुष्प' अथवा 'कलुष के फूल' है-के प्रकाशन से माना जाता है। इस संकलन में यदि एक ओर

'चम्पई बालोंवाली भिखारिन के प्रति' (1842) जैसी घोर यथार्थवादी कविता है तो दूसरी ओर 'संवाद' (1851) तथा 'सांध्य संगीत' (1857) जैसी प्रतीकवादी कविताएँ भी हैं। हमारे विचार से संवाद शीर्षक कविता को प्रतीकवाद का 'मंगलाचरण' मानना चाहिए, क्योंकि इसमें प्रतीकवाद के दोनों पक्ष- आनुभविक और अनुभवातीत- बड़े ही कलात्मक ढंग से अभिव्यक्त हुए हैं। संक्षेप में, इस काव्यधारा की प्रमुख विशेषताएँ इस प्रकार है-

6.3.1 व्यक्तिगत सत्य की सांकेतिक व्यंजना

प्रतीकवादी व्यक्तिगत सत्य की सांकेतिक अभिव्यक्ति में विश्वास करते थे। वे सारे संसार को और उसकी समस्त विशिष्ट स्थितियों को प्रतीक समझते थे। प्रतीकवादी कवियों में विशेषकर मलार्मे तो काव्य में अभिधा के सर्वथा विरुद्ध थे और सांकेतिकता को काव्य का सर्वोच्च आदर्श मानते थे। उनकी सांकेतिकता का मूल उद्देश्य आत्मा की दशा का दर्शन कराना था जिसमें थोड़ा-सा रहस्य का भी पुट था। ध्वनि-सिद्धांत में जिसे व्यंजक शब्द कहा गया है, मलार्मे उसी को प्रतीक कहते थे। संभवतः इसी सादृश्य के आधार पर एक विद्वान ने मलार्मे को 'उन्नीसवीं' शताब्दी का आनंदवर्धन कहा है।"[15] प्रतीकवाद की सांकेतिक व्यंजना के संदर्भ में चार्ल्स चैडविक ने ठीक ही लिखा है कि, "प्रतीकवाद विचारों और भावनाओं को व्यक्त करने की एक ऐसी कला है, जिसमें विचारों और भावनाओं का सीधे-सीधे वर्णन नहीं किया जाता अथवा विचारों या भावनाओं को सीधे-सीधे जिसके सामने रखना चाहते हैं उसके सामने नहीं लाते और न उन्हें मूर्त बिंब अथवा आकृतियों के माध्यम से परिभाषित करते हैं बल्कि अव्याख्यायित प्रतीकों के माध्यम से/पाठक/श्रोता/दर्शक जिसे संप्रेषित करता है, उसके मस्तिष्क में उन भावनाओं और विचारों की ओर संकेतन करा दिया जाता है या सुझा दिया जाता है।"[16] प्रतीकवादी अपने जीवनानुभवों, अवस्थाओं और विचारों को प्रतीकात्मक अभिव्यक्ति प्रदान करने के आग्रही थे। बॉदलेयर का अभिमत था कि इन्द्रिय-संवेदनों की व्याप्ति अनंत होती है। कोई इच्छा, खेद, उल्लास, विचार आदि मन की बातें कल्पना के संसार में तत्सम्बन्धी बिम्बों को उत्पन्न करती है। कवि ऐन्द्रिय जगत से ऐसी सामग्री लेता है जिसमें अपना प्रतीकात्मक दृश्य संसार या स्वप्नलोक की रचना करता है। यह कार्य उसकी अपनी आत्मानुभूति को प्रकट करने का एक माध्यम है। इस प्रकार प्रतीक एक आवश्यक उपाय, आत्मा के अनुभव को प्रकट करने का है।"[17]

मलार्मे की दृष्टि में जो कुछ प्रव्यक्त और सुस्पष्ट है, वह सुन्दर नहीं है। वे 1805 से 1890 के बीच मेरी लॉरॉं (Mery Laurent) के सौंदर्य में डुबकी लगा रहे थे। इसलिए उन्होंने लिखा कि प्रेम का चित्रण प्रेमी अथवा प्रेमिका के मिलन अथवा विरह का चित्रण नहीं होता, उसे बराबर उन सूक्ष्म भंगिमाओं का चित्रण होना चाहिए जो प्रेम के साथ अदृश्य रूप से लिपटी होती है-

चाँद का चेहरा उदास था।
कामदेव की आँखों में आँसू और स्वप्न।
वह हाथ में धनुष धरे
उफनाते हुए फूलों की शांति में खड़ा
म्रियमाण वीणा से
उजली सिसकियाँ खींच रहा था,

उजली सिसकियाँ, जो फूलों के
नील दलों में समा रही थी।
-यह तुम्हारे चुम्बन का प्रथम दिन था।[18]

इस प्रकार स्पष्ट है कि प्रतीकों के माध्यम से सूक्ष्म भावनात्मक प्रभाव उत्पन्न कर देना मलार्मे की कविता का उद्देश्य था। उपर्युक्त कविता में यह प्रभाव सचमुच अपनी संपूर्ण गहराई के साथ उतरता हुआ दिखाई देता है। मलार्मे ने कवियों के लिए घोषणा कर रखी थी कि, 'वस्तु नहीं, उससे उत्पन्न प्रभाव को चित्रित करो।' यह दूसरी बात है कि यह प्रभाव विशेष रूप से विषाद और उदासीनता का रहा। लेकिन कतिपय कविताएँ ऐसी भी हैं जो आनंद और प्रसन्नता की व्यंजना करती हैं। इस दृष्टि से मलार्मे की 'मेरी लाराँ' पर लिखी 'केश'[19] चतुर्दशपदी रचना उल्लेखनीय है। जिसमें कवि यह प्रतिपादित करता है कि मेरी लाराँ की उपस्थिति में कवि स्वतः सारी शंकाओं से मुक्त हो जाता है और अपने आपको मनुष्यों में सर्वाधिक भाग्यशाली अनुभव करने लगता है। इसी तरह पॉल वॉलेरी की मनः स्थिति का आकलन सन् 1920 में पहली बार प्रकाशित उनकी सुप्रसिद्ध कविता Le Cimetiere Marin के माध्यम से किया जा सकता है। वर्लेन ने प्राकृतिक दृश्य की मसृणता और कोमल मनःस्थिति में सादृश्य आरोपित कर अपनी प्रेमिका के संयोग में बीते सुख के क्षणों की स्मृति से मन पर छाए कोमलभाव की व्यंजना की है। इस दृष्टि से उनकी 'La Bonne Chanson'[20] शीर्षक कविता द्रष्टव्य है-

मूल फ्रेंच	**अंग्रेजी अनुवाद**	**हिंदी अनुवाद**
La lune blanche	The Pale moon	पीताभ चन्द्रमा
Luit dans les bois	Shines through the trees	मुस्कुराता है पेड़ों की ओट से
De chaque branche	From each branch	हरेक डाल-से
Part une Voix	A song mur murs	पत्तों के नीचे
Sous la ramee	Beneath the leaves	मर्मरी गीत गूँजता है..
O bien-aimee.	O my loved one.	ओ मेरी प्रिये।
L'etang reflete,	The pond reflects	ताल एक गहन
Profound miroir,	Like a deep mirror	दर्पण की भांति
La silhouette	The silhouette	परावर्तित होता है
Du saule noir	Of the dark willow	सघन सरपत की छाया में
Ou 'le vent pleure...	Where the wind weeps	जहाँ हवा बिलखती है...
Revons,c'est l'heure.	The hour to dream has come	स्वप्न का क्षण आ गया है।
Un vaste et tendre	A Vast and tender	एक विराट और सुकुमार
Apaisement	Peacefulness	नीरवता
Semble descendre	Seems to descend	उतरती सी लगती है
Du firmament	From the firmament	डूबते सूरज से आलोकित
Que L'astreirise...	Lit by the setting sun	नभमण्डल से...
C'est L'heure exquise.	The hour of happiness has come.	सुख का क्षण आ गया है।

(अंग्रेजी अनुवाद-चार्ल्स चैडविक) (हिंदी अनुवाद- इस पुस्तक का लेखक)

इस प्रकार स्पष्ट है कि प्रायः सभी प्रतीकवादी कवियों ने अपने व्यक्तिगत सत्य का स्पष्ट तौर पर उद्घाटन न करके, केवल उसे संकेतित किया है। यह सांकेतिक व्यंजना प्रतीकवादी कविता की उल्लेखनीय उपलब्धि है जो कविता के एक विशिष्ट आयाम को प्रकट करती है। प्रतीकवाद इस तथ्य की प्रतिष्ठा करता है कि कविता की मूल शक्ति व्यंजना है। जिसकी उपलब्धि के लिए प्रतीकवादी रचनाकार यदि एक ओर कविता को छंदों से मुक्त कर सकता है तो दूसरी ओर प्राकृतिक सौंदर्य की सरसराहट में व्याप्त संगीत में उसका संधान कर सकता है।

6.3.2 मानवीय अस्तित्व के अदृश्य आयामों तथा अगोचर सत्ता के सौंदर्य का चित्रण

प्रतीकवाद इस अवधारणा पर अवलंबित है कि समस्त गोचर पदार्थ किसी अगोचर सौंदर्य के प्रतीक हैं। कविता का आधार अस्तित्व के अदृश्य आयामों का अहसास है, जिनका साक्षात्कार कभी अनायास-अनजाने तो कभी कल्पना के संश्रय से होता है। कवि अपनी विशिष्ट कल्पनाशीलता के कारण इन्हें पकड़ता और रूपायित करता है। उस अदृश्य और सनातन सौंदर्य को देखने में जन साधारण असमर्थ हैं। बॉदलेयर का मानना है कि सौंदर्यवृत्ति मनुष्य की सहज वृत्ति है जिसकी प्रेरणा से हम धरती और उस पर परिलक्षित होनेवाली हरेक वस्तु से संदेश ग्रहण करते हैं। बॉदलेयर की 'Correspondances' शीर्षक कविता इसी सिद्धांत का काव्यात्मक प्रस्तुतीकरण है। जिसका अनुवाद दिनकर ने 'सादृश्य' और डॉ. सी.एल. 'प्रभात' ने 'संवाद' शीर्षक से किया है। यहाँ दिनकर का काव्यानुवाद प्रस्तुत है-

प्रकृति-मन्दिर के हर सजीव स्तम्भ से,
समय-समय पर, धुँधले शब्द निकलते हैं।
मनुष्य प्रतीकों के वन-कुंजों से होकर चलता है-
प्रतीकों के वन-कुंज,
जो अपरिचित भी हैं और गंभीर भी,
फिर भी आँखों में परिचय की आभा लिये
जो मनुष्य के पीछे-पीछे चलते हैं।
दूर से खिंचकर आनेवाली प्रतिध्वनियाँ
आपस में मिल जाती हैं,
एक दूसरी में संक्रमण करती हैं
और फिर गहरे, अंधकारपूर्ण
आलिंगन में मूर्च्छित हो जाती हैं।
इसी तरह खुशबू, रंग और आवाज
आपस में मिलकर एक हो जाते हैं।
खुशबुएँ बच्चों के बदन-सी शीतल हो सकती हैं,
सारंगी की तरह मधुर
और चारागाह की तरह
हरी और ताज़ी हो सकती हैं।
उलझी हुई, तीव्र और विजयिनी गन्ध
रेले में आती है

और सभी असीम वस्तुओं के प्रसार के साथ
मिलकर एक हो जाती हैं।
अम्बर, मश्क, धूप और चन्दन में से हर एक
आत्मा और इन्द्रियों के
अतीन्द्रिय अभियान का गीत गाता है।[21]

-शुद्ध कविता की खोज, परिशिष्ट-3

इस प्रकार बॉदलेयर की दृष्टि में यह दृश्य-जगत प्रतीकों से भरपूर है जो मानव मन में रंग, गंध और ध्वनि द्वारा दुःख-सुख का संचार करते हैं। शब्द ध्वनियों के ही विशिष्ट गठित रूप हैं इसलिए यह भी कहा जा सकता है कि वे अर्थ के माध्यम से नहीं वरन् सीधे-सीधे गंध और रंगों के समकक्ष हैं, उन्हीं के स्तर के हैं और इसलिए उनमें परस्पर संवाद की स्थिति है। इस कविता में कवि ने यद्यपि विभिन्न इंद्रियों से संबंधित संवेदनों में विपर्यय के तथ्य को रेखांकित किया है किंतु इससे यह अर्थ भी ध्वनित है कि संवेदन विचारों (भ्रष्ट, समृद्ध या विजयी होने का भाव) जगाते हैं।

मलार्मे की दृष्टि में यह दृश्यमान भौतिक जगत् अर्थहीन है। इसके परे जब अदृश्य जगत को विचारों के सहारे वह समझने का प्रयास करता है तो उसे शून्य के अतिरिक्त कुछ नहीं मिलता। अपने मित्र कालाजी को संबोधित सन् 1867 के एक पत्र में मलार्मे ने लिखा कि, "मैं पूरी तरह व्यक्तित्व शून्य हो गया हूँ। अब मैं स्टेफ़न मलार्मे नहीं रह गया हूँ, केवल एक माध्यम भर हूँ जिसके सहारे आध्यात्मिक-जगत् दृश्यमान और विकसित हो सकता है।"[22] इस तरह मलार्मे यह प्रतिपादित करना चाहते हैं कि स्वयं को व्यक्तित्व-शून्य करने, सीमाहीन-अलौकिक विश्व के रूपों के उसके भीतर प्रवाहित होने तथा उसके आकार ग्रहण करने की पूरी प्रक्रिया कवि द्वारा नियंत्रित है। पॉल वालेरी भी उस असीम-अनंत और शाश्वत-सत्ता का चिंतन करते समय उसमें लीन होने की स्थिति का विश्लेषण करते हैं। उनकी सुप्रसिद्ध कविता 'Le Cimetiere Marin' में आत्म-विसर्जन द्वारा आनंद प्राप्ति की आकांक्षा व्यक्त हुई है। वे लिखते हैं-

"जैसे फल का आनंद में रूपांतरण
जैसे ग्रहीत होकर उसका बनना सुख
उस मुख में, जिसमें इसका अस्तित्व जाता है चुक
उसी तरह मैंने चखा है स्वाद अपनी ही धूल और भस्म का।"[23]

(हिंदी अनुवाद - इस पुस्तक का लेखक)

चैडविक महोदय के अनुसार पॉल वॉलेरी और एम.तेस्त दोनों ही अनुभवातीत संसार से आनुभविक संसार की सीमा में लौट आते हैं। वे चेतना के धरातल पर रहस्यपरक लोकों का चिंतन करने के उपरांत इस निष्कर्ष पर पहुँचते हैं कि जीवन के भावनात्मक पक्षों, वास्तविकता से उसके संबंधों और उसके महत्त्वपूर्ण अभिप्रायों को ज्यादा समय तक नहीं दबाया जा सकता। रेंबों का न्मानना था कि, "जो व्यक्ति कवि बनना चाहता है उसे सबसे पहले अपने को समझना चाहिए। इस दिशा में पहले वह अपनी आत्मा की खोज करता है। उसकी परीक्षा करता है और अपना अध्ययन पूरा करता है। स्वयं को जान लेने के बाद उसे अपना विकास अवश्य करना चाहिए। यह काम आसान लगता है... पर इसके लिए आत्मा को विराट बनना पड़ता है... यह ऐसा ही है जैसे अपने चेहरे पर मस्से उगाना। कवि एक लंबी-विलक्षण और युक्तिमूलक पद्धति से इंद्रियों में कार्य-विपर्यय करके ही स्वयं को द्रष्टा बना पाता है। उसे हर प्रकार के प्रेम, कष्ट और पागलपन

से गुज़रना होता है। वह सारा विष पीकर अपने लिए केवल सार रख लेता है। इस अवर्णनीय कष्ट के दिनों में कवि को अपने समस्त विश्वास और अति मानवीय शक्ति की आवश्यकता होती है।....वह मनुष्यों में सर्वाधिक शापित किंतु सर्वाधिक ज्ञानी बन जाता है क्योंकि उसने अज्ञात को जान लिया है।" रेंबो ने ऐसे कवि को द्रष्टा की संज्ञा से अभिहित किया है।

6.3.3 शिल्पगत सजगता, लयबद्धता, छंदमुक्तता तथा ध्वन्यात्मकता पर जोर

प्रतीकवादी कवि शिल्प के प्रति अत्यंत सजग थे। ये अनावश्यक स्फीति और स्थूलता के विरोधी थे। इन कवियों ने सांगीतिकता, लयबद्धता तथा ध्वन्यात्मकता पर विशेष जोर दिया है। प्रतीकवादी शब्द और उसके द्वारा संकेतित वस्तु में अभेद मानते हैं। इन्हें काव्य के लिए वस्तुपरक प्रतीक योजना स्वीकार्य है क्योंकि उसके आधार पर अमूर्त विचारों का मूर्त्तीकरण संभव है। उपदेश मूलकता काव्य-सौंदर्य के लिए घातक है। उसका बाहुल्य काव्य की रमणीयता को क्षत-विक्षत कर देता है। थोरू के अनुसार, "सभी कलाओं का लक्ष्य एक है। रैफल की पेंटिंग, हैण्डल का संगीत, फिडियास का टंकण और शेक्सपियर का लेखन एक ही सौंदर्य के भिन्न-भिन्न पहलू अथवा अभिव्यंजन शिल्प है। चित्र यदि 'मौनकाव्य' है तो काव्य 'मुखरचित्र' कहा जा सकता है।"[24] प्रतीकवादी कवियों में मलार्मे को नए काव्यशास्त्र का निर्माता माना जाता है। वे संक्षेपण, संश्लेषण और गूढ़ार्थ व्यंजना के कवि हैं। उनके शब्द-प्रयोगों के संबंध में क्लींथ ब्रुक्स ने लिखा है कि, "मलार्मे की कविता में शब्द वस्तुओं जैसा भार और घनत्व अर्जित कर लेते हैं। कविता इस तरह ढाली जाती है जैसे कोई मिट्टी को मूर्ति का आकार दे रहा है।.... कविता में मूर्ति की तरह ही, भार, ठोसपन और अपारदर्शिता होती है। इसका कारण है कि शब्द यहाँ संकेत बनकर पारदर्शी पदार्थ की तरह विचारों को रूपायित करने का काम नहीं करते। इसके बजाय वे स्वयं भार और सघनता अर्जित कर लेते हैं।"[25]

प्रतीकवादियों ने छंदमुक्तता के बावजूद काव्य को संगीतात्मकता से अभिषिक्त किया है। प्रतीकवादी कवियों ने ध्वनि (Sound) और सुगन्धि (Perfumes) की अजीब-अजीब धारणायें प्रवर्तित कीं। अन्तर्मन की यादगारें, ध्वनियाँ, प्रतिध्वनियाँ, सूक्ष्मतम तरंगें और रहस्यपूर्ण संकेत ही कविता की विषय-वस्तु बने। फ्रांसीसी भाषा वैसे ही अपनी कोमलता और मधुरता के लिए विख्यात रही है उस पर तुर्रा यह कि प्रतीकवादियों ने वैग्नर से प्रभाव-ग्रहण कर संगीत पर सारा जोर लगा दिया। लेकिन प्रतीकवादियों ने संगीत से कविता को उत्कृष्ट ठहराया। संगीत में ध्वनि प्रधान होती है, कविता में शब्द। ध्वनि निरर्थक होती है शब्द सार्थक। कविता सार्थक शब्द-योजना द्वारा हमारी समस्त इन्द्रिय चेतना को जगाती है। हम उसे केवल पढ़ते (रूप) अथवा सुनते (शब्द) ही नहीं वरन् उसके सुरुचिपूर्ण सौंदर्य-बोध (रस) से, भाव-वीथियों को सुरभित कर देनेवाली सूक्ष्म उद्भावनाओं (गन्ध) से और अन्तर्मन के तार-तार झंकृत कर देनेवाले, प्रेषणीयता (स्पर्श) से निरन्तर स्पंदित होते रहते हैं। ऐसी कविता में प्रतीकवादियों के सांगीतिक आग्रह से भी निखार आया। वर्लेन तो गीत और प्रगीत के राजकुमार ही हैं। उनकी कविताओं में लयबद्धता, संगीतात्मकता को व्यंजित करनेवाले शब्द-सौष्ठव तथा भाव-व्यंजना के अनुरूप वायलिन आदि वाद्ययंत्रों का चयन तथा उससे निःसृत लयात्मक नाद-सौंदर्य का प्रभाव पाठक को भाव-विभोर कर देता है। मलार्मे ने भी इस दिशा में सराहनीय प्रयास किया है। उनके यहाँ 'अनकहा', 'अनसुना' शब्द बहुप्रयुक्त होते हैं और 'मौन भी अभिव्यंजना' है की गरिमा प्राप्त

कर लेते हैं। नाद-सौष्ठव और ध्वन्यात्मक-विन्यास की दृष्टि से उनकी 'संत' पर लिखी हुई कविता और UNECONSTELLATION शीर्षक कविता विशेष रूप से उल्लेखनीय है। अंग्रेजी के सुप्रसिद्ध प्रतीकवादी आयरिश कवि विलियम बटलर यीट्स की कविताओं में भी ध्वन्यात्मकता और संगीतात्मकता के बड़े ही सुन्दर पुट उपलब्ध होते हैं। The, Lake lsle of Innisfree शीर्षक कविता में वे 'ताल द्वीप इन्निस्फ्री' में बसने की कामना करते हैं। जहाँ उनका मिट्टी का घर होगा, नयी क्यारियों की कतारें होंगी, मधुमक्खी के छत्ते होंगे और समूची घाटी भ्रमर-गुंजार से संगीतमय होगी। जहाँ कवि को चिरप्रतीक्षित शांति और आंतरिक स्फूर्ति प्राप्त होगी। यथा-

और मिलेगी शांति मुझे, छन-छन कर आती है जो
उषा सुंदरी के घूँघट से, औ झींगुर के गायन तक
आधी रात चंद्रिका-चर्चित और दुपहरी लोहित-कांति
सांध्य-काल में जब आती हैं बुलबुल पंख पसार
मैं उठूँगा और अब चलूँगा अनवरत रातों दिन
मेरे श्रवण-पुटों पर पड़ती, झील-तटों पर जल की थपकी,
चाहे हूँ मैं राजमार्ग पर या धूमिल पगडंडी पर
अंतर-मन के गुह्य-लोक में, मैं सुनता उसको हरदम।[26]

(अनुवादक - इस पुस्तक का लेखक)

कविवर यीट्स की अनेक कविताएं प्रगीतात्मकता से भरपूर हैं। इस दृष्टि से उनकी The shadowy Waters शीर्षक कविता सच्चे अर्थों में प्रगीत है। जिसमें कौन क्या कह रहा है- इसका कोई मायने नहीं रह जाता, बल्कि महत्वपूर्ण यह है कि इसमें कवि का प्रेमालाप अपने तीव्रतम रूप में भावोद्दीपन करता है जिसके कारण यह पठनीय और स्मरणीय बन पड़ी है। यथा-

O flower of the branch, O bird among the leaves,
O silver fish that my two hands have taken
Out of the running steam, O morning star
Trembling in the blue heavenes like a white fawn
Upon the misty border of the wood,-
Bend lower that I may cover you with my hair,
For we will gaze upon this world no longer.[27] अर्थात्
ओ डाली के फूल, ओ झुरमुट की चिड़िया
बहती धारा के बाहर, मेरी अँजुरी में पड़ी,
ओ शुभ्र मत्स्य,
ओ सघन वन-प्रान्तर पर दीप्त, नील गगन में श्वेत मृग-शावक
थोड़ा नीचे झुको, जिससे मैं तुम्हें अपने गेसुओं से ढक लूँ
और हम इस जग से मुख मोड़ चलें।

(अनुवादक- इस पुस्तक का लेखक)

इस प्रकार स्पष्ट है कि प्रतीकवादी काव्यधारा में संगीतात्मकता तथा रागपरक रहस्य चेतना का महत्वपूर्ण स्थान है। इसमें संयोग अथवा अंतर्बोध के लिए गुंजाइश नहीं है। इसके एक-एक शब्द, एक-एक पंक्ति के पीछे कवियों की योजना रही है। प्रतीकवादी रचनाकारों ने

मुक्ति-चेतना को विशेष महत्त्व दिया है। इन्होंने मुक्ति को मूल्य मानकर कविता-कामिनी के चरणों से छंदों की पायल उतार फेंकी। जिससे उसकी गति में खनक, झंकार और मंथरता के बजाय स्वाभाविकता, सहजता और तीव्रता आयी। छंदमुक्तता के कारण ही गद्यकाव्य की अभिनव परंपरा का श्री गणेश हुआ और कवियों को नये युग की जटिलताओं को व्यक्त करने का माध्यम मिला।

6.4 प्रतीकवाद का प्रभाव

यद्यपि प्रतीकवादी काव्यांदोलन 19वीं शती के उत्तरार्ध में फ्रांस में प्रस्तावित हुआ था परन्तु अपने ठोस और रचनात्मक आधार के कारण उसने देश-काल की सीमा का अतिक्रमण किया। आरंभ में इसका प्रभाव काव्य-क्षेत्र तक सीमित था परन्तु, आगे चलकर इसने साहित्य की सभी विधाओं और जीवन के अनेक क्षेत्रों को प्रभावित किया। प्रतीकवाद के प्रभाव से प्रेरित होकर फ्रांस में लगभग 1930 तक इस प्रकार की रचनाएँ होती रहीं। एक समय ऐसा भी आया जब कतिपय रचनाकारों ने उत्तर-प्रतीकवाद की चर्चा चलाई। फ्रांस के बाहर प्रतीकवाद का प्रभाव इंग्लैण्ड, अमेरिका, जर्मनी, रूस और भारत के कवियों पर भी पड़ा। प्रतीकवाद का शिखर कवि मलार्मे हर मंगलवार को सांध्य-गोष्ठी का आयोजन करता था जिसमें शामिल होने के लिए इंग्लैण्ड से आर्थर साइमन्स, ऑस्कर-वाइल्ड, जॉर्ज मूर और डब्ल्यू.बी.यीट्स तो नियमित रूप से आते थे। इनके अतिरिक्त अंग्रेजी के अन्य कवियों, जैसे-टी.ई.ह्यूम, एजरा पाउंड और टी.एस.इलियट भी प्रतीकवादी सर्जनात्मकता के प्रमुख पुरस्कर्ता माने जाते हैं। इन कवियों ने प्रतीकवाद के क्षितिज को व्यापकता प्रदान की। टी.एस.इलियट की कालजयी कविता 'वेस्टलैंड' पर बॉदलेयर का कितना प्रभाव है, यह बताने की जरूरत नहीं।

इंग्लैण्ड के अंग्रेजी कवियों के अतिरिक्त अमेरिका के वाल्ट ह्विटमैन पर भी प्रतीकवाद का प्रभाव पड़ा। जर्मनी के रायनर मारिया रिल्के और स्टेफन जॉर्ज पर भी प्रतीकवादी सिद्धांतों का गहरा प्रभाव रहा है। रिल्के ने तो स्वयं ही पॉल वालेरी का ऋण स्वीकारते हुए उनकी रचना Cimetiere Marin का जर्मन भाषा में अनुवाद किया और जिसने सन् 1923 में प्रकाशित रिल्के की आखिरी और सर्वोत्तम कृतियों Duino Elegies और Sonnets to Orpheus पर अपना गहरा प्रभाव अंकित किया। लेकिन यहाँ यह भी उल्लेखनीय है कि रिल्के स्वयं मौलिक और बड़े रचनाकार रहे हैं और वे मूल्यों के धरातल पर प्रतीकवाद से जुड़े थे। क्योंकि वे अनुभवातीत जगत की महत्तर वास्तविकता का अन्वेषण कर रहे थे। इसी तरह स्टेफन जार्ज भी आध्यात्मिक जीवन के प्रति गहरा लगाव रखते थे और जो 19वीं शती के अंतिम दशक में अपने पेरिस प्रवास के दौरान मलार्मे से मिले भी थे। लेकिन इनका जीवन वर्लेन के समानांतर और आकृति रिम्बो से मिलती-जुलती थी। जर्मनी के अतिरिक्त रूस के भी कतिपय लेखकों ने 1890 के दशक तथा बीसवीं शताब्दी के आरंभिक वर्षों में फ्रांसीसी प्रतीकवाद की विचारधारा का वरण किया। जिनमें ब्रुसोव, वॉलिंस्की तथा बेले का नाम अत्यंत महत्वपूर्ण है। प्रतीकवाद के संदर्भ में अपनी उच्चतम धारणा की अभिव्यक्ति करते हुए वॉलिंस्की ने लिखा कि, "Symbolism is the fusion of the phenomenal and divine Worlds in artistic representation."[28] रूसी रचनाकारों के अतिरिक्त अमेरिका के सुप्रसिद्ध समीक्षक राल्फवाल्डो एमर्सन ने भी प्रतीकवादी सिद्धांत का समर्थन किया है। इनके अनुसार कला में प्रकृति के 'सौंदर्य' और 'शुभ' का प्रतीकपरक

रहस्योद्घाटन किया जाता है जिसका उद्भावक कलाकार एक प्रकार का मसीहा होता है। उसकी कल्पना में विश्वजीवन के क्रीडाकलापों की अद्भुत प्रेरणा रहती है। कलाकार की मौलिकता के सम्मुख अनुकरण-सिद्धांत महत्त्वहीन है क्योंकि उसकी प्रतीक-योजना और रूपक-रचना में जीवन और जगत् के मौलिक पक्ष उजागर होते हैं। उसके मानस में सृजन की दिव्यशक्ति सन्निहित है जिसके द्वारा वह प्रकृति के अनंतकोष से 'सत्यं शिवं सुन्दरं' के तत्व चुनकर उन्हें काव्य के साँचे में रूपांतरित करता है। एमर्सन का कलाविषयक दृष्टिकोण अमेरिका के काव्य-चिंतन का अत्यंत सबल पक्ष है। जिसके आधार पर उन्होने वाल्ट ह्विट मैन की सुप्रसिद्ध प्रतीकवादी रचना 'घास के पत्तों' की बड़ी प्रशंसा की है।

जहाँ तक भारतीय साहित्य पर प्रतीकवाद के प्रभाव का सवाल है तो मेरी जानकारी के अनुसार प्रतीकवाद की सर्वप्रथम आधिकारिक चर्चा भारतवर्ष के सर्वश्रेष्ठ समालोचक आचार्य रामचंद्र शुक्ल ने अपने दो निबंधों 'काव्य में रहस्यवाद' और 'काव्य में अभिव्यंजनावाद' में की। प्रतीकवाद में उन्होंने रहस्यवाद और कलावाद को लक्षित किया। वे छायावाद का एक अर्थ प्रतीक-शैली भी करते थे। वे छायावाद में इसके प्रवेश से बहुत विचलित थे। छायावाद के अतिरिक्त हिंदी की प्रयोगवादी और नयी कविता पर भी प्रतीकवाद का प्रभाव बतलाया गया है। डॉ. शिवदान सिंह चौहान ने अज्ञेय की कविता में प्रतीकवाद के सिद्धांतों का प्रतिफलन दिखलाया है। इस प्रकार कहा जा सकता है कि प्रतीकवाद ने यूरोपीय साहित्य के अतिरिक्त विश्व के अन्य भाषाओं के साहित्य पर भी अपनी छाप छोड़ी। साथ ही, चित्रकला समेत जीवन के अन्यान्य क्षेत्रों को भी प्रभावित किया। प्रतीकवाद ने सम्पूर्ण विश्व को यह दृष्टि दी है कि शब्द अपने-आप में सम्पूर्ण या आत्यन्तिक नहीं है, किसी शब्द का कोई स्वयंभूत अर्थ नहीं है। अर्थ उसे दिया जाता है जो प्रतीक है। यह प्रतीक अथवा संकेत ही है जिसमें अर्थ की प्रतिपत्ति की जाती है।

6.5 निष्कर्ष

सारांश यह है कि प्रतीकवाद फ्रांसीसी काव्य-कला का सर्वाधिक महत्वपूर्ण आंदोलन है जिसने अपने रचनात्मक आग्रहों के कारण समूचे विश्व का ध्यान अपनी ओर आकृष्ट किया। यह स्वच्छंदतावाद की संभावनाओं का चरम विकास है। इसने वैज्ञानिक-यांत्रिक प्रगति और बुद्धिवादिता के इस युग में काव्य-कला की शुद्धता की चर्चा करके उनमें नव-जीवन का संचार किया। प्रतीकवादी कवि रेंबो ने एक अभिनव उत्साह से भरकर कहा था कि, "कविता लिखने का अर्थ एक नयी दुनिया बसाने के जोश में सामने के संसार का त्याग करना है। कविता लिखने का अर्थ एक ऐसी भाषा तैयार करना है जो सभी संवेदनाओं, सभी रंगों, सभी गंधों और सभी स्वरों को अभिव्यक्ति दे सके। मुझे इस बात पर नाज है कि मैंने एक ऐसी भाषा का आविष्कार किया है, जो किसी समय सभी इंद्रियों की भाषा बन जाएगी। मैंने नीरवता का अंकन किया है, मैंने रात्रि को वाणी दी है। मैंने उसे लिखा है, जो अगदित और अकथ्य है।"[29] प्रतीकवाद ने कविता के माध्यम से अगम और अगोचर की स्वर-लिपि तैयार की। इसने प्रतीकों और व्यंजना के आग्रह द्वारा अभिव्यक्तिगत संप्रेषणीयता का समाधान प्रस्तुत करने का प्रयास किया, परन्तु, उससे दुरूहता और जटिलता की नयी समस्या उठ खड़ी हुई। लेकिन जब प्रतीकों के सायास प्रयोग के स्थान पर सहज-स्वाभाविक प्रयोग आरंभ हुआ तब उसकी उपयोगिता में उल्लेखनीय वृद्धि हुई। इसने परवर्ती साहित्य को गहराइयों तक प्रभावित किया और बिंबवाद के उद्भव की पूर्व

पीठिका तैयार की। कुल मिलाकर, प्रतीकवाद रूप-रस, रंग-गंध, संवेदना-स्वर, दृश्यमान-जगत तथा अगम-अगोचर सत्ता की प्रतीकात्मक अभिव्यक्ति का प्रयास था जिसने साहित्य-कला और जीवन के सभी क्षेत्रों को प्रभावित किया। काव्य-कला की शुद्धता और मुक्त-छंद के क्षेत्र में इसके द्वारा किया गया प्रयास ऐतिहासिक महत्व का अधिकारी है। इसने यथार्थवाद एवं प्रकृतवाद के खुले एवं स्थूल चित्रण, वर्णनात्मक शुद्धता तथा पारनेशियंस के ध्येयवादिता की सीमाएँ निर्धारित कीं और साहित्यिक अभिव्यक्ति को अनावश्यक स्फीति से बचाया। साहित्यिक अभिव्यक्ति के क्षेत्र में अपनी संकेतगर्भिता, चित्रात्मकता तथा प्रतीक प्रणाली के कारण यह आंदोलन सदैव अविस्मरणीय रहेगा।

संदर्भ सूची

1. "Symbol is not merely the beginning of art from the point of view of its national development, but makes also its first appearance in History." -The philosophy of Fine Art, G.W.F. Hegel Transtated with notes by FPB Osmaston, B.A. Vol. II, London 1920, Page-19
2. प्रतीक और प्रतीकवादी काव्य मूल्य- डॉ. प्रभात द्वारा उद्‌धृत, पृष्ठ 14
3. "And it is consistently with such a purpose that we have already subdivided the Ideal of Art under its respective symbolical, Classical and Romantic Form. "-The philosophy of Fine Art, G.W.F. Hegel Transtated with notes by FPB Osmaston, B.A. Vol. II, London 1920, Page-19
4. The Oxford English Dictionary-Vol.X, Page-362.
5. A Greek English lexicon-Vol. II, Liddell and Scott, Oxford Press, Page, 1676
6. आधुनिक हिंदी आलोचना के बीच शब्द, डॉ. बच्चनसिंह द्वारा उद्‌धृत, पृष्ठ 69
7. "Symbol : (A Sign), The term given to a visible object repre-senting to the mind the semblance of something which is not known but realized by association with it. This is enoveyed by the ideas usually associated with the symbol; thus the palm brand is the symbol of Victory and the anchor of hope. " -Encyclopedia Britanica, Vol. XXVI, Page-284.
8. "A Symbol is a visible or audible sign or emblem of some thought, emotion or experience, interpreting what can be really grasped only by the mind and imagination by something which enters into the field of observation." - Encyclopaedia of Religions and Ethics, Vol. XII, Page 139.
9. हिंदी साहित्य-कोश, प्रधान संपादक- डॉ. धीरेन्द्र वर्मा, तृतीय संस्करण, 1985, पृष्ठ 398
10. That which stands for or suggest something else by reason of relationship, association, convention or accidental but not intentional resemblance, a visible sign of something invisible, as an idea, a quality or totality such as a state or a Church." -Webster's seventh New Collegiate Dictionary, Page-892.
11. The Symbolist Movement in Literature-Aurthor Simons, Page-134.
12. हिंदी साहित्य-कोश, भाग एक- प्रधान संपादक-डॉ. धीरेन्द्र वर्मा, पृष्ठ-398
13. "They (The Paranassians) present things directly, whereas I think that they

should be presented allusively. To name an object is largely to destroy poetic enjoyment which comes from gradual divination. The ideas is to suggest the object. It is the perfect use of this mystry which constitutes symbol. An object must be gradually evoked in order to show a state of soul; or else, choose an object and from it elicit a state of soul by means of series of decodings."Evolution of Literature: Mallarme's Selected Poems and Letters (Translated by Bradford Cook), Page-21

14. The Oxford Companion to English literature-5th Edition, 1985, Edited by- Margaret Drabble - Oxford University press, New York.
15. Sanskrit Poetics - Krishnachaitanya, Page - 147.
16. "Symbolism can therefore be defined as the art of expressing ideas and emotions not by describing them directly, nor by defining them through overt comparisons with concrete images, but by suggesting what these ideas and emotions are, by recreating them in the mind of the reader through the use of unexplained symbols." -Symbolism-Charles Chadwick, Page-3.
17. "Since sensuous data can have" the expansion of, infinite things it follow that a desire, a regret, a thought, things of the mind can awaken a corresponding symbol in the world of images (and vice versa). From the world of the senses the poet takes the material in which to forge a symbolic vision of himself or of his dream, what he takes of the world of the senses is that it give him the means of expressing soul". - Baudelaire in Documents of Morden Art (Translated) - Message Poetique du Symbolisme (3 Vol.) - by- Michaud, G. Paris, 1947.
18. शुद्ध कविता की खोज, दिनकर द्वारा अनूदित और उद्धृत, पृष्ठ 53
19. "Le chevelure, Vold'une Flamme, al'extreme
Occident de desirs pour la tout deployer,
Se pose (je dirais mourir un diademe)
Vers le front couronne, son ancien foyer.
Mais, sans or soupirer que cette vive nue,
L'ignition du feu toujours interieur,
Originellement la seule, continue
Dans le joyau de l'oeil veridique ou rieur.
Une nudite de heros tendre diffame
Celle qui, ne mouvant astre nifeux au doigt,
Rien qu'a simplifier avec gloire la femme,
Accomplit par son chef, fulgurante, l'exploit
De semer de rubis le doute qu'elle ecorche
Ainsi qu'une joyeuse et tutelaire torche.
20. Symbolism - quoted by charles chadwick, Page- 18.
21. "La Nature est un temple ou de vivants piliers

Laissent parfois sortir de confuses pardes,
L'homme y passe a travers des forest desymbols
Qui I' observent avec des regards familiers.
Comme de longs echos qui de loin se confondent
Dans une tenebreuse et profonde unite,
Vaste comme la nuit et comme la clarte,
Les parfums, les couleurs et les sons se repondent.
It est des perfums frais comme des chairs d'enfant,
Doux comme les hautbois, verts comme les prairies..."
-Quote by C.M.Bowra - in the Heritage of Symbolism, Page - 6

22. "Je suis maintenant impersonnel, wrote Mallarme to his friend Cazalis in 1867, 'et non plus stephane que tu as connu, mais une aptitude qu'al' univers spitituel a se voir et a se developper a travers ce qui fut moi." (I am now depersonalized, I am no longer Stephane Mallarme, but simply a means whereby the spiritual universe can become visible and can develop through what was once me." -Symbolism - Charles Chadwick, Page- 35.
23. "Comme le fruit se fond en jouissance,
Comme en delice il change son absence
Dansune bouche ou sa forme se meurt
Je hume ici ma future fumee.
(As the fruit melts into enjoyment,
As it is obsorbed and changed into pleasure
In the mouth where it ceases to exist,
So I have here a foretaste of the dust and ashes I will become.)"
-Translated and Quoted by Charle Chadwick- Symbolism, Page-45.
24. "All the arts are really indentical. The laws of each art are convertible into the laws of every other. Painting is called 'Silent Poetry' and poetry 'Speaking Painting.'" - Writing (Cambridge), 7, 52.
25. Literary Criticism : A Short History, Page- 593.
26. "And I shall have some peace there, for peace comes dropping slow, Dropping from the veils of the morning to where the cricket sings, There midnight's all a - glimmer, and noon a purple glow, And evening full of the linnet's wings.
I will arise and go now, for always night and day
I hear lake water lapping with low sound by the shore,
While I stand on the roadway, or on the pavements gray,
I hear it in the deep heart's core."
-Then Pick of English Verses - Umesh Joshi, Page -25.
27. The Heritage of Symbolism - C.M. Bowra, Page - 195.
28. Symbolism - Charles Chadwick, page - 58.
29. शुद्ध कविता की खोज, दिनकर द्वारा उद्धृत पृष्ठ 57

अध्याय 7

बिम्बवाद
(1908 - 1917 ई.)

बिम्बवाद शब्द अंग्रेजी के (Imagism) शब्द का हिंदी रूपांतर है जिसका आविर्भाव बीसवीं शताब्दी के प्रथम दशक में अंग्रेजी काव्यांदोलन के रूप में इंग्लैण्ड और अमेरिका के रचनाकारों के सामूहिक प्रयत्न के फलस्वरूप हुआ। यह स्वच्छंदतावाद के बाद अंग्रेजी कविता का दूसरा महत्त्वपूर्ण आंदोलन है। दरअसल, स्वच्छंदतावाद के बाद अंग्रेजी कविता में एक प्रकार से ठहराव की स्थिति आ गयी थी। कविगण कविता के क्षेत्र में बड़े प्रयोगों और मौलिक उद्भावनाओं से बचते रहे। इस यथास्थितिवाद के चलते या तो स्वच्छंदतावाद के भग्नावशेषों और अवशिष्ट प्रवृत्तियों के प्रति श्रद्धासुमन चढ़ते रहे या फिर मैथ्यू आर्नल्ड के मशहूर फिकरे 'काव्य जीवन की आलोचना है' पर मुलम्मा चढ़ाया जाता रहा अथवा फ्रांसीसी काव्यांदोलनों का चुपचाप अनुगमन होता रहा। ऐसी स्थिति में एक ऐसे काव्यांदोलन की जरूरत बड़े शिद्दत से महसूस की जा रही थी जो बदले परिवेश और नयी जीवन-स्थितियों के अनुरूप मानवीय आकांक्षा का अभिव्यंजक हो। बिंबवाद इसी आवश्यकता की पूर्ति का रचनात्मक प्रयास था, जो इस अवधारणा पर अवस्थित था कि कवि-कर्म का चरम साध्य उत्कृष्ट-बिम्ब-निर्माण है। महान कविता की रचना का आधार बिम्ब होता है।

7.1 बिम्बवाद की प्रेरणाभूमियाँ

मानवसभ्यता के इतिहास में भौतिक और वैज्ञानिक उन्नति की दृष्टि से बीसवीं शताब्दी का कोई सानी नहीं है। इस शताब्दी ने मानव-जीवन के हरेक क्षेत्र में क्रांतिकारी परिवर्तन और तीव्रतम विवर्तन देखे हैं। यह मानव-सभ्यता के महत्तम निर्माण और घोरतम विध्वंस की मूक साक्षी रही है। सन् 1896 ई. में एबीसीनिया निवासियों के द्वारा इटली की पराजय तथा 1905 में जापान के विरुद्ध रूस की हार से समूची दुनिया हतप्रभ रह गयी। बीसवीं शताब्दी के आरंभ में साम्राज्यवाद और उपनिवेशवाद अपने चरमोत्कर्ष पर था। यूरोप के प्रायः सभी शक्तिशाली राष्ट्रों-इंग्लैण्ड, फ्रांस, जर्मनी, स्पेन, पुर्तगाल, हालैंड, रूस आदि ने एशिया-अफ्रीका के विभिन्न देशों में अपने उपनिवेश स्थापित कर लिये थे और उनके आर्थिक शोषण के लिए किसी भी सीमा तक जाने को तैयार थे। इन राष्ट्रों ने अपने शोषण-चक्र को तीव्रता प्रदान करने के लिए अपने उपनिवेशों का पश्चिमीकरण और आधुनिकीकरण भी किया। यह तथाकथित आधुनिक सभ्यता विज्ञानवाद और यंत्रवाद पर आधारित थी जिसके बल पर औपनिवेशिक राष्ट्रों के अंतहीन शोषण का सिलसिला शुरू हुआ। इसके बावजूद इन राष्ट्रों की साम्राज्यलिप्सा सुरसा के मुँह की तरह

लगातार बढ़ती जा रही थी, जिससे इन राष्ट्रों में उग्र राष्ट्रीयता का जन्म हुआ। नतीजतन इन राष्ट्रों का पारस्परिक वैमनस्य और गलाकाट स्पर्धा अपने चरम पर पहुँच गया। जिसकी चरमपरिणति प्रथम विश्वयुद्ध के रूप में हुई। यह युद्ध इतिहास के युद्धों से कई मायने में भिन्न था। यह पहली बार इतने बड़े पैमाने पर लड़ा गया कि विश्व के प्रायः सभी देश इससे परोक्ष अथवा अपरोक्ष रूप से जुड़े थे। इस युद्ध के चार आयाम थे, क्योंकि यह तोपों और टैंकों द्वारा धरती पर, युद्धक विमानों द्वारा आकाश में, युद्ध-पोतों द्वारा समुद्र की सतह पर और पनडुब्बियों द्वारा समुद्र के भीतर लड़ा गया। इस युद्ध की परिणति महाविनाश और यूरोपीय राष्ट्रों के मानचित्र के भारी फेर-बदल के रूप में हुई।

प्रथम विश्वयुद्ध के पूर्व मनुष्य वैज्ञानिक आविष्कारों और यंत्रों के केवल सकारात्मक पक्ष से ही परिचित था, परन्तु, अब उसका भयावह पक्ष भी सामने था। इस युद्ध के पूर्व ऐसे कलाकारों की भी कमी नहीं थी जो मशीनों के सौंदर्य से प्रभावित थे। वेर्नर हाफ्टमान ने लिखा है कि चित्रकला का घनवादी भविष्यवाद (Cubo-Futurist) आंदोलन को साहित्य के क्षेत्र में लानेवाले आलोचक टी.ई.ह्यूम थे। घनवाद (Cubism) एक वैचारिक आंदोलन था, जो विषयवस्तु के स्थान पर उसके प्रस्तुतीकरण पर जोर देता था। भविष्यवाद मशीनों के सौंदर्य से प्रभावित था और उन्हें गत्यात्मक रूप में प्रस्तुत करने की आकांक्षा रखता था। फिलिप्पो मारिनेशी कहा करता था, "गर्जना करती हुई मशीनगन की तरह दौड़ती मोटरकार 'विरड विफ्टरी ऑफ सैमोथ्रेस' से अधिक सुन्दर है।... वह सम-युद्ध का स्तुतिगान करना चाहता है।" इस तरह घनवाद-भविष्यवाद जैसे आंदोलनों के संयोग से जो सौंदर्यशास्त्र उभरा, वह नवीनतम विषयों के चयन और रूप-तत्व के प्रति सजगता का आग्रही था। इसने बिंबवाद के अभ्युदय के लिए अनुकूल वातावरण तैयार किया।

बिंबवाद पर सर्वाधिक प्रभाव फ्रांसीसी काव्यांदोलन प्रतीकवाद का माना जाता है। प्रतीकवादी काव्य-कला में चित्रपरकता और गूढ़ार्थ व्यंजना पर जोर देते थे। वे गंध-रंग और ध्वनि की कल्पना द्वारा काव्य और संगीत के आग्रही थे। प्रतीकवाद के शिखर कवि मलार्मे हर मंगलवार को अपने निवास-स्थान पर काव्य-गोष्ठियों का आयोजन करते, जिसमें इंग्लैण्ड के अनेक कवि भाग लेते थे। इन कवियों में कई ऐसे भी थे जो आगे चलकर बिंबवादी रचनात्मकता के प्रमुख आयोजक-संयोजक और पुरस्कर्ता बने। प्रतीकवाद को इन रचनाकारों ने एक मॉडल के रूप में स्वीकार किया और उसी के निकाय के आधार बिम्बवाद की प्रतिष्ठा की। बिम्बवादियों ने प्रतीकवाद से न केवल अभिव्यक्तिगत माध्यम का चुनाव किया, अपितु उससे प्रेरणा लेकर काव्य में सांगीतिक तत्त्वों के समावेश पर विशेष जोर दिया। बिंबवादियों ने प्रतीकवाद के प्रभाव के कारण ही गद्यकाव्य जैसी अभिनव साहित्यिक विधाओं को अपनी स्वीकृति प्रदान की। ग्लेन ह्यूज का मानना है कि "जिस समय बिंबवाद की सैद्धांतिक रूपरेखा तैयार हो रही थी, उसी समय टी.ई. ह्यूम और एम.एस. फ्लीण्ट फ्रांसीसी काव्यांदोलनों, विशेषकर प्रतीकवाद से गहराइयों तक अनुप्राणित हुए और दोनों ने यह अनुभव किया कि आधुनिक युग-बोध को अधिक कारगर अभिव्यक्ति प्रदान करने के लिए अंग्रेजी कविता को नया शिल्प प्रदान करना होगा।"[1] बिम्बवाद की प्रेरणाभूमियों में प्रतीकवाद के अतिरिक्त यूनानी, लैटिन, हिब्रू, चीनी और जापानी भाषाओं के प्राचीन काव्य-रूप भी महत्वपूर्ण रहे हैं। बिम्बवाद पर चीनी कविता के 'भावचित्रों' और जापानी कविता के 'टंका' और 'हाइकू' के प्रभाव की चर्चा करते हुए रामधारीसिंह 'दिनकर' ने लिखा है कि "जापानी और चीनी चित्रों

का प्रभाव अंग्रेजी के चित्रवाद (बिंबबाद) पर भी पड़ा। जापान और चीन के लघु चित्र (मिनियेचर) स्वच्छ और प्रभावकारी होते हैं। उनमें रेखाएँ कम खींची जाती हैं, मगर, जो खींची जाती हैं, वे सुस्पष्ट होती हैं तथा विरोधी रंगों के मिश्रण से उनमें प्रभाव उत्पन्न किया जाता है। इन्हीं चित्रों के समान जापानी कविता में टंका और हाइकू नामक कविता की विधाएँ चलती हैं, जिनमें पंक्तियाँ बहुत थोड़ी होती हैं और जो क्षणजीवी अनुभूतियों का हू-ब-हू चित्रण करके समाप्त हो जाती हैं। अंग्रेजी के चित्रवादी काव्य पर टंका और हाइकू कविताओं का भी प्रभाव पड़ा। अनेक चित्रवादी कविताएँ ऐसी हैं, जो पाँच-सात पंक्तियों में ही समाप्त हो जाती हैं।"[2] बीसवीं सदी के आरम्भ में विज्ञान के विकास और तीव्र-प्रसार ने विश्वमानव की सामाजिक संरचना और मानसिकता को ही नहीं बदला बल्कि मानवीय भावजगत के कई आलंबन और कौतूहल केंद्र भी ध्वस्त कर दिए। फलतः ऐसे वस्तुनिष्ठ नियमों का उद्घाटन हुआ जिस पर कवि की रंग-बहुल कल्पना का आरोपण अतार्किक हो गया।

बिम्बवाद के प्रेरक तत्वों के अंतर्गत यूनानी पुरावृत्तों, मिथकों और पौराणिक कथाओं का भी समावेश किया जाता है। यूनानी पुरावृत्तों, मिथकों और पौराणिक कथाओं में मानवीय-आकांक्षा एवं प्रवृत्तियों का संघात मिलता है, उसमें चित्रमयता, रंगीनियत और कवितापन का अत्यंत सुन्दर विनियोग उपलब्ध होता है जिससे विम्बवादियों को अपने बौद्धिक-विलास के लिए आदर्श पर्यावरण मिल गया। प्रमुख बिम्बवादी कवियों हिल्डा डू लिट्ल और आलिंडगटन पर ग्रीक-मिथकों का अत्यंत गहरा प्रभाव रहा है। दोनों ने यूनानी कविताओं का अंग्रेजी में अनुवाद भी किया। ग्लेन ह्यूज ने हिल्डा डू लिट्ल यूनानी-प्रभाव की चर्चा करते हुए लिखा है कि "उसकी सर्वाधिक मौलिक कविताओं में यूनानी आत्मा छायी हुई है तथा उसके अनुवादों में ऐसा बहुत कुछ है जिसमें उसकी सर्जनात्मक प्रतिभा समायी हुई है।"[3] इस प्रकार बिम्बवादियों ने ग्रीक-साहित्य और पुराणों से भरपूर पोषण प्राप्त किया। इसके अतिरिक्त मिस्र, भारत, बैजेन्टाइन की मूर्तिकला तथा हिब्रू-छंद से भी बिंबवादियों ने संवेदनागत घनीभूतता, सुनिश्चितता, अभिव्यक्तिगत संतुलन तथा मुक्त-छंदविधान ग्रहण किया। जिससे बिम्बवाद को शक्ति, ऊर्जा और प्राणवत्ता प्राप्त हुई। बिम्बवादियों ने यह भी घोषणा की कि वे अपनी रचनाओं द्वारा आभिजात्यवादी वस्तुनिष्ठता का पुनराविष्कार करना चाहते हैं। इस दिशा में उनके प्रयत्न कितने सफल हुए, यह तो बिम्बवाद के हश्र से ही जाना जा सकता है। परन्तु, इतना जरूर है कि बिम्बवाद के कारण कविता में स्वच्छंदवादी आत्मपरकता के स्थान पर वस्तुपरकता और चित्रात्मकता का आग्रह बढ़ा। साथ ही, भावुकता का स्थान अविकल बौद्धिकता ने ले लिया। कवि और कलाकार बौद्धिक स्फीति एवं क्लांति से बचने लगे।

7.2 बिम्बवाद का स्वरूप

बिम्बवाद शब्द अंग्रेजी के Imagism शब्द का हिंदी समानार्थी है, जो Image+Ism शब्दों के मेल से बना है। इमेज का कोशगत अर्थ है-'प्रतिमा, मूर्ति, छवि, प्रतिकृति, बिंब-प्रतिबिंब, छाया, प्रतिच्छाया' आदि। जबकि Ism शब्द का प्रयोग किसी विशिष्ट विचारधारा अथवा वाद के अर्थ में प्रयुक्त होता है- इस प्रकार बिम्बवाद का मोटे तौर पर यही अर्थ निकाला जा सकता है- 'एक ऐसा काव्यांदोलन, जिसमें बिम्ब को केन्द्रीय-स्थान प्राप्त हो।' यहाँ बिम्बवाद के स्वरूप को पूर्णतः

समझने के पूर्व बिम्ब और काव्य-बिम्ब के स्वरूप को स्पष्ट करना ज्यादा समीचीन होगा। हिंदी आलोचना के क्षेत्र में आचार्य रामचन्द्र शुक्ल 'बिम्ब' शब्द के प्रथम प्रयोक्ता माने जाते हैं।

7.2.1 बिम्ब : अर्थ और परिभाषा

मनोविज्ञान में बिम्ब शब्द का अर्थ 'मानसिक पुनर्निर्माण' के रूप में किया जाता है। विश्वकोश के अनुसार, "बिम्ब चेतन स्मृतियाँ हैं जो मौलिक उत्तेजना के अभाव में उस विचार को संपूर्ण या आंशिक रूप में प्रस्तुत करती है।"[4] हिंदी साहित्यकोश में बिम्ब का अर्थ प्रतिमा किया गया है। साथ ही, बिम्ब शब्द से उसका अद्वैत स्थापित करते हुए यह भी प्रतिपादित किया गया है कि "सौंदर्य की अनुभूति में प्रतिमा कलाकर का वह मानस प्रत्यक्ष है, जिसमें ताल, लय, गति, विन्यास, संतुलन आदि संपूर्ण अंगों सहित सुंदर का आविर्भाव होता है। सर्जन-क्षण में यह प्रतिमा मौलिक होती हैं। यह कलाकार की अपूर्व अनुभूति होती है, अनुकृति नहीं। कलाकार अपने चेतन प्रयत्नों से इसकी सृष्टि नहीं करता, अपितु उसकी सौंदर्य-साधना के फलस्वरूप यह प्रतिमा जीवन के अंतराल से स्वयमेव उदय होती है। मौलिक (प्राइमार्डियल), सम्पूर्ण (आर्गनिक) और स्वयम्भू- ये सौंदर्यानुसंधायिनी प्रतिमा (एस्थेटिक इमेज) के विशेष लक्षण हैं। प्रतिमा केवल दृश्य अनुभूति नहीं है, अपितु वर्ण, ध्वनि, शब्दार्थ आदि माध्यम के गुणों के अनुसार चित्र, संगीत, साहित्य आदि कलाओं में इसके अनेक रूप होते हैं। आत्मशक्ति की रसनीयता (रसनीयतात्मशक्तेः Emotionalisation of Self) इस प्रतिमा का प्राण होता है।... कलाकार के लिए 'प्रतिमा' वस्तु का पूर्व रूप होती है, जैसे ताजमहल के स्रष्टा द्वारा इसके वास्तविक निर्माण से पहले इसकी मानस-सृष्टि । किसी सुन्दर वस्तु के 'सौन्दर्य' का अनुसंधान केवल इन्द्रियों से सम्भव नहीं, क्योंकि सौंदर्य में रूप, अभिव्यक्ति आदि अतीन्द्रिय तत्व रहते हैं।... सौंदर्य का साक्षात्कार इन्द्रियों के संस्पर्शज भोग द्वारा पोषित कल्पना भरा होता है और कल्पना सुंदर मनोनुभूतियों को जन्म देती है। सौन्दर्यानुसन्धायिनी प्रतिमा वह मनोमूर्ति (Image) है, जो प्रेक्षक के लिए वस्तु के सौंदर्य को प्रस्तुत करती है।"[5] इस प्रकार प्रतिमा अथवा बिम्ब ऐन्द्रिय संवेदन का माध्यम हैं जिनका सृजन दृश्यमानजगत के मूलवस्तु के काल्पनिक धरातल पर पुनरुत्पादन द्वारा होता है। विभिन्न विद्वानों ने अपने-अपने ढंग से बिम्ब को परिभाषित किया है, जिनमें से कतिपय प्रमुख परिभाषाएँ यहाँ प्रस्तुत हैं-

1. सी.डी. डब्ल्यू ब्रे के अनुसार, "इमेज से अभिप्राय ऐसी सचेत स्मृति से है, जो मूल उद्दीपन की अनुपस्थिति में पूर्व अनुभव का समग्र अथवा आंशिक पुनरुत्पादन करती है।"[6]
2. एजरा पाउण्ड का मानना है कि, "बिम्ब उस विशेष क्षण को प्रस्तुत करता है, जिसमें बौद्धिकता और भाव-प्रवणता का संकुल हो।"[7]
3. ह्वैले के विचार से "बिम्ब किसी अमूर्त विचार अथवा भावना की पुनर्निर्मिति है।"[8]
4. सुजान के. लेंगर के अनुसार, "बिम्ब ऐन्द्रिय माध्यम द्वारा आध्यात्मिक अथवा बौद्धिक सत्यों तक पहुँचने का मार्ग है।"[9]
5. डॉ. केदारनाथ सिंह के अनुसार, "बिम्ब वह शब्द-चित्र है जो कल्पना के द्वारा ऐन्द्रिय अनुभवों के आधार पर निर्मित होता है।"[10]

उपर्युक्त परिभाषाओं के आधार पर यह कहा जा सकता है कि "बिम्ब एक शब्द-चित्र है

जो दृश्यमान जगत् के किसी वस्तु अथवा विचार का ऐन्द्रिय संवेदन के आधार पर कल्पना के धरातल पर पुनः सृजन है। यह जागतिक, बौद्धिक और आध्यात्मिक सत्यों तक पहुँचने का सर्वोत्तम साधन है। यह अत्यंत गहन एवं जटिल है। इसे शब्द, स्पर्श, रस, रूप, गंध की प्रधानता के कारण अलग से पहचाना जा सकता है। हम विविध इंद्रियों द्वारा बिम्ब की विधिवत प्रतीति कर सकते हैं।

7.2.2 काव्य-बिंब

बिम्ब जीवन के हरेक क्षेत्र में अत्यंत महत्वपूर्ण स्थान रखता है। इसकी व्याप्ति कला, साहित्य, मनोविज्ञान और ज्ञान-विज्ञान के तमाम क्षेत्रों में है। काव्य से तो इसका सम्बन्ध शरीर और आत्मा का है। पाश्चात्य काव्य-चिंतन में बिम्ब को वही गौरव प्राप्त है जो भारतीय काव्यशास्त्र में रस को है। काव्य-बिम्ब के संदर्भ में प्रमुख विद्वानों के विचार इस प्रकार हैं-

1. वर्ड्सवर्थ के अनुसार, "कविता मानव और प्रकृति का बिंब है।"[11]
2. ड्राइडेन के अनुसार, "बिम्ब स्वतः महान और कविता का जीवन है।"[12]
3. कॉलरिज का अभिमत है कि, "बिम्ब वह दृश्य-चित्र, संवेदनात्मक प्रतिरूप, मन, विचार अथवा सुषुप्त मानसिक घटना तक हो सकता है अथवा दो वस्तुओं में सादृश्य बतलानेवाला इकाई तक हो सकता है। पर उसमें किसी वस्तु के प्रतिनिधित्व करने की शक्ति होनी चाहिए।"[13]
4. पाश्चात्य विचारकों ने काव्य-बिम्ब के स्वरूप को सुलझाने की तुलना में उलझाया अधिक है। हिंदी में आचार्य रामचंद्र शुक्ल ने काव्य-बिंब को अत्यंत सुव्यवस्थित रूप में प्रस्तुत किया है। उन्होंने लिखा है कि, "काव्य का काम कल्पना में बिम्ब (Image) या मूर्तभावना उपस्थित करना है, बुद्धि के सामने कोई विचार लाना नहीं।"[14] कहना न होगा कि बिम्ब का इतना सटीक और बौद्धिक निरूपण शुक्लजी जैसा आचार्य ही कर सकता था। शुक्लजी के मतानुसार, बिम्ब-योजना विभाव के अन्तर्गत होती है, चित्रण उसका मुख्य धर्म है। इसकी दूसरी विशेषता है संश्लिष्ट रूपविधान। बिम्ब व्यक्ति या विशेष का होगा, सामान्य या जाति का नहीं। कविता में बिम्ब ग्रहण होता है, अर्थग्रहण नहीं।
5. काव्य-बिम्ब के स्वरूप पर विचार करने के उपरांत डॉ.नगेन्द्र इस निष्कर्ष पर पहुँचे हैं कि "बिम्ब काव्य का अत्यंत प्रभावी माध्यम है और इसलिए काव्य के संदर्भ में उसका मूल्य असंदिग्ध है, परन्तु वह स्वतंत्र नहीं है- माध्यम ही है, प्राणतत्त्व नहीं है काव्य का सहकारी मूल्य अवश्य है, प्राथमिक मूल्य नहीं है।"[15] यूरोप का तत्कालीन यथार्थ इतना प्रचण्ड एवं भयावह था कि किसी कवि के लिए य संभव नहीं रह गया कि वह अपने कवि-कर्म से मुख मोड़कर तथा समय एवं समाज से उदासीन रहकर उत्कृष्ट बिम्ब-निर्माण में डूबा रहे।

इस प्रकार स्पष्ट है कि काव्य-बिम्ब का स्वरूप अत्यंत व्यापक है। यह काव्यात्मक अभिव्यक्ति का श्रेष्ठतम माध्यम है। इससे काव्य में चित्रपरकता, संश्लिष्टता और गहनता आती है। साथ ही, जटिल अनुभूतियों और बौद्धिक संवेदना को रूपायित करने के लिए काव्य-बिम्ब अत्यंत समर्थ प्रतिमान है। जहाँ तक बिम्बवाद के स्वरूप-निर्धारण का सवाल है तो यह अंग्रेजी

कविता का अल्पकालिक आंदोलन है, जिसका आरम्भ सन् 1908 में टी.ई.ह्यूम और एफ.एस. फ्लीण्ट द्वारा तैयार किए गए 'घोषणा पत्र' द्वारा हुआ। सन् 1908-1917 तक यह आंदोलन अपने प्रकर्ष पर था, किन्तु प्रथम विश्वयुद्ध की विनाशकारी परिणति से सारा परिवेश ही बदल गया और सन् 1920 के आसपास यह आंदोलन अपनी भरी जवानी में चल बसा। यूरोप का तत्कालीन यथार्थ इतना प्रचण्ड एवं भयावह था कि किसी कवि के लिए यह संभव नहीं रह गया कि वह अपने कवि-कर्म से मुख मोड़कर तथा समय एवं समाज से उदासीन रहकर उत्कृष्ट बिम्ब-निर्माण में डूबा रहे।

7.3 बिम्बवाद की प्रमुख विशेषताएँ

बिम्बवाद काव्य-कला की शुद्धता का आंदोलन था। टी.ई.ह्यूम और एफ.एस. फ्लीण्ट को इसका प्रवर्तक माना जाता है । आचार्य रामचंद्र शुक्ल ने फ्लीण्ट को ही बिम्बवाद का प्रवर्तक माना है। जबकि सचाई यह है कि टी.ई.ह्यूम ने बिम्बवादी विचारधारा को गति प्रदान करने के लिए सन् 1908 में Poets Club की स्थापना की, जिसके अन्य सदस्यों में फ्रैंक स्टुवर्ट, एफ.एस. फ्लीण्ट, जोसेफ कैंपबेल, एडवर्ड स्टोरर, एफ.डब्ल्यू. टॉनक्रेड, फ्लोरेंस फार और एजरा पाउन्ड थे। इस क्लब की पहली बैठक पेरिस के आइफेल टॉवर के सोहो रेस्तराँ में बुधवार को हुई। जिसमें 'शुष्क और ठोस काव्यमान' पर गंभीर चर्चा हुई। आगे चलकर इस आंदोलन में एच.डी.लिट्स, डी.एच.लारेन्स, एमी लावेल, कैरोल विलियम, जेम्स ज्वॉयस, रिचर्ड आल्डिंगटन जैसे प्रतिभाशाली रचनाकार जुड़े। बिंबवाद का नेतृत्व एच.डी.लिट्ल, एजरा पाउन्ड तथा कुमारी लावेल के हाथों में रहा है। ये तीनों काफी हद तक भिन्न प्रकृति तथा अलग चिंतन दिशा की ओर उन्मुख थे। यदि एच.डी. लिट्ल और आल्डिंगटन में प्राचीन यूनान की ओर लौट जाने की सदिच्छा दिखी तो एजरा पाउन्ड में फ्रांसीसी गीतकारों की ओर लौटने की प्रवृत्ति दिखाई दी। जबकि कुमारी लावेल की दृष्टि इतिहास के नवीनतम अवशेष पर टिकी हुई थी। सन् 1912 में एजरा पाउन्ड की प्रख्यात कृति रिपोस्टेस के प्रकाशन से बिम्बवाद का नेतृत्व उसके हाथ में आ गया। सैद्धांतिक विवेचन की दृष्टि से इस कृति की भूमिका का ऐतिहासिक महत्व है। संक्षेप में, इस काव्य-धारा की प्रमुख विशेषताएँ इस प्रकार हैं-

7.3.1 सीधी, सरल और सपाट अभिव्यक्ति के स्थान पर विलक्षण बिम्बों द्वारा कथ्य का सम्प्रेषण

बिम्बवादी रचनाकार कविता में सीधी, सरल और सपाट अभिव्यक्ति के विरोधी थे। वे समस्त काव्यात्मक अभिव्यक्ति को विलक्षण बिम्बों के माध्यम से प्रस्तुत करने के पक्षधर थे। बिम्बवादियों की मान्यता थी कि कविता में विशेष की अभिव्यक्ति होनी चाहिए, सामान्य की नहीं। चूँकि बिम्ब का संबंध कवि के प्रत्यक्ष ऐन्द्रिय बोध से है और ऐन्द्रिय बोध का विषय विशेष व्यक्ति, विशेष वस्तु या विशेष स्थान ही हो सकता है। इसलिए बिम्ब जब निर्मित होगा तब विशेष का होगा, सामान्य का नहीं। इस मान्यता के कारण पुराने अप्रस्तुतों के स्थान पर नये और अनछुए अप्रस्तुतों का प्रचलन बढ़ा।

बिम्बवादी कवि भावुकता और तरलता के प्रबल विरोधी थे। वे ठोस, शुष्क, बौद्धिक,

चित्रपरक और सघन काव्याभिव्यक्ति के हिमायती थे। वस्तुतः कविता कैसी होनी चाहिए, इस संदर्भ में टी.ई.ह्यूम मान्यता थी कि "कविता की रचना मुजेक विन्यास के समान कठोर काम है। जैसे मुजेक का हर बिंदु ठीक-ठीक आकार का होता है, वैसे ही कविता की प्रत्येक पंक्ति सुगढ़ और ठुकी हुई होनी चाहिए। हमारा प्रत्येक शब्द ठोस होना चाहिए, सुनिश्चित होना चाहिए और वैयक्तिक होना चाहिए। हमारे प्रत्येक शब्द पर एक बिंब चिपका होना चाहिए और हमें कोई भी शब्द ऐसा नहीं रखना चाहिए, जो लद्धड़ या पुलपुला हो।"[16] इस प्रकार बिंबवादी अभिव्यक्तिगत दृढ़ता और कसावट के आग्रही थे। पर, अपने-आपको चित्र-सम्प्रदाय की कोटि से बाहर समझते थे। इस संदर्भ में बिम्बवादियों ने स्वयं लिखा कि, "हम बिंब के माध्यम से कथ्य का सम्प्रेषण करते हैं। हम चित्रकार नहीं हैं। फिर भी हम मानते हैं कि काव्य-निरूपण विवृत तथा वस्तुनिष्ठ होना चाहिए, अस्पष्ट और पल्लवग्राही नहीं। इसलिए हम उस कवि का विरोध करते हैं, जो कला की वास्तविक कठिनाइयों से बचना चाहते हैं।"[17] टी.ई. ह्यूम का मानना है कि काव्य की विषय-वस्तु जैसे कोई चीज नहीं होती। कविता का उद्देश्य सही, संक्षिप्त और निश्चित वर्णन है। उसे प्रसन्न, शुष्क और शिल्पप्रधान होना चाहिए। कवि का उद्देश्य व्यक्तिगत भावों की अभिव्यक्ति करना नहीं अपितु कारीगरी (Craft) है। कवि का वास्तविक लक्ष्य तो यह है कि वह जिस किसी वस्तु या विचार का दर्शन अपने मन में करे उसे सही आकार प्रदान कर दे। इसलिए कविता बिम्बों और लाक्षणिक प्रयोगों का विषय है।

एजरा पाउण्ड का विचार था कि, 'अनेक ग्रंथों की रचना की अपेक्षा कवि के लिए जीवन में एक उत्कृष्ट और विलक्षण बिम्ब का निर्माण करना ज्यादा श्रेयस्कर है।' बिम्ब निर्माण की प्रक्रिया पर विचार करते हुए टी.एस.इलियट ने लिखा है कि, "बिम्ब-निर्माण का एक बहुत छोटा-सा भाग कवि के अध्ययन से आता है। उसकी उत्पत्ति उसके बचपन से लेकर प्रौढ़ वय तक के अध्ययन के संपूर्ण संवेदनशील जीवन के भीतर से होती है। क्योंकि श्रुत, इष्ट और अनुभूत वस्तुओं के भीतर से कुछ विशेष बिम्ब ही एक तीव्र भावावेग के साथ हमारे मन में उभरते हैं। एक पंछी का गीत, एक मछली की उछाल, एक खास स्थान और खास समय, किसी एक फूल की गंध, जर्मनी के पहाड़ी पथ से उतरती हुई एक बूढ़ी स्त्री, फ्रांस के एक छोटे-से रेलवे स्टेशन पर देखे गये ताश खेलते हुए छह आवारे और एक पनचक्की- इन स्मृतियों का प्रतीकात्मक मूल्य हो सकता है। पर उसके बारे में हम कुछ भी नहीं कह सकते। क्योंकि ये बिम्ब जिन गहरी अनुभूतियों के प्रतिनिधि बनकर आते हैं, उनके भीतर झाँक सकने की सामर्थ्य हम में नहीं है।"[18] टी.एस.इलियट ने इन सारे बिम्बों का अपनी ख्यातिलब्ध कविता Journey of the Magi में अत्यंत सफलतापूर्वक प्रयोग भी किया है।

बिम्बवादियों ने अपने बिम्बों को अद्वितीयता और स्पष्टता प्रदान करने के लिए मिस्र की मूर्तिकला के ज्यामितीय स्वरूप का भी अंगीकार किया है। इन कवियों ने अपनी कविताओं में उसे मूर्तिमान करने का अनथक प्रयास भी किया है। परन्तु, प्रसाद की 'कामायनी' में भी इस ढंग का एक बड़ा ही बेजोड़ बिम्ब आया है। कामायनी में एक-से-बढ़कर एक सुंदर और संश्लिष्ट बिम्ब आये हैं। दरअसल कामायनी अपनी चित्रात्मकता, बिम्बधर्मिता और कल्पनात्मक छवियों के कारण ही विश्व का श्रेष्ठतम अलंकृत महाकाव्य है। प्रसाद ने बौद्ध संस्कृति से अविछिन्न रूप से जुड़े स्तूप शब्द का अपने एक बिम्ब में प्रयोग करके उसमें प्राण फूँक दिया है। इस शब्द में एक अद्भुत प्रतीकात्मक शक्ति है जिसकी ओर सर्वप्रथम जयशंकर प्रसाद का ध्यान गया और उन्होंने उसे सर्वथा नयी दीप्ति प्रदान की, जिससे उसकी नूतन अर्थवत्ता में चार-चाँद लग गया :

एक विस्मृति का स्तूप अचेत
ज्योति का धुँधला-सा प्रतिबिम्ब,
और जड़ता की जीवन-राशि
सफलता का संकलित बिलम्ब।[19]

कहना न होगा कि महा-जलप्लावन के बाद एकाकी बचे हुए मनु के लिए 'विस्मृति का स्तूप' जैसा अर्थपूर्ण और अनछुआ बिम्ब प्रसाद की ऐतिहासिक कल्पना का सर्वोत्तम उदाहरण है। यह 'स्तूप' शब्द का एकदम नया और सृजित अर्थ है जो उसकी घनीभूत प्रतीकात्मकता के कारण उसे मिस्र के 'पिरामिड' तक ले जाता है। मिस्र के निर्जीव पिरामिडों में निहित अभिव्यक्तिगत ज्यामितीय रूप से विस्मृति का स्तूप अचेत स्वतः ही जुड़ जाता है जो इस बात का प्रमाण है कि इस निर्जीव कला के पीछे भी कोई-न-कोई संवेदना अवश्य रही है। इस तरह बिम्बवादी अनुषंगों का यह श्रेष्ठतम और विलक्षण दृष्टांत है। प्रथम विश्वयुद्ध के समय ओवन विलफ्रेड हाथ में बंदूक लेकर बम के धमाकों के बीच कविता लिख रहे थे। उन्होंने युद्ध की विभीषिका और निरर्थकता को अपनी आँखों से देखा। ओवन युद्ध विराम से मात्र एक सप्ताह पूर्व मारे गये थे। अतः इनके द्वारा रचित The Abyss of war (युद्ध के अतल गड्ढे) कविता की कतिपय पंक्तियाँ प्रस्तुत कर रहा हूँ जिसमें शहादत का अद्वितीय बिम्ब निखर उठता है-

"As bronze may be much beautified,
By lying in the dark damp soil
So men who fade in dust of warfare fade
Fairer, and sorrow blooms their soul
Like pearls which noble woman wear
And, tarnishing, awhile cofide
Unto the old salt sea to feed,
Many return move lustrous than they were."

इन पंक्तियों का काव्यानुवाद इस प्रकार किया जा सकता है-

"जैसे कांस्य-प्रतिमा हो जाती है बेहद सुंदर,
अँधेरी नम धरती में दबने से
वैसे ही वे वीर, शहीद होते जो रणभूमि में,
निखर उठते हैं, दुःख माँज देता है उनकी आत्मा को।
जैसे मोती, जिससे अलंकृत होती हैं सुंदरियां,
डुबाए जाते है दुबारा मैले हो जाने पर-
कांति ग्रहण करने को फिर से पुरातन खारे सागर में
लौटने पर कइयों की कांति और भी उज्ज्वल हो जाती।"

इस तरह युद्ध में शहीद होनेवाले कवि की कथित पंक्तियां शहादत का उज्ज्वलतम अभिलेख बन गयी है।

7.3.2 संवेदनगत घनीभूतता तथा उपयुक्त और सटीक शब्दों की अपरिहार्यता

बिम्बवादी कवि संवेदनगत घनीभूतता पर विशेष जोर देते थे। वे कविता में बिखराव, वर्णन,

विवरण और अनावश्यक स्फीति के विरोधी थे। वे गहन संवेदना की बिम्ब योजना द्वारा सुदृढ़ और सटीक अभिव्यक्ति के पक्षधर थे। बिम्बवादियों ने चीनी चित्रकाव्य और जापानी छंद-योजना के आधार पर कविता में घनत्व, संक्षेपण, संश्लेषण और मूर्तता पर जोर दिया। टी.ई.ह्यूम की मान्यता थी कि, "हर व्यक्ति काव्य-रचना नहीं कर सकता, क्योंकि हर व्यक्ति की संवेदना घनीभूत नहीं हो पाती। यदि सामान्य जीवन में किसी व्यक्ति में किसी पदार्थ के गुणों को ग्रहण करने की संवेदनगत घनीभूतता की मात्रा दो अंश है तो कवि में यह चौगुनी होगी। इसीलिए वह अभिव्यंजना द्वारा उसी रूप में प्रभावी ढंग से दूसरों को उसका अनुभव कराता है, जिस रूप में उसने उसे ग्रहण किया था।"[20] टी.ई.ह्यूम चाहते थे कि कवियों को ठोस बिंबों की योजना, पूरी मितव्ययिता और समझ-बूझ के साथ करना चाहिए। ह्यूम की इन स्थापनाओं ने एजरा पाउंड को गहराइयों तक प्रभावित किया। पाउंड ने कहा कि कवि को शुद्ध-कविता के प्रयोग में सदा दत्त-चित्त रहना चाहिए। उसे समकालीनों की रुचि का ध्यान नहीं रखना चाहिए और न यह सोचना चाहिए कि उसे लोकप्रिय बनना है। उसे तो सदा अपने लक्ष्य पर आगे बढ़ते रहना चाहिए। दार्शनिकता से बोझिल और उपयोगिता की भावना से त्रस्त कविताएँ नहीं लिखनी चाहिए। उन्होंने स्पष्ट शब्दों में घोषणा की कि कविता की उपयोगिता के बारे में प्रश्न उठाना उतना ही महत्वपूर्ण है जितना गुलाब के फूलों या पार्कों की उपयोगिता पर सवाल करना।

बिम्बवादियों द्वारा संवेदनगत घनीभूतता पर अतिरिक्त जोर देने से कविता के स्वरूप में आकारगत लाघव का आगमन हुआ। यहाँ तक कि जापानी काव्यरूप हाइकू के प्रति इन कवियों में एक विशेष प्रकार का आकर्षण पैदा हुआ। इन कवियों की स्पष्ट मान्यता थी कि ऐन्द्रिय संवेदनाओं का जितना यथार्थ तथा सटीक चित्रण लघु आकार की कविताओं द्वारा हो सकता है, उतना लम्बी कविताओं द्वारा नहीं। एजरा पाउंड ने इस सत्य के उद्घाटन के लिए स्वयं अपनी कविता प्रस्तुत की। यह कविता भीगती रात के अँधेरे में पेरिस के एक रेलवे स्टेशन पर भीड़ में ट्रेन का इंतजार करते हुए सुंदर चेहरों पर आधारित थी। कविता इतनी भर थी-

भीड़ में इन चेहरों का दिव्य-दर्शन,
मानों किसी भीगी काली टहनी पर पंखुड़ियाँ।[21]

बिम्बवादी चिंतकों ने बिम्बवादी धारणा को बीसवीं शती के दर्शनशास्त्र और वैज्ञानिक-चिंतन के साथ जोड़ते हुए यह स्थापित किया कि इस कविता में फैंसी का जो शुष्क और कठोर रूप चित्रित किया जाता है, वह कल्पना की अपेक्षा अधिक सुग्राह्य है। इनके अनुसार फैंसी के धरातल पर विकसित होनेवाला नवक्लासिकवाद आधुनिक जीवन की यांत्रिक प्रतिक्रयाओं से परिचालित संवेदनगत घनीभूतता सम्पूर्ण काव्य-जगत् के लिए निर्देशक सिद्ध हो रहा है। दिनकर ने एजरा पाउण्ड की No His First Work was The best का काव्यानुवाद किया है। जिसमें संवेदनगत घनीभूतता की अच्छी झलक मिलती है, विशेषकर नारी-संबंधी अंशों में-

नारियाँ बड़ी ही अनमोल हैं,
नख-शिख तक नपी-तुली,
ठीक-ठीक साँचे में ढली हुई,
चन्दन, कदम्ब और कदली की छाया में
दूध और घी पर पली हुई।

x x x

और वे तरंगमयी नारियाँ ?
पुष्ट देहवाली सुकुमारियाँ ?
सोची गयीं इतनी कि सोच में समा गयीं।
स्थूल से निकल सूक्ष्म कल्पना में छा गयी।
नारी अब स्वप्न है, विचार है।
बाहु-पाश में जो कभी दामिनी-सी नाचती थी।
'साइक ' में करती विहार है।
नारी शक्ति, नारी धूप-छाँव है।
जानना हो विश्व को, तो नारियों के प्राण पढ़ो।
भागना हो विश्व से, तो नारी तेज नाव है।"[22]

बिम्बवादी रचनाकारों ने संवेदनात्मक घनत्व के अतिरिक्त सटीक शब्द-निवेश पर विशेष जोर दिया है। इनका मानना है कि उपयुक्त शब्दों का उपयोग वस्तु और रूप में अद्वैत स्थापित करने का सबसे सशक्त माध्यम है जिसकी चरमसिद्धि पर भाषा ही कविता बन जाती है। एजरा पाउण्ड ने कवियों को स्पष्ट तौर पर सलाह दी थी कि, फालतू शब्दों का प्रयोग मत करो। विशेषण तब तक मत लगाओ, जब तक वह वस्तु के भीतर प्रच्छन्न किसी गुण-विशेष को प्रकट न करता हो।"[23] इस प्रकार बिम्बवादियों ने शब्द-प्रयोग के सम्बंध में अत्यंत सावधानी का परिचय दिया जिससे घनीभूत संवेदना का सार्थक रूपायन संभव हो सका।

7.3.3 भाषागत उदारता, वस्तुनिष्ठ एवं मुक्त-छंद के प्रति प्रतिबद्धता, नाद-सौंदर्य, तीव्र प्रभावान्विति तथा प्रतीक व्यंजना पर बल

भाषा के प्रति बिम्बवादियों का दृष्टिकोण उदार था। वे बोलचाल की भाषा के हिमायती थे। जिससे दिन-प्रति की वास्तविकता को सुगमतापूर्वक सम्प्रेषित किया जा सके। एजरा पाउण्ड का अभिमत था कि वस्तु और रूप एक ही बिन्दु पर आकर मिलते हैं। एक अच्छी कविता में हर शब्द सार्थक और क्रियाशील होता है। काव्यात्मक अभिव्यक्ति की चरमसिद्धि वहाँ माननी चाहिए जहाँ रूप ही अर्थ बन जाय। एजरा पाउण्ड ने भाषागत उदारता और सटीकता का परिचय देते हुए स्पष्ट शब्दों में घोषणा की कि, "उत्कृष्ट गद्य और अच्छी कविता में कोई तात्विक अंतर नहीं है। काव्य में कोई भी बात घुमा-फिराकर नहीं करनी चाहिए। वह द मोपासाँ के श्रेष्ठ गद्य की तरह सरल होना चाहिए और स्टेढाल के गद्य की तरह दृढ़ एवं अर्थगर्भित होना चाहिए। यदि शब्द और अर्थ पर उसकी पकड़ नहीं है तो वह व्यर्थ हैं। इसी प्रकार रीतिबद्ध शब्दावली, घिसे-पिटे वाक्यांश और पारंपरिक पत्रकारिता की इकहरी शैली के लिए भी यहाँ कोई स्थान नहीं है। इससे बचने का एकमात्र उपाय यह है कि कवि अपनी वस्तु को हर समय दृष्टि में रखते हुए उसका एकदम सही-सही प्रस्तुतीकरण करे। वस्तुनिष्ठता और केवल वस्तुनिष्ठता को ध्यान में रखकर ही समस्त काव्यात्मक अभिव्यक्ति होनी चाहिए।"[24] बिम्बवाद की सर्वाधिक प्रशंसा श्री ग्लेन ह्यूज ने की है, उनके अनुसार इस आंदोलन ने "स्वच्छंद कविता को वैधता दी, दूषित कृत्रिमता और थोथी भावुकता के जाल को छिन्न-भिन्न किया, ग्रीक रचनाकारों की-सी विशदता और संहिति का समावेश किया। रोमानी वायवीयता के स्थान पर अभिजात वस्तु परकता की प्रतिष्ठा की। प्राच्य सूक्ष्मकारों की प्रभावोत्पादकता दिखाई और बुद्धि एवं भाव का पुनः संयोग कराया।" यह

बिम्बवाद की भले ही अतिशय प्रशंसा लगे लेकिन इससे उसके सम्पूर्ण व्यक्तित्व का सम्यक् निर्वचन हो जाता है।

बिम्बवादी काव्यसर्जना क्षणिक चिंतन तथा क्षणजीवी भावबोध की क्षणजन्य अभिव्यक्ति है जो रूपरचना और छन्द-योजना के लिए किसी प्रकार की नियमबद्धता को नहीं स्वीकारती। इनकी दृष्टि में छंद वस्तु का मौलिक गुण नहीं होता। वह तो कृत्रिम होता है और मानवीय नियंत्रण को परिलक्षित करता है। इन कवियों ने अपनी रचनाओं में नपे-तुले शब्द विन्यास और नए ढंग के मुक्त-छंद के माध्यम से नाद-सौंदर्य की अभिव्यक्ति की है। बिम्बवाद में काव्य की परंपरागत प्रतिबद्धता, अलंकृत रचना-विधान, शास्त्रीय चिंतन तथा प्रतिष्ठित काव्यरूपों के प्रति किसी प्रकार का सम्मोहन नहीं है जिसके कारण समस्त बिम्बवादी चॉसर से लेकर शेक्सपियर तक विकसित होनेवाले काव्य स्वरूप से संभ्रमित न होकर काव्य की स्वायत्तता पर जोर देते रहे हैं। इस काव्यधारा के रचनाकारों ने अपनी रचनाओं के वस्तुशिल्प, शब्दचयन, वाक्य-योजना तथा मुहावरों की संरचना आदि का विश्लेषण करते हुए यह प्रतिपादित किया है कि उनकी रचनाओं में विवरण और वर्णन की तुलना में बिम्ब की तीव्र प्रभावान्विति तथा प्रतीक व्यंजना की प्रधानता है। इन्होंने यह भी स्थापित किया है कि उनकी सौंदर्य चेतना धरती से अंकुरित होकर समग्र ब्रह्मांड का संस्पर्श करने के लिए संकल्पित है।

बिम्बवाद के शिखर कवि एजरा पाउण्ड का मानना था कि इस कविता का आंदोलन सभी देशों की कविताओं को उनकी राष्ट्रीयताओं का अतिक्रमण करवाकर उन्हें विराट-विश्व फलक तक ले जाएगा। उसका स्पष्ट अभिमत था कि, "कविता की आलोचना विश्व-कविता के आधार पर की जानी चाहिए।" इसने फ्रांसीसी कवि लफूर्ज की प्रशंसा करते हुए लिखा है कि, "वे ऐसी भाषा नहीं लिखते जो एक ही देश में प्रचलित या लोकप्रिय हो। लफूर्ज उस अंतर्राष्ट्रीय भाषा में लिखते हैं, जिसे सभी देशों के शीर्षस्थ, संसुस्कृत और सहृदय लोग समझ सकते हैं।" कदाचित इस कथन के द्वारा एजरा पाउण्ड यह संकेत करना चाहते हैं कि संसार की समस्त भाषाओं के बीच कुछ ऐसा अंतर्भुक्त तत्व है जिसके आधार पर काव्यानुवाद सभी भाषाओं में किया जा सकता है।

बिम्बवादी कवियों ने कविता को पारम्परिक लय और छंद से भी मुक्ति प्रदान की। इन कवियों की दृष्टि में परंपरागत लय-छंद आधुनिक जीवन की जटिलताओं को अभिव्यंजित करने में सक्षम नहीं है। इसलिए मुक्त छंद वर्तमान समय में एक बेहतर विकल्प हो सकता है। 'द ऑक्स फोर्ड कॉम्पेनियन टू इंगलिश लिटरेचर' में संक्षिप्तता, संक्षिप्त वाक्य-विन्यास, ध्वन्यात्मक सौंदर्य तथा भावों एवं विचारों के बिम्बन को बिम्बवाद की प्रमुख प्रवृत्तियों के अंतर्गत रखा गया है। यथा- "The Characteristic Products of the movment are more easily recognized than its theories defined : they tend to be short, composed of short lines of musical cadence rather than metrical regularity, to avoid abstraction, and to treat the image with a hard, clear precision rather than with overt symbolic intent."[25] इस प्रकार बिम्बवाद ने काव्य में मूर्तता, अभिव्यक्तिगत स्पष्टता, प्रतीकात्मक व्यंजना, सांगीतिकता, नाद-सौंदर्य और मुक्त-छंद के प्रति विशेष रुझान प्रदर्शित किया। अंग्रेजी कविता को अनावश्यक नियमों से मुक्त कराकर उसे नूतन शिल्प प्रदान किया।

7.4 बिम्बवाद का प्रभाव

बिम्बवादी आंदोलन जिस तीव्रता से विकसित हुआ था, उसी तीव्रता से समाप्त भी हो गया। बिम्बवाद को पुरस्कृत करनेवाले सदस्यों में ही इतने अंतर्विरोध और मतभेद उभर गये कि वे इस आंदोलन को सँभाल नहीं सके। सन् 1914 में एमी लावेल को बिम्बवादियों द्वारा अपना नेता चुना गया। उन्होंने बिम्बवाद के सम्यक विकास के लिए वार्षिक अंतराल पर बिम्बवादी कविता की तीन रचनावलियों का सन् 1915, 1916 और 1917 में प्रकाशन करवाया। तीसरी रचनावली में केवल कविताएँ प्रकाशित हुईं। उसकी भूमिका नहीं लिखी गई। ग्लेन ह्यूज के अनुसार सन 1930 में बिम्बवादी प्रवृत्ति के पुनरुत्थान के लिए एक अन्य ग्रंथावली का भी प्रकाशन हुआ, परन्तु बिम्बवादी काव्यांदोलन से उसका कोई वास्तविक सूत्र नहीं जुड़ पाता। इसे बिम्बवाद के प्रभाव के रूप में ही लेना चाहिए। यह महज संयोज ही था कि जिस समय बिम्बवादी काव्यांदोलन अपने चरम शिखर पर था, उसी समय प्रथम विश्वयुद्ध भी अपने प्रकर्ष पर था। दोनों का समापन भी लगभग साथ-साथ हुआ। प्रथम विश्वयुद्ध की परिणति महाविनाश और घोर आर्थिक तबाही के रूप में हुई। बिम्बवाद अपने निश्चित मतवाद में उन जटिल मनःस्थितियों को नहीं समेट सकता था जो प्रथम विश्वयुद्ध ने छोड़ी थी। फलतः अतियथार्थवाद और अस्तित्ववाद जैसे आंदोलनों का जन्म हुआ। ऐसी स्थिति में नवआभिजात्यवाद का संस्पर्श लिए हुए बिम्बवाद का आगे बढ़ना संभव नहीं था। इसके बावजूद बिम्बवाद का प्रभाव पूर्णतः समाप्त नहीं हुआ। सन् 1924 में ह्यूम की मान्यताओं का Speculations शीर्षक से प्रकाशन हुआ, जिसमें बिम्ब-सिद्धांत का स्पष्ट तौर पर निरूपण किया गया। अंग्रेजी के प्रख्यात कवि-आलोचक टी.एल.इलियट ने एजरा पाउंड को अपनी कालजयी लम्बी कविता, 'वेस्ट लैंड' समर्पित की है। उसने पुस्तक समर्पित करते समय एजरा पाउन्ड को श्रद्धांजलि अर्पित करते हुए लिखा है कि, "For Ezra Pound : il miglor fabbro अर्थात् सर्वश्रेष्ठ काव्यशिल्पी, एजरा पाउंड को।" इलियट का अपने प्रारंभिक काव्यकाल में एजरा पाउंड से गुरु-शिष्य का संबंध था। साथ ही, बिम्बवादी कविता से प्रभावित होना उस जैसे घोषित अभिजात कवि के लिए स्वाभाविक ही था।

ध्यातव्य है कि बिम्बवाद अपने युग के काव्य तथा काव्यशास्त्र को स्वच्छंदतावाद के विरोध में प्रस्तुत करता है। इन कवियों का आग्रह था कि बीसवीं शताब्दी का काव्य अपने वर्तमान परिवेश और चिंतन के अनुरूप होना चाहिए। बीसवीं शताब्दी के चौथे दशक में जब नयी समीक्षा की चर्चा आरंभ हुई तो उसमें भी बिम्बवाद का प्रभाव प्रच्छन्न रूप में बना रहा। सन 1963 में डब्ल्यू.सी. प्रैट की The Imagist Poem भी प्रकाश में आई जो नए संदर्भ में बिम्बवादी मान्यताओं की मुखर स्वीकृति थी। इसी तरह शैलीविज्ञान और संरचनावाद भी बिम्बवाद से पोषण प्राप्त करके बड़े हुए।

जहाँ तक हिंदी साहित्य पर बिम्बवाद के प्रभाव का सवाल है तो इसे महज संयोज ही माना जा सकता है कि बिम्बवाद के अवसान के ठीक बाद हिंदी कविता में छायावाद का आगमन हुआ, जिसमें हिंदी साहित्य के इतिहास में पहली बार इतने बड़े पैमाने पर बिम्ब-योजना दिखलाई पड़ी। यहाँ तक कि कामायनी जैसा महाकाव्य भी बिम्ब-विन्यास और बिम्बश्रृंखला का अत्यंत रमणीक सगुम्फन है। छायावाद के समकालीन आलोचक आचार्य रामचंद्र शुक्ल ने हिंदी साहित्य में पहली बार बिम्ब, बिम्ब-विधान और बिम्बवाद का स्वरूप स्पष्ट किया। परन्तु, बाद का कोई आलोचक

आचार्य शुक्ल की मान्यताओं को तार्किक परिणति तक नहीं पहुँचा सका। आगे चलकर प्रथम तारसप्तक (1943) के एक कवि ने 'सहस्मृत और परम्परागत बिम्बों' के स्थान पर 'ऐन्द्रिय और आवेगाश्रित' बिम्बों के प्रयोग पर जोर दिया। इसी तरह नयी कविता के आगमन के उपरांत तीसरा सप्तक के एक कवि ने घोषित किया कि, "प्राचीन काव्य में जो स्थान चरित्र का था, आज की कविता में वही स्थान बिम्ब अथवा 'इमेज' का है।"[26] इस प्रकार स्पष्ट है कि हिंदी की नयी कविता और समीक्षा में काव्य के अन्यान्य तत्वों के साथ-साथ बिम्ब की भी सम्यक् रूप से प्रतिष्ठा हुई है।

7.5 निष्कर्ष

सारांश यह है कि बिम्बवाद कविता की शुद्धता, स्पष्टता, चित्रपरकता को लक्ष्य करके चलाया गया काव्यांदोलन था जो देखते-देखते इंगलैण्ड और अमेरिका के बड़े कवियों का स्नेहभाजन बन गया। स्वच्छंदतावादी दौर में जो गौरव कल्पना को प्रदान किया गया था, बिम्बवादी रचनात्मकता के आयोजकों ने काव्य में वही स्थान बिम्ब को दिया। बिम्बवादी न केवल कविकर्म का चरम लक्ष्य विलक्षण बिम्ब का निर्माण करना मान बैठे थे वरन् उनकी स्पष्ट मान्यता थी कि कविता की अनेक पुस्तकें लिखने की तुलना में एक उत्कृष्ट और अद्‌भुत बिम्ब का निर्माण ज्यादा श्रेयस्कर है। बिम्बवादी कवियों की कृतियों का मूल्यांकन करते समय उनकी मानसिकता को आधुनिक चिंतन के नवीन आलोक में परखने के आग्रही थे। बिम्बवाद का नेतृत्व करते समय एजरा पाउण्ड ने जोरदार शब्दों में घोषणा की थी कि, "यह आंदोलन लगभग एक शताब्दी तक चलेगा।" बिम्बवाद भले ही एक आंदोलन के रूप में एक शताब्दी के बदले एक दशक तक भी न चला हो, परन्तु, उसकी प्रस्थापनाओं और उपलब्धियों को एकदम से नकारा नहीं जा सकता है। इस आंदोलन ने एक बार काव्य को नवआभिजात्यवाद के अनुरूप फिर से वस्तुपरकता, देशकाल और जीवन-जगत् से जोड़कर देखा। इससे अंग्रेजी के कई बड़े कवि सम्बद्ध रहे हैं। जिससे बिम्बात्मक छवियों से ओत-प्रोत अनेक सुगठित कविताओं की सृष्टि हुई। कुल मिलाकर, बिम्बवादी सर्जनात्मकता से काव्य जगत् अत्यंत समृद्ध और लाभान्वित हुआ है। इस आंदोलन ने नई सभ्यता की जटिलताओं के अनुरूप काव्य को एक नया तत्त्व प्रदान किया जिससे उसके रूपात्मक छवि-निर्माण के लिए असीम संभावनाएँ बलवती हुईं। अपनी सर्जनात्मकता और कारीगरी के द्वारा बिम्बवाद ने काव्याकृति को संतुलित और सटीक आयाम प्रदान किया। आज जब वैज्ञानिक सभ्यता के दबावों के चलते मनुष्य का जीवन दिनोदिन तेज और जटिल होता जा रहा है और उसके पास महाकाव्य तथा लम्बी कविता के अध्ययन के लिए अवकाश नहीं रह गया है तो ऐसी स्थिति में यदि कविता एक लघु शब्द-चित्र के द्वारा उसकी संवेदना को बिम्बों के माध्यम से उद्‌बुद्ध करना चाहती है तो उसका स्वागत होना चाहिए।

संदर्भ सूची

1. Imagism and Imagists- Glenn Hughes, Page- 56
2. शुद्ध कविता की खोज, दिनकर, पृष्ठ- 107
3. "In her most original poems the Greek spirit is dominant, and in her trans-

lations there is much that is purely herself."- Imagism and Imagists, Glenn Hughes, Page- 117.
4. भारतीय तथा पाश्चात्य काव्यशास्त्र, डॉ. अर्चना श्रीवास्तव, पृष्ठ-118
5. हिंदी साहित्यकोश, भाग-एक- प्रधान संपादक- डॉ. धीरेन्द्र वर्मा, पृ.397-398
6. "Image are concious memories which reproduce a previous perception, in whole or parts, in the absence of the original stimulus to the persept on."- Quoted in Encyclopaedia of Britanica, Vol.12, Page-103
7. "That which presents on intellectual and emotional complex in an instant of time..." Mak it new, A. Pound, Page-336
8. काव्य-बिम्ब, डॉ. नगेंन्द्र द्वारा उद्धृत, पृ.-5
9. वही, पृष्ठ-4
10. आधुनिक हिंदी कविता में बिम्ब-विधान, डॉ. केदारनाथ सिंह, पृष्ठ- 23
11. "Poetry is the image of man and nature."- English Critical Essays, Words Worth, 19th Century, Page-14
12. Image is, in itself, the very height and life of Poetry.- Poetic Image. C. Day. Lewis, Page-18
13. "An image may be, for example, a visual image. a copy of sensation or it may be an idea, any event in mind, which represents some things or it may be a figures of speech, a double unit involving comparision."- Coleridge on Imagination, I.A.Richard, Page-136.
14. रस-मीमांसा, आचार्य रामचंद्र शुक्ल, पृष्ठ-310
15. काव्य-बिम्ब, डॉ. नगेंद्र, पृष्ठ-62
16. शुद्ध कविता की खोज, दिनकर द्वारा उद्धृत, पृष्ठ-103
17. "To present an image (hence the name imagist). We are not school of painters, but we believe that poetry should render particulars exactly and not to deal in vague generalities, however magnificent and sonorous. It is for this reason that we oppose the cosmic poet, who seems to us to shrink the real difficulties of his art." - Imagism and Imagist, Glenn Hughes, Page-40
18. Selected Prose- T. S. Eliot, Page- 95
19. कामायनी, प्रसाद, पृष्ठ- 49
20. Speculations, Herbert Read, Page-168
21. पाश्चात्य काव्य-चिंतन, डॉ. निर्मला जैन, पृष्ठ- 188
22. शुद्ध कविता की खोज, रामधारी सिंह 'दिनकर', पृष्ठ- 258-260
23. "Use no Superfluous word, no adjective which dose not reveal something."

- The poetry of Ezra pound, Allice S. Amdur, Page-39
24. Literary Criticism : Ashort History, Page- 663.
25. The Oxford Companiori to English Literature- Page-39
26. तीसरा सप्तक, पृष्ठ- 183

अध्याय 8

अस्तित्ववाद (Existentialism)

(1935-1960)

अस्तित्ववाद अंग्रेजी के 'Existentialism' का हिंदी रूपांतर है। यह बीसवीं शताब्दी की अत्यंत लोकप्रिय दार्शनिक और साहित्यिक धारा है। यद्यपि अपने मूल स्वरूप में अस्तित्ववाद दार्शीनेक चिंतन-पद्धति ही है फिर भी, इसने साहित्यिक सोच को गहराइयों तक प्रभावित किया है। इसे दो विश्वयुद्ध की भयावह परिणति से संत्रस्त मनुष्य के अवसादमय और कुण्ठित-चिन्तन की विशिष्ट अभिव्यक्ति भी माना जा सकता है। इस चिंतन-सरणि का मूल सत्स जर्मन दार्शनिक हसरेल तथा हेडेगर और डेनिश चिंतक सर कीर्केगार्ड (1813-1855) की चिंतन-प्रणाली में परिलक्षित होता है। इस चिंतन-पद्धति की विभिन्न अंतर्धाराओं का सगुम्फन फ्रांस में हुआ। जहाँ ज्याँ पॉल सार्त्र (1905) के विचारों का अवलंब पाकर अस्तित्ववाद अपने प्रकर्ष पर पहुँच गया। अस्तित्ववादी चिंतन को परिपुष्ट और पुरष्कृत करनेवाले विचारकों में नीत्शे, यास्पर्स, ग्रेब्रियल मार्सल, मार्टिन हेडेगर, ज्याँ पॉल-सार्त्र, रायनर मारिया रिल्के, काफ्का और अलवेयर कामू का नाम प्रमुखता से लिया जाता है। कतिपय विद्वान अस्तित्ववाद का संबंध भारतीय औपनिषदिक आत्म-दर्शन अथवा आत्मवाद से भी जोड़ते हैं। जबकि पाश्चात्य परंपरा में इसे मसीही संतों बर्नाड एवं आगिस्टन से होते हुए सुकरात एवं ग्रीक स्टोइकों तक से जोड़कर देखते हैं। समूचा अस्तित्ववादी-चिंतन आस्तिक और नास्तिक नामक विचार-सरणियों में विभक्त होकर चला है जिससे मतभिन्नता, वैचारिक मतभेद और तार्किक वाद-विवाद एवं संवाद की विविधतापूर्ण झाँकी परिलक्षित होती है।

8.1 अस्तित्ववाद की प्रेरणाभूमियाँ

अस्तित्ववाद की प्रेरणाभूमि अत्यंत विशद एवं व्यापक है। यूरोप की औद्योगिक और तकनीकी क्रांति ने एक ओर जहाँ मानवीय सुविधाओं और आर्थिक उपलब्धियों के नए मानक स्थापित करके वैज्ञानिक चमत्कार के प्रति सम्पूर्ण मनुष्यता को आश्चर्यचकित कर दिया, वहीं दूसरी ओर दो विश्वयुद्धों की विभीषिका ने समूची मानवता को दहला दिया। यह वह समय था जब विज्ञान को वरदान मानने की दृष्टि भंग हुई और उसके अभिशापवाले पहलू पर विचार होने लगा। पहली बार मनुष्य यह सोचने के लिए विवश हुआ कि वैज्ञानिक शस्त्रास्त्रों की बाढ़ से मनुष्य ही क्या, सम्पूर्ण मानवता के अस्तित्व के समक्ष संकट पैदा हो गया है। दरअसल, प्रथम विश्वयुद्ध की

परिणति भयावह नरसंहार और विश्वव्यापी आर्थिक मंदी में हुई। इसका एकमात्र सकारात्मक पक्ष यही था कि समूचे यूरोप से राजतंत्र और सामंतशाही का नाश हो गया और लोकतांत्रिक गणराज्यों की स्थापना का मार्ग प्रशस्त हुआ। परन्तु, शीघ्र ही सोवियत रूस में सम्पन्न होनेवाली सर्वहारा वर्ग की वोल्शेविक क्रांति ने लोकतंत्र के विकास की संभावनाओं पर कुठाराघात कर दिया। क्योंकि यह व्यवस्था सर्वहारा के अधिनायकतंत्र के आदर्श से अनुप्राणित थी जो प्रकारान्तर से लोकतंत्र और व्यक्ति-स्वातंत्र्य के विरोध में जाती थी। थोड़े ही समय में इसकी प्रेरणा प्राप्त करके इटली में मुसोलिनी जेसे तानाशाह का उदय हुआ। दूसरी ओर पराजित जर्मनी में फासीवाद, नाजीवादी ताकतों का वर्चस्व बढ़ा, जिसके फलस्वरूप हिटलर जैसे प्रख्यात तानाशाह का अभ्युदय हुआ। फासीवाद सैद्धांतिक तौर पर व्यक्तिवाद, पूँजीवाद, समाजवाद, उदारवाद, साम्यवाद और अंतर्राष्ट्रीयतावाद के विरोध में था। मुसोलिनी की स्पष्ट मान्यता थी कि हम अपने-आपको एक साथ आभिजात्यवादी और लोकतंत्रवादी, कट्टरपंथी और प्रगतिशील, प्रतिक्रियावादी और क्रांतिकारी, विधेयवादी और अविधेयवादी समय, स्थान और परिवेश के अनुरूप बना लेते हैं। फासीवादी और नाजीवादी शक्तियों ने राज्य-राष्ट्र और युद्ध को गौरवान्वित करने के साथ-साथ लोकतंत्र, व्यक्ति-स्वातंत्र्य और साम्यवाद का मुखर विरोध भी किया।

जर्मनी में हिटलर के आकस्मिक उदय से यूरोप के राजनीतिक घटनाक्रमों में तेजी से परिवर्तन होने लगे। हिटलर ने जर्मनी का बड़े पैमाने पर सैन्यीकरण और शस्त्रीकरण आरंभ किया जिससे यूरोप के अन्य राष्ट्र सहम उठे। उसने जर्मन-वासियों को वास्तविक 'आर्य' की संज्ञा से अभिहित करते हुए नस्लवादी विभेद को बढ़ावा दिया। उसके निर्देश से नाजी-विद्यालयों के छात्र पूरी श्रद्धा से प्रार्थना करते थे, "ओ मेरे नेता, एडॉल्फ हिटलर/हम तुमसे प्रेम करते हैं/हम तुम्हारे लिए प्रार्थना करते हैं/हम तुम्हें सुनना चाहते हैं/हम तुम्हारे लिए काम करना चाहते हैं।"[1] दूसरी ओर सुदूर पूर्व में जापान की बढ़ती ताकत और साम्राज्यवादी महत्वाकांक्षा से भय और आशंका का वातावरण बन रहा था। सन् 1935तक आते-आते जापान, इटली और जर्मनी की छवि एक अत्यंत शक्तिशाली एवं आक्रामक राष्ट्र की बनने लगी। फलस्वरूप इंग्लैण्ड, फ्रांस, अमेरिका जैसे राष्ट्र भी अपनी सुरक्षा जरूरतों को समझकर सैन्यीकरण और शस्त्रीकरण की अंतहीन प्रक्रिया में संलग्न हुए। इस समय द्वितीय विश्व-युद्ध की आशंका और अंतर्राष्ट्रीय आर्थिक उथल-पुथल के कारण मानव मन भय, आशंका और अविश्वास के भाव से भरता जा रहा था। स्थिति इस कदर विकट होने लगी थी कि अधिकांश शक्तिशाली राष्ट्र घोर-अविश्वास, संवादहीनता और प्रलयंकारी अस्त्र-शस्त्रों के साथ एक-दूसरे के समक्ष युद्ध-मुद्रा में खड़े होने लगे थे। "मानव-जाति के सिर पर लटकते इन आयुधों की काली छाया में जीवित रहकर साहित्यकारों का नियतिवादी, अनास्थावादी, अराजकतावादी और मृत्युकामी हो जाना आश्चर्य की बात नहीं है। ये अपने को चारों ओर के अनैतिक, पाखण्ड पूर्ण और दहशत भरे वातावरण के बीच विवश बंदी के रूप में पाते हैं। सामूहिक नाश और अनिश्चित भविष्य से भय और आतंक ने उनके मन में अकेलेपन, ऊब, अरक्षाजन्य उदासी और घुटन का तीखा बोध उत्पन्न कर दिया है। पर यह सब अधिकतर उन देशों में हो रहा या हुआ है जिन्होंने दो-दो महायुद्धों की विनाशकारी प्रलय-लीला का दर्द सीधे भोगा है, अस्तित्व को निरर्थक बनाए जाते देखा है और मनुष्य को पशु तथा व्यक्ति को यंत्र के रूप में परिणत होते देखा है।"[2] द्वितीय विश्व-युद्ध की परिणति ऐसे महाविनाश के रूप में हुई जिसने इतिहास में हुए समस्त युद्धों के विनाशलीला के कीर्तिमान को ध्वस्त कर

दिया। साथ ही, जब द्वितीय विश्वयुद्ध की विभीषक परिणति से भी शक्तिशाली राष्ट्रों की आँखें नहीं खुलीं और वे दो ध्रुवों में बँटकर परमाणविक शस्त्रास्त्रों के विकास की अंधी दौड़ में शामिल हो गए तब पहली बार मनुष्य की चिंता इस बात पर केंद्रित हो गयी कि, 'समस्त मनुष्यता का अस्तित्व खतरे में है।' दूसरी तरफ, मानव-निर्मित यंत्रों की शक्ति और सामर्थ्य के समक्ष ही स्वयं मनुष्य का व्यक्तित्व बौना साबित होने लगा। ऐसी स्थिति में अस्तित्ववादी-चिंतन का विकास समय की माँग थी।

अस्तित्ववादी-चिंतन को विरासत के रूप में डार्विन तथा वैलेस का विकासवाद, फ्रायड का मनोविश्लेषणवाद तथा कार्ल-मार्क्स का ऐतिहासिक भोतिकवाद मिला था। विकासवाद की स्थापना थी कि सृष्टि किसी ईश्वर की रचना नहीं है बल्कि यह जागतिक परिस्थितियों तथा वातावरण के अनुरूप स्वाभाविक विकास का परिणाम है। स्पष्ट है कि विकासवाद ने ईश्वर के अस्तित्व का निषेध किया और मानव-जाति के समक्ष वैज्ञानिक ढंग से सोचने का विकल्प मुहैया कराया। फलतः परंपरागत आदर्शों, धार्मिक विश्वासों तथा मध्यकालीन नैतिकता को ठेस पहुँची और मानव-मन पर इनका आतंक कम हुआ। साथ ही, औद्योगिक प्रगति ने भी ईश्वरीय विश्वास और धार्मिक आस्था को अपने ढंग से कमजोर बनाया। दूसरी तरफ फ्रॉयड ने अपने मनोवैज्ञानिक प्रयोगों द्वारा यह सिद्ध किया कि मानव की जिजीविषा का मूल काम-वासना है जो निरन्तर धर्म, नीति आदि का उपदेश देने वाले मन से संघर्षरत रहती है। इस स्थापना का परिणाम यह हुआ कि सर्वस्वीकृत जीवन मूल्यों और परंपरागत आदर्शों की बुनियादें हिल गयीं। इसी प्रकार कार्ल मार्क्स के ऐतिहासिक भौतिकवाद से भी आत्मवादी चिंतक को नुकसान पहुँचा। कुल मिलाकर, "डॉर्विन, फ्रॉयड एवं मार्क्स के सिद्धांतों में यह समानता है कि ये सभी ईश्वर को अस्वीकार करते हैं, चली आती हुई मूल्य व्यवस्था को नकारते हैं तथा एक नये प्रकार की मूल्य-व्यवस्था की खोज की दिशा की ओर बढ़ते हैं या खोजते हैं। इस प्रकार इन तीनों सिद्धांतों ने, जिनका बुद्धिजीवियों तथा साहित्य-सर्जना पर गंभीर प्रभाव पड़ा, प्राचीन मूल्यों के प्रति आस्था को दुर्बल किया।"[3]

अस्तित्ववादी चिंतन का चरम विकास द्वितीय विश्वयुद्ध कालीन परिस्थतियों में परिलक्षित होता है। प्रथम विश्वयुद्ध के उपरांत विश्वव्यापी निराशा, टूटन, विसंगतिपूर्ण जीवन तथा संत्रास के चलते मानव-जीवन में अकेलापन, अजनबीपन तथा निरर्थकता बोध का अहसास बढ़ा, जिससे अस्तित्ववादी चिंतन का मार्ग प्रशस्त हुआ। अस्तित्ववाद के प्रेरक तत्वों की चर्चा करते हुए डॉ. रामविलास शर्मा ने लिखा है कि, "अस्तित्ववाद पर उस पुराने तर्कशास्त्र का प्रभाव है जो द्वन्द्ववाद का विरोधी है। आत्मगत और वस्तुगत यथार्थ सम्बद्ध न होकर उसके लिए अलग हैं, भूत और चेतना, व्यक्ति और समाज इसी तरह विच्छिन इकाइयाँ हैं। अस्तित्ववाद पर सामन्तकालीन धार्मिक अन्धविश्वासों का गहरा असर है। उसकी शुरुआत किर्केगार्ड से हुई, जो चर्च की आलोचना करते हुए भी, ईसाइयत के मार्ग से ही मुक्ति का अन्वेषी था। मध्यपूर्व और यूरोप की सामन्तकालीन धार्मिक आस्थाओं के अनुसार ईश्वर ने प्रथम मनुष्य-आदम-को सोचने और कार्य करने की पूर्ण स्वतंत्रता दी थी, किन्तु उसने उस स्वतंत्रता का दुरुपयोग किया, खुदा ने ज्ञान के वृक्ष का फल खाने को मना किया था, उसी को उसने चख लिया।' तब से जितने आदमी पैदा हुए, सभी पापी हुए। खुदा की मर्जी, जिसे चाहे मुक्ति दे दे, वर्ना नरक का त्रास तो लिखा ही है उसके भाग्य में। जब तक खुदा था तब तक पाप-पुण्य की भावना भी थी, नैतिक आचरण के मूल्य भी थे। किन्तु जब विज्ञान ने खुदा को नैतिकता के आसन से हटा दिया तब अस्तित्ववादी

के लिए बड़ी समस्या उठ खड़ी हुई। समाज में मूल्य की कसौटी न रह गयी। पाप-पुण्य कुछ नहीं, मनुष्य को व्यक्तिगत रूप से निर्णय करना है कि क्या मूल्यवान् (पुण्य) है, क्या मूल्यहीन (पाप) है। अँधेरे में बाप का हाथ छूट जाने पर जैसे छोटा बच्चा चीख उठे, वही हालत खुदा को नकारने वाले अस्तित्ववादी की है। उसके त्रास का, अकेलेपन की अनुभूति का, वेदना का यह मुख्य कारण है।"[4]

अस्तित्ववादी रचनाकार यांत्रिक सभ्यता के दबावों के चलते जिस अजनबीपन, अकेलेपन और आत्मनिर्वासन (Self Alienation) का दंड भुगतता है उसकी मूल प्रेरणा उसे प्रख्यात जर्मन दार्शनिक हेगेल के 'अलगाव की संकल्पना' (Concept of Alienation) वाले सिद्धांत से प्राप्त हुई। हेगेल ने चेतना को सृष्टि का सार तत्व मानते हुए यह अवधारणा प्रस्तुत की कि 'चेतना' अलगाव की भिन्न-भिन्न अवस्थाएँ पार करते हुए उत्तरोत्तर उन्नत रूपों में विकसित होती है जिससे मानव-इतिहास का सृजन होता है। चेतना की इस यात्रा पर व्यक्ति के अपने उद्देश्यों और प्रयोजनों का वश नहीं चलता। 'अलगाव' के बारे में हेगेल की संकल्पना को एक उदाहरण द्वारा इस प्रकार समझा जा सकता है, आरंभ में मानव-शिशु अपने-आपको अपनी माता से अलग नहीं कर पाता। कालांतर में वह अपने-आपको स्वतंत्र रूप में पहचानने लगता है, जिसकी अपनी अलग इच्छाएँ और जरूरतें होती हैं। इसी तरह शैशव से बाल्यकाल में परिवर्तन की प्रक्रिया भी अलगाव की एक अवस्था है। फिर, युवावस्था में जब युवक-युवती एक-दूसरे के प्रति प्रेम से आकर्षित होते हैं, तब वे अपने माता-पिता के प्रेम से उनका 'अलगाव' हो जाता है। इसी तरह ज्ञान-विज्ञान, कला-कौशल और विभिन्न पेशेवर कैरियर के क्षेत्र में मनुष्य शुरू-शुरू में किसी को अपना आदर्श चुनता है और अपने-आपको उनसे बहुत छोटा समझते हुए उनके अनुकरण का प्रयत्न करता है। परंतु जब वह स्वयं इस क्षेत्र में पर्याप्त उन्नति कर लेता है तब पुराने आदर्श उसे बहुत साधारण लगते हैं और वह किसी नए आदर्श की ओर आकर्षित होता है। ऐसी स्थिति में पुराने आदर्श से उसका 'अलगाव' हो जाता है। हिंदी रचनाकरों में कविवर सुमित्रानंदन 'पंत' इसके सर्वोत्तम उदाहरण हो सकते हैं क्योंकि 'पल-पल परिवर्तित प्रकृति वेष' की तरह उनके आदर्श और सिद्धांत भी लगातार बदलते रहे हैं। 'अलगाव' की यही प्रक्रिया संपूर्ण मानव-जाति के ऐतिहासिक विकास पर लागू होती है। ऐतिहासिक विकास के क्रम में मनुष्य जाति उत्तरोत्तर अलगाव की भिन्न-भिन्न अवस्थाओं को पार करते हुए अपनी नई-नई विशेषताएँ अर्जित करती चलती है।

हेगेल के उपरांत कार्ल मार्क्स के शिक्षक ब्रूनो बॉयर ने भी अलगाव की संकल्पना पर विचार करते हुए यह प्रतिपादित किया कि आत्म-चेतना के जरिए ही मनुष्य द्वैत की स्थिति पर काबू पा सकता है। इसके विपरीत दार्शनिक फ्योरबाख ने कहा कि, "अलगाव की स्थिति का मूल स्रोत धार्मिक अंधविश्वासों और जड़-पूजन की प्रवृत्तियों में हैं। मनुष्य बंधनग्रस्त इसलिए है कि वह अपनी आकांक्षा, चेतना और संवेदना के सर्वोत्तम भाग को किसी बाह्य वस्तु या कल्पित परमात्मा में प्रक्षेपित करके उसे 'दैनिक' होने की संज्ञा प्रदान करता है और अपने 'स्व' से विच्छेद कर लेता है। अलगाव की इस स्थिति पर काबू तभी पाया जा सकता है जब उस 'दैविक' तत्त्व को, जो वास्तव में मनुष्य का अपना 'तत्त्व' है, पुनः मनुष्य में अधिष्ठित किया जाए, किसी ईश्वर-केंद्रित धर्म के जरिए नहीं बल्कि मनुष्य-केंद्रित धर्म के जरिए, ताकि आत्म-प्रेम के माध्यम से वह अपने को पुनः संपूर्ण बनाए। अलगाव की स्थिति या आत्म-विरक्ति का अस्त्र लेकर आलोचना

को चाहिए कि वह ब्रह्मज्ञान (Theology) की जगह मानव-ज्ञान (Anthropology) और ईश्वर की जगह मनुष्य को प्रतिष्ठित करे ताकि दर्शन पारलौकिक की चिंता छोड़कर लौकिक जीवन की ओर उन्मुख हो, मनुष्य अमूर्त-अव्यक्त की प्रेतच्छाया से मुक्त हो और आधिदैविक के पंजों से छुटकारा पाए। तभी मनुष्यों के पारस्परिक-संबंध 'मैं-तू' (I-thou) के आधार पर स्थापित हो सकेंगे।"[5]

अस्तित्ववाद को फेनॉमेनॉलॉजी (Phenomenology) का सहोदर भी माना जाता है। फेनॉमेनॉलॉजी वह दर्शन है जिसके अनुसार जगत पहले से ही नित्य विद्यमान है। वह अनिवार्य वास्तविकता है तथा समस्त अनुचिंतन का पूर्वगामी है। वस्तुतः फेनॉमेनॉलॉजी के तकनीकी वर्णनात्मकविज्ञान तथा अस्तित्ववाद के जनसुलभ साहित्य की आधारभूमि एक है। दोनों विचार-धारायें पारम्परिक यूरोपीय दर्शन, जिसका सूत्रपात देकार्त के हाथों हुआ, से प्रेरित हैं। हुर्सल, हेडेगर, सार्त्र, पोन्ती आदि इसी दर्शन के सामान्य क्षेत्र के भीतर ही एक दूसरे से अपनी सहमति अथवा विरोध व्यक्त करते हैं। दोनों ही देकार्त के दर्शन को दार्शनिकता का प्रस्थान-बिन्दु मानते हैं। दोनों दर्शनों का मूल लक्ष्य मानवीय चेतना तथा जगत् के पारस्परिक संबंधों की अवधारणा करना है तथा उन आधारों और 'अस्तित्व परक संरचनाओं' की खोज करना है जो इन संबंधों को संभव बनाते हैं। यह सच है कि अस्तित्ववादी अपने चिंतन के लिए नीत्शे तथा कीर्केगार्ड के भी ऋणी हैं किंतु उनसे गृहीत इस विचारधारा को फेनॉमेनॉलॉजी द्वारा ही समर्थन और बल प्राप्त होता है। इसका तात्पर्य यह नहीं है कि फेनॉमेनॉलॉजी अस्तित्ववाद का समर्थन करने वाली एक प्रविधि अथवा पद्धति मात्र है। इसका तात्पर्य यह है कि, "फेनॉमेनॉलॉजी अस्तित्ववाद का उसी प्रकार समर्थन करती है जिस प्रकार कोई ज्ञानमीमांसीय अथवा सत्ता मीमांसीय सिद्धांत मानवीय कर्म तथा स्वातंत्र्य के सिद्धांत का समर्थन करता है।"[6] दोनों दर्शन मानवीय चेतना के वर्णन से अपने तत्व-चिंतन का प्रारंभ करते हैं।

8.2 अस्तित्ववाद का स्वरूप

अस्तित्ववाद एक दार्शनिक दृष्टिकोण है जिसे दर्शन और धर्म के बदले साहित्य और कला के क्षेत्र से ज्यादा प्रतिष्ठा प्राप्त हुई। यह एक जटिल प्रत्यय है जिसका कोई एक और सुनिश्चित परिभाषा देना अत्यंत कठिन है। यह कठिनाई तब और बढ़ जाती है जब स्वयं अस्तित्ववादी चिंतक ही अपने को अस्तित्ववादी कहने में संकोच का अनुभव करते हैं। कार्ल यास्पर्स निःसंदेह अस्तित्ववादी हैं किन्तु, वे अपने दर्शन को 'अस्तित्ववाद' न कहकर 'अस्तित्वदर्शन' (Existenz-Philosophy) कहना अधिक पसंद करते हैं। इसी प्रकार हेडेगर अपने दर्शन को अस्तित्व परक विश्लेषक (Existential Analytic) अथवा आधारभूत सत्तामीमांसा (Fundamental Ontology) कहने के हिमायती हैं। गैब्रियल मार्सल ने साफतौर पर अस्तित्ववादी बिल्ला लगाने से इन्कार कर दिया था। सार्त्र, सिमोन दा बोउआ, अलवेयर कामू तथा मार्लियो पोंती को प्रायः एक संगठित समूह के रूप में देखा जा सकता है किन्तु, "कामू ने भी अपने को अस्तित्ववादी कहने से इनकार किया तथा कामू, पोन्ती और सार्त्र की लम्बी एवं प्रगाढ़ मित्रता भी कालान्तर में कुछ राजनीतिक प्रश्नों को लेकर टूट गयी।"[7] केवल सार्त्र एकमात्र दार्शनिक हैं जिन्होंने यह स्वीकार किया वे अस्तित्ववादी हैं। उसने अस्तित्ववाद का आस्तिक और नास्तिक

के रूप में विभाजन भी किया। साथ ही, अस्तित्ववाद के स्पष्टीकरण और उसके विरुद्ध लगाये गये विभिन्न आरोपों का निराकरण करने के लिए 'Existentialism as a Hermanism' नामक ग्रंथ भी लिखा। यद्यपि बाद में उसने भी इस ग्रंथ के प्रकाशन को एक भूल के रूप में स्वीकार किया। इस प्रकार अस्तित्ववादी दार्शनिकों में स्वतः इतना मत-वैभिन्न्य है कि इस दर्शन को पारिभाषित करने का कार्य अत्यंत चुनौतीपूर्ण है।

अस्तित्ववाद परंपरागत दार्शनिक प्रणालियों से भिन्न एक ऐसा दर्शन है जो जिया जाता है। 'अस्तित्व' शब्द से 'अस्ति' अर्थात् होने अथवा विद्यमानता का बोध होता है। यद्यपि पेड़-पौधे, पशु-पक्षी, लता-गुल्म आदि सभी का अस्तित्व होता है, परन्तु, अस्तित्व की अनुभूति मनुष्य में ही मानी गयी है, जड़-पदार्थों, वनस्पतियों तथा पशु-पक्षियों में नहीं। क्योंकि मनुष्य ही अपने होने का अहसास कर सकता है, विशेषकर 'अस्तित्व के अदृश्य आयामों का अहसास'। मनुष्य 'होने' की सतत प्रक्रिया से गुजरता रहता है। इस प्रक्रिया से विभिन्न वनस्पतियाँ तथा अन्यान्य प्राणी भी गुजरते हैं। परन्तु, उनके विस्तार को जीव-वैज्ञानिक प्रक्रिया का स्वाभाविक अंग माना जाता है। मनुष्य का आत्म विस्तार और आत्मोन्नयन उसके अपने विवेक और निर्णय से निर्दिष्ट होता है। अस्तित्ववाद के अनुसार मनुष्य में स्वतंत्रता और दायित्व की चेतना होती है और वह अपने अस्तित्व का भली भांति अहसास करता है। इस सत्य का अत्यंत सुंदर उद्‌घाटन जयशंकर प्रसाद ने 'कामायनी' में किया है जब मनु प्रलयोपरांत प्रकृति के पुनर्जीवन प्राप्त करने, समूचे ब्रह्माण्ड में एक नियमन का आभास पाने, नये सिरे से सृष्टि-विकास होने तथा खिलखिलाती प्रकृति के साथ अपने होने का अनुभव करते हैं तब उन्हें सम्पूर्ण सृष्टि में जीवन का उल्लासपूर्ण लास्य दिखलाई पड़ता है-

> मैं हूँ यह वरदान-सदृश क्यों
> लगा गूँजने कानों में,
> मैं भी कहने लगा मैं रहूँ-
> शाश्वत नभ के गानों में।[8]

हिंदी कविता में अस्तित्ववाद का यह पहला उदाहरण है। जैसे ही मनु जीवन के अनंत रमणीय अस्तित्व का अनुभव करता है उसके प्राणों के भीतर-ही-भीतर एक गहरा उन्मेष होने लगता है। जिजीविषा के इस विस्फोट के बाद ही उसकी जीवनचर्या आरम्भ होती है और वह जीवन का अनुभव करता है। यहाँ विचारणीय प्रश्न यह है कि यूरोप में सन् 1940 के आसपास अस्तित्ववाद अपने सुव्यवस्थित रूप में प्रकट हुआ, परन्तु, प्रसादजी ने सन् 1930 के पहले ही अस्तित्वबोध का अत्यंत सटीक निरूपण कर दिया था। ऐसा मैं इसलिए कह रहा हूँ क्योंकि कामायनी का 'चिंता सर्ग' सन् 1927 में 'सुधा' पत्रिका में छपा था और 'आशा सर्ग' उसके तुरन्त बाद अर्थात् 1930 के पहले हर-हाल में लिखा गया था।

अस्तित्ववाद का स्वरूप-निर्धारण भले ही अत्यंत चुनौतीपूर्ण और दुष्कर कार्य हो, परन्तु, विभिन्न विद्वानों ने इसे अपने-अपने ढंग से पारिभाषित करने का प्रयास किया है। जिनमें कुछ प्रमुख परिभाषाएँ इस प्रकार हैं-

1. सोरेन कीर्केगार्ड (Soren Kierke Gaard) के अनुसार, "अस्तित्ववाद विचार और तर्क के विरुद्ध जीवन और भावना की प्रतिक्रिया है।"[9]
2. केसेल'स एनसायक्लोपीडिया ऑफ लिटरेचर के अनुसार, "अस्तित्ववाद के अंतर्गत

ऐसी दार्शनिक विचारधाराएँ हैं जो सब व्यक्ति के अस्तित्व को महत्त्व प्रदान करती हैं। वे कांट-परवर्ती परम्परा के कोरे चिन्तन के विरोध में व्यक्ति के जीवन के अनुभव और ठोस वास्तविकता को अपनाती हैं।"[10]

3. अस्तित्ववाद की आधिकारिक परिभाषा सार्त्र ने दी है। उनके अनुसार," अस्तित्व सार का पूर्वगामी है।"[11] इस कथन के अभिप्राय को एक उदाहरण द्वारा स्पष्ट किया जा सकता है। कुर्सी एक पदार्थ है, जिसका निर्माण बढ़ई ने किया है। कुर्सी को बनाने की प्रेरणा उसे कुर्सी के प्रत्यय से मिली। अर्थात् कुर्सी का प्रत्यय अथवा विचार उसके मन में पहले आया और उसी विचार को उसने अपने निर्माण-कौशल द्वारा वस्तु का रूप दे दिया। कुर्सी के बनने के पहले उसके मन में यह धारणा थी कि कुर्सी क्या होती है, उसका स्वरूप कैसा होता है तथा उसकी उपयोगिता क्या होती है, इत्यादि। किसी विशेष कुर्सी के निर्माण के पहले ये सभी बातें विद्यमान होती हैं जो उसके स्वरूप को निर्धारित एवं पारिभाषित करती हैं। इस तरह कुर्सी का अस्तित्व उसके सार द्वारा निर्धारित है।सार्त्र ने किसी विचारधारा के प्रति प्रतिबद्धता से बचने की सलाह देते हुए यह बतलाया कि प्रतिबद्धता अपनी स्वतंत्रता के प्रति और वरण की आजादी के प्रति होनी चाहिए। वे लिखते हैं कि,"सौन्दर्यात्मक अस्तित्ववाद, जिसका मैं प्रतिनिधि हूँ, पूर्ण संगति के साथ उद्घोषित करता है कि यदि ईश्वर नहीं है तो भी एक ऐसा जीव जरूर है जो परिभाषित होने के पहले वजूद में आता है, वह है मनुष्य या कि जैसा हेडेगर ने कहा, मानवीय यथार्थ। जब हम कहते हैं कि अस्तित्व गुणत्व के पहले है तो इसका तात्पर्य यह है कि मनुष्यअस्तित्व में आता है, अपने से टकराता है, विश्व की आपाधापी में आगे बढ़ता है और फिर अपने को परिभाषित करता है। यदि अस्तित्ववादी कहता है कि मनुष्य परिभाषित नहीं किया जा सकता तो इसका अर्थ है कि वह अभी कुछ नहीं है, बाद में आगे चलकर वह जो हो सके, अभी तो कुछ भी नहीं है, बाद में भी वह वही होगा जो वह अपने को बनाना चाहेगा। अतः कोई मानवीय स्वभाव नाम की चीज नहीं होती क्योंकि यहाँ ऐसा कोई ईश्वर नहीं है जिसके आधार पर मानवीय स्वभाव की कल्पना की जा सके।"[12]

4. फर्नान्डो मॉलिन्स का मानना है कि, "अस्तित्ववादी दर्शन का मुख्य प्रयोजन मनुष्य के अस्तित्व की मूल संरचना का विश्लेषण करना तथा उसके मूलतः स्वतंत्र अस्तित्व का बोध करना है।"[13]

5. हिंदी साहित्य कोश के अनुसार, "अस्तित्ववादी विचारधारा मानव-जीवन को मूलतः निरर्थक मानती है, तर्क को अक्षम समझकर त्याग देती है तथा परम्परागत ईश्वर में आस्था को अस्वीकार करती है। अस्तित्ववाद वस्तुतः धर्मनिरपेक्ष स्तर पर मानव-जीवन के लिए चिन्तित है। वह जीवन को निरुपाय, अवश तथा निरर्थक समझकर उसे एक मानवीय अर्थ तथा मूल्य देने की चेष्टा करता है। इसीलिए अस्तित्ववादी दृष्टि में प्रत्येक क्षण का अतुलनीय महत्व है। किसी भी अति यथार्थ का अस्तित्व इस व्यवस्था में स्वीकार नहीं। अपनी समग्र अवशता में मनुष्य ही अस्तित्ववादी चिन्ता का केन्द्र बिन्दु है और इस अवशता को नष्ट करने के लिए अस्तित्ववाद मानवीय स्वातंत्र्य का प्रबल समर्थक है।"[14]

इस प्रकार अस्तित्ववाद मनुष्य के आत्मिक एवं भौतिक सहावस्थान का विश्लेषण करने वाला दर्शन है। अस्तित्व विचार से परे है, उसे तार्किक-वाद-विवाद की परिधि में नहीं घसीटा जा सकता। वह अनुभव और अहसास का विषय है, व्यक्तिगत अभियान का विषय है तथा इस अभियान में व्यक्ति अपनी मूल स्वतंत्रता का बोध करता है। अस्तित्वगत समस्यायें विचार की समस्यायें नहीं, वरन् क्रिया की विषय है। क्रिया द्वारा ही मनुष्य इन समस्याओं से रू-ब-रू होता है, उनको रूपांतरित करता है। अस्तित्वपरक परिस्थितियों में व्यक्ति को स्वयं अपना मार्ग चुनना पड़ता है, वह किसी से निर्देश अथवा सहायता की अपेक्षा नहीं कर सकता। वस्तुतः अस्तित्व समस्या नहीं रहस्य है जिसका अनुभव किया जा सकता है, बौद्धिक-विश्लेषण नहीं। वस्तुतः मनुष्य अस्तित्व धारण करने के लिए विवश है। वह जीवन, जगत् और परिस्थितियों के बीच फेंका गया अस्तित्व मात्र है। अपने मूलस्वरूप में अस्तित्ववाद अतिशय आशावाद का दर्शन है जो इस सत्य की प्रतिष्ठा करता है कि मनुष्य स्वतंत्र है, अपने मार्ग का निर्धारक है, मूल्यों का स्त्रष्टा है। उसमें असीम संभावनाएँ विद्यमान हैं और वह अपने भाग्य और भविष्य का नियामक स्वयं है। वह आत्मोन्नयन द्वारा उपलब्धियों के सीमाहीन बिन्दुओं को छू सकता है। संक्षेप में अस्तित्ववाद मानवीयसत्ता का मीमांसा करने वाला दर्शन है।

8.3 अस्तित्ववाद की प्रमुख विशेषताएँ

अस्तित्ववाद का जन्म भले ही सोरेन कीर्केगार्ड (1813-1855) तथा नीत्शे के विचारों द्वारा हुआ है, परन्तु, इसका व्यापक प्रचार-प्रसार विश्वयुद्ध की विभीषक परिणतियों के कारण हुआ। इसके मूल में संदिग्ध बौद्धिक चेतना और युद्ध की विभीषिका से उत्पन्न आर्थिक, राजनीतिक, सामाजिक तथा सांस्कृतिक विद्रूपता, कुंठा, निराशा एवं हताशा की भावना पाई गयी है। द्वितीय विश्वयुद्ध के समय और उसके उपरांत सम्पूर्ण मानव-जाति में यह विश्वास और गहरा हुआ कि समूची दुनिया ऐसे ज्वालामुखी पर टिकी हुई है जो कभी भी फट सकता है। फलस्वरूप, भय, संत्रास एवं असुरक्षा की भावना तमाम सुरक्षा उपायों के बावजूद बढ़ी। इसके परिणाम-स्वरूप अस्तित्ववादी चिंतन में भय मिश्रित असुरक्षा-भावना, परंपरा के प्रति विद्रोह नये परिवेश में मानवीय मूल्यों को स्थापित करने की ललक, मानव-व्यक्तित्व का आंतरिक विश्लेषण, स्वतंत्रता, चुनाव, संवेदना, त्रास, मृत्यु, अजनबीपन, ऊब, उबकाई, भाषा, समाज आदि का विवेचन किया गया है। संक्षेप में, अस्तित्ववाद की प्रमुख विशेषताएँ इस प्रकार हैं-

8.3.1 आत्मपरक चिंतन के प्रति विशिष्ट आग्रह

अस्तित्ववादी चिंतन के केन्द्र में मनुष्य है। वह इस सत्य का प्रतिष्ठाता है कि मनुष्य अपने भाग्य का निर्माता है। वह चयन-शक्ति और दायित्वबोध से भरपूर है। अस्तित्ववाद आत्मवाद की सुदृढ़ भित्ति पर आधारित दर्शन है जिसके कारण वह आध्यात्मिकता को बौद्धिकता से अधिक महत्व देता है। उसकी दृष्टि में व्यक्ति का अस्तित्व अपने आप में आध्यात्मिक जागरण है। सत्य का संस्पर्श आत्मा की साहसिक यात्रा द्वारा ही संभव है बौद्धिकता अथवा तर्क-प्रणाली द्वारा नहीं। अस्तित्ववादी इस बात पर जोर देता है कि मनुष्य का चरम लक्ष्य व्यक्ति होना है। व्यक्ति होने की आवश्यक शर्त है अपने आंतरिक स्वरूप को पहचानना। आंतरिक स्वरूप की पहचान द्वारा

ही सत्य की पहचान होती है क्योंकि वैयक्तिकता सत्य का एक अंग है। अतः वैयक्तिकता का विरोध सत्य का विरोध है। सोरेन कीर्केगार्ड आस्तिक अस्तित्ववादी थे। उन्होंने लिखा कि, "मनुष्य का व्यक्तित्व रहस्यमय है। उसे दार्शनिक विचारधारा से अभी तक पूरी तरह नहीं समझा जा सका है, फिर ईश्वर को समझना तो दूर की बात है। उनके विचार से व्यक्ति-सृष्टि का अनुपम तत्त्व है। उसे पूरा समझना कठिन है। व्यक्ति पूर्वनिर्मित नहीं होता। वह निरन्तर बनता रहता है और आंतरिक रूप से स्वतंत्र होता है। वह स्वयं निर्णय करता है, किसी की प्रेरणा से नहीं। ...व्यक्ति की सार्थकता है अस्तित्व के प्रति जागरूक रहना, क्योंकि उसके माध्यम से अपने अन्तर के ईश्वर का साक्षात्कार करना चाहता है।"[15]

अस्तित्ववादी दर्शन मानवीय वास्तविकता का दर्शन है जो मनुष्य को उसके अस्तित्वगत समस्या के प्रति सचेत करता है। अस्तित्ववाद के प्रथम प्रयोक्ता डेनिश विद्वान कीर्केगार्ड ने 'यह या वह' का दर्शन स्थापित किया। जिसके तहत मनुष्य को संसार में 'यह या वह' का चुनाव करना पड़ता है। इनके अनुसार सत्य का भाव आत्मगत होता है, वस्तुगत नहीं। मनुष्य स्वयं सत्य का अन्वेषण करता है, उसके जीवन में सत्य की प्रक्रिया घटित होती है। इन्हीं के आधार पर वह निर्णय करता है और चयन करता है। ज्याँ पॉल सार्त्र (Jean Paul Sartre) अस्तित्ववादी विचारधारा के शिखर-पुरुष माने जाते हैं। इस संदर्भ में उन्होंने 'अस्तित्ववाद और मानववाद' (Existentialism and Humanism) में लिखा है, "प्रत्येक मनुष्य के लिए प्रत्येक बात इस रूप में घटित होती है मानो सारी मानवता उस पर दृष्टि गड़ाए हुए है और जो वह करता है उनके द्वारा वह भी निर्देशित होती है। हरेक आदमी को अपने आपसे कहना चाहिए 'क्या सचमुच मैं इस प्रकार का आदमी हूँ जिसे ऐसी रीति से काम करने का अधिकार है कि मानवता मेरे कर्मों के द्वारा अपना मार्ग-निर्देशन करे?' और यदि वह अपने आपसे यह नहीं कहता तो वह अपनी पीड़ा को दबा रहा है।"[16] इस प्रकार अस्तित्ववाद इस तथ्य की प्रतिष्ठा करता है कि यदि किसी खास परिस्थिति में कोई व्यक्ति अनेक विकल्पों की स्थिति में किसी एक विकल्प के चयन का निर्णय करता है तो यह वही है। क्योंकि कोई भी व्यक्ति उस परिस्थिति-विशेष में इसी प्रकार का निर्णय करता। इस प्रकार सार्त्र की तर्क-पद्धति के अनुसार प्रत्येक व्यक्ति के द्वारा किया गया प्रत्येक निर्णय संगत है।

8.3.2 पूर्ण स्वतंत्रता के आदर्श की प्रतिष्ठा

अस्तित्ववादी चिंतकों में विशेषकर सार्त्र मानव-जीवन में स्वतंत्रता के आदर्श के प्रतिष्ठाता माने जाते हैं। उनके पूर्ण स्वातंत्र्य के सिद्धांत के कारण ही अस्तित्ववाद को सच्चे अर्थों में मानववादी दर्शन कहा गया। यह पूर्ण स्वाधीनता मनुष्य को किसी अन्य सिद्धांत, आदर्श तथा मूल्य-पालन की बाध्यता से मुक्त करती है। सार्त्र के अनुसार स्वतंत्रता, जो कि वस्तुबद्धता के निषेध की पहली शर्त है, मनुष्य के अनेक लक्षणों या सारतत्वों में से एक लक्षण या सारतत्त्व नहीं है। मानव-स्वातंत्र्य मनुष्य के सार तत्त्व का पूर्वगामी है, मानव स्वातंत्र्य ही मनुष्य को उसका सार प्रदान करता है। "वस्तुतः मनुष्य और उसकी स्वतंत्रता में कोई भेद नहीं किया जा सकता। ऐसा नहीं है कि मनुष्य पहले होता है और बाद में वह स्वतंत्र होता है। मनुष्य होने और उसके स्वतंत्र होने में कोई भेद नहीं है। दोनों एक ही बातें हैं। मनुष्य ही स्वतंत्रता है।"[17] सार्त्र यह भी बताना नहीं भूलते कि मनुष्य की पूर्ण स्वाधीनता उसके आत्मविकास का आश्वासन देने के साथ उसे एक प्रकार के विशिष्ट

दायित्व-बोध से भर देती है। सार्त्र की स्वाधीनता संबंधी अवधारणा की तुलना अद्वैत-वेदान्त और सांख्य के मुक्ति-दर्शन से की जा सकती है। अद्वैत तथा सांख्य में भी आत्मा तथा पुरुष को मूलतः मुक्त माना गया है। मोक्ष की प्राप्ति मनुष्य के लिए किसी अप्रत्याशित वस्तु की प्राप्ति नहीं है। मुक्ति आत्मबोध है, अपनी नैसर्गिक स्वतंत्रता की पहचान है। बन्धन की धारणा भ्रामक धारणा है, अज्ञान का परिणाम है, मोक्ष का अर्थ इसी भ्रामक धारणा से उन्मुक्त होना है। सार्त्र ने स्वाधीनता का विश्लेषण व्यक्ति के धरातल पर, व्यक्ति-व्यक्ति के संबंध के धरातल पर और पारिस्थितिक सापेक्षता के धरातल पर किया है।

सार्त्र का अभिमत है कि सांसारिक नियमों और व्यवहारों के बीच हमेशाा ही मेरी स्वतंत्रता अपहत होती है अथवा वह दूसरों की स्वतंत्रता का अपहरण करती है। संसार को अपने उद्देश्यों के दृष्टिकोण से देखने की प्रक्रिया संसार में दूसरों के होने के कारण उलझ जाती है। वे लिखते है कि, "चूँकि मनुष्य अपनी सभी स्थितियों के लिए स्वयं ही उत्तरदायी है, इसलिए अस्तित्व का मुख्य अर्थ है स्वतंत्रता। अर्थात् मनुष्य मृत्यु-पर्यन्त अपने को, जो वह हो सकता है, बनाने का प्रयत्न करता है। यह एक मृत विश्व है- अतीत का विश्व, परम्पराओं, मिथ्या धारणाओं से लदा हुआ विश्व। जीवन और स्वतंत्रता का अर्थ है, 'जो कुछ है, या था' से पूर्ण अलगाव-नये का आह्वान। मनुष्य का यह प्रयत्न, यह क्षेपण ही उसके क्रम और गति का कारण है। मनुष्य की इस संसार में उपस्थिति 'होना' का एक रूप-मात्र नहीं है, बल्कि कर्म, वरण और अपनी सम्भावना के अनुसार अपने को बनाने का प्रयत्न है।"[18] सार्त्र का यह भी मानना है कि मैं जब दूसरे की स्वतंत्रता को ग्रहण करता हूँ तो उसे भी अधिकार देता हूँ कि वह मेरी स्वतंत्रता का उपभोग करे। स्वतंत्रता शरीर से परे अतिक्रांत सत्ता है। सार्त्र की दृष्टि में मनुष्य जब तक सामाजिकता के अनुबंध से बँधा होता है तब तक उसकी स्वतंत्रता की भावना को स्वच्छंद विचार करने का अवसर नहीं प्राप्त होता। सार्त्र की दृष्टि में, "मनुष्य की स्वतंत्रता न तो कोई सामान्य गुण है और न ही वह प्रदत्त है। उसका आविर्भाव चुनाव की अवस्था में ही होता है, वह चुनाव के पहले नहीं होती।"[19] सार्त्र ने यह भी कहा कि दुश्चिंता (Anguish) की दशा में ही मनुष्य को अपनी स्वतंत्रता की स्पष्ट चेतना होती है। दूसरे शब्दों में नियति कुछ नहीं, मनुष्य स्वतंत्र है, मनुष्य स्वतंत्रता है।

8.3.3 पीड़ा, अजनबीपन, एकाकीपन, संत्रास, मानवीय-तनाव तथा उबकाई जैसे भावों की अभिव्यक्ति

अस्तित्ववादी चिंतन में मानवीय पीड़ा, भौतिकता तथा बौद्धिकता के अतिरेक से उत्पन्न, अजनबीपन, हार्दिक-शून्यता से उत्पन्न एकाकीपन, प्रलयंकारी शस्त्रास्त्रों के विशाल-भंडारण से उत्पन्न संत्रास, मानवीय तनाव तथा आधुनिक सभ्यता की विसंगतियों से उत्पन्न उबकाई जैसे भावों की विशिष्ट अभिव्यक्ति हुई है। सार्त्र ने अजनबीपन और एकाकीपन को व्यक्ति की पीड़ा का सबसे बड़ा कारण बतलाया है। ऊब, उबकाई, अकेलापन, बुरे-बुरे सपने, त्रास, आत्महत्या की ललक, सड़ाँध की अनुभूति, भीड़ के अकेलेपन और अजनबीपन का अहसास आदि अस्तित्ववादी साहित्य के वस्तु-विन्यास का अधिकांश है। सार्त्र का एक पात्र अपनी विषण्ण, असहाय और अप्रसन्न मनःस्थिति में कहता है कि, "मैं विश्व के साथ उतना ही संलग्न हूँ, जितना यह प्रकाश संलग्न है। मगर मैं पत्थर और पानी के ऊपर-ऊपर चलता हूँ। कोई चीज मुझे तल तक नहीं ले जा सकती, न मुझे किसी ठोस तत्त्व का स्पर्श करा सकती है। मैं अजनबी हूँ, संसार

से निर्वासित, अतीत से निर्वासित, अपने आपसे निर्वासित। स्वतंत्रता निर्वासन है। मुझे स्वतंत्र होकर जीने का दंड मिला है।"[20] इसी तरह जूबियन ग्रीन का एक पात्र कहता है, "मैं बनाया क्यों गया? समय के पूर्व ही मैं बूढ़ा हो गया हूँ, चूहे के समान काला और कुरूप हो गया हूँ। क्या मेरा निर्माण ईश्वर ने अपनी लीला के लिए किया था।"[21] डार्विन के विकासवाद ने मनुष्य के हाथ से 'ईश्वर' का झुनझुना छीनकर, उसके अकेलेपन में वृद्धि की, क्योंकि अब उसके पास आस्था का कोई संबल नहीं रह गया।

सार्त्र के अनुसार समस्त मानवीय संबंध दुरास्था द्वारा नियमित हैं। दुरास्था आत्म प्रवंचना है, अपनी वास्तविकता को स्वयं अपने से छिपाना है। इस नाते यह, "झूठ बोलने से भिन्न है। झूठ किसी अन्य से बोला जाता है, झूठ बोलने वाला सत्य से भली भाँति परिचित होता है। दुरास्था की स्थिति में व्यक्ति अपनी वास्तविकता को स्वीकार न कर उसे एक अन्य रूप में-जो उसके लिए हो-प्रस्तुत करने का प्रयास करता है।"[22] सार्त्र के रचनाओं में संत्रास, ऊब, मानवीय तनाव तथा उबकाई जैसे भावों की गहन अभिव्यक्ति मिलती है। इनके उपन्यास 'उबकाई' (Nautia) के नायक अन्त्वान रोकांतैं को उबकाई के दौरे आते हैं, उसकी इच्छा के विपरीत आते हैं- "कभी स्त्री-सहवास के पहले उसे उबकाई आती है, कभी उसके बाद। वह खुद भीतर से सड़ रहा है, इसलिए हर चीज़ सड़ती हुई मालूम होती है। वह सामान्य रति-सुख के अयोग्य है, भोग के पहले हल्की-सी आकांक्षा, बाद को वितृष्णा। उसे हर चीज़ चिकनी, लिजलिजी और लचीली मालूम होती है। कुत्ते, आदमी, तमाम जानदार चीज़ें, चर्बी का ढेर (Flabby Masses) हैं। हर चीज़ जीवित, अलग अस्तित्व वाली उसे दबाती हुई-सी जान पड़ती है। उसके हाथों और जाकिट की बाँहों पर पीली रोशनी पड़ती है। "मैं कह नहीं सकता, मुझे उससे कितनी घृणा होती है।" वह गली में जाता है, गली मुर्दा है, उसमें तहखाने की-सी बू आती है। वह एक डॉक्टर की ओर देखता है। लगता है, डॉक्टर के चेहरे में आँखें नहीं हैं... वह भागता है...एक मकान खिड़की से अपना काला हृदय उसके सामने रखदेता है, एक पीली इमारत चलना शुरू कर देती है।...कभी-कभी उसे लगता है, वस्तुएँ गतिहीन अस्तित्व हैं जो उसे घूर रही हैं। उसके सामने एक विचार आता है, विचार गुड़ीमुड़ी हो गया और बिल्ली-जैसा उसके सामने जमा हुआ है और अन्त में वह कहता है, "अन्त्वान रो कांतैं का अस्तित्व किसी के लिए नहीं है। सोचकर हँसी आती है और यह अन्त्वान रोकांतै आखिर है क्या? एक निराकार धारणा। स्वयं की छोटी-सी पीताभ स्मृति चेतना में लहराती है। अन्त्वान रोकांतै। और अचानक अहम् पीला पड़ता हुआ मुरझा जाता है और अन्त में गायब हो जाता।"[23] यहाँ इतना लम्बा उद्धरण प्रस्तुत करने का उद्देश्य यही है कि अस्तित्ववादी चरित्रों की सम्पूर्ण मनःस्थिति का आकलन किया जा सके।

8.3.4 मूल्यगत समस्या तथा नैतिकता-सम्बन्धी दृष्टिकोण

अस्तित्ववादियों ने मानवीय मूल्यों के सवाल पर अत्यंत गहराई से विचार किया है। इन्होंने न केवल परंपरागत आदर्शों एवं मूल्यों का विरोध किया है अपितु मूल्यान्वेषण की एक प्रविधि प्रदान की है। अस्तित्ववादियों की दृष्टि में मनुष्य के चुनाव से पूर्व कोई मूल्य नहीं होते। मनुष्य का अपना चुनाव ही मूल्यों को परिभाषित करता है। इसमें संदेह नहीं कि मूल्य-निर्धारण की दृष्टि से यह नितांत आत्म केंद्रित दृष्टि है परन्तु, इसका तात्पर्य यह भी नहीं है कि मनुष्य की स्वतंत्रता की कोई सीमा नहीं है, उसमें कोई बाधा नहीं है। सार्त्र यह स्वीकार करते हैं कि ऐसी अनेक बातें हैं

जो मनुष्य की स्वतंत्रता का परिसीमन करती हैं। इन बातों को वे 'तथ्यता' (Facticity) कहते हैं। इसके अंतर्गत पाँच प्रकार के तथ्य आते हैं, जो स्वतंत्रता के लिए बाधक होते हैं- "(1) मेरा स्थान, (2) मेरा अतीत, (3) मेरा परिवेश, (4)मेरे सहयोगी बन्धु, (5) मेरी मृत्यु।"[24] सार्त्र के अनुसार निर्बाध स्वतंत्रता अर्थहीन प्रत्यय है। स्वतंत्रता का अर्थ है चुनाव और चुनाव का अर्थ है इच्छा और वास्तविकता, संकल्प एवं उपलब्धि में भेद। स्वतंत्रता का आशय चुनाव एवं संकल्प की स्वतंत्रता है। स्वतंत्रता के बाधक तत्त्व मनुष्य की स्वतंत्रता के प्रमाण हैं। वस्तुतः मनुष्य की स्वतंत्रता ही उसकी स्वतंत्रता की सीमाओं एवं बाधाओं को अर्थ देती है। बाधा की सार्थकता चुनाव के संदर्भ में है, "वह चुनाव के पहले नहीं होती बल्कि उसका प्रादुर्भाव चुनाव के पश्चात होता है।"[25]

सार्त्र अस्तित्ववाद को मानववाद से जोड़कर देखने के पक्षपाती हैं। वे मूल्यों का कोई अनुभवातीत स्रोत नहीं स्वीकारते। नैतिकता का कोई पूर्व प्रदत्त मानदण्ड नहीं होता। वे प्रज्ञा के निश्चत और अनुभवातीत रूप को भी नहीं स्वीकारते। उनके अनुसार, "मानववादी अनुभूति का आविर्भाव किसी अन्य कारण से न होकर मानव अस्तित्व की अनिवार्य संरचना का, अस्तित्व की असंगता का परिणाम है। जगत् की असंगता हम सभी की शत्रु है क्योंकि वह जीने के लिए कोई कारण नहीं प्रस्तुत करती तथा उस असंगता के समक्ष हम सभी एकाकी हैं- प्रागानुभविक एवं अनुभवातीत आधारों से रहित। एकाकीपन की यह भावना हमें सहयात्रियों के सम्बन्ध में लाती हैं क्योंकि हम यह जानते हैं कि वे सभी उस एकाकीपन की अनुभूति से त्रस्त हैं। अपने एकाकीपन से संघर्ष करते हुए हम सम्पूर्ण मानवीय स्थिति के विरुद्ध संघर्ष करते हैं।"[26] सार्त्र के सहयोगी अलवेयर कामू का अभिमत है कि मनुष्य मृत्यु के विरुद्ध विद्रोह छेड़े हुए है। वह अपने जीवन को सुखी बनाने के लिए विद्रोह करता है। इनकी दृष्टि में जीवन के पुराने मूल्य खोखले पड़ गये हैं और निष्क्रिय हो गए हैं। अतः विद्रोह द्वारा नये मूल्यों के अन्वेषण की आवश्यकता है। उनके अनुसार, "विद्रोह में जब व्यक्ति अपनी व्यक्तिगत सीमा का अतिक्रमण कर सामूहिक सीमा के अंतर्गत प्रवेश करता है तब दुनिया के साथ उसके योग की नयी श्रृंखला आ जुड़ती है। यही स्वयं अपने आप में एक नया मूल्य हो जाता है।" कामू के अनुसार, जिस न्यायाधिकारी ने अपने जीवन में कभी भी, कोई भी अपराध न किया हो, वही दंड देने का अधिकारी है। यास्पर्स के अनुसार शुभ और अशुभ का विभेद करने वाला कोई निरपेक्ष आदेशों का सिद्धांत नहीं है जो कि हमारी बौद्धिक आत्मा से अनुस्यूत प्रतिमान नहीं है। यदि हमारा निर्णय व्यक्तिगत अनिवार्यता का परिणाम है। तभी वह न्यायसंगत है। ऐसा वरण करने में ही हम अस्तित्ववान होते हैं। इस प्रकार अस्तित्ववाद सार्वभौम-शाश्वत मूल्यों के अन्वेषण के बजाय व्यक्ति-केंद्रित मूल्यों की प्रतिष्ठा का समर्थन करता है। इससे उसका आत्मपरक दृष्टिकोण और अधिक परिपुष्ट होता है।

8.4 अस्तित्ववाद का प्रभाव

अस्तित्ववाद ने मनुष्य को उसके आप्त मानवीय परिस्थिति के प्रति सचेत किया है। भले ही इसका उद्‌भव दर्शन के क्षेत्र में हुआ हो, परन्तु, इसने साहित्य और कला-जगत् को गहराइयों तक प्रभावित किया। द्वितीय विश्वयुद्ध और उसके उपरांत जिस साहित्य की रचना हुई, उसमें अस्तित्ववाद स्थायी भाव के रूप में उपस्थित है। विश्वयुद्ध जनित विभीषिका, पूँजीवादी और

साम्राज्यवादी व्यवस्था से उत्पन्न संत्रास, साम्यवादी व्यवस्था का आतंक तथा अकेलेपन और अजनबीपन से उत्पन्न ऊब को अस्तित्ववादी रचनाकारों ने जिस तल्खी से उभारा है, वह काबिले तारीफ़ है। अस्तित्ववादी समालोचक ई.डब्ल्यू. नाइट ने फ्रेंच उपन्यासकारों की सविस्तार आलोचना करते हुए इस तथ्य को रेखांकित किया है कि उनमें किसी सीमा तक अस्तित्ववादी प्रभाव मुखरित हुआ है। अस्तित्ववादी चिंतन का प्रभाव न केवल फ्रेंच साहित्य पर पड़ा अपितु इसने समस्त यूरोपीय साहित्य पर अपनी छाप छोड़ी। इसने यूरोप के विघटनशील सामाजिक परिवेश को वाणी दी। अस्तित्ववादी सर्जनात्मकता में घोर निराशा तथा अट्टहासपूर्ण मानव-विद्रूपता के तराने प्रतिध्वनित हुए। "अस्तित्ववाद मानव-व्यक्तित्व की अत्यधिक-अस्थिरता से उत्पन्न हुआ है, ऐसा विश्वास रखने वाले कैस्पल का कथन है कि, "जब मैं अपने क्षण-भंगुर जीवन पर दृष्टिपात करता हूँ, अथवा जब मैं अपने जीवन-काल के पहले और बाद की अनंत व्यापकता से परिचित होता हूँ तो मुझे अपनी स्थिति के प्रति शंका का भाव उत्पन्न होता है।"[27] इस उद्धरण में अस्तित्ववाद में निहित जीवन के विघटन, उससे सम्बन्धित अभिमान एवं तज्जनित पृष्ठभूमि में पलायनवादी तथा कृत्रिम उपादानों में शरण खोजने की बात के विरोध का दर्शन होता है।

अस्तित्ववादी विचारधारा के आधार पर जो साहित्य निर्मित हुआ है, उसमें मूल्यहीनता और जीवन की विकृतियों का सविस्तार चित्रण हुआ है। अस्तित्ववादी साहित्य में मानव-जीवन की शून्यता और सारहीनता आद्यन्त व्याप्त है। इसमें सन्देह नहीं कि अस्तित्ववादी चिन्तन के प्रभाव के कारण साहित्य में मूल्यहीनता को बढ़ावा मिला है। मनुष्य की पाशविक प्रवृत्तियों, अमर्यादित यौन-भावनाओं, असामाजिक कुण्ठाग्रस्त प्रवृत्तियों का नग्न रूप इस साहित्य में भरा पड़ा है। अस्तित्व-दर्शन को आधार बनाकर लिखे गये कथा-साहित्य में कायर, हताश, दुष्ट, धूर्त, लम्पट, व्यभिचारी और पलायनवादी पात्र भरे पड़े हैं। यह सब इसलिए संभव हो सका क्योंकि अस्तित्ववाद प्रत्येक व्यक्ति को अपने चयन के अनुरूप मूल्य-निर्माण की छूट देता है। इस स्थिति का फायदा उठाकर अधिकांश रचनाकारों ने अपनी कुंठाओं, दमित इच्छाओं और अवांछित यथार्थ के चित्रण में विशेष तत्परता दिखलाई।

जहाँ तक हिंदी साहित्य पर अस्तित्ववादी विचारधारा के प्रभाव का सवाल है तो इसने कविता, कहानी और उपन्यास विधा को विशेष तौर पर प्रभावित किया है। नयी कविता के प्रायः सभी कवियों के काव्य में अस्तित्ववाद की अनुगूँज सुनायी पड़ती है। यह उनकी संवेदना का अभिन्न अंग बन गया है। इस दर्शन ने मनुष्य के अस्तित्व को नया मूल्य दिया है। कवि अपने अस्तित्व को प्रमाणित करने के क्रम में प्रत्येक क्षण सजग है। अस्तित्ववाद के प्रभाव के कारण हिंदी की नयी कविता में गंदगी, बदबू और उबकाई जैसे भावों की भी अभिव्यक्ति हुई है। श्रीकांत वर्मा को लगता है मानो सारी धरती से सड़ाँध उठ रही है। वे एक 'पब्लिक लेवेटरी' में बैठे हुए सोचते हैं कि उनकी कविता में लय क्यों नहीं है। वे लिखते हैं कि, "पैरों पर चढ़ती हैं चीटियाँ/कंधे पर पंजे गड़ाता है रीछ/भुजा पर प्रेमिका करती है कै।" मदन-केवलिया को मौत जीवन से भी खूबसूरत लगती है। एक उत्साही कवि तो यहाँ तक कह उठता है कि, "कुछ न होने से अच्छा है/कि टी.बी., कैंसर या गाइनोरिया ही हो जाए। कुछ हो तो सही/कि जिससे अपने होने का अहसास हो।" नयी कविता में व्यक्ति के अकेलेपन और अजनबीपन को भी वाणी दी गयी है। नया कवि बार-बार आत्महत्या का इरादा बनाता है। जगदीश गुप्त लिखते हैं कि -

मानता हूँ खुदकुशी को कायरों का काम,
निश्चय, आत्मघाती भावना से घृणा करता हूँ।
मगर इस क्षण न जाने क्यों यही जी चाहता है
झाँक लूँ उस अन्ध तमसावृत अजाने लोक में
जिसमें हजारों प्रेत बसते हैं।...

सार्त्र के नाय रोकांतैं को हर चीज थुलथुल, निर्जीव, लिजलिजी मूलम होती थी। हिंदी के अस्तित्ववादी कवि आत्मवत् सर्वभूतेषु देखते हुए उसी प्रकार संसार और उसके सजीव-निर्जीव पदार्थों का वर्णन करते हैं। रघुवीर सहाय की एक कविता है 'दुनिया'। कैसी है यह दुनिया?

दुनिया एक पपड़ियाई हुई-सी चीज़ हो गई है...
दुनिया एक चिपचिपाई हुई-सी चीज़ हो गई है...
दुनिया एक फफूँदियाई हुई-सी चीज़ हो गई है...
दुनिया एक बजबजायी हुई-सी चीज़ हो गयी है।

इस प्रकार स्पष्ट है कि अस्तित्ववादी चिंतन का हिंदी साहित्य पर व्यापक प्रभाव पड़ा है। अस्तित्ववाद समाज-व्यवस्था के प्रति वास्तविक विद्रोह नहीं बन पाया और न ही पूर्ण-स्वतंत्रता के आदर्श को तार्किक परिणति तक पहुँचा पाया। वह केवल मनुष्य के अन्तर्जगत् को सामाजिक संस्पर्शों से बचाकर रखने का प्रयास करता रहा। अस्तित्ववाद मनुष्य की स्वतंत्र परिभाषा नहीं कर सका। वह केवल यही स्थापित कर सका कि पहले मनुष्य हर स्थिति में कहीं-न-कहीं संबंधित होता है, तब कहीं परिभाषित। उसके अस्तित्व के कतिपय अदृश्य आयाम भी हैं जिनका भलीभाँति निर्वचन जरूरी है।

8.5 निष्कर्ष

सारांश यह कि अस्तित्ववाद बीसवीं शताब्दी की सर्वाधिक महत्त्वपूर्ण दार्शनिक और साहित्यिक विचारधाराओं में से एक है। इसने विश्वयुद्ध की विभीषिका से संत्रस्त मनुष्यता के दुःख-दर्द और संत्रास को वाणी दी है। इसने मनुष्य को आप्त मानवीय परिवेश के प्रति जागृत रहने की प्रेरणा दी। अस्तित्ववाद ने यह बतलाया कि 'कृति की रचना और परिणाम की जिम्मेदारी रचनाकर की है। कृति के पूर्व वह जो अभी नहीं है उसकी कल्पना करता है। इस रिक्तता को वह अपनी कृति से भरता है। लेखक वही बताता है जो लोग नहीं जानते।' अस्तित्ववाद वर्तमान यथार्थ का एक अपरिहार्य अंग है। वर्तमान युग को, जिसे औद्योगिकीकरण ने अत्यधिक यांत्रिक बनाकर विषाक्त कर रखा है, उन्मुक्त करने का एकमात्र उपाय है कि मनुष्य को उसके अस्तित्व की गहनता और समग्रता के प्रति सजग किया जाए और निरन्तर उसके वास्तविक स्वरूप का स्मरण दिलाया जाए। यह दर्शन हमारे अस्तित्व के अंतराल का स्पर्श करता है। भले ही, एक आंदोलन के रूप में अस्तित्ववाद छठे दशक के बाद समाप्त हो गया हो, परन्तु, मानवीय नियति, उसके आंतरिक स्वरूप, परिवेशगत जटिलता तथा 'स्वतंत्रता' जैसे मूल्य की विशद व्याख्या करने के कारण वह आज भी अस्तित्ववान है। अपनी कतिपय सामाजिक सीमाओं के बावजूद उसकी महत्ता अक्षुण्ण बनी हुई है। मानवीय अस्तित्व के अदृश्य आयामों की विशद व्याख्या करने के कारण इस आंदोलन की उपादेयता सदैव बनी रहेगी। यह मानवीय स्वरूप को समग्रता में विश्लेषित करने के कारण सदैव प्रासंगिक बना रहेगा।

संदर्भ सूची

1. "Our Leader, Adolf Hitler,
   We love you,
   We Pray for you
   We like to hear you
   We work for you, Heil."
   -A study of Modern Europ, M.R. Wadhwani, Page-395.
2. प्रयोगवाद और नयी कविता, डॉ. शंभुनाथ सिंह, पृष्ठ 206-207
3. पाश्चात्य काव्यशास्त्र का इतिहास डॉ. तारकनाथ बाली पृष्ठ 264
4. नयी कविता और अस्तित्ववाद, डॉ. रामविलास शर्मा, पृष्ठ 108
5. परिप्रेक्ष्य को सही करते हुए, डॉ. शिवदान सिंह चौहान द्वारा उद्धृत, पृष्ठ 80-81
6. Phenomenology and Existentialism - Robert C. Solomon (ed.), Harper and Row, Publishers, Inc. New York, 1972, Page-XII.
7. From Rationalism to Existentialism, Page-246-247.
8. कामायनी - आशासर्ग, पृष्ठ 17
9. Kierke Gaard - concluding Unscientific Postscript, Page-311.
10. Casel's Encyclopaedia of literature-Ed. S.H. Steenburg, Vol. I, Page-213, First Edition 1953.
11. "What they have in common is that they think that existence precedes essence, or if you prefer, that subjectivity must be the starting point." - Existentialism and Human Emotions, The Wisdom Lib., New York 1957, Page-16.
12. Existentialism From Dostovasky to sartre, Page-290-291.
13. "Existentialism is a type of philosophy which endeavours to ana-lyze the basic structures of human existence and to call individuals to an awareness of its essential freedom." -Fernando Molins : Existentialism as Philosophy, Prentice- Hall, Inc. Engle Wood Cliffs, N.J.U.S.A., 1962, Page-2.
14. हिंदी साहित्य कोश, भाग-एक, पृष्ठ 73
15. पाश्चात्य काव्यशास्त्र - इतिहास, सिद्धान्त और वाद, डॉ. भगीरथ मिश्र, पृष्ठ 118
16. पाश्चात्य काव्यशास्त्र - सिद्धांत और वाद - संपादक, डॉ. राजकुमार कोहली द्वारा उद्धृत, पृष्ठ 368
17. "Human freedom preceds essence in man and makes it possible, the essence of human being is suspended in his freedom. What we call freedom is impossible to distinguish from the being of 'human reality'. Man does not exist first in order to be free subsequently, there is no difference between being of man and his being free." -Existentialism and Humanism, J.P.Sartre, Page-25.
18. आधुनिक परिवेश और अस्तित्ववाद, डॉ. शिवप्रसाद सिंह द्वारा उद्धृत, पृष्ठ 96
19. "The freedom of the for-itself appears as its being. But since this freedom is neither given nor a property, it can be only by choosing itself. The freedom

of the for-itself is always engaged; there is no question here of a freedom which would be undertermined and which would per-exist its choice. We shall never apprehend ourselves except as a choice in the making...But Freedom is sim-ply the fact that his choice is unconditioned I choose myself per petually and can never be merely by virtue of having beingchosen....this choice as it is made indicates in general other choices as possible. The possibility of these other choices is...lived in the feeling of unjustificability; and it is this which is expressed by the fact of the absurdity of my choice." -Being and Nothingness, Page-455-456.

20. शुद्ध कविता की खोज, दिनकर द्वारा उद्धृत, पृष्ठ 197
21. वही, पृष्ठ 198
22. "...bad faith does not come from outside to human reality. One does not undergo his bad faith, one is not injected with it, it is not state. But conciousness affects itself with bad faith...the one to whom the lie is told and the one who lies are and the same person." - Being and notheingness - Sartre, Page-49, Unbridged Paper back edition.
23. नयी कविता और अस्तित्ववाद डॉ. रामविलास शर्मा द्वारा उद्धृत, पृष्ठ 114
24. Being and Nothingness - Sartre, Page-465.
25. "Man ecnounters an obstacle only within the field of his freedom...There is no obstacle in the obsolute sense, but the obstacle reveals its coefficient of adversity across freely invented and freely acquired techniques. The obstacle reveals this coef ficient also interms of the value of the end posited by freedom. The rock will not be an obstacle if I wish at any cost to arrive at the top of the mountain, On the other hand it will discourage me if I have freely fixed limits to my desire of making the preojected climb." -Ibid, Page-464.
26. Yet in the depth of their soltitude, it was other that they were protecting, all the others all their comrades in the Resistance. Total responsibility in total solitude-is this not the very definition of our freedom? This being stripped of all, this solitude, standing against the oppressors, undertook to be himself, freely and irrevocably. And by choosing for himself in freedom, he choose the freedom of all." -Sartre: The Republic of Silence-Quoted by Hazel Barnse in the litereature of possibility, Page-224.
27. "When I consider the brief span of life, swallowed up in the eternity before and behind it, the small space that I fill, or even see engulfed in infinite immensity of spaces, which I known not, and which know not me. I am afraid, and wonder to see myself here rather than there, for there is no reason, why I should be here rather that there, now rather than then." -Existence, edited by Ernest and Angel and Henri F. Ellen Berger, Page-18.

अध्याय 9

नयी समीक्षा
(1941-1960)

'नयी समीक्षा' शब्द से भले ही नवीनता का आभास मिलता हो परन्तु, इस शब्द का प्रयोग पुराना है। इसका प्रयोग हिंदी में अंग्रेजी के 'New Criticism' के पर्याय के रूप में होता है। हिंदी में 'नयी समीक्षा' के लिए 'नयी आलोचना' अथवा 'नव्यालोचना' शब्द का भी प्रयोग होता है। 'नयी समीक्षा' शब्द का प्रयोग सर्वप्रथम 19वीं शती के आरम्भ में श्लेजेल बन्धुओं ने किया। इन्होंने अपने को Neue kritiker (New Critic) अर्थात् नया समीक्षक कहा था। तदुपरांत बेनेदेतो क्रोचे, जब अपने लिए 'मैं' सर्वनाम के प्रयोग से बचना चाहते थे, तो अपने विचारों के लिए La nuova critica शब्द का प्रयोग करते थे। पुनर्जागरण-कालीन समीक्षा के इतिहासकार जे.ई. स्पिनगर्न ने क्रोचे से इस शब्द को ग्रहण कर उन्हीं के सिद्धांतों की व्याख्या करने वाले अपने प्रदीर्घ लेख का शीर्षक The New Criticism दिया। यह लेख 1911 ई. में छपा था और रेनेवेलेक ने इसे लघु पुस्तिका (Little book) की संज्ञा से अभिहित किया है। सन् 1930 में ई.ई.बर्गम ने इसी शीर्षक से एक गद्य-संग्रह का संपादन किया। परन्तु, इसे निर्णायक तौर पर प्रतिष्ठित करने का श्रेय Kenyon Review के संस्थापक जॉन क्रो रैन्सम को है, जिन्होंने 1941 ई. में प्रकाशित The New Criticism नामक पुस्तक में नयी समीक्षा का विधिवत प्रवर्तन और प्रतिष्ठापन किया। रैंसम ने अपनी पुस्तक में सामान्य तौर पर अपने समकालीन आलोचकों की चर्चा न करके केवल तीन आलोचकों को अपने विचार के कन्द्र में रखा है। इन्होंने आई.ए.रिचर्ड्स, की तीखे शब्दों में आलोचना करते हुए टी.एस.इलियट के परंपरा संबंधी विचारों पर खुलकर असहमति व्यक्त की है। साथ ही आइवर विन्टर्स (Ivor winters) को तो अत्यंत ही कठोर शब्दों में नकार दिया है। इन्हें विन्टर्स (Ivor winters) को तो अत्यंत ही कठोर शब्दों में नकार दिया है। इन्हें विन्टर्स की पुस्तक Anatomy of Nonsense में उससे भी उग्र जवाब मिला जिससे नयी समीक्षा विमर्श के केन्द्र में आ गयी।

दरअसल, नयी समीक्षा आलोचना की निरपेक्ष दृष्टि है जो साहित्यिक कृतियों के साहित्येतर प्रतिमानों के आधार पर किये जाने वाले मूल्यांकन का विरोध करती है। यह इस आदर्श का प्रत्याख्यान करती है कि हरेक कृति अपने मूल्यांकन का प्रतिमान स्वयं निर्मित करती है। नयी समीक्षा मनोवैज्ञानिक, स्वच्छंदतावादी, ऐतिहासिक और मार्क्सवादी समीक्षा-प्रविधियों को नकार कर अपना सम्पूर्ण ध्यान रचना की भाषिक संरचना पर केन्द्रित करती है। यह इस सत्य पर विशेष जोर देती है कि भाषा की प्रकृति के पहचान के माध्यम से ही कविता के गूढ़ार्थ को विश्लेषित किया

जा सकता है। इस समीक्षा पद्धति को पुरस्कृत करने वालों में रैन्सम, क्लीन्थ ब्रुक्स, एलेन टेट, ब्लैकमूर और आइवर विन्टर्स का नाम अत्यंत महत्वपूर्ण है। इसके अतिरिक्त नयी समीक्षा के विकास में शिकागो स्कूल के विलियम एम्पसन, केनेथ-बर्क, एल्डर आल्सन और आर.एस.क्रेन जैसे हस्ताक्षरों का भी महत्वपूर्ण योगदान रहा है।

9.1 नयी समीक्षा की प्रेरणाभूमियाँ

नयी समीक्षा का आरंभ जिस युग में हुआ, वह युग वैज्ञानिक उपलब्धियों, तकनीकी-विकास और औद्योगिकीकरण की तीव्रतम प्रगति के लिए प्रसिद्ध है। इस युग की मनुष्यता विज्ञान के सभी आयामों से परिचित हो चुकी थी और सांस्कृतिक ह्रास के लम्बे दौर से गुजर रही थी। विश्वयुद्ध की विभीषिका ने न केवल मानवीय मूल्यों का तीव्र विनाश किया अपितु सांस्कृतिक शक्तियों को घोर हताशा की स्थिति में पहुँचा दिया। जहाँ उनके पास आत्मघात के रास्ते पर बढ़ने के सिवा कोई दूसरा चारा न था। इस समय बौद्धिक, नैतिक और आध्यात्मिक क्षेत्रों में हताशा और भ्रम व्याप्त था। जिससे मानसिक भटकन, तनाव और अजनबीपन का भाव बढ़ता जा रहा था। कतिपय विद्वानों ने इस युग के मनुष्य को 'संकटकालीन मानव' तथा 'अ-मानवीकृत मानव' की संज्ञा से अभिहित किया है। एफ.आर.लीविस ने अपनी पुस्तक 'Mass Civilisation and minority culture' में लिखा है कि, ''एक सर्वथा यांत्रिक, भौतिकवादी और विघटित समाज में आलोक-मधुर सामान्य प्रतिक्रियाओं की संभावना नहीं की जा सकती थी। यदि मानवीय चेतना के केन्द्र को सक्रिय बनाये रखना हो और एक पतनशील संस्कृति की रक्षा करनी हो, तो ऐसा केवल कुछ सजग, बुद्धिमान और विवेकशील अल्पसंख्यक लोग ही कर सकते हैं।''[1] ऐसे पराभवशील, विघटनशील मूल्यों और वैज्ञानिक आविष्कृतियों के चरमोत्कर्ष के युग में कवियों और कलाकारों के समक्ष कविता की पुनर्स्थापना का प्रश्न उपस्थित था।

नयी समीक्षा के आविर्भाव के पीछे इंग्लैण्ड और अमेरिका के ऐसे विचारकों का असंतोष काम कर रहा था जो तत्कालीन समीक्षा में अवरोध स्थिति का अनुभव कर रहे थे। इनका मानना था कि परम्परागत समीक्षा पद्धति में वर्तमान सभ्यता की वैज्ञानिक उपलब्धियों और उससे उत्पन्न सामाजिक परिवर्तनों के उन तत्वों का समावेश नहीं है जिनसे हमारी नवीन जीवन-दृष्टि परिचालित हो रही है। वे विक्टोरिया युग के ध्वंसावशेषों से ऐसे विचारकण चुनने के लिए प्रयासरत थे जो वैज्ञानिक युग के चिंतन को जीवन प्रणाली की सामाजिकता और नैतिकता के साथ समायोजित कर सके। अतः जीवन-दृष्टि तथा काव्य-दृष्टि में परिवर्तन की प्रक्रिया में नए समीक्षकों ने नयी समीक्षा के विशिष्ट दर्शन को प्रवर्तित किया। इन्होंने युगीन परिवेश और परिस्थितियों के साथ साहित्य-सृजन और समीक्षण का प्रत्यक्ष संबंध स्थापित करके हुए रचनाकार की तुलना में रचना को ज्यादा महत्व दिया। नयी समीक्षा के विकास में तत्कालीन विचारधाराओं का भी विशिष्ट योगदान रहा है। विक्टोरिया युग की नैतिकता, मार्क्सवाद की प्रचार दृष्टि, नव मानववाद की उपदेशपरकता, अस्तित्ववाद की आत्मपरकता के विरुद्ध विद्रोह की भावना ने नयी-समीक्षा को आगे बढ़ने के लिए उत्प्रेरित किया। नयी समीक्षा स्वच्छंदतावाद की अतिशय वैयक्तिकता की भी विरोधिनी है जहाँ रचनाकार का व्यक्तित्व समूची रचना पर भारी पड़ता है। इस विचारधारा के समीक्षकों ने परंपरागत चिंतन

से संतुष्ट न होकर कृति, कृतिकार तथा सहृदय की प्रतिक्रिया के आधार पर किये जानेवाले मूल्यांकन का विरोध किया। नए समीक्षकों ने साहित्य को ऐसे धरातल पर प्रतिष्ठित करने का प्रयास किया, जहाँ धर्म, नैतिकता तथा समाज के कृत्रिम बंधनों से वह मुक्त हो, जो पाण्डित्य-प्रदर्शन के बोझ से दबा न हो तथा जिसमें वस्तु और रूप का अद्वैत हो और जो अपनी स्वाभाविकता तथा सहजता में सुपरिणत हो। नयी समीक्षा ने कृति की स्वतंत्र विवेचना पर अपना सम्पूर्ण ध्यान केन्द्रित कर अन्य विचारधाराओं के मूल्यांकन की सीमा में प्रवेश करने पर आपत्ति जतलायी। इन्हीं विचार सरणियों और साहित्यिक प्रवृत्तियों के मध्य अमेरिका के साहित्य-जगत में नयी समीक्षा का उन्मेष हुआ। ऐसा माना जाता है कि नयी समीक्षा की अन्तर्वृत्तियों का प्रथम प्रस्फुटन द फ्यूजिटिव (1922-25) में हुआ जो कविता की पत्रिका थी और बाद में 'केन्यन रिव्यू' द्वारा उसे आधिकारिक स्वीकृति मिली।

9.2 नयी समीक्षा का स्वरूप

नयी समीक्षा कोई सुनियोजित आंदोलन नहीं था और जो नए समीक्षक के रूप में प्रख्यात हैं उनमें भी काव्य-संबंधी प्रश्नों को लेकर गहरे मतभेद रहे हैं। फिर भी, उनके चिंतन में कुछ ऐसे सामान्य सूत्र मिलते हैं जिनके आधार पर नयी समीक्षा की अवधारणा विकसित हुई है। नये समीक्षकों पर आई.ए.रिचड्र्स की अर्थ-मीमांसा का गहरा प्रभाव रहा है। इसके अतिरिक्त बिम्बवाद की वस्तुनिष्ठता ने भी नये समीक्षकों को गहराइयों तक प्रभावित किया है। नये समीक्षकों ने रिचड्र्स की अनुभूति के समंजन को काव्य-मूल्य के रूप में स्वीकार न करके कृति की विनिर्मिति को ही स्वीकारा है। नयी समीक्षा के विकास में टी.एस.इलिएट के बौद्धिक तथा साहित्यिक चिंतन का भी अपूर्व योगदान रहा है, जिन्होंने यह स्थापित किया कि समीक्षा का मूलभूत कार्य रचना की व्याख्या कर उसका बोध कराना तथा उसका आनंद दिलाना है। इलियट का विचार था कि कवि कर्म भाषा के माध्यम से ही होता है। इसी से प्रेरणा प्राप्त कर नये समीक्षकों ने काव्य-भाषा के रचना-तंत्र के वस्तुगत विश्लेषण का प्रतिमान विर्निर्मित किया। नयी समीक्षा के व्यक्तित्व निर्माण में केनेथ बर्क की मान्यताओं का भी हाथ रहा है। इनके अनुसार रूप तक पहुँचने के लिए वस्तुज्ञान आवश्यक है क्योंकि उसे साधन बनाकर ही रूप की उपलब्धि की जा सकती है। विस्मय और व्यग्रता उसके प्रमुख हेतु हैं, जिनका कला-सृजन के क्षेत्र में अभूतपूर्व महत्व है। इस संदर्भ में उनका कला और रूप के पारस्परिक संबंधों का निर्देश करनेवाला निम्नलिखित उद्धरण अवलोकनीय है-"In art excellence form and the psychology of the audience are practically synonymous. Art converts emotion into eloguence which co-incides with form and so achieves that creation and satisfication of desire which is the end of art."[2] केनेथ बर्क का यह भी मानना है कि जब कलाकार नवीन विचारों की उद्‌भावनाएँ करना चाहता है तो उसे प्राचीन परम्पराओं को नये रूपों में मोड़ना पड़ता है। ऐसा करते समय तात्कालिक एवं स्थानीय प्रवृत्तियों को शाश्वत एवं विश्वजनीन साँचे में ढालने की चेष्टा करनी पड़नी है। इस तरह नयी समीक्षा के रूप-गठन पर केनेथ बर्क के सिद्धांतों की महत्वपूर्ण भूमिका रही है।

वैसे तो रेनेवेलक महोदय की स्थापना है कि, "तथाकथित नये समीक्षकों के विचारों में इतना

अंतर है कि सबसे अच्छा तरीका यही हो सकता है कि उनका व्यक्तिगत तौर पर वर्गीकरण किया जाय।... मैं निर्दिष्ट कर्तव्य संबंधी और भावनात्मक भाषा के संबंध-विच्छेद को स्वीकार नहीं कर सकता। मैं महसूस करता हूँ कि उनके (नये समीक्षकों के) बीच महत्वपूर्ण मुद्दों पर कतिपय भाषायी अंतर्विरोध और भ्रम हैं, विशेषकर यथार्थ के प्रतिनिधित्व और साहित्य की स्वाधीनता के प्रश्नों को लेकर। इन आलोचकों के विचारों के आलोचक में नयी समीक्षा के महत्वपूर्ण मुद्दों पर विचार करना अत्यधिक श्रेयस्कर होगा।"[3] परन्तु, डॉ. नगेंद्र ने नयी समीक्षा के ऐसे महत्वपूर्ण बिन्दुओं का संचयन किया है जिनके संबंध में सभी विद्वान एकमत हैं। संक्षेप में वे बिन्दु इस प्रकार हैं-

1. "कविता पदार्थ है, विचार या भाव नहीं है। वह अपने भावों में एक विशिष्ट अनुभव है जो अपने रूप के अनुभव से सर्वथा अभिन्न है।
2. नैतिक, सामाजिक, ऐतिहासिक तथा अन्य प्रकार की असंबद्ध धारणाओं को बीच में लाकर इस अनुभव को अशुद्ध नहीं करना चाहिए।
3. आलोचक का कर्तव्य-कर्म है, किसी कृति के समग्र रूप और अंगों के अंतःसंबंधों का विश्लेषण कर उसकी जटिल संरचना का परीक्षण करना।
4. कलाकृति का रूप ही समीक्षा का वास्तविक विषय है और इस रूप की अपनी स्तंत्रता है- वह किसी अन्य अर्थ का वाहन मात्र नहीं है। अथवा यह कहना चाहिए कि कलात्मक संरचना का समग्र अर्थ रूप में ही निहित है।"[4]

इस तरह डॉ. नगेंद्र ने नयी समीक्षा के केन्द्रीय व्यक्तित्व को उद्‌घाटित करने का प्रयास किया है। जो कलाकृति की संघटना के आधार पर उसके मूल्यांकन की पक्षधर है। नयी समीक्षा टेक्स्ट अथवा रचनापाठ का आत्यंतिक भाषिक-विश्लेषण (Close linguistical study of the text) प्रस्तुत करती है। वह समीक्षक और रचना के बीच किसी मध्यस्थ की भूमिका को नहीं स्वीकारती। भले ही, वह किसी गैर साहित्यिक-मूल्य के रूप में हो, अथवा रचनाकार के महनीय व्यक्तित्व के रूप में हो या फिर सहृदय की प्रतिक्रिया के रूप में हो। इस तरह वह रचनाकार और पाठक दोनों को ही समीक्षा-क्षेत्र से बहिष्कृत करती है। वह कवि को कविता का संप्रेषक न मानकर उसे केवल स्रष्टा मानती है। उसकी दृष्टि में सम्प्रेषण का सवाल कवि पर अनावश्यक बोझ लादता है अथवा उसका मानसिक तनाव बढ़ाता है। उसे काव्य-समीक्षा में कोई आदर्श नैतिकता तथा सामाजिक दायित्व-बोध स्वीकार्य नहीं है क्योंकि इनके प्रवेश से रचना का वास्तविक विश्लेषण और मूल्यांकन नहीं हो पाता। यह शब्दों की अर्थवत्ता और पद-विन्यास के आधार पर कविता की संरचना का विश्लेषण करती है। उसकी दृष्टि में कविता की भाषिक संरचना ही एक मात्र विश्लेषण अथवा मूल्यांकन का विषय है। कदाचित् इसी कारण कतिपय विद्वान उसे रूपवादी समीक्षा की संज्ञा से भी अभिहित करते हैं। वह कविता की स्वायत्तता की पक्षधर है, लेकिन कलावादियों की तरह नहीं। उसके स्वरूप को स्पष्ट करते हुए डॉ. तारकनाथ बाली ने लिखा है कि, "सृजन-प्रक्रिया रचना से पहले का व्यापार है तथा सहृदय की प्रतिक्रिया रचना के बाद का। इन दोनों के बीच रचना की, काव्य की स्थिति वस्तु के रूप में होती है। सृजन-व्यापार का अनुमान भी कृति के आधार पर होता है तथा सहृदय की प्रतिक्रिया भी कृति के द्वारा अनुशासित है। अतः मूल सत्ता कृति की है। इसलिए समीक्षा का एकमात्र कार्य है कृति की व्याख्या-केन्द्र को आलोकित करना, इसी कार्य के द्वारा कृति के स्वरूप को, कृति के कृतित्व को समझा जा सकता है। अतः अन्य दृष्टियों पर आधारित

समीक्षा सही समीक्षा नहीं मानी जा सकती।"[5] इस प्रकार नयी समीक्षा कविता की रचना-प्रक्रिया के दौरान उत्पन्न होने वाली प्रेरणाओं तथा सृजनोपरांत प्रभाव को एक साथ नकारती है। वह अपना सम्पूर्ण ध्यान केवल कविता के वस्तुनिष्ठ मूल्यांकन पर केन्द्रित करती है। यह काव्य विश्लेषण की एक नयी प्रणाली है जिसमें रिचर्ड्स के अर्थ सिद्धांत, इलियट के सम्मूर्तनविधान, एम्पसन के अनेकतार्थता सिद्धांत, रैन्सम के शब्दार्थ विधान, ब्रुक्स के विरोधाभास, ब्लैकमूलर के भंगिमा या हाव-सिद्धांत, एलेन टेट के तनाव सिद्धांत और विमसाट के साहित्य में मूर्त सार्वभौम की मान्यता का समुच्चय है।

9.3 नयी समीक्षा की प्रमुख विशेषताएँ

नयी समीक्षा कविता को जीवन का पुनःसृजन मानती है। जिसके कारण वह जीवनस्थितियों, सामाजिक परिवेश और जीवनानुभवों को अपेक्षित महत्व नहीं देती। वह इस सत्य की प्रतिष्ठा करती है कि कविता अपने अस्तित्व के लिए किसी दूसरे के अधीन नहीं है। टी.एस.इलियट ने इस संदर्भ में ठीक ही लिखा है कि हरेक कविता की अपनी जिन्दगी होती है। वस्तुतः काव्यात्मकता का केन्द्र काव्यकृति है जो अपने मूलरूप में एक विशिष्ट भाषिक संरचना है। इस तरह नयी समीक्षा मूलतः भाषिक आलोचना है। लेकिन यह संरचनावादियों की तरह भाषिक प्रतिमानों पर आधारित नहीं है। "नये आलोचक कविता को कविता के रूप में विश्लेषित करते हैं, न किसी अन्य वस्तु के रूप में। आलोचना का पहला नियम है वस्तुनिष्ठता। कविता को वस्तु-रूप में ही देखना चाहिए। साभिप्राय और रागात्मक हेत्वाभासों के लिए न यहाँ कोई अवकाश है और न कवि की जीवनी और ऐतिहासिक परिप्रेक्ष्य के लिए।... नयी समीक्षा की दृष्टि में सभी प्रकार की साहित्यिक विधाएँ भाषाबद्ध होती हैं। प्रगीत, नाटक, कथा-साहित्य आदि में शब्दों, बिम्बों और प्रतीकों का ही विचार होता है, न कि कथानक, चरित्र, विचार आदि का। उपर्युक्त भाषिक प्रतिविधियाँ एक-एक केन्द्रीय थीम के चतुर्दिक संघटित होती हैं। इनकी संघटना में ही तनाव, विसंगति और विडम्बना का जन्म होता है जो विरोधी अंतर्वृत्तियों के सामंजस्य में परिणत हो जाती है। आचार्य शुक्ल इसी को विरुद्धों का सामंजस्य कहते हैं।"[6] संक्षेप में, नयी समीक्षा की प्रमुख विशेषताएँ इस प्रकार है-

9.3.1 कविता की भाषिक संरचना और आंतरिक संगति का प्रतिमान

नयी समीक्षा उसी को अच्छी कविता मानती है जिसमें जीवन-तत्वों के साथ-साथ कला-तत्वों का समुचित संतुलन और समायोजन हो। यह काव्य-भाषा के वैशिष्ट्य को उजागर करने वाली-प्रणाली है। यह काव्यात्मा का संधान करने के बजाय काव्य शरीर की जीवंत प्रक्रिया का निर्वचन करती है। नयी समीक्षा के लिए कविता की संरचना महत्वपूर्ण है "क्योंकि, संरचना का प्रश्न ही आलोचना की केन्द्रीय समस्या है।"[7] भारतीय संदर्भ में नयी समीक्षा अनायास ही रीति विज्ञान से जुड़ जाती है क्योंकि आचार्य कुंतक ने कविता के संरचनात्मक पक्ष पर जोर देते हुए शब्द-अर्थ युक्त, वक्र उक्तियों से कवि द्वारा बंधित और व्यवस्थिति रचना को ही कविता माना है। इसी तरह आचार्य वामन की विशिष्ट पद-रचना भी विशिष्ट तत्वों की संघटना ही है। नयी समीक्षा इस तथ्य की प्रतिष्ठा करती है कि कविता अर्थ-विधान (Structure) और शब्द विधान (Texture) की अन्विति है, किन्तु सृजन-प्रक्रिया में शब्द-विधान अर्थ-विधान को आच्छादित कर

लेता है। कविता की अपनी वस्तुनिष्ठ सत्ता है और उसकी स्वायत्तता उस निजी संघटनात्मक पद्धति में पायी जाती है, जो उसके ज्ञान और सौंदर्यात्मक उद्देश्य की पूर्ति में सहायक है। रैंसम ने कविता की संरचना पर विचार करते हुए लिखा है कि, "विज्ञान में केवल अर्थ-विधान (Structure) होता है, शब्द-विधान (Texture) नहीं, जबकि कविता में शब्द-विधान का सर्वाधिक महत्व है।... कविता स्थानिक बुनावटों से भरी तार्किक बनावट है। अर्थविधान की तार्किकता में जो दृढ़ता विज्ञान में मिलती है, वह कविता में नहीं। इसीलिए उन्होंने कविता के अर्थ-विज्ञान को शिथिल माना है। इन्होंने कविता के शब्द-विधान को भी असम्बद्ध माना है। इनकी दृष्टि में असम्बद्धता अथवा विषमता कविता का मूलभूत वैशिष्ट्य है।"[8] वस्तुतः यहाँ कविता के अर्थ-विधान से रैंसम का तात्पर्य उसके कथानक, विषय-वस्तु तथा उसके पदान्वय योग्य कथ्य से है तथा शब्द-विधान के अंतर्गत ऐसे सारे तत्त्वों का समावेश हो जाता है जो कविता के कलात्मक-सौष्ठव से जुड़े हुए हैं जैसे- कविता का स्वर, उसकी लय, उसके बिम्ब आदि। इन्होंने शब्द-विधान (Texture) को काव्य सौंदर्य का पर्याय माना है। इनकी दृष्टि में आलोचक का पहला काम अर्थविधान की गवेषणा करना है। इसके बाद समीक्षा और निर्णय के द्वारा शब्द विधान को समझना है। जो आलोचक केवल अर्थविधान तक अपने को सीमित रखता है वह कविता के गद्यांश की व्याख्या करता है।

कविता की संरचना में आंतरिक संगति की वकालत करते हुए क्लींथ ब्रुक्स ने लिखा हैं कि, "कविता की वास्तविक संरचना (Real Structure) आंतरिक संयोजन (Iner Structure) पर निर्भर होती है। कविता की मूल संरचना में एक तर्कगत सुसंगति होनी चाहिए। कविता की मूलसंरचना (Essential Structure) वास्तुकला और चित्रकला के सदृश है। एक तरह से यह निश्चित दबावों का विखण्डित आदर्श है, जो लौकिक कलाओं के लिहाज से सघन स्थिरता की ओर घुमा देता है। कविता की संरचना 'बैलेट' या संगीतात्मक संयोजन (Musical Composition) की तरह है। यह विघटनों, संतुलनों और संगतियों का ढाँचा है, जो लौकिक योजना से विकसित होता है।"[9] जॉन क्रो रैंसम कविता की संरचना की तुलना अपने कक्ष से करत हैं। वे लिखते हैं कि, "कविता एक कमरा है और कमरे की दीवारें संरचनात्मक हैं। कमरे की समस्त साज-सज्जा, रंग, पेपर, टापेस्ट्री-रूपात्मक विन्यास (Texture) है। यह स्ट्रक्चर से तार्किक रूप में असंबद्ध है।"[10] यहाँ टेक्श्चर बुनावट है और स्ट्रक्चर निर्मिति है। टेक्श्चर शब्द गुंफों का समृद्ध, स्थानीय और अतार्किक अर्थ है। स्ट्रक्चर काव्य का तर्क है। वह काव्य को वह रूप देता है, जो वह है। कविता की संरचना अर्थ की जटिलता से उत्पन्न होती है। क्लींथ ब्रुक्स परंपरागत रूप (Form) को संरचना स्वीकार करने से इनकार करते हैं और लिखते हैं कि, "संरचना का मतलब है अर्थों, मूल्यांकनों और अभिव्यक्तियों की संरचना, जिसमें अन्विति का सिद्धांत निहित है। इस सिद्धांत के अनुसार लाक्षणिकता, अभिरुचियों और अर्थों में एक संतुलन या संगति होती है। इस संगति में जटिलता होती है, जो एक ही प्रकार के तत्वों का संयोजन न करके, परस्पर विरोधी तत्वों का संतुलन और सामंजस्य स्थापित करती है। इस संतुलन-प्रक्रिया या व्यवस्था में विरोधी तत्त्व बाह्यगत न होकर आन्तरिक हो जाते हैं। यह अन्विति निश्चयात्मक या आंतरिक संगति (Positive Unity) है, नकारात्मक नहीं।"[11] संरचना की इस संगति को क्लीन्थ ब्रुक्स विसंगति और विडम्बना तथा अर्थ की जटिलता के रूप में देखते हैं। सन् 1942 में प्रिंस्टन में राबर्ट चैन वारेन ने 'प्योर एण्ड इम्प्योर पोयट्री' पर अपने व्याख्यान में- जो 'कीनियन रिव्यू' में प्रकाशित

हुआ था- कहा है- 'कविता में कोई एक विशेष तत्व निहित नहीं रहता वरन वह पारस्परिक सम्बंधों के एक विधान पर, एक संरचना पर, निर्भर होती है जिसे हम कविता कहते हैं।' कहने का आशय यह है कि काव्यात्मक विधान अथवा कलाकृति की संरचना ही कवि की सिद्धि है। कवि अनुभव की जटिलताओं तथा अभिव्यक्तिगत उपकरणों का सफल संयोजन कैसे करता है, इसी में कवि प्रतिभा की कसौटी परिलक्षित होती है। इस प्रकार संरचना का संबंध अर्थ, मूल्यांकन और व्याख्या तीनों से होता है। समूची संरचना का केन्द्र बिन्दु अन्विति या सामंजस्य सिद्धांत है। इसे चित्तवृत्तियों, अर्थों तथा लक्ष्यार्थों का सामांजस्य सिद्धांत भी कहा जाता है। कहना न होगा कि ब्रुक्स के सिद्धांत और व्यवहार कविता के सुसंघटित स्वरूप पर आधारित हैं। कविता के सारे आंगिक अवयवों का अध्ययन सम्पूर्ण के साथ उनके अविच्छिन्न संबंधों के संदर्भ में किया जाता है। अलग-अलग करके किस तत्त्व का अध्ययन नहीं किया जाता, सभी संपूर्ण रचना के अंग होते हैं। यही कारण है कि ब्रुक्स कविता को वाणी अथवा संभाषण का लिखित या उच्चरित रूप मानते हैं। उनकी दृष्टि में भाषा कविता की सामग्री है।

9.3.2 सर्जनात्मक तनाव तथा वैदग्ध्य और विडम्बना

नयी समीक्षा ने समीक्षा-जगत को अभिनव शब्दावली से सम्पन्न किया है। सर्जनात्मक तनाव ऐसा ही शब्द है जो अमेरिकी समीक्षक एलेन टेट द्वारा प्रवर्तित है। तनाव और संतुलन (Tension and Balance) टेट की समीक्षा के आधार स्तम्भ हैं। उत्कृष्ट काव्य को वे तनाव मानते हैं। तनाव दो प्रकार का होता है- बाह्य तनाव और आन्तरिक तनाव। टेट के विचार से, "जिसमें दोनों तनाव अपनी चरम सीमा पर हों, वहीं उत्कृष्ट काव्य देखा जा सकता है। बाह्य तनाव का तात्पर्य कविता में आदि से अंत तक युक्तिसंगत गति का होना तथा आंतरिक तनाव का तात्पर्य कविता में स्थित भावावेश एवं आलंकारिकता है।"[12] टेट ने तनाव को संतुलन के अर्थ में प्रयुक्त किया है। इनके द्वारा प्रयुक्त तनाव शब्द कविता का सार्वभौम प्रतिमान हो सकता है।

नयी समीक्षा के महत्वपूर्ण हस्ताक्षर क्लीन्थ ब्रुक्स ने समीक्षा के क्षेत्र में विसंगति और विडम्बना (Paradox and Irony) शब्द को प्रतिष्ठित किया। चूँकि विसंगतियाँ और विडम्बनाएँ आधुनिक जीवन का अविछिन्न अंग है, इसलिए समीक्षा-जगत में इन शब्दों का भरसक स्वागत हुआ। क्लीन्थ ब्रुक्स विसंगति को कविता के लिए अपरिहार्य मानते हुए लिखते हैं कि, "कविता की भाषा है। विसंगति, कुतर्क की भाषा है जो कठोर, चमकीली, उज्ज्वल और व्यंग्पूर्ण है- उसे मुश्किल से ही आत्मा की भाषा कहा जा सकता है।... कविता अपनी शक्ति विरोधपूर्ण स्थितियों में प्राप्त करती है।...विसंगतियाँ विडम्बना में स्थित होती है...विसंगतियाँ कवि की भाषा की प्रकृति से उठती हैं, यह भाषा में सामान्य अर्थ (Connotations) वाच्यार्थ (denotations) के लिए महत्वपूर्ण भूमिका अदा करता है। सामान्य अर्थ सजावट या तड़क-भड़क के कारण महत्वपूर्ण नहीं...कवि वैज्ञानिक की तरह संकेत चिह्नों का इस्तेमाल नहीं करता बल्कि वह अपनी सीमा में भाषा को जैसा चाहे, बना लेता है।"[13] क्लीन्थ ब्रुक्स का अभिमत है कि विसंगति की प्रकृति में बिडंबना (Irony) और आश्चर्य (Wonder) दोनों साथ-साथ रहते हैं। कविता की भाषा अपनी इसी विसंगति, विडम्बनापरक गुणधर्म के कारण विज्ञान की इकहरी भाषा से अलग हो जाती है। इनके द्वारा कवि ऐसी भाषा का प्रयोग करता है जो जटिल एवं विविध अर्थ- छवियों को व्यंजित करती हुई रचना को समृद्ध बनाती

है। इसकी व्याख्या करते हुए डेविड डेचिज ने Critical Approaches to Literature में लिखा है कि, "कविता जिस विरोधाभास और ध्वन्यर्थता के साथ किसी स्थिति को अभिव्यक्त करती है उसे रेखांकित करने के लिए नये आलोचकों ने कविता की अपनी परिभाषा को और भी संकीर्ण कर दिया है। ये आलोचक कविता को गहराई के साथ और सूक्ष्म दृष्टि से गढ़ने की महत्ता पर बल देते हैं ताकि उसकी व्यंग्यात्मक अर्थ छायाएँ और विरोधाभास परक विवक्षाएँ स्पष्ट हो जाएँ क्योंकि समुचित काव्याख्यान के लिए वे उन्हें अनिवार्य मानते हैं।"[14] इस तरह विरोधाभास काव्य के लिए उचित और अनिवार्य है। उससे कविता की भाषा में नफासत आती है। उसमें कांति, वैदग्ध्य और जटिलता आती है। क्लींथ ब्रुक्स काव्य संरचना में वैदग्ध, विरोधाभास और वक्रता का सन्निवेश करते हैं। जबकि वारेन की दृष्टि में, 'काव्य संरचना में विभिन्न स्तरों पर कुछ प्रतिरोध का अंतर्भाव होता है। कवि अपनी दृष्टि को वक्रता की अग्नि में, अर्थ विधान के नाटकीय व्यापार में समर्पित करके अपने उद्देश्य की सिद्धि करता है और ऐसा वह इस आशा में करता है कि अग्नि में पड़कर वह शुद्ध हो जाएगी। उनकी दृष्टि में वक्रता ऐसी युक्ति है जिसके माध्यम से अनुभूति की जटिलताओं और अतर्विरोधों की ओर संकेत किया जा सकता है।' ब्रुक्स की दृष्टि में वैदग्ध्य के कारण कविता किसी एक चित्तवृत्ति तक सीमित न रहकर परिस्थिति विशेष से सम्बद्ध सभी संभावित चित्तवृत्तियों को समेटकर उन्मुख होती है। यह प्रवृत्ति कविता में नाटकीय तत्त्व के सन्निवेश से उत्पन्न होती है और कविता की जटिलता का प्रमुख आधार बनती है। इससे कविता में प्रौढ़ता आती है। विरोधाभास द्वारा स्थिति विशेष के प्रति संकीर्ण दृष्टि और व्यापक दृष्टि की विषमता को चित्रित किया जाता है। वक्रता का तात्पर्य है गत्यात्मक अर्थ की स्वीकृति, साहित्य के अंतर्गत वक्रता का प्रमुख कारण भाषा का संदर्भगत प्रयोग होता है।

9.3.3 कृति को अखण्डता में देखने की प्रवृत्ति तथा शुद्ध कविता का समर्थन

नयी समीक्षा में रचना के मूल्यांकन के लिए समीक्षकों ने शब्द विधान, अर्थ-विधान, प्रतीक-विधान, लय-शब्द-भंगिमा, तनाव, विसंगति, विडम्बना, काव्य-भाषा तथा बिम्बादि का अलग-अलग संकेत किया है, परन्तु, इन सबके बावजूद वे कृति की अखण्डता के विश्वासी थे। वे कृति का उसकी समग्रता में मूल्यांकन करने के हिमायती थे। ये काव्य वस्तु, संवेदना और शिल्प को उसके रूप में ही अंतर्भुक्त मानते हैं। इनके अनुसार काव्य के सौंदर्य का मूल्यांकन उसकी समग्रता में होना चाहिए। सभी नये आलोचक रचना को एक इकाई मानकर उसकी आलोचना के पक्षधर हैं। नयी समीक्षा काव्य के विश्लेषणजन्य चिंतन को केन्द्र नहीं बनाती, वरन् उसकी दृष्टि में संश्लेषण में केंद्रित समीक्षा ही कृति की सही समीक्षा है। उसकी दृष्टि में, "अच्छी कविता की रचना ऐसी होती है कि उसके तत्त्वों की क्रिया-प्रतिक्रिया से अर्थ जटिलता उत्पन्न होती है, जिसके द्वारा कवि अपनी अंतिम अभिव्यंजना तक पहुँचता है। व्यंग्य और विरोधाभास इसलिए महत्वपूर्ण होते हैं कि वे ऐसी युक्तियाँ हैं जिनके द्वारा उन सब दृष्टिकोणों का समावेश हो जाए, या कम-से कम उन्हें हिसाब में ले लिया जाय जो कवि के अपने दृष्टिकोण पर आघात कर सकते हैं।"[15] नयी समीक्षा का वस्तुपरक मूल्यांकन वस्तुतः भाषागत अध्ययन ही है। जो कृति और उसके रूपतत्व को सर्वाधिक महत्व देती है। क्लीन्थ ब्रुक्स और वारेन का अभिमत है कि, रूप-तत्व कविता की सामग्री को बन्द करके रखने वाला बॉक्स नहीं है। वह इससे भी अधिक कुछ है- "रूप-तत्व काव्य-

सामग्री को सुसंगठित करता है, वह इसे स्थापित करता है, वह इसके अर्थ को परिभाषित करता है।"[16] कलाकृति का रूप ही समीक्षा का वास्तविक विषय है जिसकी अपनी स्वतंत्र सत्ता है। वह किसी दूसरे अर्थ का उद्‌भावक मात्र नहीं है । अतः यह समझना चाहिए कि कलात्मक संरचना का वास्तविक अर्थ रूप में ही निहित है।

नयी समीक्षा शुद्ध कविता की पक्षधर है। रैंसम के अनुसार कवि नैतिक मूल्यों तथा उपयोगितावादी प्रत्ययों से प्रेरित नहीं होते अपितु सौंदर्य चेतना से उद्भावित होते हैं। उनकी दृष्टि से शुद्ध कविता वह है, "जो नैतिक, राजनीतिक अथवा सामाजिक मूल्यों से रहित हो। इस कविता का उद्देश्य मात्र कविता है, नीतितत्व का समावेश इसमें होता ही नहीं।"[17] कविता में किसी उद्देश्य की खोज करना उनके विचार से व्यर्थ है। रॉबर्ट पेन वॉरेन तो यहाँ तक कहते हैं कि नैतिकता एक प्रदूषण है जो काव्य को अशुद्ध कर देता है। क्लीन्थ ब्रुक्स ने भी काव्य में नैतिकता का विरोध किया है। एलेन टेट ने नैतिकता को काव्य का मात्र एक तत्व स्वीकारते हुए लिखा है कि जो समीक्षक किसी कृति का नैतिक मूल्यांकन करता है, वह उसका आंशिक मूल्यांकन है, पूर्ण मूल्यांकन तो कलाकृति की समग्रता में ही सम्भव है। नयी समीक्षा यह स्थापित करती है कि काव्य की स्वायत्त सत्ता है। वह स्वनिष्ठ होती है। उसके माध्यम से ऐतिहासिक, सामाजिक तथा नैतिक लक्ष्य की सिद्धि अभीष्ट नहीं है। इस प्रकार नयी समीक्षा काव्यकला की स्वायत्तता एवं शुद्धता के प्रति संकल्पित रही है। यह काव्य कृति को गहराई के साथ पढ़ने ओर उसकी सूक्ष्मातिसूक्ष्म अभिव्यक्तिगत भंगिमा के विश्लेषण के आधार पर नयी अर्थच्छाया के उद्‌घाटन का प्रतिमान प्रस्तुत करती है।

9.4 नयी समीक्षा का प्रभाव

नयी समीक्षा का विकास भले ही एक सुनियोजित साहित्यिक आंदोलन के रूप में न हुआ हो परन्तु साहित्यिक अध्ययन के क्षेत्र में उसका अत्यंत व्यापक प्रभाव पड़ा। साहित्य-समीक्षा के क्षेत्र में शैली वैज्ञानिक आलोचना प्रणाली और संरचनावाद का जन्म नयी समीक्षा की ही कोख से हुआ। नयी समीक्षा भाषाशास्त्रीय अध्ययन तथा वैज्ञानिक दृष्टिकोण की ओर विशेषोन्मुख रही है। इसने अनेक परवर्ती आंग्ल-अमेरिकी आलोचकों के निर्माण में सक्रिय भूमिका निभाई। प्रायः सभी शैली वैज्ञानिक एवं संरचनावादी आलोचक अपनी समीक्षा -दृष्टि के उन्मेष के लिए नयी समीक्षा के ऋणी रहे हैं। नयी समीक्षा आलोचक को विचारधाराओं के घने जंगलों में ले जाने के बजाय उसे सीधे कृति के पास ले जाती है जिससे समीक्षक के पास कृति के साथ न्याय करने के लिए ज्यादा अवकाश बचता है। नयी समीक्षा ने काव्य के मूल्यांकन के क्षेत्र में नये काव्य-प्रतिमानों का अन्वेषण कर उन्हें स्वीकृत कराया। नयी समीक्षा की अनेक स्थापनायें कृतिकारों को प्रोत्साहित करती हैं। क्योंकि समीक्षा की ओर से पहली बार यह घोषणा की गयी कि काव्य के मूल्यांकन के लिए प्रतिमान आरोपित नहीं होते अपितु वे सृजनात्मक उपलब्धियों से स्वतः स्फूर्त होते हैं।

अंग्रेजी साहित्य के क्षेत्र में नयी समीक्षा का अभूतपूर्व योगदान रहा है क्योंकि इसके प्रभाव से नयी पीढ़ी के समीक्षकों ने सम्पूर्ण अंग्रेजी साहित्य का पुनर्मूल्यांकन आरम्भ किया। इसने अंग्रेजी साहित्य के पुनरुद्धार के लिए ऐतिहासिक कल्पना को सक्रिय कर दिया जिससे विभिन्न रचनाओं को उनकी वास्तविक गरिमा उपलब्ध कराने का सुअवसर उपस्थिति हुआ। क्लीन्थ ब्रुक्स कृत

Notes for a Revised History of a English Poetry (1939) तथा विन्टर्स कृत Forms of Discovery पुस्तकें इसी प्रकार के प्रयासों के अंतर्गत आती हैं। इन समीक्षाकृतियों द्वारा अंग्रेजी साहित्य के इतिहास को सही संदर्भ में प्रस्तुत करते हुए विभिन्न उपयुगों के महत्वपूर्ण हस्ताक्षरों और कृतियों का वस्तुपरक ढंग से सम्यक् मूल्यांकन का प्रयास किया गया है। इसी तरह रेने वेलेक द्वारा पाँच खण्डों में प्रकाशित पुस्तक A History of Modern Criticim (1700-1950) विवेच्य युग के साहित्य का नयी समीक्षा-दृष्टि से प्रभावित होकर अत्यंत सटीक और वस्तुपरक विश्लेषण प्रस्तुत करती है। रेने वेलेक महोदय ने कहा भी है कि किसी कृति के मूल्यांकन के लिए तभी साहित्येतर प्रतिमानों का सहारा लेना चाहिए जब उससे रचना समृद्ध हुई हो।

नयी समीक्षा की एक बड़ी देन यह भी है कि इसने घोर औद्योगिकीरण, विघटनशील जीवन मूल्य और मानवीय एकाकीपन के युग में कृति की संश्लिष्टता और समग्रता का आदर्श रखा जिससे सामाजिक विघटन और मानवीय टूटन से बचने का विकल्प उपलब्ध हुआ। इसमें कोई दो राय नहीं कि काव्य, भाषा और अंतिम रूप से सामाजिक स्वास्थ्य के क्षेत्र में समीक्षा की महान भूमिका होती है और नयी समीक्षा ने इस दिशा में अपनी सम्यक् भूमिका का निर्वाह किया। इसने साहित्य और समीक्षा को अति यथार्थवादी और अस्तित्ववादी विकृतियों से बचाया और सृजन तथा समीक्षण के क्षेत्र में वस्तुपरक स्वस्थ प्रतिमानों के उभार को प्रोत्साहित किया। नयी समीक्षा ने उत्तर-संरचनावाद और उत्तर आधुनिकतावाद के लिए भी आधार भूमि तैयार की। नयी समीक्षा के प्रभाव के फलस्वरूप अमेरिकी महाविद्यालयों एवं विश्वविद्यालयों में साहित्य के अध्ययन-अध्यापन की निरपेक्ष प्रणाली प्रयुक्त हुई।

जहाँ तक नयी समीक्षा के हिंदी समीक्षा पर प्रभाव का सवाल है तो हमें यह कहने में कोई संकोच नहीं है कि कुछेक अपवादों को छोड़कर आजाद भारत के प्रायः हर आलोचक पर नयी समीक्षा का परोक्ष अथवा अपरोक्ष प्रभाव रहा है। जिसे उनकी मूल्यांकन प्रणाली तथा व्यावहारिक समीक्षाओं में बखूबी देखा जा सकता है। डॉ. नामवर सिंह की सुप्रसिद्ध कृति 'कविता के नए प्रतिमान' के लिए कच्चामाल नयी समीक्षा ने ही उपलब्ध कराया है।

9.5 निष्कर्ष

इस प्रकार स्पष्ट है कि नयी समीक्षा ने साहित्य-समीक्षा को अपने ढंग से एक नयी दिशा दी और साहित्य को अति यथार्थवादी विद्रूपताओं तथा अस्तित्ववादी अमूर्त्तताओं से बचाने में मदद की। नये समीक्षकों ने केवल बुद्धि-विलास के लिए सैद्धांतिक-चर्चायें नहीं कीं अपितु अपनी मान्यताओं का कृतियों की व्यावहारिक-समीक्षाओं द्वारा तत्काल-परीक्षण भी किया। नयी समीक्षा ने काव्येतर प्रतिमानों और कृतिकार की तुलना में कृति को सर्वोपरि स्थान देने का स्तुत्य कार्य किया। इसने शैली वैज्ञानिक और संरचनावादी आलोचना का मार्ग प्रशस्त किया। नयी समीक्षा ने वैज्ञानिक युग की विसंगतियों, विडम्बनाओं, जीवनस्थितियों और परिवर्तित मूल्यों के अनुरूप समीक्षा-शास्त्र रचने का प्रयास किया। नया समीक्षक आत्मबोध और आत्मपरीक्षण के प्रति भी जागरूक रहा है जिससे उसके चिंतन में नये आयाम जुड़ते गये हैं। नयी समीक्षा ने काव्य की स्वायत्तता और शुद्धता की बात करते हुए कृति की अखण्डता का

आदर्श रखा। समीक्षा के भाषिक प्रतिमान पर अतिशय जोर देने के कारण भले ही इसकी चरम परिणति रूपवाद (Formalism) में होती हो, परन्तु इसकी ऐतिहासिक उपादेयता असंदिग्ध है। अंत में, हम रेनेवेलेक महोदय के शब्दों में कह सकते हैं, " I will not conceal my own conviction that the New Criticism has stated or reaffirmed many basic truths to which future ages will have to return: the specific nature of the aesthetic transaction, the normative presence of a work of art which forms a structure, a unity, coherence, a whole, which cannot be simply battered about and is comparatively independent of its origins and effects. The New Critics have also persuasively described the function of literature in not yielding abstract knowledge or information, message or stated ideology, and they have devised a technique of interpretation which often succeeded in illuminating not so much the form of a poem as the implied attitudes of the author, the resolved or unresolved tensions and contradictions: a technique that yields a standard of judgement that cannot be easily dismissed in favour of the currently popular, sentimsntal and simple."[18] इस तरह नयी समीक्षा बीसवीं शती का बेहद महत्वपूर्ण आलोचनात्मक आंदोलन है जिसने भाषिक विश्लेषण का प्रतिमान रखकर कविता के अध्ययन को लाभ पहुंचाया है। नये आलोचकों ने अंधाधुंध स्थापनाएं करके विरोधियों को लोहा लेने के लिए विवश किया जिससे साहित्यिक विमर्श को बल मिला। नये समीक्षकों द्वारा प्रवर्तित प्रतिमानों ने कृति के गहन पाठ द्वारा रचनाविधान तथा भाषा-कौशलों के विश्लेषण के माध्यम से कृति की अर्थच्छटा को उद्भासित करने का मार्ग प्रशस्त किया। इसने कृति की संरचना तथा उद्देश्यों के विश्लेषण के साथ-साथ काव्य को काव्य के रूप में मूल्यांकित करने का आदर्श प्रस्तुत किया जिससे पाठ केन्द्रित समीक्षा का विकास हुआ।

संदर्भ सूची

1. पाश्चात्य साहित्य-चिंतन, डॉ. निर्मला जैन, पृष्ठ-178-179
2. The Philosophy of Literary Form-Kenneth Burke, New York-1931
3. "The difference between the so-called new Critics are so great that it will be best to characterize them individually...I can not agree with the divorce between propositional and emotional language on critical issues: Particularly the relation between the autonomy of literature and the representation of reality. In expounding the ideas of these critics, it will be inevitable to some discussion of the issues of these chapter and in a few cases, even to repeat the most striking quotations in the con text of the single critic's work."-A History of Modern Criticism, Vol. V, American Criticism, 1900-1950, By Rene Wellek, Page-158.
4. विश्वसाहित्यशास्त्र, डॉ. नगेंद्र द्वारा उद्धृत, पृष्ठ- 343

5. पाश्चात्य काव्यशास्त्र का इतिहास, डॉ.तारकनाथ बाली, पृष्ठ-281-282
6. आधुनिक हिंदी आलोचना के बीज, शब्द, डॉ. बच्चन सिह द्वारा उद्धृत, पृष्ठ-51-52
7. ..." The question of structure of poetry has been the central problem of criticism. "-R.S. Crane- The languages of Criticism and the structure of Poetry, Page-139.
8. The New Criticism-Ransom, Page-130.
9. "The essential structure of a Poem (as distinguished from the rational or logical structure of the 'statement' which we abstract from it) resembles that of architecture of painting: it is a pattern of resolved stressess. Or, to move closer still to poetry by considering the temporal arts, the structure of a poem resembles that a ballet or musical composition. It is a pattern of resolutions and balances and harmonizations devel oped through a temporal scheme. "-Cleanth Brooks, 'The well Wrought urn,' Page-166.
10. "The Walls of my room are obviously structural, the beams aspect of the final wall. The plaster might have remained naked aspiring to no character and purely functional 'But actually it has been painted receiving colour, or it has been prepared receiving colour and design throgh these have no structural value and perhaps it has been hung with tapestry or with painting for 'decorations'. The paint, the paper, the tap estry are texture. It is logically unrelated to structure. "-John Crow Ransom, Criticism as Pure Speculation, Page-233.
11. "The structure meant is a structure of meaning evaluation and interpretations and the principle of unity which informs it seems to be one of balancing and harmonizing, Connotations, attitudes, and meanings. But even here one needs to make impor tant qualifications: the principle is not one which involves the arrangement of the various elements into homogeneous groupings, pairing like with like. It unites the like with the unlike. It does not unite them, however by the simple process of allowing one connotation to concel out another nor does it reduce the contradictory attitudes to harmony by a process of substraction. The unity is not aunity of the sort to be achieved by the reduction and simplification, appropriate to an algbraic formula. It is positive unity, not a negative, it represents not a residue but an achieved harmony."-The Well Wrought urn, Page-159.
12. पाश्चात्य नव्यालोचन, डॉ. श्यामबिहारीलाल शर्मा, पृष्ठ-1
13. "...the language of poetry is the language of paradox, paradox is the language of sophistory, hard, bright, witty, it is hardly the language of soul....where, then, does the poem get its power?It gets from the paradoxical situation out of which the poem arises.... paradoxes insist on the irony rather that the wonder...paradoxes spring from the very nature of the poets language it is language in which the connotations play as great a part as the denotations...

The poet, within limits, has to make up his language as he goes. "-Cleanth Brooks, The Well Wrought urn, Page-6.

14. पाश्चात्य काव्यशास्त्र, सिद्धांत और वाद, संपा.-डॉ.राजकुमार कोहली, पृ. 353-54
15. वही, पृष्ठ-354-55
16. Brooks and Waren-Understanding Poetry, New York, Vinceton 1960, Page-24.
17. The World's body-Ransom-Page-69.
18. A History of Modern Criticism-(1750-1950), 5 Vol., Renewellek, Page-157.

अध्याय 10

संरचनावाद
(1955-1970)

दक्षिण मुंबई के हृदय प्रदेश में मुंबई विश्वविद्यालय की भव्य इमारत एवं परिसर स्थित है। यह इमारत वास्तु शिल्प का बेजोड़ नमूना है जिसे अंग्रेज वास्तुशिल्पियों ने पूरे आकर्षण के साथ बनाया था। विश्वविद्यालय परिसर के मुख्य द्वार पर स्थापना वर्ष 1857 लिखा है। जब हम मुख्य द्वारा से भीतर प्रविष्ट होते हैं तो दाईं तरफ दीक्षांत सभागृह तथा बाईं तरफ राजाबाई क्लॉक टावर है। इन दोनों भवनों को विश्वविरासत का दर्जा प्राप्त है। दीक्षांत सभागृह अतिशय प्रशस्त, आकर्षक और आलीशान है। इसके बड़े-बड़े दरवाजे और खिड़कियाँ हैं। इसकी बाहरी दीवारों पर की गयी नक्काशी एवं कीमियागिरी अद्भुत है। ठीक इसी तरह लंदन के बिग बेन की अनुकृति पर बना राजाबाई क्लॉक टावर भी वास्तुकला की गौरवशाली उपलब्धि है जिसकी ऊँचाई 280 फीट है। यह ब्रिटिश वास्तुकार सर जॉर्ज गिल्बर्ट स्कॉट द्वारा डिजाइन किया गया था। इस इमारत को बनाने के लिए प्रेमचंद रामचंद ने धन दिए थे। उनकी मां के नाम पर पुस्तकालय का यह भवन है। यह गोथिक वास्तुशिल्प की दुर्लभ कृति है। इसके गुम्बद और बाहरी दीवारों की नक्काशी दूर से ही पर्यटकों को लुभाती हैं। इसकी सीढ़ियाँ घुमावदार हैं। इस इमारत का स्थापत्य इतना भव्य, इसकी भीतरी-बाहरी दीवारों पर की गयी कीमियागिरी इतनी ललित है कि बड़ी मात्रा में विदेशी पर्यटक इसके अलौकिक स्थापत्य को देखने आते हैं। यदि दोनों इमारतों को वास्तुकला का अपूर्व सौंदर्यशास्त्र कहा जाए तो कोई अत्युक्ति न होगी। यहाँ वास्तुकला अपने चाक्षुष और उत्सवीकृत रूप में उपस्थित है। राजाबाई क्लॉक टावर की अप्रतिम भव्यता को घड़ी की सुइयां सांगीतिक सौष्ठव प्रदान करती हैं। पिछले कुछ समय तक दिन में चार बार बदलने वाली कुल सोलह धुनें बजती थीं जो अब सीमित हो गई हैं। इन धुनों को पंद्रह मिनट के अंतराल पर सुना जा सकता है। विश्वविद्यालय भवन की इस बुनावट को संरचना कहेंगे। यह संरचना वस्तुजगत की एक ठोस निर्मिति है। ठीक इसी तरह सामाजिक और साहित्यिक संरचना भी होती है। संरचना के निर्माण में इस तथ्य की पहचान करनी चाहिए कि किस वस्तु का कहां महत्त्व है और ऐसा महत्त्व क्यों है? संरचना एक ऐसी अवधारणा है जिसका प्रयोग पूरी स्वतंत्रता से किया जाता है। संरचना तो एक ढाँचा है, किसी विशाल भवन की तरह इसमें विभिन्न प्रस्थितियाँ और भमिकाएँ एक-दूसरे से जुड़ी होती हैं। सभी संरचनावादी सिद्धांतवेत्ता साहित्य को भाषिक संरचना मानते हैं। किसी भी संरचना के विश्लेषण के लिए यह समझना जरूरी है कि कथित संरचना कैसे संरचित हुई है। संरचनावाद यही करता है। वस्तुतः संरचनावाद की जड़ें भाषा में ही हैं। संरचनावादी

केवल भाषा के लक्षणों को ही नहीं देखते वे सभी प्रकार के प्रतीकों को भी समझते हैं। जिस तरह इमारत की एक दीवार गिर जाने से इमारत ढह जाती है उसी तरह भाषिक संरचना के विश्रृंखलित होने पर साहित्यिक कृति चरमरा जाती है। इस तरह संरचनावाद कृति की संरचना का अध्ययन उपलब्ध कराने वाला शास्त्र है। संरचनावाद एक जटिल एवं अमूर्त अवधारणा है जो कृति की आंतरिक संरचना और सम्पूर्ण तंत्र पर बल देता है। एक विचार के रूप में यह श्रेष्ठ, विवादास्पद और प्रवंचनायुक्त है। क्योंकि यह अपने सर्वथा वैज्ञानिक होने का दावा करता है। सामान्यतः दो स्तरों पर इसका प्रयोग होता है - प्रथम - एक ऐसा व्यापक बौद्धिक आंदोलन जिसने बीसवीं शताब्दी के मानव-विज्ञान के तमाम आयामों का सिद्धांतीकरण किया। इस दृष्टि से इसकी व्याप्ति गणित, भौतिकी, रसायन, जीवविज्ञान, मनोविज्ञान, अर्थशास्त्र तथा वास्तुशास्त्र समेत विविध क्षेत्रों में समान रूप से है। द्वितीय - कला, साहित्य और संस्कृति को समझने की वह विशिष्ट व्यवस्था जो 1960 के दशक में फ्रांस में अपनी प्राचीन जड़ों से सतत प्रतिघात करते हुए आगे बढ़ी। संरचनावाद इस मान्यता पर अवलम्बित है कि मानवीय क्रिया-कलाप और उसके उत्पाद, यहाँ तक कि अनुभव एवं विचार भी निर्मित होते हैं न कि स्वाभाविक। संरचना निर्माण का सिद्धांत और विश्लेषण का प्रयोजन है जिसे चिकित्साशास्त्र में पारिभाषित व्यवस्था और मूल्य जैसे विचारों के आलोक में भली-भाँति समझा जा सकता है। जब हम साहित्यालोचन के क्षेत्र में संरचनावाद पर विचार करते हैं तो इस निष्कर्ष पर पहुँचते हैं कि संरचनावाद कृति के वस्तुनिष्ठविश्लेषण की वह विशिष्ट व्यवस्था है जो भाषिकी के रथ पर आरूढ़ होकर वस्तु और अभिव्यक्ति के समस्त अंतरीपों का संस्पर्श करता है। वह समूचे पाठ में निहित भाषिक इकाइयों के पारस्परिक विन्यास का विश्लेषण उपलब्ध कराता है।

10.1 संरचनावाद की प्रेरणाभूमियाँ

सन् 1950 के उपरांत समूचे विश्व में अभूतपूर्व पारिवेशिक परिवर्तन परिलक्षित हुआ। द्वितीय विश्व युद्ध की विभीषिका को देखकर समूची मनुष्यता सहम उठी। दुनिया के सभी राष्ट्र किसी-न-किसी आशंका से भयभीत हो उठे। प्रायः सभी स्वतंत्र देशों की सरकारों ने अपने वैज्ञानिकों को सैनिक शक्ति की वृद्धि के लिए साधन जुटाने में लगा दिया। सोवियत संघ और अमेरिका अपने सिद्धांतों की भिन्नता तथा साधनों की प्रचुरता के कारण स्पर्द्धापूर्वक युद्धक विमान, प्रक्षेपास्त्र तथा सामूहिक विनाश के बमों का निर्माण करने लगे। दोनों अपने प्रभाव क्षेत्र के विस्तार की कोशिश में शीत युद्ध में उलझ गये। दोनों ने परमाणु-हाइड्रोजन और न्यूट्रान बमों के परीक्षण का क्रम आरंभ किया। ब्रिटेन, फ्रांस आदि इनके अनुगामी बने। विश्व के सभी राष्ट्र इन दो शिविरों में विभाजित हो गये। इसी बीच भारत के नेतृत्व में गुटनिरपेक्ष आंदोलन भी सक्रिय हुआ। संयुक्त राष्ट्रसंघ का गठन और विस्तार तो हुआ, परन्तु, बड़े विवादों के समाधान में उसकी भूमिका प्रभावी नहीं रही। इस दौरान प्रायः सभी क्षेत्रों में वैज्ञानिक आविष्कारों ने उपलब्धियों के नए शिखर पार किये। दूरदर्शन एवं कम्प्यूटर के प्रचार-प्रसार से संचार-क्षेत्र में अभूतपूर्व क्रांति हुई। अंतरिक्ष विज्ञान के क्षेत्र में भी चमत्कारिक उन्नति हुई। विश्व के विकसित राष्ट्रों द्वारा न केवल बहुआयामी उपग्रह अंतरिक्ष की कक्षा में स्थापित किये जाने लगे अपितु अमेरिकी अंतरिक्ष यान अपोलो अपने साथ चन्द्रमा पर मानव यात्रियों को ले जाने और सकुशल वापस लाने में सफल हुआ। इस दौरान

औद्योगिक और वैज्ञानिक संस्कृति अपने प्रकर्ष पर पहुँची साथ ही तीव्र स्पर्धा और अर्थ के आचार शास्त्र ने महानगरीय जीवन पद्धति का अत्यंत द्रुतगति से विस्तार किया। वास्तुशास्त्र के क्षेत्र में क्रांतिकारी परिवर्तन हुए। गगनचुंबी इमारतों के निर्माण ने नगर रचना और स्थापत्य संरचना के क्षेत्र में बड़े ही रचनात्मक बदलाव उपस्थित किये। इस समय जीवन के सभी क्षेत्रों में निर्माण और संरचना का महत्व बढ़ा।

दूसरी ओर इस युग का मनुष्य केवल सामाजिक-सांस्कृतिक बंधन से अपने-आपको मुक्त अनुभव नहीं करने लगा। बल्कि वह इस बंधन से छूटकर एकदम अकेला हो गया। चूँकि मनुष्य सामाजिक प्राणी है और उसके लिए भौतिक अकेलापन ही असह्य होता है। अतः जब वह अपने समाज में प्रचलित एवं परंपरित विचारों, मूल्यों, प्रतिमानों तथा सामाजिक संसर्ग से कटकर जो विलक्षण अकेलापन अनुभव करता है, वह उसका नैतिक अकेलापन है जो अपेक्षाकृत ज्यादा भयावह सिद्ध हो सकता है। जब यह अकेलापन हद से बढ़ जाता है, तब व्यक्ति मनोविदलता (Schizophrenia) जैसे विनाशकारी मानसिक रोगों का शिकार हो सकता है। सुप्रसिद्ध अमेरिकी मनोवैज्ञानिक और सामाजिक चिंतक एरिक फ्रॉम (1900-1980) ने वैज्ञानिक सभ्यता के अंतर्गत मनुष्य के अकेलेपन की पीड़ा का मार्मिक चित्रण किया है। फ्रॉम के अनुसार, पूँजीवादी व्यवस्था मनुष्य की सृजनात्मक गतिविधि (Creative Activity) में बाधा डालती है; उसे दूसरों के साथ स्वस्थ सामाजिक संबंध स्थापित करने से रोकती है। उसे अपने-आपसे विमुख करके उसकी आत्म-छवि को धूमिल कर देती है। यही परिस्थितियाँ मनुष्य के अलगाव को जन्म देती हैं। इससे बचने का सही तरीका यह है कि व्यक्ति सहज स्नेह (Spontaneous Love) तथा रचनात्मक कार्य (Productive Work) के माध्यम से अपने आपको विश्व के साथ फिर से जोड़ ले, समायोजित कर ले। संरचनावाद का अभ्युदय वैचारिक अस्त-व्यस्तता में जुड़ाव और समायोजन स्थापित करने के लिए ही हुआ। वह ज्ञान-विज्ञान की विविध परिकल्पनाओं और परस्पर विरोधी अभिवृत्तियों के वाहक ध्रुवों के बीच एक सुरुचिपूर्ण सामंजस्य स्थापित करने के लिए संकल्पित है। संरचनावाद एक आस्थापरक बौद्धिक आंदोलन है जो संगति, संतुलन और सामंजस्य पर विशेष जोर देता है। साहित्य के क्षेत्र में इसका अभ्युदय अस्तित्ववाद और नयी समीक्षा की कतिपय मान्यताओं के विरोध में हुआ। यह अस्तित्ववाद और नयी समीक्षा की मर्यादाओं का निर्धारण करने के साथ-साथ उनकी कतिपय मान्यताओं का विशदीकरण भी करता है। मसलन भाषिक संरचना की व्याख्या-द्वारा विश्लेषण-प्रविधि का निर्माण और संकेतों एवं कूटों पर जोर देता है। सरंचनावाद विरुद्धों के सामंजस्य का हिमायती है। वह परंपरागत सिद्धांतों पर प्रश्नचिह्न लगाने के बावजूद भाषा, जीवन और साहित्य के संबंध में अपेक्षाकृत वैज्ञानिक एवं संतुलित दृष्टि का परिचय देता है। संरचनावाद के विकास के लिए रूसी रूपवाद, अमेरिकी नव्यसमीक्षा तथा फ्रांस की पाठ-विश्लेषण पद्धति पूर्वपीठिका का कार्य करते हैं। उसके अभ्युदय के संदर्भ में प्रो. गोपीचन्द नारंग ने ठीक ही लिखा है कि, "इन परिस्थतियों में संरचनावाद एक ऐसी आवश्यकता की पूर्ति-हेतु अस्तित्व में आया कि समस्त मानवीय दर्शनों में संगति उत्पन्न कर सके- यह एक आस्थापरक आवश्यकता भी थी। मनुष्य को सदैव एक आस्था की आवश्यकता रही है, चाहे उसका स्तर कुछ भी हो। इससे पूर्व मार्क्सवाद ने इस आवश्यकता की पूर्ति का स्वप्न दिखाया था।... कार्यप्रणाली के रूप में संरचनावाद की वैचारिक पद्धति ऐसी है कि एक तंत्र के अन्तर्गत लाकर सारे विज्ञानों में परस्पर सामंजस्य उत्पन्न किया जाय। संरचनावाद ने पिछले

चार दशकों में विविध सामाजिक विज्ञानों को प्रभावित किया है। इसमें संदेह नहीं कि मार्क्सवाद और संरचनावाद में कुछ मूल्य उभयनिष्ठ भी हैं। विशेषकर ज्ञान-मीमांसा (Epistemology) के प्रकरण में व्यक्ति और उसके अवधारणात्मक तंत्र एवं वस्तुनिष्ठ सचाइयों के संबंध के बारे में सोचने की प्रक्रिया, किन्तु दोनों की कार्यप्रणाली और अपेक्षाएँ अलग-अलग हैं।"[1]

कतिपय विद्वान संरचनावाद का संबंध संस्कृत-भाषा व्याकरण एवं साहित्यिक चिंतन से जोड़ते हैं। उनका स्पष्ट अभिमत है कि पाश्चात्य विचारक एशियाई चिंतन के ऋण को स्वीकार करने से कतराते हैं; भले ही, उनके सिद्धांतों का प्रासाद परंपरागत भारतीय चिंतन की भित्ति पर आधृत हो। इस संदर्भ में कपिल कपूर का कथन है कि, "विचारो की संरचना एवं अस्तित्व में अंतर करने की आवश्यकता है। जब हम अर्थविधानों (Denotion) की परीक्षा करते हैं तो हम पाते हैं कि उनके धनात्मक अस्तित्व को यूँ ही नहीं स्वीकार किया जा सकता है क्योंकि उनकी संरचना अनुपस्थितियों का एक तंत्र है।...अनुपस्थितियों के सिद्धांत के समान विचार बौद्ध अपोहवाद में मिलते हैं।...भाषा-यथार्थ (Linguistic Reality) तथा यथार्थ में असंगतता के प्रति भारतीय कितने अवगत थे यह जानने के लिए भर्तृहरि का वाक्यपदीय (कांड-1) देखा जा सकता है- और विशेषकर उनकी दो अवधारणाएँ द्रष्टव्य हैं - (i) अ-क्रम, स-क्रम एवं (ii) भाषा के उत्पाद के रूप में घट-पट भेद।"[2] इसमें संदेह नहीं कि चिंतन-परंपरा का इतिहास भी ज्योति से ज्योति जलाने का इतिहास है। हरेक नया चिंतन अपने पूर्ववर्ती सिद्धांतों एवं चिंतन सरणियों से प्रभाव अथवा प्रेरणा ग्रहण करता है। यह प्रभाव-ग्रहण करते समय भी देश-काल की सीमा का अतिक्रमण करता है उसके अवचेतन पर जाने-अनजाने ढेर सारे प्रेरक तत्त्व चुनौती के रूप में विद्यमान होते हैं। यह बहुत हद तक संभव है कि भारतीय-चिंतन का संरचनावाद के विकास में प्रभावी योगदान रहा हो! क्योंकि कतिपय अन्य विद्वान भारतीय रीति-विज्ञान एवं संरचनावाद में साम्य ढूँढ़ निकालते हैं। प्रख्यात उर्दू साहित्यकार प्रो. गोपीचन्द नारंग भी संरचनावादी और उत्तर-संरचनावादी साहित्यिक चिंतन और संस्कृत काव्यशास्त्र के संधि-स्थलों और समानताओं का विश्लेषण करके इस निष्कर्ष पर पहुँचे हैं कि, "आधुनिक भाषिकी में इस बात को सामान्यतया स्वीकार किया जाता है कि सॉस्युअर ने भाषा की जिस संरचना पर बल दिया है उसका प्रोटोमॉडल संस्कृत वैयाकरणों की विशेष रूप से पाणिनि की देन है। सॉस्युअर के संरचनावादी भाषाविज्ञान का सारा विकास इसी दिशा में रहा है। यास्क, पाणिनि, कात्यायन, पतंजलि और अन्य वैयाकरणों की समस्या भाषा की व्याकरणिक संरचना थी। भाषा के समकालिक अध्ययन का मार्ग भी उन्होंने दिखाया। शब्द-चर्या भारतीय दर्शन के विभिन्न सम्प्रदायों में, विशेषतया मीमांसा और न्याय में की गई थी। फिर बौद्ध और जैन विचारकों ने उन्हें तार्किक विवेचना की शक्ति के साथ प्रस्तुत किया। इस दृष्टि से भारतीय परम्परा में ये बहसें नई पाश्चात्य थ्योरी की बहसों से बहुत प्राचीन और प्रौढ़ हैं।"[3]

कहने की आवश्यकता नहीं कि प्रो. नारंग कि उक्त स्थापना बड़े ठोस प्रमाणों पर आधारित है। क्योंकि सॉस्युअर की संस्कृत विज्ञता विश्व विदित है और उसने अपने संस्कृत ज्ञान का भरपूर उपयोग किया। यह दूसरी बात है कि संरचनावाद के पुरस्कर्ताओं ने इस तथ्य को वह महत्त्व नहीं दिया जिसका वह अधिकारी है। नवीनतम वैज्ञानिक एवं तकनीकी उपलब्धियों के चलते विश्व का कोई भी साहित्य अब किसी के लिए भी अप्राप्य और अलभ्य नहीं रहा। इसलिए अब प्राचीन भारतीय एवं ग्रीक साहित्य की सर्जनात्मक एवं रचनात्मक उपलब्धियों से परिचित होने का

सौभाग्य कोई भी थोड़े-बहुत प्रयास के बाद पा सकता है। ऐसी स्थिति में संस्कृत एवं बौद्ध-चिंतन के संरचनावाद पर पड़े प्रभाव को हल्के से नहीं लिया जा सकता। इस संदर्भ में प्रो. नारंग का यह निष्कर्ष प्रत्येय बन पड़ा है कि, "मीमांसकों की चिंता शब्द की सत्ता के स्थापन में थी, न्याय-परम्परा में शब्द और अर्थ का सम्बन्ध नैसर्गिक न मानने की प्रवृत्ति रही है। यह सम्बन्ध औपचारिक और पारम्परिक है। इसे अभिधा कहा गया है। यह दृष्टिकोण सॉस्युअर के दृष्टिकोण से मिलता-जुलता है कि शब्द और अर्थ में निसर्गतः कोई सम्बन्ध नहीं हैं। यह रिश्ता मनमाना है, अर्थात् परम्परा और रीति से अस्तित्व में आता है। सॉस्युअर भी यही कहता है कि संकेतक एवं संकेतित का सम्बन्ध नैसर्गिक नहीं है, अपितु निर्मित एवं यादृच्छिक है। न्याय-दर्शन के अनुसार अर्थ वस्तुमात्र नहीं है, वरन वस्तु की मानसिक अवधारणा या विकल्प है, अर्थात् मानसिक संरचना या वस्तु की वह अमूर्त्त अवधारणा जो इस प्रकार की तमाम वस्तुओं पर हावी है, और कोई विशेष वस्तु जिसका एक संदर्भ मात्र है। अर्थ के लिए ठीक-ठीक यही बात सॉस्युअर कहता है। व्याडि और भर्तृहरि के यहाँ द्रव्य की जो अवधारणा है वह अपनी दृढ़ता और सर्वदेशीयता के कारण बहुत कुछ सॉस्युअर के लांग (भाषा-तंत्र) की अवधारणा से मिलती-जुलती है, पारोल (भाषा-व्यवहार) से भिन्न।...संस्कृत काव्यशास्त्र में भर्तृहरि का स्फोट-सिद्धांत संरचनावादी अवधारणा 'संकेत' का पूर्वगामी है। 'संकेत' के ऐक्य को सॉस्युअर और उसके संरचनावादी अनुयायियों ने स्थापित किया।"[4] इस तरह संरचनावादी वैचारिकी भारतीय भाषाचिंतन की भी ऋणी है।

इस प्रकार हम देखते हैं कि संरचनावाद के अभ्युदय में अनेक कारकों का योगदान रहा है। उसके केन्द्रीय विचार प्राचीन भारतीय चिंतन पर अवलम्बित हैं। बावजूद इसके उसे पाश्चात्य विद्वानों ने अपने नवीनतम चिंतन और अध्ययन से व्यवस्थित स्वरूप प्रदान किया। यह किसी को आश्चर्यजनक लग सकता है कि इतनी विराट ज्ञान-संपदा और शास्त्रीय-चिंतन की प्रदीर्घ परंपरा के बावजूद भारतवर्ष में नवीनतम साहित्य-सिद्धांतों की सृष्टि नहीं हो पा रही है। जबकि फ्रांस, ब्रिटेन एवं अमेरिका जैसे देशों में शास्त्रीय-चिंतन एवं सिद्धांत-निर्माण की प्रक्रिया जोरों पर है। यह भी एक विसंगति ही है कि उच्चकोटि का सर्जनात्मक साहित्य विकासशील एवं तीसरी दुनिया के देशों में रचना जा रहा है और शास्त्र-निर्माण अमेरिका जैसे विकसित देशों में अपेक्षाकृत ज्यादा परिमाण में हो रहा है। सृजन और आलोचना का यह अंतराल साहित्य के स्वस्थ भविष्य के लिए अच्छा नहीं है। इस स्थिति के लिए हम भारतीय भी कम जिम्मेदार नहीं हैं। हमें यह स्वीकार करने में संकोच नहीं करना चाहिए कि हम अपनी सहस्रों वर्षों की काव्यशास्त्रीय, भाषायी एवं वैज्ञानिक चिंतन की विरासत का लाभ उठाते हुए उसे नवीनतम स्थितियों एवं चुनौतियों के अनुरूप आगे नहीं बढ़ा पा रहे हैं और जब कोई सॉस्युअर एवं देरिदा हमारे चिंतन की भित्ति पर अपने सिद्धांत का भव्य प्रासाद खड़ा कर लेता है तब हम हो-हल्ला मचाकर अपनी खीझ व्यक्त करते हैं। यह कुछ वैसे ही है जैसे जब कोई अमेरिकन नीम के चिकित्सकीय गुणों पर अपने नाम का पेटेंट करा लेता है तब हम आयुर्वेदशास्त्र की दुहाई देते हुए डब्ल्यू.टी.ओ. में गुहार लगाते हैं। शास्त्र निर्माण के क्षेत्र में हमारे पिछड़ने का एक कारण यह भी है कि हमारे मन और मस्तिष्क पर एक प्रदीर्घ एवं गौरवशाली परंपरा चुनौती के रूप में स्थापित है जिसके दबाव में हम अपनी प्रतिभा का भरपूर दोहन करते हुए उसे सही दिशा नहीं दे पा रहे हैं। हमारे लिए एकदम से मौलिकता का दावा करते हुए नये सिद्धांत के प्रणयन की बात करना लगभग असंभव है। जबकि अमेरिका जैसे देशों के विचारकों के समक्ष ऐसी कोई कठिनाई नहीं है क्योंकि उनकी कोई परंपरा नहीं है।

पर, इसका यह मतलब कदापि नहीं कि इस कारण हम अपने दायित्वों से मुक्त हो गये। हमारे बीच में ही आचार्य रामचंद्र शुक्ल जैसा विश्वस्तरीय आलोचक भी हुआ है जिसने अपनी प्रखर प्रतिभा के बल पर पूर्व एवं पश्चिम के द्वंद्व तथा गत्यात्मक भारतीय परंपरा की पहचान द्वारा भारतीय साहित्य की लोकोन्मुख गतिशील परंपरा का विकास किया। अतः जरूरत इस बात की है कि न तो हम अपनी परंपरा के बोझ तले दब जायँ और न ही पश्चिमी विचार पद्धतियों को आयातित करने की धुन में अपनी विरासत से मुँह मोड़ बैठें। हमें चाहिए कि अपनी परंपरा के सर्वोत्तम एवं प्रगतिशील तत्वों के सम्यक उपयोग द्वारा अपनी मौलिक चिंतनात्मकता का परिचय देते हुए वस्तुनिष्ठ तथा वैज्ञानिक सिद्धांतों का प्रणयन करें। तभी हम अपनी परंपरा के ऋण से मुक्त हो सकेंगे और अपने सर्जनात्मक साहित्य के साथ न्याय करते हुए उन्हें विश्व साहित्यिक धरोहर का अटूट हिस्सा बना सकेंगे।

10.2 संरचनावाद का स्वरूप

एक साहित्य सिद्धांत के रूप में संरचनावाद आधुनिक भाषा-वैज्ञानिक पृष्ठभूमि पर आधारित विचार-पद्धति है। जो वस्तु को भाषिक संरचना के रूप में देखता है और भाषिकी को मॉडल बनाकर अंतर्गठित संरचना की व्याख्या के लिए प्रवृत्त होता है। जहाँ तक संरचना अथवा संरचनात्मक अन्वितिका सवाल है तो इसकी अवधारणा अरस्तू से लेकर समकालीन काव्य-चिंतन तक बराबर विद्यमान रही है। कला कृति की प्रकृति उसकी रचना-प्रक्रिया एवं उसकी रूपगत सत्ता का विश्लेषण करते हुए संरचना की अवधारणा विभिन्न युगों में भिन्न-भिन्न आयामों में प्रकट होती रही है। आजकल सरंचनावादी आलोचना ऐसे आलोचकों की व्यावहारिक समीक्षा के संदर्भ में उल्लिखित की जाती है जो स्पष्ट रूप से आधुनिक भाषिक प्रतिमानों के आधार पर साहित्य का विश्लेषण करते हैं। दरअसल, हिन्दी में संरचनावाद शब्द का प्रयोग अंग्रेजी के Structuralism के पर्याय रूप में होता है जिसका सामान्य अर्थ है संरचना विषयक अवधारणा। प्रायः सभी आलोचना-सिद्धांतों में संरचना का भाव पाया जाता है जो किसी कार्य के सम्पन्न होने की प्रक्रिया की गतिशील एकता है। परन्तु, जो विशिष्टताएँ इस एकता को दृढ़ता प्रदान करती हैं उनके लिए परस्पर भिन्न पारिभाषिक शब्दों का प्रयोग होता है जैसे-पद्धति, वस्तु, कथा, रूप, बहस, भाषा, अलंकारशास्त्र, विरोधाभास, रूपक, मिथक इत्यादि। इन विशिष्ट प्रकृतिवाले शब्दों से युक्त होकर संरचना शब्द एक शक्तिशाली संदर्भ प्राप्त करता है। जो वस्तु को औपचारिक रूप से क्रमबद्धता प्रदान करता है। सुप्रसिद्ध समीक्षक रोज़र फाउलर ने संरचना को रूप से भिन्न प्रतिपादित करते हुए लिखा है कि "The Proposition is reversed here; Such Features are typologies of Structure, organizational means for arriving at hypotheses about the principles of coherence in a given work, There are many such means, but they fall into two main categories: those derived from internal means and emphsizing features likely to be found especially in literature, and those derived from applying general principles of structure found in language, or the psychology of individuals or communities, or in broad areas of style in all the arts and in life, or in social structure, to works of literature for typological purposes."[5]

वैसे तो नयी समीक्षा के दौर में ही संरचना शब्द का प्रचलन बढ़ा और वहाँ कलाकृति के संदर्भ में संरचना शब्द का प्रयोग अंगांगि की औचित्यपूर्ण संगति के रूप में किया गया। कलाकार अपने अनुभवों तथा जीवन और जगत की तमाम जटिलताओं एवं अन्तर्विरोधों को पारस्परिक संबंधों के एक विधान पर एक संरचना पर रूपायित करता है। साहित्य के संदर्भ में संरचना भाषिक होती है जबकि चित्र के संदर्भ रंग-रेखा। साहित्यिक संरचना के संदर्भ में डॉ. बच्चन सिंह लिखते हैं, "साहित्य-संरचना के विभिन्न घटक होते हैं- संज्ञा, सर्वनाम, विशेषण, अलंकार, बिम्ब, प्रतीक आदि। इन घटकों की आन्तरिक संगति ही संरचना होती है। नयी समीक्षा का एक प्रमुख समीक्षक काव्य-रचना में टेक्श्चर और स्ट्रक्चर को विशेष महत्व देता है। भारतीय काव्यशास्त्र का औचित्य सिद्धांत मुख्यतः संरचना का ही सिद्धांत है। राघवन औचित्य को अंगांगि की संगति ही मानते हैं। कुंतक पूरे प्रबंन्ध-विधान को महाकाव्य कहकर अंगांगि की औचित्यपूर्ण संगति का ही निर्देश करते हैं। संरचना पर ऐकांतिक बल देने के कारण काव्यार्थ छूट जाता है या गौण हो जाता है। यद्यपि ब्रुक्स का कहना है कि संरचना का मतलब अर्थ, मूल्यांकन और अर्थापन की संरचना है पर उसका भी अपना जोर संरचना के विभिन्न घटकों की पारस्परिक अन्विति पर ही है। घटकों की संगति-प्रक्रिया जटिल होती है इसमें परस्पर विरोधी और विसंगत्यात्मक घटक भी सामंजस्यपूर्ण हो जाते हैं।"[6] लेवी स्ट्रॉस की गणना प्रमुख संरचनावादियों में होती है। इन्हें एक जटिल संरचनावादी कहा जाता है। इनके अनुसार वस्तुओं के घटने का कारण भाषा और उसकी अवधारणाएँ हैं। कभी-कभी भाषा वस्तुओं का परिणाम नहीं होती। इसका कारण यह है कि हम भाषा के माध्यम से वस्तुओं को समझते हैं। स्ट्रॉस की भाँति दूसरे भाषा वैज्ञानिक नोम चोम्स्की (Noam Chomsky) का भी मानना है कि प्रत्येक भाषा में एक गहन व्याकरण होता है जो सभी भाषाओं पर मोटे तौर पर लागू होता है। इसका आशय यह है कि दुनिया भर की भाषाओं में कुछ ऐसे शब्द होते हैं ? जो कि कोई-न-कोई निश्चित शब्द होता है। हिंदी में कर्ता के लिए मैं या हम है जबकि अंग्रेजी में I या We का प्रयोग होता है। यह शब्द ही संरचना हैं, क्योंकि संरचना एकाएक नहीं बदलती। इस संरचना को नियमों की एक कड़ी के रूप में समझा जा सकता है। संरचनावाद विभिनन भाषिक इकाइयों की आंतरिक संगति का विश्लेषण करने में सहायक है। वस्तुतः भाषा या साहित्य के क्षेत्र में ही संरचनात्मक विश्लेषण ज्यादा प्रभावी हो सकता है।

संरचना अपने आप में पूर्ण होती है। प्रत्येक साहित्यिक कृति अनेक घटकों का संश्लेषण होती है। जब हम आलोचना अथवा किसी कृति के मूल्यांकन के लिए प्रवृत्त होते हैं तो देखते हैं कि प्रत्येक रचना अपने स्वभाव में भिन्न एवं एक नवीन सृष्टि होती है जिसकी निर्मिति में लेखक एक स्वरचित तर्क प्रणाली एवं अनुक्रम का प्रयोग करता है। यह कार्य अपनी स्वयं की अपेक्षाओं और अनुमानों पर आधारित होता है जो कथित सृष्टि को एक सूत्र में पिरोता है। उस सृष्टि में सामाजिक संबंधों के संयोग एवं सभावनाएँ, एक समाज का निर्माण, संयोगमय कार्य-व्यापार, कथा के विकास पर अनुमानित व्यवहार, संयोगों पर आधारित दृष्टिकोण एवं मूल्य वस्तु का ढाँचा तैयार करते हैं और लेखक लय-निर्माण, आलंकारिक-कौशल, वैचारिक विदग्धता, भाषा के स्थानीय रूपों के सटीक प्रयोग द्वारा अपनी विशिष्ट तकनीक प्रस्तुत करता है। जैसे ही हम कृति का अध्ययन आरंभ करते हैं, हम देखते हैं कि प्रत्येक कृतिकार लेखन के पूर्व कई प्रतिबद्धताओं का चयन करता है। मसलन, उसे कार्य व्यापार की अभिव्यक्ति कहाँ करनी है,

किस कोण पर खड़े होकर उसे देखना है और किस भाषा एवं परंपरा का निर्वाह करना है। जैसे-जैसे हम पढ़ते हुए आगे बढ़ते हैं, हम उनमें एक तार्किक प्रवाह देखते हैं, न केवल एक लय, तकनीक, कथा, अथवा रूपक अपितु एक मिश्रित एवं विकास की पूर्ण पद्धति अथवा क्रम जो संरचना के प्रति हमारी समझ को सुदृढ़ करता है और उस सृष्टि में निहित आग्रहों एवं विशिष्टताओं को सही संदर्भ में देखने की दृष्टि प्रदान करता है। कतिपय संरचनाओं में हम विशिष्ट क्रम, कथा, भाषा, मिश्रण एवं नायक का प्रभुत्व देखते हैं जबकि हरेक रचना के साथ यह स्थिति नहीं होती। चूँकि आलोचना सामान्य व्यापार है अतः वह हमें अनेक कथा-क्रमों के लिए एक व्यवस्था चयनित करने के लिए प्रेरित करती है। जिसके आलोक में हम यह तय कर सकते हैं कि विविध कथाओं में कौन-सी बात समान है, किन चीजों में अंतर्विरोध है और उनकी निजी विशिष्टताएँ एवं अभिव्यक्तिगत उपलब्धियाँ क्या हैं? ये सारे प्रश्न हमें उन कथाकृतियों की संरचना पर ले जाते हैं जो अपने आंतरिक नियम पर परिचालित होते हैं। संरचनावाद साहित्यिक कृतियों की इन्हीं संरचनात्मक जटिलताओं का भाषावैज्ञानिक आधार पर विश्लेषित करने की प्रणाली है जिसे साहित्य समीक्षा के क्षेत्र में अपने वस्तुनिष्ठ स्वभाव के कारण विशेष प्रतिष्ठा मिली।

साहित्यिक संरचनावाद के अध्येता को अनेक सूत्रों से अपना संबंध जोड़ना पड़ता है क्योंकि यदि साहित्यालोचन के क्षेत्र में यह नयी समीक्षा को बेदखल करके अवतरित हुआ तो अपने पोषण के लिए रूसी रूपवाद पर भी निर्भर रहा। यदि संरचनावादी चिंतन को प्रख्यात स्विस भाषा विज्ञानी सॉस्युअर से आधारभूत ढाँचा प्राप्त हुआ तो रूसी मूल के रोमान यॉकब्सन तथा रूसी स्वर-विज्ञानी एन.एस. त्रोबेत्जकॉई ने उसे नयी दिशा और अर्थव्याप्ति प्रदान की। इसी तरह सुप्रसिद्ध फ्रांसीसी नृतत्वशास्त्री लेविस्ट्रॉस ने अपनी अंतर्दृष्टि और गहन अध्ययन के द्वारा चिंतन-मनन एवं अनुसंधान का एक अभिनव मार्ग प्रशस्त किया जिसके कारण संरचनावाद को अपेक्षित शक्ति एवं वैज्ञानिकता प्राप्त हुई। प्राग स्कूल के अतिरिक्त रूसी लोक कथाओं का अनुशीलन करने वाले व्लादिमीर प्रॉप ने अपने ढंग से संरचनावाद को गति प्रदान की। आगे चलकर नार्थोप फाई, ग्रीमा, तोदोरोफ़ और ज़िनीत ने कथा - साहित्य का काव्यशास्त्र रचने के लिए संरचनावादी पद्धति का आश्रय लिया। संरचनावाद के अन्य पुरस्कर्ताओं में रोलाँबार्थ और जोनाथन कुलर का नाम लिया जाता है। रोलाँबार्थ ने साहित्य की संरचना के विश्लेषण के लिए भाषिकी के प्रतिमान को अपनाया। इनके अतिरिक्त माइफोकॉट और जैक्स लकन ने साहित्य, सांस्कृतिक इतिहास एवं मनोवैज्ञानिक अध्ययन के लिए संरचनावादी विश्लेषण-पद्धति को अपनाया। इन सबके मामले में संबंधों की व्यवस्था को रेखांकित करना और उस संरचना का विश्लेषण करना जिसमें वैयक्तिक घटना अर्थवत्ता प्राप्त कर लेती है जैसे समान लक्ष्य थे। जैक्स लकन ने संरचनावादी मनोविश्लेषणशास्त्र तो अल्थ्यूसर ने संरचनावादी मार्क्सवाद का विकास किया। सरचनावादी आलोचना 'संरचना' एवं 'रूप' की संकल्पना को दार्शनिक गरिमा प्रदान करने का प्रयास करती है। एडमंड लीच ने इसे, "जीवन और जगत को समझने के लिए एक 'दृष्टि' के रूप में मानने पर बल दिया है।"[7]

संरचनावादी क्रांति ने पूर्णता के विश्लेषण का प्रसार करते हुए घटना-व्यापार को अंश और अंशी के रूप में विश्लेषित किया और एक संरचना को विभिन्न इकाइयों के अंतर्सम्बन्धों के परिप्रेक्ष्य में पारिभाषित किया। संरचनायें अचेतन नियमों एवं संकेतों द्वारा परिचालित होती हैं जब भाषा दो विरोधी समूहों को भेदकर अर्थ की सृष्टि करती है अथवा जब मिथक खान-पान एवं यौन संबंधों

को नियमों एवं संहिताओं में मर्यादित करते हैं। बार्थ के शब्दों में, "कविता और विचार दोनों ही क्षेत्रों में हरेक संरचनात्मक क्रिया का उद्देश्य एक वस्तु का पुनः सृजन करना है और इस प्रक्रिया द्वारा कार्य-व्यापार के नियमों अथवा वस्तु के कार्यों की जानकारी देना है। इस तरह संरचना वस्तु का ही एक प्रभावी प्रतिरूप है जो कुछ ऐसा प्रस्तुत करती है जो अदृश्य रह जाता है अथवा आप चाहें तो उसे स्थूल रूप में नहीं समझ सकते।"[8] संरचनावाद के स्वरूप का विश्लेषण करते हुए स्टीवन बेस्ट एवं डगलस केल्नर ने लिखा है कि, "Structural analysis focused on the underlying rules which organized phenomena into a social system, analyzing such things as totemic practices in terms of divisions between the sacred and profane in traditional societies, or cuisine in modern societies in terms of culinary rules, Structural analysis aimed at objectivity, coherence, truth, and claimed Scientific status for its theoris, which would be purged of mere subjective valuations and experiences."[9]

इस प्रकार संरचनावाद सामाजिक घटनाओं को भाषायी एवं सामाजिक संरचना, नियम संकेत तथा व्यवस्था की मर्यादा के रूप में वर्णित करता है जबकि उस मानववाद को नकारता है जिसने विगत समय में सामाजिक एवं मानव-विज्ञान को आकार प्रदान किया था। उदाहरणार्थ, अल्थ्यूसर ने मानववाद विरोधी सिद्धांत की वकालत की और मार्क्सवाद की अपनी व्याख्या-पद्धति द्वारा मानव-व्यवहार एवं चेतना को मुक्त करते हुए नवमार्क्सवाद का पुरस्करण किया।

कहने का आशय यह है कि संरचनावाद एक व्यापक एवं बहुआयामी बौद्धिक आंदोलन है जिसने न केवल साहित्यालोचन के क्षेत्र में भाषिकी को आधार बनाकर वस्तुनिष्ठ विश्लेषण का मार्ग प्रशस्त किया अपितु आधुनिक ज्ञान-विज्ञान की तमाम शाखा-प्रशाखाओं में निहित अन्तःसूत्रता एवं अंतरावलंबन को नियमन का दायरा प्रदान किया। संरचनावादी आलोचकों ने चेतना की अवधारणा को मुक्त किया जिसका देस्कार्त से सार्त्र तक की दार्शनिक परंपरा पर वर्चस्व था। संरचनावाद ने न केवल नयी समीक्षा की सीमायें बतलायीं अपितु अस्तित्ववाद के समक्ष भी चनौती पेश की। यहाँ तक कि अर्थ के प्रतिमान पर साहित्यालोचन में प्रवृत्त होने वाली समस्त प्रचलित मान्यताओं को निरस्त किया। संरचनावादी आलोचना के स्वरूप पर विचार करते हुए प्रो.गोपीचंद नारंग ने ठीक ही लिखा है कि, "संरचनावादी आलोचना साहित्यिक पाठ और साहित्यक पढ़त का ऐसा काव्यशास्त्र गढ़ना चाहती थी, जो उन सिद्धांतों और विधियों को अमूर्त रूप से सूत्रबद्ध कर सके, जिनके अनुसार साहित्य के विविध रूप कविता, उपन्यास, कहानी आदि अस्तित्व में आते हैं और संबंधित संस्कृति से संपृक्त लोग उनकों पढ़ और समझ सकते हैं और उनसे आनंदित होते हैं।"[10] संक्षेप में, संरचनावाद साहित्य-समीक्षा एवं भाषायी चिंतन में गहरा तालमेल स्थापित करने के प्रयास की अभिव्यक्ति है जो प्रथम क्रम में भाषा की संरचनात्मक व्यवस्था को माध्यम के रूप में प्रयुक्त करते हुए द्वितीय क्रमव्यवस्था में साहित्य को स्थान देता है। यह स्वयं भी प्राथमिक तौर पर भाषिक सिद्धांत के प्रतिमान पर ही विश्लेषित होता है। संरचनावादी आलोचक साहित्यक पाठ के विश्लेषण के लिए प्रायः भाषिक-चिंतन की विविधता का प्रयोग करते हैं। शास्त्रीय साहित्यिक संरचनावाद अंतिम तौर पर मनो-वैज्ञानिक तरीके से ऐसे व्याकरणिक नियमों एवं संकेत तंत्रों को प्रकट करता है जो समस्त साहित्यिक रचनाओं के अर्थ और रूप का विधान करते हैं।

10.3 संरचनावाद की प्रमुख विशेषताएँ

संरचनावाद ने जीवन और जगत् के समस्त उपादानों को भाषिक संरचना में व्याख्यायित करने का प्रयास किया। अपने वैज्ञानिक एवं संकुचित अर्थ में यह भाषिक संरचनावाद है और साहित्यिक संरचनावाद जिसका एक अंश मात्र हैं। इसने न केवल अदृश्य आंतरिक संरचना और समग्र अमूर्त तंत्र पर जोर दिया अपितु साहित्यालोचन के क्षेत्र में लेखक की अनुपस्थिति, रूप की वापसी, पाठ की अवधारणा तथा वैज्ञानिक विश्लेषण क्षमता को भरपूर शास्त्रीयता प्रदान की। साहित्य-समीक्षा के क्षेत्र में संरचनावाद भाषिकी को अपना मॉडल बनाकर शब्दों के संबंधों को व्याख्यायित करता है। संरचनावादी आलोचना साहित्यिक पाठ की स्वन-संरचना, व्याकरणिक संरचना तथा आर्थी सरंचना के वस्तुनिष्ठ विश्लेषण द्वारा अपना प्रतिमान स्थापित करती है। यह किसी कृति को समझने की प्रक्रिया के तहत उसकी संरचना को खोलने का मार्ग बतलाती है। संक्षेप में, इसकी प्रमुख विशेषताएँ इस प्रकार हैं-

10.3.1 साहित्यिक कृति का पाठ में रूपांतरण

संरचनावादी आलोचना की सर्व प्रमुख विशेषता यह है कि यह साहित्यिक कृति को पाठ के रूप में देखती है। उसकी दृष्टि में हर रचना एक पाठ (Text) होती है जो दूसरी रचनाओं और ज्ञान-विज्ञान के दूसरे अनुशासनों से प्रभाव-ग्रहण करती है और उन्हें प्रभावित भी करती है जिसे हम अंतर्पाठीयता (Intertextuality) कह सकते हैं। साहित्यिक कृति को पाठ के रूप में निरूपित करते हुए एम.एच. अब्राम्स लिखते हैं कि "In the structurlist view, what had been called a literary 'work' becomes simply a 'text', that is mode of writing constituted by a play of component elements according to especifically literary conventions and codes. These factors may generate an illusion of reality, but have no truth-value, nor even any reference to a reality existing outside the literary system itself."[10] संरचनावादी अलोचना कलाकृति को भाषिक संरचना के रूप में प्रतिपादित करती है तथा उसके मूल्यांकन के लिए भाषिक प्रतिमान के आधार पर पाठ-विश्लेषण की पद्धति अपनाती है। लेकिन यह संरचनात्मक विश्लेषण के उपरांत मूल्य-बोध नहीं करा पाती और कृतिकार कृति के विवेचन के समय पूरी तरह अनुपस्थित रहता है। संरचनावादी आलोचक कृति की संरचना के नियम भी कृति में ही तलाशता है क्योंकि उसकी दृष्टि में साहित्यिक रचना का मूल्य घटक भाषा है और भाषिकी द्वारा ही उसका वस्तुनिष्ठ विश्लेषण संभव है। संरचनावादियों में रोलॉबार्थ का व्यवस्था और संचरना पर विशेष जोर रहा है। वे कलाकृति का निहितार्थ संरचना के भीतर तलाशते हैं। उनकी दृष्टि में रचना के अर्थ से रचनाकार का कुछ लेना देना नहीं है क्योंकि अब अर्थ उसके पास नहीं, पाठ की संरचना में है। इस तरह किसी कृति की अर्थवत्ता लेखक की मनोभूमिका से हटकर पाठ की संरचना में अन्तर्भुक्त हो गयी है। रोलाँ बार्थ का अभिमत है कि कृति हाथ में हो सकती है और पाठ भाषा में हो सकता है। यह प्रोक्तियों की गतिशीलता में अस्तित्ववान होता है। बार्थ के लिए पाठ किसी कृति का वियोजन नहीं है। पाठ केवल उत्पादन की संक्रिया में अनुभावित होता है। बार्थ की दृष्टि में कृति जहाँ पाठकीय उपभोग की स्थिति है, वहाँ पाठ कृति को उसकी उपभोगात्मक स्थिति से निथारता है।

उसकी माँग होती है कि लेखन और वाचन के बीच की दूरी समाप्त हो जाए। इनके अनुसार पाठ अच्छे साहित्य पर समाप्त नहीं हो जाता। वह कृति से सर्वथा अलग है। जहाँ कृति साभिप्रायता का कपाट बंद कर देती है वहाँ संकेत की प्रतिक्रिया में पाठ तक पहुँचा जाता है। उसका अहसास किया जा सकता है।

रोलाँबार्थ का अभिमत है कि आलोचना-कर्म पाठकीय कर्म से भिन्न है क्योंकि आलोचक का काम केवल एक रचना में विद्यमान अर्थ की परतें उघाड़ना नहीं है अपितु एक पाठ के लिए एक अर्थ का निर्माण करना है। सच्चा साहित्य अनंत अर्थ संभवा होता है और बहुपाठीयता बहुलार्थ को जन्म देती है क्योंकि पाठ में लेखक का अपना निहितार्थ अथवा एकार्थ अनुपस्थित रहता है इसलिए आलोचक को चाहिए कि वह पाठ में विद्यमान सारे अर्थों का संकेत करते हुए किसी एक अर्थ की प्रतिष्ठा करे। बार्थ की दृष्टि में साहित्य की बहुलार्थता ही उसे अमरता प्रदान करती है। ऐसा नहीं है कि वह भिन्न-भिन्न पाठकों को भिन्न-भिन्न अर्थ देता है बल्कि उसका केन्द्रीय वैशिष्ट्य एक सजग पाठक को अनेकार्थ प्रदान करना है। इस तरह संरचनावाद में साहित्यिक कृति का एक पाठ के रूप में रूपांतरण हो जाता है जिससे वस्तुनिष्ठ विश्लेषण का प्रतिमान आकार ग्रहण करता है। जहाँ पाठालोचन अथवा पाठ विश्लेषण ही कलाकृति के निहितार्थ तक पहुंचने का केन्द्रीय माध्यम है। रोलाँ बार्थ पाठीयता की अवधारणा को तार्किक परिणति प्रदान करते हैं। उनके अनुसार कृति जिसे पाठ कहा जाता है वह निश्चित अर्थ और सत्य का अतिक्रमण करते हुए अर्थ का विस्फोट करती है। इन्होंने अपनी पुस्तक From work to Text में लिखा है कि पाठ का अनुभावन भाषिक उत्पादन की सक्रियता द्वारा ही संभव है। पाठ की एकता उसके गंतव्य और उद्देश्य पर निर्भर है। कोई भी पाठ बहुतेरे लेखनों से समन्वित होता है। आज हम पाठक के युग में प्रवेश कर गए हैं। अतः पाठ अब एक प्रकार का साहित्यिक उत्पान है। बार्थ ने दो प्रकार के पाठ बतलाए हैं- (1) पाठकीय पाठ (Readerly Text) और लेखकीय पाठ (Writerly Text)। पाठकीय पाठ केवल उपभोग्य है जबकि लेखकीय पाठ वह है जिसे पाठक पढ़ते हुए लेखक के साथ स्वयं लिख सकने में समर्थ है। पाठालोचन की आदर्श स्थिति वह है जहाँ पाठक और लेखक सहयात्री होते हैं। एक बहुआयामी पाठक ही बहुरूपी पाठ का सम्यक् निर्वचन कर सकता है।

10.3.2 लेखकीय अनुपस्थिति का सिद्धांत

संरचनावाद रचनाकार के निर्वैयक्तीकरण का समर्थक है। वह रचना के आस्वादन, समीक्षण और अर्थापन की परिधि से रचनाकार को निष्कासित करता है। वह रचनाकार के स्थान पर पाठक को केन्द्रीय स्थान पर स्थापित करने का हिमायती है। रोलाँबार्थ के अनुसार हरेक पाठक अपने साथ पाठों की बहुलता लेकर आता है क्योंकि वह अपने पूर्ववर्ती पाठों से अवगत होता है। वह पूर्ववर्ती पाठों के साथ अपनी इच्छा के अनुसार स्वनिर्मित पाठ का संबंधस्थापन करता है। बार्थ की दृष्टि पाठ और पाठक का संबंध बड़ा गहरा है। अपने पाठ के दौरान पाठक परकाय प्रवेश की स्थिति से गुजरता है क्योंकि पठन के दौरान देह- देह से संवाद स्थापित करती है (यहाँ देह से बार्थ का आशय मस्तिष्क के अचेतन व्यापार से है।) साहित्यिक कृतियों के पाठ के प्रति पाठकीय प्रतिक्रिया को अभिव्यक्त करने के लिए बार्थ ने PLAISIR और JOUISSANCE का प्रयोग किया है जिसका अर्थ आनंद और आस्वादन किया जा सकता है। बार्थ के अंग्रेजी अनुवादक का

अभिमत है कि JOUISSANCE में संभोग सुख का संकेत है और बार्थ का अभिप्रेत भी यही है। इस तरह साहित्यिक पाठ के गहन अध्ययन की चरमसीमा आनंद एवं हर्ष की पराकाष्ठा है। अपनी सुध-बुध खो देने की अवस्था है, जहाँ कुतूहल ही कुतूहल है, विस्मय ही विस्मय है। पाठक के आकंठ डूब जाने की यह अवस्था आत्मसमर्पण और कृति के साथ पूर्ण तादाम्य पर अवस्थित है जिससे प्राप्त होनेवाले आमोद, आनंद एवं रसास्वाद की स्थिति का वर्णन करना संभव नहीं। यदि आनंद का वर्णन संभव हो जाए तो आस्वाद का केवल अहसास ही किया जा सकता है। क्या यह भारतीय रस-सिद्धांत में उपलब्ध रसानुभूति की स्थिति नहीं है जिसके लिए ब्रह्मानंद सहोदर, लोकोत्तर आनंद एवं अनिर्वचनीय सुख जैसे शब्दों का प्रयोग किया जाता है?

संरचनावादियों द्वारा रचनाकार को रचना के सृजन कर्म से भी बेदखल किया गया। रोलाँ बार्थ ने The Death of the Author (1968) नामक अपनी पुस्तक में परंपरागत मानववादी विचारों का प्रतिवाद करते हुए लिखा है कि, "As institution, the auther is dead" अर्थात् एक संस्थान के रूप में लेखक मर चुका है। बार्थ के अनुसार पाठक का जन्म रचनाकार की मृत्यु की कीमत पर ही होना चाहिए। अब रचनाकार के पास कोई प्राधिकृत शक्ति नहीं रही। इस तरह संरचनावाद ने रचनाकार के व्यक्तित्व, उसकी आत्माभिव्यक्ति तथा व्यक्तिपरकता जैसे सिद्धांत की बखिया उधेड़ दी। बार्थ ने रचनाकार की मृत्यु के साथ ही उसके जीवन से सम्बद्ध जीवन वृत्तीय, ऐतिहासिक तथा मनोवैज्ञानिक समीक्षा प्रणाली की इति कर दी। अपनी कथित पुस्तक में ही बार्थ ने मलार्मे का हवाला देते हुए बड़े ही नाटकीय अंदाज में कहा कि, 'WRITING WRITES NOT AUTHORS' अर्थात् साहित्य लिखता है, साहित्यकार नहीं । कहने का आशय यह है कि साहित्य-सृजन शून्य में संभव नहीं। चूँकि साहित्य का अस्तित्व पहले से ही विद्यमान है इसलिए किसी कवि अथवा लेखक द्वारा सृजन की संभावना बनती है। जो कुछ पूर्ववर्ती रचनाकारों द्वारा सृजित है, प्रत्येक कलाकृति उसमें परिवर्धन मात्र है । प्रत्येक रचनाकार जिस संस्कृति, भाषा एवं साहित्यिक परंपरा में पालित-पोषित एवं पुरस्कृत हुआ है, भले ही, वह परंपरा-विमुखता एवं विद्रोह की बात करे, परन्तु, वह लिखेगा उसी काव्यशास्त्रीय एवं साहित्यिक परंपरा के दायरे में ही। कोई भी कलाकृति अपनी सांस्कृतिक व्यवस्था एवं साहित्यिक तंत्र के बाहर न तो निर्मित की गयी है और न ही निर्मित हो सकती है।

संरचनावादी आलोचकों द्वारा रचनाकार के वर्चस्व को किस प्रकार खत्म किया गया, इस पर विचार करते हुए एम.एच.अब्राम्स ने ठीक ही लिखा है कि, "The individual author, or "Subject", is allowed no initiative, expressive intentions, or design as the "origin" or producer of a work. Instead the conscious "self"is declared to be a construct that is itself the product of the working of the linguistic system, and the mind of an author is described as an imputed "Space"within which the impersonal,"alwayasalready"existing system of literacy language, conventions, codes, and rules of combination gets precipitated into a particular text...Structuralism replaces the author by the reader as the central agency in criticism; but the traditional reader, as a conscious, purposeful and feeling individual, is disolved into the impersonal activity of "reading", and what is read is not a text imbued with meanings, but ecriture, writing the focus of structuralist criticism, accordindly, is on the impersonal process of reading which, by bringing into play the requisite conventions, codes, and expectations, makes literary sense of the sequence of words, phrases, and sentsnces that constitute a text."[11] इस तरह संरचनावादी आलोचना ने न केवल कृति के केन्द्र से कृतिकार को बेदखल किया अपितु पाठक को उसकी जगह पर स्थानापन्न करते हुए उसे आलोचना के केन्द्र में ला दिया। इस तरह संरचनावाद ने साहित्यिक पाठ की एक जटिल एवं बहुस्तरीय प्रक्रिया की प्रतिष्ठा भी की जिसका संबंध तमाम राजनीतिक, सामाजिक, आर्थिक एवं सौंदर्यपरक आयामों से है। वह इनसे परिपुष्ट होकर ही अपना अर्थ निश्चित करता है। संरचनावाद पाठ के द्वारा आलोचनात्मक अध्ययन एवं रचनात्मक साहित्य के बीच अंतराल कम करता है परन्तु रोलाँबार्थ पाठ की इकाइयों के संश्लेषण द्वारा सर्जनात्मक समीक्षा की हिमायत करते हैं। इन्होंने साहित्य के बजाय लेखन शब्द के उपयोग पर विशेष जोर दिया। इनके लिए पाठ अब एक प्रकार का पाठकीय उत्पादन है जहाँ लेखक बतौर अतिथि ही आ सकता है।

10.3.3 भाषिक प्रतिमान की प्रतिष्ठा

संरचनावाद सॉस्युअर द्वारा प्रतिपादित भाषा-तंत्र पर आधारित है। इसमें पाठ की संरचना का विश्लेषण भाषाशास्त्र के आधार पर होता है। इस संदर्भ में डॉ. रवीन्द्र नाथ श्रीवास्तव का मानना है कि -"यह विचारणीय है कि साहित्यिक कृति का भाषा वैज्ञानिक विश्लेषण स्वयं में संरचनावादी आलोचना नहीं है। किसी साहित्यिक कृति का भाषिक विश्लेषण तो मात्र कला-सामग्री का अध्ययन है। साहित्य तो कला-प्रतीक है। प्रतीक के रूप में साहित्यिक अध्ययन को तो रचना की अर्थवत्ता (Signification) को केन्द्र में रखना पड़ता है। यह ध्यान देने की बात है कि कला-सामग्री के स्तर पर जो अध्ययन-विश्लेषण किया जाता है उसका सम्बन्ध काव्य कृति में प्रयुक्त भाषा की व्याख्या एवं विश्लेषण से रहता है। यह काव्य कृति का शुद्ध भाषा वैज्ञानिक विश्लेषण है।... काव्य कृति को कला प्रतीक के रूप में स्वीकार कर जिस पक्ष का अध्ययन संरचनावादी आलोचना करती है उसका सम्बंध काव्य कृति के रूपविधान (संरचनात्मक बुनावट) और उसमें आबद्ध काव्य-संसार के साथ रहता है।"[12] सॉस्युअर अपने भाषातंत्र द्वारा इसका विश्लेषण करते हैं। वह अपने भाषा-तंत्र को स्पष्ट करने के लिए दो शब्दबंध का प्रयोग करता है- 1. Langue (भाषा), 2. Parole (वाक्)। लाँग (Langue) भाषा का व्यवस्थित रूप है जो वाक् संरचना के सहारे काम करता है। वाक् वैयक्तिक उच्चार अथवा लेखन का दृष्टांत है। यह भाषा का व्यहत रूप है किसी कृति का वाचन परोल Prole है जैसे- काव्य-पाठ, कहानी- पाठ इत्यादि)। अपनी समझ के लिए हम लाँग को भाषा- व्यवस्था तथा परोल को भाषा- व्यवहार कह सकते हैं। भाषा-तंत्र एवं वाक् के संबंध में सॉस्युअर की मान्यता को स्पष्ट करते हुए एम.एच. अब्राम्स ने लिखा है कि, " Saussure introduced a crucial distinction between langue and parole. A parole is any particular meaningful utterance, spoken or written. The langue is the implicit system of elements, of distinctions and oppositions and of principles of combination, which make it possible within a language community, for a speaker to produce and the auditor to understand particular parole. The linguist's primary concern, in saussure's view, is to establish the nature of the underlying linguistic system, the langue."[13] भाषा-तंत्र और वाक में स्पष्ट अंतर करना सरल नहीं है क्योंकि जब हम बातचीत कर रहे होते हैं तो सामान्यतौर पर हम यही समझते हैं कि हम हिंदी, अंग्रेजी अथवा कोई अन्य भाषा बोल रहे हैं परन्तु वे उस विशिष्ट भाषा के कुछ वाक्य होते हैं न कि उस भाषा का समग्र-तंत्र। भाषा का संपूर्ण तंत्र स्वरूप की दृष्टि से अमूर्त है। समस्त भाषा व्यवहार आंतरिक नियमों से अनुशासित एवं परिचालित है। सॉस्युअर ने अपनी बात को समझाने के लिए शतरंज के खेल का दृष्टांत दिया है। उनका कहना है कि जिस प्रकार शतरंज का वास्तविक खेल शतरंज के नियमों से नियंत्रित रहता है उसी प्रकार वाक् या परोल भाषायी नियमों से अनुशासित रहता है। यदि लाँग अमूर्त है तो परोल व्यापार है, किसी भाषा का प्रयुक्त रूप है। संरचनात्मक भाषाविज्ञान के विकास में सॉस्युअर का नाम विशेष रूप से उल्लेखनीय है। इनके अनुसार प्रत्येक भाषा का अपना व्याकरण होता है। व्याकरण ही भाषा को बोली से भिन्न कर देता है। प्रत्येक भाषा में एक निश्चित स्वर-व्यवस्था होती है। स्वर के अगणित तत्त्व होते हैं। इन तत्त्वों के पारस्परिक संबंधों का निर्धारण कुछ निश्चित नियमों द्वारा होता है। इन नियमों की सटीक पहचान द्वारा ही पाठ की साभिप्रायता को उद्‌घाटित किया जा सकता है।

सॉस्युअर ने भाषा की कार्यपद्धति को समझाते हुए लिखा है कि लाँग की अवधारणा समाज में रची-बसी है। वह भाषा का संपूर्ण अमूर्त तंत्र है जबकि परोल भाषा के संपूर्ण अमूर्त तंत्र का वैयक्तिक उदाहरण मात्र है, जो किसी व्यक्ति-विशेष के भाषा-व्यवहार अथवा बोलचाल में घटित होता है। वस्तुतः परोल समुद्र की सतह पर तैरते हुए हिमशैल (Iceberg) का वह ऊपरी सिरा है जिसे हम देख सकते हैं। लाँग संपूर्णता में समग्र हिमशैल का वह विशाल खंड है जो स्वयं अदृश्य रहते हुए भी ऊपरी सिरे को संभाले रहता है। इसी तरह समग्र भाषा तंत्र अदृश्य और अमूर्त है जिसकी छोटी सी झांकी वैयक्तिक उच्चार अथवा दैनंदिन बोलचाल में देखी जा सकती है। इसी वैयक्तिक भाषा व्यवहार को आधार बनाकर भाषा के समग्र अमूर्त तंत्र को सूत्रबद्ध किया जा सकता है। नोम चॉम्स्की ने भाषा-सामर्थ्य और भाषा प्रयोग के अंतराल द्वारा सॉस्युअर की लांग और परोल संबंधी अवधारणा को पुरस्कृत किया। एक सक्षम वक्ता यह भली-भाँति जानता है कि किस तरह सुनियोजित एवं अर्थवान वाक्यों की सृष्टि की जाय, भले ही, उसे उन परंपराओं और नियमों की जानकारी न हो जो उसे ऐसा करने के लिए प्रेरित करते हों। एक भाषा विज्ञानी का कार्य यह है कि वह भाषा तंत्र की उन परंपराओं एवं नियमों की पहचान और प्रकटन करे जो अनजाने ही वक्ता द्वारा व्यवहार में लाये जाते हैं। संरचनावादी भाषिकी के आलोक में एक प्रसिद्ध कथन है कि Language Speaks not Man अर्थात् भाषा बोलती है, व्यक्ति नहीं।

सॉस्युअर ने संकेत को भाषिक संरचना का मूल आधार बतलाते हुए उसके दो प्रभेद किये हैं- 1. संकेतक (Signifier), 2. संकेतित (Signified) ये दोनों एक ही सिक्के के दो पहलू हैं। जैसा कि सॉस्युअर ने भी संकेतक और संकेतित में एक अनिवार्य संबंध का संधान किया है। उनकी दृढ़ मान्यता है कि भाषा संकेतों की निर्मिति है और कभी-कभी किसी भाषा में दो संकेतित वस्तुओं के लिए एक ही शब्द होता है। अंग्रेजी में भेड़ (Sheep)एक पशु है और मटन (Mutton) गोश्त, जबकि फ्रेंच में दोनों वस्तुओं के संकेत के लिए एक शब्द Mounton का प्रयोग होता है। यह इस प्रकार भी है कि विविध भाषाएँ वस्तुगत दुनिया एंव विचारों के लिए भिन्न-

भिन्न संकेतक एवं भिन्न-भिन्न संकेतित का प्रयोग करती हैं। सॉस्युअर के शब्दों में, "A inguistic system is a series of differences of sound combind with a series of differences of ideas. The signifier hot is able to work as part of a sign because it differs from 'hat', 'hit', 'hop', 'lot', and so on. These differences can be aligned with different signifieds. He concludes with his celebrated remarks- In language there are only differences without positive terms अर्थात भाषा में बिना किसी सकारात्मकता के भेद ही भेद हैं। वह प्रभेदों की व्यवस्था है।

सॉस्युअर ने भाषा की ऐतिहासिक विकास प्रक्रिया के साथ-साथ शब्द=वस्तु जैसी अवधारणा को भी निरस्त किया। इसके बदले उन्होंने अपना भाषिक प्रतिमान इस प्रकार प्रस्तुत किया-

$$\text{संकेत (Sign)} \doteq \frac{\text{संकेतक (Signifier)}}{\text{संकेतित (Signified)}}$$

कहना न होगा कि सॉस्युअर के भाषिक प्रतिमान में वस्तु को बेदखल कर दिया गया है क्योंकि भाषा में शब्द संबंधों के विशद तंत्र का हिस्सा होने के नाते अर्थोत्पत्ति करते हैं। सॉस्युअर के अनुसार बृक्ष शब्द के ध्वन्यात्मक बिंब और वृक्ष की अवधारणा में एक संरचनात्मक संबंध है, जिससे भाषिक संकेत की निर्मिति होती है। लेकिन संकेतक और संकेतित का संबंध स्वतंत्र रूपेण नहीं हो सकता। यदि ऐसा होता तो पूरी दुनिया में वृक्ष को वृक्ष ही कहा जाता और एक ही भाषा बोली जाती। इस तरह संकेतक एवं संकेतित का संबंध प्रकृति के प्रति तो स्वतंत्र रूप से है परन्तु संस्कृति के प्रति कतिपय अमूर्त नियमों से परिचालित है। कहने का आशय यह है कि जहाँ हिंदी संस्कृति का चलन है वहाँ वृक्ष को पेड़, तरु, विटप, पादप या दरख्त तो कह सकते हैं लेकिन Tree या Arbor नहीं कह सकते। इस तरह सॉस्युअर का भाषिक दर्शन मानव-जीवन के तमाम सामाजिक-सांस्कृतिक व्यापार तंत्रों को समझने में भी सहायक हो सकता है। इसमें संदेह नहीं कि सॉस्युअर की भाषिक सोच ने एक विशिष्ट कालखंड में प्रायः सभी भाषावैज्ञानिकों को प्रभावित किया और संरचनावादी आलोचकों ने उनके द्वारा प्रतिपादित सिद्धांतों के अलोक में ही अपने भाषिक प्रतिमानों का निर्धारण किया। संरचनावादी भाषिकी साहित्यालोचन के अलावा मानविकी के तमाम क्षेत्रों में भी शोधकर्ताओं का प्रतिमान बनी जिससे उसे अपेक्षित वैज्ञानिकता एवं अर्थव्याप्ति मिली। इसने पाठ-विश्लेक्षण की प्रविधि द्वारा साहित्य को सम्पूर्णता में देखने का प्रयास किया।

10.4 संरचनावाद का प्रभाव

संरचनावाद एक अत्यंत व्यापक एवं वैज्ञानिक बौद्धिक आंदोलन के रूप में प्रतिष्ठित हुआ। इसने मानव जीवन तथा ज्ञान-विज्ञान के तमाम क्षेत्रों में अपनी गंभीर उपस्थिति दर्ज की। संरचनावादी भाषिक अवधारणाओं ने आधुनिक दार्शनिक विचारकों को गहराइयों तक प्रभावित किया। जिस तरह संरचनावादियों ने दृश्य प्रपंचशास्त्र, अस्तित्ववाद, मानववाद एवं नयी समीक्षा की सीमाओं को अपने प्रखर विचारात्मक आक्रमण का लक्ष्य बनाया, ठीक उसी तरह उत्तर संरचनावादियों ने उनके आँगन एवं संकल्पनाओं पर गोली चलाई। प्रभाव हमेशा प्रभाव

एवं प्रेरणा के रूप में ही नहीं होता अपितु प्रतिक्रिया और असहमति भी उसके दूसरे रूप हैं। इस दृष्टि से उत्तर-संरचनावाद, उत्तर आधुनिकतावाद एवं विरचनावाद, संरचनावाद के ही अगले चरण हैं क्योंकि ये सारे आंदोलन संरचनावाद से जिरह करते हुए ही आगे बढ़े हैं। सुप्रसिद्ध फ्रांसीसी विचारक रोलाँ बार्थ संरचनावाद एवं उत्तर संरचनावाद के मध्य अवस्थित हैं। सातवें दशक के अंतिम वर्षों में संरचनावाद का स्थान उत्तर संरचनावाद ने ले लिया। कतिपय विद्वान यह भी मानते हैं कि संरचनावाद के तार्किक निष्कर्ष ही उत्तर संरचनावाद को उत्प्रेरित करते हैं। उत्तर-संरचनावादियों ने संरचनावाद के वैज्ञानिक छल पर चोट की, उसकी छद्म वैज्ञानिकता को निरावृत करते हुए संस्कृति के अध्ययन के लिए वैज्ञानिक आधार प्रदान किया और आधार, सत्य, वस्तुनिष्ठता, निश्चितता और व्यवस्था के मानक आधुनिक लक्ष्यों के लिए प्रयत्न किया। उत्तर संरचनावादियों ने आपेक्ष किया कि संरचनावादी मान्यता मानववाद से पूरी तरह अलग नहीं है क्योंकि वे अपरिवर्तनीय मानव स्वभाव की कल्पना को पुनरुत्पादित करती हैं। रोलाँबार्थ के उपरांत देरिदा, फोकॉल्ट, क्रिस्तेव तथा ल्योतार ने संरचनावाद के चिंतन की कतिपय सीमाओं का निर्धारण करते हुए अपने सिद्धांतों की स्थापना की। उत्तर-संरचनावादियों ने संरचनावादियों के विपरीत संकेतित की तुलना में संकेतक को ज्यादा महत्व दिया। उन्होंने संरचनावादियों द्वारा पाठ पर अधिकार करने और उसके रहस्यों को पकड़ने के प्रयासों की यह कहकर आलोचना की कि यह आकांक्षा अप्राप्य हैं क्योंकि उनके अवचेतन में भाषिक एवं ऐतिहासिक शक्तियाँ ऐसी हैं, जिन पर नियंत्रण नहीं पाया जा सकता।

संरचनावाद ने भाषिक-विवेचन के विशेषीकरण द्वारा एक सिद्धांत रूप में विश्लेषण प्रविधि की स्थापना की और कृति को कृतिकार से अलग करते हुए वस्तुनिष्ठ विश्लेषण का प्रतिमान प्रस्तुत किया। जैक्स देरिदा ने संरचनावाद की इस वस्तुगत प्रविधि को चुनौती देते हुए विरचनावाद (Deconstructionism) की प्रतिष्ठा की। उसने संरचनावाद के निरपेक्ष पाठ को अस्वीकार करते हुए पाठ एवं शब्दों को संदर्भ से जोड़कर देखा। देरिदा के अनुसार कलाकृति में संरचना ही सब कुछ नहीं है अपितु उसमें आभ्यंतरिक शक्ति (Force) होती है जिसकी संरचनावाद उपेक्षा करता है। उसने शिल्प-संरचना के बजाय अंतर्वस्तु पर बलाघात किया। इस प्रकार हम देखते हैं कि संरचनावाद ने न केवल परवर्ती विचारकों को उत्प्रेरित एवं उन्मथित किया अपितु उन्हें टकराने तथा बौद्धिक विमर्श के लिए विवश भी किया। जो किसी बौद्धिक आंदोलन के सार्थक प्रभाव का सर्वोत्तम उदाहरण है।

10.5 निष्कर्ष

सारांश यह है कि संरचनावाद एक बहुआयामी बौद्धिक आंदोलन है जिसने साहित्य एवं साहित्येतर विषयों को समान रूप से प्रभावित किया। यह साहित्यालोचन के क्षेत्र में वस्तुनिष्ठता का वचन देता है। जिसका परिणाम यह हुआ कि संरचनावाद जाने-अनजाने कलाकृतियों की वैयक्तिक विशेषताओं को नजरन्दाज कर बैठा। क्योंकि भाषिक प्रतिमान के आधार पर हरेक कलाकृति का पाठ (Text)के रूप में वाचन एवं विश्लेषण प्रकारांतर से विषय वस्तु, मूल्यगत तथा चरित्रगत उत्कृष्टता की उपेक्षा कर बैठा। उसने कृतिकार को भी हाशिये पर धकेल दिया, क्योंकि उसके अनुसंधान एवं विश्लेषण का चरम लक्ष्य कलाकृति अथवा कृतिकार नहीं वरन

वह तंत्र है जिसके आलोक में कलाकृति सृजित हुई है। संरचनावाद का वास्तविक प्रतिपाद्य साहित्यिक गतिविधि के उस तंत्र के अन्वेषण का प्रयास करना है, जिसमें साहित्य-साहित्य के रूप में पढ़ा जाता है। यह दूसरी बात है कि यह तंत्र अमूर्त एवं रहस्यात्मक है जिसकी स्थूल प्रस्तुति आसान नहीं।

संरचनावाद अपने को भाषा के ऐतिहासिक विकास से भी अलग कर देता है और सार्वदेशिक तथा कालेतर संरचनाओं के अन्वेषण का प्रयास करता है। उसकी मूल प्रतिज्ञा इस तथ्य को रेखांकित करने में रही है कि कथासाहित्य अथवा कविता की मूलभूत संरचनाएँ कौन-सी हैं? किसी युग के सौंदर्यपरक, काव्यगत अथवा गद्यपरक साहित्यिकता या कवितापन के वे कौन-से मूलभूत सिद्धांत हैं, जो कलाकृतियों में अंतर्भुक्त हैं तथा साहित्य में प्रभावशाली बने हुए हैं, संरचनावाद को भाषिक आधार प्रदान करनेवाले सॉस्युअर की दृढ़ मान्यता थी कि, "In the beginning was the word, and the word created the text," अर्थात् आरंभ में शब्द था और शब्द से पाठ की रचना हुई। इस तरह संरचनावादी भाषा के अस्तित्व को रचनाकार के पूर्व स्थान देता है। संरचनावादियों ने भाषा वास्तविकता को प्रतिबिम्बित करने का साधन है कहने के बजाय यह कहा कि भाषा की संरचना वास्तविकता की सृष्टि करती है। यथा- The structure of language produces reality कुल मिलाकर, संरचनावाद भाषिक रहस्यों के विरहस्यीकरण की पद्धति है जो ऐसे सिद्धांतों, नियमों, परंपराओं, मान्यताओं तथा प्रभेदों को ज्ञात करने और सूत्रबद्ध करने का वैज्ञानिक प्रयास है जिनसे समस्त सामाजिक एवं सांस्कृतिक व्यवहार क्रियान्वित होते हैं। साहित्य समीक्षा के क्षेत्र में, भले ही, इसकी कतिपय अवधारणाएँ पहले से ही अस्तित्व में रही हों, परन्तु, एक व्यवस्थित एवं वैज्ञानिक सिद्धांत के रूप में इसका प्रदेय कम नहीं है। एक साहित्य-सिद्धांत के रूप में संरचनावाद का सबसे बड़ा अवदान यही है कि इसने पाठालोचन के क्षेत्र में व्यक्तिनिष्ठता को त्यागकर वस्तुनिष्ठता के उपागम का आदर्श रखा।

संदर्भ सूची

1. संरचनावाद, उत्तर-संरचनावाद एवं प्राच्य काव्यशास्त्र, प्रो.गोपीचंद नारंग,पृ.29-30
2. उत्तर आधुनिकता : कुछ विचार, संपा.देवशंकर नवीन, सुशान्त कुमार मिश्र, पृ.16
3. संरचनावाद, उत्तर-संरचनावाद एवं प्राच्य काव्यशास्त्र, प्रो.गोपीचंद नारंग,पृ.285
4. वही, पृ. 285-86
5. A Glossary of Literary Terms-Rozer Fowler, Page 335
6. हिंदी आलोचना के बीचशब्द, डॉ. बच्चन सिंह, पृ. 121
7. "Thus regarded, Structuralism is neither a theory nor a method but a way of looking a things. - Edmond Leach- Structuralism in social Anthropology in Structuralism. -an introduction (ed.) D. Robey clarendon Press : oxford 1973-&37
8. "In Barthers' words (1964:P.213)." "The aim of all structur alist activity, in the fields of both thought and poetry, is to reconstitute an object, and, by this process, to make known the rules of functioning, or " functions", of this

object, The structure is therefore effectively a simulacrum of the object which...bring out something that remained invisible, or, if you like unintelligible in the natural object."-- Postmodern theory--- Steven Best nad Douglas Kellner, Page-18.

9. वही, पृ. 18-19
10. संरचनावाद, उत्तर-संरचनावाद एवं प्राच्य काव्यशास्त्र, प्रो.गोपीचंद नारंग,पृ. 44
11. A Glossary of Literary Terms- M. H. Abrams, Page-281
12. वही, पृ. 281
13. साहित्य का भाषिक चिंतन- डॉ. रवीन्द्रनाथ श्रीवास्तव, पृष्ठ- 69
14. A Glossary of Literary Terms- M. H. Abrams, Page- 104

अध्याय 11

उत्तरआधुनिकतावाद
(1970 से अब तक)

उत्तरआधुनिकतावाद एक विराट सांस्कृतिक आंदोलन है जिसने पाश्चात्य जगत में विगत कतिपय शताब्दियों में प्रतिष्ठित जीवन मूल्यों एवं विचारों के प्रति सन्देहात्मक रवैया प्रकट किया है। यह आधुनिकता के उपरांत आये परिवर्तनों की अवस्था है। इसमें विगत चार दशकों में प्रचलित एवं प्रतिष्ठित अनेक अवधारणाओं एवं सिद्धांतों का संश्लेषण है। यह एक बहुआयामी पदबंध है जिसकी भिन्न संदर्भों में परस्पर भिन्न व्याख्याएं होती रही हैं। जिन संकल्पनाओं ने आधुनिकतावाद का केन्द्र रचा, जिसने मानवीय प्रयासों के सभी क्षेत्रों में प्रगति की अनिवार्यता के प्रति आस्था व्यक्त की तथा विवेक की शक्ति एवं विचार तथा कलात्मक अभिव्यक्ति के क्षेत्र में मौलिकता के प्रति प्रबिद्धता व्यक्त की, उन सबको उत्तर आधुनिकतावाद ने कटघरे में खड़ा किया। सौंदर्य शास्त्रीय दृष्टि से आधुनिकतावाद ने कलात्मक प्रयासों के अंतर्गत मौलिकता को सर्वोच्च स्थान दिया था जिसे रूप के क्षेत्र में अनवरत प्रयोगों द्वारा ही प्राप्त किया जा सकता है ओर कम से कम निस्सन्देह यह धारणा बनती है कि वर्तमान सभ्यता ज्ञान के विस्तार और तकनीकी दक्षता की दृष्टि से श्रेष्ठतर है। उत्तरआधुनिकतावाद ने आधुनिकतावाद की प्रगति के प्रति प्रतिबद्धता एवं उसके आधारभूत सिद्धांतों पर प्रश्नचिह्न लगाते हुए इन विचारों को पलट दिया है इस आंदोलन ने कला एवं विचार के क्षेत्र में अतीत एवं वर्तमान के बीच संवाद को प्रोत्साहित करते हुए मौलिकता एवं प्रयोग के प्रति आधुनिकों की प्रतिबद्धता को नकारने में अपनी अभिरुचि का परिचय दिया। साथ ही, जहाँ आधुनिकतावाद में कतिपय पुरातन जीवन मूल्य, शैलियाँ एवं कलात्मक पद्धतियाँ पुनर्जीवन प्राप्त करते हैं वहाँ उत्तर-आधुनिकतावाद अतीत के अस्तित्व को ही अस्वीकृत करता है। इसी तरह आधुनिकतावाद में विचारधारा को सम्मान प्राप्त था परन्तु उत्तर आधुनिकता ने विचारधारा को समाप्त घोषित कर दिया है।

11.1 उत्तरआधुनिकतावाद की प्रेरणाभूमियाँ

बीसवीं शताब्दी के उत्तरार्ध में उत्तरआधुनिकतावाद का अभ्युदय बड़े जोर-शोर से हुआ। यह 1970 के बाद विकसित देशों में हुए सामाजिक, राजनीतिक एवं सांस्कृतिक परिवर्तनों का प्रतिफलन है। नकार अथवा निषेध उत्तरआधुनिकता का स्थायीभाव है जिसने न केवल आधुनिकवाद द्वारा प्रतिष्ठित एवं पुरस्कृत मूल्यों, मानों तथा उपलब्धियों को सिरे से खारिज

कर दिया अपितु पूर्ववर्ती पद्धतियों, सिद्धांतों, विचारों एवं सांस्कृतिक परम्पराओं के समक्ष भी चुनौती पेश की। इसने इतिहास के अंत की घोषणा, वैश्विक विचारों के विरुद्ध निषेध, सूक्ष्म राजनीतिक एवं सामूहिक संघर्ष पर प्रहार तथा मानव विरोधी सिद्धांत और शारीरिक कष्ट के सामान्य अनुभव के चलते समसामायिक घटनाओं द्वारा प्रश्नचिह्न अर्जित किया। संक्षेप में उत्तरआधुनिक सैद्धांतिकी इतिहास में अपने समय और घटनाओं को विश्लेषित करने के उपकरणों को उपलब्ध कराने में असफल सिद्ध हुई जो इसे अंतर्राष्ट्रीय श्रेष्ठता तक पहुँचा सकता था।

इतिहास और समाज के अंत से संबंधित उत्तरआधुनिक घोषणाओं के बावजूद 1980 के दशक में असमानांतर ऐतिहासिक विप्लव एवं परिवर्तन हुए। इस दशक के आरंभ में अमेरिका, ब्रिटेन, जर्मनी समेत अनेक देशों में दक्षिणपंथ के नए उभार के चलते ऐतिहासिक बर्फ के पिघलने और शारीरिक उत्पीड़न के अनुभव सामने आये। सन् 1989 में ही सोवियत साम्यवाद का पतन तथा पोलैण्ड में लोकतांत्रिक शक्तियों की चुनावी विजय, हंगरी में आधिकारिक साम्यवाद का परित्याग और नौ महीने के नाटकीय प्रदर्शन एवं संघर्ष के उपरांत पूर्वी जर्मनी में साम्यवाद का पतन तथा बर्लिन की दीवार का नाटकीय अंदाज में गिरना जैसी महत्वपूर्ण घटनायें घटित हुई। इसके उपरांत तेजी से घटे घटनाक्रम में प्रदर्शन द्वारा चेकोस्लोवाकिया में तो रक्त-रंजित क्रांति द्वारा रोमानिया में साम्यवादी शासन व्यवस्था का पतन हुआ। सोवियत संघ में इसके बाद भी राजनीतिक विप्लव और परिवर्तन का दौर जारी रहा जिसमें जातीय एवं क्षेत्रीय उभार बड़ी तेजी से देखने को मिला। चीन के थ्येन-अन-मेन चौक पर लोकतंत्रीकरण को लेकर पूरी दुनिया ने बड़े ही उत्तेजक प्रदर्शन देखे और कितनी क्रूरता से उसे कुचला गया, यह भी। सन् 1989 के अंत में एवं 1990 में बड़े ही चमत्कारिक ढंग से राजनीतिक उठापटक देखने को मिली। पनामा पर अमेरिकी आक्रमण एवं दक्षिण अफ्रीका में नेल्सन मंडेला की कैद से मुक्ति तथा निकारागुआ में कम्युनिस्ट सत्ता की चुनावी हार हुई। इस बीच जर्मनी के पुनर्एकीकरण जैसी महत्वपूर्ण घटना घटी। पूर्व एवं पश्चिम के परिवर्तित संबंधों के चलते शीतयुद्ध का पूर्णतः समापन हो गया। नए राजनीतिक समीकरणों एवं रूपांतरों का दौर आरंभ हुआ। तदुपरांत कुवैत पर इराक का आक्रमण तथा उसके विरुद्ध अमेरिकी नेतृत्व में बहुराष्ट्रीय सैनिक कार्रवाई की खाड़ी युद्ध में परिणति हुई जिसमें कुवैत की मुक्ति और इराक की करारी शिकस्त हुई।

इसके पश्चात बड़े ही नाटकीय ढंग से सोवियत संघ का विघटन हुआ और उसके सारे गणराज्य स्वतंत्र हो गये। सबसे बड़ा गणराज्य रूस अब सोवियत साम्राज्य की छाया मात्र रह गया और उसे स्वयं संसाधन जुटाने तथा वित्तीय मदद के लिए पश्चिमाभिमुख होना पड़ा। ऐसी स्थिति में अमेरिका के नेतृत्व में एक ध्रुवीय विश्वव्यवस्था कायम होने के संकेत मिलने लगे। संयुक्तराष्ट्र संघ के बजाय अंतर्राष्ट्रीय वित्तीय संस्थाओं का दबदबा बढ़ा और उन्होंने गरीब एवं विकासशील देशों को कर्ज के एवज में उदारीकरण तथा विदेशी पूँजी निवेश की शर्तें थोपनी शुरू कीं जिससे उदारीकरण, उपभोक्तावाद, बाजारबाद एवं भूमण्डलीकरण की आँधी बह चली। इस बीच विश्वव्यापार संगठन का आधिकारिक गठन हुआ। इसी समय अफगानिस्तान में आतंकवादी संगठन तालिबान का सत्ता पर काबिज होना तथा भारत एवं पाकिस्तान द्वारा परमाणु परीक्षण करना जैसी घटनाएँ भी हुई। साथ ही, पूर्ण परमाणु परीक्षण संधि (सी.टी.बी.टी.) लागू करने की कवायद भी हुई। इसके पूर्व कि अमेरिका का पूर्ण वर्चस्व स्थापित हो, उसे इस्लामिक आतंकवाद से गंभीर चुनौती मिली। अमेरिका के वास्तविक इरादे को भाँपकर दुनिया के

शक्तिशाली राष्ट्रों ने बहुध्रुवीय विश्व व्यवस्था की वकालत आरंभ की। 31 दिसंबर, 1999 की अर्धरात्रि को पूरी दुनिया में पूरी उत्सवधर्मिता के साथ नयी शताब्दी एवं सहस्राब्दी का स्वागत हुआ। तदुपरांत 11 सितंबर, 2001 ई. को अमेरिकी विश्व व्यापार केन्द्र पर विश्व का सबसे बड़ा आतंकवादी हमला हुआ जिसमें वह पूरी तरह ध्वस्त हो गया। फलतः अमेरिका के नेतृत्व में आतंकवाद विरोधी मुहिम शुरू हुई जिसने आतंकी हमलों के लिए जिम्मेदार ओसामा-बिन-लादेन के आंतकी संगठन अल-कायदा तथा उसे संरक्षण प्रदान करने वाले तालिबान को नेस्तनाबूत कर दिया, परन्तु, आतंकवाद की चुनौती अभी बनी हुई है। इस बीच उत्तर अटलांटिक संधि संगठन (नाटो) का विस्तार हुआ जिसमें पूर्वी यूरोप के देशों के साथ-साथ रूस को भी सम्मिलित किया गया। विगत कुछ वर्षों में वैश्विक धरातल पर राजनीतिक खुलापन बढ़ा है। अमेरिका में बराक ओबामा पहले अश्वेत राष्ट्रपति बन गए हैं। जबकि खाड़ी देशों तथा अफ्रीकी मुस्लिम देशों में लोकतांत्रिक आंधी आ गई है। इस तरह वर्तमान उत्तरआधुनिक दौर अनेक प्रकार के राजनीतिक-सामाजिक विवर्तनों का साक्षी है।

उत्तर आधुनिकतावाद के अभ्युदय के लिए न केवल राजनीतिक, सामाजिक, आर्थिक एवं सांस्कृतिक परिस्थितियाँ कारणीभूत तत्त्व के रूप में जिम्मेदार रही हैं अपितु उन्नत प्रौद्योगिकी तथा संचार क्रांति ने उसे सबसे ज्यादा गति प्रदान की। वर्तमान दौर सूचना के महाविस्फोट का युग है। प्रौद्योगिकीय क्रांति ने जीवन के सभी क्षेत्रों में अभूतपूर्व परिवर्तन उपस्थित किये। खाड़ी युद्ध के दौरान ही उपग्रह चैनलों ने युद्ध का सीधा प्रसारण कर एक अनोखा कीर्तिमान रचा। इसके बाद उपग्रह चैनलों की बाढ़ आ गई और उनके जरिये सूचना का महाविस्फोट हुआ। आज उपभोक्तावादी संस्कृति तथा बाजारवादी जीवन मूल्य विकास पर हैं। भूमंडलीकरण और विश्वग्राम (Global Village) के सपने को वास्तविक जामा पहनाने के लिए समूचे संसार को कम्प्यूटर संजाल के जरिए इंटरनेट और ई-कॉमर्स से जोड़ा जा रहा है। संचार माध्यमों का प्रभाव इस कदर बढ़ा है कि आप अपने मोबाइल फोन के जरिये न केवल चौबीस घंटे विश्व के संपर्क में रह सकते हैं अपितु उसी पर नवीनतम समाचार भी प्राप्त कर सकते हैं। संचार के क्षेत्र में दृश्य माध्यमों के तेजी से बढ़ते प्रभाव के बावजूद मुद्रित माध्यम, कला एवं साहित्य अपनी अस्मिता बचाने में कामयाब रहे हैं। उत्तरआधुनिकता प्रौद्योगिकीय क्रांति के रथ पर सवार होकर आई है। इसकी कोशिश है कि तकनीकी सुविधाएँ मनुष्य तक स्वयं जाएँ। अतः सुपर कम्प्यूटर, इंटरनेट, ई-कामर्स, ई-मेल, वेबजगत तथा टेलीविजन, टेलिशॉपिंग, टेलिबैंकिंग तथा सेल फोन जैसी तकनीकी सुविधाओं से मनुष्य लाभान्वित हो रहा है। उत्तरआधुनिकता सीमाहीन खुलेपन की हिमायती है। यह राजनीतिक समीकरण के बजाय व्यापारिक एवं व्यावसायिक समीकरणों के आधार पर विश्व के पुनर्गठन के लिए प्रयासरत है। अमेरिका-जापान के बीच व्यापार युद्ध, अमेरिकी प्रभुत्व के समानांतर यूरोपीय संघ, आसियान तथा जी-आठ जैसे संगठनों का उदय इसी बात का संकेत है। आर्थिक युद्ध अब मुद्राओं के घमासान में बदल गया है और डॉलर-येन, डॉलर-फ्रेंक, डालर-रूपये, डॉलर-मार्क डॉलर-यूरो आदि प्रतिदिन संघर्षरत हैं। इनकी हैसियत ऊपर-नीचे होती रहती है। बाजारवाद और उपभोक्तावाद उत्तरआधुनिकतावाद के सहचर हैं। सामाजिक और सांस्कृतिक धरातल पर उत्तरआधुनिक समाज बहुस्तरीय संबंधों का प्रतिष्ठापक है। यहाँ स्त्री-स्त्री एवं परस्त्री तथा परपुरुष संबंधों को वैधता प्राप्त होती है। यौन संबंधों के मामले में यह युग स्वेच्छाचारिता की हद तक उदार है। उत्तरआधुनिक मनुष्य रोटी, कपड़ा और मकान

की जगह पेप्सी, कोक, मैकडोनाल्ड के बर्गर तथा माइकल जैक्सन के नृत्य-संगीत के लिए ज्यादा चिंतित है। वह खाओ, पियो, मौज उड़ाओ को अपना आदर्श मानता है और विज्ञापन एवं पॉप संस्कृति का दीवाना है। यह वह दौर है जब विकसनशीन मनोविज्ञान (Evolutionary Psychology) के पुरस्कर्ताओं ने स्त्रियों के विवाहेतर संबंधों से लेकर पुरुषों की बलात्कारी-मनोवृत्ति तक को उचित ठहराने का प्रयास किया। उत्तरआधुनिक समाज का एक खाका प्रस्तुत करते हुए ल्योतार ने लिखा है कि, "एक उत्तरआधुनिकतावादी व्यक्ति अमेरिका में रहकर पश्चिमी अश्वेतों के संगीत से मोहित होता है। अपने दोपहर के भोजन में मैक्डोलाल्ड डिश लेता है और रात्रि भोजन में वह किसी विदेशी पाक-प्रणाली से बने खाने को खाता है। अमेरिका में रहकर वह पेरिस में बना इत्र लगाता है और उसका ज्ञान टी.वी., कम्प्यूटर गेम्स तक ही सीमित है। समाज में साहित्यकार, कलाकार और आलोचक क्या कर रहे हैं, इसके बारे में उत्तरआधुनिक व्यक्ति एकदम बेखबर होता है। ऐसे समाज में लोग कामचोर व आलसी बन जाते हैं। लोगों की चाहतें इस युग में एकदम अस्तव्यस्त होती है।"

उत्तरआधुनिकतावाद का विकास न केवल सामाजिक, सांस्कृतिक, आर्थिक एवं प्रौद्योगिकीय विकास अथवा बदलाव के कारण हुआ अपितु उसे अनेक राजनीतिक विचारों द्वारा बौद्धिक उत्तेजना प्राप्त हुई। सर्वप्रथम व्यक्ति की पूर्ण स्वतंत्रता में आस्था रखने वाले स्वेच्छातंत्रवाद (Libertarianism) ने उसे प्रेरित किया। यह उन सब संस्थाओं से मनुष्य की मुक्ति की कामना करता है जो उसकी विश्व दृष्टि को सीमित करती हैं। अतः यह राजनीतिक संस्थाओं के अतिरिक्त धर्म, परिवार और ऐसे रीति-रिवाज को भी समाप्त कर देना चाहता है जो व्यक्ति को किसी बने-बनाए साँचे में ढालने की कोशिश करते हैं। आइजिया बर्लिन ने यह तर्क दिया कि अपनी आकांक्षाएँ पूरी कर पाने की क्षमता या अक्षमता व्यक्ति का अपना मामला है, राज्य का इससे कोई सरोकार नहीं इसके विपरीत समतावाद (Egalitarianism) के उन्नायकों ने ऐसी व्यवस्था का समर्थन किया जिसमें समर्थ और संपन्न वर्गों के साथ-साथ निर्बल, निर्धन, और वंचित वर्गों को भी अपनी स्वतंत्रता के प्रयोग के लिए अनुकूल परिस्थितियाँ और पर्याप्त अवसर प्राप्त हों। इसी समय जॉन राल्स ने अपने न्याय सिद्धांत (Theory of Justice) में यह तर्क दिया कि उत्तम समाज में अनेक सद्‌गुण (Virtues) अपेक्षित है, उनमें न्याय का स्थान सर्वप्रथम है। न्याय उत्तम समाज की आवश्यक शर्त है। उन्होंने यह भी कहा कि, किसी व्यक्ति की असाधारण योग्यता और परिश्रम के लिए विशेष पुरस्कार तभी न्यायसंगत होगा जब उससे समाज के दीन-हीन वर्गों को अधिकतम लाभ पहुँचे। ये शर्तें पूरी हो जाने के बाद प्रतिस्पर्धात्मक अर्थव्यवस्था (Competitive Economy) के अंतर्गत कार्यकुशलता के मानदंड को लागू किया जा सकता है।

मार्क्यूजे के अनुसार प्रौद्योगिकीय क्रांति (Technological Revolution) ने मनुष्य की सुख-सुविधाएँ बहुत बढ़ा दी हैं। उसके चारों ओर बनावटी सुखों का जो जाल फैला है, उसमें उलझकर वह सृजनशीलता के सच्चे आनंद की कामना भी नहीं कर पाता। मनुष्य सोने के पिंजरे में बंद पंछी की तरह उसके आकर्षण में इतना डूब चुका है कि वह मुक्त आकाश में उड़ान भरने का आनंद भूल गया है। उत्तरआधुनिकतावाद को जिस अन्य राजनीतिक विचारधारा ने प्रेरणा दी, वह है नारीवाद (Feminism) अथवा स्त्री विमर्श या नारी-अधिकारवाद। सन् 1970 से शुरू होने वाले दशक में यूरोप और अमेरिका की अनेक जागरूक महिलाओं ने अनुभव किया कि अतीत तथा वर्तमान समाजों में स्त्रियों को अपने स्त्रीत्व के कारण अन्याय सहन करना पड़ा है, और आज

भी उनके साथ अन्याय हो रहा है जबकि स्त्री-पुरुष की मानसिक क्षमताओं में कोई अंतर नहीं है। इसलिए जरूरी है कि स्त्रियों के अधिकारों को मानव-अधिकारों (Human Rights) की सामान्य श्रेणी के रूप में मान्यता दी जाए, संपूर्ण सामाजिक जीवन के संदर्भ में स्त्री-पुरुष की समानता स्वीकार की जाए और स्त्री को परंपरागत पराधीनता से मुक्ति प्रदान करने के लिए स्त्रीत्व (Womanhood) की नई परिभाषा दी जाए। उत्तरआधुनिकतावाद ने इस विचार को अपनी स्वीकृति प्रदान करते हुए स्त्री विमर्श को पुरस्कृत किया। नारीवाद के अतिरिक्त जिस अन्य विचारात्मक आंदोलन (Ideological Movement) ने उत्तरआधुनिकतावाद को उत्प्रेरित किया, वह पर्यावरणवाद (Environmentalism) है जो पश्चिमी देशों में 1970 से शुरू होने वाले दशक में उभरकर सामने आया है और धीरे-धीरे पूरे विश्व में फैल गया। वातावरण के विज्ञान से गहरे सरोकार के कारण पर्यावरणवादियों को परिस्थिति विज्ञानी (Ecologists) भी कहा जाता है। चूँकि इस आंदोलन के अंतर्गत वातावरण में हरियाली कायम रखने पर जोर दिया जाता है, इसलिए इसे हरित राजनीति (Green Politics) की संज्ञा से अभिहित किया गया है। इसके समर्थकों का अभिमत है कि धरती किसी की निजी संपत्ति नहीं है। यह हमें अपने पूर्वजों से उत्तराधिकार में नहीं मिली बल्कि यह हमारे पास भावी पीढ़ी की धरोहर है। अतः हम वर्तमान प्राकृतिक संसाधनों को सुरक्षित रखने के दायित्व से बँधे हैं। पर्यावरणवाद जीवन की गुणवत्ता को आर्थिक संवृद्धि (Economic Growth) से ऊँचा स्थान देता है तथा प्राकृतिक संसाधनों, प्राकृतिक सौंदर्य, वातावरण की स्वच्छता तथा नगरों एवं उपनगरों के स्वरूप को कायम रखने पर बल देता है। इसके लिए वह उन्नत देशों के लोगों को अपने उपभोग के प्रतिमानों (Consumption Patterns) एवं जीवन -शैली में बदलाव लाने की हिदायत भी देता है। पर्यावरणवादी चाहते हैं कि मनुष्य प्रकृति के साथ संतुलन की अवस्था में रहे, उसे नष्ट न करे।

इस प्रकार हम देखते हैं कि अनेक राजनीतिक, सामाजिक, सांस्कृतिक, आर्थिक एवं प्रौद्योगिकीय प्रेरणाओं तथा जीवन-शैलियों के फलस्वरूप उत्तरआधुनिकतावाद का उदय हुआ। यद्यपि सर्वप्रथम इसका आरंभ पाश्चात्य देशों में वास्तुकला के क्षेत्र में हुआ, परन्तु देखते-देखते उसने जीवन के सभी आयामों को अपने प्रभाव क्षेत्र में ले लिया। आज विकसित देशों के अलावा भारत जैसे विकासशील देश भी उसके मायाजाल की ओर खिंच रहे हैं।

11.2 उत्तरआधुनिकतावाद का स्वरूप

बीसवीं शताब्दी के सांध्यचमक के दिनों में विशेषकर फ्रांसीसी विचारकों के बीच उत्तरआधुनिकतावाद को लेकर गंभीर चर्चा आरंभ हुई। इस क्षेत्र में नेतृत्वकारी भूमिका निभाई ल्योतार (Jean Francois Lyotard) ने, जिनकी पुस्तक The Postmodern Condition: A report on Knowledge (1979) उत्तरआधुनिकतावाद की सबसे शक्तिशाली सैद्धांतिक अभिव्यक्ति के रूप में प्रतिष्ठित है। इसने अपने प्रखर आक्रमण द्वारा आधुनिकता के प्रतिमानों को ध्वस्त कर दिया। पाश्चात्य देशों में इसे संदर्भ-ग्रंथ की प्रतिष्ठा प्राप्त है। जहाँ तक उत्तरआधुनिकतावाद पदबंध के प्रथम प्रयोग का सवाल है तो ऐसा समझा जाता है कि सर्वप्रथम सुप्रसिद्ध इतिहासकार आर्नल्ड टॉयन्बी ने अपनी पुस्तक AStudy of History में Post Modernism शब्द का प्रयोग ऐतिहासिक कालखंडों के अर्थ में किया। चार्ल्स जैन्क्स ने अपनी

पुस्तक What is Post-Modernism? (London, 1989) में लिखा है कि यह पुस्तक 1938 में लिखी गयी थी, भले ही इसका प्रकाशन 1947 ई. में हुआ हो। टॉयन्बी (Toynbee) ने सुझाव दिया कि अंधकार युग (675-1075), मध्य युग (1075-1475) तथा आधुनिक युग (1475-1875) के उपरांत उत्तरआधुनिक युग को पाश्चात्य इतिहास की चौथी अवस्था मानना चाहिए, जिसका समारंभ 1875 ई. से होता है। इस तरह 1875 ई. से आरंभ होने वाले युग में पाश्चात्य सभ्यता एक नए रूपांतरण दौर में प्रविष्ट हुई जिसे टॉयन्बी ने उत्तर-आधुनिक (Post Modern age) के नाम से अभिहित किया। यह काफी हद तक ठीक भी है क्योंकि ललित कलाओं में उत्तर-आधुनिकतावाद पदबंध का प्रयोग सर्वप्रथम कला सिद्धांत के रूप में हुआ। अंग्रेज चित्रकार डॉन वाटकिन्स चैपमैन ने फ्रांसीसी प्रभाववादी कलाकृतियों की तुलना में अपेक्षाकृत ज्यादा आधुनिक चित्रों के अर्थ में 1870 ई. के आसपास उत्तरआधुनिक चित्रकला (Post Modern Painting) जैसे पदबंध का प्रयोग किया था।

टॉयन्बी ने उत्तरआधुनिक युग की कतिपय प्रवृत्तियों को रेखांकित करते हुए लिखा है कि, "This period constituted a dramatic mutation and rupture form the previous modern age and was characterized by wars, Social turmoil and reolution. Toynbee described the age as one of anarchy and total relativism. He characterized the previous modern period as a middil-- class bourgeois era marked by social stability, rationalism, and progress-- a typical bourgious middil-- class conception of an era marked by cycles of crises, war, and revolution. The post modern age, by contrast, is a "Time of Troubles, marked by the collapse of rationalism and the ethos of the Enlighterment."[1]

जैसा कि टॉयन्बी नये उत्तरआधुनिक युग और उसके सार्वभौमिक दर्शन के इतिहास के साथ इसके ऐतिहासिक चक्रों की परिकल्पना और सभ्यताओं के उत्थान-पतन का एक व्यवस्थित सिद्धांत विकसित नहीं कर सके अतः उनका दार्शनिक आदर्शवाद और उनके विश्लेषण का धार्मिक बाह्य-स्वर समसामयिक संदर्भों में उत्तरआधुनिकता को ग्रहण करने वाले को पूर्णरूपेण विदेशी लगेगा। दरअसल, टॉयन्बी की प्रस्तुति सामाजिक-सांस्कृतिक शून्यवाद के वर्तमान दौर में काफी हद तक नीत्शे के शक्ति की इच्छा (Will to power) और स्पेंगलर के पश्चिम का पतन (Decline of the west) की याद दिलाती है। इन सबने ऐतिहासिक प्रक्रिया की पुनर्प्रतिष्ठा के साथ विभिन्न सांस्कृतिक नवीकरण परियोजनाओं को प्रस्तुत किया। इन सबने देखा कि आधुनिक युग बहुत तेजी से समाप्ति की ओर बढ़ रहा है जो प्रतिष्ठित परंपरागत मूल्यों, संस्थाओं और जीवन रूपों की दुर्गति का कारण है। टिम वूड्स (Tim woods) के अनुसार, सन् 1949 में जोसेफ हुडनट ने उत्तरआधुनिक शब्द बंध का प्रयोग सर्वप्रथम वास्तुकला के संदर्भ में किया।

सन् 1950 के आसपास संयुक्त राज्य अमेरिका के विविध अनुशासनों के भीतर एक नया उत्तरआधुनिक युग कतिपय ऐतिहासिक-सामाजिक अभिप्रायों को लेकर प्रकट हुआ। सुप्रसिद्ध सांस्कृतिक इतिहासकार बर्नार्ड रोसेनबर्ग ने उत्तरआधुनिक शब्द का प्रयोग बहुसंख्यक समाज की नवीन जीवन स्थितियों के संदर्भ में किया है। रोसेनबर्ग ने घोषित किया कि समाज और संस्कृति में निश्चित तौर पर मूलभूत परिवर्तन परिलक्षित हो रहे हैं। रोसनबर्ग के अनुसार, संक्षेप में,

"उत्तरआधुनिक संसार मनुष्य को सब कुछ अथवा कुछ नहीं निवेदित करता है।"[2] इसी वर्ष सुप्रसिद्ध अर्थशास्त्री पीटर ड्रकर की पुस्तक The land marks of tomorro अपने उपशीर्षक A report on the new post-modern world (1957) के साथ प्रकाशित हुई जिसमें ड्रकर ने उत्तरआधुनिक समाज को उत्तर-औद्योगिक समाज के बराबर तरजीह दी। ड्रकर का विश्वास था कि उत्तरआधुनिक संसार गरीबी और अज्ञानता का अंत, राष्ट्र-राज्य का पतन, विचारधारा का अंत तथा विश्वव्यापी आधुनिकीकरण की प्रक्रिया का द्रष्टा होगा।

नये उत्तरआधुनिक युग के संदर्भ में अत्यधिक नकारात्मक विचार सी राइट मिल्स की पुस्तक The Sociological Imagination (1959) में देखने को मिला। मिल्स ने घोषित किया कि, "हम आधुनिक युग की समाप्ति की दहलीज पर खड़े हैं। जिस तरह प्राचीन आभिजात्य युग कई शताब्दियों तक पौरस्त्य प्रभुत्व (Oriental ascendancy) द्वारा अनुगमन किया गया जिसे पाश्चात्य विद्वान अंधकार युग की संज्ञा देते हैं, उसी तरह अब आधुनिक युग उत्तरआधुनिक युग द्वारा अपदस्थ किया जा रहा है।"[3] इनके उपरांत हस्टन स्मिथ ने The revolution in western thought शीर्षक से 1961ई. में प्रकाशित अपने निबंध में पाया कि उत्तरआधुनिक वैचारिक परिवर्तनों ने समकालीन विज्ञान, दर्शन, अध्यात्म और कला को गहराइयों तक प्रभावित किया है। स्मिथ के लिए बीसवीं शताब्दी पाश्चात्य विचारों में एक क्रांति लायी है जो उत्तरआधुनिक मस्तिष्क का उद्‌घाटन करती है। उत्तरआधुनिक युग की अपेक्षाकृत ज्यादा व्यवस्थित और विस्तृत परिकल्पना ब्रिटिश इतिहासकार ज्यॉफ्री बराक्लो की पुस्तक An Introduction to contemporary History (1964) में देखने को मिलता है। सन् 1970 के दशक में कई सांस्कृतिक और सामाजिक सिद्धांत शास्त्रियों ने आधुनिकतावादी संस्कृति की टूटन और अभिनव उत्तर-आधुनिक कलात्मक रूपों के अभ्युदय के संदर्भ में विमर्श आरंभ किया। इर्विंग होव (1970) और हेरी लेविन सामान्यतः नयी उत्तरआधुनिक संस्कृति के प्रति नकारात्मक रहे, जिसे उन्होंने वैचारिक ज्ञान के पतन, बुद्धिवाद विरोध एवं सामाजिक बदलाव को आगे ले जाने में संस्कृति की क्षमता के प्रति आधुनिकों की आशा के परित्याग के द्वारा निरूपित किया। जबकि सुसन सोंतेग (Susan Sontag 1972) लेस्ली फिडलर एवं इहाब हसन ने दोनों का अन्तर स्पष्ट करते हुए माना कि उत्तरआधुनिक संस्कृति एक सकारात्मक विचार है जो आधुनिकतावाद और आधुनिकता के दमनकारी रूपों का विरोध करती है।

साहित्यिक उत्तरआधुनिकतावाद को सबसे ज्यादा लोकप्रियता तथा बहुआयामी प्रशंसा हसन के कार्यों से ही मिली, जिन्होंने उत्तरआधुनिक साहित्य और विचारों पर धारावाहिक रूप में परिचर्चा का 1971, 1979 तथा 1987 ई. में प्रकाशन किया। हसन ने उत्तरआधुनिकतावाद को औद्योगिक पूँजीवाद तथा पाश्चात्य विचारों एवं मूल्यों में निश्चित ऐतिहासिक परिवर्तन के रूप में निरूपित किया। वह उत्तरआधुनिक साहित्य को पश्चिमी समाज में घटित हो रहे लक्षण के रूप में देखता है। उत्तरआधुनिक रूपों का विकास साहित्य, कविता, चित्रकला एवं वास्तुकला के क्षेत्र में 1970 तथा 1980 के दशक में जारी रहा, जो कला क्षेत्र में उत्तरआधुनिक संवादों की सहमति के साथ प्रकट हुआ। वास्तुकला के क्षेत्र में उत्तरआधुनिक शैलियों की शुद्धता तथा रूपवाद के विरुद्ध कठोर प्रतिक्रिया हुई। वास्तुकला के द्वारा एक बेहतर दुनिया के निर्माण का Le Corbusier जैसे वास्तुकारों का यूटोपियाई स्वप्न अनुर्वर गगनचुंबी इमारतों पर आधृत था जो शहरी गृह प्रकल्पों को खारिज करता था। चार्ल्स जेंक्स की प्रभावशाली पुस्तक The language of Modern

Architechture (1977) ने चयन और लोकप्रियता पर आधारित एक अभिनव उत्तरआधुनिक शिल्प के रूप में ख्याति अर्जित की और उत्तरआधुनिक विचारों की प्रतिष्ठा में सहायता प्रदान की। सन् 1970 से शुरू होने वाले दशक के मध्य में संयुक्त राज्य अमेरिका में इतिहास के नए दौर को परिभाषित करने के लिए उत्तरआधुनिक शब्दबंध का प्रयोग करने वाली अनेक पुस्तकें लिखी गयीं, जिनमें फ्रेडरिक की पुस्तक Shaping the Future, Resources for the Post-Modern World (1976) और डेनियल बेल की पुस्तक The cultural contradiction of capitalism विशेष रूप से उल्लेख्य है। यदि फ्रेडरिक ने उत्तरआधुनिक चेतना तथा नए भविष्य के लिए मूल्यों और संस्थानों का पूरा विकल्प प्रस्तुत किया तो डेनियल बेल ने उत्तरआधुनिक अवस्था को विद्रोहों के विस्तार तथा बुजुर्वा मनोवृत्ति के अंत के रूप में निरूपित किया। अमेरिकी और ब्रिटिश विद्वानों के अतिरिक्त फ्रांसीसी विचारकों ने उत्तरआधुनिकतावाद का स्वरूप स्पष्ट करने में विशेष अभिरुचि दिखाई।

फ्रांसीसी विचारकों में ल्योतार, बौद्रिआ, देल्यूज एवं ग्वात्री ने उत्तरआधुनिकता के सिद्धांत निर्माण में महत्वपूर्ण भूमिका निभाई। बौद्रिआ उत्तरआधुनिक समाज और संस्कृति का प्रथमश्रेणी का समीक्षक है। इसने अपनी दो पुस्तकों The Mirror of Production (1973) तथा Symbolic Exchange and death (1975) में श्रम का अंत, उत्पादन का अंत और राजनीतिक अर्थव्यवस्था के समाप्ति की घोषणा की।इन मीमांसकों ने उत्तर-संरचनावाद एवं उत्तरआधुनिकतावाद के अंतर को भी स्पष्ट किया। उत्तर संरचनावाद सैद्धांतिक ज्यादा है। वह नये विचारों, लेखन एवं वैयक्तिकता के नए प्रतिमानों का उत्पाद है जिसे उत्तरआधुनिकतावाद की सैद्धांतिकी भी कह सकते हैं। जबकि उत्तरआधुनिकतावाद एक व्यापक अवधारणा है जो अपने में तमाम राजनीतिक, सामाजिक, आर्थिक, सांस्कृतिक तथा प्रौद्योगिकीय संदर्भों को समेटे हुए हैं। उत्तरआधुनिकतावाद अपने प्रशस्त रूप में उत्तर-संरचनावाद, विरचनावाद, नारी अधिकारवाद, पर्यावरणवाद तथा युवा अधिकारवाद एवं काले लोगों के संघर्ष (भारतीय संदर्भ में दलित विमर्श) जैसी अनेक विचारधाराओं को अंतर्भुक्त किए हुए हैं। स्टीवन बेस्ट एवं डगलस केल्नर के अनुसार, "वस्तुतः उत्तरआधुनिक सैद्धांतिकी आधुनिक सिद्धांतों की संरचनात्मक मीमांसा को उचित ठहराती है, उसे मौलिक बनाती है तथा उसे नये सैद्धांतिक क्षेत्रों तक विस्तृत करती है। राजनीतिक क्षेत्र में अधिकांश उत्तर-संरचनावादी एवं उत्तरआधुनिकतावादी सिद्धांत उत्तर-मार्क्सवाद का स्थान ले लेते हैं जो मार्क्सवाद को अव्यावहारिक अथवा उत्पीड़नकारी संवाद मानते हैं जिसकी वर्तमान दौर में कोई प्रासंगिकता नहीं है।"[4]

सन् 1970 के आसपास फ्रांसीसी विचारकों ने विचारशील, ज्ञानवर्धक संवादों तथा मानवीय परिकल्पनाओं के मूल में निहित आधुनिक सिद्धांतों पर प्रहार आरंभ किये। फाउकॉल्ट ने (1973a, 1980a, 1982a तथा 1982b) 'मनुष्य की मृत्यु' को उद्घोषित किया जबकि राजनीति, नीतिशास्त्र तथा सिद्धांतशास्त्र के नए विचारों में विकास हो रहा है। बौद्रिआ उत्तरआधुनिक समाज के राजनीतिक एवं सैद्धांतिक निहितार्थ को वर्णित करते हैं जिसमें मौलिक परिवर्तन, संकेतों का अनवरत गतिशील आत्म प्रजनन अनुकरण उत्पन्न करता है जो समाज, संस्कृति, अनुभव एवं उद्देश्यों के नए रूपों का सृजन करता है। ल्योतार (1984 a) उत्तरआधुनिक अवस्था का वर्णन करते हैं जो महावृत्तांत और आधुनिकता की आशाओं के अंत को रेखांकित करता है और अतीत की क्रांतिकारी राजनीति तथा सामाजिक सिद्धांतों का योगनिर्धारण करते हुए उसके साथ गतिशील

विचारों की प्रवाहमानता की असंभाव्यता प्रकट करता है। अब उत्तरआधुनिकतावाद केवल फ्रांसीसी अवधारणा नहीं है अपितु इसने अंतर्राष्ट्रीय हैसियत प्राप्त की है। फ्रांस के अतिरिक्त जर्मनी, अमेरिका, इंग्लैण्ड, कनाडा तथा आस्ट्रेलिया जैसे देशों में भी उत्तरआधुनिकतावाद पर व्यापक विमर्श हुआ।

इस प्रकार उत्तरआधुनिक विमर्श आधुनिकतावाद के समक्ष एक चुनौती है। हिंदी में उत्तरआधुनिक शब्द-बंध का प्रयोग अंग्रेजी के 'Post Modern' के भाषिक रूपांतरण के रूप में ही होता है। उत्तर शब्द का तात्पर्य है- 'बाद का', यानी जो किसी क्रम में बाद में आये। इस तरह आधुनिकतावाद के पश्चात् आने वाली अवधारणा का नाम उत्तरआधुनिकतावाद है। ऐसा विवेचन करने से उत्तर-आधुनिक शब्द एक काल क्रम की व्यवस्था का निर्धारक हो जाता है तथा जो इतिहास, समाज, संस्कृति, विचार एवं जीवनशैलियों में आए आमूलचूल परिवर्तन का संकेतक बन जाता है। उत्तरआधुनिकतावाद का जीवन के अनेक क्षेत्रों तथा तमाम ज्ञानानुशासनों में प्रयोग होने के कारण इसके अर्थ एवं वास्तविक आशय तथा स्वरूप-विश्लेषण को लेकर भ्रम की स्थिति है। कतिपय विद्वान् उसे आधुनिकतावाद का नवजात शिशु अथवा उसकी नवीनतम स्थिति मानते हैं तो कुछ तो उसे आधुनिकता की भस्म से उत्पन्न बतलाते हैं। यदि एक ओर कुछ सिद्धांतशास्त्री एवं टिप्पणीकार उत्तरआधुनिक शब्द-बंध का प्रयोग नयी अवधारणा के सविस्तार वर्णन के रूप में करते हैं तो दूसरी ओर उसे विचारधारा के अंत की घोषणा करने वाला भी प्रतिपादित किया गया। इसी तरह एक अन्य अर्थ मे उसे नयी सैद्धांतिक, सांस्कृतिक और राजनीतिक-विमर्शों तथा व्यवहारों का अंगीकार करने वाले नियामक एवं निवेदक के रूप में विवेचित किया जाता है। उत्तरआधुनिकता को आधुनिकता का उत्तरोत्तर तथा अत्याधुनिकता जैसे शब्दबंधों द्वारा भी अभिहित किया जाता है।

दरअसल, उत्तरआधुनिक विमर्श के संदर्भ में उत्तर शब्द की विशिष्ट भूमिका है। यह एक तरफ जो आधुनिक नहीं है उसका द्योतन करता है तो दूसरी तरफ इसकी सक्रिय निषेधपरक अर्थवत्ता आधुनिक युग के सैद्धांतिक एवं सांस्कृतिक व्यवहारों के परे ले जाती है। इस तरह उत्तरआधुनिक विमर्श एवं व्यवहार आधुनिकता के विरोध में उपस्थित होता है जो आधुनिक विचारधाराओं, शैलियों, व्यवहारों एवं सम्पूर्णता की अवधारणा को तोड़ता है, उस पर प्रहार करता है और आधुनिकतावाद को सिरे से खारिज करता है। यदि आधुनिकतावाद के नाभिकेन्द्र में विवेक है तो उत्तरआधुनिकतावाद के नाभिकेन्द्र में इच्छा है। उत्तरआधुनिकतावाद की सकारात्मक व्याख्या पुरातन प्रतिबंधों एवं कष्टकर स्थितियों से मुक्ति (Vattimo 1985) है क्योंकि आधुनिकतावाद ने पुरातन के प्रति प्रत्यागमन कर कतिपय प्राचीन मूल्यों की पुनर्प्रतिष्ठा की थी; जबकि उत्तरआधुनिकतावाद अतीत से अपने को पूर्णतः मुक्त रखता है। यह नए विकास का पुष्टिकर्ता है, जो नयी मनोभूमि, अभिनव विमर्श तथा नए विचारों की ओर अग्रसर है (Foucault 1973b; Deleuze and guattari 1983 and 1987; Lyotard 1984 a)। अथवा उत्तरआधुनिकतावाद को नकारात्मक ढंग से शोचनीय प्रत्यावर्तन के रूप में व्याख्यायित किया जा सकता है, जिसे परंपरागत मूल्यों, निश्चितता एवं स्थिरता के क्षय के रूप में भी देखा जा सकता है (Toynbee 1963 and 1987 a)

दूसरी तरफ उत्तर-आधुनिक में 'उत्तर' शब्द निर्भरता का संकेत करता है, जिसे एक सतत प्रक्रिया के रूप में आधुनिकता का विकासमान रूप अथवा अतिआधुनिकता के रूप में

(Merquior 1986; 1987) या आधुनिकता का एक नया चेहरा (Calinescu 1987) अथवा आधुनिकता के भीतर उत्तरआधुनिक विकास (Welsch 1988) के रूप में अभिहित किया गया। इस प्रकार उत्तरआधुनिकता एक युग के अंत और कुछ नए आविष्कार का दौर है। जिसका जन्म संचारक्रांति, सूचना प्रौद्योगिकी एवं भूमंडलीकरण द्वारा प्रायोजित विश्व-ग्राम की कोख से हुआ है। यह हमसे माँग करता है कि हम नये प्रभेदों, सिद्धांतों तथा पद्धतियों का विकास करें जिससे इस आख्यान तथा सामाजिक एवं सांस्कृतिक स्थिति का वैचारिक दोहर कर सकें। उत्तरआधुनिकता का स्वरूप विश्लेषण करते हुए डॉ. पाण्डेय शशिभूषण 'शीतांशु' ने ठीक ही लिखा है कि, "उत्तरआधुनिकता ने बृहत्-वृत्तांतों और अधिवृतांतों की सैद्धांतिकी को खारिज कर दिया है। वह मार्क्सवाद और ईसाइयत को काटती है। ये दोनों ही उसकी दृष्टि में महावृत्तांत (Grand Narratives) हैं। इसी तरह वह मनोविश्लेषणात्मकता के अधिवृत्तांत को भी नकारती है। उसकी दृष्टि में घटनाओं का कोई भी क्रम अपने-आप में वृत्तांत है वह विशेषणहीन वृत्तांत का पक्षधर है। इसकी दृष्टि में ऐसे वृत्तांतों की अपनी प्रामाणिकता है। अब किसी वृहत वृत्तांत से इसे प्रमाणीकृत और विहित करने की अपेक्षा नहीं है। उत्तर-आधुनिकता मूल्य-मीमांसा को खारिज करती है, उसकी उपेक्षा करती है। वह अनुभावन मात्र का पक्षधर है। बौद्रिआ (Baudrillard)ल्योतार से भी अधिक अराजकतावादी है। इसीलिए वह मूल्यहीन दृष्टि से सभी वृत्तांतों को समान मानता है। यहाँ किसी प्रकार की ऊर्ध्वाधरता या वरीयता नहीं है। उत्तरआधुनिक चिन्तन ऊर्ध्वाधरता विरोधी है। उत्तर-आधुनिकता व्यक्ति-केन्द्रित सिद्धांत है। इसकी दृष्टि में न केवल महावृत्तांतों की श्रृंखला से, बल्कि पूर्वसत्ता की व्याख्यात्मक व्यवस्था से व्यक्ति को विमुक्त करना अपेक्षित है। यहाँ व्यक्ति का सम्पर्क वस्तुओं, पदार्थों और घटनाओं से नहीं, दूसरे प्राणियों से नहीं, अपितु सदैव प्रतिछायाओं से है। यहाँ निरन्तर यथार्थ से छाया की ओर छलांग है। अब माध्यम ही संदेश बन गया है। दूरदर्शन और फिल्मों की छायाएँ अन्यतम यथार्थ बन गयी है और यथार्थ जीवन इनसे कहीं कम रह गया है।"[5]

सारांश यह कि उत्तर-आधुनिकता एक जटिल प्रत्यय है जिसकी बौद्धिक-मीमांसा कम चुनौतीपूर्ण नहीं है। प्रायः हर बड़े बौद्धिक आंदोलन की तरह इसके भी उभयपक्ष हैं। यदि वह एक तरफ परंपरागत प्रतिष्ठित मूल्यों को खारिज करती है तो दूसरी तरफ बौद्धिक-मीमांसा एवं मानवीय-चिंता को आगे बढ़ाती है। सीमाहीन खुलापन उसकी केन्द्रीय विशेषता है। कदाचित इसी कारण वह आधुनिकतावाद द्वारा प्रतिष्ठित राष्ट्र-राज्य की सीमाओं के रेखांकन का अतिक्रमण करती है और राष्ट्रीयता से अन्तर्राष्ट्रीयता की ओर प्रयाण कर भूमण्डलीकरण, विश्वग्राम और विश्वनागरिकता की दिशा में अपने कदम बढ़ाती है। उत्तरआधुनिकता न केवल स्थलीय धरातल पर अपितु सामाजिक एवं सांस्कृतिक स्तर पर भी राष्ट्र की हदबन्दी को तोड़नेवाली है। संक्षेप में, वह प्रौद्योगिकीय क्रांति के रथ पर सवार होकर समयानुकूल उपस्थित एक ऐसा बहुआयामी बौद्धिक-आन्दोलन है जिसने परंपरागत प्रादर्शों को चकनाचूर करते हुए मनुष्य को अपने अनुसार जीने, सृजन करने और नव-निर्माण करने के लिए खुला छोड़ दिया है। जहाँ मनुष्य तकनीकी कौशल के सहारे असंभाव्य को संभाव्य बना सकता है।

भारतीय संदर्भ में उत्तर आधुनिकता यथार्थ से मीडिया परिचालित छाया में छलांग है वह सूचनातंत्र के कृत्रिम जुड़ाव के रूप में वैश्विक गाँव के सपने को वास्तविकता का जामा पहना रही है। वैश्वीकरण की अवधारणा के वाहक जनमाध्यम, बाजारवाद तथा उपभोक्तावाद उसके

सहचर बनकर उभरे हैं। यहाँ उसे फन् -फूड, फैशन तथा फिल्म के क्षेत्र में विशेष सफलता मिली है। वह प्रकारांतर से स्थितियों का बहुवचनवाद है। वह मनुष्य को पेशेवर बनाती है। वह खर्च और कर्ज पर जोर देती है। वह असंगति को स्वीकार करती है। उसमें तकनीकी कौशल द्वारा संदेश को तटस्थ कर देने की क्षमता है। वह विभिन्न सामाजिक विज्ञानों, कला, साहित्य, दर्शन आदि की सीमाओं को स्वीकार करने के लिए तैयार नहीं है। वह ज्ञान को विशिष्टताओं में कैद करने के बजाय उसके उत्पादन और रूपांतरण पर ज़ोर देती है। वह ज्ञान को बेचने के लिए अर्जित करने का पक्षधर है। वह कम्प्यूटर द्वारा विशालतम ज्ञान को एक फ्लॉपी, सी.डी., चिप एवं पेन ड्राइव में रूपांतरित करके खुले बाजार में बेचने का कौशल उपलब्ध कराती है। वह अद्यतन तकनीकी उपलब्धियों को शक्ति का पर्याय मानती है। उसके अनुसार जिस देश के पास विविध सूचनाओं का जितना अधिक भण्डार होगा, वह देश उतना ही अधिक शक्तिशाली होगा, वह देश उतना ही अधिक शक्तिशाली होगा। यही कारण है कि हमारा देश सूचना प्रौद्योगिकी के क्षेत्र में महाशक्ति बनकर उभर रहा है।

11.3 उत्तरआधुनिकतावाद की प्रमुख विशेषताएँ

सन् 1970 से अब तक उत्तर आधुनिकतवादी लेखन और समीक्षा पद्धति का बोलबाला रहा है। इस दौरान जॉन एफ. केनेडी की हत्या और शैतान की आयतें (Satanic Verses-1989) लिखने के कारण सलमान रुश्दी को मौत का फतवा जैसी महत्वपूर्ण घटनाएँ घटीं। शीत-युद्ध के सबसे प्रभावी प्रतीक के रूप में खड़ी बर्लिन की दीवार का टूटना और जर्मनी का एकीकरण इस दोर की अन्य महत्वपूर्ण घटना है। इस समय समूचा संसार त्वरित तकनीकी परिवर्तनों एवं विचारधारात्मक अनिश्चितताओं के कारण असहज महसूस कर रहा था। इस वातावरण में साहित्य किस तरह अपनी भूमिका निभा रहा था, इसका संकेत रोथ (Roth) एवं वूल्फ (Wolfe) के निबंधों में मिलता है। इस दौरान उत्तर-आधुनिकता को साहित्य से संदर्भित किया गया। साहित्य में इसका सरोकार रचनात्मक लेखन के साथ-साथ उसके मूल्यांकन की आलोचनात्मक प्रक्रिया से भी है चूँकि उत्तर-आधुनिकता कला, साहित्य, संस्कृति, इतिहास, वास्तुकला, चलचित्र, दूरदर्शन, नृत्य, दर्शन, विज्ञान, प्रौद्योगिकी तथा भाषिक-क्रीड़ाओं एवं एक जैसी नहीं है, इसलिए उसकी प्रमुख विशेषताओं का निदर्शन करना आसान नहीं है। फिर भी, इसकी कतिपय प्रधान विशेषताएँ इस प्रकार विवेचित की जा सकती हैं-

11.3.1 कालिक व्यतिक्रम की प्रतिष्ठा और इतिहास के अंत की घोषणा

उत्तरआधुनिकतावाद कालगत क्रमबद्धता अथवा एकरूपता का अतिक्रमण करता है। यह शुद्ध इतिहास का निषेध करता है। यह बीती हुई घटनाओं की क्रमागत प्रस्तुति का विरोधी है। यह इतिहास की मृत्यु की घोषणा करते हुए विगत घटनाओं के आभ्यंतर को नकारता है। यह कालकेन्द्रिकता और विन्दुवारिता के बजाय घटनीयता, असमयपरकता और कालिक-व्यतिक्रम को प्रतिष्ठित करने के लिए संकल्पित है। लिंदा हच्यॉन ने अपनी पुस्तक A poetics of Post-madernism : History,Theory, Fiction (1988) में लिखा है कि, "उत्तरआधुनिकतावाद एक परस्पर विरोधी उपक्रम है इसके कलागत रूप, प्रयोग और दुरुपयोग, प्रतिष्ठापित करना

और तदुपरांत परंपरा को अस्थिर करना...आलोचनात्मक रूप में अथवा वक्रोक्तिपूर्ण ढंग से अतीत की कलाओं का पुनराध्ययन करना इत्यादि। वह आगे कहती हैं कि पुरावृत्त रचना-विषयक कथारूपकों में ही उत्तरआधुनिक लेखन अपने सर्वोत्तम रूप में साकार हुआ है। इसे कई अर्थों में निष्पादित किया जा सकता है, जैसा कि ब्रायन म्हाले (Briam Mchale) ने इसे अप्रमाणिक इतिहास, काल-दोषता अथवा इतिहास और फंतासी का घाल-मेल कहा है।"[6] उत्तरआधुनिक इतिहासकार के रूप में हेडेन ह्वाइट का नाम लिया जाता है। इनकी पुस्तक Meta-History उत्तरआधुनिक संदर्भ में इतिहास के वृत्तांतपरक दर्शन का निर्वचन करती है। फलतः यह पुस्तक ऐतिहासिक विमर्श के केन्द्र में आ गई है। इस पुस्तक ने तथ्य और कल्पना, इतिहास और फैंटसी के अंतराल को मिटा दिया है। यहाँ इतिहास-दर्शन और लेखन को एक बहुस्तरीय प्रोक्ति के रूप में ग्रहण किया गया। ह्वाइट के अनुसार संसार के बारे में सोचना वृत्तांतवादी वैशिष्ट्य है। यथार्थ तो घटनाओं का प्रवाह है, जो अर्थ-विहीन है। यहाँ तक कि हमारे जीवन में घटनेवाली घटनाएँ इतिहासकारों द्वारा विश्लेषित ऐतिहासिक अभिलेखों की तरह ही अस्त-व्यस्त और अनिश्चित हैं। अतीत जैसा है उसे समझा नहीं जा सकता, क्योंकि यह अर्थहीन तथ्यों में घटना की स्थितियों और स्वतः घटनाओं के द्वारा रचा गया है। ऐसी स्थिति में इतिहासकार अतीत के गद्य को इतिहास की कविता में रूपांतरित करता है। वह प्रकारांतर से अतीत को इतिहास में रूपांतरित करता है।

इसी तरह अप्रमाणिक इतिहास अथवा कालदोषता विख्यात घटनाओं के नकली लेखा-जोखा से अनुप्राणित होता है। इस दृष्टि से Kazuo Ishiguro के उपन्यास The Remains of the Day (1989) को लिया जा सकता है। यह उपन्यास द्वितीय विश्वयुद्ध के पूर्व जर्मनी के प्रति ब्रिटेन की तुष्टिकरण की नीति के संदर्भ में एक सरकारी आवास में एक खानसामा की संक्षिप्त किन्तु अत्यंत महत्वपूर्ण भूमिका को उजागर करता है। कालदोषता असंगत विवरणों एवं घटनाओं के उद्धत उद्दीपन से कालिक व्यवस्था को भंग करती है। इस्माइल रीड के उपन्यास Flight to Canada (1976) में अब्राहम लिंकन एक टेलिफोन करते हैं और उनकी हत्या की खबर दूरदर्शन पर प्रसारित होती है। उत्तर आधुनिक कथा साहित्य केवल अतीत को ही नहीं छिन्न-भिन्न करता है अपितु वर्तमान को भी दूषित करता है। बौद्रिआ तो केनेटी को उद्धृत करते हुए इतिहास के अंत की ही घोषणा कर देता है। वह अपनी पुस्तक The year 2000 Has already Happened (1988 a) में इतिहास के अंत को स्पष्ट करने के लिए तीन भिन्न व्याख्याओं का सहारा लेता है। इस संदर्भ में स्टीवन बेस्ट और डगलस केलनर लिखते हैं कि, "His First hypothesis derives from astrophysics, and has to do with the possibility that the increasing speed with which the universe is expanding will accelerate the movement of history to such an extent that it will eventually vanish 'into a hyperspace where it loses all meaning (1988 a : P-36) His second hypothesis also derives from the physical Sciences, but the Scenario is the inverse of the first. Drawing on the concept of entropy, Baudrillard suggests that if society, the masses, reach a state of absolute passivity and boredom, history will implode into a state of inertia and stagnation (1988 a: PP.37f). His third hypothesis derives rom technology, and suggests that in a situation of technological perfection, extities will cease being what they were priviously, Thus music, as we presently know it, could conceivably disappear as Stereophonic perfection increases. Other phenomena could similarly disappear as they become perfected. As a result, we would enter a quatitatively new field of experience, as we leave the real of history for that of simulation. (1988 a: P.40)"[7] वर्तमान सामाजिक-सांस्कृतिक स्थितियों पर बौद्रिआ सूचना प्रौद्योगिकी के विस्फोट के तुलनात्मक संदर्भ में टिप्पणी करता है।

इसके अतिरिक्त हम यह भी कह सकते हैं कि उत्तरआधुनिकता की कालिक अवधारणा काल को निरवधि रूप में देखने की है। वह सीमाहीन काल की संकल्पना प्रस्तुत करती है। साथ ही, भूत, वर्तमान एवं भविष्य काल को अलग न मानकर युगपत अथवा समानांतर मानती है। वह काल को प्लुत घटना-प्रवाह के रूप में देखती है जिसमें असमय परकता, घटनीयता तथा काल दोषता की विशेष भूमिका है। यहां हमें यह नहीं भूलना चाहिए कि संस्कृत साहित्य में भी निरवधि काल अथवा वृत्तीय काल का चिंतन उपलब्ध होता है, भले ही, हम उसका पुरस्करण न कर सके हों। इस तरह उत्तरआधुनिक सैद्धांतिकी की परिपुष्टि के लिए संस्कृत साहित्य भी एक अनुकूल अभयारण्य हो सकता है। अपने कालचिंतन और वैज्ञानिक निष्पत्तियों के धरातल पर विशेष रूप से तुलनीय है।

11.3.2 सांस्थानिक शैथिल्य तथा सर्वसत्तावाद के स्थान पर बहुलता को प्रोत्साहन

उत्तरआधुनिक दौर सांस्थानिक शिथिलता का दौर है इस युग में मनुष्य पर परंपरागत संस्थानों का नियंत्रण कम हो रहा है। वह अपनी अतिशय महत्त्वाकांक्षा की पूर्ति के लिए अपेक्षाकृत ज्यादा स्वायत्तता का अनुभव कर रहा है। उत्तर-आधुनिकता सांस्थानिकता के अंतर्गत समाज, विवाह, परिवार, धर्म, राज्य, राष्ट्र तथा शैक्षणिक संस्था-सबकी जड़बद्धता का अतिक्रमण करती है। मानवाधिकार संगठनों की बढ़ती भूमिका शासकीय संस्थानों के दमन का विरोध करती है। अब शासक वर्ग को ही नागरिक अधिकारों की रक्षा के प्रति वचनबद्ध होना पड़ रहा है। अब तकनीक व्यक्तिमत्ता अथवा वैयक्तिकता का भी अतिक्रमण करने के लिए सुविधा उपलब्ध करा रहा है। मानव-क्लोन बनाने का प्रयास इस दिशा का संकेत भर है। साथ ही, शल्य-चिकित्सा के जरिये लिंग-परिवर्तन जैसी घटनाएँ पुराकथाओं की याद दिलाती हैं जहाँ परकाथ-प्रवेश एवं व्यक्तित्व रूपांतरण की चर्चा आती है।

उत्तरआधुनिकतावाद सर्वसत्तावाद के स्थान पर बहुलतावाद को प्रोत्साहन देता है। यह केन्द्रहीनता अथवा विकेन्द्रीकरण का पक्षधर है। यह किसी के भी एकाधिकार को चुनौती देता है। साथ ही, आस्था के स्थान पर सन्देह तथा आज्ञापलन के स्थान पर आलोचनात्मक दृष्टिकोण को प्रतिष्ठित करता है। उत्तरआधुनिकतावाद का प्रतिपाद्य है कि सर्वाधिकारवाद की परिणति निरंकुशता, एकरसता एवं एकरूपता में होती है जो रचनात्मकता का सबसे बड़ा शत्रु है। सच्चा सृजन स्वतःस्फूर्त, व्यवस्थारहित तथा निर्बाध होता है। इसके लिए खुला, निर्बन्ध एवं स्वच्छंद वातावरण का होना जरूरी है। यदि रचनात्मकता ही यांत्रिक एकाधिकारवाद के अधीन होगी तो उसका अस्तित्व ही खतरे में पड़ जाएगा। इन्हीं विशेषताओं के कारण कतिपय विद्वान

उत्तरआधुनिकतावाद को स्वच्छंदतावादी साहित्य-सिद्धांत का समान्यीकरण मानते हैं। इसे स्थितियों का बहुवचनवाद भी कहा जाता है। इस संदर्भ में न्याल लूसी (Niall Lucy) का अधिमत है कि, "Postmodernism, the problem of inside/outside relations is not confined to the question of literature but extends rather across the whole field of culture and society. What was once the romantic space of the literary becomes, for postmodernism a general plane of human existence, of which concepts of identity, origin and truth are seen as multiple and stuctureless assemblages rather than as grounds for understanding human being and culture.... I think 'Postmodernism' refers to the generalization or flattening out of the romantic theory of literature which marks it as a radical theory of the nonfoundational, structureless structure of tuth"[8]

उत्तरआधुनिकता साहित्यिक कृति की संरचनात्मक अन्विति अथवा रचनात्मक एकरूपता में ही विश्वास नहीं रखती। इस दृष्टि से यह विश्रृंखलन के शिल्प की हिमायती है यह एक आधिकारिक कथा के इर्द-गिर्द रचना-विधान निर्मित करने के बजाय प्रासंगिक कथाओं के संश्लेषण पर जोर देती है। कदाचित् इसी कारण ल्योतार जोर देकर कहता है कि महावृत्तांत (Grand Narratives) का युग समाप्त हो चुका है और उनका स्थान लघुवृत्तांत ले रहे हैं। यहां महावृत्तांत और लघुवृत्तांत का अंतर समझने से पूर्व यह समझना जरूरी है कि वृत्तांत क्या है? इस देश में प्रचलित पुराकथाएं, मिथक, पंचतंत्र, हितोपदेश जैसी लोकप्रिय कहानियां तथा शताब्दियों से स्थिर लोक विश्वास वृत्तांत के अंतर्गत आते हैं। विश्वभर में फैले ऐसे समाज जिनकी जड़ें परंपरा में बहुत दूर तक जाती हैं उनमें वृत्तांतों की भरमार होती है। भारतीय संदर्भ में रामायण, महाभारत, अठारह पुराण तथा कुमार संभव से लेकर कामायनी तक लिखे गए तमाम महाकाव्य भव्यवृत्तांत के अंतर्गत परिगणित किए जाते हैं। भारतीय साहित्य में मिथकों की बराबर भरमार है मिथकों से जुड़ी कथाएं वार्ताएं अब भी कोटि-कोटि जनों के व्रतों और उपासना को दिशा देते हैं। उत्तरआधुनिकतावादी तो ईसाइयत एवं मार्क्सवाद को भी महावृत्तांत कहकर खारिज करते हैं। इनके अनुसार वृत्तांत समाज की रूढ़ियों, परंपराओं तथा अंधविश्वासों को वैधता प्रदान करते हैं। ऐसी स्थिति में उत्तरआधुनिकता का बौद्धिक खुलापन महान वृत्तांतों के वर्चस्ववाद को चुनौती देता है। अतः इस बात पर विचार करने की जरूरत है कि लघुवृत्तांत भी महत्वपूर्ण हैं। उत्तरआधुनिकता ने संसार की बहु-केन्द्रीयता का राग अलापकार बहुध्रुवीय विश्व का मार्ग प्रशस्त किया है। यह कलाकृति को बहुरूपता, बहुस्तरीयता एवं बहुआयामिता प्रदान करने की पक्षधर है जिससे कि जटिल संरचना केंद्रगत शैथिल्य को विरचित करते हुए सर्वाधिकारवाद का अतिक्रमण कर सके। उसे वैविध्यपूर्ण तथा बहुरंगी बना सके।

11.3.3 उत्पादन के स्थान पर लीला भाव का आह्लादक समारोह

उत्तरआधुनिक साहित्य कलाकृति को वास्तविकता के उत्पादन के रूप में नहीं देखता अपितु वह लीलाभाव की ऐन्द्रजालिकता को ही वास्तविकता के रूप में रूपायित करता है। इस संदर्भ में डॉ. पांडेय शशिभूषण 'शीतांशु' लिखते हैं कि, "लीलाभाव में उपस्थिति और अनुपस्थिति, प्रकटन और विलोपन की मुग्धकर क्रीड़ा है। यह जादुई और ऐन्द्रजालिक विमोहनकारी लीला

है। यह क्रीड़ा विवेक के ज्ञानोदय के विपरीत और वैज्ञानिक तथ्यपरकता के विपरीत चलती है। साहित्य में अब उत्पादन जैसा प्रस्तुतीकरण नहीं है बल्कि छलना-भरी विमोहिनी लीला-ही-लीला है। साहित्य अब एक आह्लादक लीलाभाव है।"[9] जहाँ तक फ्रेंच और अंग्रेजी साहित्य का सवाल है तो उसमें यह आह्लादक लीलाभाव समारोहपूर्वक उपस्थित है। इस लीलाभाव की हिंदी कथा-साहित्य में भरमार है। मनोहर श्याम जोशी और सुरेन्द्र वर्मा के उपन्यासों में इसकी विशिष्ट अभिव्यक्ति हुई है। परन्तु, हिंदी कविता में यह अब भी एकांत-विरल है। मशाल लेकर ढूँढ़ने पर बड़ी मुश्किल से एक-दो उदाहरण मिलते हैं। पहला उदाहरण तो धर्मवीर भारती की 'कनुप्रिया' से है जो संयोगवश उत्तरआधुनिक दौर शुरू होने के ठीक पहले की रचना है। लेकिन इस प्रवृत्ति का बखूबी रूपायन करती है। इस दृष्टि से श्रीकृष्ण एवं राधा के प्रणय-केलि को चित्रित करने वाला निम्न चित्र अवलोकनीय बन पड़ा है-

"मेरे अधखुले होंठ काँपने लगे हैं
और कण्ठ सूख रहा है
पलकें आधी मुंद गयी हैं
और सारे जिस्म में जैसे प्राण नहीं है
मैंने कसकर तुम्हें जकड़ लिया है
और जकड़ती जा रही हूँ
और निकट, और निकट
कि तुम्हारी साँसें मुझमें प्रविष्ट हो जायँ
तुम्हारे प्राण मुझमें प्रतिष्ठित हो जायँ
तुम्हारा रक्त मेरी मृतप्राय शिराओं में प्रवाहित होकर
फिर से जीवन संचरित कर सके-
और यह मेरा कसाव निर्मम है
और अन्धा, और उन्माद-भरा, और मेरी बाँहें
नागबधू की गुँजलक की भाँति
कसती जा रही है
और तुम्हारे कंधों पर, बाँहों पर, होंठों पर
नागवधू की शुभ्र दन्त-पंक्तियों के नीले-नीले चिह्न
उभर आये हैं
और तुम व्याकुल हो उठे हो
धूप में कसे
अथाह समुद्र की उत्ताल, विक्षुब्ध
हहराती लहरों के निर्मम थपेड़ों से-
छोटे से प्रवाल-द्वीप की तरह
बेचैन-...।"[10]

हिंदी कविता में अशोक वाजपेयी उत्तर-आधुनिकतावाद के प्रस्तोता एवं पुरस्कर्ता हैं। वे अपनी कविता में देह राग की, नव्य केलि की सर्जनात्मक कविता-भाषा रचते हैं- लीलाभाव की छलना उनकी कविता में मनोरम विन्यास प्राप्त करती है-

"उसकी बाँहें घेरती हैं/प्रेम को/प्रिय को/ आकाश और समय को/ उसकी बाँहें बुलाती हैं रंग, आकार, वसंत और धूप को/शिशिर में ठिठुरती गरमाहट की इच्छा को/उसकी बाँहें घेरती हैं/देवकृपा की तरह/उसकी बाँहे घेरती हैं/क्षण बाहर हो जाते हैं दिन की परिधि से/फूल शाखा छोड़कर खिल जाता है हवा में/आकाश खिड़की के काँच की धुंध पर लिखने लगता है, उसी का नाम।"[11] अभी हाल ही में प्रकाशित कवि उद्‌भ्रांत के 'राधामाधव' प्रबंधकाव्य में भी आह्लादक लीलाभाव का बड़ा ही छविमान चित्र प्रस्तुत किया गया है। साथ ही, कवि नचिकेता ने अपने गीत संकलन 'मकर चाँदनी के उजास में' आह्लादक लीलाभाव से युक्त नव्यकेलि की सर्जनात्मक भाषा को जिस मसृणता एवं मार्दव के साथ उपस्थित किया है वैसा मोहक, मांसल और ललित विन्यास अन्यत्र दुर्लभ है। इसीतरह उदय प्रकाश की कालजयी कहानी 'वारेन हेंस्टिंग्ज का साँड' में उत्तर आधुनिक आह्लादक लीलाभाव, आत्यंतिक विलासप्रियता, बहुरंगी रतिकेलि के साथ-साथ देहराग की, नव्यकेलि की छलनाभरी विमोहिनी कथा भाषा बड़ी ही अनुशासित कला में आकार ग्रहण करती है। उत्तरआधुनिक लीलाभाव 'इच्छा' द्वारा परिचालित है।

जहाँ तक भारतीय साहित्य का सवाल है तो उसका एक हिस्सा लीलापरक क्रिया-कलापों से अनुप्राणित है। संस्कृत साहित्य में विशेषकर कालिदास का साहित्य इस आह्लादक लीलाभाव से आँख-मिचौनी खेलता है। राधा-कृष्ण और गोपी-कृष्ण का महारास तो कृष्णकाव्य का मेरुदण्ड ही है। इस तरह भारतीय संदर्भ में उत्तर आधुनिकतावाद की यह प्रवृत्ति नयी नहीं है। जयदेव, विद्यापति, भक्तिकाव्य, रीतिकाव्य एवं छायावादी कविता में इस विमोहनकारी ऐन्द्रजालिक लीलाभाव की बड़ी ही कमनीय छटा परिलक्षित होती है। इस दृष्टि से हमारी साहित्यिक परंपरा अतिशय समृद्ध है।

11.3.4 नारी अधिकारवाद एवं काले लोगों के संघर्ष का समर्थन

उत्तरआधुनिकता सीमाहीन खुलेपन की हिमायती है। यह उन सबके अधिकारों एवं संघर्षों को अपना समर्थन देती है जो वर्षों से उपेक्षित, पद-दलित और किसी दूसरे वर्ग के वर्चस्व के शिकार रहे हैं। इस दौर की राजनीति को 'अस्मिता की राजनीति' और 'मत वैभिन्न की राजनीति' की संज्ञा से अभिहित किया जाता है। उत्तर-आधुनिकतावाद ने ऐसे अनेक व्यक्तियों एवं समूहों को मुख्यधारा में लाने का प्रयास किया जिन्हें आधुनिकतावादी दौर में हाशिए पर रखा गया था। यह विराट अस्मिताबोध का उन्नायक है, पुरस्कर्ता है।

इस दृष्टि से नारी-अधिकारवाद (Feminism) की चर्चा की जा सकती है जिसने आधुनिकता एवं आधुनिक सिद्धांतों तथा राजनीति को बिल्कुल ठीक ढंग से संशयास्पद बनाया। नारीवाद आधुनिक सिद्धांतों के प्रति आलोचनात्मक दृष्टिकोण से परिचालित है क्योंकि नारी-उत्पीड़न आधुनिक दार्शनिक सिद्धांतों और इसके तत्त्ववाद, संस्थावाद एवं सार्वभौमवाद द्वारा प्रमाणित और वैध ठहराया गया है। नारीवाद उत्तरआधुनिक सिद्धांतों को इसलिए प्रोत्साहित करता है कि वह पुरुष वर्चस्व के विमर्श के रूप में मानववादी सार्वभौम मनुष्य की आलोचना से अपने को जोड़े, जिसके कारण लैंगिक अस्मिता के संदर्भ में वैयक्तिक अभिव्यक्ति के अपेक्षाकृत ज्यादा भिन्न विश्लेषण प्रस्तुत हो रहे हैं। साथ ही, उत्तरआधुनिक सिद्धांतों एवं नारीवाद में विवेक, ज्ञान, निजत्व तथा सामाजिक वर्चस्व के रूपों की विरचना के संदर्भ में अद्‌भुत साम्य

देखा जा सकता है। इस संदर्भ में स्टीवन बेस्ट एवं डगलस केल्नर ने ठीक ही लिखा है कि, इसमें आश्चर्य नहीं कि उत्तरआधुनिकता का बहुलता, वैभिन्न्य, अन्यपरकता, सीमांतरीयता तथा विजातीयता पर विशेष जोर उन लोगों को अपील करता है जो अपने को विवेक, सत्य और वस्तुनिष्ठता के स्वर से बाहर तथा हाशिए पर पाते हैं। इसलिए उत्तरआधुनिक सैद्धांतिकी, इस स्तर पर- आधुनिक विमर्श एवं आधुनिकता के आलोचक के रूप में-नारीवाद और दूसरे सामाजिक आंदोलनों के काम की वस्तु है जो कि यह नारीवादी मीमांसा एवं कार्यक्रमों के लिए दार्शनिक समर्थन तथा गोला-बारूद मुहैया कराता है।"[12] आधुनिकता के आलोचक के रूप में उपसांस्कृतिक क्षेत्र को मुख्यधारा की ओर धकेलने का कार्य उत्तर आधुनिकता करती है। सन् 1970 से शुरू होनेवाले दशक में यूरोप और अमेरिका की अनेक जागरूक महिलाओं ने अनुभव किया कि अतीत तथा वर्तमान समाज के अनेक स्तरों पर स्त्रियों को अपने स्त्री होने के कारण अन्याय झेलना पड़ा है। वे लगातार भेदभाव झेलने के लिए अभिशप्त हैं जबकि स्त्री-पुरुष की मानसिक क्षमता में कोई अंतर नहीं है। ऐसी स्थिति में यह निहायत जरूरी हो जाता है कि स्त्रियों के अधिकारों को मानव अधिकारों की सामान्य श्रेणी के रूप में मान्यता दी जाए। साथ ही, नारीत्व को नए सिरे से पारिभाषित किया जाए क्योंकि पुरुष-समाज महिलाओं के प्रति परंपरागत अपेक्षाओं के चलते स्त्री की शारीरिक सुंदरता के प्रति नजरिया नहीं बदल सका है। महिला वर्ग से अब भी यह अपेक्षा की जाती है कि वे पुरुष वर्ग की मांग और इच्छा के अनुरूप अपने शारीरिक सौंदर्य को परिभाषित एवं परिमार्जित करें। वर्तमान उत्तरआधुनिक दौर में साहित्य, पत्र-पत्रिकाएं, फिल्म, दूरदर्शन, उपग्रह चैनल, इंटरनेट, वेबजगत समेत तमाम बहुमाध्यमों ने महिलाओं को एक ग्लैमरस एवं रूमानी छवि प्रदान की है। प्रौद्योगिकीय क्रांति तथा विज्ञापन के तकाजे ने महिलाओं के शारीरिक सौंदर्य को असीम विस्तार देते हुए उस ग्लोबल ब्रांड ही बना दिया है। अब स्त्री विमर्श एक ओर जहाँ उसके वास्तविक अधिकारों का आनंद उठाने के लिए प्रेरित करता है तथा परंपरा एवं पुरुष वर्चस्ववाद द्वारा निर्मित ऐसी अर्गलाओं पर जमकर प्रहार करता है- जो परोक्ष अथवा अपरोक्ष रूप से स्त्री के विकास की संभावनाओं को कुंठित करती हैं- तो दूसरी ओर वह स्त्री के नजरिये से जीवन-जगत. इतिहास-पुराण, मिथक-साहित्य इत्यादि को देखने-परखने का अवसर उपलब्ध कराता है। संक्षेप में, आज की नारी विश्व की आधी आबादी से जुड़े सवालों पर खुला विमर्श करने में सक्षम है। वस्तुतः उत्तरआधुनिकतावाद द्वारा परिचालित स्त्री-विमर्श एक बहुआयामी, बहुस्तरीय एवं जटिल प्रत्यय है जिसकी भिन्न संदर्भों में परस्पर भिन्न व्याख्याएं संभव हैं। स्त्री विमर्श अथवा नारी अधिकारवाद का वस्तुनिष्ठ विश्लेषण भी उसके एकाकी निष्कर्ष एवं सामान्यीकरण की इजाजत नहीं देता।

नारी-अधिकावाद के अलावा उत्तरआधुनिकतावाद काले लोगों के संघर्ष को भी प्रोत्साहन देता है। इसने न केवल अश्वेत लेखकों के लिए अनुकूल सर्जनात्मक माहौल उपलब्ध कराया अपितु उनके द्वारा लिखित साहित्य की व्यवस्थित समीक्षा भी की। इस दौर में लैटिन अमेरिकी, अफ्रीकी एवं एशियाई साहित्यकारों के रचनात्मक साहित्य की धूम रही। यह उत्तरआधुनिक परिवेश का ही प्रतिफलन है कि आज अमेरिका सहित तमाम पाश्चात्य देशों में संगीत और क्रीड़ा के क्षेत्र में अश्वेत लोगों का वर्चस्व है और वे फिल्म एवं फैशन की दुनिया में भी अपनी प्रभावी उपस्थिति दर्ज करा रहे हैं। दक्षिण अफ्रीका में भी अश्वेत क्रांति, नेल्सन मंडेला की जेल से रिहाई

तथा राष्ट्राध्यक्ष पद पर उनकी प्रतिष्ठा के पीछे उत्तरआधुनिक विमर्श एवं माहौल की भी भूमिका रही है। भारतीय संदर्भ में विशेषकर मराठी में, दलित-आंदोलन इस उत्तरआधुनिक विमर्श का ही प्रतिफलन है। भले ही, उसके पीछे अपने स्थानिक, सामाजिक, आर्थिक एवं सांस्कृतिक कारण रहे हों। इसके फलस्वरूप अब हिंदी में भी दलित-विमर्श जोर पकड़ रहा है सृजन एवं समीक्षण दोनों ही क्षेत्रों में। वस्तुतः दलित विमर्श बदलते मानवीय संबंधों के ध्रुवीकरण और पुनर्संघटन को गति प्रदान करता है। उसे बदलते राजनीतिक, सामाजिक और आर्थिक चेतना के विकास के परिप्रेक्ष्य में पहचानने के लिए सामग्री मुहैया कराता है। यह मूलतः समाजशास्त्र पर अवलंबित है जो वर्णगत असमानता समाप्त करने के लिए संकल्पित है।

11.3.5 दृश्यपरकता के स्थान पर श्रवणशीलता पर जोर

उत्तरआधुनिकतावाद दृश्यपरकता के स्थान पर श्रवणशीलता पर जोर देता है। आधुनिकतावाद रूप पर आधारित था। वहाँ सृजन के केन्द्र में रूप था। वस्तु एवं रूप के द्वैत को लेकर बीसवीं शती में काफी चर्चा हुई। गत शताब्दी के आरंभ में ही फ्रांस, इंग्लैंड एवं अमेरिका में बिम्बवादी आंदोलन चला। जो शब्द-चित्र एवं रूपात्मकता पर आत्यंतिक रूप से आश्रित था। हिंदी में छायावाद चित्रपरकता एवं बिम्बधर्मिता के लिए भी प्रसिद्ध रहा है। रूसी रूपवाद का विकास भी चाक्षुषता एवं दृश्यपरकता पर जोर देता था। ठीक इसके विपरीत उत्तरआधुनिकतावाद श्रवणशीलता एवं ध्वन्यात्मकता पर विशेष जोर देता है। वह रचना को पाठ (Text) एवं अंतर-पाठ (Inter-text) के रूप में देखने की सलाह देता है। उत्तरआधुनिक साहित्य में अंतर-पाठीय भाषा का रचाव यह प्रतिपादित करता है कि रचना में अनुभव के रूपायन अथवा चाक्षुष-प्रत्यक्ष होने के बाद भी जो उसकी अनसुनी गूँज रह जाती है उसे सुनने-सुनाने का प्रयास ही हमारा प्रधान लक्ष्य है। उत्तरआधुनिकता ने श्रवणशीलता को बतौर आलोचनात्मक प्रतिमान विकसित किया है। इस संदर्भ में डॉ. पाण्डेय शशिभूषण 'शीतांशु' लिखते हैं कि, "उसके यहाँ इस श्रवणशीलता की अपनी निश्चित दार्शनिक सैद्धांतिकी और संक्रियात्मकता है, जो विसंरचनावाद (Deconstructionism) की है। विसंरचनावाद कृति की अनसुनी गूँजों को सुनता और उद्घाटित करता है। उसके लिए जो स्पष्ट कहा जा रहा है वह नहीं कहा जा रहा है और जो रचना के तल से, उसकी आंतरिकता से ध्वनित हो रहा है, वास्तव में वही कहा जा रहा है। इसलिए इस विसंरचनावादी दृष्टि से उत्तरआधुनिकता साहित्य को 'चिह्न' मानती है। विसंरचनावाद साहित्य में इस चिह्न को तलाश करता है। ये चिह्न वस्तुतः अर्थ-चिह्न होते हैं, जिनको सुनने से ही रचना की समझ खुल पाती है। उत्तरआधुनिकता की यह विसंरचनावादी दृष्टि मूलतः पाठ को महत्त्व देती है और पाठ के भीतर चल रही अर्थ-क्रीड़ाओं के बीच से ही अर्थ-संभावनाओं को सुनती और उन्हें उद्घाटित करती है। यहाँ विसंरचनावाद अपनी यह मान्यता भी प्रस्तुत करता है कि कोई भी पाठ अपने-आप में शुद्ध पाठ नहीं है, बल्कि प्रत्येक पाठ की रचना अन्तर-पाठों से होती है। जूलिया क्रिस्तवा, देरिदा- इन सबकी मान्यता पाठ को अन्तर-पाठ के रूप में देखने और समझने की है। देरिदा के अनुसार विसंरचनावाद का प्रमुख पारिभाषिक अन्तर है, जो विभेदकता, स्थगन और विकीर्णता- तीन अर्थों को ज्ञापित करता है। इसके अतिरिक्त उसके दो और प्रमुख पारिभाषिक हैं- (1) आवृत्ति और, (2) प्रतीपता / आलोच्य साहित्य में श्रवणशीलता का अभिलक्षण अपने इन तीन सूत्रों के द्वारा सक्रिय होता है।"[13]

इस प्रकार उत्तरआधुनिक साहित्य-सिद्धांत रचना के पाठ, अन्तर-पाठ, पाठ की आवृत्ति और श्रवणशीलता को बतौर प्रतिमान पेश करता है। इसका व्यवहार में भी असर देखा जा सकता है क्योंकि अब काव्य-पाठ के अलावा कथा-पाठ, नाट्य-पाठ जैसी प्रवृत्तियाँ जोर पकड़ रही है। कवि सम्मेलनों की बढ़ती संख्या के अलावा दूरदर्शन और उपग्रह चैनलों के जरिये भी काव्य-पाठ के कार्यक्रम प्रसारित होने लगे हैं। आकाशवाणी के जरिये यह काम यथावत् हो ही रहा है। भारतवर्ष में रचना-पाठ की प्रदीर्घ परंपरा रही है किन्तु अब नवीनतम तकनीकी सुविधाओं के साथ समायोजित होकर वाचिक परंपरा अभिनव वैशिष्ट्य प्राप्त कर रही है। अब तुलसी, सूर और मीरा के भजन कर्नाटक संगीत तक पहुँच गये हैं। लेकिन उत्तरआधुनिक विमर्श साहित्यिक पाठ के अत्यंत गहरे स्तरों एवं अनुगूँजों से संबंधित है। यह कलाकृति में निहित संकेतों को आधार बनाकर उसकी बाह्यसंरचना, अंतर-पाठीय रचाव तथा आंतरिक संरचना को विश्लेषित करने का पैटर्न उपलब्ध करता है। यह रचना-पाठ द्वारा उसकी अर्थगूँजों को उभारने के लिए संकल्पित हैं। उत्तरआधुनिक कथा-भाषा में बिम्ब हैं, उनकी सघन माला भी है, पर उससे उभरती गूँजों-अनूगूँजों का महत्व बिंबमाला से कहीं अधिक है। हिंदी कथा-साहित्य के अन्तर्गत् 'मुझे चाँद चाहिए' और 'कलिकथा वाया बाइपास' में कथा भाषा ऐसी गूँजों-अनुगूँजों से संपन्न है। उत्तर आधुनिकतावाद उपन्यास की सर्जनात्मक एवं रूपात्मक भूमि को उलट देता है। उसे इतिहास विमुख करते हुए विशिष्ट प्रकार के गल्पीकरण से भर देता है। ऐसा करने से पाठ के मूलभूत मर्म का निर्वचन संभव है।

11.3.6 साहित्य, कला एवं दर्शन के क्षेत्र में विरचनावाद की प्रतिष्ठा

विरचनावाद या विसंरचनावाद अथवा विखंडनवाद उत्तरआधुनिक दौर की सर्वाधिक महत्वपूर्ण सैद्धांतिकी है। सुप्रसिद्ध फ्रांसीसी विचारक जैक्स देरिदा ने इसका नामरकण और प्रतिष्ठापन किया। देरिदा ने भाषा दर्शन को माध्यम बनाकर अधिदर्शन अथवा अध्यात्मवाद का विखंडन करते हुए यह बतलाया कि सर्वप्रथम जर्मन दर्शनिक फ्रेडरिक नीत्शे (1844-1900)तथा मार्टिन हेडेगर (1889-1976) ने मूलभूत दार्शनिक मान्यताओं, जैसे-ज्ञान, सत्य तथा अस्मिता के समक्ष विचारणीय प्रश्न उपस्थित किए जो विरचनावाद का पूर्व रूप है। इसी तरह सिगमंड फ्रायड के मनोविश्लेषण ने भी संघटित मानव चैतन्य और अखंड निजता की परंपरागत अवधारणा का अतिक्रमण किया। देरिदा की स्थापना है कि अधिदर्शन भी साहित्य की तरह ज्ञानात्मक भाषा के बजाय रूपात्मक अथवा अलंकृत भाषा का प्रयोग करता है, इसलिए वहाँ भी अर्थ की अनेक संभावनाएँ बनती हैं; क्योंकि वह भी अनेक प्रकार के विश्वासों, संस्कारों, संकल्पनाओं और भ्रमों पर आधारित होता है। फलतः वहाँ स्थिर, निश्चित एवं वास्तविक अर्थ की उपलब्धि संभव नहीं। देरिदा 1967 में प्रकाशित अपनी पुस्तकों Grammatology, Writing and Difference तथा Speech and Phenomenon में प्रतिपादित विचारों के बाद भी अपने को परिष्कृत, परिवर्धित करता रहा है। उसने कथित दार्शनिकों की अवधारणाओं का विखंडन करने के उपरांत यह भी कहा कि मार्क्सवाद का भी विखंडन संभव है। वह सॉस्युअर एवं लेवीस्ट्रास के संरचनावाद का भी विखंडन करता है और संरचनावादियों की इसलिए आलोचना करता है कि वे संरचना पर अत्यधिक बल देने के कारण अंतर्वस्तु की उपेक्षा करते हैं।

अंग्रेजी के Deconstructionism के हिंदी पर्याय के रूप में विखंडनवाद का प्रयोग होता

है। हिंदी में इसके समानार्थी के रूप में विसंरचनावाद, विनिर्मितिवाद और विरचनावाद जैसे शब्दबंधों का प्रयोग होता है। इस संदर्भ में अलग-अलग लेखकों ने अपनी सुविधानुसार भिन्न-भिन्न पर्यायों का प्रयोग किया है। वस्तुतः उत्तर आधुनिकतावाद की प्रवृत्ति विशेष के रूप में भी विखंडनवाद का प्रयोग होता है। वैसे तो यह एक जटिल एवं अमूर्त प्रत्यय है जिसका वैज्ञानिक अथवा वस्तुगत विश्लेषण लगभग असंभव है। इसी को लक्षित करके कोलिन मैकाबे ने कहा कि विखंडन विश्वविद्यालयीन लोगों को चिंतित करता है- deconstruction bothers people in the university.. Colin Mac Cabe। यह सच है कि विश्वविद्यालयों में न केवल विखंडन को लेकर धूम मची है। अपितु उसके स्वरूप-विश्लेषण को लेकर व्यग्रता और बेचैनी भी है। यह फ्रांस अमेरिका एवं भारत में समान स्थिति है।

विखंडनवाद के प्रणेता के रूप में स्व.जॉक़ देरिदा का नाम लिया जाता है जिनका जन्म 1930 में अल्जीरिया में हुआ था। वे 19 साल की उम्र में उच्चाध्ययन हेतु फ्रांस आ गये, जहाँ कामू का प्रसारण सुनने के बाद उनमें दर्शन के प्रति गहरी अभिरुचि पैदा हो गयी। इन्होंने ईकोलनोर्मेल के दर्शन विभाग में प्रवेश लिया। यहीं पर इन्हें सार्त्र के संपर्क में आने और उनके चिंतन की सीमाओं का ज्ञान प्राप्त करने का अवसर मिला। इनके अध्ययन का पाट बहुत चौड़ा है जिसके अंतर्गत मनोविज्ञान, दर्शन, धर्मशास्त्र, भाषाविज्ञान, कला, रंगमंच, साहित्य इत्यादि का समावेश हो जाता है। देरिदा का उर्वर मस्तिष्क अपने को हाइडेगर, हर्सेल, हीगेल, मार्क्स और सार्त्र से विलग पाता है। फलतः ये पेरिस में दर्शनशास्त्र का अध्यापन करते हुए अपने लिए नया रास्ता चुनते हैं। आगे चलकर संयुक्त राज्य अमेरिका में दिए गए व्याख्यान एवं नियमित अध्यापन में इनकी स्वायत्त सोच को निश्चित आयाम एवं आकार प्राप्त हुआ। यह आज भी विवाद का विषय है कि देरिदा को दर्शनिकों के खाते में रखा जाए अथवा पाठालोचन प्रभाग में। चूंकि इन्होंने प्लेटों, अरस्तू से लेकर हीगेल, नीत्शे, मार्क्स, हसलर, हाइडेगर तक की मान्यताओं का विखंडन किया, इसलिए इन्हें दार्शनिक मानना ही ज्यादा समीचीन होगा। यह दूसरी बात है कि इनके द्वारा प्रतिपादित विखंडनवाद दर्शन से ज्यादा साहित्य के क्षेत्र में यशार्जन करता है।

यह सच है कि 'विखंडन' शब्द का पहला प्रयोग दर्शन के क्षेत्र में हुआ लेकिन यथेष्ट विवेचन के उपरांत इसे बौद्धिक कौशल के रूप में प्रतिष्ठा मिली। आगे चलकर इसे साहित्यिक पढ़त की विशिष्ट प्रक्रिया के रूप में व्याख्यायित किया गया जिसकी तार्किक परिणति आलोचना की प्रविधि-प्रक्रिया के रूप में हुई। विखंडनवाद का वैज्ञानिक और तार्किक ढंग से स्वरूप विश्लेषण अतिशय चुनौतीपूर्ण है। इस संदर्भ में जे.एच.मिलर ने ठीक ही लिखा है कि विखंडन को परिभाषा में पारिभाषित नहीं किया जा सकता। कोई यह नहीं कह सकता कि विखंडन क्या है क्योंकि विखंडन इसकी अनुमति नहीं देता। उनके अनुसार "विखंडन यदि कोई वस्तु है तो वह अच्छे पाठ से ज्यादा या कम कुछ नहीं है। विखंडन विश्लेषण की प्रविधि के रूप में प्रत्येक पाठ की भूलभूलैया में सावधान एवं सजग प्रवेश है।" उनका अभिमत है कि विखंडन यह है, वह है इस प्रकार की बातों में पर्याप्त अंतर्विरोध है। एक विश्लेषण प्रविधि के रूप में विखंडन का केवल दृष्टांत दिया जा सकता है जिसके प्रत्येक उदाहरण एक दूसरे से भिन्न होंगे। जे.एच.मिलर का कोई भी वक्तव्य विखंडन का स्वरूप निदर्शन नहीं करता। उनके समग्र विवेचन को निम्नलिखित बिन्दुओं द्वारा समझा जा सकता है-

1. विखंडन हर समय वही नहीं है, वह प्रत्येक पाठ (पढ़े गये और पढ़े जानेवाले) के साथ

बदल जाता है।

2. एक समीक्षक का कार्य दूसरे की तरह नहीं है अतः कोई विखंडनात्मक पद्धति या कम से कम विखंडन का स्कूल नहीं हो सकता, यदि पॉल डी मान सामान्यीकरण की दिशा में बात करते हैं तो देरिदा विलक्षण और वाग्विशेषोक्ति की व्याख्या के संदर्भ में।
3. विखंडन कुछ नहीं करता, यह केवल कृति (Text) के पाठ द्वारा अथवा उसे पढ़ते समय जो कुछ सम्पन्न होती/होता है, उसे पूर्णता प्रदान करता है, यह वस्तुओं को विलगाता नहीं है, यह कोई शल्य चिकित्सा नहीं है, यह केवल परस्पर अनुस्यूत वस्तुओं को उद्‌भासित करता है।
4. विखंडन पाठ की प्रत्येक चाल, उसकी प्रत्यक रूपरेखा का अनुकरण करके, उसका रूपांतरण करता है। यह रूपांतरण इस प्रकार किया जाता है जिससे कि पठन की सन्निकटता, तार्किकता प्रकट होती है।
5. किसी भूमि, उत्स अथवा केन्द्र की अनुपस्थिति में जो कुछ संपन्न होता है वह विखंडनवादी पढ़त द्वारा प्रभावित नहीं होता बल्कि एक अच्छे पठन के माध्यम से पाठ के मर्म को उद्‌घाटित करता है।
6. कोई यह नहीं कर सकता कि विखंडन क्या है क्योंकि विखंडन इसकी अनुमति नहीं देता।
7. सारे मनोविकार संबंधी, भाववाचक अथवा सार्वभौमिक संबंध स्वयंमेव अंतविरोंध है क्योंकि उनकी अपनी अवधारणाओं के भीतर ऐसे तत्त्व होते हैं जो उनके अंतिम अर्थ अथवा मूल्य को अनिश्चियात्मक बना देते हैं।

इनमें से किसी बिन्दु को यहाँ एक प्रविधि अथवा व्यवहार के रूप में रूपांतरित नहीं किया जा सकता, यहाँ तक कि इनमें से प्रत्येक बिन्दुओं को ध्यानपूर्वक समझना होगा कि वे किस तरह विखंडन से संबद्ध भ्रम पैदा करते हैं। हमें मिलर के लेखन से यह अवश्य समझना चाहिए कि उनके गद्य की फिसलन पूर्णतः अलंकृत रूप में वक्तव्य देने की उनकी योग्यता को अनिवार्य रूप में प्रस्तुत करती है जिससे विखंडन से संबद्ध जिज्ञासा और प्रश्न उभरते हैं। विखंडनवादियों की दृष्टि में सर्जनात्मक आलोचना पाठ को निरंतर प्रजनित करती है। जैसे कवि के पास एक संदृष्टि होती है वैसे ही सर्जनात्मक आलोचक के पास भी अपनी संदृष्टि होती है। बिना इस संदृष्टि के न रचना संभव है न आलोचना।

विखंडनवाद एक दार्शनिक स्थिति तथा बौद्धिक कौशल है जिसे समीक्षा-जगत में साहित्यिक पढ़त की प्रविधि विशेष के रूप में देखा जाता है। इस ढंग की आलोचना की भी आलोचना है। एक विशिष्ट प्रकार की प्रति आलोचना है। विखंडनवादी आलोचना एक निर्वचन का दूसरे निर्वचन से मुकाबला करती है और अर्थ की मुक्त क्रीड़ा का प्रतिमान प्रतिष्ठित करती है। यह पाठ में केवल भाषा की वस्तुनिष्ठ सत्ता का निर्वचन करती है। विखंडनवादी आलोचना किस तरह पाठ के भीतर चल रही है अर्थ-क्रीड़ाओं के बीच से ही अर्थ-संभावनाओं को उद्‌घाटित करती है इसे निम्नलिखित उदाहरण द्वारा ठीक ढंग से समझा जा सकता है। यहाँ हम कबीर के एक प्रसिद्ध दोहे का विखंडन करते हैं। कबीर का बहुप्रसिद्ध दोहा इस प्रकार है-

"कबिरा खड़ा बाजार में, माँगे सबकी खैर
ना काहूँ सों दोस्ती, ना काहूँ सों बैर।"

यहाँ कबिरा, बाजार, खैर, दोस्ती, बैर जैसे शब्द अर्थ चिह्न हैं। अतः इनमें निहित अर्थ की वस्तुनिष्ठ सत्ता का विरहस्यीकरण करना होगा। कवि स्वयं को कबिरा कहकर साधारणजन से जोड़ लेता है। यह कबीरदास तथा कबीर की तुलना में अपेक्षाकृत ज्यादा हेय शब्द है जो जनसामान्य के अत्यधिक निकट है। चूँकि बाजार मध्यकाल में सबसे ज्यादा असुरक्षित जगह थी, वहाँ सबसे ज्यादा अस्थिरता थी अतः कबीर वहीं खड़े होकर सबकी कुशलता माँगते है। उस समय बाजार की स्थितियाँ चिंताजनक थीं। राजसत्ता भी उसकी सुरक्षा के प्रति वचनबद्ध नहीं थी। ऐसी विकट स्थिति में कवि अपने साहस और निर्भीक भाव से बाजार में खड़े होकर सबकी कुशलता की कामना करता है। कबीर के समय लोदी वंश का शासन था। उस समय चोर-डाकू से लेकर सैनिक तंत्र तक सभी बाजार को लूटते थे अर्थात् कब किस बाजार को लूट लिया जाए इसका कोई भरोसा नहीं। यह उस काल के शासन पर टिप्पणी है। चूँकि प्रशासन का भेदभावपूर्ण व्यवहार है, अतः कबीर बिना किसी भेदभाव के सबकी खैर मनाते हैं। यह प्रकारांतर से तत्कालीन राजनीतिक-सामाजिक स्थिति पर भी टिप्पणी है। कबीर जानते थे कि सत्ता लोगों का कल्याण नहीं कर रही है इसलिए वे सबके कल्याण की बात करते हैं।

ऐसा माना जाता है कि आधुनिक भारतीय आर्यभाषाओं के आगमन के साथ व्यापारिक पूँजीवाद का आरंभ हुआ। वर्तमान समय के औद्योगिक पूँजीवाद के पूर्व व्यापारिक पूँजीवाद था। इस्लाम के आगमन के साथ ही मुद्रा का प्रवेश हुआ और विनिमय पद्धति समाप्त हुई। विनिमय संबंध महत्त्वपूर्ण थे। मुद्रा को सारे अनर्थों की जड़ माना जाता है। कबीर के समय तक मुद्रा ने बाजार के साथ मिलकर मानवीय संबंधों का स्थान ले लिया था जिसके कारण मानवीय संबंध गौण हो गए और पैसा महत्त्वपूर्ण हो गया। इस बाजार के माध्यम से विघटित हो रहे मानवीय-मूल्य तथा अमानवीयकरण की स्थिति में कबीर जैसा व्यक्ति ही सबके कल्याण की कामना कर सकता है। कवि का किसी से राग-द्वेष नहीं। वह निरपेक्ष भाव से चाहता है कि ईश्वर सबका भला करे। बाजार लेन-देन का स्थान है जो संसार के पर्याय के रूप में भी प्रयुक्त होता है। इस लोक के संबंध लेन-देन पर आधारित हैं। इस संसार रूपी बाजार में दोनों पक्ष लाभ चाहते हैं। यहाँ मानवीय संबंध भी विनियम का साधन बन गए हैं। कहने का आशय यह है कि बाजार में अधिक-से-अधिक पाने तथा कम-से-कम देने की प्रवृत्ति सक्रिय है अतः सबसे कल्याण की कामना वहीं माँगने योग्य है। कबीर जानते थे कि राग और द्वेष दोनों हानिकारक हैं। यदि वे किसी से दोस्ती करते हैं तो उस दोस्त के सारे दुश्मन उनके भी दुश्मन हो जाएँगे। इसलिए दोस्त-दुश्मन दोनों से ही बचना श्रेयस्कर है। खड़ा होना स्थिरता का प्रतीक है। कबीर जानते थे कि बाजार में घनघोर अस्थिरता है। इस संसार में स्थिर हो जाना ही जीवनोपलब्धि है। बाजार में तराजू होता है। कबीर का चित्त तराजू के काँटे की भाँति स्थिर हो गया है। चूँकि किसी से राग-द्वेष नहीं है इसलिए स्थिरता है। उनकी दृष्टि में हर व्यक्ति समान है। यहाँ कबीर का अभिप्रेत अर्थ यह है कि राग-द्वेष का अभाव ही स्थिर चित्त होने का रहस्य है। इस उक्त दोहे के विखंडनवादी पद्धति द्वारा अनेक लौकिक अर्थ संभव है। यही विश्लेष्य पाठ में अर्थ का उत्पादन है मुक्त क्रीड़ा है।

विरचनावाद के अन्य पुरस्कर्त्ताओं में पॉल डी. मान, हार्डमैन, मिलर आदि महत्वपूर्ण हैं। पॉल डी. मान ने दार्शनिक और साहित्यिक के विभेद का विखंडन करते हुए यह प्रतिपादित किया कि दोनों में पर्याप्त सादृश्य है, दोनों की कोटियाँ एक हैं तथा दोनों ही अलंकृत, रूपकात्मक और प्रतीकात्मक भाषा का प्रयोग करते हैं जिससे दर्शन की श्रेष्ठता अस्वीकार्य है। विरचनावाद यह

बतलाता है कि यदि साहित्य जीवन का पुनः सृजन है तो आलोचना साहित्य का पुनः सृजन है क्योंकि व्याख्याकार आत्मोन्नयन द्वारा ही पाठ के वास्तविक अर्थ का उन्मीलन कर सकता है। यह तभी संभव है कि जब पाठक लेखक के साथ तादात्म्य स्थापित करते हुए उसकी सहानुभूति की प्रक्रिया से आलोचना में पुनः सृजन करें। ऐसी स्थिति में वह उन्मुक्त आत्माभिव्यक्ति के लिए स्वतंत्र होता है। देरिदा विखंडन के लिए तीन शब्दों-भिन्नता (Difference) निशान (Trace) तथा आद्यलेखन (Archwritting)का प्रयोग करता है। प्रथम दो साहित्य की भाषिक संरचना से संबंधित हैं और तीसरा अनकहे अथवा अनुपस्थित की तलाश से। प्रायः ऐसी स्थिति आती है जहाँ कलाकृति एवं कलाकार दोनों ही मौन होते हैं। भारतीय काव्यशास्त्र में मौन का दर्शन अपने पूरे वैशिष्ट्य के साथ उपलब्ध होता है। अज्ञेय की कालजयी लम्बी कविता असाध्य वीणा मौन के दर्शन की चरम परिणति है जिसकी तुलना कामायनी के मधुरिमा में अपनी ही मौन एक सोया संदेश महान से की जाती है। विरचनावाद ध्वनि चिह्नों के सहारे कृति की अनसुनी, अनुपस्थिति अनुगूँजों को सुनने-सुनाने एवं उद्‌घाटित करने का प्रयास करता है। भाषा का मौन, अंतराल ही निशान अथवा स्थगन है। विरचनावाद इसी निशान अथवा चिह्न का संधान करता है जिसको सुनकर ही रचना के ध्वन्यार्थ अथवा निहितार्थ तक पहुँचा जा सकता है। विरचनावादियों का मानना है कि पाठ में गर्भित-अर्थ और निगूढ़ताओं को उद्‌घाटित करना अत्यंत चुनौतीपूर्ण कार्य है इस संदर्भ में हार्ड मैन ने शेक्सपियर के हेमलेट से एक संवाद उद्‌धृत किया है, "पाठ भूत की तरह होता है जो व्याख्याकार को चुनौती देता है कि वह उसे समझे।" यह तभी संभव है जब पाठक एवं आलोचक सर्जनात्मक प्रतिभायुक्त तथा अर्न्तदृष्टि संपन्न हों जिससे वे पाठ के अलंकारों के विखंडनात्मक विवेचन द्वारा पाठ का विरहस्यीकरण कर सके। उनके अनकहे अर्थ का उद्‌घाटन कर सकें। देरिदा का अभिमत है कि विरचनावादी साहित्य द्विपक्षीय अनुशीलन पर जोर देता है, जैसे-वाचन/लेखन, प्रकृति/संस्कृति, सत्य/असत्य, पुरुष/स्त्री- जो ब्रह्मपरक भाषा का आवश्यक संरचनात्मक तत्व हैं। देरिदा स्पष्ट करते है इस प्रकार का प्रतिपक्ष एक रणनीतिक सत्ताक्रम का निर्माण करता है जिसमें पहला सुविधासंपन्न और श्रेष्ठतर है जबकि दूसरा अपेक्षाकृत सुविधारहित और हीनतर है। देरिदा इस सत्ताक्रम को उलटना चाहते हैं परन्तु ऐसी स्थिति में वे दोनों सत्ताक्रमों में अस्थिरिता उत्पन्न कर बैठते हैं।

डी.मान के विद्यार्थी बार्बर जॉन्सन ने विरचनावादी पढ़त का प्रयोग केवल साहित्यिक पाठ के लिए ही नहीं किया है अपितु देरिदा समेत दूसरे आलोचकों के लेखन के संदर्भ में भी किया है। चूँकि स्वयं देरिदा का ही अभिमत है कि उसकी स्थापनाओं का भी विखंडन संभव है। अतः यह कहा जा सकता है कि विखंडन का कोई अंतिम रूप नहीं है। विरचनावादी अध्ययन के उद्देश्य एवं पद्धति के संदर्भ में उसका वक्तत्वय अत्यंत सारगर्भित बन पड़ा है, "विखंडन विध्वंश का पर्याय नहीं है...पाठ का विखंडन यादृच्छिक रूप से अकस्मात नहीं होता अपितु पाठ में ही निहित संकेतों तथा चिह्नों के सतर्क संधान द्वारा होता है। यदि विखंडनात्मक अध्ययन में कोई चीज नष्ट होती है तो यह पाठ नहीं है अपितु एक संकेत कर रही प्रणाली का दूसरे पर असमान वर्चस्व का दावा है।"[14] इसमें संदेह नहीं कि विरचनावाद यह प्रतिष्ठित करने में सफल रहा है कि हरेक पाठ की अपनी मूकताएँ साइलेंसेस होती हैं जिन्हें चिह्नित कर सकना कम चुनौतीपूर्ण नहीं है। यदि सॉस्युअर के चिह्न का समीकरण संकेत-संकेतक/संकेतित है तो देरिदा का संकेत-विभेदकता/स्थगन है। यह विरचनावाद की संक्रियात्मकता है जिसके द्वारा वह कृति की श्रव्य गूँज, अनुगूँज

का उद्‌घाटन करता है। इस प्रकार हम कह सकते हैं कि वर्तमान उत्तरआधुनिक दौर में विरचनावाद एक महत्वपूर्ण सैद्धांतिकी के रूप में प्रतिष्ठित हुआ है जिसने उत्तरआधुनिकतावाद के सैद्धांतिक वैशिष्ट्य को परिपुष्ट किया है। उसे निर्वचनशास्त्र का गौरव दिया है।

11.4 उत्तरआधुनिकतावाद का प्रभाव

उत्तरआधुनिकतावाद एक ऐसा विराट सांस्कृतिक आंदोलन है जिसने जीवन और जगत् के तमाम आयामों को समान रूप से प्रभावित किया है। उत्तरआधुनिक प्रभावों की व्याप्ति और उसकी कोटियों को लेकर विवाद हो सकते हैं। इसके वरेण्य एवं त्याज्य पक्षों पर भी असहमति की गुंजाइश है। परन्तु, उत्तरआधुनिक जीवन-मूल्य जिस तेजी से अपना प्रभाव बढ़ा रहे हैं उससे किसी भी क्षेत्र का सुरक्षित रह पाना संभव नहीं रह गया है। उत्तरआधुनिकता ने दार्शनिक एवं सांस्कृतिक सिद्धांत के रूप में अपने को प्रतिष्ठित करने के साथ-साथ राजनीति, मानवाधिकार, पर्यावरण, नारी-अधिकारवाद, अश्वेत अस्मिता, फैशन, नृत्य, संगीत, जीवनशैली, विज्ञान एवं तकनीक को गहराइयों तक प्रभावित किया है। इसने न केवल इतिहास, कला, वास्तुकला, चलचित्र, दूरदर्शन, उपग्रह चैनल, साहित्य एवं संगीत के क्षेत्र में क्रांतिकारी परिवर्तन किये हैं अपितु पॉप म्यूजिक, फैशन-परस्ती तथा लोकप्रिय-संस्कृति के मुहावरे को नयी परिभाषा दी है। उनके प्रचलन को विविधता एवं गति प्रदान की है।

जहाँ तक साहित्य-सिद्धांत के रूप में उत्तरआधुनिकतावाद की व्याप्ति का सवाल है तो इसने यूरोप, अमेरिका और आस्ट्रेलिया के साहित्य को प्रभावित करने के साथ-साथ विकासशील देशों के साहित्य को भी अपनी गिरफ्त में लिया है। साहित्य की अन्य विधाओं की तुलना में उत्तरआधुनिकता ने कथा-साहित्य को सर्वाधिक प्रभावित किया है। विश्व के प्रायः सभी देशों के कथाकार जाने-अनजाने उत्तरआधुनिक प्रवृत्तियों के प्रयोक्ता रहे हैं। उनके लिए अपने-आपको उत्तरआधुनिकता के झंझावात से पूरी तरह सुरक्षित रख पाना लगभग असंभव है। इस संदर्भ में बेरी लेविस लिखते हैं कि- Postmodernist fiction is an international Phenomenon, with major representatives from all over the world: Gunter grass and peter Handke(Germany); Georges Perec and Monique witting (France), Umber to Eco and Italo calvino (Italy); Agela carter and Salman Rushdie (Britain); Stanislaw Lem (Poland), Milan Kundera (Formar (Zechoslovakia); Mario Vargos Liosa (Peru); Gabriel Garcia Marquz (Colombia); J.M. Coetzee (South Africa); and peter carey (Austria); Yet, despite this cosmopolitanism, Malcolm Bradbury has quipped that 'When something called Postmodernism came along everyone thought it was American even though its writers had names like Borges, Nabokov calvino and Eco; This is because the number of Stateside writers who can be placed under the Postmodernist rubric is large''[15]

इस प्रकार विश्व भर में सैकड़ों लेखक उत्तरआधुनिक जीवन-मूल्यों से प्रेरणा लेकर रचना-रत हैं भारत भी इससे अछूता नहीं है। भारतीय-संदर्भ में उत्तरआधुनिकता यूरोप-

केन्द्रित आधुनिकता से टकराते हुए अंतर्राष्ट्रीयता को चुनौती देती है। वह साहित्य के प्रमुख भाव में आए परिवर्तन को नाटकीयता प्रदान करती है। यह प्रमुख भाव अभिज्ञान की समस्या के बजाय अब अस्तित्व की विभिन्न स्थितियों के साथ समायोजित हो गयी है। फलतः देवेशराय (बांग्ला), जयमोहन (तमिल) और शिवप्रसाद सिंह (हिंदी) के कथा साहित्य में उपेक्षित अंचल और उनकी लोक भाषाओं एवं बोलियों के प्रयोग द्वारा वहाँ के निवासियों की आशा-आकांक्षा, सुख-दुःख, शक्ति-सीमा, सौंदर्य एवं कामवासना तथा पंकिलता को बड़ी तन्मयता से उजागर किया गया है। उत्तरआधुनिकता का प्रभाव भारतवर्ष की लगभग सभी आधुनिक भाषाओं के साहित्य पर न्यनाधिक मात्रा में पड़ा है। ग्राम्य बोध एवं नागरी चेतना तथा अतीत और वर्तमान के अंतराल को कम करने के लिए उत्तरआधुनिक साहित्य-क्षेत्र मिथक-मिथकीय इतिहास, लोक विश्वास, पुराकथाओं तथा परंपरागत साहित्यिक रूढ़ियों की अंतर्पाठीयता से सम्पृक्त है। नाटककार गिरीश कर्नाड, कंबार (कन्नड), मणिमधुकर, सुरेन्द्र वर्मा (हिंदी), जी.पी. देशपांडे, सतीश आलेकर (मराठी), मनोज मित्र तथा विभास चक्रवर्ती (बांग्ला) जैसे रचनाकारों ने मिथक, आख्यान तथा धर्मावलम्बित परंपराओं के आश्रय से नैरन्तर्य और परिवर्तन के अंतराल को कम करते हुए वर्तमान जीवन की स्थितियों का निदर्शन किया है।

उत्तरआधुनिक दौर के भारतीय साहित्य में सामाजिक-सांस्कृतिक मिथकीय कोड का प्रयोग कविता की संरचना में बखूबी हो रहा है। इस दृष्टि से कुँवर नारायण एवं उद्भ्रांत (हिंदी), दिलीप चित्रे (मराठी) तथा शंखघोष (बांग्ला) प्रमुख नाम हैं जिन्होंने मिथकीय कोड का सफल प्रयोग किया है। हिंदी में दूसरी भाषाओं के संवाद सहज आए हैं। इसी तरह कन्नड, मराठी, गुजराती में रचित दलित-साहित्य उत्तरआधुनिक विमर्श के आलोक में ही समुचित ढंग से समझा जा सकता है। हिंदी कथा साहित्य में विवेच्य समय-सीमा के दौरान उभरा नारीवाद अथवा स्त्री-विमर्श इस उत्तरआधुनिक परिवेश का ही प्रतिफलन है। स्त्री-विमर्श यह दावा करता है कि पुरुषों द्वारा लिखित साहित्य में पुरुष-मानसिकता के प्राधान्य के कारण नारी के प्रति अन्याय हुआ है। अतः नारी के विषय में लिखने की सच्ची अधिकारिणी नारी है। यह दृष्टि न केवल नारी के मुक्त यौनाचार को तर्कसंगत ठहराती है अपितु स्त्री और स्त्री के बीच यौन-संबंध को वैध मानती है। इस तरह आज जो स्त्रीवादी पाठ रचा जा रहा है वह उत्तरआधुनिक परिदृश्य का एक अभिन्न हिस्सा है। इस दृष्टि से मृदुला गर्ग, चित्रामुद्गल, मैत्रेयी पुष्पा, अलकासरावगी इत्यादि के उपन्यास विशेष रूप से उल्लेख्य हैं। संक्षेप में, यह कहा जा सकता है कि उत्तरआधुनिकतावाद ने भारतीय जीवन एवं साहित्य को भी बहुविध तरीकों से प्रभावित करना आरंभ कर दिया है अब देखना यह है कि हम अपनी अस्मिता और भारतीयता की रक्षा कैसे करते हैं। इसके लिए हमें उत्तरआधुनिकता से ही सीखकर स्वायत्त अस्मिता विमर्श रचना चाहिए।

11.5 निष्कर्ष

इसमें संदेह नहीं कि उत्तरआधुनिकतावाद एक विराट क्षमतावाला व्यापक सांस्कृतिक आंदोलन है जिसकी गति जीवन के सभी क्षेत्रों में है। इसने आधुनिकतावाद की विसंगतियों को उभारते हुए उसके द्वारा निर्मित ग्रंथियों को खोला है। इसमें किसी प्रकार की वैचारिक जड़ता अथवा संकीर्णता नहीं है। इसका सीमाहीन खुलापन सम्पूर्ण मानव-प्रजाति के मन-मस्तिष्क के समक्ष अनुभव एवं बौद्धिक-मीमांसा हेतु एक विराट

फलक उपलब्ध कराता है। हर बड़े आंदोलन के कतिपय वरेण्य एवं त्याज्य पक्ष होते हैं। अब हमें यह तय करना है कि हम उत्तरआधुनिकता के किन पक्षों को अपनाएँ। इम इतिहास से उत्तरआधुनिकतावाद के मौलिक बदलाव एवं कटाव को स्वीकार नहीं कर सकते, क्योंकि यह पूर्णरूपेण नए सिद्धांतों तथा वैचारिक प्रतिमानों की माँग करता है। हम समाज एवं संस्कृति के विद्यमान रूपों में महत्वपूर्ण बदलावों को पहचानते हैं जो सामाजिक एवं सांस्कृतिक पुनर्निर्माण की माँग करता है। साथ ही, जो कभी-कभी सिद्धांत, कला, समाज एवं राजनीतिक क्षेत्र में उत्तरआधुनिक शब्द-बंध के प्रयोग को आमंत्रित करता है। ऐसी स्थिति में हम आधुनिक एवं उसके सिद्धांतों की उत्तरआधुनिक समालोचना को स्वीकारते हैं परन्तु, अतीत के सारे सिद्धांतों और पद्धतियों को फेंक देने के लिए तैयार नहीं है। हमें न तो प्रभावित होकर उत्तरआधुनिक विमर्श की घोर प्रशंसा करनी है और न ही उसे पूरी तरह खारिज करना है। वस्तुतः हमें उत्तरआधुनिकतावाद के सीमाहीन खुलेपन से प्रेरणा ग्रहण कर अपने मन और मस्तिष्क को खुला रखना चाहिए जिससे हम इसकी चुनौतियों एवं समालोचनाओं को सही संदर्भ में समझ सकें। इसका सबसे वरेण्य पक्ष यही है कि यह मनुष्य को उसके वास्तविक अधिकारों का आनन्द उठाने के लिए प्रेरित करता है तथा परंपरा एवं आधुनिकतावाद द्वारा निर्मित ऐसी अर्गलाओं पर जमकर प्रहार करता है जो परोक्ष अथवा अपरोक्ष रूप से मनुष्य के विकास की संभावनाओं को कुंठित करती हैं। साहित्यिक क्षेत्र में उत्तरआधुनिक सैद्धांतिकी के प्रयोग से अकादमिक जड़ता टूटेगी और समीक्षा के क्षेत्र में खुले और अप्रत्याशित विमर्श को प्रोत्साहन मिलेगा। उत्तरआधुनिकता पर सार्थक विमर्श करके तथा उसकी अंतर्वृत्तियों के यथार्थ उद्घाटन द्वारा हम मूल्यांकन के प्रतिमान प्रक्रिया की दिशा में नए औजार हासिल कर सकते हैं। उसके बहुआयामिता को चिंतकीय विमर्श के केंद्र में ला सकते हैं।

संदर्भ सूची

1. Postmodern Theory: Critical Interrogation- Steven Best and Douglas Kellner, Page-6
2. "In Short, the Postmodern world offers man everything or nothing" -- Rosenberg and white, 1957, Page-5
3. "We are at the ending of what is called the Modern Age. Just as Antiquity Was Followed by several centuries of Oriental ascendancy, which Wsterners provincially call the Dark Ages, so now the Modern Age is being succeeded by a Post-modern period."--- C. Wright Mills: The Socialogist Imaginatio, 1959 page-165-6.
4. "Indeed, Postmodern theory appropriates the Post structure critique of modern theory, radicalizes it, and extends it to new theoretical fields. And in the political arena, most Poststructuralist and Postmedernist theory takes up Post-morxist positions which claim that Marxism is an obsolete or oppressive discourse that is no longer relevent of the current era."---Post-modern theory: critical Interogations--- Steven Best and Dougles Kellner, Page-25-26.
5. संयोग साहित्य, जनवरी-मार्च 1999, पृष्ठ- 5-6

6. A Poetics of Post-modernism: History, Fiction--Linda Hutcheon, Page-124.
7. Post-modern theory: Critical Interogations--steven Best and Douglas kellner, Page-134.
8. Postmodern Literary theory: An introduction----Naill Lucy, Page-9-10.
9. संयोग साहित्य, जनवरी-मार्च 1999, पृष्ठ- 8
10. कनुप्रिया, धर्मवीर भारती, पृष्ठ- 51
11. सीढ़ियाँ शुरू हो गयी हैं, अशोक वाजपेयी, पृष्ठ-17
12. "And not Surprisingly, the Post modern emphasis on plurality, difference, otherness, marginality and heterogeneity has had immense appeal to those who have found themselves marginalized and excluded from the Voice of Reason, Truth, and Pbjectivity. So postmodern theory on this level--as a critique of modernity and modern discourse--is of use to feminism and other social movements, providing new philosophical support and ammunition for feminist critique and programmes."--- Post modern theory: Critical Interogations--- Stevon Best and douglas Kelner, Page-207.
13. संयोग साहित्य, जनवरी-मार्च 1999, पृष्ठ- 9
14. "Deconstruction is not Synonymous with destruction... The De-Construction of a text does not proceed by random doubt or arbitrary Subversion, But by the carefull teasing out of warring Forces of signification within the text itself. If anything is destroyed in a deconstructive reading, It is not the text, But the claim to unequivocal domination of one mode of signifying over another," -- The Critical Differeces- Barbara Jonson 1980, page-5.

उपसंहार

पाश्चात्य काव्य-चिंतन के लगभग तीन हजार वर्षों के इतिहास पर दृष्टिपात करने के बाद हम इस निष्कर्ष पर पहुँचते हैं कि काव्यांदोलन की दृष्टि से यह अत्यंत समृद्ध है। इसने आभिजात्यवाद से लेकर उत्तरआधुनिकता तक की यात्रा की है और इस दौरान रचनात्मक और आलोचनात्मक उपलब्धि के अनेक शिखर पार किये हैं। इन आंदोलनों ने आलोचना की सैद्धांतिकी निर्मित करने के क्षेत्र में युगांतरकारी भूमिका निभाई है तथा रचनाओं में अंतर्निहित सत्य को निष्पक्षता, वस्तुनिष्ठता तथा बौद्धिक विवक्षा के साथ उद्‌घाटित किया है। आभिजात्यवाद साहित्य के अध्ययन की एक प्रणाली है जिसे प्रायः स्वच्छंदतावाद के प्रतिपक्ष में रखकर देखा जाता है। चूँकि स्वच्छंदतावाद में व्यक्तिपरक एवं आभिजात्यवाद के वस्तुपरक नियमों के प्रति विशिष्ट आग्रह होता है। इसलिए साहित्य को क्लासिकल एवं रोमेंटिक श्रेणियों में विभाजित करने की एक परंपरा-सी बन गयी है। जब कि सचाई यह है कि दुनिया में कोई भी ऐसा कवि नहीं हुआ, जो शत-प्रतिशत क्लासिक अथवा रोमेंटिक रहा हो। संसार के बहुप्रतिष्ठित क्लासिक रचनाकारों की रचनाओं में भी स्वच्छंदतावाद की अनेक प्रवृत्तियाँ अन्तर्वर्तिनी धारा के रूप में मौजूद हैं और घोर स्वच्छंदतावादी कवियों की रचनाएँ भी अपनी अभिव्यक्ति की पराकाष्ठा पर पहुँचकर क्लासिकी गरिमा, भव्यता एवं औदात्य प्राप्त कर लेती हैं। इस दृष्टि से ही गेटे, वड्‌र्सवर्थ, रवीन्द्र, प्रसाद एवं निराला क्लासिक रचनाकार हैं। हमारा मानना है कि यदि साहित्य को राजनीतिक चौखटों में न घसीटा जाय तो उच्च कोटि की ऐसी समस्त रचनाओं को क्लासिक के अन्तर्गत परिगणित किया जा सकता है जिनमें उस युग की अधिकतम प्रवृत्तियाँ मौजूद हैं और जो युग-युगांतर को रस मग्न करने की क्षमता से भरपूर हैं। इसी दृष्टि से पृथ्वीराज रासो, रामचरितमानस, बिहारी सतसई एवं कामायनी हिंदी की क्लासिक रचनाएँ हैं। क्योंकि इनमें रचनात्मक उपलब्धि तथा युग-चित्रण की ऐसी झाँकियाँ विद्यमान हैं जो उन्हें कालजयता प्रदान करती हैं, अमरत्व प्रदान करती हैं।

आभिजात्यवाद ज्ञान का संगठित रूप है। उसकी शैली लगभग वैज्ञानिक शैली है। जो आद्यन्त, संयम, आत्मनियंत्रण एवं अभिव्यक्तिगत-गरिमा से ओत-प्रोत होती है। आभिजात्यवाद मानव-जीवन के सार्वभौम-शाश्वत आयामों के चित्रण पर जोर देता है। वह मानव-मस्तिष्क को सदा-सर्वदा के लिए बौद्धिक खुराक प्रदान करने एवं मनुष्य के उज्ज्वल भविष्य के प्रति आस्थावान् बनाने का कार्य करता है। वह आत्म-संतोष एवं आश्वस्तिभाव का साहित्य है। जहाँ तक यूरोपीय संदर्भ का सवाल है तो वह ग्रीक और रोमन सर्जनात्मकता का चरम निदर्शन है। जब ये सभ्यताएँ अपने शिखर पर थीं तो उस समय जिन श्रेष्ठतम ग्रंथों की रचना हुई, उन्हें ही 'क्लासिक' की संज्ञा से अभिहित किया गया। कदाचित इसी कारण अभिजात साहित्य प्राचीन, प्रौढ़, उत्कृष्ट और शाश्वत साहित्य का पर्याय माना जाता रहा है। आभिजात्यवाद यदि एक

ओर साहित्य में संगठन, अनुपात, संतुलन एवं आत्मानुशासन की माँग करता है तो दूसरी ओर वह देश-काल, क्रिया एवं संरचना में अन्विति का विधान करता है। जिससे साहित्य-सर्जना के क्षेत्र में सुव्यवस्था, समृद्धि एवं नियमन कायम हो सके। आभिजात्यवाद साहित्य के रूपात्मक ढाँचे पर विशेष जोर देता है। एक ऐसा रूप जिसकी रेखाएँ सुस्पष्ट, निश्चित, प्रशस्त एवं व्यापक हों। इस तरह आभिजात्यवाद साहित्यिक-अध्ययन की वस्तुपरक दृष्टि है जो जीवन के आदर्शीकृत प्रतिरूपण में विश्वास करती है। इसका एक सम्पूर्ण इतिहास है और कहीं-कहीं यह परंपरा का पर्याय भी बन गया है। आभिजात्यवादी विचारधारा के निर्माण में भले ही यूनान-रोम की जीवन-दृष्टि, सभ्यता-संस्कृति, साहित्य-कला, मानव-मूल्य एवं सर्जनात्मकता का सम्मिलित योगदान रहा हो, परन्तु, उसके प्रभाव से सम्पूर्ण यूरोप आक्रांत रहा है। यूरोप की प्रायः सभी भाषाओं के साहित्य में आभिजात्यवाद के प्रति कभी न खत्म होने वाला आकर्षण-विकर्षण, प्रभाव प्रतिक्रिया का भाव पाया जाता है। यूरोप के बाहर यदि उसे भारतीय संदर्भ में संस्कृत-साहित्य से जोड़कर देखा जाय तो यह बिना किसी संकोच के कहा जा सकता है कि मानव-सभ्यता के इतिहास की श्रेष्ठतम सर्जनात्मक उपलब्धि आभिजात्यवाद के अंतर्गत हुई है। वह आज भी, साहित्यिक-अध्ययन का सार्वभौम, शाश्वत एवं सर्वोत्कृष्ट प्रतिमान है। वह आगामी सर्जनात्मकता के लिए भी सदैव प्रेरक एवं उपयोगी बना रहेगा। साहित्यिक विचारधारा एवं रचनात्मक उत्कृष्टता की दृष्टि से उसकी उपादेयता हमेशा अक्षुण्ण बनी रहेगी। संक्षेप में, आभिजात्यवाद साहित्यिक या कलात्मक उपलब्धि का चरम आदर्श है। यह मनुष्य की सर्जनात्मक शक्ति को उस सीमा तक ले जाता है जिसके बारे में महाकवि जयशंकर प्रसाद ने कहा था कि जिसके आगे राह नहीं। अर्थात् आभिजात्यवाद प्रतिभाशाली रचनाकारों की साधना को सिद्धावस्था में बदलने का सर्वोत्तम विकल्प है। वह कृति और कृतिकार की चिरंतन महिमा का शाश्वत मानक एवं अनुकरणीय आदर्श है। वह एक सार्वभौम-शास्वत कलात्मक वैभव है। जिस तरह इस धरती का सर्वोच्च मानदंड हिमालय है उसी तरह आभिजात्यवाद साहित्य का सर्वोत्कृष्ट प्रतिमान है। दोनों ही अपने क्षेत्र के उच्चतम मानक एवं चरम आदर्श हैं, किसी अन्य से इनकी तुलना लगभग असंभव है।

आभिजात्यवाद के उपरांत नवआभिजात्यवाद ने न केवल आभिजात्यवादी मूल्यों का पुनराविष्कार किया बल्कि क्लासिक कृतियों पर पुनर्विचार करते हुए उन्हें नयी अर्थ दीप्ति और व्यापकता प्रदान की। इस आंदोलन ने भौगोलिक, ऐतिहासिक, राष्ट्रीय, जातीय एवं भाषायी सीमाओं का अतिक्रमण कर जीवन और साहित्य के सनातन मूल्यों का प्रतिपादन किया। नवआभिजात्यवाद ने आभिजात्यवाद के आदर्शों का अनुकरण करते हुए ऐसे साहित्य-सिद्धांतों का निरूपण किया जो कलात्मक उत्कर्ष के पर्याय हैं। यद्यपि यह साहित्य में गुणात्मक सुधार और उच्चस्तरीयता लाने की आकांक्षा से अनुप्राणित आंदोलन है तथापि काव्यादर्शों एवं नियमों के अनुपालन में कट्टरता की हद तक जोर देकर जाने-अनजाने रचनात्मकता की उपेक्षा कर बैठा। विज्ञान एवं यांत्रिक सभ्यता के विकास के कारण जन-मानस की भावनात्मक आवश्यकताओं में वृद्धि हुई जिससे हार्दिक जरूरतों को पूरा करने वाले साहित्य की माँग बढ़ी, परंतु यह अपने शास्त्रीय एवं बौद्धिक दृष्टिकोण के कारण परिवर्तित परिवेश की माँग को पूरा नहीं कर सका। साथ ही, वस्तुवादी मूल्यों पर अतिरिक्त निर्भरता के कारण नवआभिजात्यवाद आगामी अंतर्मुखी काव्यप्रवृत्ति का विश्लेषण करने में समर्थ नहीं था। अपनी मान्यताओं एवं अभिरुचियों में बदलते परिवेश के साथ परिवर्तन न ला पाने के कारण नवआभिजात्यवाद का

पतन हुआ। इस युग में पहली बार वास्तविक अर्थों में विश्लेषणात्मक अध्ययन की साहित्यिक परंपरा की शुरुआत हुई ओर अतीत के समूचे साहित्य के समीक्षात्मक विवेचन की महत्वाकांक्षा जगी। साहित्यिक इतिहास, ऐतिहासिक समझ एवं वैयक्तिक दृष्टिकोण के विकास का प्राचीन आभिजात्य साहित्य से सामंजस्य स्थापित करके इस युग का साहित्य लिखा गया। नव-आभिजात्यवाद ने आभिजात्यवादी मूल्यों में बहुत कुछ जोड़कर उसे अभिनव दीप्ति, प्रासंगिकता और गतिशीलता प्रदान की। नवआभिजात्यवाद ने सिद्धांत के धरातल पर रचना में बुद्धि और भाव के समन्वय, संतुलन और गरिमा पर जोर दिया। इसके मूलस्वरूप में अनेक ऐसी बातें हैं जिनके कारण परवर्ती समीक्षा पर इसका गहरा और उल्लेखनीय प्रभाव पड़ा।

नवआभिजात्यवाद के उपरांत स्वच्छंदतावाद न केवल विशिष्ट परिस्थितियों के दबावों से उद्भूत यूरोपीय साहित्य का एक प्रमुख आंदोलन है अपितु साहित्य की एक सार्वभौम-शाश्वत, सर्वमाननीय रचना दृष्टि है, समीक्षा-पद्धति है। यह न्यूनाधिक मात्रा में विश्व की हरेक भाषा के हर युग के साहित्य में विद्यमान रहता है। परन्तु, 19वीं शती के आरंभ में ही इसे व्यवस्थिति दार्शनिक गरिमा मिल सकी। जब इसने स्वतः ही युग-जीवन को दिशा देने वाली अवधारणा के रूप में आंदोलन का रूप धारण कर लिया। स्वच्छंदतावाद ने पहली बार इस बात का अहसास कराया कि कवि अथवा कलाकार का व्यक्तित्व ही समस्त सर्जनात्मकता का मूल उत्स है। रचनाकार में सृजन की अपरिमित संभावनाएँ होती हैं। इसने कल्पना की स्फूर्ति से तरोताजा होने का गुरुमंत्र दिया। स्वच्छंदतावादी रचनाकारों द्वारा निर्मित प्रकृति एवं नारी-सौंदर्य की मनोरम, कल्पनात्मक छवियों ने वैज्ञानिक एवं यांत्रिक सभ्यता की नीरसता से ऊबे हुए समाज को संवेदनात्मक खुराक प्रदान की। इन रचनाकारों का प्रकृति प्रेम एवं भाव प्रवणता ऐतिहासिक महत्व के अधिकारी है। स्वच्छंदतावाद ने साहित्य को न केवल कई चिंतनपूर्ण और रमणीय कृतियों से संपन्न किया है बल्कि उसके भावमूलक मानवतावाद ने काव्य-कला को नवीन अर्थच्छटाओं से युक्त बनाया है। विवेच्यधारा के रचनाकारों ने नवान्वेषण के सहारे काव्य-कला के क्षेत्र में ऐसे प्रयोग किए हैं कि उसमें युग-युग को रस मग्न करने की क्षमता आ गयी है। अपनी इन तमाम अच्छाइयों के बावजूद सामाजिकता तथा वस्तुपरकता का अभाव स्वच्छंदतावाद के पतन का कारण बना। स्वच्छंदतावाद के पतन के मूल कारणों की छान-बीन करते हुए एफ.एल.ल्युकस ने लिखा है कि, "स्वच्छंदतावादी लेखक... अपनी अनुभूतियों और अपनी कल्पना की स्पष्ट तीव्रता में, और उस वातावरण के निर्माण में, जो केवल भावोन्माद द्वारा ही साध्य है...बहुत प्रभावशाली होता है...। परंतु जैसे-जैसे उसका उन्माद बढ़ता जाता है, वह बहुत कुछ वह सब खोता जाता है, जो महान कृतिकारों के गुण होते हैं, जैसे- संतुलन, अनुपात, नियंत्रण, समन्वय-सामर्थ्य, सामान्य सांसारिक बुद्धि और शालीनता, शांत-सहृदयता-जिसके सहारे कोई लेखक अपने या अपनी छायानुकृतियों के अतिरिक्त अन्य चरित्रों का अध्ययन और अंकन करता है।"

इसमें संदेह नहीं कि अपनी कतिपय दुर्बलताओं के कारण स्वच्छंदातावाद एक काव्यांदोलन के रूप में समाप्त हो गया, परन्तु, साहित्य की एक सनातन प्रवृत्ति के रूप में वह सदैव विद्यमान रहेगा। इसने कल्पनाशीलता, भाव-प्रवणता और भाषागत प्रयोगों के सहारे आभिजात्यवाद को उसके अधूरेपन का अहसास कराया। साथ ही, काव्येतर ललित कलाओं के समावेश द्वारा काव्य को बहुरंगी छवि प्रदान की। जब-जब मनुष्य सभ्यता एवं संस्कृति के दबावों और वैज्ञानिकता

तथा यांत्रिकता के प्रसार के कारण घुटन, जड़ता और ऊब का अनुभव करेगा, तब-तब उसे संवेदनात्मक खुराक प्राप्त करने तथा तरोताजा होने के लिए स्वच्छंदतावाद के पास जाना पड़ेगा। क्योंकि उसमें मनुष्य की चिरन्तन भूख मिटाने की शक्ति है।

स्वच्छंदतावाद के उपरांत कलावाद 19वीं शती के सर्वाधिक महत्वपूर्ण आंदोलनों में से एक है। इसने न केवल काव्य और कला के स्वाधीन सत्ता की प्रतिष्ठा की अपितु कला के संदर्भ में दूसरी विचारधाराओं के उत्थान के लिए वैचारिक भूमि तैयार की। कलावाद की प्रतिक्रिया में कला जीवन के लिए जैसे आंदोलन का उभार इसका प्रमाण है। कलावादियों ने शताब्दियों से चले आ रहे कला संबंधी चिंतन की सीमाएँ बतलायीं। साथ ही, कला के मूल्यांकन के लिए सौंदर्यशास्त्रीय प्रतिमानों का प्रासाद खड़ा किया। काव्य-कला के इतिहास में कलापक्ष, शिल्प-विधान और रूप-तंत्र को इतनी प्रतिष्ठा कभी नहीं मिली थी। कलावादियों ने न केवल वस्तु और रूप के बीच अद्वैत स्थापित किया अपितु रूप में ही वस्तु का विलयन करके रूप और सौंदर्य की सर्वोपरिता सिद्ध की। इस आंदोलन ने काव्य-कला के मूल्यांकन के लिए एक नयी दृष्टि दी। काव्य-कला को पुनर्प्रतिष्ठा दिलवायी। कदाचित इसी कारण कलावाद ने परवर्ती काव्यांदोलनों प्रतीकवाद, बिंबवाद, नयी समीक्षा, रूपवाद, संरचनावाद तथा उत्तर संरचनावाद को परोक्ष अथवा अपरोक्ष रूप से प्रभावित किया। अपनी तमाम विशिष्टताओं के बावजूद कलावाद की अतिशय विशुद्धता एवं रूपात्मक आग्रह इसे घोर आत्मपरक सिद्धांत-अभिव्यंजनावाद में रूपांतरित करने में सफल रहा। कुल मिलाकर इसने यूरोपीय मनीषा को गहराइयों तक उन्मथित किया। तदुपरांत वाद-विवाद, प्रतिक्रिया-प्रभाव का एक विस्तृत दौर शुरू हुआ जो किसी-न-किसी रूप में आज भी जारी है।

मार्क्सवाद एक गतिशील भौतिकवादी अवधारणा है जिसने समाज के वर्गपरक आधार का विश्लेषण प्रस्तुत करके ऐसी मान्यताओं पर प्रश्न चिह्न लगा दिया है जिनके कारण समाज में निहित स्वार्थों को बढ़ावा मिलता है और शोषण का चक्र चलता रहता है। यह मूल रूप में एक प्रगतिवादी दर्शन है जिसका मुख्य संदेश यह है कि सामाजिक अन्याय की जड़ें समाज-व्यवस्था के अंदर ढूँढनी चाहिए और वहीं उसका प्रतिकार भी करना चाहिए। साथ ही, नवमार्क्सवादियों ने समकालीन परिस्थितियों में नव-मार्क्सवाद नामक नयी व्याखायें देकर मानव स्वतंत्रता के लिए नए क्षितिज ढूँढ़ निकाले हैं। मार्क्स और एंगेल्स ने साहित्य को सोद्देश्य बताकर और उसे सामाजिक-परिवर्तन का साधन मानकर प्रकारांतर से कलावाद के समक्ष चुनौती प्रस्तुत की। मार्क्सवादी साहित्य और कलादृष्टि जनता की पक्षधर है। मार्क्स ने साहित्य और कला पर विचार करते समय कलात्मक मूल्यों और रूपतंत्र को यथेष्ट महत्त्व देकर संतुलित दृष्टि का परिचय दिया है परन्तु, उनके कतिपय अनुयायियों ने साहित्य और कला को प्रचारवादी बनाकर मार्क्सवादी सौंदर्यशास्त्र को ठेस पहुँचायी है। वस्तुतः मार्क्स और एंगेल्स ने आनंद की तुलना में लोककल्याण को ज्यादा तरजीह देकर अपनी गतिशील दृष्टि का परिचय दिया है। कुल मिलाकर, मार्क्सवाद उपेक्षित और पीड़ित मनुष्यता को शोषण के दुष्चक्र से मुक्त कराकर उसे साम्यवाद के आदर्शलोक में प्रतिष्ठित कराना चाहता है जो उसकी जनोन्मुखता और समाज-सापेक्षता का चिरंतन प्रमाण है।

इसी प्रकार प्रतीकवाद अपने ढंग का एक महत्त्वपूर्ण काव्यांदोलन रहा है जिसने अपने रचनात्मक आग्रहों के कारण समूचे विश्व का ध्यान अपनी ओर आकृष्ट किया। यह स्वच्छंदतावाद

की संभावनाओं का चरम विकास है। इसने विज्ञान, प्रौद्योगिकी, प्रगति और बुद्धिवादिता के इस युग में काव्य-कला की शुद्धता की चर्चा करके उनमें नव-जीवन का संचार किया। प्रतीकवादी कवि रेंबो ने एक अभिनव उत्साह से भरकर कहा था कि, कविता लिखने का अर्थ एक ऐसी भाषा तैयार करना है जो सभी संवेदनाओं, सभी रंगों, सभी गंधों और सभी स्वरों को अभिव्यक्ति दे सके। मुझे इस बात पर नाज है कि मैंने एक ऐसी भाषा का आविष्कार किया है, जो किसी समय सभी इंद्रियों की भाषा बन जाएगी। मैंने नीरवता का अंकन किया है, मैंने रात्रि को वाणी दी है। मैंने उसे लिखा है, जो अगदित और अकथ्य है। प्रतीकवाद ने कविता के माध्यम से अगम और अगोचर की स्वर-लिपि तैयार की। इसने प्रतीकों और व्यंजनाओं के आग्रह द्वारा अभिव्यक्तिगत संप्रेषणीयता का समाधान प्रस्तुत करने का प्रयास किया, परन्तु, उससे दुरूहता और जटिलता की नयी समस्या उठ खड़ी हुई। लेकिन जब प्रतीकों के सायास प्रयोग के स्थान पर सहज-स्वाभाविक प्रयोग आरंभ हुआ तब उसकी उपयोगिता में उल्लेखनीय वृद्धि हुई। इसने परवर्ती साहित्य को गहराइयों तक प्रभावित किया और बिंबवाद के उद्भव की पूर्व पीठिका तैयार की। कुल मिलाकर, प्रतीकवाद रूप-रस, रंग-गंध, संवेदना-स्वर, दृश्यमान-जगत तथा अगम-अगोचर सत्ता की प्रतीकात्मक अभिव्यक्ति का प्रयास था जिसने साहित्य-कला और जीवन के सभी क्षेत्रों को प्रभावित किया। काव्य-कला की शुद्धता और मुक्त-छंद के क्षेत्र में इसके द्वारा किया गया प्रयास ऐतिहासिक महत्त्व का अधिकारी है।

प्रतीकवाद के उपरांत बिम्बवाद कविता की शुद्धता, स्पष्टता, चित्रपरकता को लक्ष्य करके चलाया गया काव्यांदोलन था। जो देखते-देखते इंग्लैण्ड और अमेरिका के बड़े कवियों का स्नेहभाजन बन गया। स्वच्छंदतावादी दौर में जो गौरव कल्पना को प्रदान किया गया था, बिम्बवादी रचनात्मकता के आयोजकों ने काव्य में वही स्थान दिया। बिम्बवादी न केवल कविकर्म का चरम लक्ष्य विलक्षण बिम्ब का निर्माण करना मान बैठे थे वरन् उनकी स्पष्ट मान्यता थी कि कविता की अनेक पुस्तकें लिखने की तुलना में एक उत्कृष्ट और अद्भुत बिम्ब का निर्माण ज्यादा श्रेयस्कर है। बिम्बवादी कवियों की कृतियों का मूल्यांकन करते समय उनकी मानसिकता को आधुनिक चिंतन के नवीन आलोक में परखने के आग्रही थे। बिम्बवाद का नेतृत्व करते समय एजरा पाउण्ड ने जोरदार शब्दों में घोषणा की थी कि, "यह आंदोलन लगभग एक शताब्दी तक चलेगा।" बिम्बवाद भले ही एक आंदोलन के रूप में एक शताब्दी के बदले एक दशक तक भी न चला हो, परन्तु, उसकी प्रस्थापनाओं और उपलब्धियों को एकदम से नकारा नहीं जा सकता है। इस आंदोलन ने एक बार काव्य को नवआभिजात्यवाद के अनुरूप फिर से वस्तुपरकता, देशकाल और जीवन-जगत् से जोड़कर देखा। इससे अंग्रेजी के कई बड़े कवि सम्बद्ध रहे हैं। जिससे बिम्बात्मक छवियों से ओत-प्रोत अनेक सुगठित कविताओं की सृष्टि हुई। कुल मिलाकर, बिम्बवादी सर्जनात्मकता से काव्य जगत् अत्यंत समृद्ध और लाभान्वित हुआ है। इस आंदोलन ने नई सभ्यता की जटिलताओं के अनुरूप काव्य को एक नया तत्त्व प्रदान किया जिससे उसके रूपात्मक छवि-निर्माण के लिए असीम संभावनाएं बलवती हुईं। अपनी सर्जनात्मकता और कारीगरी के द्वारा बिम्बवाद ने काव्यकृति को संतुलित और सटीक आयाम प्रदान किया। आज जब वैज्ञानिक सभ्यता के दबावों के चलते मनुष्य का जीवन दिनोदिन तेज और जटिल होता जा रहा है और उसके पास महाकाव्य तथा लम्बी कविता के अध्ययन के लिए अवकाश नहीं रह गया है तो ऐसी स्थिति में यदि कविता एक लघु शब्द-चित्र के द्वारा उसकी संवेदना को बिम्बों के माध्यम

से उदबुद्ध करना चाहती है तो उसका स्वागत होना चाहिए।

अस्तित्ववाद बीसवीं शताब्दी की सर्वाधिक महत्त्वपूर्ण दार्शनिक और साहित्यिक विचारधाराओं में से एक है। इसने विश्वयुद्ध की विभीषिका से संत्रस्त मनुष्यता के दुःख-दर्द और संत्रास को वाणी दी तथा मानव-जीवन के अदृश्य आयामों का निर्वचन किया। मानव-जाति को अपने बारे में सोचने-समझने की दृष्टि दी। इसने मनुष्य को आप्त मानवीय परिवेश के प्रति जाग्रत रहने की प्रेरणा दी है। अस्तित्ववाद ने यह बतलाया कि कृति की रचना और परिणाम की जिम्मेदारी रचनाकार की है। कृति के पूर्व वह जो अभी नहीं है उसकी कल्पना करता है। इस रिक्तता को वह अपनी कृति से भरता है। लेखक वही बताता है जो लोग नहीं जानते। अस्तित्ववाद वर्तमान यथार्थ का एक अपरिहार्य अंग है। वर्तमान युग को, जिसे औद्योगिकीकरण ने अत्यधिक यांत्रिक बनाकर विषाक्त कर रखा है, उन्मुक्त करने का एकमात्र उपाय है कि मनुष्य को उसके अस्तित्व की गहनता और समग्रता के प्रति सजग किया जाय और उसे निरन्तर उसके वास्तविक स्वरूप का स्मरण दिलाया जाए। यह दर्शन हमारे अस्तित्व के अंतराल का स्पर्श करता है। भले ही, एक आंदोलन के रूप में अस्तित्ववाद छठे दशक के बाद समाप्त हो गया हो, परन्तु, मानवीय नियति, उसके आंतरिक स्वरूप, परिवेशगत जटिलता तथा स्वतंत्रता जैसे मूल्य की विशद व्याख्या करने के कारण वह आज भी अस्तित्ववान है। अपनी कतिपय सामाजिक सीमाओं के बावजूद उसकी महत्ता अक्षुण्ण बनी हुई है।

बीसवीं शताब्दी में नयी समीक्षा ने साहित्य-समीक्षा को अपने ढंग से एक नयी दिशा दी और साहित्य को अति यथार्थवादी विद्रूपताओं तथा अस्तित्ववादी अमूर्त्तताओं से बचाने में मदद की। नये समीक्षकों ने केवल बुद्धि-विलास के लिए सैद्धांतिक-चर्चाएं नहीं कीं अपितु अपनी मान्यताओं का कृतियों की व्यावहारिक समीक्षाओं द्वारा तत्काल-परीक्षण भी किया। नयी समीक्षा ने काव्येतर प्रतिमानों और कृतिकार की तुलना में कृति को सर्वोपरि स्थान देने का स्तुत्य कार्य किया। नयी समीक्षा ने वैज्ञानिक युग की विसंगतियों, विडम्बनाओं, जीवनस्थितियों और परिवर्तित मूल्यों के अनुरूप समीक्षा-शास्त्र रचने का प्रयास किया। नया समीक्षक आत्मबोध और आत्मपरीक्षण के प्रति भी जागरूक रहा है जिससे उसके चिंतन में नये आयाम जुड़ते गये हैं। नयी समीक्षा ने काव्य की स्वायत्तता और शुद्धता की बात करते हुए कृति की अखण्डता का आदर्श रखा। नयी समीक्षा ने किसी कृति के समग्र रूप और अंगों के अंतःसंबंधों का विश्लेषण कर उसकी जटिल संरचना के परीक्षण का लक्ष्य रखा। इसने कलात्मक संरचना का समग्र अर्थ रूप-विन्यास में तलाशा। समीक्षा के भाषिक प्रतिमान पर अतिशय जोर देने के कारण भले ही इसकी चरम परिणति रूपवाद (Formalism) में हुई हो, परन्तु इसकी ऐतिहासिक उपादेयता असंदिग्ध है। नयी समीक्षा के उपरांत संरचनावाद एक व्यापक बौद्धिक आंदोलन के बतौर उभरा, जिसकी व्याप्ति गणित, भौतिकी, रसायन, जीवविज्ञान, मनोविज्ञान, अर्थशास्त्र, नृतत्त्वशास्त्र तथा वास्तुशास्त्र समेत जीवन एवं ज्ञान-विज्ञान के विविध क्षेत्रों में समान रूप से रही। संरचनावाद कला, साहित्य और संस्कृति के वस्तुनिष्ठ विश्लेषण की वह विशिष्ट व्यवस्था है जो सॉस्युअर द्वारा प्रतिपादित भाषिक प्रतिमान के रथ पर आरूढ़ होकर वस्तु और अभिव्यक्ति के समस्त अंतरीपों का संस्पर्श करती है। संरचनावाद साहित्य समीक्षा और भाषायी चिंतन के गहरे सरोकारों पर आधारित सैद्धांतिकी है जिसने न केवल नयी समीक्षा से असहमति व्यक्त करते हुए उसकी सीमाओं का निर्धारण किया अपितु अस्तित्ववाद के समक्ष भी गंभीर चुनौती पेश की। इसने रचना

को पाठ के रूप में निरूपित करते हुए कृतिकार को कृति से बेदखल कर दिया। वह रचनाकार के स्थान पर पाठक को केंद्रीय स्थान पर स्थापित करने का हिमायती है। संरचनावाद का वास्तविक प्रतिपाद्य साहित्यिक गतिविधि के उस तंत्र के अन्वेषण का प्रयास करना है, जिसमें साहित्य साहित्य के रूप में पढ़ा जाता है। यह भाषिक रहस्यों के विरहस्यीकरण की पद्धति है जो ऐसे सिद्धांतों, नियमों, परंपराओं, मान्यताओं तथा प्रभेदों को ज्ञात करने और सूत्रबद्ध करने का वैज्ञानिक प्रयास है जिनसे समस्त सामाजिक एवं सांस्कृतिक व्यवहार क्रियान्वित होते हैं। इसमें संदेह नहीं कि कलाकृति के वस्तुनिष्ठ विश्लेषण की दिशा में संरचनावाद की उल्लेखनीय भूमिका रही है।

संरचनावाद का पर्यवसान उत्तरसंरचनावाद में हुआ जिसने संरचनावादी वैज्ञानिकता के दावे को प्रवंचना करार दिया। उत्तरसंरचनावाद प्रकारांतर से उत्तरआधुनिकतावाद की सैद्धांतिकी है। उत्तरआधुनिकतावाद एक विराट सांस्कृतिक आंदोलन है जिसने पाश्चात्य जगत में विगत कई शताब्दियों में प्रतिष्ठित जीवनमूल्यों एवं विचारों को संशयास्पद बना दिया। उत्तरआधुनिकतावाद एक जटिल और बहुलार्थी प्रत्यय है जिसकी बौद्धिक मीमांसा अत्यंत चुनौतीपूर्ण एवं उत्तेजक अनुभवँ है। उत्तरआधुनिकता के नाभिकेन्द्र में इच्छा और सीमाहीन खुलापन है। यह परंपरा-इतिहास, देश-काल, राष्ट्र-राज्य, धर्म-समाज की हदबंदी को तोड़ती है और राष्ट्रीयता से अंतर्राष्ट्रीयता की ओर प्रयाण कर भूमंडलीयकरण, विश्वग्राम और विश्वनागरिकता की दिशा में अपने कदम बढ़ाती है। यह इतिहास एवं कालिक क्रमबद्धता को नकारती है। सांस्थानिकता तथा सर्वाधिकारवाद को चुनौती देते हुए नारी अधिकार एवं अश्वेत लोगों के अधिकार का समर्थन करती है। यह मानवाधिकार की प्रतिष्ठा के लिए संकल्पित है। इसने पर्यावरण को विश्वस्तर पर संवेदनशील मुद्दे के रूप में प्रचारित किया। इसका आगमन उस झंझावात की तरह है जिसके प्रभाव से जीवन और जगत का कोई भी क्षेत्र अनछुआ नहीं रह सकता है। साहित्य को यह उत्पाद मानने के बजाय विमोहक लीलाभाव का आह्लादक समारोह मानती है। यह चाक्षुषता के स्थान पर श्रवणशीलता पर बलाघात करती है तथा कृति के पाठ विश्लेषण द्वारा उसकी अनसुनी गूँजों को सुनने-सुनाने एवं उद्घाटित करने का उपक्रम करती है। उत्तरआधुनिकता ने साहित्यिक विश्लेषण प्रविधि के बतौर विरचनावाद का विकास किया। विरचना विलेषण की प्रविधि के रूप में प्रत्येक पाठ की भूल भुलैया में सावधान एवं सजग प्रवेश है। यह एक निर्वचन का दूसरे निर्वचन से मुकाबला करते हुए अर्थ की मुक्त क्रीड़ा का प्रतिमान प्रस्तुत करती है। यह पाठ में केवल भाषा की वस्तुनिष्ठ सत्ता का निर्वचन करती है। उत्तर संरचनावाद और उत्तरआधुनिकतावाद जैसे काव्यांदोलनों के आगमन से यह सिद्ध हो गया है कि पाश्चात्य मनीषा अभी भी काव्य-चिंतन और रचनात्मक सोच के क्षेत्र में बराबर सक्रिय है और आनेवाले युगों में भी यह परम्परा जारी रहेगी। कुल मिलाकर, पाश्चात्य काव्य-चिंतन के विविध आंदोलन पाश्चात्य चिंतनात्मकता को न केवल विविधता और गौरव प्रदान करते हैं अपितु उसे उस उँचाई तक ले जाते हैं जिसके बारे में महाकवि जयशंकर प्रसाद ने कहा था, "जिसके आगे राह नहीं।"

संदर्भ-ग्रंथ-सूची

कोश एवं विश्वकोश

1. हिंदी साहित्य कोश, भाग-एक व दो, प्र.संपादक डॉ. धीरेन्द्र वर्मा, ज्ञानमण्डल लिमिटेड, वाराणसी, 1984
2. हिंदी विश्व कोश, संपा. डॉ. गणपतिचंद्र गुप्त
3. भारतीय साहित्य कोश, संपा.डॉ. नगेन्द्र, नेशनल पब्लिशिंग हाउस, नई दिल्ली,1989
4. समांतर कोश, भाग-1व 2, अरविंदकुमार, नेशनल बुक ट्रस्ट, न. दि.,1996
5. भाषाशब्द कोश, डॉ.रामशंकर शुक्ल 'रसाल', रामनारायण लाल, वेनीप्रसाद प्रकाशक, चतुर्थ संस्करण, इलाहाबाद
6. मानक अंग्रेजी-हिंदी कोश, संपा.सत्यप्रकाश, हिंदी साहित्य सम्मेलन प्रयाग, 1983
7. भार्गव अंग्रेजी-हिंदी शब्दकोश, प्रा.आर.सी.पाठक, भार्गव बुक डिपो, वाराणसी,1987
8. व्यावहारिक हिंदी-अंग्रेजी कोश, संपा.महेन्द्र चतुर्वेदी, डॉ.भोलानाथ तिवारी, नेशनल पब्लिशिंग हाउस, नई दिल्ली,1986
9. Encyclopaedia of Indian Leterature, Ed. by Mohanlal Vo. I to IV, Sahitya Academy, New Delhi, 1991.
10. Encyclopaedia Britannia, Vol. I, IV, V, VII, IX, XIV, XXI, William Benton Publishers, Chickago, 1974.
11. Steebery Vol. I, First Ed. 1953.
12. The Encyclopaedia of Americana, Vol. I, IV, VIII (American Corporation, Newyork).
13. Princeton Encyclopaedia all Vol.-Princeton University Press, 1944.
14. Encyclopaedia of Poetry and poetics (B.U.Lib.).
15. Oxford Ecmpanion to the English Lierature- 5th Edition 1984, Ed. by Margaret Drabble Oxford University Press, New York.
16. The Art of Ancient Greece and Rom-Prentice-Hall, INC, Engel Wood aliffs Harvy N. Abrams, INC, New York, N.3.
17. Encyclopaedia of Religion and Ethics, (IIT Mumbai Lib.).

BOOKS

18. History of Modern Criticism (1750-1950) (5 Vol.) - By Rene Wellek Janathau Cape High two Bedford Spuare,London.
19. A study of Modern Europe (1815-1950) - By M.R. Wadhwani, Seth Pub-

lishers, Mumbai-400 026.
20. Political Thought From Plato to Marx - By Dr. Parkash Chander, Brij Grover Booktlive, New Delhi-110 028.
21. The making of Literature R.A. Scott James, 1970, Secter and Warburg, London.
22. Classic, Romantic and Modern-Barjun, 1962 I I, Secter and Warburg.
23. Romanticism-Lilian R.Furst, Methuen and Co. Ltd. New Fetter Lane, London, Reprinted in 1973.
24. A History of Europe from 1715 to 1814 -W.F. Reddaway, Methuen and Co., Lonon 1954.
25. A History of Western Technology-Klemn Friedrich; Translated by Dorothea Waley Singer,The scientific Book Guild,1949.
26. The Philosophy of Fine Art, G.W.f.Hegel, Translated by F.P.B.Osmaston, B.A. Vol. I I London 1920.
27. A Greek-English Lexicon-Vol. I I, Lidle and Scott, Oxford Press, London.
28. The Pick of English Verses-Umesh Joshi Anuj Printers, 98 J.N. Road, Lucknow.
29. Symbolism-Charles Chadwick, 1971, Methuen and Co. Ltd. London..
30. Ezra Pound-A collection of critical Essays-Ed. by Walter Sutton, 1963 Prentice Hall, Inc. Engle Wood cliffs, N.J., New York, U.S.A.
31. Biographia Literaria, Coleridge, edited by-Ernest Rhys. J.M. dent Sons, London, 1939.
32. Charles Baudelaire, translated by Geoffrey Wagner and an Introduction by Child Strarkie, London, 1946.
33. Englis Critical Essays, 19th Century, -Ed. by D. Jones, London, 1950.
34. Essay on Criticism, Pope,-Ed. by John Sargeaunt, Oxford 1909.
35. Essays and Itroduction, W.B. Yeats, Macmillan, London, 1961.
36. From Classic to Romantic, W.J.Bate, Cambridge, 1946.
37. German Romanticism, O.Walze, translated by Alma E. Lussky, New York, 1932.
38. History of English Literature-Legouis and Cazamain, London, 1954.
39. Literary Criticism : A Short History, Wismat anad Cleanth Brooks, Oxford Book Co. New Delhi, 1964.
40. Literature and Psycholoty-F.L.Lucas, London, 1951.
41. The French Revolution-George Pernoud and Sabine, Flaissier, London, 1960.
42. The Symbolist Movement in Literatur-Aurthor Symons, E.P. Dotton and Co., New York, 1958.
43. On Literature-Maxim Gorky-Progress Publishers, Moscow, F.E. 1978.
44. Lenin on Literature and Art-Progress Publishers, Moscow, 1978.

विश्वविद्यालय, दिल्ली।
131. आधुनिक हिन्दी कविता में बिम्बविधान, डॉ. केदारनाथ सिंह, प्रथम संस्करण-जुलाई 1971, प्रकाशक- भारतीय ज्ञानपीठ प्रकाशक, 3620/21, नेताजी सुभाष मार्ग, दिल्ली-61
132. आधुनिक हिन्दी आलोचना के बीज शब्द, बच्चन सिंह, द्वितीय संस्करण-1994, वाणी प्रकाशन, 21-ए, दरियागंज, नई दिल्ली-110 002
133. समकालीन पाश्चात्य दर्शन, डॉ. (श्रीमती) लक्ष्मी सक्सेना, तृतीय संस्करण-1991, प्रकाशक- उत्तर प्रदेश हिन्दी संस्थान, लखनऊ।
134. नये साहित्य का सौन्दर्यशास्त्र, गजानन माधव मुक्तिबोध, दूसरा संस्करण-1992, राधाकृष्ण प्रकाशन प्रा.लि., 2/38, अंसारी मार्ग, दरियागंज, नई दिल्ली- 110 002
135. मार्क्सवाद का सौन्दर्यशास्त्र, डॉ. पांडेय शशिभूषण 'शीतांशु', प्रथम संस्करण-1992, राधाकृष्ण प्रकाशन प्रा. लि., 2-38, अंसारी मार्ग, दरियागंज, नई दिल्ली- 110 002
136. डॉ. रामविलास शर्मा के समीक्षा सिद्धांत, डॉ. मायाप्रसाद, संस्करण-1999, भावना प्रकाशन, 126, पटपड़गंज, दिल्ली- 110 091
137. उत्तरआधुनिक साहित्यिक विमर्श, सुधीश पचौरी, प्रथम संस्करण-1996, वाणी प्रकाशन, 21-ए, दरियागंज, नई दिल्ली- 110 002
138. आधुनिक साहित्य, नन्ददुलाने वाजपेयी, पाँचवाँ संस्करण-सं. 2031 वि, प्रकाशक-भारती भंडार, लीडर प्रेस, इलाहाबाद।
139. कविता के नये प्रतिमान, नामवर सिंह, चतुर्थ संस्करण- 1990, राजकमल प्रकाशन प्रा. लि., 1-बी, नेताजी सुभाष मार्ग, नई दिल्ली-110 002
140. शैली और शैली विश्लेषण, डॉ. पाण्डेय शशिभूषण शीतांशु, प्रथम संस्करण-1996, वाणी प्रकाशन, 21-ए, दरियागंज, नई दल्लिी- 110 002
141. पाश्चात्य आलोचना, डॉ. रणधीर श्रीवास्तव, प्रकाशन वर्ष- 1993, प्रकाशक- भारतीय ग्रंथ निकेतन, 2713, कूचा चेलान, दरियागंज, नई दिल्ली- 110 002
142. आज के जमाने में मार्क्सवाद का महत्व-एजाज़ अहमद, प्रथम संस्करण- 1996, प्रकाशन संस्थान, 4715/21, दयानंद मार्ग, दरियागंज, नई दिल्ली- 110 002
143. हिन्दी आलोचना की परम्परा और आचार्य रामचंद्र शुक्ल, डॉ. शिवकुमार मिश्र, संस्करण-1994, वाणी प्रकाशन, 4697/5, 21-ए, दरियागंज, नई दिल्ली-110 002
144. प्रतीक और प्रतीकवादी काव्य-मूल्य, डॉ. प्रभात, प्र.सं.-फरवरी, 1984, प्रकाशक- आर्य बुक डिपो, 30, करोल बाग, नई दिल्ली- 110 005
145. आधुनिकता का उत्तरोत्तर, डॉ. कैलाश वाजपेयी, पहला संस्करण-1999, सारांश प्रकाशन प्राइवेट लिमिटेड, 142-ई, पॉकिट-4, मयूर विहार फेज-1, दिल्ली- 110 091
146. जर्मन साहित्य का इतिहास, वर्नर पाउल फ्रीडरीख, हिंदी अनुवाद- डॉ. नगीनचंद सहगल, शकुन्तला पब्लिशिंग हाउस, खार, मुंबई।
147. कामायनी, जयशंकर प्रसाद, 1992, लोकभारती प्रकाशन, इलाहाबाद।
148. अरस्तू, शिवानंद शर्मा, द्वितीय संस्करण- 1991, प्रकाशक- उत्तर प्रदेश हिन्दी संस्थान, लखनऊ।
149. सर्जना की परख, डॉ. करूणाशंकर उपाध्याय, प्रथम संस्करण- 1995, क्रांतिमन्यु प्रकाशन, 218, शांतिनिकेतन, शास्त्रीनगर, मेरठ।
150. आधुनिक हिन्दी कविता में काव्य चिंतन, डॉ. करुणाशंकर उपाध्याय, प्रथम संस्करण-1999, प्रकाशक- क्वालिटी बुक्स पब्लिसर्स एवं डिस्ट्रीब्यूटर्स, 104-ए/118, रामबाग, कानपुर।

151. उत्तरआधुनिकता कुछ विचार, देवशंकर नवीन, प्रथम संस्करण- 2000, वाणी प्रकाशन, 21-ए, दरियागंज, नई दिल्ली- 110 002
152. संरचनावाद, उत्तर-संरचनावाद एवं प्राच्य काव्यशास्त्र-गोपीचन्द नारंग, प्रथम संस्करण-2000, प्रकाशन-साहित्य अकादमी।
153. हिन्दी का विश्व संदर्भ, डॉ. करुणाशंकर उपाध्याय प्र.सं. 2008, राधाकृष्ण प्रकाशन, दरियागंज, नई दिल्ली-110 002
154. आधुनिक कविता का पुनर्पाठ- डॉ. करुणाशंकर उपाध्याय प्र. सं.-2008, राधाकृष्ण प्रकाशन, नई दिल्ली- 110 002
155. हिंदी कथा साहित्य का पुनर्पाठ- डॉ. करुणाशंकर उपाध्याय, प्र.सं.2008 भास्कर पब्लिकेशन्स, मंगला विहार, कानपुर (उ.प्र.)
156. साहित्य का भाषिक चिंतन-डॉ. रवीन्द्रनाथ श्रीवास्तव, प्र.सं.2004 राधाकृष्ण प्रकाशन, नई दिल्ली- 110 002
157. समकालीन भारतीय साहित्य, बात सामयिकी, वसंतु, मधुमती, वैज्ञानिक, हिन्दी-अनुशीलन, वागर्थ, Indian Literature, दस्तावेज, पहल, आलोचना उद्भावना, समकालीन सृजन, संयोग साहित्य तथा Comparative Literature के अनेक अंक।

●●●

ENVIRONMENTAL ISSUES IN MINERAL RESOURCE DEVELOPMENT

Edited by
K.L. RAI

GYAN PUBLISHING HOUSE
NEW DELHI-110 002

ISBN : 81-212-0452-6
Library of Congress Card No. 93-900307

Published in 1993 by
Gyan Publishing House,
5 Ansari Road
New Delhi

Printed at Goyal Offset Works, Delhi.

CONTENTS

FOREWORD

Having always been a lone operator in the annals of mining history, the miner started feeling the pinch when, in recent history, virtual disappearance of metallic occurrences in the native form, the increasing complexities of mineral deposit and the changing demand pattern robbed him of the status of Alexander Selkirk as "Monarch of all I survey". He invited the geologist to join hands and, ever since, they have been dependent on each other. In some minerals like coal, however, the miner sidelines his comrade even today as soon as an explored deposit is handed over to him. The geologist friend is called in only for fire-fighting operations.

In the fast moving world after the Second World War, the miner had to reckon with the voice of environment as a new demand on him. Initially, he thought that he could meet this demand without or little outside help. After meeting with some success in the beginning, he has now come to realise that environmental management is not an area where he can be a lone operator ; he needs specialists of a much larger mix.

"War is too important a business to be left to soldiers" is a widely quoted statement by Georges Clememceau, the head of victorious French Government in the First World War. Management of environment to ensure ecological integrity is also too serious a business to be left to only the miner merely because he wins the minerals. Decision-making must rest with a team that knows Nature and is familiar with ecology including inter-organism relationship and the socio-economic needs in the overall national and transnational context. The miner is an essential member of the team.

I, therefore, felt highly honoured as a miner, when I was approached by Dr. K.L. Rai to write a Foreword for the compilation of selected papers presented in a seminar of national level in which the geologists have now opened up in environmental matters relating specifically to mining.

Geologists have always been the first to enter areas where the virgin soil has not yet been upturned by miners and have thus the opportunity, during exploration, to study and record the state of pre-mining environment including socio-economic configuration, a knowledge which is essential for the mining industry to prepare an EMP acceptable to society.

This seminar has brought out several new thoughts. Participating geologists, who get known as geo-scientist or earth-scientist in certain specialisation, have spared thoughts to highlight the changing drainage pattern and micro- meteorology in some mining area over the decades, the impact of organophosphates in the effluent of rock-phosphate mine, the nature of sedimentation in dams adjoining the oldest coal mining areas of the country, etc. The phenomenon of subsidence due to oil extraction, socio-economic distortions caused by unplanned efforts by society to minimise them sectorally, and such other subjects have also been brought out.

In the last few years much has already been sighted and stated on the several damages caused by mining of every type and in every situation—opencast, underground, hill side, hill top, shallow/deep, flat deposits and steep deposits, to name only a few. The present seminar has also highlighted them with several new angles and I do not have to repeat them. I am confining my observations on a few matters which will need the attention of geologists and others connected with the subject in future.

I have noticed that some participants have suggested 'RESTORATION' of all mine-damaged land and 'AFFORESTATION' as an essential post-restoration activity with no reference to the pre-mining land use pattern. It must be clearly understood that restoration in most cases is neither desirable nor possible. Restoration is used to denote restoration of the conditions that existed prior to mining. This would include re-shaping to pre-mine contours, restoration of pre-mine surface and ground water patterns, and re-establishing of plant and animal communities. Duplication of pre-mine conditions is probably never completely possible after the drastic disturbance of surface mining, and restoration should never be considered except when unique characteristics must be preserved. I have come across cases where a State Forest Department has released forest land for mining on condition that a land is restored after mining. The word 'reclamation' is also used and implies that the site would be returned to the approximate pre-mine use. The area would be re-shaped to approximate pre-mine contour and plant and animal communities would be re-established to approximately pre-mine levels. Most environmentalists support this concept and also insist that native species be re-established whenever possible. In most conditions of thick seam, steep ore bodies, hill top minerals, etc. this is not possible. A third word 'rehabilitation' is used to describe the return of the site to a stable and permanent use in accordance with pre-mine plan. This could include the pre-mine use, a more intensive agricultural use, or conversion to a recreational, wildlife or human habitat area. If the land use was changed, the new use was assumed to be more beneficial to society than the pre-mine use. Most agriculturists support this concept. Using these definitions, restoration and reclamation programmes would return the land to its pre-mine use, and the only options for alternative land uses would usually be those that existed before mining. The rehabilitation concept, on the other hand, could provide options for land use at either higher or lower levels than existed before mining. The desired post-mine land use would be determined before mining and would be based on public and private interests and economic conditions. Reclamation and rehabilitation of the land should be the alternatives to be chosen from and not restoration. If a new landscape has to be created during mechanical reclamation and rehabilitation, why is afforestation at all treated as mandatory except, of course, to please the Ministry of Environment, Forest and Wildlife? Afforestation also provides the easiest option. Is the Ministry of Agriculture or Welfare satisfied by afforestation of a land which could be easily developed into rich agricultural or farm land or a health resort or an urban settlement? After all a modern mine also entails development of elaborate infra-structure including good roads, power, medical/educational facilities and a township. Can these not be availed of for rehabilitation of the land for a far better economic use than forestry?

The mine-owner (Public Sector or others) does not consider it worthwhile to investigate the other possibilities as this itself costs a lot of money. If the land damaged belonged to him with a right to sell it, he would invariably workout the best value added and use and not necessarily forestry. In India the owner of the mine does not own the land and he has, therefore, no corporate incentive to rehabilitate the land for any such economic use. Afforestation, as I mentioned, is the easiest way out to please the voice of environment as now represented by the Ministry concerned. The day is not far when the voice of environment will not accept the Ministry's prescription as the last word on mined land, rehabilitation etc. and all concerned with mining environment should be wise to take note of this. What is needed is to establish a better pre-mining land use pattern and this does not necessarily involve restoration of the ground contours or afforestation.

Disturbance to the water resources certainly takes place but there has been very little study so far to distinguish between vadose water and the phreatic water. Shallow wells drying up is not an indicator that mining has disturbed ground water conditions just as connate or juvenile water cannot be disturbed by mining. Our exploration and pre-mining studies must include detailed hydrologic studies in this line in future so that the miner knows how far he can go without being accused of slaughtering the water resources.

Are there no positive beneficial effects on society due to mining ? I am not talking of employment, health services, communications, education and such other benefits which the society gains from mining.These have been talked about *ad nausenm* and yet there are socio-economic views that the "boom town" effect of pockets of high wage miners in the midst of the peaceful, crime-free, pre-mining population of the area is far more serious than the gains. I do not want to enter into this controversy as I am neither aware of any means of industrial development of the country without mining nor of the means of eradicating all pervading poverty and ignorance within a given synchronised time-frame to avoid the "boom town" effect. I shall deal with only one specific benefit which the society has gained from mining without the beneficiary knowing about it.

The paper in the seminar on silting of dams raises a question. In Jharia coalfield alone, the miner has been pulling out large quantities of sand from the Damodar River for stowing underground. I have no specific figures to quote but the present day demand seems to be around 14 million tonnes per year. If the miner had not pulled this sand out of the river bed for decades, would not the Panchet Dam have got fully silted up by now? The coal industry has to pay a royalty for using the sand but receives no reward for extending the life of the dam. If the industry is now willing to draw sand from within the lake to help itself and arrest progress of the forest load, what is the gain to the economy? I would request the specialists to go into this and similar other aspects where the mining industry is contributing to improved environment.

I congratulate the authors and Dr. K.L.Rai for the compilation and feel sure that we will see many more seminars where the next phase of acquired knowledge is thrown open to the students of mining-related environment.

New Delhi
23 March 1993

A.N. Banerjee

PREFACE

The exponential rate of growth in the output of various minerals and mineral-fuels achieved during the last decade and targetted to achieve still greater heights by the year 2000 A.D. and beyond, has been a cause of serious concern to the environmentalists and scientists alike in the recent years. It is a *'cause celebre'*—the unique feat of multiplying the annual production of coal, oil, iron ore, bauxite, limestone, zinc, lead, copper, etc. by a factor of 2 or more within a short span of almost a decade. The inevitability of environmental degradation due to such unprecedented scale of interference with nature poses a serious challenge to the geo-scientists and mining engineers to evolve ways and means for harnessing the mineral resources with minimal adverse impact on the ecology and environment. There is no option but to resolve the visible conflicts of interests sooner than later through serious debate amongst all concerned in the best interest of the future of coming generations.

It is with this realisation and sense of urgency that a national-level debate/symposium on "Development of India's Mineral and Fuel Resources : Geological and Environmental Aspects" was organised at the Indian School of Mines, Dhanbad, on the occasion of its Diamond Jubilee Celebrations under the co-sponsorship of several mining and government organisations. This symposium provided a good opportunity for in-depth deliberations and discussions on the theme among over 200 distinguished geo-scientists, mining engineers, mineral technologists and environmentalists. This volume comprises selected contributions of some of these specialists in addition to few others whose contributions were procured for this volume later on by invitation. The papers range in scope from critical reviews on wide-ranging aspects of environmental problems due to exploration, mining, beneficiation and processing of minerals and mineral-fuels in Indian context to specific regional and deposit-scale case-studies highlighting the environmental problems and suggesting remedial measures applicable in the Indian conditions. The volume ends with a section on the 'Recommendations' aptly summarising the deliberations and outcome of various sections/sessions of the symposium. Although the papers have been reviewed, the editorial interference has been kept minimal in order to reflect the individuality of an author's independent approach to the complex problems of environmental management. It is hoped that all those interested in promoting the mineral development process with maximum possible recuperation and preservation of the environment, will find the volume as a worthwhile reference work recommendable to the concerned students, researchers as well as practising professionals.

It is my pleasure to record the debt I owe to every individual author of the papers of this volume for his help and cooperation from time to time. The valuable contributions of the reviewers who included Dr.R.N. Mishra, Deputy Director-General, GSI, Prof. S.K.Babu of Sagar University and Prof. S.P.Banerjee, Prof. N.S.Rawat and Dr. Gurdeep Singh of Indian School of Mines, Dhanbad, are gratefully acknowledged.

Our gratefulness is due also to Shri A.N.Banerjee, ex-CMD of BALCO,HZL and CMPDIL, for writing the Foreword of this volume. The opportunity is taken to thankfully acknowledge the unflinching support and cooperation received from the authorities of Indian School of Mines and also from my departmental colleagues during various stages of the organisation of Diamond Jubilee symposium and publication of this volume. The financial support in the form of a special grant received from the Department of Science and Technology, Government of India for the publication of this volume is also gratefully acknowledged. Able editorial and secretarial assistance received from Dr. Ramchandra, Dr.A.M.S. Rao, Shri T. Ramesh and few other members of my research team, is placed on record with high appreciation. The skill and care observed by the publishers, specifically by Shri B.P. Garg, in bringing out the volume in its present form, also deserve our appreciation and are thankfully acknowledged. Omissions and commissions that may have crept into it despite all possible care, are deeply regretted.

Indian School of Mines
Dhanbad
10 March 1993

K.L. Rai

ENVIRONMENTAL ISSUES
IN
MINERAL RESOURCE DEVELOPMENT

1

ENVIRONMENTAL ASPECTS OF INDIA'S MINERAL AND FUEL RESOURCE DEVELOPMENT*

S.P. BANERJEE
Professor of Mining Engineering
Indian School of Mines, Dhanbad.

India with its population of 840 million is the second most populous country in the world. With the present growth rate of 2.2 per cent per annum, the projected population figure of 1700 million for the year 2023 A.D. will give India the dubious distinction of being the most populous state at that time. The needs of a burgeoning population and the necessity to raise the living standard of the masses quickly, are together putting tremendous pressure on all life-supporting systems including those of crop-land, fresh water, forests and minerals. Figures quoted by the Central Statistical Organisation of the Government of India[1] show that for 1970-1982 period, the

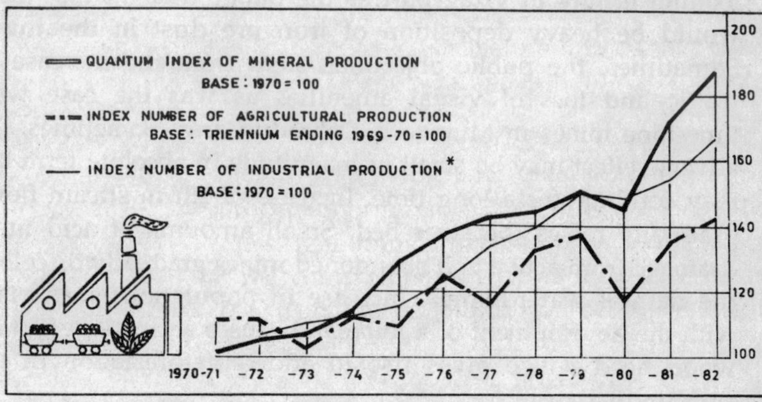

FIG. 1·1, THE GROWTH OF MINERAL PRODUCTION IN 1970-82 PERIOD
(Source CSO 83/3 84)

---

* Keynote address (delivered at the Symposium)

mineral production has increased at a faster rate than the increase of agricultural and industrial production (Fig. 1). The projections for the VII and subsequent five year plans indicate that the same trend of increase of mineral production is expected to continue for the remaining years of this century.

It is well known that mineral resource development results in environmental degradation. It starts from the exploration stage when forests are cleared, roads are built and drilling is commenced. It continues through the exploitation, beneficiation and the utilisation stages. Major environmental problems of mineral resource development are deforestation, land damage, water and air pollution and other problems of lesser magnitude are visual intrusion and loss of amenities due to noise and ground vibration. The socio-economic problem caused by land acquisition and influx of outsiders is becoming a major environmental problem in new mining areas. The general public often complain against the disturbances of their surroundings caused by the starting of the mine and the changes brought on their life style. There were genuine apprehensions and a considerable degree of resistance to the creation of iron ore loading facility in Vizag port as the public thought that there would be heavy deposition of iron ore dust in the town. Sometimes, the public objections stem from the increase of traffic and loss of visual amenities as was the case with limestone mines in Mussoorie-Dehradun area. Sometimes, the adverse effect may be small in magnitude in absolute term but may continue for a long time. Increase of silt in stream flows gradually raises the river bed. Small amounts of acid mine drainage from active and abandoned mines gradually discolour the natural water-bodies. Increase in population takes place with the development of a mine and causes an increase in fire-wood need which gives rise to added deforestation in the surrounding area.

Sometimes the effect is insidious and dangerous as seen from the cases of heavy metal poisoning from the tailings and smelter slags. Water pollution from the lead-zinc-cadmium mine in Toyoma, Japan, gave rise to Itai-Itai disease in the downstream areas which was first reported in the year 1946. By the year 1965, over 100 deaths were attributed to this cause[2]. In another famous mine-related water pollution incident, again from Japan, arsenic poisoning occurred through the pollution of irrigation water used for the downstream paddy fields of Ashio Copper Mine which was worked in the 19th century on the bank of Watarase river.[3]

Sometimes the effect of mining on the surrounding is catastrophic. There have been many cases of landslide, tipslide and failure of tailings dam. One infamous example was the tipslide in Aberfan Colliery of South Wales in 1966 when a sliding colliery spoil-heap engulfed the village school and wiped out one whole generation of school children from the village. Naturally the public apprehension of the damages caused by mining has increased gradually. In the developed countries, the syndrome of 'Locate anywhere but here' has become widespread. In the developing countries, new employment opportunities are hard to come by and are of great significance to a community. But all local people do not get a job in the mine. If the benefits percolate to a sizeable proportion of the local population, through development of infrastructures (roads, rail, water supply, electricity, school, hospital, etc.) the resistance to the opening of mines will become less.

At the mine-planning stage, environmental protection issues should be given good weightage. In earlier days, geologists did not bother about the analysis of overburden rock although they were taking care in knowing about the tenor and grade of the mineral vein. But the overburden may contain toxic or nutrient-rich layer affecting the environmental planning of the mine. A case in point is the large-scale acid mine drainage problems in Pench and North Eastern Coalfields where identification of the pyritiferous beds might help in devising methods to tackle the problem. In mineral exploitation, the methods which help environmental protection should be chosen, such as minimising external dumping of overburden, recycling of water in the beneficiation plants and dozing of overburden dumps to gentle slope, etc.

Environmental protection measures will increase the cost of minerals, the percentage increase depending upon the site conditions. And this will inevitably be passed on to the consumer. Already we operate a high cost economy. On the other hand, our per capita consumption of all consumables including minerals comes at near about the bottom of the world league. Steel consumption is often taken as the index of development of a country. India's per capita consumption of 18 kg/year may be compared with 550-600 kg of steel consumption of industrially-advanced countries. Fuels and minerals account for the major share of our import bill. By successful exploration, exploitation and beneficiation of minerals, we can reduce this burden. If in the name of environmental safeguards, mining of such valuable deposits is prevented, poverty eradication programmes will be affected. An example that comes to mind is the proposal for large-scale imports of SMS grade limestone from Japan, although we have huge reserves of the mineral in Garhwal Himalayas and in Rajasthan. Similarly India's huge bauxite deposits can sustain large-scale export of alumina or aluminium and earn valuable foreign exchange for the country. But the recent experience of stalling of the Gandhmardan bauxite project on environmental considerations is a pointer that some balance is necessary in the matter. We should not be swayed by the 'No growth' ideology which may fit the national policy of developed countries which have already achieved a high standard of living. Prof. C.T. Shaw of the Deptt. of Mineral Resources Engineering of Royal School of Mines, London, in a recent editorial mentioned that the mining industry in the developed world is currently going through one of the most sustained downturns in its long and cyclic history. The populace at large is unwilling to accept the damage done to the environment, with little understanding of the implications of not producing the minerals. A developing country can't adopt the policy of economic and energy stagnation, as then not only the economic goals but also the environmental goals would be defeated. In the context of developing countries, there is no doubt that poverty is the greatest polluter.

Thus the mineral industry professionals which include the geoscientists, mining and beneficiation engineers must find ways of winning the minerals with the minimum possible impact on the environment. And where such damage is inevitable, steps should be taken to reclaim the land and afforest the area as early as possible after mining is over. We should also endeavour to find ways of greater recovery of minerals from a given deposit and try to find ways of using what remains left out in to-day's mining and beneficiation processes. Only by this, we can achieve development with protection of the environment instead of development at the cost of the environment.

REFERENCES

1. Central Statistical Organisation, GOI Year book 1983. Selected Economic Indicators : CSO No. 83/3.84, New Delhi.
2. Down, C.G. & Stocks, J. "Environmental Impact of Mining", App. Sci. Publishers, London, 1977, p. 100.
3. Vi, Jun. " The Negative Effects of Technology in Japan's Modernisation Process: The Ashio Copper Mine Incident", United Nations University, HSDPIE Series, UNUP-418. Tokyo, 1984.

2

ENVIRONMENTAL ASPECTS OF MINING INDUSTRY IN INDIA

P.S. RAO
Chairman-Cum-Managing Director,
Bharat Aluminium Co. Ltd., New Delhi.

1. ENVIRONMENT AND PUBLIC AWARENESS

Since the Stockholm Conference on Human Environment in June 1972, the public awareness on the environment protection and its management has continuously grown. The needs of improving the standards of living through exploitation of minerals on the one hand and maintaining the ecological balance on the other, should go hand in hand. Development, obviously cannot be at the cost of environment and vice-versa and a proper balance needs to be struck.

Pursuant to the decisions taken at the Stockholm Conference in June 1972, the Indian Constitution is probably the first one in the world to make provisions for the protection of environment. 42nd Amendment (1977) inserted specific provisions for preservation of environment throughout the country.

2. IMPACT OF MINING OPERATIONS

Mining as an industry has a very long history in India. Even during Vedic times, a great importance had been attached to this industry as a source of revenue. But right from the initial stage of ore exploitation, degradation of land, air, water pollution continues as ore is beneficiated and processed further. However, its magnitude is certainly not that serious as it has been made out to be these days.

As a consequence of increased scale of production during the post-independence period in India, the adverse effect of mining on environment has of course been on a comparatively larger scale than in the past. However, this cannot be generally as a common phenomenon in all the mining fields. There are numerous examples both in the private and public sector where the environment has been improved after mining operations, while there are many mining areas where large scale environmental damage by way of extensive deforestation and land degradation have been caused.

By way of extensive damage, imbalance has been caused in the eco-system, for example, in limestone quarries in the Doon Valley; a large number of coal, iron ore and manganese mines in Bihar, M.P., West Bengal and a number of minor mineral quarries generally operated by small private mine owners viz: limestone, mica, marble, etc.

The reasons for this state of affairs are many. Most important among these is the unscrupulous and unscientific mining (Gupta et al 1986) for quick economic gains, poor geological evaluation of mineral deposits and geotechnical studies, political compulsions, ineffective conservation laws and limited means with enforcement agencies for proper enforcement of existing laws. Last but not the least has been the total lack of awareness for environmental protection in mining industry during the foreign rule. Even after independence, the awareness of this important aspect has been found wanting till about a decade ago.

3. CONSERVATION LAWS

Some of the aspects enumerated in the previous para have been taken care of by the recent amendment brought about in the MCR, 1960. These amendments have been made to ensure that mining is carried out with a specific well drawn out plan based on scientific geological reports on a given deposit. Further, before a lease is granted, the Competent Authority for grant of lease will ensure, through the environmental protection plan given by the lessee, that environmental control measures will be followed while exploitation proceeds. In addition to these amendments, the following provisions exist so far as the control of environment in mining projects is concerned:

1. The Forest (Conservation) Act, 1980
2. The Environment (Protection) Act, 1986

3. The Water (Prevention and Control of Pollution) Act, 1974 and Rules, 1975
4. The Air (Prevention and Control of Pollution) Act, 1981 and Rules, 1978
5. Environmental Management of Mining Operations—Department of Environment, Govt. of India, 1982.

But, unfortunately, there is no act or guidelines so far on the noise pollution levels and their threshold limits for various mining activities, especially in the areas situated near bio-sphere or human settlements. This needs attention.

4. PRESENT STATUS OF ENVIRONMENTAL CLEARANCE CONTROL IN MINING

The protection of forest cover in a given mining project is controlled under Section 2 of the Forest (Conservation) Act, 1980. The provisions of this Act are comprehensive but the prospective lessee runs into some problems in following the Act. For example, the process of procurement of forest map, certificates of non-availability of alternative area for the development of particular project and alternative site for compensatory afforestation from concerned State Government authorities is highly time consuming. In fact, it will be better if these aspects are sorted out by the concerned Collectors and Chief Conservators of Forest within a given time frame to avoid administrative delays. This will not only be more practical but also save time and botheration of the prospective lessee. Sometimes the lessee has to follow the same formalities even for such lands where presently there is no forest. More pragmatic and simple approach needs to be followed for such lands.

The governments, as provided in the relevant Acts, have set up State and Central Boards for Prevention of Water and Air Pollution. These Acts are also comprehensive. Because of the well defined functions and authority of these Boards, no serious difficulty is faced in getting the projects attended to in time so far as water and air pollution aspects are concerned.

To provide for the protection and improvement of environment, an Environment (Protection) Act, 1986, has recently been enacted by the Parliament. This Act provides adequate coverage and powers, but with the introduction of this Act, the relevant Acts related to water, air, etc. have become somewhat redundant. Multiplicity of Acts, sometimes creates hurdles in clearance of mining projects.

The Department of Environment has brought out a booklet entitled "Environmental Management of Mining Operations" incorporating report of the Working Group. It provides brief corporating report of the Working Group. It provides brief guidelines for environmental management including some useful write-ups related to present day mining activities in India. A questionnaire for environmental appraisal of mining projects has also been prescribed in the booklet. This is a good approach to know the status at a glance but perhaps needs more elaboration on qualified terms, rather than simple yes or no and subjective statements.

Despite the existence of numerous environmental protection laws, the examination of a mining project for its clearance is still highly time consuming. Despite favourable recommendations given by the State Governments, applications have remained under consideration in the concerned departments at the Centre for 5-6 years and sometimes even longer. It is suggested, that concerned departments should examine proposal judiciously taking into consideration all scientific studies including socio-economic impact and finally draw a positive conclusion. In view of costly delays in environmental clearance, it is necessary to have 'single window' clearance of mining projects with specified time limits. Also the practice of giving provisional clearance allowing the projects to go ahead and not taking decision on final clearance over long periods leads to dangerous consequences. Hence there is urgent need to dispense with such a practice.

Since most of the parameters for considering a particular mining project from environmental angle are still not clearly defined, an element of bias creeps into the mind of environmental clearance agencies. As such, based on their individual judgement the matter is either kept in abeyance or the project is rejected notwithstanding the positive scientific conclusions drawn by reputed individuals or expert bodies. Sometimes extraneous factors such as political vested interest or religious sentiments come strongly in the way of arriving at conclusions by concerned organisations. The net result is that large mining projects of national importance are either rejected or left undecided indefinitely.

Large projects are operated either by government bodies or by large organisations which have means to implement the required environmental protection measures and are alive to their obligations towards protection of environment. Because of the sheer scale of operations, whatever environmental damage is brought about by major mining projects, becomes glaring and attracts the attention of environmentalists immediately. On the contrary, the small scale private mine operators continuously damage the ecological balance unnoticed. It is only after long periods of time that such damage becomes conspicuous. They have limited resources and little desire to restore the environment. Their main aim is quick gain. They do not follow any mine planning and they hardly ever reclaim the mined out area, leave alone afforestation.

5. ENVIRONMENTAL DAMAGE BY MINING VIS-A-VIS OTHER SOURCES

Since the present discussion is about the environmental impact due to mineral exploitation, it is also necessary to analyse in detail other non-mining factors which are causing environmental degradation—with a view to assess the overall impact on environment. Notwithstanding what has been said earlier, mining certainly is not the major environmental hazard in our country. Its contribution to this ill, though considerable, pales before the damage caused to the environment by numerous other non-mining factors. These factors are encroachment of forest land, population explosion which needs fire wood, indiscriminate tree felling by the forest contractors, inadequate compensatory plantation, the cattle grazers and unauthorised diggers of earth, building materials and to some extent furniture, paper and fruit industry, etc. (Bahuguna, 1986). Dr. Madhav Gadgil, a leading botanist at the Indian Institute of Science, Bangalore, points out, "the local population is not bothered about preserving forests, because it earns more if it steals the wood instead of working for low wages. The Industry is interested only in immediate profits. The forest bureaucracy has neither responsibility nor accountability". As per a social scientist, "People in the country may not die due to hunger in the near future but may die because of their inability to cook the food owing to the scarcity of fuel wood". According to official statistics released by Forest Department, "India lost between 1971 and 1972, 0.34 million hectares of forest lands to dams, new crop-lands, roads and industry, which means an annual rate of deforestation of about 0.15 million hectares". But many observers place the current rate of deforestation over 1 million hectares every year. As can be seen from the above, the adverse effect of mining operations on forest growth is not that serious as some environmentalists make it to be.

Unfortunately, the non-mining factors causing ecological imbalance do not attract adverse publicity and loud protest from press and people. The environmentalists fail to take serious note of them because of their slow impact. One probable reason behind this oversight is that these factors serve the immediate needs of the local population and the tribals. As such this calamitous destruction continues unabated due to non-availability of alternate means other than fire wood to these people. As a result of this paradoxical situation, it is the national mining project which suffer and the ecological devastation from non-mining sources continues unabated.

6. SUGGESTIONS

Exploitation of minerals is inevitable as the entire civilised world's dependence on mineral raw materials is next only to food grains. Minerals occur mostly in hilly regions where forests grow, water streams originate and tribals sustain themselves. If minerals are to be extracted, mining has to be carried out in such areas only with no other alternative whatsoever. When mining is done, without doubt, some environmental disturbance takes place. The minerals should be exploited with least ecological disturbance. Part of the revenue earned should be ploughed back with given commitments from mining projects for environmental restoration. Mineral exploitation and protection of environment have to go hand in hand.

As mentioned earlier, the conservation laws are adequate and there does not seem to be any further scope of radical improvement. The laws, if only marginally modified, could be made more meaningful in this regard (Ramanathan, 1982). A few suggestions in this direction are:

i) It is proposed that a working group of multi-disciplinary specialists from various disciplines like environment, forest, agriculture, geological exploration, mining, soil conservation, water resources, etc., should interact and with the help of various maps, remotely-sensed data, aerial photographs and satellite imagery, etc. prepare land-use plans, sector or regionwise for the whole country on 10-20 years basis and earmark priority areas for various uses. It will enable the mining agencies not to venture for initiating any mining projects in the areas having mining as lowest or secondary priority or in environmentally sensitive areas.

   These land-use plans will also enable quick processing of applications for mining priority areas.

ii) The questionnaire prepared by DOE should be incorporated in the mineral concession rules for consideration and commitment towards environmental control measures at the time of submissions of M.L. applications.

iii) Geological exploration report should be compulsory for all mining lease applicants, big or small. These reports should include all important details of environmental significance.

iv) The feasibility reports required for large and particularly national projects should include inter-alia, a statement on environmental aspects, to be followed by an environment management plan (EMP). This should incorporate cost analysis of control measures like land restoration, rehabilitation scheme, etc., supplemented with quantified data from competent agencies. After EMP is provided by the prospective project operator, environmental clearance should be granted or the proposals rejected outright without hesitation depending on the assessment of competent authority. Keeping the proposals hanging or the practice of granting provisional clearance should be done away.

v) Every mining project, big or small, should be examined with the spirit of compromise to preserve ecology and to exploit mineral resources for the benefit of nation. Only then the competent authority will be clear and unbiased in its approach to the implementation of the Acts enacted by Parliament in the overall national interest.

vi) Strong environmental monitoring groups should be formed with penal powers for all mining projects. The group may consist of officials from environment deptt., ground water agencies, other Government departments including Ministry representatives and of course public representatives of the areas where mining projects are located. The group could also have the functions of the present Environmental Appraisal Committees.

vii) The wastelands available within 10 km. radius of the mining project should be developed for raising firewood and fodder. This may divert the over-dependence of the local inhabitants on the natural forest thus saving it from unnecessary degradation. For this purpose, a separate fund should be created which should form part of the total project cost of a large mining project.

viii) "Success of management of our environment is largely dependent on public support. The promotion of public awareness with public and officials is, therefore, very important" (Nag Choudhuri, 1983) which at present is not enough. This needs immediate attention and improvement.

ix) The abnormal delays in environmental clearance of the projects sometimes make the projects economically unviable or invite various other problems like public agitations.

Therefore, time limits for various stages of consideration of the applications should be well defined.

x) More comprehensive guidelines and parameters for air, water and noise pollution due to mining should be made, as till date, they are not available.

7. SUMMING UP

It should be understood that mining activity causes only a part of environmental degradation as compared to other non-mining operations like firewood chopping, timber and paper industry, cattle grazing, etc. The mining industry is not as destructive as it is generally made out to be by environmentalists in India.

The real devastation to environment (especially in coal belts of the country) was caused by mines which operated during British period. In the recent past, the degradation has been caused mostly by small-scale private mine operators rather than large-scale mining projects.

Conservation laws framed are comprehensive and adequate to cover the present day needs with only minor modifications needed here and there. The conservation agencies have only to view this activity with tender care in a national perspective instead of visualising it as an offensive operation. Then only the subjectiveness or bias prevailing in the approach of conservation officials will change and lead to smooth implementation of various environmental control measures.

REFERENCES

Bahuguna, S.P., 1986. Deforestation and its impact. in 'India's Environment—Problems and Perspectives'. Geol. Soc. Ind., Bangalore, 167-173.

Gupta, V.J., 1986. 'Environmental problems due to Mining activities—A case study of Dehradun-Mussoorie region, U.P. Himalaya in 'India's Environment—Problems and Perspectives', Geol. Soc. Ind., Bangalore, 235-239.

Nag Choudhury, B.D., 1983. Introduction to Environmental Management. Interprint, New Delhi.

Ramanathan, N.L., 1982. Environmental Management in the Mining Industry. in 'Environmental, Management of Mining Operations', Deptt. of Environment, New Delhi, 270-280.

3

MANAGEMENT OF ENVIRONMENT IN MINING AREAS–THE SCIENTIFIC APPROACH

D.K. SINHA
Professor of Industrial Engineering and Management,
Indian School of Mines, Dhanbad

1. INTRODUCTION

Environment is a complex system in which the interacting and interrelated sub-system include the environmental media of land, water, air, ecosystem and species of man, animals and plants.

Management of mining industry and mines and the environmental management thereof should be concern of every manager and must be viewed as the corollary of one and the same thing. In other words, these need to be integrated and every mine manager ought to be an environmental manager because of the basic nature of mining activities.

2. CONCEPT AND ROLE OF ENVIRONMENTAL MANAGEMENT

Environmental management is basically the resource management because like any other input in the mining system (man, machine, materials, money), environment is to be taken as one of the important reserve input to the total process of mining in its original form. The process of mining converts the environment into such other state leading to depletion and degradation of the natural state which may adversely affect the human, animal and plant supporting processes. (Fig 1) The main goal of environmental management is, therefore, to achieve the quality of life which people aspire to for a healthy living involving a complex of issues and factors like air and water pollution, land degradation, degeneration of ecological system, adverse effects on socio-economic conditions, etc.

The responsibility of the environmental manager as such can be outlined as follows:

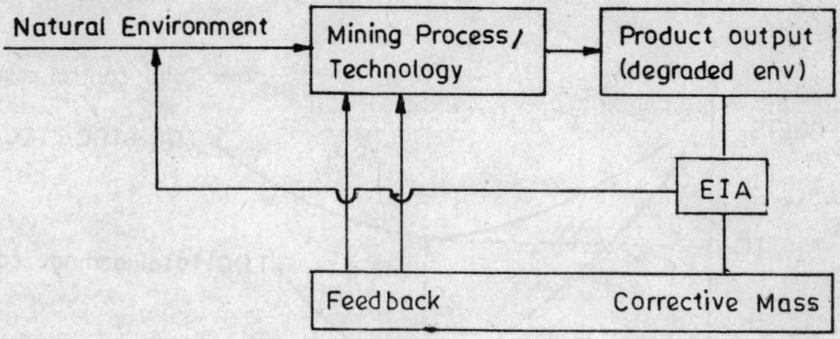

FIG.,- 3·1, System concept of Env. Management.

(a) Quantitative assessment of physical impacts of mining activities including exploration, exploitation and beneficiation on different environmental parameters.

(b) On the basis of such facts and figures, scientific measures (preventive and corrective) are to be identified at each stage of the total process of mining and implementing these in a planned and systematic manner (EIA).

(c) Formulation of short-term and long-term plans of environmental management commensurate with the developmental plans of the mining area under consideration with conscious effort for implementation of the eco-developmental activities from the beginning.

(d) Prior assessment of socio-economic effect of the mining activity where it should be kept in mind that an economic development is primarily meant to uplift the standard of living of mankind and should never result in human tragedy of an unemployed sector of the society. The cardinal aspect of environmental management of the mining industry is to ensure alternative self-sustained opportunities for the abandoned mining community.

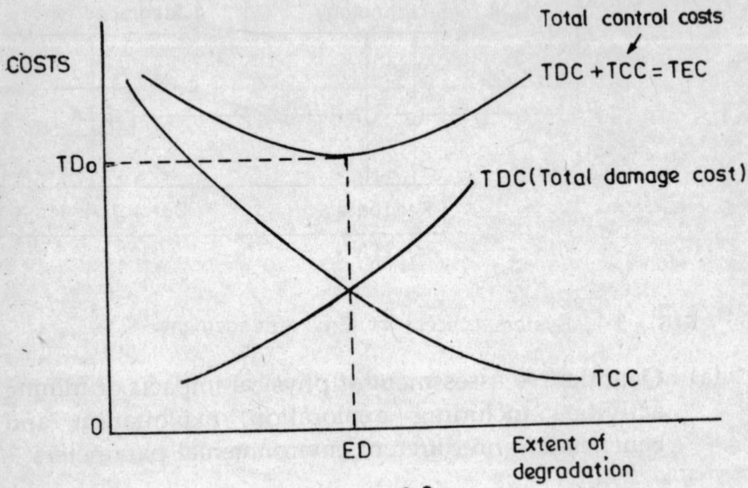

FIG.,- 3·2.

In fundamental terms, the management of environment implies the maximisation of Environmental Services (ES) at least possible costs to the society.

3. BASIC FUNCTIONS OF ENVIRONMENTAL MANAGEMENT

Like any other management function, the environmental management tasks can also be generally classified as:

(a) Planning

(b) Organising and Staffing

(c) Directing and Motivating

(d) Monitoring and Controlling

3.1 Planning

(i) Environmental planning involves firstly identifying environmental objectives in relation to developmental planning for exploitation and beneficiation of minerals in a mining area. Alternative strategies for development which are compatible with the desired level of environmental parameters need to be analysed and evaluated against the criteria of costs and benefits. Such methodologies are currently possible to apply with the use of analytical techniques capable of handling large volume of data regarding alternatives of development and environmental management process.

(ii) Analysis of welfare aspects in Environmental Planning: The following relationships have been suggested by some authors:

Net Social Welfare (NSW) = NI+ES-(TDC + TCC)

NI = National Income

ES = Value of Environmental Services

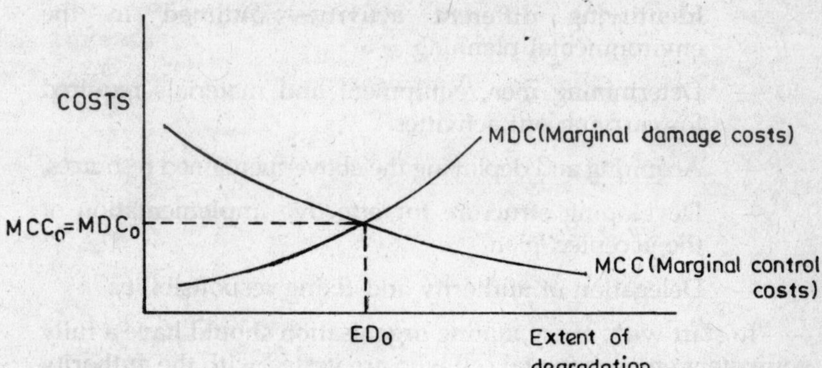

Fig-3.3

TDC = Total Damage Cost

TCC = Total Control Cost

The optimal amount of degradation is not zero, but that amount at which the total environmental costs TEC = (TDC+TCC) are minimum (Fig. 2).

From Fig. 3 it can be seen that TEC is minimum at that level where marginal control cost (MCC) is equal to Management Damage Cost: MCC = MDC.

(iii) Environmental Impact Assessment

This involves forecasting the impact on environment of a certain plan of development. Past data and experience can be used tentatively but more scientific forecasting techniques are now available which can be effectively used. Several guidelines by different Government agencies are also available in the matter.

3.2. Organising and Staffing for Environmental Management

— Identitying different activities outlined in the environmental planning.

— Determining men, equipment and materials required for carrying out activities.

— Acquiring and deploying the above-mentioned resources.

— Developing structure for effective implementation of the accepted plan.

— Delegation of authority and fixing responsibility.

To start with, every mining organisation should have a fully competent environmental cell who are vested with the authority to deal with environmental issues and should be made accountable for the same.

Authority to enforce environmental measures in industry should first come through enactment of laws. A series of laws ranging from land use and reform, water use, pollution control, forest protection, wildlife conservation and norms have to be resorted to enforce environmental management. Sample chart shows how the organisation for environment should be integrated to a mining organisation.

3.3. Directing and Motivating

An effective system of environmental administration has to have a sensitive manager oriented in public relations in order to pursue a policy for purposeful persuation.

For proper motivation, the following steps are needed.

4. ENVIRONMENTAL MANAGEMENT ORGANISATION (PROPOSED)

General Manager (Project)
Addl. G.M. (Environ.)

Environmental Monitoring Cell — Forestry Cell

Management (Env.)

Forestry Cell: Trees/plants — aquatic life wildlife

Supdt. (Env.) Engg.

Env. Manager — Env. Officer (s) — Asst. Env. Officer (s)

Environmental Monitoring Laboratories

Physical	Biological	General	Socio-economic
Air	Flora	Public Health Engg.	Human population and distribution pattern
Micro Meteorology	Fauna	Toxicology	
Water	Eco-system	Geomorphology	Economic indicators of human welfare
Land	Ecology conservation	Geography	
Rock and Soil Mechanics	Animal husbandry	Architecture and landscaping	Historical, archaeological and religious sites

Carbo chemistry (coal and oil)	Farming Fisheries Foresty	Legislation Env. Modelling and Futurology,	
Mining Engg Chem./ Civil Engg. Basic Sciences Geology	Botany Zoology, Microbiology Agronomy,	Pub.Health Engg., Medical Sciences, Geography, Computer Architecture	Sociology, Economics Humanities

5. ENVIRONMENTAL MANAGEMENT

Mine Project Stages

Exploration	Planning	Construction	Operation
Pre-mining Scenario	Env. Impact Assessment	Implementation of Env. Safety measures and EMP	Monitoring effectiveness and built in safeguard
Collection of base line data of environmental parameters	Design of Env. safeguards		
	Calendar of Reclamation (Phase wise as well as final plan) EMP preparation	Apply measures	corrective

EMP, therefore, is a document necessary for:

* Formulation
* Implementation and
* Monitoring

of Environmental protection measures during and after commissioning of the mining project.

- * Environmental protection cost should therefore be an integral component of the mining cost project.
- * Environmental protection should be considered along with the techno-economic considerations.

Consideration

(i) Creation of public awareness

(ii) Education for developing knowledge regarding health, hygiene and general safety

(iii) Technical demonstration programmes

(iv) Subsidiary for environmental protection

(v) Tax concession for conservation

(vi) Loans for pollution control equipment

A suitable control system must have, as a pre-requisite, an information and monitoring system. A progressive trend indicating monitoring system is necessary for taking environmental decision. Similarly, in order to monitor the status of environment at different time intervals, an effective information system is indispensable. It must be need-based, responsive and comprehensive. Because of its dispersive and diverse nature of activities, mining industry needs the most sophisticated Environmental Management Information System (EMIS) and Environmental Monitoring System (EMS) which should be designed and operated with modern scientific techniques of management.

4

MINERALS, MINES AND METALS FOR HABITATS—AN ECOLOGICAL ISSUE

K.C. SAHU
Professor of Geology
Dept. of Earth Sciences
I.I.T., Bombay

1. THE ISSUE

Any indulgence on environmental impact of mineral exploitation (which also includes all forms of fossil fuels) opens up a number of issues that can be listed as follows:

Until space travel becomes common place, the earth resources are limited and non-replenishable (Horne, 1978). Therefore, the forecast of the Club of Rome (otherwise known as the Doomsters) for mineral exhaustion is like the sword of Damocles hanging over a material-hungry society (Medows and Medows, 1972).

Mineral deposits are to be mined where they are. Mining activities, although produce cognisable nuisance in terms of environmental degradation, cannot be relegated to somebody else's garden. This is an unpalatable geological truth.

Although staunch conservationists may argue that minerals are non-renewable fixed assets of generations to come and it is unwise to convert these "capitals" to "profit", minerals are for mining and not for preservation. Should we rapidly expand the horizon of "mineral demand explosion" (Romney, 1965) and hand over our future progeny a barren earth of pits and dumps or freeze the wheels of progress for fear of environmental damage. Resources exhaustion under the banner of conservation, is a dilemma. In case of the latter, we must be prepared to face the classic allegation "O Daddy, what did you do in the war?". Obviously, there must be a method amongst exploitation (indiscriminate development for a mineral-hungry society), preservation (sterilization) and conservation (wise use of management?) for us to survive with dignity.

Minerals are resources when they are in the right place of utility. In the long path of their utility cycle, from primary state to the final products through mining, milling, smelting, refining and recycling of scraps, there are numerous points of leakage into the environment. These leaked substances (LOST from utility cycle) become "resources out of place"—an ideal definition of pollutant. Obviously, the magnitude of leakage (Pollution Index) is directly proportional to the magnitude of production (Technophillitic Index) of the mineral concerned, making pollution a fait accompli for a society on wheels of consumerism. Thus, the basic cause of pollution is large consumption of primary minerals.

Beside the "mineral demand explosion", the exhaustion of rich mineral deposits and increased technological capability to treat the leanest possible ores, has enlarged the horizon of exploitation. Thus the mine excavations and pits have become larger, waste dumps have grown in size and so also the capacity of ore-handling plants, smelters as well as the volume of national and international trade and transport of minerals. In short, the environmental impact and degradation associated in each stage of mineral exploitation has blown up beyond the bearing capacity of the eco-system, at least locally.

There is measure in every natural process (Schumacher, 1977) even in its violence. But there is no such limit in our need and requirement of earth resources. Because, with increasing population, the chain reaction of demand and supply is continuously met by limitless specialization and technological capability. It is no longer possible to persuade the major world population to forgo the benefits and comforts offered by modern science and continue to breathe mountain air and drink fountain water. Given a chance, even the poorest of the poor will like to consume equivalent amount of earth resources per year as his "civilised" counterpart in USA does for a comfortable life. Thus, the stampede in mineral exploitation becomes a violent process beyond any recuperative force in nature, therefore subject to checks and balances.

Environmental problems do not disappear with technological wave. Actually it is generated with "pinnacle of success" of technology. Most of the ecological problems are primarily not due to consequence of incidental failure of technology, but due to its success. For example, population growth and migration, consumerism, DDT accumulation, acid rain, green-house gas, space debris, nuclear waste disposal and last but not the least, the drudgery of drug addiction in a technoholic society are not due to failure of technology but due to success of it (Sahu, 1987). It appears, therefore, that with the present method of operation there seems to be a sympathetic relationship between environmental degradation and uncontrolled technological advances and it applies well to the mineral industries too.

Thus while the developed countries are in what might be called "recycling phase" waging war with dirty air, polluted water, noise, congestion, energy shortage, etc., the developing countries, primarily of agriculture or natural resource base are accelerating their pace of industrialization and exploitation of resources in the footstep of the former. Having awaken from the environmental damage to air, water and soil, undergone by the developed nations due to large scale industrialization in the level of primary raw material production, the latest fad (conspiracy) is to push this activity to the natural resource based developing countries and concentrate on the relatively cleaner "high-tech" industries. Thus the richer tends to be cleaner and the poorer continues to be dirtier in the same parody of technological exploitation in the present world where the richer (nation) gets rich and the poorer (nation) gets children (Mihajlo Mesarovic et al, 1976).

It is, however, evident that ultimately nature does not discriminate between rich and poor, but exercise its checks and balances uniformly throughout. Thus it is but a naked truth that while the people (natives) of mineral rich belts like those of Bihar, Baster or Botswana reel below poverty line, the quality of life (not standard of living) in society consuming maximum mineral resources has shown signs of deterioration (Schumacher, 1977).

Argument has been put forward that the horizon of the "Limits to growth" can be extended by development of substitutes, increased exploration strategy and by use of lower than the lowest grade of ores (theoretically up to crustal abundance or the contents in sea water) provided enough energy is available to convert the leanest ores to products. The modern technology also assures the availability of inexhaustible energy stock in coal to oil, fission to fusion or other non-conventional sources like geothermal, wind, tidal and solar. However, according to environmentalists (Homecomers of Schumacher) the problem does not lie in the paucity of energy for such a technological culture, but in its impact on the environment such as: (a) depletion of oxygen and increase of "green-house gases" if all the fossil fuels of the earth is burnt, (b) the problem of radio active waste disposal from a large number of power reactors, (c) contamination of surface water in circulating the geothermal energy and (d) effect (though minute but disastrous) on the diurnal motion of the earth with large scale installation of wind and tidal breakers.

Such an alarming forecase of global catastrophe, though credible' must also be analysed in context of geological and global processes such as : (a) cleaning capacity of natural system in large scale precipitation of carbonates from sea water removing excess CO_2 from the atmosphere, (b) photochemical dissociation of H_2O or decomposition of ozone (at what cost?) to provide oxygen, (c) precipitation (removal) of metal oxides/hydroxides from contaminated surface water like the classical formation of polymetallic nodules, (d) possibility of dumping of radio active wastes along subduction zones or destructive plate boundaries and (e) extra-terrestrial correction of earth's rotatory deviation; so that hope and innovative spirit of human race, which distinguish him from other animals, are kept alive and made use of.

The problem facing the mineral exploiter is not the lack of energy or application of large dosage of energy to change the face of the earth such as removal of the "ever-lasting hills", creation of new concrete or dump hills, new lakes and reservoirs or diversion of riverine systems, but in forecasting or quantifying the higher order effects of the changes produced and more so in controlling the fallouts of the action once initiated. Thus very quickly the "side effects" rise to such levels to importance that the technological achievements become almost secondary. Similarly, the modern industrial culture with its population explosion and resources demand leaves no option even if political ideology and administrative management exercise certain degree of selectivity in the developmental activities (Brooks, 1976). The classic Indian examples in this regard are Tehri or Narmadasagar dams, Doon valley limestone mining, Mathura refinery and Gandhamardan bauxite project. Thus, for a larger and larger population asking for a higher standard of living, man has to dig larger shafts and pits to extract minerals, drill deeper holes to pump oil and water, build dams and reservoirs and change the composition of the pedosphere to produce more food for the growing mouths (Agriculture is but mining rare elements from soil), reclaim and develop more lands to habitat people, establish industries, building and transport systems and finally look for "graveyards" for increasing waste disposals which are invariably unsafe, harmful and dangerous to health (Flawn, 1970).

2. THE DILEMMA

It is true that the wheels of progress, in that case the rapid mobilization of the primary earth resources, cannot be reversed or stopped; even slowing down, though possible, will have a wide repercussion in mineral trade and industry and in the economy of many developing countries which are primarily mineral based. It is for this reason that many consider the rigid rules and regulations of environmental protection as impediment to progress. After all, they argue, "the growing mouths have to be fed", "employment has to be generated" and "how many people die of pollution as compared to malnutrition, hunger and famine?". A developing nation can always wait to clean and purify its air and water. Somebody rightly remarked "the industrial and mining effluents are topics of affluent society only"

With such conflicting scenario in the horizon of mineral exploitation for eco-development, the "1969—Commandment" of USBM (Flawn, 1970): "Thou shalt not pollute the air, thou shalt not contaminate the water, thou shalt not tear up the land but thou shalt provide the society the mineral materials it needs", swept the geologists out of their feet.

3. THE SOLUTION—IN TOTAL RESOURCES UTILIZATION

A compromise solution to such a dilemma of preservation, conservation or exploitation is not the classic cost-benefit analysis of modern economics but a hollistic or system approach of "total resources utilization" so that no "wastes" are generated or left over to pollute or damage the ecosystem. Many of the eco-compartments cannot be given an economic tag; for example, the beauty of Mussoorie hills cannot the estimated by total earning from tourists who may visit the hill station or from the value of limestone recovered from it, nor can the medieval "Garuda pillar" in Narsinghnath be valued.

Mining of a mineral property involves:

(a) Clearance of the surface habitats—forest, wild life and native settlements equally and replacement of the same with a new mining culture.

(b) Stripping of the top soil which is invariably washed out and lost.

(c) Creation of excavation/pits which are normally abandoned after mining or in case of underground mining, are selectively filled up for facilitating of further ore extraction.

(d) Production of solid wastes of fines, gangues, overburden/overbreakage rock mass, milling and smelting products which pile up around the mine, occupy space, cover ores below and with passage of time adversely affect the drainage system, aquatic regime and fertile and downstream.

Thus, clearly, the "development" becomes 'replacive' in certain eco-compartments and predominantly 'destructive' in many others with total elimination of the prestine culture. In an unequal society like ours where participation in the mining activity is either for exploitation (Bandopadhyay, 1988) i.e., capital accumulation and diversion, or for earning of livelihood (bread and circus) the concept of eco-development is lost in the ocean of millenia. Besides, the entire God-given resources which make up the total environment are considered to be free or of no use except the concerned mineral matter or product.

The total resources utilization envisages:

(a) Utility of the fines and subgrade ores which do not find a ready market or are not considered economic.

(b) Conversion of the gangue minerals to utility by-products with development of ancillary mineral industries.

(c) Use of excavated rock mass for land filling, reclamation, road and construction materials.

(d) Replacement of top soil for development of new agricultural land making more suitable for selective plantation.

(e) Utility of mine pits and excavations for storage of water for supply to mining colony, pisciculture or entertainment (Babu, 1987).

The mining belt which earlier could be a hilly terrain may eventually turn into a mineral productive as well as reclaimed fertile land. The artificial reservoir could stimulate increased flora and fauna healing the damage done by the mining activity. In short, the approach generates the latent resources and increase the quality of life in the region. It is only with this approach that one can have development of minerals, mines, and metals for habitats (Jena, 1988). Such an approach not only calls for considerable R and D activities for finding out new flow sheet and processing for the marginal grade ores and for rolling out utility products from the gangue minerals, but also needs financial backing, subsidy and patronage from all corners of the society and government. Obviously it cannot be put into the cost-benefit equation of modern economic calculus. But from the point of view of ecological protection the cost, however large, is justified. After all calculation of the cost of survival is perverse (Sahu, 1987).

Considering the future it holds out, the proposal of total resources utilization can be tried in some of the Indian mining sites stated below, at least as pilot experiments :

1. In Sukinda chromite belt where nickel, cobalt, disseminated chromite as well as iron can be recovered as by- products from the overlying laterite.
2. In pegmatites recovering gemstone, mica or columbite, production of accessory quartz and feldspars.
3. Coal ash for brickmaking, construction. road, reclamation and filler materials.

REFERENCES

Babu, S.K., Trivedi, R.K., 1987. Environmental aspects around Malanjkhand, Balaghat Dist., M.P. Natn. Seminar, Inst. Engr. (Ind.), Nainital: 253-262.

Bandopadhyay, R., 1988. Lecture delivered in seminar. Application of System Analysis in Rural Development. CTARA, IIT, Bombay.

Brooks, David, B. 1976. Conservation of minerals and environment. In World Mineral Supplies. (Ed. Govett. et al), Elsevier.

Flawn, P.T., 1970. Environmental Geology. Harper: 313 p.

Horne, R.A., 1978. The Chemistry of our Environment. Wiley: 865 p.

Jena, P.K., 1988. Presidential lecture. Engg. Section. Ind. Sc. Cong. Poona.

Mihajilo Mesarovie, Eduard Pestel, 1976. Selected readings in Workshop on Futurology, IIT, Bombay.

Medows, D.H., Medows, D.L., et al, 1972. The limits to Growth, Univ. Book : 207 p.

Romney, M.R. 1965. Minerals in the life of Man. Utah Min. Assocn.: 16 p.

Sahu, K.C., 1987. Technology for Environmental Protection. Natn. Semi. Inst. Engr. (Ind.). Nainital, 3: 28-34.

Sahu, K.C., 1987. Earth-People System. Key-note lecture. Symp. Role of Earth Sc. in Environment. IIT, Bombay.

5

ENVIRONMENTAL MANAGEMENT IN OPENCAST MINING—A VIEWPOINT

P.G. ADYALKAR
National Environmental Engineering
Research Institute, Nagpur.

1. INTRODUCTION

Amongst the two well known sectors of mining in India, opencast mining is partly followed in case of coal, and almost exclusively in case of iron, lignite, limestone, manganese and several other minerals.

Then in case of opencast mines, two distinct types can be identified, one in which opencast mines are developed below the ground level, as in case of coal in Chhotanagpur Plateau, Singrauli Coalfield, etc., or in case of lignite in Tamil Nadu, Gujarat, Kerala and Rajasthan and the other when the opencast mines are situated in mountains, hillsides or slopes as in case of iron ore mines of Kudremukh, Bailadila, Gurumahisani, etc. and manganese mines of Maharashtra, Madhya Pradesh, Karnataka, Goa and Orissa. However, limestone occurs in practically all the states of Deccan Peninsula and the Himalayas.

2. PROBLEMS OF OPENCAST MINES

The problems of opencast mines are no doubt limited, but in no way less hazardous. Here the overburden and ore are separated from each other, and the former is deposited in the form of huge dumps on the ground surface around or at some distance from the quarry face as in case of coal mines. In mountains and hilly areas, such materials are often dumped into valleys, burying the precious vegetation as in case of manganese mines of the Western Ghats.

For establishing townships and location of various facilities and plants, the existing slopes are often levelled for development of terraces without taking note of the terrain and natural slopes. As the natural topography is disturbed, the environment in respect of destruction of natural forest and development of terraces also gets disturbed.

The act of disposal of the overburden in the form of only a few feet to considerable depth poses a serious problem, especially when the mine is located on the rest or top of the hill. This often results in sealing of ravines and stoppage of flow of tributaries as in case of Kudremukh and Sahasradhara areas. The net result in this process is the deposition of overburden in streams leading to rapid siltation of the channel and the lower reservoir due to choking of the drainage system. In course of time, the overburden gets hardened with increased erosional activity.

Then the construction of broad roads for approaching or developing the hillside mines for limestone deposits causes landslides or obstruction to streams and development of soil slips near the location of the crusher. This is further aggravated when construction of buildings, stores and warehouses is taken up when the sites are developed with bulldozers and slopes left with loose earth with soil washed away in torrential rains into the water system. This is equally true while constructing the tailing dams in the hills or coffer dams in the lowly hills.

In development of township for the mining area in the hillside, there is again the problem of indiscriminate clearance of forest and vegetation and stabilising the embankments along the roadside to avoid the risk of being washed away.

Then the pumping of mine water pumped out of the working mines creates still another problem, depending upon the pH value of the water and the amount of silt and other deleterious constituents mixed with it. The problem is more serious, when the enterprise itself is a hydrogeological venture.

Again, opencast mining in soft formations like coal-bearing Gondwana rocks creates dust, which in dry weather causes severe menace not only at the working and haulage sites but also extends to the township in the form of a blanket of dust with severe air pollution in the entire mining area and its periphery.

Noise pollution due to heavy equipment, haulage vehicles and machinery is considerable in the habitations close by. Hence location of township with reference to the working mine is not only of considerable importance, but forms a subject matter by itself.

3. ENVIRONMENTAL MANAGEMENT IN OPENCAST MINING

3.1. Protection of Forest Cover as a Matter of Discipline

One of the foremost problems is that of disturbance of the forest ecology, knowing fully well that majority of mines are located in the forest lands. Already the forest cover of the country has dwindled to the all-time low of 11% from that of 20% at the time of our independence.

The forest cover has a tendency to protect the soil cover by allowing maximum rainfall to first drench the crown and then carry it drip by drip to the leaves, branches and stems and then into the soil through the spongy layer, until the soil gets saturated to release water in the form of flow. Hence forest flora and ecology have to be maintained as a matter of discipline.

Thus when mining has to be ventured in the forest land, 120% of the contemplated destruction of the forest area along with the fringe of such forest has to be taken up for development of new forest in the immediate vicinity by bringing the culturable land under full-fledged forest in due course of time on a maiden venture of a decade, right from the stage of starting with a nursery of the species best suited to the terrain. While doing this, proper thought has to be given to the principle of "Hydrogeological Control of Vegetation Cartography", and the species to be planted have to be decided on that principle, including those of shrubs and grasses as well.

While doing this exercise, the existing and dwindling forests in the adjoining retained forest lands should also be taken care of by adopting proper corrective measures, so that the new species to be introduced should be in tune with the status of groundwater in the proposed forest land to increase the factor of survivability of forest after certain stage growth.

3.2. Problem of Overburden and Spoil Dumps

In opencast mining, proper and timely disposal of overburden is of considerable significance as it is generated simultaneously with the mined minerals. It may be hard or soft and sometimes very much more friable, loose and highly dusty; in the latter case it has to be settled at the earliest, or else it will pollute the entire atmosphere of the mine and its near and distant vicinity. In ideal case, the ratio of mineral to overburden may be just 1:1, but with poor quality of the mineral, thickness of the overburden and thicker partings between the economically workable beds, seams or reefs it may go up to 1:5 or more. Then it may as well comprise laterite, lateritic clays or manganiferous/aluminous clays, in which case it is bound to occupy a vast area in our countryside close to the opencast mines, and disposal of it has been a serious problem althrough.

One of the easiest precaution in dumping the overburden is to put it on a land which has not even the remotest chance of its development for opencast mine in foreseeable future. Another precaution that has to be taken while dumping material on the ground surface is to dump the same preferably on a fine-grained material like clay, mud or silt or a massive or compact rock, where chances of penetration and infiltration of the deleterious material are remote.

3.3. Soil Fertility and Preservation of Original Soil Layer

Soil fertility with plant nutrients is an essential part of the soil mantle lying over the formation. Soil is formed with the preservation of humic acid in it, in which capacity it differs widely from the underlying alluvium or any other formation underlying the soil cover. It rarely exceeds a metre in vertical thickness, and even this vertical pack of fertility has been formed bit by bit in last several centuries. Hence it has to be preserved at all costs, as it will also facilitate expeditious restoration of forest belt, when mining is abandoned wholly or in part.

In an adventure of maintaining the excellence in environmental ecology, it will be preserved separately while developing the opencast mine. This will facilitate its restoration on abandonment of the mining activity and refilling of the opencast pit by fresh or old dumps. After restoring the original level of the ground, the soil layer of appropriate thickness can be spread over the recovered ground to recapture the lost fertility. In fact, in the abandoned portion of the opencast mine of the Neyveli Lignite Corporation, this has been achieved with plantation of cashew trees, with once more restoration of ecology almost as it existed before the mining activity.

3.4 Restoration of Physiography, Drainage Channels and Road Links

In any new opencast mine, the overburden has to be removed and dumped at a previously selected place. The selection of proper site or sites for such dumps is a vital question. Even under more unfavourable circumstances, rainwater has to infiltrate through it. If the slope is considerable or when the dumps are in the hilly or mountainous region, the major part of it will be carried by the rain water with a tendency to first deposit and then carry it through the ephemeral stream, resulting often in choking the stream course as it has happened in case of Sahasradhara limestone mining area in Dehra Dun district of U.P. With choked and strangulated drainage due to human activity in opencast mine, the environment is thoroughly disturbed leading to chaos with physiographical imbalance, breaking of road links with impediments and isolation of main and subsidiary towns and villages of the entire mining area.

Solution, therefore, lies in proper maintenance of the road and drainage links right from *ab initio*, which is not at all difficult. In all such cases, the gaps and depressions between the roads and drainage courses should be filled and stabilised, and the drainage courses re-made by constructing small, medium and big gabions and embankments to keep them flowing all the year round. In fact, this form of development is the acid test of the civil engineering members of our fraternity.

3.5. Restoration of Local Water Quality and Treatment of Effluents

Each and every industry produces an effluent, and quite a few of them are toxicants. This is also true of the mines and mineral development activities in our countryside. No doubt, some are less toxic, while some others are more toxic; and indeed some of them are highly toxic to human beings and entire animal and plant kingdom alike. That does not mean that the mining activity should necessarily stop, but proper planning has to be done to study the effluents before starting the opencast mine, and then monitor the same by providing the R and D Cell alongwith the mining activity.

What is desired is to treat the effluents adequately to drastically reduce its toxicity and bring it to the level which will be generally acceptable locally before allowing the same to join the local drainage channel of the stream at or away from the village, town or a city. Should this not be possible to treat it to the acceptable level, then the best course will be to isolate the main or highly toxic material in natural solar evaporation ponds (SEP), where it does not come in contact with the local drainage channel and monitor the same through adequate number of piezometers surrounding the tank. This is exactly the function of the R and D Cell of the local mining venture, which should be manned by properly qualified, experienced and vigilant scientists of repute, appropriate to the particular mining activity.

3.6. Curbing the Dust Menace Activity

With local mining activity, it is but natural for the townships to come up. Such a centre will be the humdrum of all activities in the countryside with development of an important city in foreseeable future. In development of roads, lot of dust is generated. This is also the case in any mining activity, be it in small or big, opencast or underground, dust menace is a part and parcel of it. Then the problem is further aggravated in hilly areas, where there are far too many limitations, with a responsibility of providing adequate quantity of water for town water supply alongwith that required for mining activity and the dust menace thereof.

Indeed in mining activity, softer and more incoherent is the formation, larger will it be amenable to dust production with the problem of smog in the evening. Coal mines are the ever ready examples of such menace in our countryside.

The problem was there even in good old days. However, with mechanisation and introduction of high capacity crushers and dumpers, it is further aggravated, as the loose dust has a tendency to fly off with finer particles remaining suspended in the atmosphere. Then finer the particles, more and more time do they take to remain suspended in the atmosphere. Hence the problem has to be curbed then and there.

All the mine roads, where dust is generated in opencast mines, should be regularly sprinkled with water, with periodicity depending on the local dust menace. For this, large amount of water may be required, but the average mine is producing some quantity of water. Should this not be adequate, local water harvesting can be planned in the area of the mineral prospect followed by prospecting and developing additional sources of local surface and groundwater in the area of the prospect or their immediate surrounding.

3.7. Noise Pollution and its Remedial Measures

Opencast mines, like the underground mines, are often exposed to noise pollution in our countryside. Acceptable outdoor noise levels in our countryside vary from 25-35 dBA in rural sector through 40-50 dBA in the urban sector to 50-60 dBA in the industrial area. To get the idea of pollution in the mines, it is essential to know that a 100-150 HP surface hauler generates 72 dBA at 2 m distance and 10-200 HP water pump generates 70-50 dBA at 2 m distance, and most of these noise sources function for 3-6 hours in each shift because of their high intensity. Similarly, crusher, hauler and conveyor belt generate a noise level of 80-100 dBA at 2 m distance. However, when the intensity of noise level exceeds 90 dBA, its exposure is rapidly reduced to 6h/d for level of 92 dBA, 4 h/d for 95 dBA, 3 h/d for 97 dBA, 2h/d for 100 dBA, 1 h/d for 105 dBA at the same distance of 2 m. Then larger the distance, lesser will be the impact of noise pollution. By this standard, the population of Kondapuram village located at a distance of about a kilometer in the Manuguru coal belt of Singareni Coalfield is well within the standard tolerable limit of noise pollution, when it is hazardous to a person operating the machine generating the noise.

Sandy bed acts as a deterrent to noise pollution. This can be further effectively achieved by creating a green belt of tall water-loving species of trees, tapering it outwards and providing grassy lawns in the heart of the noise polluted areas. The higher the intensity of noise pollution thicker should be the green belt of identical pattern. Indeed such a green belt also helps in absorbing the dust and other pollutants in the atmosphere to infiltrate fresh air to the residents outside the green belt as a natural shield, and equally so in industrial areas as also in operative areas of menacingly polluted mining projects.

4. CONCLUSION

Opencast mining projects can be managed even with limitations of funds, with the result that they are increasingly being adopted as emerging mining enterprises in our countryside, both in plain and mountainous areas. However, it is not so simple as it is conceived.

It is beset with varieties of problems. The very first problem lies in locating the sites for overburden and spoil dumps and reduction of their nuisance value. This is more problematic in hilly areas. With it is intimately related the problem of restoring old and worked up mines with proper fertility packs for their top layers. Choking of drainage and their restoration by contracting embankments and gabions is still an active problem in all our hilly mining areas. Development of roads and town-planning is of equal importance from the point of view of aesthetics. Restoration of the water quality of effluents on par with the quality of water in the local drainage system is a problem of its own type, and varies with each mineral. The opencast mining and dust menace go hand in hand. Again, every mining activity is often associated with deafening noise pollution in operative areas of the mines.

Indeed solution lies with each problem and the way it is generated at each and every phase. What is important is to conceive a problem in its right perspective. This has been attempted in the present paper and a possible solution offered. In this respect, solution to any problem is like a beautiful flower in a bouquet, and a clean environment is like a bouquet of about a dozen beautiful flowers to be presented to the local area, populace and the landscape, who will continue to love the project, while toiling in the working mining enterprise of their land. Then only it can be rightly said that the environment in any polluting enterprise, as the opencast mining is one such, pays for itself with a better and healthy environment in a happy surrounding.

ACKNOWLEDGEMENT

Author's thanks are particularly due to Prof. P. Khanna, Director, National Environmental Engineering Research Institute, for encouragement and fillip given for writing the present paper.

6

ENVIRONMENTAL ISSUES RELATED TO DEVELOPMENT OF MINERAL DEPOSITS

ANANDA DEB MUKHERJEE
Director, School of Oceanographic Studies,
Jadavpur Univ., Jadavpur, Calcutta-33

1. INTRODUCTION

Mineral deposits are assets that can be used beneficially for the mankind. Minerals forming deposits are regarded as non-renewable resources and are used by man for (a) material, (b) sustenance of life, and (c) energy. Throughout the growth of human civilization, minerals played vital role in the destiny of a nation. Its availability is the measure of strength of a society. In earlier times, only surface and near surface concentration of minerals were exploited. But in the light of modern technological know-how, deposits hidden far below the surface and even those of inferior grades are exploited for human utilization. Development of mineral deposits comprises of a wide range of activities starting from exploration through exploitation by mining and finally processing the mined minerals for different uses of the society (Fig. 6.1). The stage of exploration involves less environmental impact than the subsequent stages of mining and processing. The impact of mineral exploitation on environment depends on mining processes, climate, local hydrologic conditions, rock types, size of operation, topography and a number of other interrelated factors. All these developmental activities are dependent on geological, engineering, marketing and economic considerations related to various environmental issues.

Even if a mineral deposit is not mineable from the economic point of view, its mere natural existence may be a source of environmental problems due to weathering and erosion and subsequent contamination of surface and sub surface waters. Exploitation of mineral deposits by surface and sub surface mining which involves blasting, dredging, excavation of shafts, use of equipment and explosives and

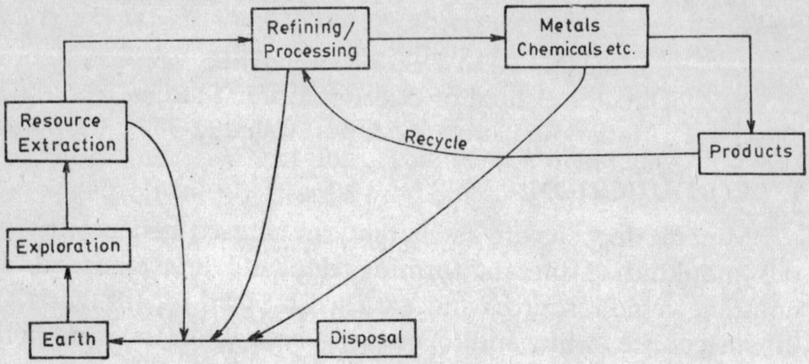

FIG.,-6·1, Mineral Resource Cycle.

preparation of the ground surface, all have impact on the surrounding environment. It is well known that with increasing demands for mineral resources, a large sector of the lithosphere is being disturbed by mining activities. In fact, the environmental issues related to development of mineral deposits can best be studied under two broad categories—(a) impact on environment and its analysis and (b) consequent measures to be adopted for protection of the environment.

2. ENVIRONMENTAL IMPACT DURING DEVELOPMENT OF MINERAL DEPOSITS

It has already been pointed out that the impact on environment during the first developmental stage of mineral deposits being negligible, focus is mainly given on the mining and processing, the two later developmental stages. Mineral deposits which are mined are generally of two types namely consolidated and unconsolidated (excluding the mineral fuel such as oil). If we consider the mining of unconsolidated mineral deposits by placer mining methods, it involves supply of enormous quantity of water. The impact of such a kind of mining on the surrounding environment is the creation of sink-holes and related types of displacement of ground due to excessive dewatering. Extraction of the mineral fuel oil likewise also causes the following :

(i) Subsidence of land even if the oil is withdrawn up to a depth of 100 metres;

(b) Imbalance in the near-shore ecosystem by severely damaging wild life.

Subsidence may cause enormous damage to buildings, pipelines, railroads and roads. Extensive diking, filling and other engineering methods are to be taken recourse to counteract subsidence. Especially in the oilfields, water injection into the strata may stabilize the land. In addition to subsidence, earthquakes and faulting may also occur after oil extraction.

The general impacts on the environment by mining activities include deforestation, despoilation of land, noise and ground vibration problems, water and air pollution, changes in nutrient cycling, total biomass, species diversity and ecosystem stability and initiation of social problems too. Particularly in case of opencast mining, due to unscientific planning and approach, after extraction of raw materials, a vast tract of land is lost for want of reclamatory measures. This is so because the top soil, sub-soil and the overburden are not taken proper care of and as a result, with the loss of top or sub-soil, the reclamation of the land becomes impossible. Overburden, which is removed during opencasting, needs special care for preservation and conservation because when the overburden spoils are saturated with rain water, artificial landslides may occur. In very few mines like the Neyvelli Lignite Mines of Tamil Nadu and Stone Quarries at Sayaji Iron Works, the land reclamation has been attempted after opencasting.

Underground mining generally causes striking land subsidence due to lack of filling. This feature is characteristic for underground mining of coal. At or near Dhanbad, Bihar, one can see the dangerous land subsidence phenomena due to unfilled abandoned underground coal mines. This land subsidence has taken such a dangerous shape that the existence of the town of Jharia and its surrounding region is at stake.

The sum total effect of waste deposition and land degradation during surface and underground mining seriously affect water courses, animal communities, vegetation and man-made structures. Accordingly, pattern of drainage will be changed with the development of variation in types of vegetation. On the other hand, discharge of mine water would change or degrade aquatic biota. Moreover, solid waste deposition on the surface will produce new colonisation with the ultimate result of continuing run-off leading to increased elemental dispersion to the surrounding biota. The gases emitted from ventilation will locally alter the atmosphere. Hydrological changes are found to be very much extensive as a result of mining where the washed out materials from the wastes silt up the streams and accentuate the possibility of flood. Moreover, iron sulphide minerals present in the waste, when exposed to oxidation in continuation with the surface run-off, would cause extensive acid mine drainage affecting not only a vast tract of surrounding streams but may also contaminate the sub surface water which would finally vitiate regional hydraulic regime. In addition to this, continuous combustion of coal in the underground mining and burning of coal during surface mining very often produce harmful fumes which pollute the surrounding land and may lead not only to loss of wild life but human health hazards also.

Mineral processing plants, smelters and other installations which are generally associated with mining activities also have tremendous impact on the environment particularly with respect to air and water. Accordingly, wastes from the processing plants cause extensive pollution of surface and sub surface water and smelter gas emissions cause severe damage to vegetation resulting in barren, often deeply eroded, landscape without any wild life. Man tolerated life with polluted environment in the past but he is now trying to combat it for attaining ecological maturity. The major pollutants arising out of mineral deposit development are shown below:

Source of Pollution	*Pollutants*
Heavy industry such as steel	Fe, Mn, Ti
Refining of crude oil	SO_4, Pb, suspended particles
Smelters for Cu, Pb, and Zn	SO_2, As, Hg, Cd, etc.
Natural material (ores)	Pb, Cu, Zn, Cd, etc.

Several investigators have studied the effects of elements Pb, Hg, As, Ag, Mo, Cr, Cu, Zn, Cd, etc. with geochemical and epidemiological objectives and established relationship between geochemistry of soil and/or waters and the distribution of disease like cancer, colitis, anemia, rheumatism and arthritis. One of the most dangerous pollutants from geochemical point of view is radioisotopes. Man's role in radioactive pollution is increasing in spite of national, international and bilateral understandings. In many a country, uranium minerals have developed cancer from continuous exposure to radiation hazards.

3. MEASURES FOR PROTECTION OF ENVIRONMENT

In the light of foregoing discussions of impacts on environment due to development of mineral deposits, the precautionary measures which should be adopted for protection of environment are summarised below :

1 Continuous reclamation of land commensurate with the progress of mining;
2. Contemporary afforestation and equivalent forest land degraded due to mining and associated activities;
3. Construction of suitable ponds for arresting the silts in situ so that drifting of the silt from the mining areas does not take place;
4. Installation of pollution control devices for control of water, air and noise pollution;
5. Utilization of piles of soils as soils for growth of vegetation and plants to minimise the possibility of weathering, erosion and siltation;
6. Minimization of risk of landslides by stabilization with graded slopes;
7. Adoption of scientific and engineering methodologies for controlling the surface run-off from the mines;

8. Control of seepage and leaching of water from the mines and all surrounding wastes of the mines within the mine sites thus avoiding the possibility of toxic substances with surrounding streams/water resources;
9. Filling of open pits and underground mines with solid disposable wastes;
10. Rehabilitation of land oustees and their socio-economic upliftment.

4. CONCLUSIONS

The backbone of the industrial development of any country primarily depends on the mineral resources. The exploration and exploitation of these mineral resources is the ultimate job of the earth scientists. Earth scientists have a major role to play in carrying out environmental impact analysis not only to plan but to minimise or arrest environmental hazards. With this idea, it is worth mentioning the following important aspects of environmental impact analysis :

1. Describe the comprehensive plan for development of mineral deposits taking into account the engineering, physical and biological components;
2. Describe the present environment (baseline condition);
3. Describe the project including purposes and need;
4. Describe the effect of the project;
5. Describe both short-term and long-term impacts;
6. Suggest and compare alternatives;
7. Which impacts are irreversible ?;
8. Provide a projection of the future site with and without the project;
9. Suggest investigating activities.

So before taking up any developmental activity of mineral deposits, a scientific approach with respect to the above suggested salient aspects of evaluation of environmental impact analysis should be a prime requisite and this is possible only with a hollistic approach to environmental perspectives.

7

GEO-ENVIRONMENTAL BASELINE APPRAISAL DURING MINERAL EXPLORATION FOR MODERN MINE PLANNING—A PROPOSITION

K.L. RAI
Professor of Geology
Indian School of Mines
Dhanbad-826004

1. INTRODUCTION

The development of mineral resources in India, as projected for the period 1985-2000 A.D. (Table - 1), incorporates an unprecedentedly high growth rate of mineral production that seeks to keep pace with ever-increasing indigenous demand. It is, however, an open question as to whether the environmental fallouts of such unprecedentedly large scale of interference with nature within a brief time-frame of 10-15 years have been properly envisaged, assessed and taken care of in our reoriented strategies of mine planning or not? If yes, how and to what extent of promised efficacy ? Within the gamut of known constraints, how best can it or should it be done ? These are some of the pertinent questions which need to be addressed to the leaders and planners of the modern mining industry in India. In this paper, an attempt has been made to study and respond to the questions under reference from point of view of the methodology of collection and documentation of environmental baseline information that constitutes the foundation on which the edifices of Environmental Impact Assessment (EIA), environmental management plan (EMP), Post-mining environmental auditing (EA), etc. depend in terms of reliability and efficacy to a large extent.

PRESENT SITUATION

In the present strategy for planning mining operations, real concern for protection of the mining environment begins with the stage of preparation of mine plans for submission to the government, as part of the amended statutory stipulations for obtaining the mining lease in an area.

Table 1
Present and Planned Projections of Mineral Output in India

Sr. No.	*Commodities*		*Years* 1984-1985	1989-1990	1999-2000
1.	Coal	mil.t.	147.44	2260	417
2.	Lignite	mil.t.	7.8	15.2	30
3.	Iron Ore(1)	mil.t.	42.2	49.0	87
4.	Cement	mil.t	30.1	49.0	87
5.	Steel(2)	mil.t.	8.77	12.6	21
6.	Aluminium	'000t.	276.5	499.0	850
7.	Copper(3)	'000t.	33.5	42.7	130
8.	Zinc	'000t.	57.6	89.0	150
9.	Lead	'000t.	14.2	27.0	60

(1) Concentrates are included
(2) Saleable
(3) Refined
Source : Published Reports/Documents of Planning Commission Govt. of India.

Following several amendments in various Indian mining laws aimed at protection of the environment, essentially during the period 1986-88, an applicant for mining lease is now required to submit an 'Environmental Management Plan (EMP)' alongwith the Mining Plan. The onerous responsibility for scrutinization and disposal of such applications, running annually into several hundred (exceeding one thousand) has been fixed by the Central government on the Indian Bureau of Mines with headquarters at Nagpur. The Public Sector Undertakings seeking Government's administrative approval and financial sanction (by the Public Investment Board), have to get their environmental protection plans cleared also by an Environmental Appraisal Committee appointed by the Department of Environment in the concerned ministry.

In a recent review by the Indian Bureau of Mines of the state of implementation of statutory provisions regarding environmental protection in the mining plans submitted for procuring mining lease, general discrepancy in respect of the environmental baseline data in particular has been emphasised by Bhargava (1989). Despite its well-known significance for the efficacy and success of EIA and EMPs, the subject of baseline data has hardly received serious treatment by most of the so-called environmental experts engaged generally on contract by the applicants of the mining lease for preparation of the environment plan. The continued attitude of indifference in this connection has been highlighted by Banerjee (1987) also.

The above-stated situation brings out a glaring contrast in the existing arrangements regarding the acquisition of database for mine-planning on the one hand, and environmental planning on the other. While the data-base for mine-planning in terms of quantity and quality of mineral reserves to be exploited is generated and documented with all possible care and concern systematically under the supervision of well-trained personnel and also under the guidance of clearly spelt out norms and standards, over a long period ranging from 10 to 15 years, the database needed for environmental planning is generated often within a brief period of few days or weeks primarily under the compulsions of compliance with the statutory requirements. How far the EIA or EMP based upon such base-line information should be considered trustworthy for effective implementation?

PROPOSED STRATEGY AND PROGRAMME

It must be accepted that in order to ensure reliability and effectiveness of any kind of environmental monitoring, EIA or EMP exercise, the environmental baseline information should be generated with similar perseverance, sincerity and accuracy as is observed for obtaining mineral body characteristics to assess techno-economical aspects for its exploitation. This certainly can not be achieved by a small organisation or consultant under the existing dispension. The best course would of course be the complete integration of efforts aimed at generation and documentation of all sorts of information—be it pertinent to the mining or environment at any stage of mineral development planning or not.

Table 2

Geo-scientific Plan For Preparing Environmental Information System For A Mining Area

Activity	*During Reconnissance stage*	*During Preliminary Exploration stage*	*During Detailed Exploration stage*	*Applications (few examples)*
1	2	3	4	5
Purpose	Search, collection and compilation of existing environmental data	Preliminary and regional-scale studies to generate new/additional environmental data	Deposit-scale studies to collect or generate environmental data related to possible mining of the deposit	Preparation of: EIA EMP Master Plan of Area Development, etc.
Geological	Geol. mapping on 1: 200,000 to 1:50,000 scale. Synthesis of all available geol. structural, petro-mineralogic data relevant to environmental planning	Geol. mapping on 1 : 50,000 to 1 : 10,000 scale. Regional-scale studies and documentation of new geologic and structural data relevant to environmental planning	Geol. mapping on 1 : 2000 to 1:250 scale. Acquisition of deposit-scale details regarding geologic/ structural data etc. relevant to EIA and EMP	Selection of best possible sites for disposal of solid and liquid wastes, surface structures, habitation, etc. Areal delineation of structural planes/zones of weaknesses needing treatment for preventive measures

1	2	3	4	5
Geo-physical	Documentation related to geological disasters in the region in past, and their pattern of recurrence in time and space	Acquisition and processing of landsat data, imageries, etc. for environmental monitoring. Existing levels of thermal discharges into atmosphere	Geophysical (bore-hole) logging for recording temperature-gradient, radio-activity, etc. of sub-surface environment. Delineation of water-bearing horizons	Environmemental impact assessment due to geol. disasters and relevant applications. Planning aspects of sub-surface (mine) environment.
Geomor-phological	Preparation of land-use plans. Appraisal of land surface values (land forms, ecological specialities, aes-thetics, etc.)	Geomorphological mapping on 1:50,000-1:25,000 scale using aerial photographs and landsat data. Regional topographic analysis, hyposometric studies. Analysis of hydro-graphic drainage system Quant. analysis of slope and micro relief and erodibility of land	Geomorphological mapping on 1 : 10,000 to 1 : 2000 scale. Refining of regional data, wherever needed and feasible Deposit-scale analysis	Site selection for waste disposal, tailing dams, barrier zones, etc. Planning for land reclamation/land-fill, landscaping, restora-tion of land-surface values, hydrographic control system, reforestation/revegetation. Discharge system of liquid waste.

1	2	3	4	5
Pedological	Collection and synthesis of data regarding soil types and soil-use in the area	Mapping by remote sensing methods on 1 : 50,000 - 1 : 25,000 scale of soil zones, quality, moisture content, etc. Land-checks and systematic survey to evaluate soil characteristics (fertility, organic and soluble matter content, etc.) Preparation of soil-use plans	Mapping on 1:10,000 to 1:2000 scale topo sheets of soil quality, use, etc. Refining of data on soil pattern, use, etc. Study and documentation related to soil erosion. Preparation of master soil-profiles in areas suitable for surface mining	Evaluation of capability of soil to yield crops, absorb pollutant (nature of clay mineral content), resist erosion, grow plants/vegetation, etc.
Geo-technical	Collection and collation of available data. Assessment of damages to man made structures from natural (e.g. seismicity, floods etc.) and artificial (e.g. traffic load) environmental hazards	Regional studies on fracture and joint patterns (from surface observations, borehold cores, etc. Sources of building materials and their geotechnical appraisal	Slope stability studies. Geo-technical documentation from bore-hole core studies. Studies on swelling capacity, load-bearing capacity etc. of soil/rock	Dump management (ensuring slope stability) Controlling devices to monitor and ensure stability of structures. Demarcation of land/lithologies prone to disturbances (Subsidence, landslides, etc.)

1	2	3	4	5
Geo-chemical	Collection and collation of available data from previous literature, reports, etc.	Lithogeochemical and pedogeochemical surveys. Determination of background values, anomalous content, etc. especially of toxic elements e.g. Hg, As, Pb, Cd, Cr, Zn, U, etc. in rocks, soils, unconsolidated sediments, stream-sediments, etc. Studies pertaining to the solubility, mobility and likely rate of dispersal of toxic elements in local environment. Atmogeochemical survey to determine background values of air-quality	Refining of data on deposit-scale. Determination of anomalous element concentrations in ore material, host-rocks, overburden, etc. Identification of major sources and provenance of toxic substances, their conversion characteristics, etc. Evaluation of geomedical hazards due to effluents, mine wastes, etc.	Studies pertaining to methodology (chemical, microbiological, geobotanical, etc.) of arresting dispersal of toxic substances in land and water environment; Possible occupational diseases and geomedical hazards due to mining in the area.

1	2	3	4	5
Geohydro-logical	Collection of available data from previous literature, reports, etc. regarding water-balance (annual precipitation, run-off, evapotranspiration, ground percolation, etc.), water regime, ground-water quality; its geo-medical aspects, etc.	Hydrogeological surveys and mapping of surface-reservoirs, drainage-channels, wells, springs etc. in the region. Morphometric analysis of drainage; aquifer mapping and their hydrologic properties (porosity, permeability, storativity, transmissivity, etc.) Ground water inventory; Determination of physico-chemical and bacteriological characteristics of surface and underground water.	Refining of data. Systematic investigation in wells, tube-wells and exploratory boreholes; Groundwater percolation and aquifer performance (pumping tests) and other tests. Delineation of zones of recirculation of mine-drainage.	Analysis of flow-patterns of surface run-off and underground water; aquifer performance test data, seasonal fluctuations of ground water table, etc. for control-systems. Aquifer studies to control mine seepage, possibilities of outbursts, resulting subsidences, etc. Determination of degree of pre-disposal treatment of mine-drainage. Controlling–seepage and subsidence during and after mining

1	2	3	4	5
Ecological	Collection of available data concerning wild and aquatic life, birds, plants, forests, crops, endangered species, etc. in the region	Remote-sensing based (e.g. spectral reflectance from leaves) appraisal and analysis of forest-covers, their distribution, etc. Acquisition of regional-scale ecological information on plant/ biotic life species. Qualitative and quantitative appraisal of natural land forests.	Refining of data concerning aquatic life, wild-life, plants, crops, forests, etc. in and around the deposit area.	Evaluation of environmental significance of various species of plants, biotic life, etc. in terms of possible role to arrest/reduce pollution, their influence over the foodchain.
Asthetics	Collection of available information on the subject.	Documentation relevant to quality of land-water interfaces, water-surface quality, general appearance of land, its tourist value, human-aspects (lifestyles, community needs, culture, etc.)	Refining of data pertaining to probable asthetic impact (land-water interface, general appearance, water surface quality, thermal discharges due to minefires, etc.) of mining in and around the mining belt.	Master planning for development and environmental improvement in and around the new habitations.

Under this approach, the generation of environmental baseline data should be entrusted to the same agency as the one charged with the task of mineral exploration with a clear understanding to carry it out simultaneously, engaging geo-scientists, specially trained for the purpose, and not after or towards the end of the exploration programme. The type of information that may be collected and collated during different stages of mineral exploration in order to build up an environmental database or information system for a mining project and some of its possible applications are briefly exemplified in *Table-2*. A standard format in which the database, so generated, may finally be presented in a synthesized manner, is given in *Table-3*. All such presentations should be incorporated appropriately in the exploration reports to be submitted by the exploration agency to the mining organisation or mine planners. This will enable them to prepare mine feasibility or detailed project reports during different stages of mine development in proper perspective of environmental considerations, to prepare EIA and EMP and ultimately to make appropriate budgetary provisions for environmental planning as part of the overall mine plan. In the long run, this will contribute to considerable savings in money, manpower and, above all, the time—that is so precious for the success of a mining venture.

Table 3

Environmental Information System

General Format

PART A : GENERAL/DEMOGRAPHIC ASPECTS

1. Location
2. Areal extent
3. Altitude
4. General topography
5. Features existing within 10 kms of the site
   5.1 Human settlement
   5.2 Agricultural/lands
   5.3 Drainage channels

5.4 Hills/Mountains

5.5 Forest/Sanctuary

5.6 Highway/roads/tracks, etc.

6. Atmospheric conditions

6.1 Climate

6.2 Rainfall

(a) Yearly average

(b) Range

7. Ecological conditions

7.1 Human population

7.2 Fauna
(wild life habitat)

7.3 Flora
(Density of vegetation)

8. Aesthetic qualities

8.1 Appearance

8.2 Land-water interface

8.3 Floating materials

8.4 Woods' shoreline

PART B : GEO-SCIENTIFIC DATA-BASE

1. Geological Mapping

1.1 Geological mapping of litho-units with special reference to Quaternary and Recent formations

1.2 Geological studies

- Texture
- Mineralogy
- Chemical composition of rocks, soils and clays
- Thickness of soil cover
- Soil profile characteristics (specifically for opencast mining propositions)

1.3 Structural mapping

— Lineaments

— Folds

— Faults

— Joints

— Fractures

— Foliations

— Dip and Strike

— Igneous intrusions

(dykes, sills, etc.)

1.4 Rock fabric

(Crystallinity, grain size, shape, etc.)

2. Geomorphological Terrain Analysis and Mapping

2.1 Geomorphological mapping

— Landforms

(Hills, spurs, valleys, drainage channels, rivers, streams/ nallahs, reservoirs, ponds, lakes, dams, etc.)

2.2 Terrain analysis

2.2.1 Break of slopes analysis

2.2.2 Vulnerability of soil/surface deposits, etc. to erosion; rate of erosion due to surface drainage, etc.

3. Geotechnical Documentation

3.1 Slope stability studies of hill and natural slopes

3.2 Geological discontinuities

(Nature of their occurrence, orientation and position in space, continuity, intensity, surface properties, genetic type, gouge, etc.)

3.3 Geological hazards studies

(subsidence, landslides, mud flow, seismicity, etc.)

3.4. Geo-technical properties of rocks to be subjected to mining operations

3.4.1 Joint survey

(Type of structure, position in space, orientation, intensity, joint wall rock hardness, continuity, gouge strength)

3.4.2 Properties of the distribution of the rock bed, rock mass and soil bed

(hardness, weight, absorption, soluble component, organic material, strength, elasticity, permeability, swelling materials, etc.)

3.4.3 Soil bed and soil quality analysis

(Grain size, plastic limit, water content, specific gravity, bulk density, organic material content, soluble material content, co efficient of permeability, cohesion and co efficient of internal friction)

4. Geo-hydrological Documentation

4.1 Geohydrological mapping
(Groundwater table, wells, springs, drainage channels and reservoirs)

4.2 Ground water inventory

4.3 Geophysical data acquisition
(logging of temperature, radio activity, etc.)

4.4 Geochemical investigations of soil, water and rock

4.5 Physical and chemical properties of surface and ground water

(a) Physical
(Taste, turbidity, colour, odor, etc.)

(b) Chemical

— Total solids

(Amount, nature and composition)

— Water analysis

(Important chemical constituents and deleterious substances/harmful elements, total hardness, Eh, pH, biological oxygen demand)

(c) Bacterial analysis
(Coliform test)

5. Other Potential Hazards

5.1 Air

(Background qualitative appraisal of air quality, particulates, sulfur dioxide, nitrous oxide, carbon dioxide, hazardous toxicate)

5.2 Atmospheric heat

5.3. Radio active level of ground

6. Aesthetic quality

6.1 Land-water interface

6.2 General appearance of land/landforms (touristic value)

63. Water surface quality

6.4 Thermal discharge due to spontaneous combustion, mine fires, etc.

ACKNOWLEDGEMENT

Grateful thanks are due to Shri S.K. Chaudhary, Controller General, Indian Bureau of Mines, Nagpur and to Shri C.N. Koyal, Chief Geologist, BALCO, Korba for their many helpful suggestions.

The author is grateful also to Dr. R.N. Mishra, Director (Geological Survey of India, Western Region) for going through the manuscript and providing many valuable suggestions. The views expressed are, however, of the author only.

REFERENCES

Banerjee, A.N. (1987) : Environmental Impact Assessment. in "Guidelines for integrating Environmental concerns with Exploitation of Mineral Resources" Publ. Department of Environment, Govt. of India, pp. 42-59.

Bhargava, D.N. (1989). Environmental Protection laws and their implementation. All India Seminar on "Mineral Resource utilization and Environmental Appraisal" Raipur, 5 p.

8

POLLUTION OF THE ENVIRONMENT AND THE ROLE OF GEOSCIENTIST IN THE COALFIELDS

S.M.M. SAFVI and A.K. PRASAD
Geology Division, The Tata Iron and Steel Co. Ltd.
Jamadoba Collieries, Jamadoba, Dhanbad.

1. INTRODUCTION

Mining industry, which flourished immediately during the last century, has been a mixed blessing. While improving the quality of life and giving an impetus to science and technology, it has also brought in its wake, pollution. The fruits of industry, through advanced technology, were made available in the form of important minerals like coal and metals like steel, copper and aluminium to every household. Unfortunately, pollution has been an inseparable shadow of industrialisation. We have now reached the stage where the world is only one step from ecological disaster. This state of affairs is due to acceptance that pollution is the price for industrialisation. Scant attention, if any, was paid to prevent various types of pollution in the past. Planning mining activity received no consideration for ecological balance, which has led to the ecological crisis we are facing today. Every river flows like a sewer, every lake a cesspool and there is not a single village or town which is assured of potable fresh water in the mining area. Not an acre of one's good ground is free from chemical contaminants and the wide oceans are full of poison leading to progressive extermination of marine life. Even the water birds have their wings clogged with oil and filth. These birds have to migrate thousands of kilometres seeking an environment which is fresh and free of contaminants. Man is the most disgusting of all creatures, as he is slowly but deliberately destroying God's bounty to others. The path of industrialisation has left in its wake nothing but pollution and future generations will not view our approach with approval and approbation unless we give them a cleaner environment.

Geoscientists have a vital role to play in maintaining and safeguarding God-gifted natural environment which is congenial and safe for living beings.

The menace of pollution has heralded a new branch of knowledge called "Environmental Science" which has broadly categorised pollution under the following heads:

1. Air Pollution
2. Water Pollution
3. Noise Pollution

2. AIR POLLUTION

Measurements of air over mid ocean, wnere the air is cleanest, indicate presence of 950 particles per cubic centimetre of air. In towns, this value exceeds 34,000 indicating a 36 fold increase in turbidity. In metropolitan cities, the corresponding figure is 1,47,000 making it four times as polluted as the towns. Many gases like carbon monoxide, sulphur dioxide, nitrogen oxide, etc. are the source of turbidity. These are introduced in the atmosphere from automobile exhausts, factory chimney and domestic hearths. These gases become toxic when concentration level exceeds critical values. For carbon monoxide, this value is 100 parts per million (ppm). Above this concentration level, carbon monoxide attacks hemoglobin in our blood and prevents it from transporting oxygen from the lungs to the tissues of the body. Coal ash contains some 72 micro-elements and it has been found that 1 (one) tonne of coal ash comprises approximately 300 gms of arsenic and 5 gms of chromium in the form of various compounds or mixtures. These dangerous, but silent, missiles get absorbed by everv living tissue of the body and cause number of diseases.

Visitors to the coalfields are welcomed by coal dust suspended in the air, digestive disorders, sore-throats, insomnia and various other discomforts.

The reasons of common pollution in the coal industry can be summarised as follows:

(i) The ultra-fine particles of coal caused by the increased mechanisation and multi-stage handling.

(ii) Open combustion of coal and release of CO_2, SO_2, NO_2, H_2S, etc. in the air through fire areas.

(iii) Fly ash from the power houses attached to the collieries.

(iv) Poor condition of roads and concentration of traffic in a smaller area.

3. WATER POLLUTION

Underground workings and opencast mines together disturb the ground water table and due to depillaring activity, wells and ponds get dried. Dewatering of mines leads to contamination of water with coal particles and other spurious materials. Old opencast workings and backfilled zones become shelter house of the contaminated water, where they undergo chemical change also depending on the quality of the hard rock. Non-availability of drinking water forces people to use this thoroughly contaminated water.

Similarly the coalfields generally have number of beneficiation plants and power houses. Their effluents carry quantities of suspended solids besides traces of pine oil, diesel, grease and other lubricants and they discharge firstly into the neighbouring nallahs and then into the river. These plants need huge quantity of make-up water. As a result, availability of water to the common mass decreases and they use polluted water available next door. Lack of drainage system adds to the problem and it is presumed that even if no arrangement is made, water will normally go into the nallahs and finally into the rivers. Bathing in the highly polluted water is not an uncommon site in the coalfields. The consumption of this water leads to severe health-hazards.

The problem is intensified by excessive number of buffaloes and cows who cater to the needs of coal miners without having a defined home. Their excreta are not disposed properly which ultimately lead to increase in the number of mosquitoes causing dreaded diseases like encephalitis, phylaria, malaria, etc.

4. NOISE POLLUTION

Excessive noise so far has been an accepted fact in a mining area and the term noise pollution has yet to get proper recognition. Operation of heavy machineries and blasting in mines cause an increase in the noise level of the region. Air blast, ground vibration due to blasting, movement of ropeways, movement of dumpers and earth movers, power houses and beneficiation plants together cause acute change in the normal noise level and they affect the nervous system of the people leading to insomnia, acidity, gastric disorders, amnesia, irritation, loss of hearing, blood pressure, etc. Total lack of green belts and nearness of the main roads to workers colony add to the problem.

The menace of the above mentioned pollutants is now established. However, very little has been done in the coalfields to overcome it. The group of geoscientists comprising of geologists, rural development officers, Water Board, civil, coal beneficiation and mining engineers can play a dominant role in fighting the menace of pollution which is normally left to pollution control engineer and state government agencies.

5. POLLUTION CONTROL

Some of the steps for the prevention and control of pollution are summarised below:

5.1 Air Pollution Control

1. Proper geological mapping and survey of the areas before opening of the mines. Residential colonies to be located far away from the main centre of industrial activity. Fault areas and non-mining areas are to be utilised for these purposes. The task is not easy where there are old workings and mushroom growth of dwellings. However, new residential colonies must consider this aspect.

2. Adoption of good ventilation practices in the mines and dust control measures which ultimately improve the surface air quality.

3. The coal handling plants should have covered conveyor belts and water spray systems for dust suppression. Dust generating centres in coal preparation plants and power house should be isolated and provided with suitable dust suppression facilities. Transport of coal by dumpers from underground mines should be avoided wherever possible. Conveyor belt systems and hydraulic transportation of coal may be considered. The roads carrying coal to beneficiation plants may be separated from the common traffic.

4. The fire areas normally emit a lot of poisonous gases into the atmosphere and passerby get affected without their knowledge.

The active fire areas are to be demarcated by modern scientific methods like aerial ultra-sonic surveys and main civilian activities like markets, main roads, petrol pumps and colonies are kept away from it. Fire fighting devices are to be applied like trenching, blanketing and quenching. If possible, it should be fought at the underground itself by erecting stopping walls and neutral gases like nitrogen should be passed to suppress the fire.

5. The above devices of fire-fighting have been applied successfully in Sijua and Jamadoba Group of collieries of TISCO. Combustile materials like washery rejects may be properly utilised or disposed off, otherwise they become source of fire, which emit CO_2, SO_2, CO, H_2O, etc. into the atmosphere. In no case, rejects should be accumulated.

The effective economical utilisation of rejects was discussed at length by M/s. D. Leninger and others of Federal Republic of Germany in the 9th International Coal Preparation Congress in 1982. It has been extensively used by them for the following:

i) Earth work and road construction

ii) Use as stowing material after crushing

iii) Construction of dams

iv) Construction of building materials

v) Power generation using fluidized bed technique.

Sr. No. ii and v are being applied in TISCO Collieries. A new 10 MW Power Plant using fluidized-bed technique of power generation has been constructed in Jamadoba and it is being commissioned.

Recent advancements suggest that the rejects can be successfully utilised after fusion. By varying the temperature and reaction time, dense as well as porous material can be produced. In Germany, a parking place with an area of 2400 Sq. m. was build with a foundation layer of 15 cu. ft. consisting of cement bound refuse of the following proportions.:

Refuse	73.3%
Cement	4.4%
Fly-ash	4.8%
Sand	11.7%
Water	5.8%
	100.0%

This has been found to be suitable after exhaustive testing.

Following steps are to be followed for utilising rejects for construction of building blocks:

(i) Pre-treatment thermally

(ii) Grading to form suitable gain size

(iii) Mechanical treatment

(iv) Mixing with other binder, etc.

6. All hard-coke beehive coke-ovens should be stopped as they are releasing volatile matter into the atmosphere, thereby polluting the air beside wasting valuable energy. If necessary, a legislation to this effect may be introduced.

7. The subsided areas may be reclaimed by filling and fresh vegetation should be grown on it which in turn will generate fresh oxygen and depollute the atmosphere. It will bring ecological balance slowly.

8. Effectively towing the depillared areas using crushed rejects, boiler ash together with sand, so that roads and original contour of the land are properly maintained.

9. In opencast mines, only a minimum area should be deforested and exposed at one time. Research on fast growing plants should be initiated and areas equal to the deforested land should be converted into artificial forests to bring ecological balance.

10. Desulphurisation of both high sulphur coal and coke, so that sulphur in the form of SO_2 does not go into the air.

11. Use of electrostatic precipitators (ESP)—these precipitators are particularly useful in the collection of ash particles. The particles suspended in gas are ionised and are precipitated on collector plates, from which these are dislodged.

12. Increasing the height of the chimneys in the power stations so that gases get sufficiently diluted and do not affect the neighbourhood.

5.2 Water Pollution Control

1. Use of autogenous cyclones, wherever possible, so that waste solids from the washeries and fly ash from the power houses are trapped and only clarified water is allowed to go into the drains.

2. Use of oil-agglomeration and oleo-flotation techniques to catch finest particles of coal from liquids in course of beneficiation. Use of flocculants at appropriate stage is also to be introduced.

3. Coal treatment plants should be located in such a way that there is enough space left to catch the suspended solids totally, so that effluents are not carried to the rivers.

4. Use of fly-ash for brick manufacturing. It can also be mixed with cement to some extent.

5. The residential houses are to be provided with toilets so that human excreta do not find their way into the drains. Moreover, sewage treatment plants should be constructed which, in turn, will generate useful manure. It can also be utilised to generate electricity (using technology introduced by Sulabh-Souchalaya, Patna).

Public toilets should be constructed at number of places. Similarly, number of water treatment plants may be commissioned for supply of drinking water. Proper drainage system should be developed, which should have arrangement to catch the solid contents. The solids should be used for making domestic fuels after mixing with rejects and coal fines. Use of cooking coal as domestic fuel, should be totally stopped.

6. The breach and overflow from tailing ponds has to be safeguarded and arrangements made for desiltation of river bed during summers.

7. Proper stowing of the underground workings will safeguard the surface contour and will help in avoiding unnecessary accumulation of water which, in turn, will help in improving the hygiene.

8. In satellite villages, dairy farms are to be developed, so that cowdung and animals do not have access into the water, used by human beings.

5.3 Noise Pollution Control

1. Great attention has to be paid at the stage so that the number of noise producing equipments like crushers and tipplers are minimised. Without sacrificing performance machines with lesser noise levels should be selected.

2. The area of movement of dumpers is to be separated from the main stream in the collieries as well as beneficiation plants. They should be regularly renovated and maintained.

3. A proper blast design with a control on the amount of charge per day would help to keep the magnitude of blast vibration within tolerable limit.

4. Each activity generating lot of noise may have a green belt barrier separating it from the other such activities. This will serve as a natural noise barrier.

5. The vehicles which have outlived their life should be forbidden to move on roads and their registration cancelled.

6. Noise-free shelter house may be constructed near the Pithead for proper rest and recess. In general, use of solar energy

has to be encouraged and use of timber inside the mine reduced to safeguard the forests. Each mining area must have a pollution control centre, which will have geoscientists as members suggesting and executing ways of pollution control on regular basis. The society of "Friends of Trees" may be opened and persons doing away with the life of a single plant must be taken to task. Every tree is a great friend to mankind and its life must be considered priceless. Clinics for treating industrial diseases should be opened and villagers taught to fight the menace of pollution and its prevention.

6. CASE STUDY

Experiments, on the aforesaid lines, have been carried out for the past few years by TISCO's Collieries Division, through their Rural Development Societies, both at West Bokaro and Jamadoba.

6.1 West Bokaro

To bring about a sense of awareness amongst the local people towards improvement of environment, quite a number of villages have been adopted, subsided areas reclaimed, fertilizers distributed and saplings supplied free of cost. Besides ponds have been deepened, drainage system improved and water pipelines extended.

Afforestation work was started in West Bokaro dump yard in 1984. These dump yards comprise of hard rocks and boulders formed due to the opencast mining operations. Over 4,060 tube plants in 1984 and 2,700 tube plants in 1985 were planted. The species planted are mainly acacia, eucalyptus, bakain chakundi, sababul, etc. In 1986, some 6,000 tube plants were planted on the second dump yard. A total of 45 acres of land in West Bokaro have been brought under forestry programme. The society has raised its own nurseries with a total of 37 species of plants. All these activities have helped in improving the environment to a great deal.

6.2 Jamadoba

Similar emphasis has been put by Tata Steel Rural Development Society at Jamadoba. Some of the highlights of their programme during 1986-87 are given below:

1.	No. of villages adopted	26
2.	Budget	Rs. 26,75,000
3.	*Agricultural crop exten.*	
	(a) Input centres (for sale of seeds & fertilisers)	2
	(b) Fertilisers sold	2,645 kg.
	(c) Seeds sold	1,284 kg.
	(d) Co-operative farming	3
	(e) Farmers benefitted	780
	(f) Pumping sets made available to the farmers on loan	5
	(g) Acreage covered	120 acres
	Community forestry	
	(a) Nursery (one each at Jamadoba and Bhelatand)	2
	(b) Saplings raised	1,00,000
	(c) Plantation target	85,000
	(d) Trees planted	94,896
	(e) Land reclaimed	100 acres
	Rural Engineering	
	(a) Drinking water wells (repair)	5
	(b) Deepening of ponds	14
	(c) Extension of pipeline	4,100 ft.
	(d) Drains	550 ft.
	Medical care	
	(a) No. of clinics	9
	(b) Patients treated	29,578
	(c) Children immunised	1095

7. CONCLUSION

The menace of pollution is well recognised. However, there is a crying need to minimise its effects. Mining and industry must flourish for better economy and employment. Better environment must also be provided to mankind to ameliorate its suffering.

Geoscientist, supported by other disciplines like mining, medicine and coal preparation, etc. should spearhead a task force responsible for ensuring industrialisation with effective pollution control.

Coal companies must adopt rural development programme and have pollution control departments under their jurisdiction. Afforestation, cultivation, land reclamation, greater awareness, proper planning and execution of projects will go a long way in combating and containing the menance of pollution in our coalfields.

REFERENCES

Banerjee, S.P., 1984. Environmental problems and its control in mining areas. Symp. Environmental Protection in Mining areas.

Banerjee, R.K., 1983. One breath closer to death. Telegraph, Feb. 2, 1983.

Chakrabarty, D. and Reena Chakrabarty, 1983. Chemicals that pollute the environment, Science Reporter, Aug. 1983.

Kini, A.K., 1986. Pollution from Coal Industry, CFRI News.

Leninger, D. and Erdmant, W., 1982. Recent developments in utilization of preparation refuse in the Federal Republic of Germany, 9th Int. Coal Preparation Congress.

Roy Sankar, 1983. Danger of tresspers of the human body. Telegraph, March, 1983.

9

ENVIRONMENTAL ISSUES WORLD-WIDE AND THOSE SPECIALLY RELEVANT TO PETROLEUM RESOURCE DEVELOPMENT IN INDIA

S. SRINIVASAN
Ex-Professor and Head of the Department of Petroleum Engineering, Indian School of Mines, Dhanbad.

1. INTRODUCTION

Offshore oil pollution is possibly an ever-increasing evil with the increased consumption of petroleum and products in this region of the World at present. Due to the above local trend, until the advent and use of alternate energy sources become available, such increased utilisation of petroleum and its products is expected to continue atleast in this area, where petroleum resources of fairly large magnitude are available in nearby regions of the Middle East and Far East Asia. With such increased utilisation of petroleum (oil/gas and petroleum products) the need for a close look at oil pollution control/measures with greater emphasis on offshore, where atleast the recoverable reserves (for India) are larger and similar problems and solutions for tackling (onshore) oil pollution may also be required. The danger of pollution of sea-beaches and possible damage to fish and marine life by discharge of crude oil from natural sub-sea oil seepage points as at Santa Barbara Channel, California, U.S.A., and sometime crude oil and petroleum products into the sea from petroleum tankers, needs to be considered. Precautionary steps may also be taken to safeguard humanity against environmental pollution due to unlawful acts (by International tankers) like intentional dumping of ballast by tankers near ports of discharge/refilling etc., which occur frequently.

2. GENERAL TECHNIQUES FOR POLLUTION CONTROL IN OIL SPILLS

Oil pollution can be controlled in general by the use of following various methods. First, a floating Saucer Type of Oil

Skimming device can be used. Example of one such technique is cited as being capable of use on land and in offshore areas.

2.1 Acme Floating Saucer Skimmer[1,2]

This method has been tested and proven by many users in U.S.A. including oil and chemical companies, water and sewage departments and industry in general. It is called the Acme 'Floating Saucer Skimmer unit' and it is helping to solve the costly problems of water pollution. It is truly self-contained skimmer with built-in pump and power, easily portable for one man or two men handling. The floating skimmer will skim and pump oil, gasoline, chemicals and sewage waste materials which will pass through the open impeller. Easy adjustment for desired depth of skim is possible with this unit.

A quick and inexpensive method of handling emergency spills is used in connection with spill-booms for larger areas. It is also used for cleaning traps and pits of any accumulation of oils, greases and water products. It will skim and pump absorbent materials also. The aerator attachment can be attached to the pump or skimmer in minutes for aeration of polluted or contaminated water or to raise the oxygen content of the fluid in the area treated.

2.2. Martin Marietta Oil Recovery System

The petroleum industry and port authorities are continually looking for better methods of cleaning up oil-spills. Martin Marietta Corporation, USA has designed and built an oil recovery system employing an endless belt that attracts and holds oil while allowing water to flow through rapidly. The advantages of this system are best exemplified by the performance of the unit.

System

The filter concept for oilslick recovery has been tested on this prototype unit, which operates at speeds up to five knots and in waves up to three feet high.

The system recovers a range of oilslicks from rainbow sheen to thick weathered crude, regardless of spill size. Floating debris do not clog the unit because they are simply picked up by the belt and collected separately.

Operating at five knots speed it picks up a rainbow sheen in one pass at the rate of four acres per hour. The filter belt retains oil while allowing water to flow through freely. The low flow resistance is represented in terms of water pressure drop across the belt. Because of this feature, the basic recovery process is insensitive to current or waves. It also allows 100 per cent oil recovery at speeds up to five knots.

Advanced Designs

Operational oil recovery units are designed in three sizes to handle oil spills of different magnitudes and under different conditions. The basic oil recovery system can be custom equipped for the following applications:

(1) Retractable booms to increase sweep width;

(2) Specialised oil transfer systems;

(3) Debris collection and compaction system; and

(4) High pressure scrubber to clean oil from boat hulls and docks.

2.3. Headrick Industries Prototype System[3]

Headrick Industries Inc. has tested a complete open-ocean oil recovery system at coal-oil point, California, a natural oil-seepage point in the Santa Barbara Channel, U.S.A. The system includes booms, towing harness, recovery and transport vessel and fabric tank for collection, separation and transport of floating oil. An angle-towing harness assembly was used which retains the boom legs in straight lines that converge into the oil recovery separation apparatus at the apex. The system has longitudinal tubes filled with sea water and supported by air.

Testing the System

A catamaran barge towed by a 31 ft. sportfisher carried all apparatus required for the first-phase tactical deployment of the system. The system was delivered at a measured 26 knots speed to location. Two small outboard vessels also accompanied the deployment. On location, the outboards picked up two lines from the right and left boom segments. Moving forward slowly, the entire apparatus was launched.

Two high-pressure air bottles were then discharged into the air tubes to inflate the boom legs. The air tubes were 8 inches in diameter, and the boom legs were 100 ft. long. Air fill time was less than 3 seconds. At the same time, a high-speed pump on the catamaran, normally used for oil transfer, was valved to fill the water tubes. This operation required slightly less than 30 seconds. Simultaneously, technicians on the barge pushed the 3000 U.S. gallons capacity rubberised storage tank off the stern of the vessel with hoses attached to the oil transfer system. From the 'Go' signal to the point when the system was in full operation and capable of collecting and transporting oil, was approximately 8 minutes.

The technique for oil separation does not incorporate centrifuges but encourages flow of a controllable and limited surface depth of water into an unagitated gravity separator. The surface of the liquid in the separator is then precisely skimmed. The skimmed oil is transferred to the oil storage tank which becomes an additional gravity separator with a deep water balance line below its centre to allow displaced water to flow back into the ocean.

The operating system can accommodate varying slick and sea state conditions, as well as varying types of oil. Maximum oil transfer capacity is 800 to 1500 U.S. gallons per minute, assuming the system is located directly on a massive 'crowning slick'. Conversely, the system skims rainbows off the surface.

A second backup system with substantially larger boom cross-sections and lengths has been proposed, as well as a catamaran vessel possibly 40 ft. long with crew accommodation. Floating storage tanks of capacities up to 100,000 U.S. gallons will be used.

Headrick industries have been nominated by Mr. H. Allen Smith (R-Calif) for a government award under public Law 91-224. The company is said to be working with Firestonecoated Fabrics to develop a range of floating oil storage and transport tanks that will permit gravity separation and provide a complete seaworthy and towable fabric tank.

2.4. AVCO Magnecol Oil Spill Harvester System[4]

Features

The AVCO Magnecol Oil Spill Harvester provides a fast, thorough and cost effective means of removing large scale oil spills from lakes, rivers, coastal waters and the open ocean.

The Harvester is particularly effective in recovering spills that have not been contained by booms or barriers, very thin spills and spills that must be recovered in rough sea conditions.

In order to recover a large-scale spill, it is first sprayed with MAGNECOL FERROFLUID, an oil miscible water-insoluble liquid that confers magnetic properties to the oil only. The Harvester then moves through the treated oil, concentrates it in the transverse electromagnetic gap, and removes it with a conventional suction pump. An extremely high ratio of recovered oil to water permits use of the oil in many cases without further reclaiming.

Capacity

The "MAGNECOL Harvester" described will sweep a twenty-foot swath in open-water oil spills. Smaller designs, down to the six-inch sweep width Magnetic Broom, are available. The twenty-foot Harvester can be either self-propelled or towed by a mother ship. At an eight-knot sweep speed, one Harvester clears 22 acres per hour, and is capable of recovering 20,000 U.S. gallons of oil per hour.

Construction

The Harvester is of modular construction for ease of transport in a Lockheed C-130 or similar aircraft. It is assembled at the spill site, or on the work-deck of the support ship if necessary. For the towed version, a U.S. Coast-Guard seagoing buoy-tender of the 180 foot class is an appropriate support ship, streaming a Harvester on one or both sides. The harvester's four modules are the storage hull providing 5000 gallons recovered oil storage and carrying the 300 kilowatt gas-turbine driven electric power plant. The magnet hull contains 10 electromagnets arranged to create a 20 foot magnet gap across the width of the hull. It also contains the suction pump, valves and blower, and two pontoons providing floatation and acting as guides for the oil recovery process. In the cross-section view, the magnet gap can be seen in the bottom forward position of the hull approximately nine inches below the water-line. In this location the gap will remain in close proximity with the oil-water surface as small waves are suppressed by the ramp-bow and the oil surface is drawn under the hull. The Harvester is configured to ride over larger waves, keeping the gap in the water, allowing operation in conditions to sea-state four.

Performance

As the Magnecol treated oil and sea water pass under the magnet gap, the oil is drawn away from the water and into the gap. The magnet is sufficiently powerful to attract the oil from a distance of several inches below the gap while the Harvester is moving at eight knots speed. Once the treated oil is in the gap the magnetic forces reject any water that may have been entrained. The suotion manifold is designed and located to draw off only the excess oil and leave the gap full. In this manner, the Harvester will clean the water surface of all visible oil while recovering less than one per cent water with Magnecol treated oil.

In operational use, one part of "Magnecol Ferrofluid" is added to every five parts of oil to be recovered. This is accomplished by adding the Magnecol to a water stream as from a fire nozzle, then spraying it over the spill, by adding the Magnecol at the source of the spill or by spraying the concentrate from an aircraft or helicopter—all depending on the logistics of the problem. The recovered Oil-Magnecol mixture is usable without further reclaiming for refining or for external combustion. Magnecol is itself a hydrocarbon-base liquid, and the ferro-magnetic material in it is so finely divided as to present no obstacle to further use of the oil.

3. SPECIAL TECHNIQUES

3.1. Use of bugs to control environmental pollution[5]

Dr. Ananda Mohan Chakrabarty had reported at the Genetics Congress (held in New Delhi, India) in December, 1983 that in addition to the bug earlier discovered by him to clean-up oil spills, he was in the process of evolving another bug. This newly announced discovery could provide an answer to the problem of "acid rain" commonly called as the "pollution time-bomb". This bug would degrade sulphur compounds in oil and coal responsible for causing these acid-rains. Another bug developed by Dr. Chakrabarty could overcome the nagging problem of oil clogging during transportation. (This solution would solve the problem of oil sticking to the sides of the container and would be a blessing for pipeline and tanker transport of oil). He has also announced at this Genetics Congress about his plans to evolve another bug which can reduce the viscosity of oil. This particular discovery was reported to be capable of increasing the quantity of oil that can be pumped out from wells by over thirty percent. This microbe could dilute the left-over oil in the wells, which would then enable its being pumped out easily. Another bug produced by Dr. Chakrabarty was claimed to be capable of solving the environmental pollution accruing from widespread use of compounds like D.D.T. and 2,4,5-T chemicals. This genetically manipulated pseudomonas bacterium is claimed to be capable of degrading "agent-orange (a mixture of 2,4-D and 2,4,5-T chemicals". These organisms are reportedly not available in nature.

3.2. Use of oil absorbent materials [6, 7, 8, 9, 10, 11, 12, 13, 14, 15]

Some of the unusual methods used for removal of oil spills have tried the use of materials which do not absorb water but which absorb spilled oil. Soaking materials (inorganic materials) like glass-wool, vermiculite, mineral wool, rock-wool or similar exfoliated micas, natural organic materials like straw, hay, reeds, sea-grass, peat, saw-dust, bagasse, etc. and synthetic materials like foams of polyurethane, poly-ether, urea, formaldehyde, fibres of various materials like nylon, polyethylene, etc. These soaking materials are filled in a rectangular porous bag and after it becomes soaked with oil, it is pulled out and passed between rollers to squeeze out the oil and is reused. It is obvious that the above method has its limitations.

3.3. Use of dispersants

This method has been used as the most effective method of combating oil pollution both in the open-sea, estuaries and on beaches. To the floating oil-slick, surface-active agents are added and when agitation is applied, the oil-spill is broken up into particles of different sizes. Once the oil is broken-up by the dispersants by reducing oil-water interfacial tension, droplet formation is promoted.

A list of major dispersants with the names of the suppliers is given below:

Sl. No.	*Product*	*Supplier*
1.	Corexit 9527; 9600	ESSO Chemicals
2.	Finasol, OSR 5	Letrofina (U.K.)
3.	Shell concentrate	Shell International Chemical Co.
4.	BP 1 1 00 WD	BP Oil Ltd.
5.	Dasic Slickgone, LTC	Dasic International

All these dispersants are low toxicity aromatic compounds and they are sprayed from boats or helicopters or special aircraft. Normally, the rate of spraying of the dispersant to the oil spill volume is 1 to 10.

3.4. Use of microbial degradation methods

Genetically engineered microbes may increase degradation. It is also established that a single microbial species is not capable of attacking all components of crude oil. Complete degradation of oils to CO_2 and H_2O therefore depends on the complex interplay between many microbial species.

4. TREATMENT OF REFINERY EEFLUENTS

The general characteristics of the composite effluent from a typical Indian Oil Refinery (Standard-Vacuum/ESSO Refinery) is given below:

Free oil	2000-3000 mg./litre
Emulsified oil	90-120 mg/1
H_2S and RSH	10-220 mg/1
Phenolic compounds	12-30 mg/1
BOD at 20° C	100-300 mg /1
Suspended solids	200-400 mg/1

In general, treatment of the refinery effluent is carried out in three steps:

(i) Physical separation of free oil

(ii) Chemical coagulation of emulsified oil

(iii) Biological treatment for the removal of BOD, phenol and other toxic materials.

Physical separation may be accomplished in gravity separators. Dissolved air-floatation with or without flocculation is also tried for removal of oil content of refinery wastes and is found to be successful in some special cases. Chemical treatment of the effluent of the gravity separator with coagulation, flocculation and sedimentation to remove emulsified oil and certain other chemicals to condition the waste for final treatment in biological reactors is done. (Addition of Fuller's earth during flocculation has been found to double the settling velocity of the flocs).

Biological treatment. This treatment aims at the removal of all oxidisable organic matter from water. Many refinery engineers favour the trickling filter as a biological treatment method. It may be pointed out that treatment of refinery wastes by "Activated sludge process" is affected when the oil concentration exceeds above 30 mg/litre. It was observed that activated sludge treatment of chemically treated refinery wastes resulted in very poor removal of BOD and phenol. For tackling such situations, a modified method designated as "Ferro-biological process" has been developed and is in use. In this method, both microbial mass and ferric hydroxide are used simultaneously in the aeration tank to flocculate and for removal of BOD, phenol and oil.[8, 9, 10, 11, 12]

5. NEED FOR EVOLUTION OF PUBLIC INTEREST LAWS (LITIGATION) FOR ENVIRONMENTAL POLLUTION CONTROL

Such Public Interest Laws have been drawn up and are strictly observed notably in U.S.A. (Switzerland?), Sweden and a good number of other advanced countries. India has also drawn up and recently passed the "Water and Air Pollution Regulations". However, for successful implementation of these laws effectively, much more follow-up legislation and enforcement agencies with trained technical personnel well-acquainted with such problems will be required. Persons, knowing the working conditions in oil and gas (petroleum) fields and in petroleum transport/storage/and marketing operations (i.e. Petroleum Engineering graduates of ISM?) could usefully serve our country and our neighbouring Middle-Eastern and South-East Asian countries well. The training and proper utilization of (our) Petroleum Engineering graduates in such pollution control and public interest operations/activities should be investigated. This should be pursued by the Central Government (and State Governments) ably assisted by Universities and Research Institutes/Centres about areas likely to be affected by the production, as well as transport of such petroleum products and gas and possibility of pollution in India.

Some cases of interest overseas (USA/UK/Gulf of Hormuz (Iran?) and in India are as listed below:

(i) USA-Natural sub-sea oil seepage in Santa Barbara Channel, California, USA;

(ii) Oil pollution of UK Beach by the accident to oil tanker near Thames River inlet (Atlantic Sea); and

(iii) Attack on Indian ship going to Kuwait for taking oil back to India, etc.

Some of the cases of interest in India, where the Indian Courts have taken initiative can be cited[6] as (1) The Ratlam Municipality Case (of M.P. State in Supreme Court of India); (2) The Kolleru Paper Mills Case in Andhra Pradesh High Court; (3) The Writ Petition in Delhi High Court to have the Municipal

Corporation of Delhi stop polluting river Yamuna; (4) A petition filed in Supreme Court in India to direct the State of Madhya Pradesh to take effective requisite steps to reduce the dust in the work environment of slate pencil factories in Mandsaur; (5) Similarly, in a petition filed by a Trade Union, directions were sought to be given to the Bihar Government to take action under the Mines Act to protect the health of workers in Roro Asbestos Mines of Singhbhum; (6) The Supreme Court had issued directions to the Bihar Government not to take possession of land from any of the tribals from their natural occupation in the Koel Karo dam project area in Ranchi; (7) Similarly in the Doon Valley Case, the Supreme Court had ordered closure of all but eight limestone quarries in Doon Valley. This was a case involving issues relating to environment and ecological balance which were of great significance to the people residing in the Mussoorie hills range; (8) The Shriram Foods and Fertilizer Case had become historic in view of the stringent conditions imposed on the erring unit and introducing formally internationally recognised legal norms of "polluter pays". Such legislation to be enforced by qualified technical personnel duly assisted by legal consultants, etc. in India should make the oil exploitation and marketing and sales of crude/gas/and petroleum-products operations safer and viable.

6. CONCLUSIONS and RECOMMENDATIONS

Oil pollution has been noticed for years from natural sub-sea oil seepage points (like in Santa Barbara Channel, California, U.S.A.), and due to accidental oil-spills from tankers due to hitting (rocks or) natural barriers, or due to acts of undeclared war by some countries (i.e. in Gulf of Hormuz due to Iraq/Iran War, etc.) The latter part is becoming more noticeable at present and mankind has no means of controlling these accidents (?), which are becoming more and more important from the point of view of environmental protection for healthy human survival. Fortunately, except in war time (or war-like mood of one or two countries in the Gulf of Hormuz) such acts are hoped not to exceed possible human control. We have to note here that environmental impacts and effects can no longer be ignored, and need to be tackled with all human ingenuity (and God's blessings?) to avoid poisoning of our world's oceans and affecting survival of our human race in future time. Naturally we have to investigate feasibility of use of such methods through techno-economic studies before deciding on the method to be used for combating successfully oil pollution. In addition to techno-economic factors, environmental acceptability is also to be studied, and nations may require to be convinced for the use of such protective measures. Environmental protection is costly but its neglect is stated to be "more costlier". Therefore action may be required on an international level so that we can implement such protective measures which can be taken up on multilateral/multinational/international level. Such action is a necessary must for healthy human survival in the 21st century. We cannot afford to neglect or lag behind in these efforts. If we fail here, we will be letting down our future generations in the efforts to help them inhabit a cleaner and pollution-free world, better than the one which we have inherited from our forefathers.

In addition to the above, use of (coal and) oil and natural gas for production of energy, and methane resources for power generation and for supply of petrochemicals in the future, we should also plan on using other Alternate Energy Resources (already proven and likely to be proved for use in the near future) for our South Asian countries (who are titled in brief SAARC) and the Middle-East Asian countries, as well as Europe/North and South Americas and Africa (and the rest of the World) so that human beings can profit for their common benefit from such efforts. Here mention may be made of (1) Wind Power (Ex: Holland and U.S.A.); (2) Tidal wave-power; (3) Temperature differences between surface and middle ocean layers due to the absorbed heat from the sun; (4) Geothermal power; (5) Solar energy (used even in India for supply of electric power to entire villages from Photo-voltaic cells, etc.) for our consideration and useful utilization for human resource development.

ACKNOWLEDGEMENT

The author would like to thank ISM administration and ISM National Symposium authorities for their assistance in the preparation of this paper in format suitable for presentation at the ISM Diamond Jubilee National Symposium in spite of various ever-present constraints. Special thanks are due to Shri B.K. Ghosal, Senior Stenographer, P.E. Dept., who had typed the paper in record time without need for major revisions.

REFERENCES

1. & 2 Acme Floating Saucer Skimmer, Acme Products & Inc. Advts; Acme Products Inc., Tulsa, Oklahoma, U.S.A.

3. Headrick Industries Prototype System, ocean industry, June, 1970: 51-56.

4 AVCO Magnecol Oil-Spills Harvester System 201, Lowell Street, Houston, Texas, U.S.A.

5. A.M. Chakrabarty, 1983. "Bug to control Environmental Pollution", The Genetics Congress, New Delhi, 1983; Indian Express, Dec. 17, 1983.

6. B.H. Desai, 1986. "Environmental Pollution Control", Hindustan Times, March 25, 1986.

7. S. Srinivasan, K.V.V.S.N. Murty, B.P. Pande, 1967. "Special Problems in Exploitation of offshore Petroleum Deposits". Indian Science Congress, 54th Session, 1967; Reprinted in Journal of Indian School of Mines, Dhanbad, XVII: 37-42 (Figs. 1, 2 and 3).

8. Arvind Kumar Mishra, S. Srinivasan, 1985. "Offshore oil-spill handling", Project Report of ISM PE Dept. ISM, April, 1985: 1-99.

9. Surajit Das, S. Srinivasan, 1985. "Prevention and combating of oil-pollution" Term paper of XONGC ORIENTATION COURSE at ISM, 19 April, 1985: 1-21.

10. J, Wardley Smith, 1979 "The Prevention of Oil Pollution", First Edn., 1979.

11. J. Wardley Smith, 1983. "The Control of Oil Pollution", First Edn., 1983.

12. D. Cormack, 1983. Response to Oil and Chemical Marine Pollution, First Edn., 1983.

13. "Measure to Combat Oil Pollution", A Report prepared by the International Tanker Owners Pollution Federation Ltd., 1980.

14. M.N. Rao, A.K Dutta. "Waste-water treatment", First Edition, 1979.

15. S. Kapoor, 1986. "Oil Spills, Prevention, Behaviour, Control and clean-up studies", M. Tech. Thesis, ISM, Feb, 1986: 78-82.

10

RADIATION HAZARDS IN URANIUM-THORIUM MINING AND MILLING —A REVIEW

D.K. SETH and A.K. RAI
A.M.D. Complex, Civil Lines,
Bldg. No. 16/B
Nagpur-1.

1. INTRODUCTION

It was thought in the early phase in India's nuclear programme that safe management of radioactive waste is vital for its success. Evaluation of hazard potential vis-a-vis radioactive wastes at different stages of the fuel cycle, starting from mining and milling, fuel fabrication through the stages of reactor operation and finally the reprocessing of the spent fuel were formulated. More than a decade before commissioning of the power reactors, emphasis was laid on studies relating to impact of radioactivity on the environment and on developing technologies to effectively isolate and contain the same. It has come to the notice of all the nuclear scientists that the ultimate goal of radioactive waste management should go beyond merely satisfying prevailing norms and that the nuclear industry should demonstrate its ability to safely isolate the high level radioactive wastes generated in the nuclear fuel cycle from men's environment.

In uranium mines, the radiological hazard is primarily from exposure to airborne radionuclides and to a lesser degree from external radiation. The airborne radionuclides consist of radon and short-lived radon daughters, which constitute the most serious hazard and long-lived alpha emitters, which are present in the mine atmosphere in the form of dusts. The concentrations of airborne radionuclides are very much greater in underground mines than in opencast operations where the inhalation hazard is usually of minor concern. Most uranium mining operations are underground, although opencast mining is conducted to some extent.

In uranium mills, the hazards due to random and its daughters are far less pronounced than in underground mines but airborne radioactive contamination in the form of long-lived radionuclides is likely to result from the physical processing in uranium ore. Similarly, airborne uranium dust usually occurs in concentrate areas and warrants control.

Thorium mining in general is a surface operation and the radiation hazards are mainly external in origin. In the thorium mills, however, dusts produced during the physical separation of placers constitute inhalation hazard.

2. UNITS AND MAXIMUM PERMISSIBLE LIMITS

1. *Radiation: Rontgen*—It is the unit for radiation exposure. It is defined as the quantity of X-ray or gamma radiation which will produce one ion pair in air in a volume of 1 cc of air at NTP.

Rem—It is unit of any radiation which will have same effect on men as 1 Rontgen of X-ray or gamma radiation. This is being replaced by a new unit called sievert (SV) (1 SV = 100 rem). Annual limit for occupational exposure for any radiation worker is 5 rem (5mSV).

2. *Radon* : Radon concentration in air is generally expressed as pci/1 (1pci = 10^{-12} ci). The ci (curie) is a unit of radioactivity. 1 ci is the quantity of radioactive element undergoing 3.7×10^{10} disintegration of per second.

1 pci/1 of radon concentration is equivalent to 6.35×10^{-13} ppm. The derived air concentration for radon in Jaduguda Mines is 30 pci/1 EER (equilibrium equivalent radon), taking into account of external radiation exposure also.

3. *Radon daughter (Pb & Bi) concentration* : Unit for radon daughter concentration in air is working level (WL). All radon daughter products retained in lungs, decay almost completely to ^{210}Pb before any possible translocation from lungs. The unit of WL has been derived taking this fact into consideration. It is defined as any combination of radon daughter concentration

which will release a potential alpha energy of 1.3×10^5 MeV on ultimate decay to ^{210}Pb.

Unit of cumulative exposure to radon daughters concentration is working level month (WLM). It corresponds to exposure of 1 WL for one month. By definition 1 WLM is equivalent to 170 WL hour. A radon daughter exposure of 1 WLM is equivalent to a whole body exposure of 1 Rem (or 10 m SV).

3. URANIUM MINES

A. AIRBORNE RADIO ACTIVITY

a. *Radon and its daughters:* The hazards due to airborne radiation in uranium mines results from the inhalation of radon and its daughters (Table 1) and from long-lived alpha emitters present in the mine atmosphere in the form of dusts. The primary airborne radionuclides are ^{222}Rn and its short-lived daughters ^{218}Pb (RaA) ^{214}Pb (RaB), ^{214}Bi (RaC) and ^{214}Pb RaC^1) (maximum half life 26.8, min. for ^{214}Pb.) As ^{222}Rn is an inert gas, it passes freely into and out of the lung with minimal uptake by the respiratory system, while radon daughters deposit preferentially in the respiratory tract, the exact location depending on their particle size. Radiation dose to the respiratory system due to the alpha decay of inhaled radon daughters is 20 times greater than that due to the decay of radon itself in the lungs. Significant increase in lung cancer noted among uranium mine is believed to be the result of excessive radiation exposure of the lung to radon daughter products. Radon and radon daughter concentrations of air vary from one mine to another and at different locations within the same mine.

Radon, the daughter product of ^{226}Ra, decays by alpha emission with a half life of 3.82 days. It is liberated into the mine atmosphere mainly by diffusion through the ore body. Unlike ore dust, which is produced only during mining operations, radon emanation is continuous. A less frequent source of radon is water coursing through the ore body, dissolving radon gas to a considerable extent and releasing it to the mine atmosphere in the process of dripping from roofs

Table 1.
Physical Properties of Radon and it Daughters

Radionuclides	*Designation*	*Half life*	*Emission Alpha Energy (Mev)*
^{222}Rn	Radon	3.02 days	5.48
^{218}Pb	RaA	3.05 min	6.00
^{214}Pb	RaB	26.8 min	—
^{214}Bi	RaC	19.7 min	—
^{214}Pb	RaC	$1.6{\times}10^{-4}$ Sec	7.68
^{210}Pb	RaD	22A	—
Physical Properties of Thoron and its Daughters			
^{220}Rb	Thoron	55.3 Sec	6.29
^{216}Pb	ThA	0.15 Sec	6.78
^{212}Pb	ThB	10.64 hour	—
^{212}Bi	ThC	60.60 min.	6.09 (10%) 6.05 (15%)
Physical Properties of Long lived Radionuclides			
^{238}U	Uranium	4.51×10^{9} A	4.20
^{235}U	Uranium	7.1×10^{8} A	4.50
^{230}Th	Thorium	8.6 × 10 A	4.68
^{22}Ra	Radium	16.02 A	4.78
^{228}Ra	Mesothorium	6.7 A	—
^{210}Rb	RaD	19.4 A	—
^{210}FO		138.4 Days	5.30

or walls; clean drives and barren regions often show unusually high concentrations of radon due to this phenomenon. Radon daughter products have relatively short half lives, a characteristic which results in a rapid increase of their concentration when radon is released to the air and, conversely, in a very rapid decay when the daughters are separated from the air as in air sampling. Ventilating air must be used promptly before high concentrations of radionuclides can build up, and air samples of radon daughters must be analysed soon after collection before the radioactivity becomes undetectable.

One of the critical radiological variables in mine atmospheres is the ratio of the respective concentrations of radon and its short lived daughters. This ratio, usually expressed as Rn: RaA: RaB: RaC, changes rapidly with the age of the ventilating air as it courses through the mine and varies tremendously with location and time. Radon daughters are heavy metals and some aspects of their interaction with atmospheric dust particles, ions and condensation nuclei are not yet fully understood. These atoms originally exist singly in the air but in a short time they attach themselves to atmospheric aerosols and mine walls. The radon daughters which become attached to atmospheric aerosols follow the behaviour of these particles or nuclei. As most of the particles in the mine atmosphere are submicron in size, essentially all of the radon daughters are respirable. The single atoms, known as uncombined radon daughters are considered to deposit preferentially in the upper passage of the respiratory tract where most miners lung cancer develops. This point was recognised by the International Commission on Radiological Protection (ICRP) which introduced a factor for the uncombined fraction in the formula for the maximum permissible concentration of radon in air. Uncombined fractions of radon daughters were observed by George and Hinchlifl in France and USA and it ranged from 0.002 to 0.12, more than half of the values being less than 0.03 Higher fractions were found in fresh ventilating air. An inverse relationship was noted between uncombined fraction and particle concentration which, in the mines studied, ranged between 3 × 10 near ventilating inlets, and more than 10^7 cm^{-3} in main haulage ways and working stopes.

b. *Long-lived radionuclides:* Uranium ores contain all elements of the U and U families. From the viewpoint of internal contamination the long-lived alpha emitting nuclides ^{238}U, ^{234}U ^{230}Th, ^{226}Ra and ^{210}Pb are significant. Mining operations consisting of drilling, beating slushing, etc., produce airborne dusts containing these long-lived nuclides which in most ores, are close to radio active equilibrium. The cross alpha concentration from the long-lived radionuclides are in the range of rem 2 to 10 dis/min m^3.

B. EXTERNAL RADIATION

Uranium miners are exposed to external beta and gamma radiation emitted from the ore-bodies. The removal of radon daughters from the airspace by deposition on mine walls is termed "place out". Radon daughters place out on mine surfaces and miners' clothings, thereby creating additional but usually minor sources of external radiation. The gamma radiation rate will not vary over wide ranges except in mines having occlusions of fairly rich ore. The external radiation levels in most mine areas are less than 1 mR/h, but in the proximity of exceptionally rich ore bodies the radiation levels may be as high as 20 m R/h and occasionally 150 mR/h or even higher. Generally, external radiation does not pose significant problem in uranium mines. Radiation levels are also expressed in UGy/h (micro-gray/hour) (1mR = 10 UGR).

C. SURFACE CONTAMINATION

Because of the nature of operations in uranium mines, dust deposits on surfaces, depending on the operational methods adopted and the wetness of the mine, but normally it is not hazardous except possibly as a source of air contamination. However, surface contamination can assume significance where high grade ore is extracted. Equipment from the mine should be checked for contamination before it is released outside for maintenance.

D. RADIO ACTIVE WASTE

1. *Liquid waste* : Mine water which contains uranium, radium and dissolved radon, poses only an indirect hazard in the mine by contributing to airborne radon concentration. Once outside the mine, it can be a source of environmental contamination. The water should be properly channelled and, if necessary,

collected for treatment prior to disposal. This water can be conveniently disposed alongwith the tailings from the mill.

ii *Solid waste:* Ore is the feed for the mill, whereas any substandard batches (of a grade which is not economical for uranimum recovery) are normally used as backfill material in the mine. Hence solid wastes are not a problem in uranium mining.

iii *Gaseous waste*: The air in uranium mines contains uranium, radon, traces of other uranium daughter products, dust and fumes from blasting and diesel engines. In underground mines, mechanical ventilation dilutes those contaminants sufficiently to avoid occupational. Thus spent air usually can be discharged safely above ground where it is further diluted and rapidly dispersed. Open pit operations rely exclusively on natural ventilation for dilution and removal of gaseous water. However, under inversion conditions, the level of airborne contamination may reach a significant level.

E. INTERNAL CONTAMINATION HAZARDS

Radio active constituents of ore dust can find entry in the body of individual worker and are likely to be retained there. Radiation hazards due to internally deposited radionuclides in the body are termed as internal hazards. Possible modes of intake of radionuclides are:

1. Inhalation through breathing.
2. Ingestion through smoking, taking food and water in the working areas.
3. Ingestion through ore dust coming into contact with open wounds or improperly dressed wounds.

4. URANIUM MILLS

A. AIRBORNE RADIO ACTIVITY

In uranium mills, radon and its daughters usually present only a minor inhalation hazard compared to ore and uranium dusts, although significant radon concentrations may occur near ore storage bins and crushing and grinding circuits.

Typical dusty operations are ore crushing and grinding and final products preparation. During the initial stages, viz., crushing and screening, the long-lived airborne radionuclides U, ^{230}Th ^{226}Ra ^{210}Pb, tend to be in equilibrium, but during subsequent operations, this equilibrium is necessarily disturbed. After leaching of the crushed ore, most of the radionuclides except uranium remain with the waste cake, which, after filtration, is sent for tailing treatment. Thus airborne uranium is predominant the filtration, precipitation and recovery section since the solutions and solids handled here are rich in uranium. In tailing treatment areas, the airborne radionuclides are predominantly ionium (^{230}Th), radium, and polonium.

B. EXTERNAL RADIATION

The exposure of workers in uranium mills to external beta and gamma radiations is generally comparable to the exposure of workers in uranium mines but it may be significantly higher in certain locations. Most mill workers are reported to receive less than 20% of the annual dose limit of 5 rem/a. The radiation levels in plants range from 0.02-0.9m R/h (contact with coming ore) to about 1.2 m R/h (contact with final concentrate).

These levels vary from mill to mill depending on the grade of ore, type and grade of concentrate, and type of process, but generally external radiation hazards assume significance mainly in the final stages of precipitation, filtration, concentrate packing and storage. Under unusual conditions, intermediate or final products may accumulate in pipe and/or tanks and give rise to local radiation fields. In addition to this, the feed ores of sufficiently high grade can create significant radiation intensities.

Freshly separated uranium is primarily an alpha emitter, but as daughter products build up, both beta and gamma activities also build up. In about 24 days, 50% of the equilibrium, beta-gamma activity is reached. Thus, in the product storage area, the radiation levels will increase with the time of storage of the products.

In some cases, concentrate of pitchblende has been reported to give rise to radiation fields up to 40 m R/h. Readings between 20 and 30 m R/h are not uncommon in such cases.

C. SURFACE CONTAMINATION

Surface contamination, if not controlled by proper containment and regular housekeeping, can contribute to airborne activity through resuspension. This is a significant problem mainly where concentrate is handled such as in the precipitation, filtration, weighing and packing areas. Tailings treatment areas are also susceptible to significant surface contamination.

D. RADIO ACTIVE WASTE

Tailings from uranium mills contain most of the radio activity originally present in the ore. It has been reported that significantly greater quantities of ^{226}Ra are dissolved in the alkaline leaching process than in acid leaching. But subsequent steps in acid leaching mills result in higher concentration of dissolved ^{226}Ra in waste streams. These liquid wastes contain concentrations of soluble ^{226}Ra and ^{210}Pb at levels which can present a potential hazard of excessive internal contamination. Dissolved uranium and thorium are not usually present in any significant concentrations. The solid waste which is accumulated in tailing piles, emits more radon to the atmosphere than to the surrounding soil because of its radium content, and winds may resuspend radioactive dust from the surface dry piles.

5. THORIUM MINES

A. AIRBORNE RADIO ACTIVITY

Thorium is found mostly as monazite in placer deposits. As the majority of thorium mining is by open pit method, the radiological problems, particularly inhalation hazards, are relatively small compared to underground uranium mining,

Inhalation hazards arise mainly from dusts produced during the physical separation of mineral constituents of placers. The methods used in dry operation are magnetic and electrostatic separation and separation by wind tables, which are very dusty. The dose delivered to the lung from breathing an atmosphere containing thoron and its daughters will arise principally from.

i. the decay of thoron and ThA in the airways of the lung and

ii. the deposition and subsequent decay of inhaled daughter products.

B. EXTERNAL RADIATION

External radiation hazards arise from both and gamma radiation emitted by Ms Th 11, ^{228}Ac (1.0 MeV gamma radiation and 1.2, 1.7, 1.9 & 2.2 MeV beta radiation), ThC), ^{212} Bi (2.25 MeV beta radiation and ThC), ^{208}TI (1.8 MeV beta and 2.6 MeV gamma radiation). External radiation levels may be less than 1 m R/h except in the handling of monazite bags where the dose rate may exceed 2 m R/h. However, the radiation levels increase with increasing ore grade.

C. SURFACE CONTAMINATION

As in uranium mines, ore dust deposits on surfaces in amount depending on the operational methods used and on the wetness of the mine; normally, it is not hazardous except possibly as a source of air contamination. However, clothing contamination may be a more significant source of exposure than in uranium mines because of the more pronounced beta and gamma emitters in thorium ore. Possibly, this has not yet received critical evaluation. Equipment from the mine should be checked for surface contamination before it is released outside for maintenance.

D. RADIO ACTIVE WASTE

Presumably, the production and hazards of waste are analogous to those at uranium mines.

6. THORIUM MILLS

A. AIRBORNE RADIO ACTIVITY

Thoron and ore dust may lead to exposure in ore storage areas. Thorium dust concentrations above permissible values may occur during certain physical separation processes. Ore crushing processes and drying of the concentrate cake also give rise to dust and should be assessed for thoron and its daughters and for thorium.

Thorium ores usually contain very small amounts of uranium and although the typical ratio of thorium to uranium is 20 : 1, ^{222}Rn and radon daughters may occur in significant air concentrations along with ^{220}Rn and thorium in the initial chemical treatment areas of the plant.

B. EXTERNAL RADIATION

External radiation associated with the physical treatment of monazite depends on the grade and quantity of the ore. In a recent survey of such a factory, radiation levels have been recorded from 0.3m R/h. In the monazite stores and filling areas, however, the radiation levels were observed to be high (10-20mR/h). But even so, personnel exposures in the plant were within the annual dose limit of 5 rem and about 80% of the persons received exposures of less than 3/10 of that value.

The chemical treatment of thorium minerals involves two fractions: the thorium fraction (consisting of ^{232}Th and ^{228}Th from the thorium series) and ^{234}Th, ^{230}Th, ^{231}Th and ^{227}Th from the uranium series and the non-thorium fraction (consisting of ^{228}Ra, ^{224}Ra and other daughters from the thorium series and ^{226}Ra with daughters from the uranium series). Owing to the short half life of ^{228}Th and ^{228}Ra, the daughter activities will build up in both fractions in a relatively short period. Therefore, the external radiation in processing and handling thorium compounds varies with the degree of chemical separation, the concentration of constituents of thorium and non-thorium fractions, and the time interval between each step in the processing.

Radiation levels in a monazite processing plant were reported to vary between 0.1 R/h and 8m R/h, but radiation levels from 18 to 35m R/h were found at the stores (monazite and products). All the personnel exposures in this plant were less than 3R/a, and about 70% were less than 1 R/a.

C. SURFACE CONTAMINATION

In the physical processing of monazite sand, the dust generated during the operations settles down on surfaces. In the chemical processing of monazite, however, both surface and personnel contamination assume significance. The potential for surface contamination is greater in area where concentrates and waste cakes are handled. In addition to contribution to airborne activity, surface contamination also becomes a source of external radiation due to daughter product activities.

D. RADIOACTIVE WASTE

Thorium ore, monazite, is essentially an orthophosphate of rare earths, thorium and uranium. As such there is no significant problem of liquid waste in mining or in mineral processing plants using physical methods.

However, the liquid effluents from the chemical processing of monazite contain the decay products from the uranium and thorium series. The gross alpha and gross beta activities in these effluents are at concentrations of about 10^{-5} uCi/ml. About 20% of this is a $BaSO_4$ carried fractions. Because of suspended and total solid load in the effluents, they are allowed to pass through settling tanks, the clear overflow from which, after suitable dilution, can be released to nearby recipient water bodies at concentrations less than the MPC for unidentified nuclides.

Milling of thorium gives rise to solid waste mainly in the form of concentration cakes. Other items like filter clothes, etc., contribute insignificant volumes to the total solid waste. These contain daughter product activities in addition to small amounts of uranium and thorium. Gross alpha and gross beta activities in these wastes are of the order of 10^{-2} uCi/g to about 1m Ci/g, thus warranting careful procedures for safe disposal.

7. SAFETY STANDARDS

The limits of radiation exposures are given in the IAEA. Basic Safety Standards for Radiation Protection. These limits have been developed on the basis of the recommendations of the International Commission on Radiological Protection. The recommended dose limit for occupation exposure, derived from extensive scientific and technical investigations and from years of experience with practical problems of radiation protection, represent an international consensus of opinion regarding measures necessary for safety in the situations to which these standards apply.

A. DOSE LIMIT FOR OCCUPATIONAL EXPOSURE

It is emphasised that the recommended values are maximum values; the ICRP recommends that all doses be kept as low as reasonably achievable and that any unnecessary exposure be avoided.

It must be realized that some tissues and organs of the body are more sensitive to radiation than others. For this reason, no general single value is laid down; the dose limit for occupation exposure depends on whether the whole body or only a part of it is irradiated and, in the latter case, which organs are included in the field of radiations.

Doses resulting from natural background and from medical exposures are excluded from the values recommended by the ICRP.

1. Occupational exposure

whole body gonads, red bone marrow	5 rem in a year
Thyroid, bone and skin of the whole body	30 rem in a year
Hands, forearms, feet and ankles	75 rem in a year
Other single organs	15 rem in a year

i. *Rate of dose accumulation:*

a. According to the ICRP recommendations in a period of a quarter of year, up to one half of the annual dose limit for occupational exposure may be received. These values, rounded off upwards to the next whole number, are:

Whole body, gonads, red bone marrow	3 rem in a quarter
Skin of the whole body, bone and thyroid	15 rem in a quarter
Hands, forearms, feet and ankles	40 rem in a quarter
Any other single organ	8 rem in a quarter

b. If necessary, the quarterly quota may be received as a single dose, but this is undesirable. In certain circumstances, it will be justifiable to permit the quarterly quota to be repeated in each quarter of the year, provided that the total dose accumulated at any age over 18 years does not exceed 5 (N-18) rem, where N is the age in years.

c. Previous exposure unknown: It shall be assumed that the worker has received the currently recommended dose limit for occupational exposure in each year of any given period.

d. Persons starting work at an age of less than 18 years : The dose shall not exceed 5 rem in any one year under the age of 18, and the dose accumulated up to the age of 30 shall not exceed 60 rem. No worker under the age of 16 shall be engaged in work involving ionizing radiation or in underground mining operations.

e. Exposure of women of reproductive capacity: Women of reproductive capacity should only be occupationally employed under conditions where the exposure of the abdomen is limited to 1.3 rem in a quarter, corresponding to 5 rem in a year, delivered at an even rate.

f. Exposure of pregnant women: The ICRP recommends that when a pregnancy has been diagnosed, the dose accumulated during the remaining period of the pregnancy should not exceed 1 rem.

ii. *Planned special exposure:* Sometimes it may be necessary to permit a worker or a few workers to receive doses in excess of the recommended quarterly limits. However, no single contribution should exceed twice the annual dose limit, and in a lifetime the total dose received from such exposures should not exceed five times the annual permissible dose. At the same time, planned special exposures should not be permitted in the following cases:

a. If the addition of the intended dose to the worker's accumulated dose exceeds the amount determined by the formula D = 5 (N-18) rem, where N is the age in years;

b. If the worker has received, in the previous 12 months, a single exposure or intake of radioactive material with a dose commitment in excess of the quarterly quota;

c. If the worker has previously received abnormal exposures in excess of five times the annual dose limit.

Doses received from these exposures should be recorded together with those received from normal exposures.

iii. *Radiation protection of workers:*

a. The ICRP recommends that workers who might receive single doses in excess of 3/10 of the annual dose limit for occupational exposure should be subjected to special health supervision.

b. For workers working under conditions where the possibility of their being exposed to doses exceeding 3/10 of the annual dose limit for occupational exposure is only remote, individual monitoring and special health supervision are not required.

Summary: The dose limits for occupation exposure are as below:

Organ or tissue	*Yearly maximum* (rem)	*Quarterly maximum* (rem)	*Weekly average* (m rem)	*Hourly average for 40-h week* (m rem)
1	2	3	4	5
Whole body, gonads red bone marrow	5	3	100	2.5
Skin of the whole body, bone and thyroid	30	15	600	15
Hands, forearms, feet and ankles	75	38	1500	38
Other single organs	15	8	300	8

B. SURFACE CONTAMINATION

Areas in which uranium (or thorium) chemical concentrates are handled in the dry state should be kept separate from other parts of the mill and should be subject to restriction of entry.

There are no internationally accepted values for the limits of skin and surface contamination by alpha emitters. The limits used in different countries are found to vary by an order of magnitude. It may be noted that such permissible limits also depend on the radiotoxicity. However, for the purposes of this manual, the permissible levels for skin and surface contamination by uranium or thorium are as follows: skin = 10^{-5}uCi/cm^2, surface = 10^{-3} uCi/cm^2.

The limit of surface contamination of walls, floors, benches, clothing etc., is 10^{-3}uCi/cm^2, which is equivalent to 3.5 mg/cm^2 (U-nat) or 9.1 mg/cm^2 (Th-nat). Such an amount of surface contamination is readily visible as dirt and does not require a radiation survey meter for detection.

C. AIRBORNE HAZARDS

Exposure limits are given for uranium and thorium dust, for radon and radon daughters and for thoron and thoron daughters.

1. *Uranium and thorium dust*: The maximum permissible concentrations in the air of working areas recommended by ICRP for insoluble and soluble natural uranium, respectively, are 6×10^{-11} uCi/cm^3 and 7×10^{-11} uCi/cm^3

The MPC of soluble dust is set by IRCP on the basis of the chemical toxicity of uranium, the more limiting criteria than radiation dose, and is equivalent to the MPC of 0.2 mg U-nat/m^3. When a soluble uranium compound is inhaled, it transfers quickly from the lung to the bloodstream and a large fraction is rapidly excreted in the urine—more than half within 24 hours.

Thorium MPC air 3×10^{-11} uCi/cm^3. The curie value of natural uranium is considered to correspond to 3.7×10^{10} dis/s from ^{238}U, 3.7×10^{10} dis/s from ^{234}U, and 1.7×10^{8} dis/s from ^{235}U. The curie value of natural thorium is considered to correspond to 3.7×10^{10} dis/s from ^{232} Th and 3.7×10^{10}dis/s from ^{238}Th. However, severe effects have occurred in some cases with less than the ICRP maximum permissible body burden as reported in a study of thorium body burden following thorotrast myelography.

2. *Radon and Radon Daughters:* The dose to the trachea and large bronchi where miners' cancer tends to develop is attributed by some investigators to the fraction of radon daughters unattached to dust or condensation nuclei. The MPC air for a 40 hour week is recommended by ICRP as $3 \times 10^{-6}/(1 + 1000\ f)$ uCi/cm^3, where f is the fraction of the equilibrium amount of RaA ions which are unattached to nuclei. A value of f=0.1 was adopted by ICRP for an average atmosphere giving MPC air = 3. 10^{-8} uCi/cm^3 (30 PCi/1). However, the uncombined fractions of radon daughters measured is six US mines gave f values between 0.002 and 0.12 with more than half less than 0.03 the latter would lead to a higher MPC air.

Consequently, a new concept was introduced of assessing the radon daughter concentrations in some mines in relation to a so called working level (WL) of 1.3×10^5 MeV/1, this being the sum of the energies released by the decay of RaA, RaB, RaC and RaC′ which are in equilibrium with 100 pCi radon (table). One WL therefore represents any combination of the short-lived radon daughters in one litre of air that will result in the ultimate emission of 1.3×10^5 MeV of alpha energy, taking no account of the radon.

Table
Composition of working level at radon daughter equilibrium

Nuclide	*Ultimate energy per atom (MeV)*	*Total energy (MeV/100pCi)*	*Fraction of total energy (MeV)*
1	2	3	4
Radon	Exclude	None	None
RaA	13.68	0.134×10^5	0.10
RaB	7.68	0.659×10^5	0.52
RaC	7.68	0.485×10^5	0.38
RaC′	7.68	0.000×10^5	0.00
		1.278×10^5	1.00
		$=1.3 \times C\ 10^5$	

Consequently, there are two MPC values currently being applied in the control of occupational exposures to radon daughters, the ICRP value of 3×10^{-8} uCi/cm^3 (30 pCi/1) and 4 WLM per year which, expressed as an average concentration, is 0.3 WL. For an atmosphere containing an equilibrium mixture of radon and its daughters, the two MPCs are identical because 1 WL is equivalent to 100 pCi/1 each of RaA, RaB and RaC, as indicated previously. But equilibrium concentrations rarely occur in practical circumstances, and 0.3 WL is more likely to be associated with radon concentrations of the order of 100 pCi/1 than 30 pCi/1. Therefore, the MPC recommended by ICRP tends to be more restrictive by an approximate factor of three.

3. *Thoron and thoron daughters:* Thoron and its daughters have received much less attention than the radon species because there are few underground mines where airborne activity can accumulate to hazardous concentrations. There are not much epidemiological studies to provide evidence for an exposure/risk relationship and, in consequence, standards of exposure are based on analogies with radon and on dose calculations.

The ICRP presents an equation for calculating MPC air for thoron which is similar in concept and form to the equation for radon MPC air. The equation for a 40 hour week occupational exposure to thoron is $6 \times 10^{-6}/(1 + 40000\ f)$, in which the uncombined atoms of ThB constitute a fraction, f, of the equilibrium number of such atoms. ICRP adopted a value of 1/2000 for f as typical for ordinary unfiltered air. Substituting that value for f in the equation results in MPC air for thoron = 3×10^{-7} uCi/cm^3. The equation implies that the dominant dose of consequence is due to ThB.

ICRP also presents an MPC air value for ThB which is 2×10^{-8} uCi/cm^3. Presumably, the same considerations that led to MPC air for thoron were applied in calculating MPC air for ThB, although this is not explicit mentioned in the ICRP report.

Since the hazard from thoron is predominantly attributable to ThB, which occurs with thoron in all practical situations, it is permissible to apply the MPC air value for ThB as the standard of control for both radionuclides. This eliminates the need for thoron monitoring.

Because of the very short half lives of thoron (55.3s) and ThA (0.15s) compared to ThB (10.6 h), dilution ventilation is relatively ineffective for these radionuclides but it can reduce the concentration of ThB by a large factor. Thus, in some atmospheres, the concentration of thoron may exceed that of ThB by orders of magnitude. This situation is restricted to places where clean ventilating air is continuously available at the source and therefore it could be manifested in mills but not in mines.

8. MONITORING METHODS

There are several methods for monitoring radon, thoron and its daughter products which are given below:

1. Radon measurements with scintillation chamber;
2. Radon and thoron measurements with two filter method (Lucas or Van Dilla chamber);
3. Kusnetz and modified Kusnetz methods for measuring radon daughter working level.
4. Tsivoglou and modified Tsivoglou methods for measuring the working level and the concentrations of RaA, RaB and RaC.
5. Rolls method for measuring radon daughters.
6. Alpha spectroscopy for measuring radon daughters.
7. Automatic instruments for measuring radon daughters.
8. Electrostatic precipitation and diffusion for measuring uncombined fraction of radon daughters.
9. High efficiency membrane or glass fibre filter for measuring thoron daughters.
10. Alpha spectroscopy for measuring mixed radon and thoron daughters.

11. High efficiency membrane of fibre glass filters for measuring long-lived alpha emitters.
12. Count rate meters (based on GM counters) for measuring external radiation.
13. Portable rate meter or contamination monitor.
14. Photographic dosimeter, thermoluminescent dosimeter, pentype dosimeter (based on ionization chambers) for measuring external radiation for personnel monitoring.
15. Radiation survey meter for measurement of general radiation level at any location in mR/hr unit.

9. CONTROL MEASURES

A. *Control measures in mines:* The methods for maintaining a safe working environment are basically the same in uranium and thorium mines as in conventional mines but the unique properties of radon and radon daughters impose special requirements, particularly in regard to ventilation. If the radon levels approach the derived air concentration (DAC) limit, improvement in ventilation or other techniques are adopted for reducing the radon concentration. Concentration of radon and its daughter products in mine air is determined periodically in the working locations using the different techniques. Basic methods of control in order of importance are given below:

1. Mechanical dilution by ventilation.
2. Confinement or suppression of radiation source.
3. Personal protection and job rotation.
4. Air cleaning.

B. *Control measures in mills:* In mills, the control measures to protect the health of workers differ in degree and kind from those applied in underground operations. Primary control is achieved by confinement, although local exhaust ventilation is used extensively to prevent the escape of dust, gases and fumes from the operations. The processes are largely automated, thus minimising direct contact with materials on the part of mill workers. The working practices are designed to reduce the likelihood of contaminant release, and house keeping is performed regularly to remove contaminants that have accumulated on surfaces. Following measures are taken :

a. confinement;

b. mechanical ventilation.

c. working practices and house keeping;

d. personal hygiene and protective clothing and

e. protection from external radiation.

C. *Respiratory protection:* Personal respiratory equipment is merely an adjunct to engineering control measures. Primary emphasis always should be on maintaining the radionuclides concentrations in the environmental air within permissible limits. However, respirators or breathing apparatus are necessary in some circumstances, usually exceptional, such as during failure of the ventilation system or during a maintenance task for which adequate ventilation is not available. The use of respirators is not compatible with work involving sustained physical efforts or complete freedom of movement. The air purifying filter respirator is the most common type of personal respiratory protective device used in mines and mills. The new techniques of estimation of redium-226 body burden by measurement of radon concentration in breath is adopted (Srivastava, 1983). It replaces the whole body counting system used earlier for this purpose. During breath sampling, mine workers inhale radon free oxygen gas from a cylinder and the exhaled air is flushed through the Low Level Radon Detection System. After 10 minutes of sampling, the chamber is sealed and radon concentration in the chamber is estimated. From radon concentration and breathing rate, radium-226 body burden is calculated. As low as 4 nCi of radium-226 body burden can be detected with this system (Srivastava, 1984).

D. *Noise:* The sound level meter is generally the basic instrument used for noise measurements. It consists of a non-directional microphone, an electronic circuit including a step attenuator, an amplified, three frequency response networks (A,B and C) (weighing networks) and an indicating meter. The three networks A, B and C are intended for discriminating against certain frequency. 'A' weighing provides an indication closely correlated with subjective estimates of loadness.

Permissible noise exposure for different period of time is given below:

Duration per day (hrs.)	*Sound level dBA*
16	80
8	85
4	90
2	95
1	100
1/2	105
1/4	110
1/18	115

The noise levels during different operations are measured periodically with noise level meter. The more noisy operations are the drilling and loco operations. Workers are provided with ear plugs and ear muffs protection against noise, where the noise levels cannot be otherwise reduced.

REFERENCES

1. IAEA Safety Series (1976) Manual on radiological safety in uranium and thorium mines and mills. No. 43, IAEA, Vienna.
2. IAEA Proceedings (1982) Management of wastes from uranium mining and milling. Proc. Symp. Albuquerque, NM, IAEA, Vienna.
3. IAEA Safety Series (1983) Radiation protection of workers in the mining and milling of radioactive ores. No. 26, IAEA, Vienna.
4. IAEA Safety Series (1987) Application of the dose limitation system to the mining and milling of radioactive ores. No. 82, IAEA, Vienna.
5. IAEA Safety Standards (1987) Safe Management of Wastes from the mining and milling of uranium and thorium ores: code of practice and guide to the code. Safety series No. 85, IAEA, Vienna.
6. Kuznets, H.L. (1956) Radon daughters in mine atmospheres—a field method for determining concentrations, American Industrial Hygiene Association Quarterly 17:1.

7. Raghavayya, M. (1981) An inexpensive radon scintillation cell, Health Physics Journal, Vol. 40, No. 6.
8. Srivastava, G.K. (1983) A portable system for estimation of radium body burden by radon in breath measurements, 6th Annual Conference of Association of Medical Physics, Govt. of India, Oct. 22-24. Srinagar.
9. Srivastava, G.K.; Raghavayya, M.; Khan, A.H. and Kotrappa, P. (1984): A low level radon detection system, Health Physics Journal, Vol. 46, No.1.
10. Sunderjan, N. S. (1986) Radioactive waste management in India—An overview, Nuclear India, Vol. 24. No. 9-10.

11

RECLAMATION OF LAND DAMAGED BY MINING IN HUNGARY–AN EXPERIENCE

A.N. BOSE
Indian Bureau of Mines, Nagpur.

1. INTRODUCTION

In the Hungarian People's Republic, like in the rest of the Socialist Community, considerable attention is paid to agriculture. The decrease in agricultural territories creates serious problems in Hungary as there are practically no reserve arable lands whereas population is one of the densest even with European standards. In the last 15 years or so, cultivable lands have been reduced by importance of the protection of croplands and melioration of areas unit for cultivation or having a low fertility.

In Hungary, as in other countries too, it is mining from all branches of industry which has a harmful effect on the environment. Openpit mining technology has particularly disastrous effect on the environment. It was bauxite, first of all, which was produced by this method besides quarries and sand pits which affected lesser areas. The opencut lignite mine at Ecsed (70 kilometers north east of Budapest) where excavation commenced way back in 1957 was the first one to occupy sizeable areas. It was followed by 'Thorez' opencut mines at Visonta in 1966. These two giants have taken up thousands of hectares of agricultural areas since then. Preparations are afoot for opening new and even bigger lignite mines in Hungary which too, will use the openpit method. Besides, the opening of many small collieries fit for surface mining is being considered in various parts of Hungary. In addition to coal mining. it is the bauxite mining which is of prime importance in Hungary. In the recent past, bauxite deposits had been exploited partly by undergrounds method and partly by surface mining (no surface mining at present according to Hungarian officials).

2. RECLAMATION OF DAMAGED LANDS IN A HUNGARIAN MINE

2.1 The mine

Considerable work was done at the 'Thorez' lignite mine (90 kilometres northeast of Budapest) of Matraalja Coal Mines, Gyongyos, to which a visit was paid and detailed discussions were held with the officials of the Recultivation Department of the mine.

2.2 Climatic conditions of the region

The annual mean temperature of the region is 10.5°C, slightly lower than the national average. The coldest month is January with a mean temperature of 0.5°C and warmest one is July when the mean temperature is 20.5°C. The maximum depth of frozen soil is 60 cms. The average annual precipitation is 582 mm, slightly above the national average, which can be attributed to the proximity of the Matra mountains. The distribution of precipitation could be termed as favourable as 70% of it falls during the vegetation period. It may mostly come in the form of rain though the first snowfalls arrive comparatively early in the last week of November. From the point of view of agricultural production especially for vineyards and orchards, the number of sunny hours is very important. The many-year average of sunny hours is 2085 in the region.

2.3 Brief Geology and Method of Mining

Most of the overburden at Matraalja openpit lignite mine originates in the Pliocene (Tertiary period) though Miocene andesitic tuff layers were found several meters thick more or less cemented together. Although less often, sandstone too, has been found in the form of smaller or bigger lenses. The composition of the superincumbent rocks may be different, both vertically and horizontally, even within short distances. The humus layer is 30-50 cms thick though at places, it has been completely eroded or reduced to a few centimeters only. The thickness of lignite layers varies from 2 to 6 metres, very gently dipping towards southeast. The mine is worked by bucket wheel excavators with capacities ranging from 1400 to 1800 cubic metres per hour. Both overburden and lignite are removed by a system of belt conveyors. Number of banks vary from 3 to 6 and each bank is 5-15 km^2 . There were two pits in operations at the time of the visit, out of which one had reached a depth of 80 metres.

2.4 Recultivation in Reference Territory

A systematic recultivation programme first started in 1966. Since 1969, recultivation was developed as a direct activity of the Company with the cooperation of several agricultural and industrial research institutes and universities. In 1969, a new complex technical and biological recultivation program was developed by the Company. Recultivation tests were carried out followed by regular and continuous recultivation of the dumps.

Subsequently, an agreement was made by the Ministry of Heavy Industry and the Ministry of Agriculture and food concerning the maintenance or recultivated territories and tests for duration of effect. Pursuant to this agreement, a "reference territory" covering an area of 194 hectares was selected over already reclaimed dumps. This reference territory has been used for long term tests and it serves as an exhibition area for recultivation and environmental control on national level. The distribution of land use types on the reference area is as follows:

	(figures in hectares)
Plough land	64
Vineyards	6
Fruit gardens	2
Park forest test area and popular tree growing plantaion	3
Forestry test area	7
Slopes/grass and tree growing	104
Dirt roads	8
Total:	194

Based on these tests, a fast complex recultivation method and technology have been developed which is company's patent. A special method has been evolved to activate the formation of soil on the levelled raw dump surfaces. Nearly 100 different plant species were tested. The efficiency of their plantation and crop production were evaluated. Practically all types of crop species which are grown in the adjacent areas were tested. With fast recultivation method, the crop production of the virgin lands was achieved in the second year on the recultivated dumps. Manure was not used in the recultivation. The fertilizers were complemented by local fossile bioactive organic matter/lignite.

Recultivation over this reference territory was completed in 1973 and since then it has been used for agricultural production and for scientific research on fertilising, treatment, etc. Yellow sandy clay was found to be the dominant soil in this reference territory where oat, barley, winter wheat, corn, grapes, etc. were being grown. Survival rates were of the order 90 to 95%.

3. RECULTIVATION OF WASTE DUMPS AT THOREZ MINE

The chemical and physical data in respect of the main types of refuse soils at Thorez have been furnished in Tables I and II.

It may, however, be observed from these tables that in the freshly made untreated dumps:

a) pH is between 7 and 8, in most cases between 7.2 and 7.4

b) $CaCO_3$ contents are between 1.3 and 25.6%

c) Total salt contents are comparatively low - some where between 0.02 and 0.08%

d) Soil plasticity according to Arany (a number in a scale to indicate how hard a soil is) is between 34 and 68 i.e., dumps are medium hard and hard respectively.

e) there is practically no humus

f) the quality of available nutrients is different in various types of wastes in the heap ranging from

0.42 to 2.31 mg/100g for N

2.10 to 5.60 mg/100g for P_2O_5

2.80 to 19.00 mg/100g for K_2O.

Table 1.
Chemical data of the main types of refuse soils at Visonta

Denomination	*pH*		*CaCo3*	*Percentage of Humus*	*Total salts*	*N mss %*		*P_2O_5*	*K_2O*
	H_2O	*KCI*				*Total available**	*available***		
Topsoil	7.6	6.9	1.3	3.45	0.070	182.45	1.73	3.4	28.8
Subsoil	7.6	6.5	0.9	1.14	0.065	91.08	0.44	0.4	14.4
Pannonian sand	3.0	7.4	12.4	0.07	0.005	20.57	0.52	2.1	2.8
Yellow clay	8.5	7.5	15.4	0.09	0.020	44.07	0.42	4.4	11.0
Grey clay	7.8	7.4	25.6	0.79	0.040	57.29	2.31	4.8	3.6
Andesitic tuff	7.7	6.7	1.3	0.11	0.080	8.52	0.53	5.6	19.0

* Bremner method.
** Egner-Riem-Domingo method.

Table II.
Physical data of the main types of refuse sols at Visonta

Denomination	*Water holding capacity*	*Soil plasticity acc. to Arany*	*hy*	*above 0.25*	*0.25-0.05*	*Mechanical composition*				*P.C. below 0.002*	*Ratio of physical sand to physical clay*
						0.05-0.02	*0.02-0.01*	*0.01-0.005*	*0.005-0.005*		
Toposil	63.4	63	4.03	2.4	7.7	16.5	10.8	8.9	7.7	46.0	37.4:62.6
Subsoil	69.2	61	4.61	0.8	8.1	9.7	12.1	8.9	4.0	56.4	30.7:69.3
Pannonian sand	35.5	40	0.84	2.2	68.5	15.7	4.4	2.0	2.0	5.2	90.8:9.2
Yellow clay	74.5	658	4.34	1.2	2.0	6.9	15.3	21.4	17.7	35.5	25.2:74.8
Grey clay	59.3	55	2.39	—	3.6	11.3	24.6	21.4	18.5	20.6	38.5:61.5
Andestic tuff	86.1	66	6.75	3.2	11.3	6.0	8.9	10.9	15.3	44.4	29.4:70.6

As may be observed from the data set out in Table II, the physical characteristics of the refuse soil heaps examined are usually favourable. On the basis of the results of physical and chemical analysis of Visonta dumps, it may be concluded that they are favourable for recultivation.

4. COMBINED RECULTIVATION METHOD PRACTISED AT THOREZ WASTE DUMPS

In Europe and elsewhere, recultivation is prescribed by law. However, rules and regulations differ from country to country. Some of the mine wastes can be planted immediately but there are several dumps which contain toxic compounds and require chemical melioration. Based on the experience gained during the tests conducted by the Company at Visonta and elsewhere, a new schedule of experiments for recultivation was drawn up by the Company. The realisation of this plan was assisted by several Hungarian institutes for research and higher education. The fast method of combined recultivation without costly humus spreading (which is patented by Matraalja Coal Mines) is the outcome of this cooperation.

The combined recultivation method consists of two stages (i) Technical recultivation (ii) Biological recultivation. Correction of terrain and earthworks comprise of the technical recultivation stage. It is in this stage that the surface of the dumps are levelled off, slopes formed, trenches, mounds and roads constructed. Complimentary earthworks and regulation of waterways, etc. are also carried out during this stage. One of the most important tasks to be completed in course of technical recultivation is the proper levelling of the surface as the useability of refuse for agricultural purposes greatly depends on the evenness of the surface.

It is also very important to have a soil of most favourable physical and chemical characteristics from the surface of the refuse field. A loose sand will form a soil sensitive to droughts where erosion and deflation may cause serious damages. A hard or heavy material, on the other hand, will cause difficulties in cultivation. Both results of tests and practical experience have shown that, in Visonta, yellow clay is optimal for soil formation on the basis of its physical and chemical nature.

Biological recultivation is realised in two steps at Thorez. The first step is the 'foundation' which means preparation of refuse fields for planting of crops. It is then the refuse soil is enriched with mineral nutrients scarcely or not at all available in the dumps. Mineral fertilizers are used partly to further plant growth and partly to create favourbale circumstances for biological activities in the soil. While making the foundation at Thorez, 676 kilograms of fertilizers are added per hectare consisting of 307 kgs of nitrogen, 189 kgs of phosphorus (P_2O_5) and 180 kgs of potassium (K_2O). As a top dressing 85, kgs of nitrogen is applied in the spring to the winter rye. An important part of the procedure is ploughing in of lignite. The beneficial effect of lignite on the properties of the soil are well known.

During the foundation period of recultivation, a mixture of fertilizers and lignite is applied i.e., chemical fertilizers mentioned earlier are mixed with 3 to 4 metric tons of lignite powder before ploughing into the land at the end of summer or early autumn.

Another important step of foundation is dressing with green manure. In the year of foundation, the field treated with lignite and chemical fertilizers was sown with rye to yield a large amount of vegetable matter. The plants for green manure are to be ploughed back at the beginning. The large volume of vegetable manure will act as a source of food for micro-organisms, enable them to propagate and by this, biological processes in the soil set in.

In the year after foundation, the second step of biological recultivation follows. After a big amount of vegetable matter has been ploughed under, agricultural production on a large scale may begin simultaneously with further application of meliorative methods. One of them, to which great significance is attached, is the regular ploughing of organic residues as these are the most important factors of recycling of energy and stimulation of biological processes in the soil.

Recultivation at Visonta takes four years including foundations and during this period, regular fertilization is of great importance. Recultivation with grain crops means growing of such plants as a monoculture during the recultivation period. The yield of grain crops on the refuse fields has been observed to be bigger, year after year. At the end of the recultivation period, the average crop yield of the surrounding fields is matched. VIne stocks and fruit trees have been found to develop similarly to those planted on undisturbed territories and in 4 to 6 years turn into cultivable lands of full value.

5. SLOPING AND PROTECTION OF SLOPES DURING RECULTIVATION

The proper designing of slopes and binding of their surface constitute important elements of the recultivation procedure. If they are not done without delay after refused disposal in a particular part, then precipitation may cause heavy erosive damages in the refuse field unsettled as yet. General slopes of 1 : 3 have proved to be the best at Visonta and terracing the best method for constructing them.

A quick binding of the surface of the slope to protect it from erosion can be achieved after use of fertilizer. A mixture of grass seeds (6 grams pér square metre) used for the purpose consists of a number of locally grown species.

Simultaneously with foundation and grassing, the dump slopes should be planted with trees. This is to be done with the protection of environment in view, with the considerations of forestry given second place only. The first goal sought to be achieved is to protect the slope from landslide and erosion.

For the afforestation of slopes, deep rooted and fast growing trees (viz., Populous, Robinia in Hungary) have been used whose roots will interweave with the layer below the surface and prevent ablation. No sooner than a continuous vegetation cover has formed on the surface of the slope, erosive damage will decrease considerably.

6. QUANTITY AND QUALITY INDICES OF YIELDS ON THE RECULTIVATED FIELDS

The average yield of the refuse fields have been compared with the country averages over a period of 5 years. It was observed that rye yields were considerably more than the country average. Average yields of oat have also been consistantly higher on recultivated areas though here smallness of sowing areas have to be taken into consideration. Average yields of wheat which was grown on the recultivated areas since 1975 had either come close to or reached the country averages. When comparing the figures for winter and spring barely, it turned out that they have better crops on recultivated fields.

If it not only the quantity of cereals produced on recultivated land which reaches or exceeds the corresponding figures for undisturbed territories of the region, the same applies to the indices of quality. Grain analysis revealed that the quality of corn grown on refuse fields was higher than prescribed in the relevant standard and the national average and is also better than the quality of the same crops harvested in the neighbouring undisturbed areas. Similar observations hold good for vegetables and fruits including grapes as the mine falls under a historic wine producing region.

7. ECONOMIC EVALUATION OF THE AGRICULTURAL PRODUCTION ON THE RECULTIVATED REFERENCE AREA

Costs of production of certain items like wheat and winter barely produced on the recultivation reference area were compared with those grown in cooperative farms and state farms. It was observed that in a particular year, the cost of production of wheat was higher by about 52% in cooperative farms and about 70% in State farms over those produced on recultivated areas. In the other two years (one preceding and one following), it was cheaper in cooperative and State farms, the percentage varying from 5% to about 23%. During the same period, while the production cost of winter barely was higher by about 33% and 36% in cooperative and state farms, presented a mixed picture in the year following. While its production cost was slightly less in cooperative farms, it was about 15% higher in state farms. In the third year, the cost of production was less both in cooperative and state farms, but only marginally in the latter.

8. CONCEPT OF 'HOBBY GARDENS'

In 1981, a recultivated area was selected to establish small gardens. More than 300 small plots, each measuring about 800-1600 square metres, were provided on 50 years lease to the employees of the lignite mines and of the neighbouring Gargarian Thermal Power Station through local councils,. Very good crop results were registered in these small gardens mainly in corn, potato, beans, lemon, cucumber, etc. These results could have competed with those from the best of untouched lands. These encouraging experiences resulted in further demands for such gardens. It was learnt that there were as many as 600 such gardens which had already been leased out and that there were a large number of applicants on the waiting list for such gardens.

9. FUND FOR RECULTIVATION

Every mining company in Hungary has to create a separate fund for recultivation and the money under this fund cannot be utilised for any other purpose. This fund is created out of the internal resources of the Company and no funds for this purpose are made available by the Government.

10. CONCLUSIONS

The combined recultivation method being practised at Thorez./Visonta openpit lignite mines of Matraalja Coal Mining Company could be adopted in all large openpit mines in India for reclamation of huge waste dumps for agricultural and forestry purposes. It has several advantages over the traditional methods.

Maintenance of 'Reference areas.' on reclaimed spoil heaps at mines to undertake experiments on reclamation and recultivation, which also serve as demonstration centres as in the 'Thorez' lignite mine in Hungary, is worthy of adoption in Indian mines.

"Hobby gardens" developed over reclaimed waste dumps have been very popular in Hungary. A similar experiment could be tried out in large Indian mines where such gardens of similar size (say 500-1000m^2) could be leased out for periods ranging from 20 to 30 years to the interested employees of the mine on a nominal annual fee.

The creation and maintenance of a revolving fund for financing exclusively environmental protection and reclamation activities during the life of a mine and thereafter, is yet another point worthy of emulation by major Indian mining companies. Creation and operation of such a fund commensurate with the size and complexity of the environmental problems encountered or likely to be encountered could be made obligatory for financing environment management plans. Quantum of this fund could be arrived at either based on the output or on the area held under mining lease.

ACKNOWLEDGEMENT

The author is grateful to Shri D.N. Bhargava, Controller General, Indian Bureau of Mines, Nagpur, for his kind permission to present this paper.

REFERENCES

Szegi, J., 1983. Recultivation of Technogeous Areas. Matrallja Coal Mining Company, Gyongos.

Olah, J., Szegi, J., 1980. Combined Recultivation of Gyongyos Visonta Opencut Pit Tips - Gyongyos.

12

LEGISLATIVE MEASURES TO CONTROL LAND DEGRADATION DUE TO MINERAL DEVELOPMENT— SPECIAL REFERENCE TO INDIAN SCENARIO

S.K. MUKHOPADHYAY and S.P. BARVE
Department of Mining Engg.,
Indian Institute of Technology, Kharagpur.

1. INTRODUCTION

Economic development of country can largely be attributed, beside agriculture, to the exploitation of mineral wealth. (India is known to have a metal age commencing from 3000 B.C.) With growing demand of minerals, to meet the ever increasing standards of living, the size of mining operations with particular trend towards surface mining, has increased proportionately. Presently, about 75% of the world mineral output comes from surface mining operations. Large, extensive and concentrated mining operations, particularly by surface methods, produce large excavation open to sky, spreading waste material over large area, causing havoc with land and landscape, beside creating other devastation on environment due to dust, smoke, noise, vibration, water and air pollution and deforestation.

With the increasing concern for environmental protection, stringent laws have been enacted in most of the countries in the world, to control land degradation and landscape pollution due to surface mining. In India, however, the problem though not very serious at present, could assume serious threat to environment within next decade and realization to these devastating effects has created a thrust in this area of environmental protection and called for amendment in the Mines and Minerals (Regulation and Development) Act, 1957. These amendments were long overdue to impose, to some extent, the land degradation control measures as an integral part with the project plan of any surface mining venture.

2. LAND DEGRADATION IN MINING

Land degradation is one of the most serious amongst the problems caused by surface mining. Enormity of the problem can be judged from the coal mining plans only. The coal industry proposes to produce 230 million tonnes of coal by surface mining method by the end of this century. Assuming an average stripping ratio of 5:1, the volume of waste reclamation will exceed 1150 million cubic meters. Large-scale surface excavations will produce vast changes in landscape, leaving an area of more or less parallel ridges or peak mounds of material which overlay the coal seam or mineral deposit, deforestation, damage to agricultural land, rendering the land worthless for any useful purpose. It is just possible that in certain cases, in places of high ridges or in the valley levels, large pits and lakes may appear from where minerals have been extracted. Further more, surface subsidence is one of the potential source of land degradation which is caused due to large-scale underground mining operation where caving methods are followed.

3. DAMAGES TO ENVIRONMENT DUE TO LAND DEGRADATION CAUSED BY MINERAL DEVELOPMENT

Environmental damage due to land degradation/ despoilation causes :

—a constant decline of cultivable areas, disturbing the various layers of land surface which are in ecological balance with the total environment,

—soil-erosion, land-slips and changes in the existing eco-system as a result of deforestation,

—the mined out area and the spoil and waste dump become devoid of flora and fauna,

—dislocation and shifting of human habitat, change in the physical characteristics of the topography of the area, change in the existing transport facilities and the course of water-body.

These damages from surface mining are not confined to the immediate site only. For example, while mining the hilltop deposits, the waste material is cut and cast down the hill slope as much as several hundreds of metres, destroying vegetation. Hills are scarred and landscape is rendered less attractive. These may create steep slopes along the high wall which may lead to rapid erosion and landslide problems.

Surface subsidence, due to large-scale underground mining by caving methods, causes substantial damage to life and property not only by affecting buildings, structures and the surface drainage pattern but also sometimes to highways, bridges, water and gas lines. This further changes the ground slope and natural hydraulic gradient of ground water.

The overburden and waste dumps casted ouside the pit limit and the mill tailings produced as rejects due to ore-beneficiation process disposed off on the ground surface, create land degradation problem and other hazards to the local communities viz. wind blown dust, water pollution from run-off water, dump-slide, silting in surface natural water courses and problem of fire and smoke in case of carbonaceous material in the refuse dump.

4. LEGISLATIVE MEASURES

Thus, mineral development and environment act and react on each other and the answer, therefore, does not lie in either retardation or stoppage in the growth of mineral development, but only in a continuous development of pollution control techniques, which has followed —albeit not at the same pace-the developments in the mineral industry.

Though there are several techniques developed to control land degradation viz. afforestation, land reclamation, restoration and control in land-use plan, providing a better environment in mine areas, the process can further be accelerated with the help of some legislative measures. Mineral legislation is a statutory administrative tool to deal with the orderly development of land operation related to, the exploration and exploitation of minerals.

The Mines and Minerals (Regulation and Development) Act, 1957, empowers the Central Government to "make rules for regulating the grant of prospecting licences and mining leases". The Act has been recently amended and rechristened as the "Mines and Minerals (Regulation and Development)

Amendment Act, 1986", which has received the assent of the President on the 21st August, 1986. It contains some freshly added and modified sections to control environmental and ecological pollution and land degradation which were absent in the Act so far. Some of them are mentioned below:

(i) Section 4A of MM (R and D) Act, 1957 confers on the Central Government and State Government power to prematurely terminate the prospecting licence or mining lease in respect of any mineral belonging to the first schedule of MM (R and D) Amendment Act, 1986 and any other minor mineral, to check damage to environment and ecology.

(ii) After clause (q) in sub-section (2) of section 13, the following clause is inserted:

"(qq) the manner in which rehabilitation of flora and other vegetation such as trees, shrubs and the like destroyed by reason of any prospecting or mining operations shall be made in the same area or in any other area selected by the Central Government (whether by way of reimbursement of the cost of rehabilitation or otherwise) by the person holding the prospecting licence or mining lease".

(iii) In section 15, sub-section (1A) has been inserted and clause (i) of this sub-section empowers the State Government to frame rules, in respect of minor minerals, for the prevention and control of degradation of environment resulting from mining, in line with the clause (qq) of sub-section (2) of section 13 of the amended Act.

(iv) Further, clause (k) in sub-section (1A) of the section 15 empowers the State Government to make rules in respect of minor minerals, regarding the land-use plan for the construction, maintenance and use of roads, power transmission lines, tramways, railways, aerial ropeways, pipelines and the making of passage for water for mining purposes.

(v) Amendment to section 18 of this Act confers on the Central Government power to make rules regarding "the disposal or discharge of waste slime or tailings arising from any mining or metallurgical operations carried out in a mine".

The Mineral Concession Rules, 1960 further empower the Government to incorporate conditions in the mining lease relating to the compensation for damage to the land "the delivery of possession of lands and mines on the surrender, expiration or determination of lease".

It is, therefore, clear that some measures are being introduced in the area of mining relating to use of land and land reclamation, through the enactment of Mines and Minerals (Regulation and Development) Amendment Act, 1986 and the Mineral Concession Rule being amended thereunder. These amendments would go a long way ensuring that the mining companies take effective steps for environmental management of the mining areas.

5. NEED FOR A SEPARATE ACT ON SURFACE DISPOSAL OF SOLID WASTES

As has already been discussed earlier, the various types of damages are caused by the huge surface disposal of solid wastes produced as a result of bulk-mining by surface method for both coal and non-coal mines. Sending back these wastes inside the mines for stowing purpose or to fill up the open pits are not always practicable and therefore, comprehensive legislation dealing with "mine solid waste disposal" and stability of mine dumps have been enacted in many countries.

In the USA, the solid waste disposal Act, 1965 and the amended Act, 1970 provide the guidelines for the solid waste disposal sites for the storage and disposal of hazardous wastes. In Canada, legislations are guided by the "Design Guide for Mine Waste Embankments in Canada" poblished in 1972 and environmental impact studies; site restoration land use patterns are among the various issues which in some cases resulted in new regulations. In the UK, the Mines and Quarries (Tips) Act,

1969 and Regulation, 1971 and the Town and Country Planning Act, 1954 take care for ensuring security of tips associated with mines and quarries. The same are found in respect of waste disposal in the laws of Malaysia (Mining Enactment of 1929), Indonesia (Mining law No. 11) and the Philippines (Mineral Resources Development Decree, 1974). In India, though some care has been taken by the Mines and Minerals (Regulation and Development) Amendment Act, 1986, no such legislation specially dealing with the problem of waste dumps is still known to the authors except some conditions on dump geometry under the Mining Laws with reference to safety in some mines. However, the imposition of such laws in Bangladesh, Pakistan and Sri Lanka is still unknown to authors.

It is, therefore, clear that although some mentions are there regarding the use of land, clear separate and specific act is necessary in this area regarding use of land reclamation, afforestation, restoration, rehabilitation, etc. with respect to solid waste disposal from mines to minimise land degradation and aesthetic damage.

6. CONCLUSION

The Indian Mining Industry will soon be facing serious environmental threat due to large, extensive and concentrated surface mining activity. Legislative measures alongwith the technical measures will definitely help to control such situation. The recent Amendment of the Mines and Minerals (Regulation and Development) Act, 1957, has given great emphasis on the aspect of land degradation. A judicious implementation of this Amendment Act, 1986 and related rules which are being amended will positively contribute to good house-keeping and a conscious effort to minimise environmental damage due to land degradation. However, an exclusive act on "mine solid-waste disposal" is called for, both from safety and land-use point of view which will include specific regulations relating to waste dumping plans in or outside the pits, effective tailings disposal dam, afforestation, revegitation, rehabilitation and minimization of aesthetic damage up to creation of recreational areas in such spots. This act is essential for effective and pragmatic land utilization in the mining industry.

REFERENCES

Amado, S., Tolentino Jr., 1981. Mining Legislation and Administration, National Mineral Convention, New Delhi, February 16-18.

Banerjee, S.P., G.S. Marwaha, 1974. Legislative Measures for Controlling Environmental Pollution due to Mining. I.E., (India Publication on Environmental Pollution.

Coal Mining in India 1984, A CEMPDIL Publication on the occasion of 12th World Mining Congress, New Delhi (India).

Ghosh, A.K., 1974. Environmental Impact Inventory for the Indian Mining Industry - An Exploratory Exercise, I.E., (India) Publication on Environmental Pollution.

Jeffery, W.G., 1981. Mining Legislation and Administration Canada, National Mineral Convention, New Delhi, February 16-18.

Mukhopadhyay, S.K., 1986. The land reclamation, planning and process in surface mines, ISTE Summer School on 'Environmental Engg. and Science and Pollution Control in Mines', Mining Engineering Department, I.I.T. Kharagpur, June 9-21.

Mukhopadhyay, S.K., A.K., De, 1987. Landscape Pollution due to Surface Mining and some remedial measures, National Seminar on 'Environmental Pollution and Control in Mining Coal and Mine-based Industries', Mining Engineering Department, I.I.T., Kharagpur, Feb. 13-15.

Pfleider, E.P., 1972. Surface Mining, First Edition, Published by The American Institute of Mining, Metallurgical and Petroleum Engineers Inc.

The Mines and Minerals (Regulation and Development) Amendment Act, 1986, Published in the Gazettee of India, New Delhi, Aug, 22, 1986. The Mines and Minerals (Regulation and Development) Act, 1957. The Mineral Concession Rules, 1960.

13

EXPLORATORY MINING OF URANIUM ORES– TYPICAL PROBLEMS WITH SPECIAL REFERENCE TO VENTILATION, DUST AND HEALTH SURVEYS

M. TRIVEDI
Atomic Minerals Division
A.M.D. Complex, Nagpur-1.

1. INTRODUCTION

The main purpose of exploratory work is to gain knowledge of the size, shape, position, characteristic and value of the deposits. Shallow level exploratory mining increases our confidence level before starting mining on production scale.

Exploratory mining of uranium ore is being carried out by the Atomic Minerals Division under Department of Atomic Energy from a number of uranium prospects in India in widely differing geological environments. These include the (1) mines in metabasic rocks at Bodal, Rajnandgaon district, M.P., (2) mines in the sheared granitic pegmatites at Jajawal, Sarguja district, M.P. and (3) mines in the Siwalik sandstones of Khya-Andalada, district Hamirpur, Himachal Pradesh.

Apart from expenditure on providing infrastruture and amenties that are normally required for any mining activity, production or otherwise, mining of uranium ores, because of their radio activity post related special problems, need to be tackled. This paper seeks to deal briefly with such typical problems, viz. adequate ventilation in mine, effective dust control and regular health surveys to prevent health hazards.

2. MINE VENTILATION

Any underground metalliferous mine has to meet the ventilation requirements specified under Metalliferous Mines Regulations (1961) and also specified under various circulars issued by the office of the Director-General of Mines Safety (DGMS), Dhanbad from time to time.

In uranium ore mines, additional precautions have to be taken as radon gas and its radio active daughter products are continuously liberated and they have to be kept within permissible limits. For this purpose, clean air should be supplied to the working areas through duct pipes. The joints of ventilation pipes should be properly sealed to prevent the ingress of radon. Unworked and abandoned areas should be closed off as these can be large sources of radon. Before allowing persons to go underground, ventilation fans must be switched on for sometime.

Underground waters, coming out of drill holes and seepage water, may be a significant source of radon and the radon content of such water should be checked whenever new sources are encountered in the course of mining activities.

According to Hample and Hawley, radon is slightly soluble in water. The solubility co-efficient (ratio of concentration in the liquid phase to that in the gas phase) of radon in water decreases regularly from 0.507 at 0°C to 0.106 at 100°C. Water with a high radon content should be confined as close as possible to its source in covered channels, or in pipes. Alternatively, underground drains should be covered. Underground water should then be routed to a shaft or other convenient location with as few transfer points as possible. As aeration releases the radon content of the water, splashing should be kept to an absolute minimum. Areas having water pump must be well ventilated. This will enable protection to pump operators and others.

In remote areas where chances of power breakdown may be frequent, it is preferable to have standbye generator for running the ventilator. In cases of power breakdown for longer periods, people should be withdrawn from the working places and brought to surface.

It is suggested that if the measured concentrations do not exceed 50 per cent of the maximum permissible level, the concentrations should be determined at one month interval.

The Derived Air Concentration (DAC) is the latest term synonymous to the earlier maximum permissible concentrations (MPC).

DAC for radon is 30 pci/1 (EER)

i.e. 30 picocurie/litre Equilibrium

Equivalent Radon

DAC for radon daughters = 0.30 WL

Equilibrium Factor F

$$= \frac{\text{Conc. of Radon daughters (WL)}}{\text{Conc. of Radon}} \times 100$$

Equilibrium Equivalent Radon

= Measured Radon Concentration

(pci/I) x F

In uranium mines, the cost of ventilation system may range from 1.5 to 6 times the cost in other metal mines.

Normally exploratory mines having 20 to 30 HP fans and dealing with 1000 to 2000 m^3 of air per minute meet the requirements.

3. DUST CONTROL

Hazards due to inhalation of mine dust are well known. In uranium mines, dust is injurious from silica as well as radioactive point of view.

Dust in the mines should be suppressed as close as possible to its source of formation. The liberation, accumulation and propagation of dust should be kept to practicable minimum. Dust in the mines is reduced by wet drilling, wetting muck piles at working places and transfer points and washing working faces.

Several instruments are available for measurement of dust. However, measurements of dust are usually done by Midget Impinger. Here a continous sample of air is drawn by a hand pump through jet. The jet of the air impinges on the flat bottom of a glass tube containing distilled water. After violent agitations, a small quantity is withdrawn from the sample within a pipettee and put on a glass slide. The counting is done in a laboratory under a microscope. As stated by the manufacturers, the efficiency of the instrument for dusts of size 1 micron and above is taken to be 100%. The instrument is portable, independent of power supply and takes a large air sample in reasonable time. The jet may draw samples at the rate of 2500 cc per minute for 5 or 10 minutes as desired.

As per the practices adopted by the Health Physics Unit of Jaduguda,

$$\text{TLV} = \frac{8830}{p+5} \text{ ppcc (Particles per cubic centimetre of air). (1)}$$

$$\text{TLV} = \frac{10}{p+2} \text{ mg/m}^3$$

Where p = % respirable quartz or free silica in the dust and TLV = Threshold Limit Value.

According to DGMS circular No. 15 of 1975 for dust below 5 microns quoted by Patnaik and Ghosh (1978), the airborne dust having more than 5% quartz or free silica in a metal mine should be 15/p mg/m^3, where p is same as stated above.

TLV (Threshold Limit Value) for respirable dust with a free silica content of 47.5% (as in the case of uranium ore processed) works out to 0.2 mg/m^3. As a pracautionary measure individuals exposed to dust at drilling, dust prone areas, etc. should be provided with dust respirators.

4. HEALTH SURVEYS

Health surveys are carried out by scientists of the Health Physics Division working under Bhabha Atomic Research Centre, Bombay.

Everyone in the mine should be provided with chest film badges/Dosimeters from which the radioactive dosage absorbed should be regularly measured. Whole body counting is also done with a view to have individual dosimetry. The normal dose absorbed by a person should not exceed 5 rem per year or .05 sieverts per year. With a view to estimate radium

226, body burden measurement of radon in breath is done. The maximum permissible body burden (MPBB) is taken as 3.7 kilo Becquerel (KBq) of radium 226. Health surveys conducted on 6 face workers (drillers and muckers) revealed that in two cases, the results were less than the detection limit of 0.53 KBq whereas in other 4 cases, they were very much lower than MPBB. Besides, individual urine samples are analysed. Regular medical check-ups are done. Dust surveys reveal that the values obtained are well within the permissible limits.

Health physics surveys are done not only in the mines, but also in the areas surrounding the mines. Such surveys include monitoring of water discharged from the mines, drinking water, well water, soil, vegetables, paddy, milk, etc. All these surveys give necessary idea regarding the extent of radio activity absorbed in them.

Some of the preventive measures can be as follows :

Mine water should not be used for drinking or washing. Fresh water from clean source should be provided for the purpose. Eating, drinking, smoking or chewing tobacco should be prohibited at work places in the mine. Persons with cuts or wounds should not be allowed to enter the mine without having their wounds properly dressed and bandged.

5. CONCLUSIONS

It is clear that additional quantity of air has to be circulated in a uranium mine and sufficient precautions have to be taken so that problems due to ventilation and dust are kept under check and the prescribed standards are not exceeded.

In addition, regular health surveys of individuals as well as the environmental surveys are done so that the hazards due to mine environment and radio activity are well within limits. The need to keep the environment under constant surveillance is evident from the point of view of safeguarding the health of the public at large.

ACKNOWLEDGEMENT

The author is very much thankful to the Director, Atomic Minerals Division for permission to publish this paper. The author is also grateful to Shri Bipan Behari, Co-ordinator, publication committee, AMD for his valuable suggestions.

REFERENCES

1. International Labour Organisation and the International Atomic Energy Agency, 1985. Code of Practices for Radiation Protection in the Mining and Milling of Radio active Ores.
2. Patnaik, N.K., Ghose, A.M., 1978. Respirable dust sampling instrument and standards of airborne dustiness in mines and global conspectus. Journal of Mines and Metals - November, 1988.
3. Bhabha Atomic Research Centre, 1973. Health Physics Surveys reports of Narwapahar Mine Surveys conducted by Health Physics Division of BARC.
4. Bhabha Atomic Research Centre, 1984. Health Physics Survey reports of Bodal and Jajawal mine—Surveys conducted by Health Physics Division, BARC.
5. Clifford, A.H., Gassner, G.H. Encyclopedia of Chemistry, Third Edition, 1949.

14

DAMAGE TO NATURAL SURFACE DRAINAGE IN JHARIA COALFIELD THROUGH HALF OF CENTURY UP TO 1974

REKHA GHOSH
Centre of Mining Environment
Indian School of Mines, Dhanbad-826004.

1. INTRODUCTION

Developing natural resources is compulsion for any progress-oriented society. Increase in mining activities, therefore, is a stepping stone for development. But unless such activities are carried out with proper care for environmental protection, these will cause serious degradation in topography, natural drainage pattern, rainfall, etc. and will consequently deplete the green coverage and other beneficial aspects of land use pattern.

Jharia Coalfield happens to be the chief storehouse of prime cooking coal in India. Significant mining activities started here in 1925 (Fox, 1930). For about 50 years since then, mining operations here were only concerned with exploitation without any efforts towards environmental protection and least regard for land reclamation. This resulted in an extensive damage to the topography of the area and consequently, to the natural drainage system, rainfall, green coverage and other land use parameters in the area. Some such changes were also noticed by earlier workers like Mehta (1957). It is worthwhile to mention here that since the nationalisation of coal mining industry in 1973-74, some healthy trends are noticeable in this regard. In the present paper, an attempt has been made to bring out the damages caused to the natural drainage systems in the area through 50 years since 1925.

2. EFFECT OF MINING OPERATIONS ON HYDROLOGIC CONDITIONS

Mining activities affect the hydrology of an area largely through changes induced in landscape pattern. Two significant effects of such changes are seen: hydrologic amenities and flow characteristic.

Mining activities alter the topography without reclamation which, in turn, affects the active regime of both surface and sub-surface hydrologic flows. The volume of surface run-off and its percolation into subterranian areas also get altered in the process and this, in turn, will cause a reduction in the total water resources in the area by silting due to over burden dump, washing and consequent disruption of balance in water-bodies.

When mining activity is carried out below groundwater level, considerable volume of water flows into the operational face necessitating continuous pumping out of equivalent amount of water on to the surface. If a proper plan for drainage of such pumped out water is not designed, this volume of water would be cut off from the water table and cause a damage to the water resources and the water table. This, consequently will force a change in the land quality and land use pattern.

Many mineral deposits including some coals are highly permeable so much so that they become a component of hydrologic system. Gray (1979), in this context, concluded that exploitation of such bodies will induce changes in water table and hence the available water resources in the region. A case at point is the Neyveli Lignite field where, according to Singh and Sarma (1982), the water table has been found lowered considerably due to mining.

3. NATURAL DRAINAGE AND LAND USE PATTERN IN JHARIA COALFIELD

The main component of the natural drainage system in Jharia coalfield is Damodar river alongwith its several tributaries, some important ones of which are Domohani, Jarian, Katri, Khudia, Jamunia, etc. An attempt has been made here to estimate the damage caused to this natural drainage syst em in the area by mining activities. With this end in view, analysis of the regional topography and drainage system has been made at two levels — one as they were in 1925 and the other for 1974. The first one would indicate original features before significant mining activities started here, while the second one depicts these features as they were changed due to mining activities, mostly under the control of private ownership before nationalisation of this industry.

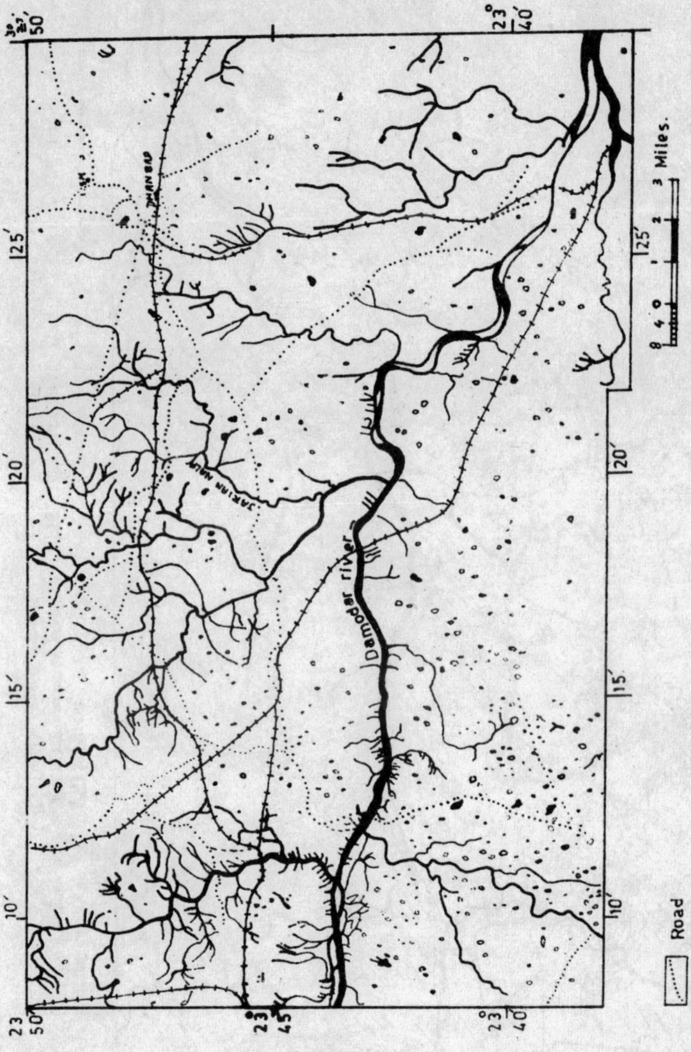

FIG. 14.1, NATURAL SURFACE DRAINAGE IN JHARIA COALFIELD, 1925

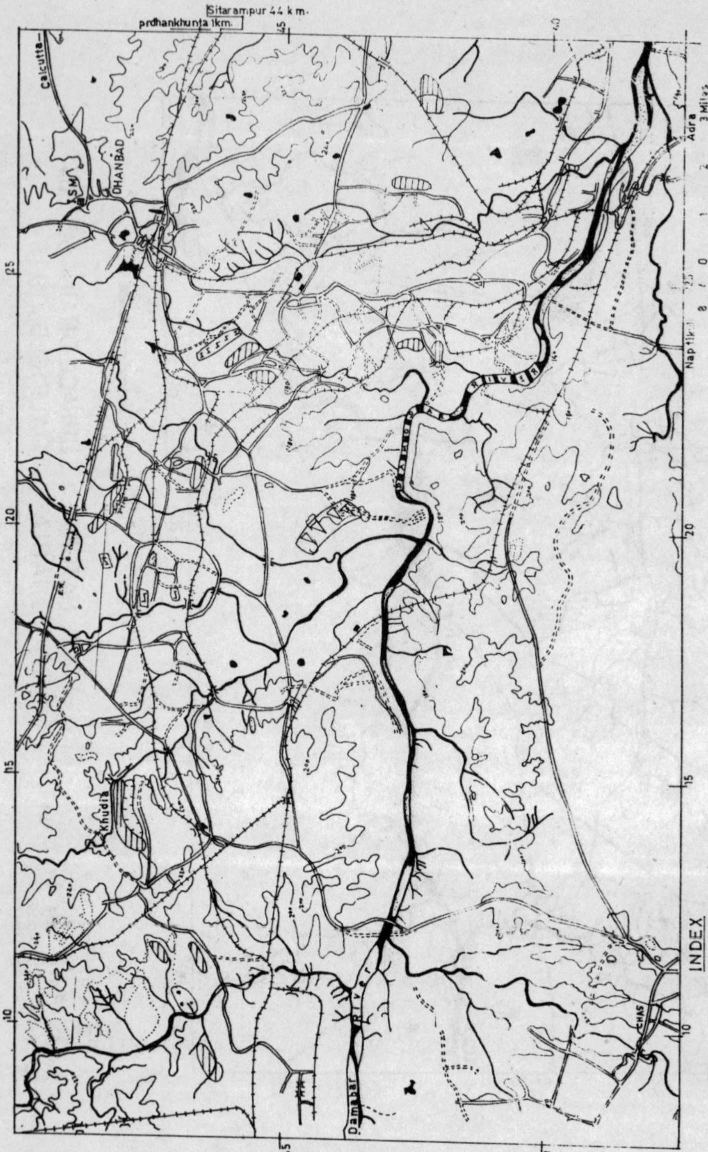

FIG.-14·2, NATURAL SURFACE DRAINAGE IN JHARIA COALFIELD 1974

Studies for this purpose have been made by detailed analysis of aerial photographs (1:40,000) and toposheets (1:50,000) of 1974 and toposheets of 1925. Estimate of degradation in hydrologic condition has been made using two parameters: (1 damage caused in natural drainage system and (2) decrease in water level flowing through the river Damodar, which forms the main artery of the natural drainage system here. Fig. 14.1 illustrates the drainage network as it existed in 1974 while Fig. 14.2 represents the drainage network of 1925. A comparison of these two figures shows that although the major components of the drainage system comprising the river Damodar and its main tributaries have not changed, the overall surface hydrologic condition has been damaged significantly through the period. Many of the nalas and jores have been dried up or lost altogether. Some of them have been intercepted by quarries as in case of some nalas spreading out from Domohani nadi in the eastern part. Some others have dried up due to proximity to mine fires such as those near Kusunda fire. Still others have been blocked by overburden dumps or their washings as for example those spreading out from Khudia nadi towards west. There are others which have been lost due to subsidence, as in the case of one east of Jamunia nadi. Some have also been lost due to lowering of water table in close proximity to underground mining sites. It has been estimated from Fig. 14.2 that a length of 355 km. of natural surface drainage (except Damodar) was in existence in the field in 1925 while the figure for 1974 stands at 211 km. Thus between 1925 and 1974, 144 km. of natural surface drainage has been lost in the area. Unplanned mining activities under private ownership, with scant regard for the environmental protection appears to be the prime cause for this substantial damage.

Along with the change in surface drainage network, the damage in the topography of the area caused during the period between 1925 and 1974, has been studied through hypsomettric analyses (Strhaler, 1952), from toposheets of respective years. The result plotted graphically (Fig. 14.3) clearly reveal that the topography was more uniform in 1925 than in 1974 indicating definite damage to landforms during this period.

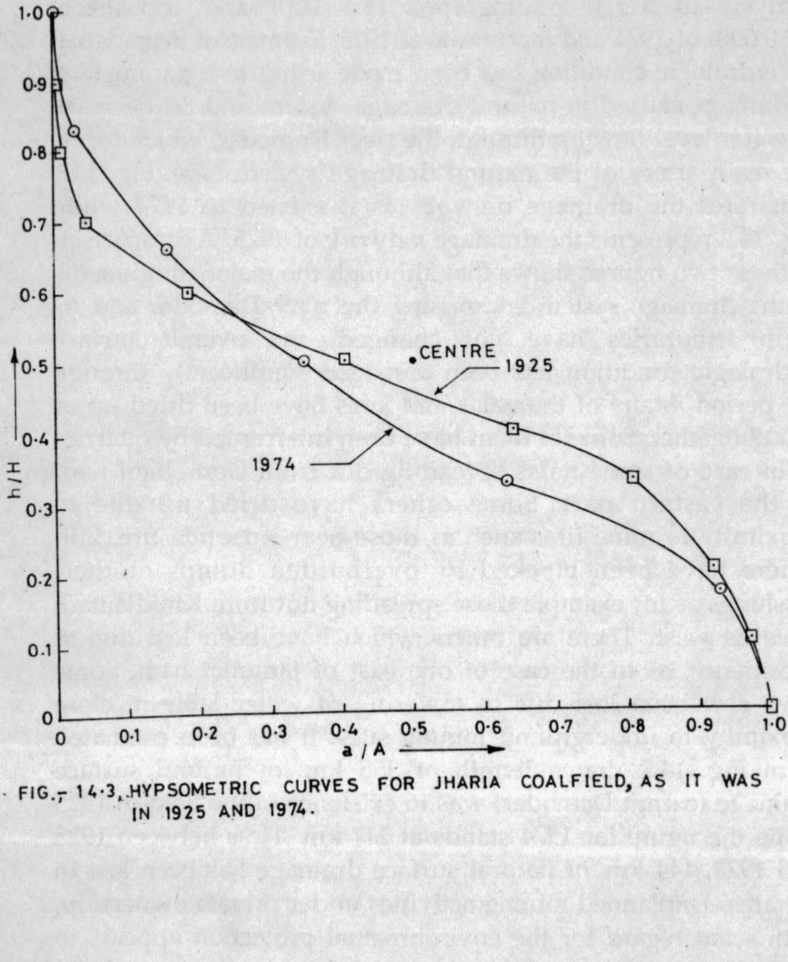

FIG. 14·3. HYPSOMETRIC CURVES FOR JHARIA COALFIELD, AS IT WAS IN 1925 AND 1974.

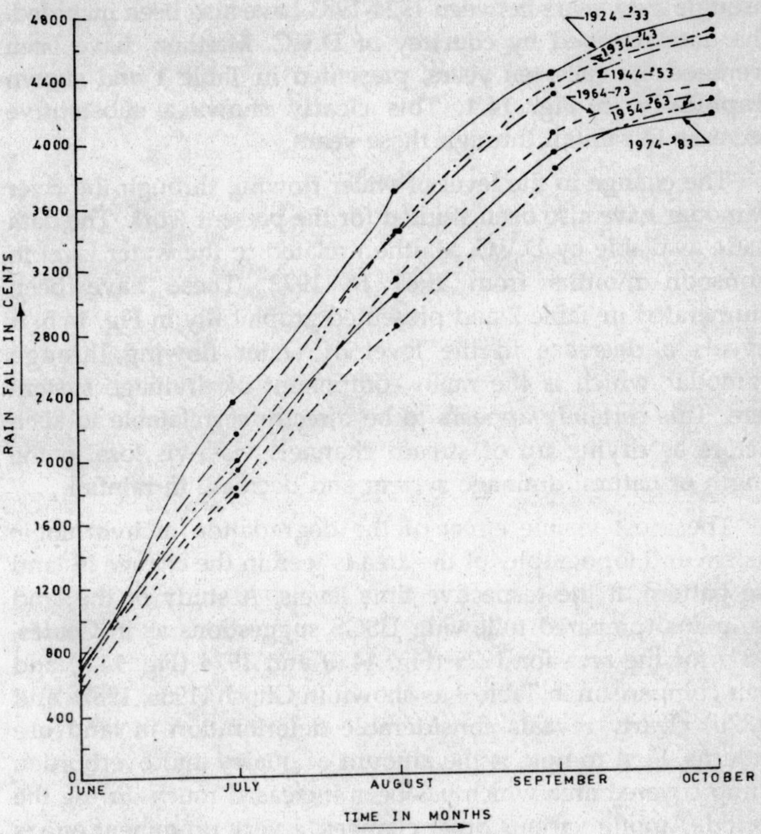

FIG.- 14·4, MONTHLY RAIN FALL THROUGH 60 YEARS, AVERAGED FOR EACH 10 YEARS, PLOTTED IN CUMULATIVE CENTS.

Observation on changes in amount of rainfall in the area through sixty years between 1924-1983 have also been included. The data received by courtesy of D.V.C. Maithon, have been averaged for each ten years, presented in Table 1 and shown graphically in Fig. 14.4. This clearly shows a substantive decrease in rainfall through these years.

The change in the level of water flowing through the river Damodar have also been studied for the present work. The data made available by D.V.C. Maithon related to the water level in monsoon months from 1969 to 1973. These have been enumerated in Table 2 and presented graphically in Fig. 14.5. It reveals a decrease in the level of water flowing through Damodar which is the main component of drainage system here. This certainly appears to be directly correlatable to such factors as drying up of stream channels vis-a-vis loss in the length of natural drainage system and decrease in rainfall.

The most visible effect of the degradation in hydrologic system and topography of the area is seen in the change in land use pattern at the respective time levels. A study of the land use maps (prepared following USGS suggestions as in Coates, 1981) for the area for 1925 (Fig. 14.6) and 1974 (Fig. 14.7) and their comparison in Table 3 as shown in Ghosh (1986, 1987a and 1987b) clearly reveals considerable deterioration in land use patterns. First to note is the amount of quarry and overburden dump covered area which bas been increased much during the period. Among various other changes, a very prominent one is that the forest covered land has decreased from 4.9% in 1925 to 0.7% in 1974. All other types of green belts including light vegetation and cultivation amounted to 56.8% in 1974 against 65.4% in 1925. This substantive loss of greenery appears to be a direct effect of degradation in hydrologic conditions and damage to topography caused by unplanned mining.

4. CONCLUSION

The degradation in environmental parameters as discussed above, has certainly caused a significant imbalance in the environmental parameters which, if unchecked, will bring a great disaster to the delicate ecosystem. It may, therefore, be concluded that although winning of resources through mining is very important for country's development, it is equally important to see that the natural environmental set-up is not disturbed by such activities.

It is recommended that proper planning for environmental management and protection must be made mandatory for any mining project and steps should be taken to ensure continuous and concurrent reclamation in the project areas. In the Jharia coalfield, various attempts towards reclamation by way of controlling mine fires, levelling the overburden dumps, filling up of quarries, afforestation and designing some mined pits for water bodies should be considered as most urgent towards reclamation.

Table 1
Monthly Rainfall through 60 years in Jharia Coalfield average for each ten years (cents)

Year	*June*	*July*	*August*	*September*	*October*
1924-33	617	1748(2365)	1317(3682)	729(4411)	366(4777)
1934-43	672	1330(2002)	1429(3431)	920(4351)	331(4682)
1944-53	730	1433(2163)	1276(3439)	862(4301)	332(4633)
1954-63	576	1207(1783)	1040(2823)	1013(3886)	410(4246)
1964-73	665	1172(1837)	1307(3144)	907(4051)	280(4331)
1974-83	118	1250(1968)	1048(3016)	916(3932)	219(4151)

N.B. Cumulative values have been given within brackets.

Table 2
Average water level in river Damodar (above sea level, in metres)

Year	*June*	*July*	*August*	*September*	*October*
1969	139.22	140.20	140.72	140.64	139.85
1973	138.55	139.58	140.02	139.88	139.15

ACKNOWLEDGEMENT

The author expresses her gratitude to Prof. D.K. Sinha, Director, ISM, for providing institutional support and to Prof. D. Mukhopadhyaya, Head of the Dept. of App. Geology for various suggestions and necessarv working facilities.

REFERENCES

Coates, D.R., 1981. Environment Geology, John Wiley & Sons; 701p.

Fox, C.S., 1930. The Jharia Coalfield. Mem. GSI, 56p.

Ghosh, Rekha, 1986. "Impact of mining operations on land use and rainfall in Jharia Coalfield through fifty years". Colloquium on "Water pollution and land reclamation in mining areas with special reference to Jharia Coalfield" held at I.S.M., 28th Nov. 1986.

Ghosh, Rekha, 1987a. "Land use and land protection in mining area — A case study in Jharia Coalfield". Journal of the Geological Society of India, Bangalore, 29,2: 250-255.

Ghosh, Rekha, 1987b. "Land use pattern and degradation in Jharia Coalfield - A study in retrospective affect through 50 years." Proceedings "National Seminar on Environmental Pollution and Control in Mining coal and Mineral-based industries" held at IIT, Kharagpur on Feb. 13-15, 1987.

Gray, Mc. I., 1979. Simulation of the effects of surface mining on ground water in the Power river basin, Mining Engineering, 31; 3: 9-15.

Mehta, D.R.S., 1957. Revision of the Geology of coal resources of Jharia Caolfield. Mem. GSI, 84, Pt.2.

Singh, D.P., Sarma, K.S., 1982. Reclamation - An environmental control. National Seminar on "Minerals & Ecology" held at ISM, Dhanbad, 6-7 March, 1982.

Strahler, A.N., 1952. Hypsometric (area-altitude) analysis of erotional topography. Bull. Geol. Soc. America, 63;11;1117-1142.

15

STUDIES ON METALLIC POLLUTION OF RIVER DAMODAR ALONG BURNPUR-ASANSOL-RANIGANJ REGION

SAMBHU NATH BANDYOPADHYAY[1], N.N. ROY[2], P. BANDYOPADHYAY[3]

1. Department of Chemistry, University of Burdwan, Burdwan-713104
2. Department of Chemistry, Regional Institute of Technology, Jamshedpur-831014
3. Department of Fuel and Mineral Engineering, Indian School of Mines, Dhanbad-826004

1. INTRODUCTION

Water is one of the prime necessities of life and an essential and perhaps one of the cheapest raw materials for many types of industries. Although water is being used in large quantities by many industries, water appears in the product only to a small extent, which means that maximum percentage of the water used by the industries is being returned. The water so returned is usually contaminated to small or large extent. "Most of the large rivers of the world are nothing but open sewer." Water pollution is turning India's famous lakes into dirty ponds and its major rivers into sewers threatening the health of millions of rural folk at the receiving end of the city wastes.

The Damodar river is polluted with over 1.5 million gallons of industrial waste water and the same amount of community waste every day. The Damodar Valley from Asansol to Durgapus forms the largest industrial complex in West Bengal. These industries situated in the region of Asansol-Durgapur, use large quantities of water from the river Damodar but in return, they dump into the river waste effluents contaminated with various types of toxic materials. This polluted river water is being used daily by the poor inhabitants, who reside along both sides of the river Damodar getting severely affected from the health hazards, particularly liver diseases.

In 1969, a short time water pollution survey was done by NEERI along the Asansol region. The Damodar river originates from Chotanagpur in Bihar and flows through Bihar and West Bengal and finally meets the Hooghly River. At the time of passing through West Bengal, it receives a large amount of industrial effluents from the industries situated along the Asansol-Durgapur Belt.

This paper contains the report of a study in Burnpur, Asansol and Raniganj region. Damodar river is heavily polluted along this region as it receives the effluents discharged by number of industries located close to its banks. The main industries are M/s. Indian Iron & Steel Co. Ltd., Burnpur, M/s. Reckitt Colmn & Co. Ltd., Asansol, M/s. Cycle Corporation of India Ltd., Asansol, M/s. Carew & Co., Asansol and M/s. Bengal Paper Mill Co. Ltd., Raniganj. This study has been undertaken to study quantum and nature of pollution caused by the metallic constituents like Fe, Mn, Cu, Ca, Mg and Na from the industrial discharges into the river and also to suggest some remedial measures to control the pollution. The study on general pollutional parameter has been dealt with in separate paper.

2. MATERIALS AND METHODS

For this study, six different sites were selected for collection ot river water samples and four different sites for collection of industrial effluent samples along the region. The samples had been collected for the duration of fifteen months. Details of sites etc. have been tabulated in Table A and Fig. 15.1.

River water as well as effluent samples were collected monthwise in throughly clean jerricans of 5 litres of capacity. During collection, the containers were rinsed with the sample to be collected. The samples were preserved accordingly to protect the adsorption of metal ions on the wall of the container.

In this part of study, the samples were analysed to estimate the concentration of metals. Before going through the analysis, each sample of measured quantity was treated to destroy the organic matter.

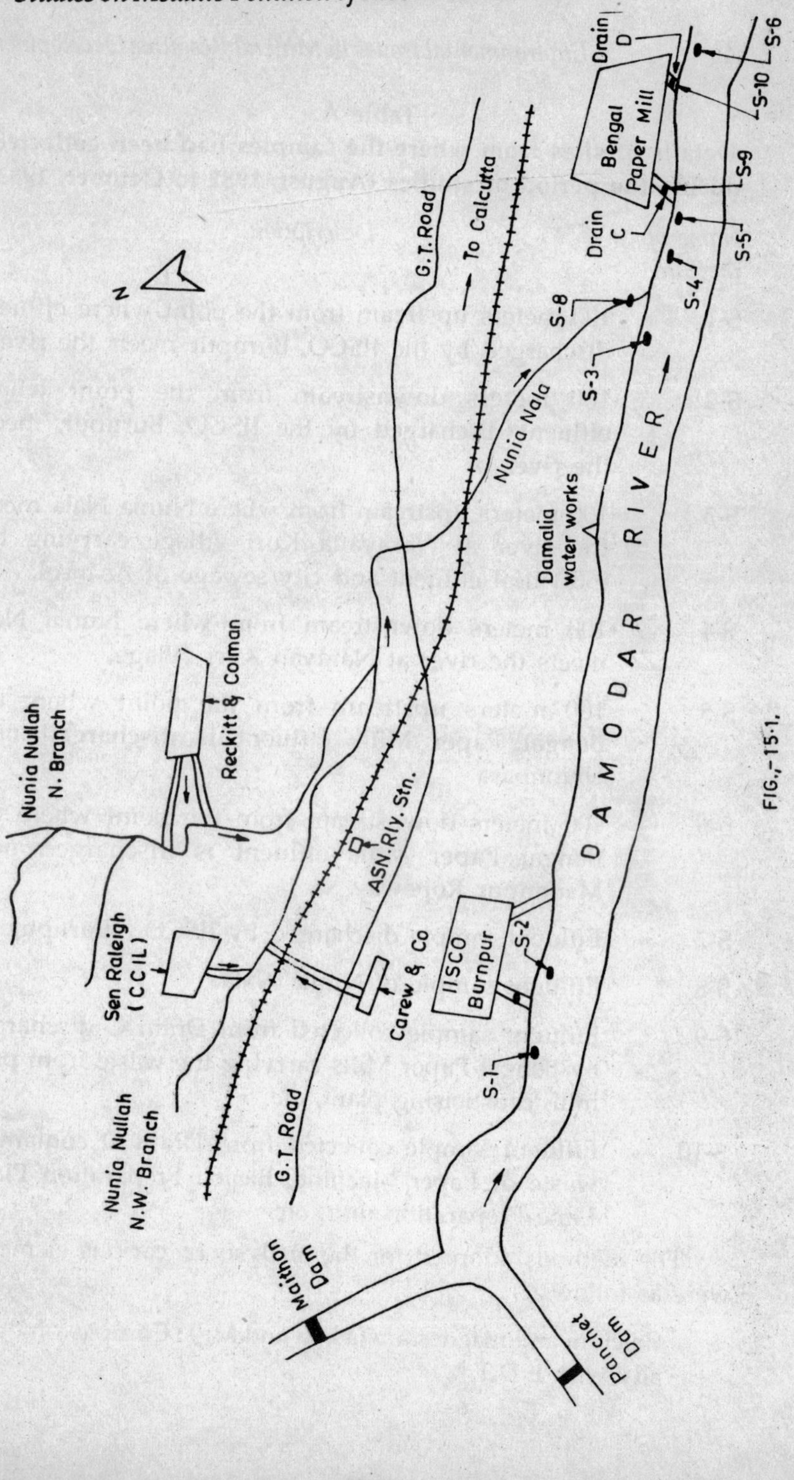
N
Drain
D
Bengal
Paper Mill
S-6
S-10
S-9
S-5
Drain
C
S-4
S-8
S-3
G.T. Road
To Calcutta
Nunia Nala
DAMODAR RIVER
Damalia
water works
Reckitt & Colman
Nunia Nullah
N. Branch
ASN.Rly. Stn.
IISCO
Burnpur
S-2
S-1
Sen Raleigh
(CCIL)
Carew & Co
Nunia Nullah
N.W. Branch
G.T. Road
Maithon
Dam
Panchet
Dam

FIG.,–15·1.

Table A.

Details of sites from where the samples had been collected during the period of studies (August, 1982 to October, 1983)

Name of the Site	*Description*
S-1	100 meters upstream from the point where effluent discharged by the IISCO, Burnpur meets the river
S-2	100 meters downstream from the point where effluent discharged by the IISCO, Burnpur, meets the river.
S-3	100 meters upstream from where Nunia Nala meets the river at Narayana Kuri village carrying the industrial effluent and city sewage of Asansol.
S-4	100 meters downstream from where Nunia Nala meets the river at Narayan Kuri village.
S-5	100 meters upstream from the point where the Bengal Paper Mills effluent is discharged near Unionpara.
S-6	100 meters downstream from the point where the Bengal Paper Mills effluent is discharged near Madanpur Ropeway.
S-7	Effluent sample discharged by IISCO - Burnpur.
S-8	Effluent sample of Nunia Nala.
S-9	Effluent sample collected from Drain C discharged by Bengal Paper Mills carrying the waste from pulp mill, causticising plant, etc.
S-10	Effluent sample collected from Drain D containing waste of Paper Machine, Bleach Preparation Plant, Lime Preparation unit, etc.

The methods adopted for the analysis of various elements were as follows:

Calcium and magnesium (as Ca and Mg) : Complexometrically with E.D.T.A.

Sodium (as Na): Flame photometrically.

Iron (as Fe): Complexed with (1:10) phenanthorlicn and then spectrophotometrically.

Manganese (as Mn): Complexed with potassium periodata and the spectrophotometrically.

Copper (as Cu): Complexed with sodium diethyldithiocarbamate and then spectrophotometrically.

3. RESULTS AND DISCUSSION

The results have been summarised in Tables I and II. The average, minimum and maximum values have been given for the analytical data obtained on various samples for the fifteen months (August 1982 to October 1983). Results of analyses have been compared with the tolerance limit of Indian Standards Institution.

3.1 Iron

All results have been given in Table 1. Although iron is an essential element for human nutrition, drinking water is not considered to be an important source. At levels of 0.3mg/I, iron stains laundry and plumbing fixtures and causes an undesirable taste in beverages. Also the concentration of iron in drinking water should have its maximum desirable limit of 0.3 mg/I.

It is evident from the results that all the time, river water contains high amount of iron, exceeding its tolerable limits for the purpose of drinking water and shows the maximum value at site No. 2, 5 and 6 which are 14.70, 10.00 and 19.80 mg/1 respectively and is caused due to continuous discharge of effluent from IISCO, Burnpur through site 7 having its maximum value 190 mg/.I keeping the average value 44.80 mg./I. The effluent discharge by Bengal Paper Mills, Raniganj at site 9 has also its high concentration of iron; maximum value is 100 mg/I keeping its average concentration as 21.40 gm/I.

Table I

Site No.	Iron			Manganese			Copper		
	Avg.	*Min.*	*Max.*	*Avg.*	*Min.*	*Max.*	*Avg.*	*Min.*	*Max.*
S-1	1.66	0.30	5.00	0.96	0.10	3.00	0.34	0.01	1.50
S-2	4.73	1.20	14.70	1.03	0.10	2.80	0.57	0.05	2.50
S-3	2.10	1.00	4.00	0.70	0.14	1.80	0.12	0.01	0.90
S-4	2.20	1.00	4.20	0.80	0.16	1.90	0.16	0.02	1.00
S-5	3.40	1.00	10.00	3.10	0.10	16.00	0.45	0.00	1.50
S-6	6.00	1.00	19.80	2.63	0.10	10.00	0.14	0.00	0.20
S-7	44.80	2.00	190.00	2.16	0.40	5.00	1.62	0.08	7.00
S-8	2.30	0.00	4.00	1.28	0.28	2.80	0.14	0.02	0.60
S-9	5.24	2.00	10.80	1.86	0.25	5.00	0.68	0.09	2.00

* Results are expressed in mg/1.

Table II

Site No.	Iron			Manganese			Copper		
	Avg.	*Min.*	*Max.*	*Avg.*	*Min.*	*Max.*	*Avg.*	*Min.*	*Max.*
S-1	22.5	15.6	31.2	6.8	2.8	9.6	26.2	24.0	30.0
S-2	33.4	18.0	31.2	7.5	3.6	13.2	31.4	27.4	36.0
S-3	22.8	18.0	27.6	8.1	3.0	12.0	29.3	28.0	32.0
S-4	27.4	23.2	36.0	9.4	3.9	12.4	33.7	30.0	36.0
S-5	22.4	16.0	30.0	7.4	3.1	12.7	34.0	30.0	40.0
S-6	39.1	28.0	68.4	9.7	4.8	15.6	63.0	50.0	80.0
S-7	52.0	38.0	70.0	14.5	6.0	21.6	70.9	57.8	80.0
S-8	43.3	33.3	60.0	16.8	2.4	48.8	60.0	40.0	76.6
S-9	30.4	10.0	58.4	8.3	4.8	14.5	92.5	60.0	128.0
S-10	137.0	40.0	300.0	13.1	4.3	24.0	63.0	50.0	80.0

Iron more than 10 mg/kg level causes rapid increase in respiration, pulse rate congestion of blood vessels, hypertension and drowsiness. This water cannot be used for the industries without prior treatment.

3.2 Manganese

River water at site 5-6 shows its maximum concentration, 16.0 mg/1 and 10.0 mg/I respectively having the lower concentration of both the sites as 0.1 mg/I. Manganese value exceeds the tolerance limit, though it is least toxic metal and at concentration greater than 100 mg/I the metal is toxic to man and mammals both. It causes retardation, fever, sexual impotence, muscular fatigue and eye blindness. Divalent Mn^{+2} is 3 times more toxic than Mn^{+3}. Concentration of Mn in industrial effluent at site 9 is observed is 20.0 mg/I. Mn concentration in the above sites is high as it leaches from the heap of coal ash kept just on the bank of Damodar river at Bengal Paper Mills, Raniganj region. Heap of coal ash not only makes the concentration high in river water but also it prevents the free flow of river at this point encroaching the river's width at this point.

3.3 Copper

It shows very high values in the range of 0.05 to 2.5 mg/I at site No. 2 and is caused as river receives the effluent from site No. 7 which has its copper content in the range of 0.08 mg/I to 7.0 mg/I.

Copper is toxic to many aquatic plants even at lower concentration of 1 mg/I. Its toxicity in aquatic organism varies with the chemical species present in the water and other environmental parameters like temp., pH, turbidity, hardness, etc. Main dissolved species of Cu in aquatic environments are Cu (OH^+, Cu^{++} and $CuCO_3$. The average concentration at site No. 5 & 6 is higher than its tolerance limit.

3.4 Calcium

The average concentration of calcium in river water remains within the range of 22.4 mg/I to 39.1 mg/I. In river water, maximum values observed at site No. 6 are within the range of 28.0 mg/I to 68.4 mg/I and that of effluent at site No. 10 ranged from 40 mg/I to 300 mg/I, keeping its average values of 137 mg/I. River receives the effluent through drain D at site No. 10 containing the high amount of calcium resulting in high concentration in river at site No. 6. The concentration of calcium in river water remains under the tolerance limit of 75 mg/I. The calcium salts are non-toxic except for very high doses (1000 mg for 20 days). An excess of calcium ions depresses the functioning of muscles nerves and tissues.

3.5 Magnesium

In river water the maximum value observed in site No. 6 ranged from 4.8 to 15.6 mg/I. These values also remain under the tolerance limits which is 30 mg/I. Sometimes, the effluent at site No. 8 shows its higher values of 48.8 mg/I. Magnesium toxicity in high doses (400 mg) may cause muscular weakness and paralysis in humans and mammals.

3.6 Sodium

Sodium content in the river shows maximum values in site No. S-6 (50 to 80 mg/I) and in the effluent at site No. 9 (60 to 128 mg/I). At the later point, river water shows high content of sodium as the river receives the effluent which is alkaline in nature.

4. SUMMARY AND CONCLUSIONS

The metallic constituents, as analysed during the period of studies have been given in Tables I and II. It appears from the results that the protection is to be made against the effluent discharged by the IISCO, Burnpur through its washings from the cold rolling mills and the blast furnace slag unit carrying the water of high concentration in iron and copper. Also the effluent discharged by the Bengal Paper Mills, Raniganj through its drains C and D are highly polluted with alkaline nature of discharge. Immediate action should be taken against these discharges in order to protect the river from its gross pollution. It also appears that river Damodar in the region under study is polluted with iron, manganese and copper. Deposit of iron salts were also observed on the bank of the river beds near the collection points of Burnpur region.

Investigations are in progress to develop an effective flowsheets for the treatment of these industrial effluents before their discharge into Damodar river. Hopefully environmental protection agencies will persuade the industries to adopt effluent treatment measures and will arrest further increase in pollution level of Damodar river in this region.

ACKNOWLEDGEMENT

We are thankful specially to the management of Bengal Paper Mill for providing various facilities to carry out the experimental work.

REFERENCES

Indian Standards Institution: Methods of sampling & test for Industrial effluents. IS: 2488, Part-II (1968), pp. 32-33.

Indian Standards Institution : Tolerance limit for inland surface water - subject to pollution, IS: 2296-1982, p. 7.

Kudesia, V.P. "Water Pollution" Progati Prakashan, Meerut, p. 8.

Pillai K. C. (1983) "Heavy metals in aquatic environment in water pollution management", Ed. CK Varshney, Wiley Eastern Ltd., p. 89.

Standard methods for the Examination of Water & Waste Water APHA, Inc, New York, 1967, 12th Edn. Part IV, pp. 482-485.

Vogel, A.I. "Quantitative Inorganic Analysis, ELVS & Longman, London, 4th Edn., pp. 325-327.

16

POLLUTION LOAD OF RIVERS GANGA, DAMODAR AND SUBARNAREKHA IN BIHAR

C. B. SHARMA[1], N.C. GHOSH[2] AND S.C. SRIVASTAVA

1. Public Health Institute, Patna-4.
2. Geology Department, University of Patna, Patna-5.
3. Bihar State Pollution Control and Prevention Board, Patna-12.

1. INTRODUCTION

During that last two decades, the endless human Interference on the limited abiotic environmental resources has not only caused the untold problems of pollution, but has accentuated the requirement of water in term of both quantity and quality. In India, according to Kanga (1951), the per capita per year availability of fresh clean water may be reduced from 2.9 to 1.5 thousand cubic metre by the turn of the present century. During the same duration, the free-flowing clean water in the rivers may become a matter of the past.

Apart from the Chotanagpur plateau, the Bihar state is blessed with sufficient quantity of sub-surface and surface water to meet various requirements. The plateau faces 4.4 billion cubic metres of water shortage per year (Decade Master Plan, 1982). In near future, the situation is likely to aggravate with regard to both quantity and quality of water. Therefore, it requires awakening at this hour in order to avoid perilous situation created by environmental problems due to our own carelessness. Keeping this in view, the present study was undertaken from 1979 to assess the pollution load discharged into Ganga, Damodar and Subranarekha in Bihar (Fig. 16.1). The primary aim of the present study is to identify the point source of pollution, the volume, of waste discharge, their chemical composition and finally to evolve economically viable ways and means to control the menace of pollution.

2. HYDROLOGICAL FEATURES

The annual mean discharge of water in Ganga (3,64,000 Mn^3 at Patna and 4,59,040 Mm^3 at Farakha), Damodar (12,210 Mn^3 at Sindri) and Subarnarekha (7,940 Mn^3 at Ghatshila) constitute more than 95 per cent of the total flow of the river water 500, 190 Mn^3) in Bihar (Rao, 1979). Though the volume of flow per square kilometre in these three rivers i.e. (Ganga (4,42,170 m^3/km^2) Damodar (4,72,889 m^3 $/km^2$) and Subarnarekha (4,11,484 m^3/km^2) remain almost equal, the rate of flow per second in Ganga far exceeds (14,862 m^3/sec) these of Damodar (387m^3/sec) and Subarnarekha (401m^3/sec) Das Gupta, 1984) (Table 1).

3. METHOD AND MATERIALS

Water samples were collected monthly from Ganga and quarterly from Damodar and Subarnarekha. Bi-annual samples were taken from all the industries surveyed. Collection of water samples continued for a period of five years starting from 1979 to 1984. The grab samples from rivers and the composite samples of the industrial effluents were collected in order to ascertain their physicochemical composition. Some of the parameters such as pH, temperature and dissolved oxygen (D.O.) were measured at the collection sites whereas the rest were carried out in the laboratory under preserved conditions. The samples for bacteriological analysis were collected from the rivers only. All the parameters were determined as per the procedures described in the standard method (AWWA, APHA, AWFA, 1975). The pH, dissolve oxygen, biochemical oxygen demand, suspended solid and Most Probable Number (MPN count/100 ml) of the water samples from various places are given in Table 2.

4. POINT SOURCE OF POLLUTION

4.1 Ganga

The chief pollutants of Ganga in Bihar for stretch of 350 km., starting from Buxar in the west to Farakha in the east, are the municipal wastes (Table 3, cf. Sharma, 1982). However, around Barauni, industrial effluent amounting to 41.7 MLD of

FIG.-16·1, MAJOR RIVERS AND THEIRS BEDROCKS IN BIHAR

wastes are discharged in Ganga by McDowell distillery, Beta Tannery, Fertilizer Corporation of India, Oil Refinery and Thermal Power Plants (Table 4).

4.2 Damodar

The effect of waste disposal in Damodar has shown that at no point the quality of water is of the desired level (Sinha, 1988). About 161.2 MLD of wastes are discharged into Damodar and its tributaries by as many as 29 industries (Fig. 16.2). Of these 100.9 MLD of waste are from 13 coal washeries and 3 thermal power plants (Table 5). The constitute mainly of suspended fine-grade coal particles with concentrations ranging from 1210 to 4500 ppm (av. 2,594 ppm,. Table 5). Besides, the river receives acidic waste from the Indian Explosive Ltd. at Gomia; phenol, oil and grease from the Steel Plant at Bokaro and very high concentration of ammonia nitrogen (av. 800 ppm) urea nitrogen (225 ppm), phosphate (40 ppm) and sulphate (16.75 ppm) from the Fertilizer Corporation of India at Sindri (Table 6).

4.3 Subarnarekha

Unlike Ganga and Damoaar, the Subarnarekha (Fig. 16.3) shows a different type of pollution which is even more hazardous in nature. Starting from Ranchi to Ghatsila, it receives 42.61 MLD of metallic wastes and 509.17 MLD of domestic wastes (Table 7). toxic wastes from the Tata Iron and Steel Company, Jamshedpur. Uranium Corporation Ltd., Jaduguda and Hindustan Copper LTD. Ghatsila (Fig. 16.3), finally get into Subarnarekha and its tributaries (Table 8).

5. DISCUSSION

The present study shows that 30,483 kg./day of BOD load is directly discharged into Ganga at Buxar, Patna, Munger and Bhagalpur towns (Table 3), through 315 MLD domestic waste. The high BOD load is chiefly contributed by sewage which is reduced to less than 3 ppm from 1 to 2 km in the downstream from the receiving sites (Ghose and Sharma, 1986, 1989). The high dilution of Ganga is one of the principal factors for such rapid reduction in BOD level (Table 8. which is approximately

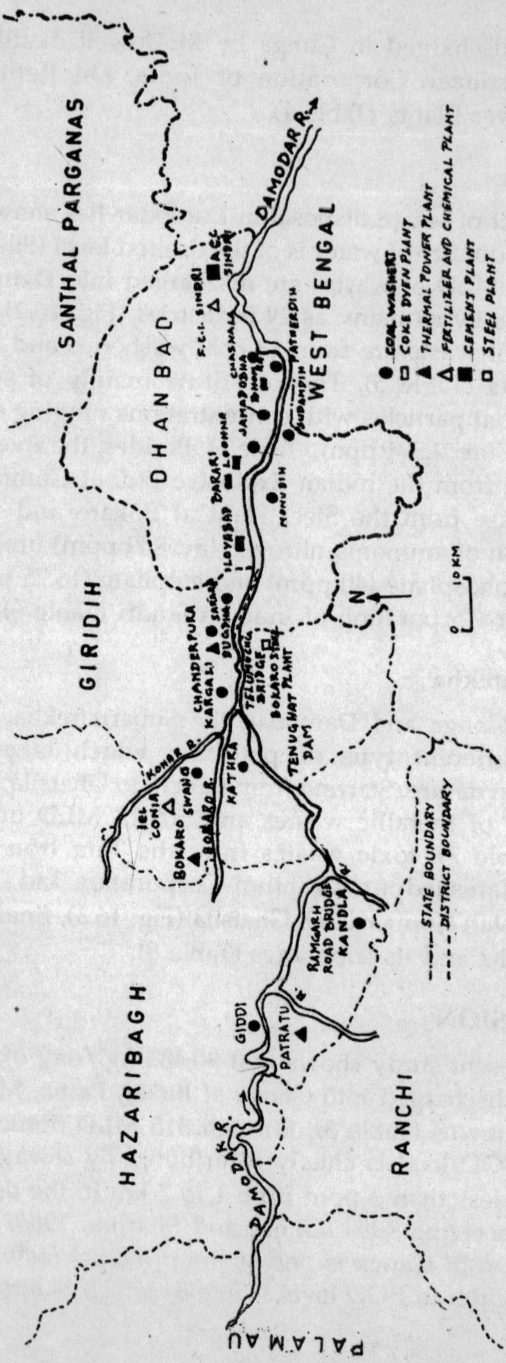
SANTHAL PARGANAS
DHANBAD
WEST BENGAL
GIRIDIH
HAZARIBAGH
RANCHI
PALAMAU
DAMODAR R.
COAL WASHERY
COKE OVEN PLANT
THERMAL POWER PLANT
FERTILIZER AND CHEMICAL PLANT
CEMENT PLANT
STEEL PLANT
STATE BOUNDARY
DISTRICT BOUNDARY
10 KM
N

FIG.-16·2,

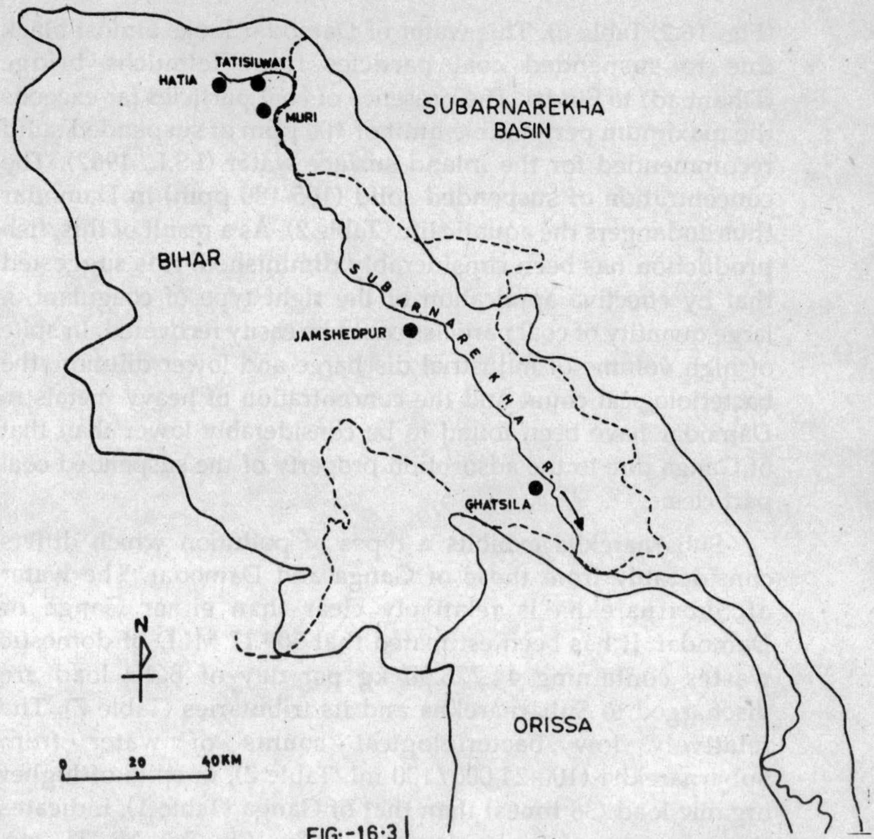

FIG:-16·3

38 times higher than its tributaries- Damodar and Subarnarekha (Table 1). On the whole, the chemical pollution in Ganga in Bihar is not very significant as compared to the bacteriological pollution (Table 2), which is rather alarming (Sharma and Ghose, 1984, 1987). The bacteriological count in Ganga water around Patna has been on increase from 904 per ml in 1980 to 2500 per ml in 1985 (Ghose and Sharma 1985, 1986, 1989).

Damodar receives 3,64,864 tons ± 10% of suspended fine metallurgical grade of coal particles per day through 100.9 MLD of wastes from 13 coal washeries and 3 thermal plants (fig. 16.2, Table 5). Besides, 16 tons of ammonia-nitrogen, 4.5 tons of urea nitrogen, 0.8 tons of phosphate and 33.5 tons of sulphate are discharged in the downstream near F.C.I., Sindri

(Fig. 16.2, Table 6). This water of Damodar looks almost black due to suspended coal particles from Telmucha bridge (Dhanbad) to Sindri. The presence of coal particles far exceeds the maximum permissible limit of 100 ppm of suspended solid recommended for the inland surface water (I.S.I., 1982). The concentration of suspended solid (105-180 ppm) in Damodar thus endangers the aquatic life (Table 2). As a result of this, fish production has been considerably diminished. It is suggested that by effective application of the right type of coagulant, a large quantity of coal particles could be easily recovered. In spite of high volume of industrial discharge and lower dilution, the bacteriological count and the concentration of heavy metals in Damodar have been found to be considerably lower than that of Ganga due to the adsorption property of the suspended coal particles.

Subarnarekha exhibits a types of pollution which differs considerably from those of Ganga and Damodar. The water of Subarnarekha is relatively clear than either Ganga or Damodar. It has been estimated that 509.17 MLD of domestic wastes containing 44.776.50 kg per day of BOD load are discharged to Subarnarekha and its tributaries (Table 7). The relatively low bacteriological counts of water from Subarnarekha (100-24,000/100 ml, Table 2), in spite of higher organic load (38 times) than that of Ganga (Table 1), indicates the presence of toxic elements - Cu, Pb, Zn, Ni, U, etc. through industrial wastes (cf. Table 8). A detailed study to ascertain the concentration of toxic elements in Subarnarekha is desired urgently.

6. SUGGESTIONS AND REMEDIES

The following suggestions are being given for an effective measure to minimise the pollution in the three principal rivers in Bihar.

1. In order to keep the bacteriological counts within the permissible limit, open defecation by people and animal excreta near the river banks should be discouraged. An alternative arrangement for the discharge of fecal matters should be provided. The

Table 1

Physical parameters, utilisation and quantity of BOD load contributed by domestic and industrial effluents into the rivers Ganga, Damodar and Subarnarekha in Bihar.

River	*Area of catchment in Bihar** *(Km^2)*	*Rate of flow***		*Number of towns drawing river water in public water supply scheme*	*Number of Industries surveyed*	*Volume of the waste (MLD)*			*Total BOD load (Kg/d)*		
		m^3/km^2	*m^3/sec*			*Domestic*	*Industrial*	*aggregate*	*Domestic*	*Industrial*	*Aggregate*
Ganga	96,640	4,42,170	14,862	3	5	315	41.7	356.7	30.483	8,386	38,869
Damodar	17,860	4,72,889	387	39	19	225	100.9	325.9	33.625	364.864+++	3,625+ coal particles
Subarnarekha	15,975	4,11,484	401	12	7	509.2	42.6	551.8	44,776.5	461.08	45,237.59

Source* Master Decade Plan for water supply and sanitation for the State of Bihar, 1982.

** Ganga basin, Part II, Central Board for the Prevention of and Control of Water Pollution, New Delhi, 1984.

+++ Ton/day of coal particle

Table 2

Comparative physico-chemical and bacteriological parameters of Damodar and Subarnarekha in Bihar

(All value are in pm except pH and bacteriological counts)

Samling Station	(km) Distance	pH	DO	BOD	S.S.	MPN Count/ 100 ml	Fecal Streptocci Count/100 ml
(A) RIVER GANGA FROM BUXAR TO FARAKKA							
Buxar	Base	8.0	7.4	2.1	N.S.	7.401	670
Patna	170	7.9	7.2	3.3	N.S.	90,442	1620
Munger	240	7.7	7.3	1.4	N.S.	4,733	340
Bhagalpur	300	8.0	7.6	1.2	N.S.	2,625	200
Farakka	450	7.9	7.8	1.1	N.S	2,400	180
(B) RIVER DAMODAR FROM RAMGARH TO SINDRI							
Ramgarh	Base	7.4	7.8	2.2	120	2,500	810
Rajrappa	20	7.8	7.9	1.4	105	1,400	110
Telmuchu	135	7.6	7.3	3.2	180	48,000	2,400
Domgarh	235	7.5	7.0	3.8	165	24,000	2,400
Sindri	285	7.9	6.9	4.6	125	24,000	1,400
(C) RIVER SUBARNAREKHA FROM RANCHI TO GHATSILA							
Tatisilwai Ranchi	(Base)	7.5	7.4	1.42	N.S.	24,000	100
Muri	40	7.3	7.4	1.20	N.S.	2,400	100
Jamshedpur	120	6.9	7.2	2.30	N.S.	1,000	510
Ghatisla	190	7.2	7.9	1.30	N.S.	110	12

N.S. Not Significant.

Table 3

The total BOD Pollution load discharged into the river Ganga by domestic and industrial effluents.

Place	Volume of the waste (MLD)			BOD of the waste (ppm)		BOD load, contributed by the waste (kg/d)		
	Domestic	Industrial	Aggregate	Domestic	Industrial	Domestic	Industrial	Aggregate
Buxar	36.0	—	36.0	110	—	3,960	—	3,960
Patna	112.5	—	112.5	100	—	11,250	—	11,250
Mokamah-Barauni Industrial Complex	N.A.	41.7	41.7	—	22,4050 range	—	8,386	8,386
Munger	58.5	—	58.5	98	—	5,733	—	5,733
Bhagalpur	90.0	—	90.0	85	—	7,650	—	7,650
Farakka	18.0	—	18.0	105	—	1,890	—	1,890
Total	315.0	41.7	356.7	—	—	30,483	8,386	38,869

+Details of the break-up of industrial BOD load contributed to river Ganga are shown in Table 4.

N.A. Not available

Table 4
Industrial BOD load contributed to river Ganga from Mokamah-Barauni Complex

S.N.	Name of Industry	Volume of the Industrial waste (MLD)	Av. Industrial BOD (ppm)	Industrial BOD load (kg/d)
1.	Indian Oil Corporation Ltd. (IOCL) Baruani	20	130	2,600
2.	Fertilizer Corporation of India (FCI) Barauni	12	25	300
3.	Thermal Power Plant, Baraun	8	22	176
4.	Mc Dowell Distillary, Mokamah	1.2	4,050	4,860
5.	Bata Tannery, Mokamah	0.5	900	450
	Total	41.7	Range 22-4,050	8,386

+Data obtained from the respective industries.

Table 5

Mean value of the suspended solid (S.S) or coal particles and quantity of their discharge from the coal washeries and thermal power plants into the river Damodar and its Trisutarins (cf. Fig 17.2)

S. No.	*Industrial Sites*	*Volume of the waste (Singh, 1985)*	*Suspended Solid (ppm)*	*Quantity of Discharged coal particles (ton/dor)*
	A. COAL-WASHERIES			
1.	Giddi	ndr	4,100	—
2.	Kandia	ndr	3,615	—
3.	Kathara	9.0	4050	36,450
4.	Swong	1,0	2,500	2,500
5.	Kargali	2,4	2,410	5,704
6.	Dugdha	4.0	1,210	4,840
7.	Barora	ndr	nd	—
8.	Monidih	ndr	nd	—
9.	Lodhna	ndr	nd	—
10.	Jamaduba	1.8	1,500	2700
11.	Sudamidih	1.4	4,500	5,300
12.	Pathardih	1.8	4,000	7,200
13.	Chernala	1.5	2,500	3,760
	Total (I)	22.9	—	68.524

S. No.	Industrial Sites	Volume of the waste (Singh, 1985)	Suspended Solid (ppm)	Quantity of Discharged coal particles (ton/dor)
	B. THERMAL POWER PLANTS			
1.	Patratu	28.0**	3,875	108,500
2.	Bokaro	16.0	3,240	51.840
3.	Chandrapura	34.0	4,000	136.000
4	Total II	78.0	—	296.340
	Grand Total (I) and (II)	100.9	—	364.864

**Data obtained from the concenred industry
nd Not determined, ndr not direclty discharged into the river.

Table 6

Mean concentration of pollution other than suspended coal particles discharged into the river Damodar (cf. Fig. 17.2)

Name of the Industry	*Volume of the waste (MLD)(Singh, 1985)*	*Mean concentration (ppm) except pH*	*Quantity of pollutants discharged (ton/day)*
Indian Explosive Ltd.	2.7	pH: 64-7.3	—
(IEL), Gonia			
Steel Plant, Bokaro	24.0	Phenol : 1.8	0.043
		Oil and gases: 6.8	0.163
Fertilizer Corporation	20.0	NG_3-N: 800.0	16.000
of India (FCL), Sindri		Urea-N: 225.0	4.500
		POl_4: 40.0	0.800
		So_4: 1675.0	33.500

Table 7

Total pollution load discharged by some of the major industries and townships in the river Subarnarekha and its tributaries (ef. Fig. 17.3)

S. No.	Industry/township	Volume of the waste (MLD)			BOD and COD of the effluent (ppm)		Total BOD load (Kg/d)		
		Domestic	Industrial	Aggregate	Domestic	Industrial	Domestic	Industrial	Aggregate
1.	HEC, Ranchi**	40.00	NA	40.00	ND	18.72.9		—	—
2.	Township Ranchi***	150.00	—	150.00	48.105	—	7,200.00	—	7,200,00
3.	Aluminium Co. Ltd., Muri*	0.97	0.59	1.56	ND	43:130	—	2.54	2.54
4.	TISCO Jamshedpur*	92.00	36.00	128.00	75.140	3.8:102	6,900.00	136.80	7.036.80
5.	TELCO, Jamshedpur*	9.20	0.52	9.72	120:200	420.78	1,104.40	219.24	1,323,24
6.	Township, Jamshedpur**	210.00	—	210.00	140.175	—	29.400.00	—	29.400.00
7.	UCL, Jaduguda***	1.50	2.50	5.00	69.125	5:80	172.5	12.50	185.00
8.	HCL, Ghatisla**	4.50	3.00	7.50	ND	30.65	90.00	90.00	
	Total	509.17	42.61	551.78	—	—	44.776.5	461.08	15.237.58

Source:

* Bihar State Water Pollution Control and Prevention Board, Patna.

**, Data obtained from the respective organisations.

***, Water works at Ranchi and Jamshedpur.

ND.-not determined, NA-not available

HEC-Heavy Engineering Corporation.

TISCO-Tata Iron Steel Company.

TELCO-Tata Engineering Locomotive Company.

UCL-Uranium Corporation Limited

HCL-Hindustan Copper Limited.

Table 8

Range of sensitive parameters of some industrial effluents discharged into the river Subarnarekha (cf. Fig 17.3)

Industry	*Parameter*	*Concentration range (ppm)*
Ranchi distillery, Ranchi	BOD	512-2180
	COD	910.4508
TISCO Jamshedpur	Cyanide	0.01-03
	Phenol	0.001-0.10
	Oil and Grease	10.6-8
UCL, Jadugoda	Uranium	1.0-2.0
	Carbon-12	100-125
HCL,Ghatisla	Cu	0.76-3.0
	Ni	2.0-2.8
	Zn	10.3-87.5
	Pb	0.10-0.23

*Data obtained from the respective industries.

water seal toilets as introduced by the Sulabh International may effectively control the bacteriological pollution of the underground water as well as that of the receiving streams.

2. It has been estimated that nearly 3,64,864 tons of fine metallurgical grade of coal particles are carried by Damodar per day. Suitable methods should be evolved to recover it.

3. A detailed study to ascertain the presence of heavy, toxic radioactive and other trace elements in Subarnarekha should be taken up immediately. Otherwise, the pumping stations for supplying drinking water, particularly those situated along the down stream from Jamshedpur to Ghatsila (Fig. 16.3), may face constant risk of contamination with poisonous chemicals.

4. All industries and municipalities should adopt suitable measures for treatment of industrial and domestic effluents before these are discharged into the rivers. Severe penalty or legal actions must be enforced for effective implementation.

REFERENCES

Das Gupta S.P. (ed.) (1984). The Ganga basin, Part 2, 1984, Central Board for the Prevention and Control of Water Pollution, New Delhi, 204p.

Ghose, N.C. and Sharma, C.B. (1985). Ganga Ka Pradusan, Anand Digest (Hindi), 48.51.

— (1986). Effects of drain water on the physico- chemical and bacteriological characters of the river Ganga at Patna, Bihar, in Ecology and Pollution of Indian Rivers, Ed. R.K. Trivedy, Ashish Pub. House, New Delhi. 255-269.

— (1989). Pollution of Ganga river. Ashish Pub. House, New Delhi, 250p.

Govt. of Bihar, P.H.E.D. (1982). Decade Master plan for water supply and sanitation for the state of Bihar, 2/23.

Indian Standards Institution (1982). Indian standard tolerance limit for surface waters subject to pollution, IS 2296-1982, New Delhi, 3-13.

Kanga, A.R. (1981). Per capita level of availability of fresh water in India Water Supply System Management Course, IWWA, Bombay, 1-7.

Rao, K.L. (1979). Water wealth of India. Orient Longman Ltd., New Delhi, 266p.

Sharma, C.B. (1982). Pollution of river Ganga by municipal wastes at Patna. Unpub. Ph. D. Thesis, Patna University, Patna.

Sharma, C.B., Sinha, S.N. and Ghose, N.C. (1982). Pollution study of the river Ganga at Patna. proc. Sem. Environment. Engr., Pollution Control and Water Conservation, Inst. Engr. Ind., 111-117.

Sharma C.B. and Ghose, N.C. (1984). Ganga Basin, Part-2, Central Board for the Prevention and Control of Water Pollution, New Delhi, 102 p.

(1987). Pollution of the river Ganga by municipal waste: A case study from Patna. J. Geol. Soc. Ind., 30-369- 385.

Singh, S.K. (1985). Status of pollution of Damodar river sources and remedies thereof. Environment Pollution Monitor Course organised by C.S.I.R. at CMRS, Dhanbad, 20p.

Sinha, M.P. (1988). Effect of water disposal on water quality of river Damodar in Bihar: Physico-chemical characteristics. In Ecology and Pollution of Indian rivers, ed. R.K. Trivedy, Ashish Pub. House, New Delhi, 219-246.

Standard Methods (1975). AWWA, APHA, AWPEA., New York.

17

NITRATE POLLUTION OF GROUNDWATER IN VISAKHAPATNAM AREA, ANDHRA PRADESH

N.SUBBA RAO, K. SURYANARAYANA and
G. KRISHNA RAO*
Department of Geology, Andhra University,
Visakhapatnam - 530 003

*Present address: Colombo Plan Expert,
Department of Geology, Tribhuvana University,
Kathmandu, Nepal

1. INTRODUCTION

Visakhapatnam is one of the fast growing towns in the state of Andhra Pradesh (Fig.1). As a result of increase of urbanisation and industrialisation with lack of enhanced facilities apart from extensive use of fertilizers in irrigated lands, natural environment has become degraded in which water is one that is the basic component of life. Nitrate in drinking water is associated with methemoglobinemia or blue-baby disease which can prove fatal for infants generally less than four months old. It also plays a role in the production of nitrosamines in the stomach which are known as carcinogens—a type of cancer (Wolff and Wasserman, 1972). So far, no detailed survey has been carried out on the content of nitrate in groundwaters of Visakhapatnam area. Hence, a detailed survey has been made on this aspect for understanding of the causes of nitrate in groundwater.

The topography of the area is undulatory. Red soil overlies khondalite, leptynite and charnockite rocks of the Eastern Ghats. The area of study has a semi-arid climate. The temperature ranges from 17° to 34° C and the average annual rainfall is about 975 mm.

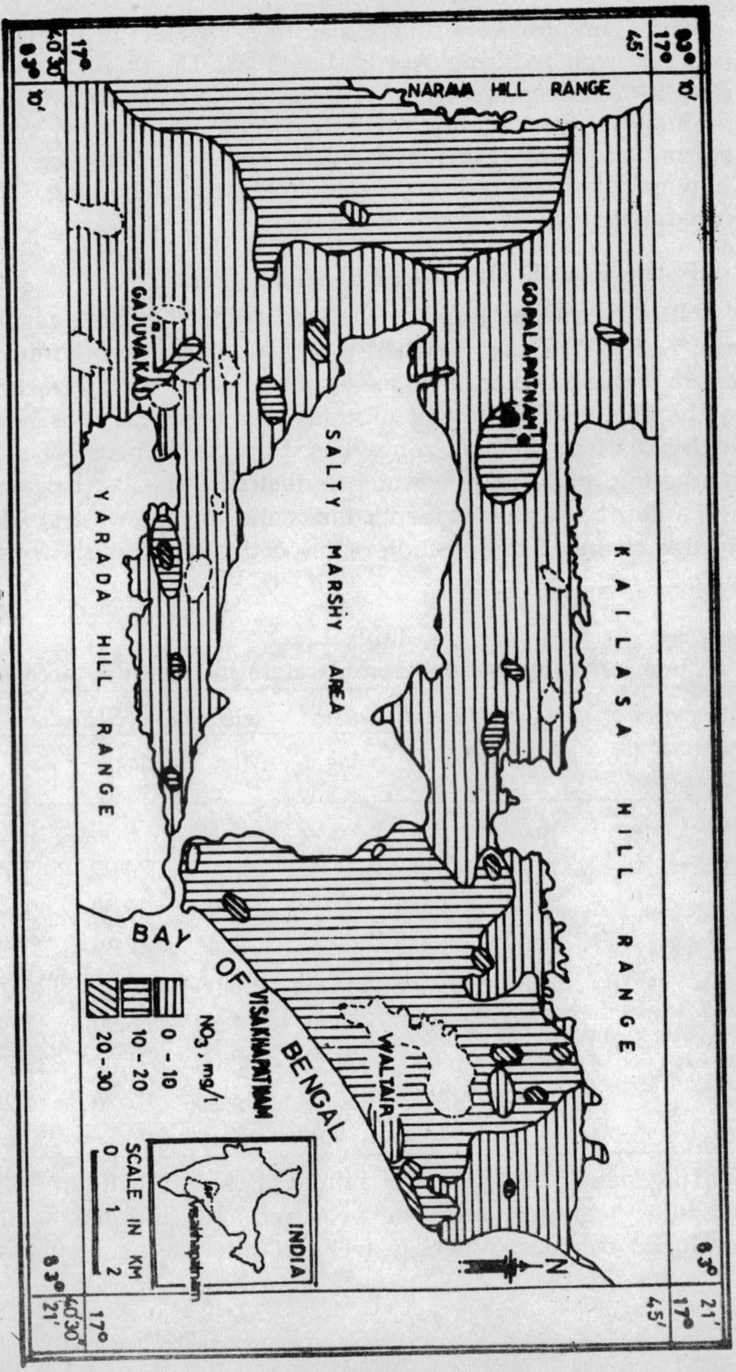
NARAVA HILL RANGE
KAILASA HILL RANGE
YARADA HILL RANGE
SALTY MARSHY AREA
GOPALAPATNAM
GAJUVAKA
WALTAIR
VISAKHAPATNAM
BAY OF BENGAL
NO3, mg/l
0 - 10
10 - 20
20 - 30
INDIA
SCALE IN KM
0 1 2
N

FIG.,-17.1,

2. METHODS

Water samples were collected from 273 wells (including 34 deep borewells) during April/May, 1981. Depth of shallow dugwells and deep borewells range from 3-26 to 20-65 m below ground level respectively. pH and specific conductivity were determined using Elico and Systronics make respectively. Chemical characteristics were analysed following the procedures given by Brown et al (1974).

3. RESULTS AND DISCUSSION

Nitrate concentration in shallow dugwell waters ranges from 1.12 to 28.99 mg/1, whereas it is absent in deep borewell waters (Table 1). In order to assess the effect of various factors on the chemical quality of groundwater regime, it has been subdivided into different zones, based on the influence of rock weathering, back/marine water, industrial effluents, irrigated land and urban effluents (Septic tanks and sewage wastes). The average chemical composition of respective zones is shown in Table 2.

Table 1
Chemical composition groundwaters in the study area

Chemical parameters, mg/l	*Shallow dugwell waters*			*Deep borewell waters*		
	Min.	*Max.*	*Avg.*	*Min.*	*Max.*	*Avg.*
pH (Units)	6.50	9.20	8.07	6.50	8.30	7.71
TDC	332.00	4800.00	1014.84	240.00	2080.00	565.18
Ca	5.00	550.00	35.13	3.00	35.00	13.88
Mg	6.00	185.00	52.12	1.46	47.39	22.67
Na	38.00	1060.00	184.60	13.05	620.00	124.01
K	41.00	255.00	26.40	1.50	65.00	11.84
HCO_3	40.00	1200.00	321.20	90.00	891.00	335.77
Cl	1.00	1343.00	258.03	14.25	87.70	14.25
SO_4	1.22	28.99	9.80	—	—	—

The spatial distribution of nitrate is shown in figure 1. It shows a clear distinction between old city and the newly developed colonies. Waters in wells in latter case contain low range of nitrate that is less than 10 mg/l. Mandel and Shiftan (1981) reported that the major source of nitrogen in ground-water is organic matter that is oxidised by aerobic bacteria in the following sequence:

Organic compounds —> NH_3 (gaseous ammonia) —> NH_4 (ammonium)—> NO_2 (nitrite)—> NO_3 (nitrate)

Table 2
Average chemical composition of groundwater zones

Chemical parameters, mg/l	*Groundwater zones*					
	Rock weathering	*Irrigation land*	*Back/ marine water*	*Indust. effluents*	*Urban effluents*	
					Sewage wastes	*Septic tank*
pH (Units)	8.41	8.05	7.19	7.12	7.71	7.39
TDS	771.51	1073.69	1202.57	2464.00	989.89	1011.20
Ca	33.93	25.59	15.45	85.67	35.01	35.67
Mg	45.26	46.91	51.53	101.68	52.75	63.20
Na	118.64	226.17	279.91	489.30	177.50	165.20
K	17.01	29.15	36.82	71.70	26.33	30.17
HCO_3	303.07	440.71	442.34	357.51	230.39	278.81
Cl	172.22	234.44	275.37	659.45	323.79	303.30
SO_4	51.69	41.11	52.11	514.39	44.51	51.03
NO_3	4.54	13.72	3.22	3.78	16.72	19.58

As the nitrate ion is completely mobile and can be leached out of the upper soil layers by infiltrating water (Bouwer, 1978), deep groundwaters generally have less than 10 mg/l of nitrate (Lohr and Love, 1954), while in former case (Old City Colonies), nitrate range is increased to 10-20 mg/l. It suggests that the duration of inhabitation and density of population have significant control on nitrate content. Further, it is also observed that the relatively high content of nitrate range that is 20-30 mg/l as isolated patches is in the area (Fig 17.1) where wells are close to urban effluents such as septic tanks and sewage wastes. Therefore, waters in these wells have high concentrations of nitrate, total dissolved solids (TDS), sodium and chloride (Table 2). Pitt et al. (1975) reported that nitrate rich patches in waters contain high concentrations of TDS, sodium and chloride which have been used as an index of pollution of urban effluents.

In western part, wells under irrigated lands have 10-20 mg/l of nitrate range which is much higher than the adjoining area and equal to that of urban pollution (Fig 17.1). It appears to be the result of extensive use of nitrogenous fertilisers only as sulphate in waters in irrigated land zone is very low that is very much lower than that of waters in rock weathering and urban effluents zones (Table 2). In practice, it is very difficult to apply fertilisers in proper quantity and proper time of the crop-growth. Ultimately, application of fertiliser when the crop is not in its greatest need will lead to leaching of nitrogen to soil and then to groundwater as nitrate. It can be assumed that about 10-30% of the fertiliser nitrogen applied is being leached out of the root zone as nitrate in groundwater (Bouwer, 1978).

Borewell waters in the area are surprisingly devoid of nitrate. The literature indicates that deep wells (more than 150 m) show little or no evidence of nitrate due to absence of oxygen (Behnke, 1975). But in the study area, nitrate is not found in deep borewell waters even at a depth of 20 m.

The above results and discussion reveal that the causes of nitrate in groundwater of the area are due to natural organic compounds present in soil zone, urban effluents and agricultural fertilisers. At present, nitrate levels in groundwaters are more than the desirable limit (20 mg/l) for drinking purpose (ICMR, 1975) which may be deleterious to the health of infants. However, with time and increasing well density, it exceeds to maximum permissible limit that is more than 45 mg/l (ISI, 1983), unless remedial measures are taken regularly and in time.

REFERENCES

Behnke, J., 1975: A summary of the biogeochemistry of nitrogen compounds in groundwater. Jour. Hydrol., Vol. 27, pp. 155-167.

Bouwer, H., 1978: Groundwater Hydrology. McGraw-Hill Book Company, New York, p.480.

Brown, E., Skougstad, M.W. and Fishman, M.J., 1974: Methods for collection and analysis of water samples for dissolved minerals and gases. U.S. Dept. of Interior, Book 5, p. 160.

ICMR, 1975: Manual of standards of quality for drinking water supplies (2nd Ed.) - Spe. Rep. Ser. No. 44, Indian Council of Medical Research, New Delhi.

ISI, 1983: Indian standard specification for drinking water, IS: 10500, Indian Standards Institution, Bangalore.

Logr, E.W., and Love, S.K., 1954: The industrial utility of public water supplies in the United States, 1952, Part 1, States east of the Mississippi river. U.S. Geol. Surv. Water Supply paper 1229, p. 639.

Mandal, S. and Shiftan, Z. L., 1981: Groundwater resources investigation and development. Academic Press Inc., New York.

Pitt, W.A. Jr., Mattraw, Jr., H.C. and Klein, H., 1975: Groundwater quality in selected areas serviced by septic tanks, Dade Country, Florida, U.S. Geol. Survey Open File Report 76-607. p. 82.

Wolft, I.A., and Wasserman, A.E., 1972: Nitrates, nitrites and nitrosamines. Science, 177, pp. 15-19.

18

GROUNDWATER—A NATURAL RESOURCE FOR RURAL DEVELOPMENT IN SOUTH-EASTERN HARYANA—SOME PROBLEMS AND PERSPECTIVES

K.K. SINHA
Geological Survey of India
Patna - 800 013.

1. INTRODUCTION

Part of southern Haryana, to the immediate west and southwest of Delhi, exhibits an alluvial landscape broadly characteristic of a semi-arid terrain. It is marked by standy flats, sand dune ridges, interdunal depressions and shallow inland basins. The tract, however, lacks in adequate perennial sources of surface water for irrigation. Hence, agriculture, the mainstay of rural economy, is perforce dependent upon the groundwater resources. This is also problematic because the groundwater is almost ubiquitously saline at deeper levels and even at shallower depths, the quality is highly variable laterally. Sinking of tubewells for fresh water is thus limited to the narrow stretches along the stream courses and to the sandy flats or dunes where moderate supply is feasible. Even in such areas, heavy pumpage may induce salt water encroachment, thereby rendering the water unsuitable for irrigation. On the contrary, there are pockets of highly saline groundwater at shallow depths which may perhaps be gainfully utilised for extraction of edible salt. In fact, a salt industry did flourish in the Farrukhnagar–Sultanpur tract of Gurgaon district during the major parts of the 19th century and early 20th century.

During the past few decades attempts have been made by some agencies including the Geological Survey of India to investigate the feasibility of utilising the saline groundwater for commercial purposes, but the results have not been very encouraging. Obviously, a sustained, large scale extraction of salt from the saline water suffers from a number of natural constraints, but developing the brine fields for a low input small scale industry may still be feasible and would augment the rural economy to a great extent. It calls for re-evaluation of the various factors governing the occurrence and wide variations in the chemical quality of the groundwater, the potential of both fresh and saline groundwater components, and the problems in developing these resources. The present work is an attempt in this direction.

2. APPROACH

Regional reconnaissance revealed a strong geomorphic control on the distribution of fresh and saline groundwater. Therefore, the first step was to prepare a geomorphological map of the area. On this base map were superimposed the geohydrological and hydrochemical data for shallow depths (from the water table zones) as well as deeper levels obtained from exploratory boreholes drilled usually to the depth of 50 metres. It helped in fairly precise delineation of zones having groundwater with different degrees of salinity. Granulometric, petrographic and chemical analyses of the sediments were carried out to gain an insight into their origin, mode of occurrence and possible contribution towards the salinity problem. In addition, acquifer performance test was conducted to determine such parameters as the transmissibility, specific capacity, etc in order to make a first hand appraisal of the groundwater resources.

3. GEOGRAPHIC CONSIDERATIONS

The study area (Fig. 18.1) covers about 150 sq km around Farrukhnagar in Gurgaon district, Haryana, located at a distance of 50 km southwest of Delhi. It witnesses a dry, hot semi-arid climate. The mean annual rainfall is of the order of 475 mm, the spatial and temporal variations being very large and erratic. The prevailing wind blows from west or southwest.

Being essentially mildly undulating alluvial terrain, the area depicts two major landform elements, viz. (i) sand dune/sandy flat complex, and (ii) interdunal depressions. The sand dune ridges are markedly transverse to the prevailing wind and rising usually to 20 metres above the adjoining low-lands, they extend

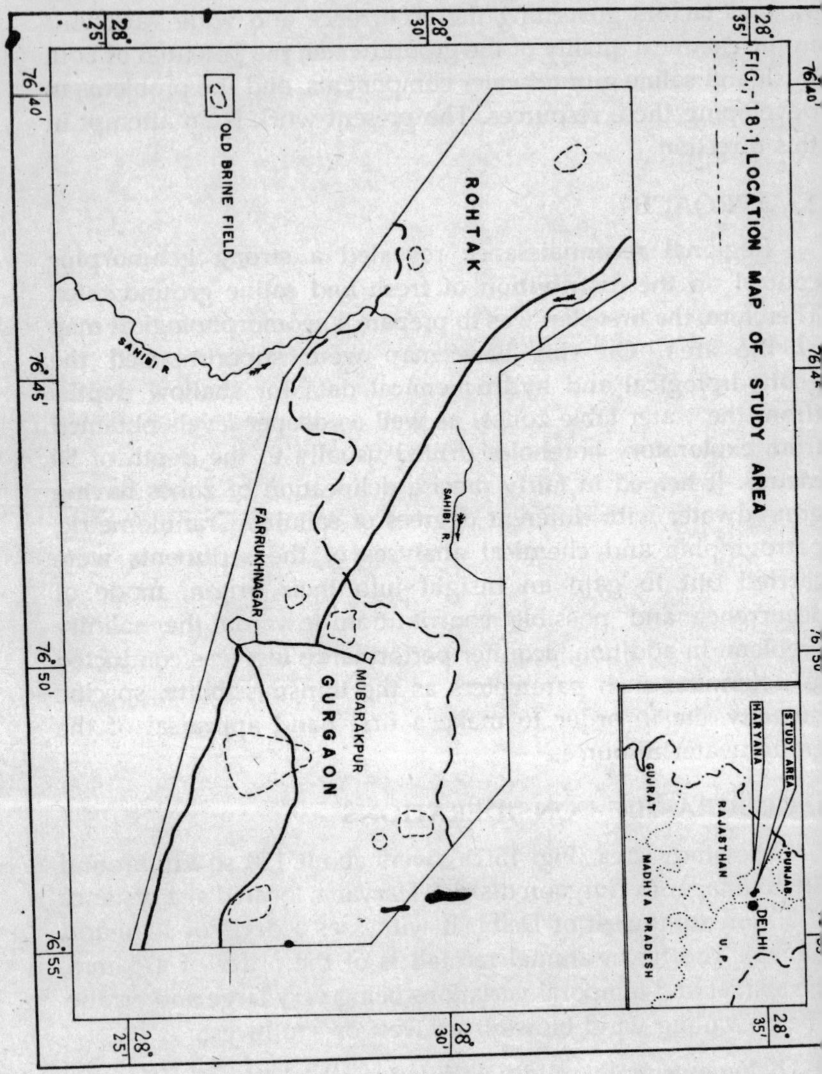

FIG.,-18.1, LOCATION MAP OF STUDY AREA

over a distance of 4 to 10 km. They are typically asymmetrical wind and rising usually 5 to 20 metres above the adjoining low-lands, they extend over a distance of 4 to 10 km. They are typically asymmetrical in cross section, the windward slope being much gentler than the lee-slope. The dunal ridges and the sandy flats are in various stages of stabilisation. Locally, human interference has reactivated aeolian processes giving rise to such features as the barchans, parabolic dunes, deflation hollows (specially on the sandy flats), etc. Bushy scrubs of xerophytic types are the natural vegetation.

The interdunal depressions, on the other hand, consist of elongated, broad and flatish low lands flanked by dunal highs on either sides. They open out imperceptibly towards the Najafgarh depression and often contain water pools, marshy lands and/or saline or alkaline soils. Drainage is very poor. Shallow, impersistent channel lines are usually observed. These tracts remain water logged over a major part of the year and marshy vegetation is very common.

4. GEOLOGY

The area is underlain by unconsolidated quaternary sediments having a maximum thickness of about 300 metres. The sediments comprising mainly silt and very fine sand with subordinate clay and *kankar*, occur directly over an uneven, eroded Precambrian basement of the Delhi Supergroup. Lithological correlation (Fig. 18.2) based on exploratory boreholes indicates a monotonous nature of the sediments, the silt/fine sand constituent forming about 60-90% of the penetrated depth. Clay occurs mainly as thin impersistent beds. Locally, gravelly sand horizons are encountered derived from the nearby hills as slope wash material.

Textural, mineralogic and chemical parameters as well as SEM study of the quartz sand grain surface textures suggest that the sediments are by and large eolian in nature, having undergone limited fluvial transport. Locally, deposition in shallow, lacustrine environment may prevail.

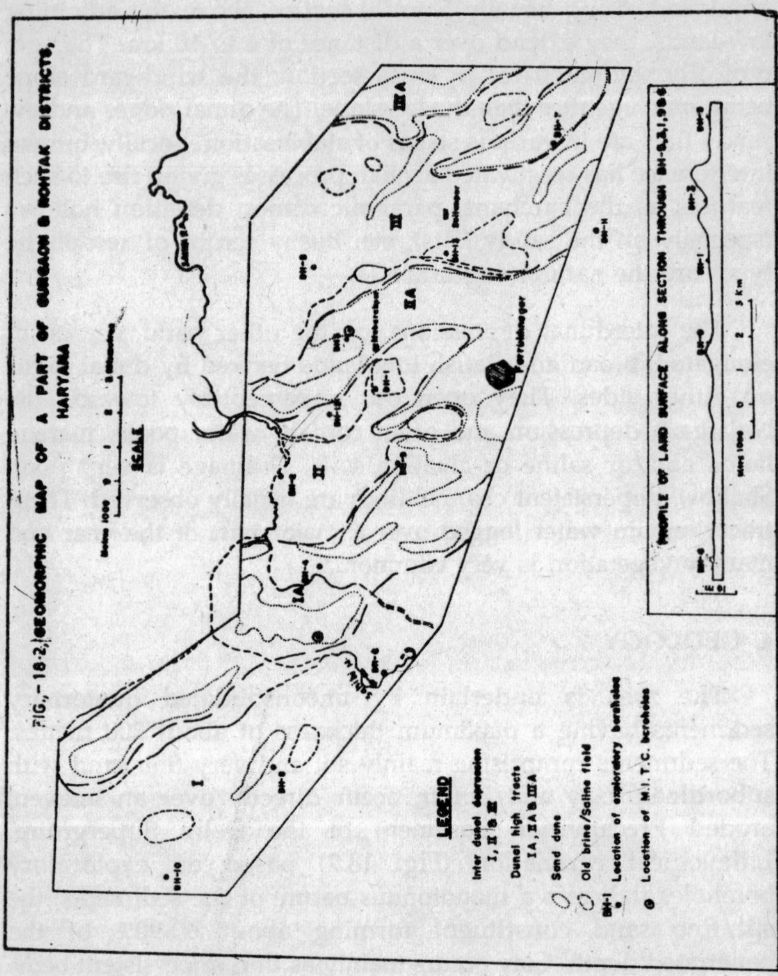

FIG.,- 18·2, GEOMORPHIC MAP OF A PART OF GURGAON & ROHTAK DISTRICTS, HARYANA

5. GROUNDWATER CONDITIONS

The configuration of the water table displays a close similarity with the local geomorphic setting. Thus, while the water table rests usually at the depth of 6 to 8 metres below the ground level in the dunal high tracts, the interdunal depressions exhibit very shallow water table, generally within 2 metres of the land surface. The groundwater flow occurs from the dunal highs to the interdunal depressions and ultimately towards the Najafgarh depression. Hydrological parameters indicate a very sluggish to near stagnant condition of groundwater movement leading to evaporational losses directly from the water table in the interdunal depressions which form the main discharge area. Infiltration of surface precipitation on the dunal highs and sandy flats is the chief source of groundwater recharge. Some recharge is also available through inflow from higher catchment areas and influent seepages from streams and open water bodies.

Pump tests conducted in the area yield a low transmissibility value of $68m^3$/day/metre for the unconfined acquifer comprising essentially very fine grained sediments. The specific capacity of the open wells is also found to be poor.

6. CHEMICAL CHARACTER OF GROUNDWATER

Geochemical study of water samples from dug wells and exploratory boreholes up to 50 metres depth indicates large lateral and vertical variations in the degree of groundwater mineralisation. Dunal highs and sandy flats are, in general, characterised by fresh water to depths beyond 50 metres. In contrast, brackish to highly saline groundwater occurs almost from the water table in the interdunal depressions. Certain patches within the depressions, however, exhibit fresh to brackish water to varying depths owing mainly to the diluting effects of the subsurface inflow along the stream courses and by infiltration of flood waters in the low lying areas. The fresh-saline water interface (Fig. 18.3) is therefore controlled by the local geomorphology and hydrologic parameters, being significantly deep under the sand dune top but at shallow depth of about 20-25 metres in the dunal slopes or the peripheral zones, and finally resting almost at the water-table level in the interdunal depressions. There is a general increase in the degree of salinity with depth.

FIG.,-183, DIAGRAM SHOWING LITHOLOGICAL CORRELATION BASED ON EXPLORATORY BOREHOLES

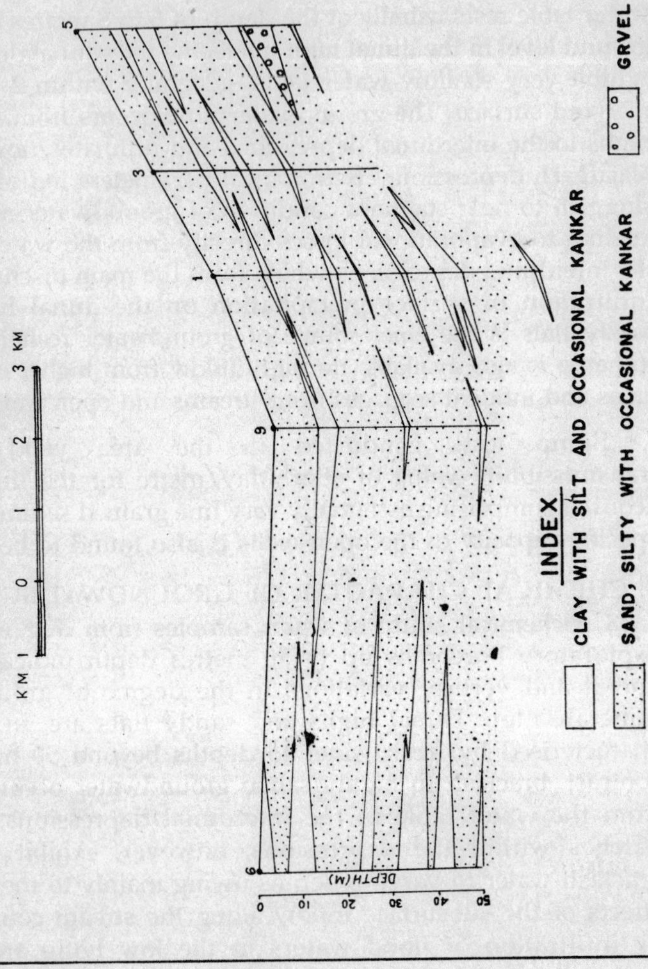

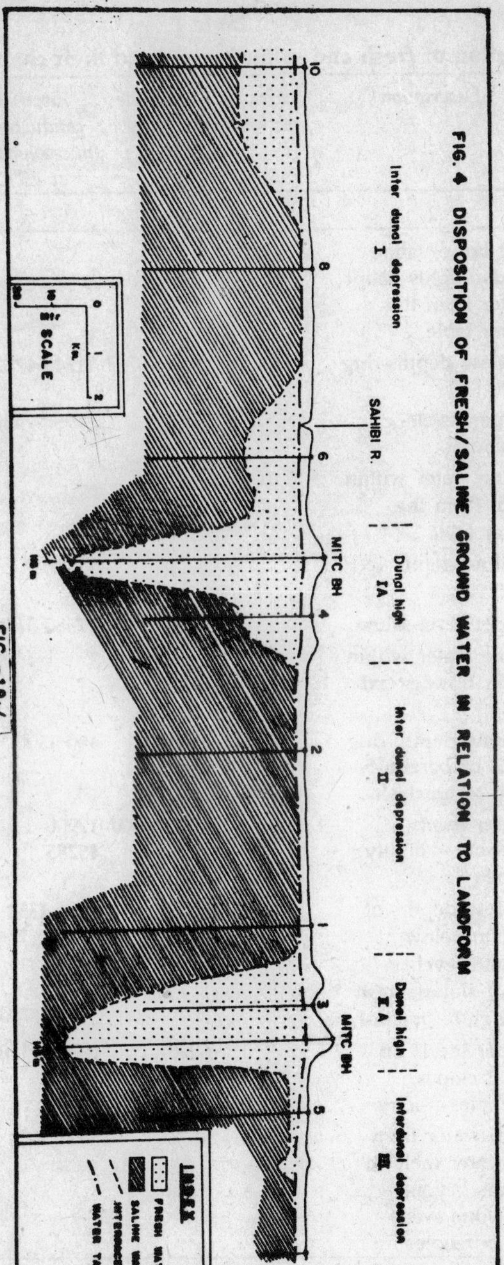

FIG. 4 DISPOSITION OF FRESH/SALINE GROUND WATER IN RELATION TO LANDFORM

FIG.,-18·4.

Table 1
Distribution of fresh and saline waters and their chemical characters

Zone	*Description*	*Area (sq km)*	*Chloride (ppm)*	*Electrical conductivity (microohms/cm at 25°C)*	*Geomorphic setting*
1	2	3	4	5	6
I.	Old brine/saline fields; highly saline water from the water table	7			Interdunal Depression
i)	shallow depths-dug wells		7956-15777	11840-42820	
ii)	deeper levels-boreholes		12000-19600	39990-74600	
II	Saline water within 3-5m from the water table	10			Interdunal Depression
i)	shallow depth-brackish		6200	35300	
ii)	deeper level-saline		4500-14300	17980-51500	
III	Saline water within 10-25m below ground level	98			Interdunal Depression
i)	shallow depth; dug wells or boreholes—fresh to brackish		15-3000	460-3300	
ii)	deeper levels; boreholes—highly saline		4500-15900	17900-45285	
iii)	shallow depths of 20-25m below ground level on dunal slopes; fresh to slightly brackish		96-590	1090-4332	Dunal slopes/Peripheral zone
iv)	deeper levels on dunal slopes; boreholes—saline		6000-13200	16000-51100	Dunal slope/Peripheral zone
IV	Fresh water from the water table to depths beyond 50m; dug wells and boreholes	35	42-627	580-2240	Dunal high tracts

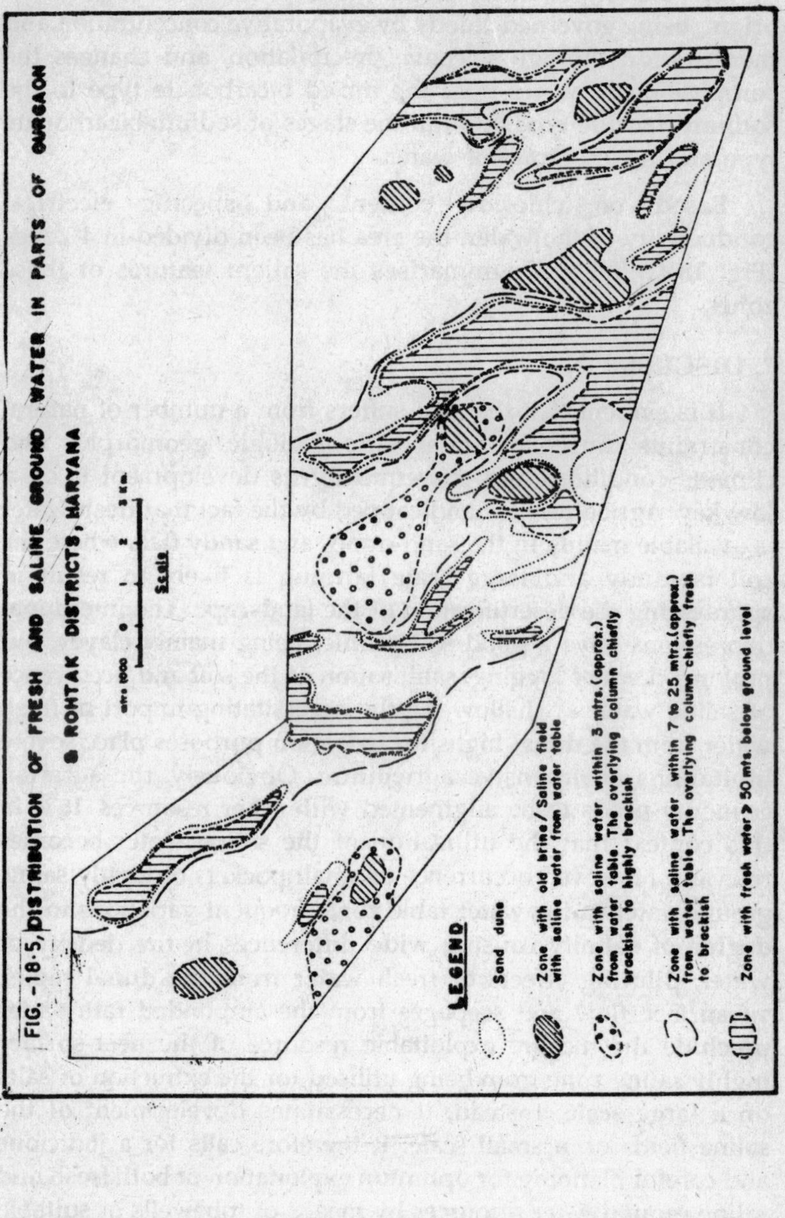

FIG. -18·5, DISTRIBUTION OF FRESH AND SALINE GROUND WATER IN PARTS OF GURGAON & ROHTAK DISTRICTS, HARYANA

The salinity of the groundwater is primarily of continental origin, being governed chiefly by evaporative concentration and modification through selective precipitation, and changes the composition of water from the mixed bicarbonate type to the sodium chloride type through the stages of sodium bicarbonate type and mixed group of water.

Based on chloride content and specific electrical conductivity of the water, the area has been divided in 4 zones (Fig. 18.4). Table 1 summarises the salient features of these zones.

7. DISCUSSION

It is evident that the area suffers from a number of natural constraints caused by its specific geologic, geomorphic and climatic conditions and consequently its development is on a low key. Agriculture is handicapped by the fact that fresh water is available mainly in the sand dunes and sandy flats where the soil is sandy and large scale farming is likely to result in aggravating the desertification of the landscape. The interdunal depressions have a good soil profile, being mainly clayey, but prolonged water logging, salinisation of the soil and occurrence of saline water at shallow depths necessitating import of fresh water from the dunal highs for irrigation purposes place severe limitations on intensive agriculture. Obviously, the agrarian economy needs to be augmented with other resources. It is in this context that the utilisation of the saline water becomes relevant. However, occurrence of small pockets of highly saline groundwater in the water table zone, frequent variations in the degree of salinity causing wide differences in the density of water, diluting effects of fresh water from the dunal highs, subsurface flow and seepages from the emponded rain water preclude the meagre exploitable resource of the near-surface highly saline zone from being utilised for the extraction of salts on a large scale. Instead, it necessitates development of the saline fields on a small scale. It therefore calls for a judicious and careful planning for optimum exploitation of both fresh and saline groundwater resources by means of tubewells of suitable designs, avoiding any mutual interference. A preliminary assessment of the resource potential can be made using the areal extent of the different zones, seasonal fluctuation in the water table, possibility of dewatering of the acquifer by one metre without causing any appreciable change in the groundwater conditions, and assuming a minimum of 5% as safe yield for the fine-grained acquifer material. Zones I and II can be used for extracting saline water avoiding the upper parts of the acquifer to prevent drawing in of low density water. The sand dunes and sandy flats can be tapped for fresh water by means of small to moderate duty tubewells. Over pumping should be avoided at all cost. The peripheral zone (zone III) may be developed by shallow open wells for domestic and to a much lesser extent, irrigation purposes.

ACKNOWLEDGEMENT

The author is thankful to Shri M.N. Sehgal, presently Sr. Dy. Director General, Geological Survey of India, C.R. for closely supervising this work, and to Dr. U. Prasad and Shri R.K. Sharma, Directors, Geological Survey of India, Operational Unit, Bihar, for scrutinising the manuscript.

The author expresses his gratitude to the Director General, Geological Survey of India for his kind permission to publish the paper.

REFERENCES

Guha, S.K., 1969. Potential role of groundwater in reclamation of semi-arid and arid tracts of Western Rajasthan and Southern Punjab, Misc. Pub. Geol. Surv. Ind. 14 Pt. II.

Haryana State MITC, Govt. of Haryana, 1975. Basic data reports on exploratory drillings in Gurgaon, Rohtak and Mahendragarh distt. Haryana.

Saksena, G.P., 1965. Detailed report on the investigation of the subterranean brine of the Sultanpur-Mubarakpur areas of distt. Gurgaon for the revival of salt industry. Geology Wing, Deptt. of Industries, Punjab (Unpublished report).

Sett, D.N., 1965. A study of the subterranean brine of the Farrukhnagar-Sultanpur area, Gurgaon Distt., Punjab. Bull Geol. Surv. Ind. Sr. B., 16.

Tanwar, B.S., 1972. Chemical nature of shallow groundwater brines in the alluvial tract of the Farrukhnagar area of distt. Gurgaon, Haryana. Geology Wing, Deptt. of Industries, Haryana (Unpublished).

19

SOME ENVIRONMENTAL ASPECTS OF BAUXITE MINING WITH SPECIAL REFERENCE TO AMARKANTAK MINES OF MADHYA PRADESH

C.N. KOYAL
Chief Manager (Geology)
Bharat Aluminium Company Ltd.
Korba-495 684.

1. INTRODUCTION

The rapid strides made by mineral industry in our country during the last decade have brought in a sea-change in environment. This has necessitated addition of environmental dimension to mineral industry. It is necessary to focus attention on fragile nature of environment which is likely to be damaged by hectic mining activity. An urgent corrective action to protect the environment is the need of hour.

India is endowed with huge bauxite reserves and ranks fifth in the world. According to latest evaluations, bauxite resources of the country are estimated to be around 2760 million tonnes, mainly distributed in thirteen Indian States. More than 95% of the total reserves are concentrated in bauxite deposits of six states, namely, Orissa, Andhra Pradesh, Madhya Pradesh, Gujarat, Bihar and Maharashtra in the order of their abundance. The Indian bauxites occur right from near the sea level in Gujarat to well over 2000 m above mean sea level in Tamilnadu. Based on the geographical location and geomorphological features, the bauxite deposits of India may be classified into five major groups as per the classification offered by J. Swami Nath in 1982 and further modified by the authors. These groups are namely, (A) Eastern Ghats (B) Western Ghats (C) Inland high level plateau (D) Inland plateau and hillocks and (E) Coastal plains. The group A,B and C are so-called 'high level' (850-2000 m) and type D and E are 'low level (10-600 m). Amarkantak bauxite deposits belong to Inland high level plateau located at an altitude of 1050-1100 metre above MSL.

Bharat Aluminium Company Ltd. is the first Public Sector Company to produce primary aluminium metal. The Aluminium Plant of the Company is located at Korba, District Bilaspur, M.P. The production of metal started in the Plant in the year 1975. The capacity of the Plant is 100,000 tonnes per annum. In order to mine and supply about 500,000 tonnes of bauxite ore to the Plant, the Company has started its mining activities at Phutkapahar, Bilaspur district, and at Amarkantak, Mandla district, M.P. around the year 1970. The present plant feed grade is minimum 49% Al_2O_3 and maximum 3.5% SiO_2 (Module more than 14). The two mines around Amarkantak town are Raktidadar-Nanhudadar and Hazaridadar; the former covers a mining lease area of 1052 hectares and the latter 987 hectares. The Amarkantak mines have been supplying 300,000 tonnes to 400,000 tonnes of bauxite ore annually to the Plant.

2. GEOLOGY OF BAUXITE DEPOSITS

Bauxite-bearing laterite profile in Amarkantak area is developed over Deccan trap basalt by subtropical lateritic weathering. The 20-30 metres thick weathering crust profile consists of (from bottom to top) Deccan trap basalt, altered basalt, lithomarge, laterite comprising impersistent bauxite ore body, top ferruginous pisolitic laterite and soil. Generalised sequence after Jagannath Rao and Krishnamurthy (1979) further modified by authors, is given in Table 1 (1979).

Bauxite and aluminous laterite occur as thin irregular and discontinous lenses or tabular bodies within the laterite capping. The development of bauxite is very irregular, in general. This is particularly the case with high grade material which, sandwiched between the laterite horizons, may show abrupt variations. There is several square kilometres of laterite-bearing area entirely devoid of bauxite. Bauxite ore-body is in the form of boulders; the in-between space and cracks are filled up by ferruginous pisolitic laterites. A typical section of laterite profile is constructed based on the observations in the mine face and study of borehole logs of Amarkantak area (Figure 1). The bauxite rarely occurs below 12 metres depth as observed in various mine faces, deep pits and borehold. Thus ore-body occupies the uppermost or uppermid.

Table 1

Generalised lithological sequence in the laterite profile of the Amarkantak area

Lithological	*Description surface (m)*	*Depth from*
Top soil	Red, loamy, ferruginous (lateritic soil)	0-1
Pisolitic laterite and concretionary ferruginous laterite	Reddish brown pisolitic ferruginous laterite with nodules and concretions	1-3
Bauxite	White or cream coloured and hard	3-5
Aluminous laterite	Buff coloured, non-pisolitic material with brown and white patches	5-6
Ferruginous laterite	Reddish-brown to brickred, cavernous and ferruginous material	6-17
Goethite rich band	Dark brown, compact material	17-18
Under clay (Lithomarge)	Pink brown, purple, clayey material with gritty bands	18-19
Altered basalt	Dark brownish grey, gritty, porous, altered rock	19-23
Basalt	Dark grey fine grained compact hard basalt	Below 23

The mode of bauxite occurrence with reference to the topography of the plateau, location of surface water, ground water and springs is depicted in schematic diagram (Figure 2), which is partly based on factual field data of Raktidadar mine. The bauxite occurrence is restricted well within the plateau top; however, so called 'float ores' occur at lower levels and sometimes two or more such levels can be identified.

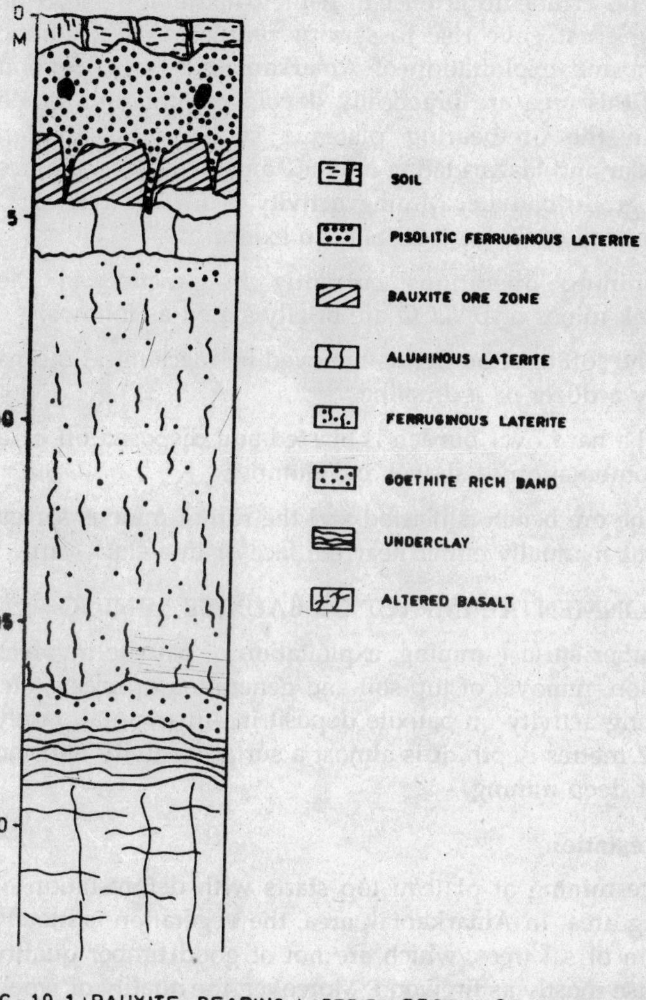

FIG.- 19·1, BAUXITE BEARING LATERITE PROFILE OF AMARKANTAK

3. MINING OF BAUXITE

In Amarkantak, the lateral extension of economic grade bauxite horizon is highly unpredictable and subgrade bauxites/laterites occur in juxtaposition and in association with bauxites. This erratic occurrence of white bauxite in the lateritic weathering crust gave rise to serious problems in economic exploration and exploitation of Amarkantak deposit. Several plateau in this area are practically devoid of economic grade bauxite. In the ore-bearing plateaux such as Raktidadar, Nan-hudadar and Hazaridadar, only 8% area on an average has economic grade bauxite. Mining activity is further restricted within this area of 8% of total plateau extent.

The mining operations currently in practice in the Amarkantak mines of BALCO are briefly stated as follows:

i) The soft over burden is removed by mechanical means by a dozer or a dragline,

ii) The hard over burden is blasted and disposed off by a combination of shovel and dumper,

iii) The ore bench is blasted and the run-of-mine is sorted out manually either near the face or in a stack-yard.

4. ENVIRONMENTAL IMPACT OF BAUXITE MINING

Like other surface mining, exploitation of bauxite involves deforestation, removal of top soil and generation of rejects, etc. Since mining activity on bauxite deposit in Amarkantak rarely exceeds 12 metres depth, it is almost a surface activity with no hazards of deep mining.

4.1. Deforestation

Bauxite mining at plateau top starts with deforestation of ore-bearing area. In Amarkantak area, the vegetation is mostly in the form of sal trees, which are not of good timber quality and find use mostly as firewood. Moreover, the quality of wood has undergone deterioration due to infection by termites. It is noticed that the density of vegetation on hill top is 200-250 tress/hectare in comparison to hill slopes and the area surrounding Amarkantak mines, where 400 trees/hectare are estimated. Since major mining activity is only confined to the plateau top, it involves comparatively lesser deforestation. Plateau tops have thin and shrubby vegetation whereas plateau slopes and valleys have dense mixed forests. Large areas of plateau tops have grass-lands without any habitation. This

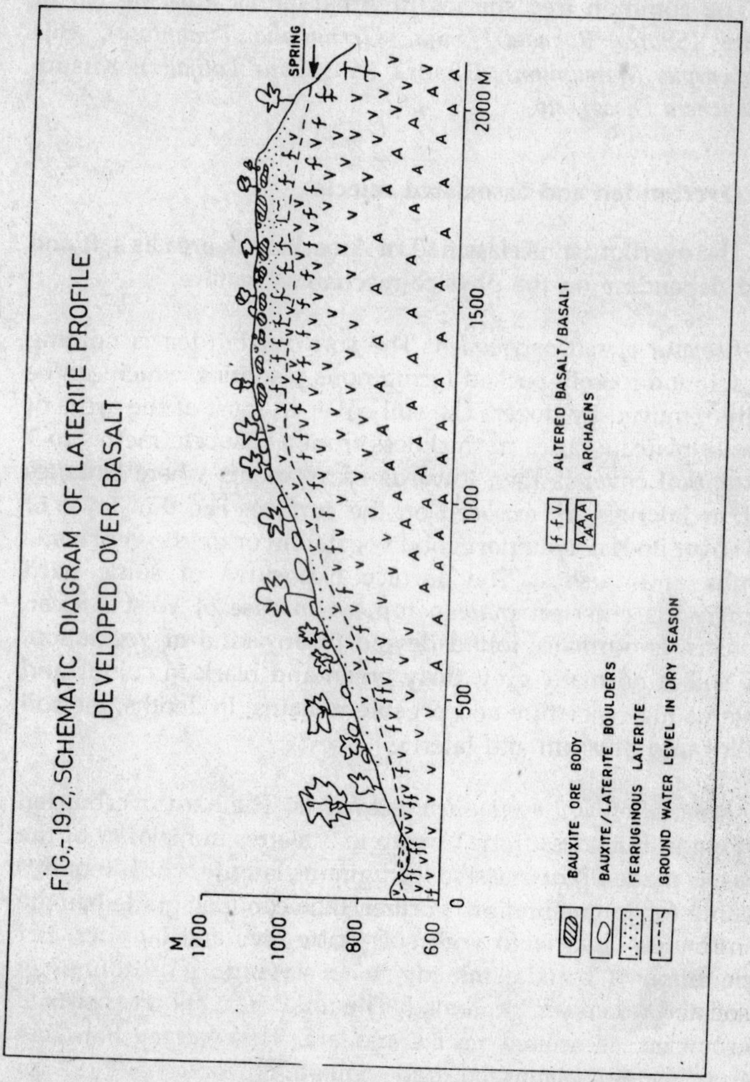

FIG.-19.2. SCHEMATIC DIAGRAM OF LATERITE PROFILE DEVELOPED OVER BASALT

phenomenon becomes more pronounced in case of Eastern Ghats bauxite deposits where, in most of the cases plateau tops are found devoid of any kind of vegetation except some shrubs and bushes.

The common tree species in Amarkantak area are Sal or Saraie (*Shorea Robusta*), Saja, (*Terminalia Tamontosa*), Bija (*Pterocarpus Marsupium*), Dhaora (*Angoissus Latifalla*), Kusum (*Schloichera Diosa*), *etc.*

4.2. Overburden and associated rejects

The overburden is classified in Amarkantak area as soft and hard depending on the physico-mechanical nature.

Removal of soft overburden: The soft overburden is nothing but soil and loosely packed ferruginous pisolities, which can be easily removed by dozer. The soil cover in most of the areas of bauxite plateau varies in thickness from a few centimetres to 1 metre: Soil cover is then towards escarpments where bauxites and/or laterites are exposed on the surface. The thin layer of soil cover does not support good vegetation or tress except some shrubs and bushes. The surface exposures of some hard ferruginous crust on plateau top, as in case of West African deposits, is normally found devoid of any kind of vegetation. The soil is normally grey, dirty green and black in colour and contains high moisture and organic remains. In depths, the soil grades into murrum and laterite.

Removal of hard overburden and rejects: The hard overburden varying in thickness from 1 metre to 3 metres in majority of the areas, is made up of massive ferruginous laterite which requires blasting for fragmentation. Further, the economic grade bauxite is intimately associated with sub-grade ores and laterites. For each tonne of bauxite mined, on an average 1-1.5 tonnes of associated rejects are generated. The total excavation consists of overburden, associated rejects and are. The average handling ratio for getting plant feed grade bauxite is worked out at 8 for Amarkantak bauxite deposits.

4.3. Effect on surface water

The Narmada river originates from Amarkantak area and therefore Amarkantak is considered as a pilgrimage centre. Several springs, both perennial and temporary, are observed on the slopes. These springs are located in the altitude range of 808-1052 m and normally found 25-40 metres below the plateau top. More than 50% of the springs are perennial. However, in rainy season several more springs are observed, which dry up with the end of monsoon season. The plateau tops are cut by non-perennial nalas, which remain dry for the entire period of the dry season. These nalas act as run-off channels in rainy season. The mining activity on plateau top sometimes takes place on the channels and the nalas. However, this mining has no adverse effect on the springs that are located far below the surface.

4.4. Effect on ground water

A detailed investigation on ground water regime was carried out with the help of nine boreholes drilled during October-November, 1985. It was found that the depth of water level is ranging between 26 and 35 m from the palteau surface. The water level was located in the lower part of underclay or in the altered basalt. As discussed earlier, the mining activity is confined with 12 metres; it never touches the permanent water table and does not affect directly.

4.5. Handling and Transportation

The thickness of ore horizon is low, at 1.5 m, on an average. Therefore, bauxite mining has to be carried out at several faces located far and wide on the plateaux, to win daily about 1000 tonnes of bauxite ore of plant specification. The bulk of the run-of-mine ore of -1000 mm size is broken down to -600 mm size and sorted manually, mostly at mine faces only. The sorted ore is loaded manually into dumpers/trucks and transported to bauxite stackyard near crusher. The ore is fed to crusher hopper with the help of a front-end-loader or a dozer. After crushing to -150 mm size, the ore is loaded into ropeway buckets of one tonne capacity, through a belt and bunker. The ore is transported by a 17 km long ropeway to Chuktipani Railway siding near Pendra Road Railway Station, for the last leg of its journey to Korba.

4.6. Dust generation

The Amarkantak bauxite is hard, compact and bouldery in nature. However, during mining, fragmentation takes place, which causes some dust generation. The percentages of different size materials produced during mining are as follows:

Size range	*Bauxite*	*Ferruginous laterite*
-25 mm	20	5
+25/-50 mm	20	5
+50-500 mm	40	40
+500 mm	20	50

It is clearly seen here that -25 mm size constitues only 20% material and it is estimated that -1 mm fraction is hardly 1-2%. The dust, which can fly, normally has size of - 0.5 mm. This fraction is seen only near crusher site and on roadsides.

4.7. Physico-chemical and mineralogical characteristics

Bauxite is hard, greyish-white or cream coloured with various shades of pink and red. The ore shows pisolitic, massive, nodular and concretionary textures. Due to its hard and compact nature and chemical composition, it neither dissolves in water nor produces any distinct colouration to ordinary water except some turbidity. The five major chemical components i.e. Al_2O_3, Fe_2O_3, SiO_2, TiO_2 and loss-on-ignition (LOI) on dry basis constitute more than 99% of bauxite composition and the rest is contributed by FeO, CaO, MnO, MgO, K_2O, Na_2O and P_2O_5, which in total rarely exceed 1%. Mineralogically, the major aluminous mineral is gibbsite followed by boehmite and traces of diaspore.

Hematite and goethite form the main iron minerals and anatase is major titanium mineral followed by rutile. More than 80% silica is locked up in kaolinite; only a small fraction of SiO_2 is found in the form of free quartz.

5. ENVIRONMENTAL PROTECTION MEASURES

Keeping in view the above possible impact on environment, systematic protection measures were planned and the same are being implemented in bauxite mines of Amarkantak.

5.1. Regeneration of original land shape

During the last two decades or so, most of the mining companies of the world have taken up reclamation in opencast mines with utmost seriousness. These days, no opencast mine is permitted to be operated, if reclamation problem is not solved adequately. In ideal case of bauxite mining, soil layer, ferruginous pisolitic laterites and associated rejects should be stacked separately and after winning the ore, rejects must be systematically used for backfilling the mining pit, keeping the soil on the top. An example of this effect may be quoted from the Weipa bauxite deposits of Australia of Commonwealth Aluminium Company, where during the mining operations, the top soil is carefully and exclusively stripped. This soil was stored separately and spread on top again after the mining and reshaping was completed.

In Amarkantak mines, we take 15-20 hectares of land for mining every year to match with yearly requirement of bauxite for our Plant. A strip of 16 m width and average 6 m depth is excavated by shovel and excavator-dumper combination. After winning the ore, the resultant depression is filled by rejects with the help of draglines. The top soil which is heaped separately, is uniformly spread over these reclaimed areas with the help of dozer. In Amarkantak, highly modern mining equipments are selected, which are being effectively used for reclamation purpose also. The land regeneration activity was started here in 1979 and we have found it equally economical as the simultaneous restoration activity obviates the need to rehandle the materials.

5.2. Afforestation

The portion of land regenerated is taken up for afforestation. Afforestation was started on experimental basis in Raktidadar-

Nanhudadar mine of Amarkantak in the year 1979. For planting saplings of trees, pits of size 0.45 m X 0.45 m X 0.45 m are dug on a grid pattern of 2 m or 3 m. While selecting the species of plants, the compatibility of new plants with surrounding forests and merging them with forests, were duly considered. The following species were tried :

1) *Pinus Caribaca*
2) *Gravillea Robusta*
3) *Acacia Auriculiformis*
4) *Eucalyptus Csamaldulensis*
5) *Munga*
6) *Pinus Rokburghii*
7) *Gravillea Pteridofolia*
8) *Shorea Robusta (SAL)*
9) *Malaleuca Leusadendron*
(10) *Pongamia Pinnata* (KARANJ)

After planting the saplings, the area was fenced to protect the damage from cattle.

Except *Munga* and *Malaleuca Leusadendron,* all the remaining eight species survived with good growth rate. Their survival percentage was found to be 90-98%. Owing to encouraging result achieved, additional reclaimed area was taken up for afforestion. Additional plantation of species like *Pinus Codarpa, Pinus Kesiya, Amla, Pongamia Pinnata (karanj). Bottles, Shorea Robusta (sal,) Cashew Nut,* etc., were tried. Survival percentage ranged between 70 and 97%. The density of trees in the restored forest is about 2000 per hectare as against the density of 200-250 per hectare in original forest on hill top. As stated earlier, the trees of original forest on hill top were of fuel grade varieties only. The detail of yearwise afforestation scheme of BALCO is depicted in Table 2.

Table 2

Year	*Raktidadar*		*Hàzaridadar*		*Nanhudadar*	
	Hectare	*No. of trees planted*	*Hectare*	*No. of trees planted*	*Hectare*	*No. of trees planted*
1979	2.50	2669	—	—	—	—
1980	2.50	3375	—	—	—	
1981	3.00	5400	—	—	—	—
1982	9.00	15088	—	—	—	—
1983	17.00	35254	—	—	—	—
1984	9.99	16695	1.70	2825	—	—
1985	—	—	3.25	11544	—	—
1986	1.00	1750	3.00	3221	3.00	4575
1987	7.00	18568	—	—	6.00	11428
Total	51.00	98809	7.95	17590	9.00	16003

A special effort has been made in selecting the species of different types of trees, including some fruit-bearing species. An exhaustive list of the species planted up to 1987 is given below:

1) *Moringa Species*
2) *Acacia Auriculformis*
3) *Eucalyptus Camaldulensis*
4) *Pongamia Prinnata*
5) *Malanluca Lecadendron*
6) *Pinus Caribaea*
7) *Pinus Roxburghii*
8) *Gravilea Robusta*
9) *Shores Robusta* (Sal)
10) *Parkin Sonia*
11) *Gravelia Pterdifolia*
12) *Pinus Oocarpa*
13) *Eucalyptus Cittidora*
14) *Pinus Kesiya*

15) *Eucalyptus Grandis*
16) Bamboo
17) Ashoke
18) *Amla*
19) Baken
20) *Eucalyptus* Hybrid
21) Kullu
22) Toon
23) *Alberzzia Fukateria*
24) Baheda
25) Gurari
26) Kala Siris
27) Safed Siris
28) Bottles
29) *Pelta Furm*
30) Katha
31) Mahua
33) Cashew Nut
34) Mango
35) Jamoon
36) Lemon
37) Bihi (Guava)
38) Papita
39) Dwarf Mango
40) American Bilbil
41) Sishu
42) Neem
43) Bottle Brush
44) Cactus

The planted trees have average survival percentage of 90 and the average growth rate of 0.50 m/year.

5.3. Protection of surface water

Narmada and Arpa rivers are the first order river basins which drain the eastern part of the Maikala range in which Amarkantak mines are located. The plateau tops, as described above, are criss-crossed by several seasonal nalas; however, no permanent water reservoir is seen in mining areas. In order to check the run-off of top soil, and bauxite fines the mining is restricted inside the plateau, leaving adequate solid peripheral barrier. The maximum attention of afforestation activities is concentrated in those areas where possibility of soil/bauxite dust erosion/run-off is high. For example, in the crusher site of Amarkantak mines, where rejected fines get accumulated, more trees are planted, at closer interval of 2m x 2m to check their run-offs.

As observed in the above physico-chemcial and mineralogical characteristics of bauxite, this raw material in fragments does not dissolve in water or generate any toxic elements after reacting with water. Fine bauxite powder may produce slight reddish turbidity in water, which gets settled down after a few hours of static condition. Samples are regularly collected from nalas, streams and rivers to ascertain the impact of mining on surface water. The range of pH value is 6.5 to 8.5 and that of turbidity is 25 to 40 ppm in fair season. Flow measurement of water is also being done.

5.4. Preservation of the Groundwater balance

A detailed geoscientific investigation was undertaken by BALCO in technical collaboration with Applied Geology and Mining Department of Raipur Engineering College to study the impact of continous mining of bauxite on the recharging of the aquifer in Amarkantak. The investigations were mainly aimed (i) to decipher the subsurface geology based upon geophysical resistivity survey (vertical electrical sounding) and the borehole lithologs; (ii) to evaluate the hydrogeology of the area and (iii) to assess the effect of continuous mining on the recharging of aquifer. The resistivity data added with 9 deep boreholes drilled in virgin and mined area in the Hazaridadar plateau of Amarkantak indicated that depth of water levels range between 26-30 metres. Based upon the field data for similar terrains, it is assumed in the present case, that 10-15% of the rainfall is likely to percolate downward and ultimately join the saturated zone. The water table in the laterites is in a dynamic state and continuously moves down after the monsoon as a result of which shallow wells start drying up in the post-monsoon period and water table in summer months can be as deep as about 25-30 metres. Water table is nomally located in the lower parts of underclay or altered basalt.

No significant differences were noticeable in the water levels in the mined or virgin areas and the minor variations are not found attributable to the mining or a cause thereof. The natural process of recharge is retarded at many places of virgin Amarkantak plateaux due to the thick capping of lateritic crust. at the surface or beneath a shallow cover of soil. This acts as an impermeable barrier and may prevent or minimise percolation. The mining operations at Amarkantak plateaux inadvertantly create additional fractures and cracks by blasting operation and thus increase the secondary porosity. Creation of additional secondary porosity would, naturally enhance percolation into the ground. Even the permeability of the soil of the reclaimed area is slightly higher than the virgin area. The results of above investigation clearly indicated that there is no effect whatsoever of mining "on the recharging of the aquifer at the bauxite plateau of Amerkantak".

Detailed physical and bacteriological tests were carried out on well water of Hazaridadar area. It is found that the pH values vary from 5.94 to 7.15 and turbidity ranges between 3.10-6.90 ppm. Based on fifteen water analysis and their bacteriological tests at different times of year, it is found that the water is potable.

5.5. Dust control

Bauxite mining in Amarkantak is carried out at small working faces located far apart; therefore, no concentrated dust hazard is noticeable in the area. Dust is mainly being generated at the mine during the removal of overburden, blasting, transporation of run-of-mine ore and its crushing. To minimise the dust pollution, various steps are being taken in the mines. For Sample, water is being sprayed periodically on roads leading to mines and inside the mines. Similar operations are being carried out at crusher site also. Dust collectors are used to arrest fines while drilling the blast holes.

6. CONCLUSION

In order to restore the delicate balance between environment and bauxite mining, a systematic plan is worked out and the same is being implemented in Amarkantak mines of BALCO. The major environmental hazards arising out of bauxite mining are namely, deforestation, disturbance of surface and slopes, generation of dust and pollution of surface water. The measures undertaken by BALCO in order to combat above problems are enumerated below:

i) Top soil is being completely preserved and utilised for making a blanket cover on the restored area.

ii) Mining is not being done on the scarps and a reasonable wide *in situ* barrier for prevention of soil erosion is being left out in the process of mining.

iii) The mined out area is being immediately refilled back and levelled. Thereafter, plantain of such species of trees, which have proved successful so far as growth is concerned, is taken up.

iv) Slopes are being stabilized by resorting to intensive afforestation. The density of planted trees under the programme of afforestation is about 2000 trees/hectare compared to earlier density of 200-250 trees/hectare.

v) The effective methods of checking the run-off by leaving barrier at the periphery of plateau and planting adequate number of trees on the places of dust accumulation, prevent the pollution of surface water.

The study on hydrogeological regime of plateau, both in virgin and reclaimed area, clearly indicated that there is no effect, whatsoever, of mining on recharging of aquifer. On the other hand, the mining operation generates the secondary porosity which may result in better recharging of aquifer. The very physico-mechanical and chemical nature of Amarkantak bauxites, makes the mining operation harmless and no significant pollution problem arises. The environment management plan worked out by BALCO and implementation of the same in Amarkantak mines will fully preserve the present ecological balance of the area.

ACKNOWLEDGEMENT

The author is highly obliged to the Management of Bharat Aluminium Co. Ltd. (A Govt. of India Enterprise) for encouragement and facilities given for the preparation of the present paper. The author acknowledges with pleasure and with a deep sense of gratitude the kind permission accorded by the Management for publication of this present paper. The author wishes to place on record the friendly and willing assistance given by his colleague, Dr. A.K. Nandi, Dy. Manager (Geology) now T.S. to our Chairman-cum-Managing Director, in the preparation of the paper.

REFERENCES

Hussain, A., 1985. Appraisal work of afforestation work in bauxite mines of Bharat Aluminium Company Ltd. The News Sketch Dec. 9-16, 45; 46.

Rao, J.J., Krishnamurthi, C.G. 1979. Some observations on mineralogy and geochemistry of Hazaridadar and Raktidadar Plateaux, Amarkantak area, M.P. India. Int. Sem. on Lateritization processes. Trivandrum, 11-14 Dec: 89-108.

Roy Chaudhary, M.K., Venkatesh, V., 1964. Final report on the detailed investigation of the bauxite deposit of Amarkantak area, M.P. in connection with the Indo-Hungarian Project, G.S.I.

Swaminath, J., 1982. Geological framework and resource potential of Indian Bauxite, Aluminium Congress, C-01, C-21.

Anon, 1986. Effect of continuous mining on the recharging of aquifers at the Hazaridadar bauxite mine, Amarkantak, M.P. Consultancy report by Applied Geology Department, Govt. Engg. College Raipur, M.P.

20

IMPACT OF PHOSPHORITE MINING ON THE ENVIRONMENT AROUND HIRAPUR

S. K. BABU and M.K. NAMDEO
Dept. of Applied Geology,
Dr. H.S. Gaur University, Sagar.

1. INTRODUCTION

The area under study lies between Long. 79°9 and 79°19′ and Lat.24°20′ and 24°25′ around the village known as Hirapur, 80 km north of Sagar town. The village is unique in the sense, natural fertiliser rock "Phosphorite" is being mined around it. The fertiliser rock contains 31% P_2O_5, of which the soluble phosphate is 16%. The area is unique because the phosphorite occurs in ferruginous shales, which is contrary to the occurrence of phosphorite in limestones and dolomites all over the world.

Opencast mining is being practiced at Hirapur, disturbing the land configuration and ecology of the area. Besides the inorganic phosphate present in the form of apatite, francolite and collophane, phosphate also occurs as "Organo/Metallic Complex", which for purposes of convenience can be termed as "Organophosphate".

Though the human body contains the inorganic phosphate in the human system, the organophosphate beyond a certain limit (4 ppm) is deleterious particularly to the "Sympathetic Nerous System", and is mainly responsible for impotency in man. The mining activity of phosphorite around Hirapur has caused pollution of surrounding surface as well as subsurface drainage and people using the water are affected to varying extents. The fauna and flora around Hirapur is also affected due to mining activity.

Hence, the environmental studies around Hirapur have been taken up to tackle some of the problems and to suggest remedial measures to preserve and protect the environment.

2. GEOLOGICAL SETTING

In order to understand the environmental aspect of any area the "Physical environment", which in reality constitutes the geological environment must be understood thoroughly. The geological environment comprises chiefly "Lithosphere, Hydrosphere and Atmosphere" and they are inter-related with each other . Hence, the geological setting of the area is of paramount importance.

The geology around Hirapur comprises rocks of three important "Supergroups", namely :

— Vindhyans

— Bijawars

— Bundelkhand Granites and Crystalline Metamorphics

The Bundelkhand Supergroup is chiefly represented by granites and crystalline metamorphic rocks (Schists, Phyllite and Gneisses). The Bijawar, which in reality is part of the main Bijawar basin is formed at Hirapur as an embayment due to major faulting. The Bijawar embayment conforms to the "Gango" formations of the main Bijawar basin. The Bijawars at Hirapur is represented by charity breccia and quartzite followed by dolomitic limestone and ironstone shales.

The ironstone shales contain the economically viable phosphorite deposit, which is being mined. The phosphorite occurs in three modes of occurrence, namely:

Laminated type

Brecciated type

Cherty type

Phosphorite comprises chlorapatite, collophane and francolite. The P_2O_5 content is 31% maximum, with an average of 21%. The soluble phosphate content is 16%.

The Vindhyan Supergroup lies unconformably over the Bijawars. It is mainly represented by "Kaimur" group comprising mostly of orthoquartzites and shales.

All the three major stratigraphic groups have been intruded by igneous intrusives chiefly represented by metadolerite, dolerite and rarely gabbro. The intrusives are distinctly of two ages namely Pre-Bijawars and Post-Bijawars.

The Bijawars rocks display two periods of folding at right angles to each other resulting in cross folding. The cross folding has resulted in physiographic domical hills and basinal depressions. It is in these physiographic humps, phosphate is being mined at present. The geological set up of the area is presented in 20.1 fig.1.

3. SAMPLING

Sampling constitutes the most important aspect of any resource investigation. Since samples represents a "Part for the whole", all necessary precautions have been taken to make the sample as much representative as possible. Sample collected pertains to soil, sediment rock, water and vegetation. Samples of soil and rock have been collected on a rectilinear grid pattern, while water samples have been collected using a water sampler from surface and sub surface (river, lake, dug and tubewells). Sediment samples are confined only to the lake. Various samples (rock, soil, water and sediment) collected around Hirapur are shown in Fig. 20.1.

4. ENVIRONMENTAL IMPACT OF MINING

4.1 Direct Impacts

The phosphorite rock is more mostly confined to hills and hill tops. As they are being mined by open cast method (benching and pitting) and the waste material is being dumped or stocked on the sides of the hills, the escarpment slope is being increased, resulting in extensive erosion on the hill slopes and silting up of the surrounding agricultural land. The blasting of the mine creates considerable noise pollution disturbing the surrounding "Ecosystem". As the mineral phosphate is stacked around the mine, during the rainy season the soluble phosphate is leached and flows with water, along the escarpment slope

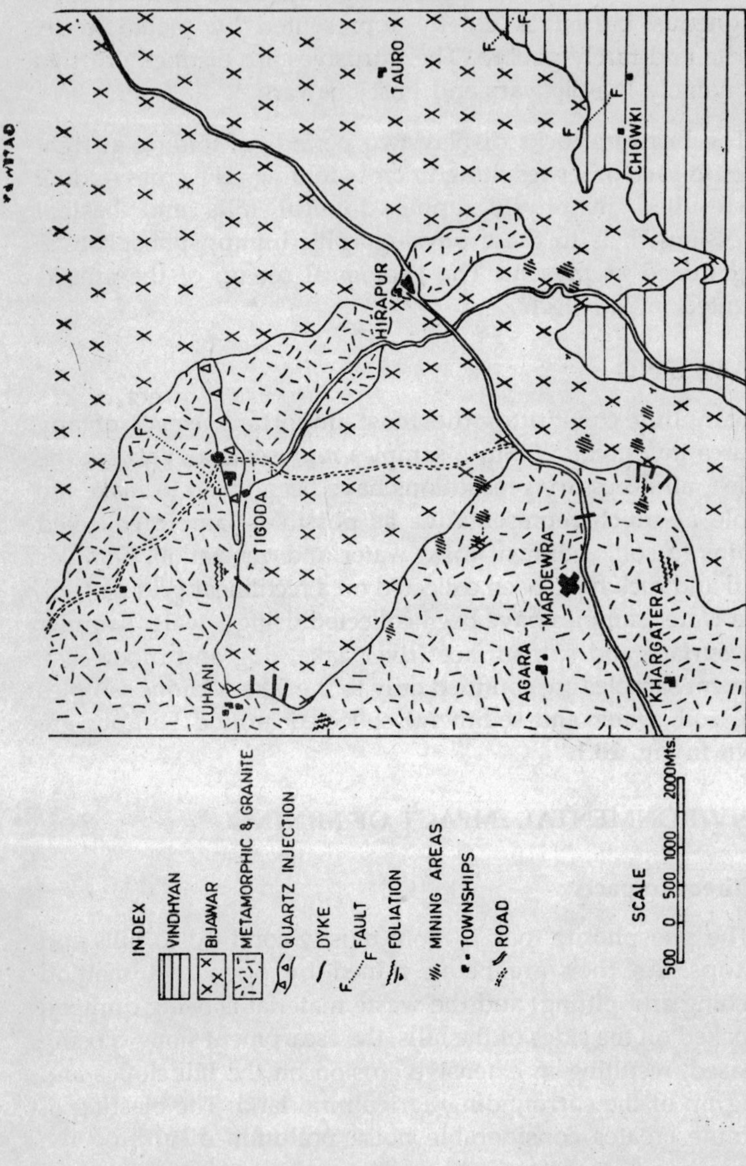

FIG. 20·1 SHOWING GEOLOGIC ENVIRONMENT IN RELATION TO MINING AREAS OF HIRAPUR contaminating the surface drainage and surrounding groundwater.

Further, the opencast mining has resulted in the stripping of the overburden leaving the sides of the hill exposed, which is susceptible for slide, since the footwall side of the mine is made up of dolomite, which is highly jointed and cherty.

The great damage caused by opencast mining is the destruction of the forest abounding the area and affecting the forest life.

4.2. Phosphate Study of Water Samples

As the area is characterised by the phosphate mining activity, water samples from the surface (lake, river) as well as subsurface (dug well, tube well), collected and shown on Fig. 20.2, have been analysed for phosphate content (P_2O_5), to know the variation of phosphate in water and to assess the degree of contamination, if any, due to mining activity.

The phosphate determined is total phosphate and includes both inorganic as well as organic. The phosphate content found in these water samples mostly pertains to soluble phosphate and is presented in Table 1.

As can be seen from Table 1, the phosphate content of surface water (rivers and lake-2.63 ppm) seems to be less as compared to subsurface waters (dug and tube wells-5.60ppm). But among the surface waters, river water seems to be more enriched in phosphate (2.9 ppm) in comparison to the lake (2.4 ppm). The high content of phosphate in the subsurface is obvious, since the subsurface waters are static, in comparison to surface water. But it looks anomalous to have higher content of phosphate in river water (Dynamic regime) in comparison to lake water (Static). This may be explained as probably due to erosion of soluble phosphate of the rock of which the river flows, whereby there is a continuous enrichment of phosphate. This also depends upon the time of sampling in the river. Since sampling has been carried out only once, no significance can be attributed to the relative high phosphate content of the river samples.

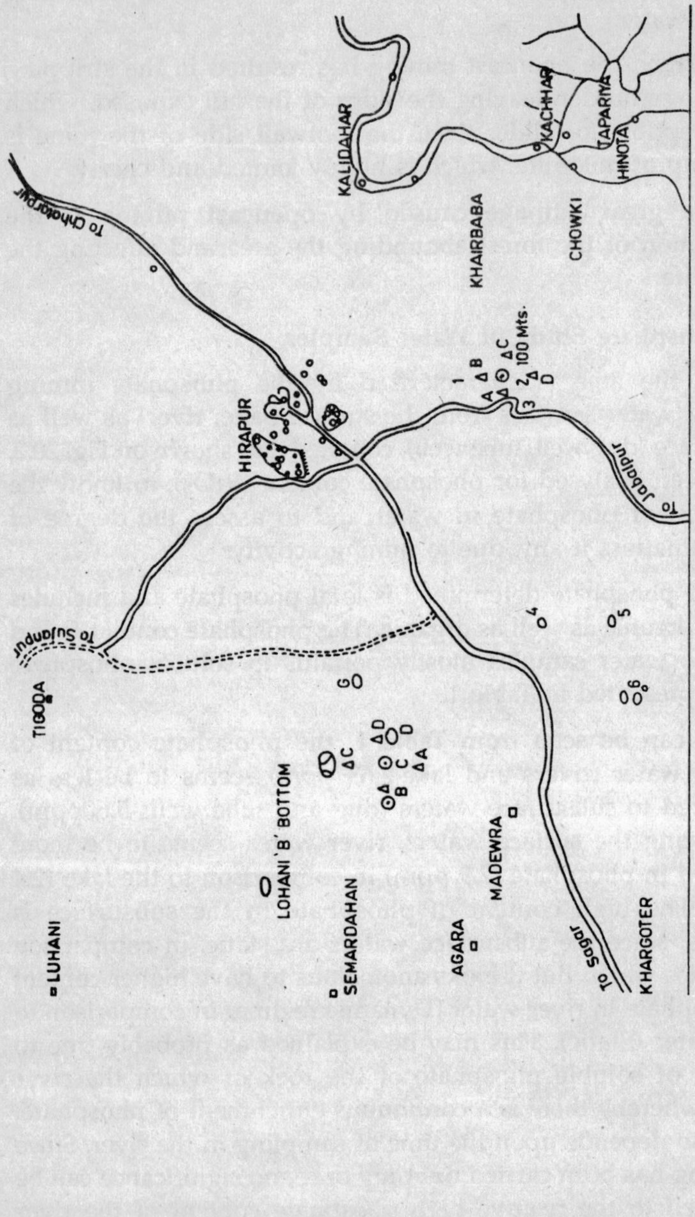

FIG.-20·2, SHOWING THE LOCATION OF SAMPLES AROUND HIRAPUR, M. P.

INDEX- O WATER ● SEDIMENT Δ SOIL

In the subsurface water samples, phosphate seems to be relatively higher in dug wells (5.8 ppm). This may be attributed to the shallow depth of dug wells (6-8 meters), while the tube wells are (80-90 meters) deep.

The waters of granitic terrain have lower phosphate content (5.7)ppm as contrasted with 6.2 ppm of water occurring in Bijawars. This difference may be due to leaching of phosphate from granitic rocks which has accumulated in Bijawar rocks.

Iso-Phosphate map has been prepared for all the waters of Hirapur to determine the variation of phosphate in and around Hirapur. This is shown in fig.3. The map shows that the area is characterised by two phosphate highs (One in central portion of the northern area and the other towards the extreme western portion). The western portion high is situated at the proximity of phosphorite mine and concentration plant. The central high in the northern portion is due to pollution of the ground water (since the drainage around Hirapur flows from South to North). Hence, the wells in the proximity of the drainage gets polluted more in phosphate than the wells located away from the drainage. Therefore, wells situation in the SE portion of Hirapur have more phosphate content than wells located in NW portion as well as other parts of the region.

5. MISCELLANEOUS IMPACTS OF MINING

Miscellaneous impacts of mining are mostly man made and not due to natural causes. Among the miscellaneous impacts, mention may be made of the hazard due to crusher and concentration plant. Several thousands of tonnes of the phosphate rock is being crushed for the purpose of upgrading the ore. The phosphate occurs in ferrugi nous shales and the crushing of the rock results in considerable amount of fines which augment the density and frequency of the particulates in the atmosphere. The particulates are rich in iron. The inhaling of these particulates causes the disease "Pneumaconoises".

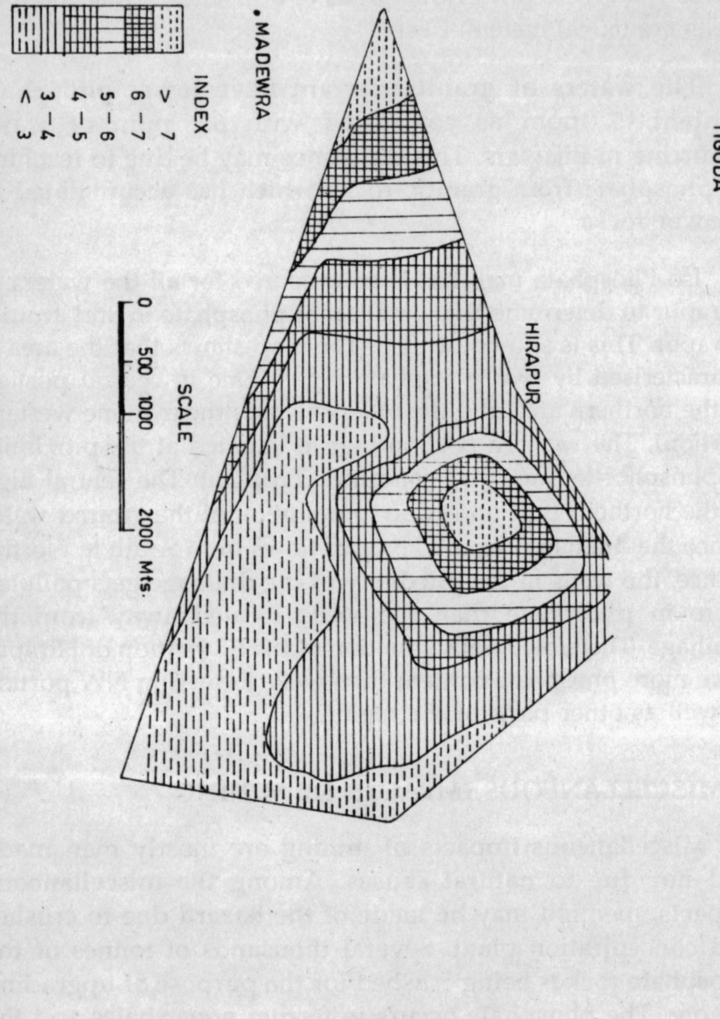

FIG.-20·3, ISO PHOSPHATE MAP AROUND HIRAPUR

Table 1

		Sample No.	*Phosphate content in water (In ppm)*	*Average*
R		2	2.7	
I		4	3.3	
V		6	2.7	
E		8	2.0	2.90
R		10	2.7	
		12	4.0	
		16	2.0	
		18	3.3	
L	1	20	2.7	2.66
A		22	2.0	
K		24	3.3	
E		26	1.4	
		28	4.0	
	2	30	2.0	2.30
		32	1.4	
		34	2.7	
D		36	6.0	
U		38	1.4	
G		41	4.0	5.72
		47	9.2	
		48	7.9	
E				
L		39	2.0	
L		49	9.2	6.18
S		50	7.3	
T.W.		44	3.3	3.30

The second impact is the damage due to forest growth by mining activities, where due to blasting at the mines, enarmous amount of sound (90 db) is produced resulting in copious quantities of smoke. The blasting results in noise pollution disturbing the surrounding and neighbouring "Ecosystem", whereby wild life is sacred away to move to new habitats. The settling of the mine debris destroys the surrounding vegetation.

The third impact is the lead poisoning. As the State Highway from Sagar to Chhtrapur passes through Hirapur, and the Highway is having a high frequency of disel buses passing, the vehicles shed "Tetramethyl and Tetraethyl" lead, which is soluble in water and capable of moving over a distance of 2 kms. Besides the auto vehicles the machinery used in open cast mines (Dumpers, disel pumps, etc.), also used disel, which contributes to lead poisoning around Hirapur.

The fourth impact, which is harmful to human life, and which can be used to advantage under controlled conditions, is the "organometallic PHOSPHATE" complex, which enters into human system through food chain or water similar to DDT. Human bodies contain phosphate which is mostly inorganic and which is essential for bones and teeth development. But the phosphate which exists as organometalic phosphate is harmful to human body. The critical limit of the organmentallic phsophate is less than 4 ppm. If it exceeds 4 ppm, it will kill the "Sympathetic Nervous System", causing impotency in man and sterility in women.

A preliminary survey conducted around Hirapur with random sampling among married couples, married within the last 5 years, showed that they have less children as compared to the people married for more than 5 years.

The low incidence of children among the married couples, married within the last 5 years, probably may indicate to the pollution of soil and water by organic phosphate from the surrounding mines (which has been started within the last 5 years) and also the shallow phosphorite deposit lying beneath the soil or on the hill tops.

This environmental "BANE" can be made into a "BOON" by putting controlled quantities of organometallic phosphate well below 4 ppm in areas, where people are allergic to family planning, so that it can be used as an effective measure towards the control of population

Enquiries made with veterinary doctors around Hirapur village revealed that 35% of the grazing animals suffer from food and mouth disease. At Tigoda village, which is in the immediate proximity of the phosphorite mine, 73% of the animals suffer from food and mouth disease. This may be attributed to the fluoride and choride content of the phosphate rock, which may migrate in a sloluble from contaminating the surface water and soil, on which the fodder grows and fluoride enters into the animals causing mouth disease.

6. ENVIRONMENTAL PROTECTION

Environmental protection means environmental conservation, protection of the environment from various kinds of pollution, health hazards, so that environment is made hospitable for a healthy living. The environmental aspects around Hirapur mainly pertains to air, water, vegetation, wild life and health hazards. The following are the protective measures suggested:

6.1. Air Pollution

Owing to mining activity (Blasting in the mine), concentration and crusher plant the air around Hirapur is polluted and increases the particulates of the atmosphere in and around Hirapur. This may be overcome by wet blasting at the mines and by installing electrostatic dust separating screen at the crusher plant, whereby fine particulates and dust is removed.

6.2. Water Pollution

The water supply around Hirapur is essentially by dug wells and a spring located in the river "Kajalidhara". Most of the wells are located in granite, where the depth vary between 10-15 mts, of the weathered zone. In the cases of spring located in the river, the spring is ensuing from the Bijawar limestone. As the area surrounding the wells are characterised by ironstone shales containing phosphorite, the soluble phosphate (16%) may enter into solution during rainy season, increasing the phosphate content. Hence, it is suggested to line the wells completely from top up to the surface of water by cementing or by stone- cement lining. It is suggested to go in for more of tube wells, where the quality of water is better in comparison to dug wells.

6.3. Vegetation and Wild Life

The dust produced by blasting as well as by concentration plant settle on vegetation and discolour the foliage thereby reducing the cholorophyll content of the plant, due to which the growth of the plant is stunted. Besides dust, the organometallic phosphate present in the soil and carried by water reduce the biological productivity of the plant, whereby the dense growth of vegetation is reduced. The lesser density of growth diminishes the average growth of forests and thereby disturbing the "Ecosystem", for the dwelling of wild life. Hence, special attention must be paid to grow such forest plants which are resistant to phosphate and fluoride and flourishes luxiriantly in the presence of organophosphate. The blasting sound at the mines must be minimised using sound proof detonators.

6.4. Environmental Health

People must be educated about basic health requirements by lecturers, films, discussions,whereby they are made aware of the health hazards, so that they can keep the surroundings (Water, Soil and Air) as much free from pollution as possible. Further, they must be asked to plant 3 trees per person every year, in their surroundings and they must be provided with all requirements to see that the three trees survive, prosper and grow. They must be provided by forest department, trees which are fast growing and suitable to the local conditions. After three years, the persons are allowed to cut the first tree for his fuel needs. In this way afforestation and deforestation will go concurrently without destroying the vegetation surrounding them.

7. CONCLUSION

From the various studies carried out on soil, water, sediment, around Hirapur it is concluded that the phosphate mining in the area is having an impact on the surroundings around Hirapur, and the water as well as air are being polluted, creating health hazard. This can be overcome by measures suggested under "Environmental protection" and by appraising the people with proper environmental education.

21

AN APPROACH TO METHODOLOGY FOR ENVIRONMENTAL IMPACT ASSESSMENT DUE TO MINING ACTIVITY : A CASE STUDY

R.M. UMATHAY
Senior Mining Geologist
Indian Bureau of Mines, Nagpur.

1. INTRODUCTION

Mining activity is considered as one of the factors which causes environmental hazards. The hazardous effect on environment is more pronounced in a mining district where there are large mines or a cluster of small mines in a limited geographical extent. Goa area constitutes one such mining district where iron ore, manganese, bauxite and silica sand are mined.

Iron ore production from Goa was of the order of 13.6 million tonnes in 1985 constituting about one-third of the total iron ore production of the country. Study was carried out to assess the environmental impact due to iron ore mining in Goa. It convered 60 mines and concessions which account for 80% of production. The environmental impact caused is both direct and indirect. During the study, efforts were made to assess the direct impact. The impact was recognised in respect of agricultural land, forest, water streams and river, ground water table, noise and dust. The objective of the study was two-fold: (i) to recognise and assess the hazards due to mining activity and (ii) to suggest remedial measures to minimise the effect of hazards. A quick appraisal of the mining district during the reconnaissance stage was carried out to identify the factors that may disturb environment.

Consequent to the quick appraisal, following impacts were identified in order of their severity in respect of Goa mining district:

(i) Land degradation

(ii) Accumulation of mining waste

(iii) Pollution of water by mining waste and by treatment plant effluents

(iv) Noise pollution

(v) Change in water table

(vi) Air pollution by dust due to mining and processing;

(vii) Deforestation, and

(viii) Socio-economic aspects.

2. DIFFERENT METHODOLOGIES FOR IMPACT ASSESSMENT

The basic steps involved in the assessment of environmental impact due to mining consist of (i) identification of quantitative and qualitative changes that occur due to mining, activity over pre-mining activity, (ii) fixing relative severity of such changes considering cost-benefit factor, and (iii) evolving suitable remedial measures to minimise such changes. The key factors are, impact identification, its measurement, interpretation and transmission to users for executing remedial measures.

There are a number of methodologies known at present to prepare the Environmental Impact Statement (ESI). However, a clear concept of quantifying the environmental impact on each account has not yet emerged. There is a need to balance subjective and objective evaluations of impact assessment. In practice, there are methodological difficulties in converting environmental effects to value expressed either in monetary or non-monetary terms.

The methodologies known for preparing the EIS are discussed below in brief.

2.1. Ad-hoc Method

This is used for preliminary environmental appraisal. Broad areas of possible impacts are suggested. A team of specialists is assembled to identify impacts.

2.2. Check List Method

Comprehensive listing of environmental parameters are made. An inter-disciplinary team gives ratings between zero and ten or A,B,C,D, etc. to specific parameters based on the relative significance of the project impacts.

2.3. Matrix Method

It is an improved method over the check list method. The characteristics and activities of the developmental proposal are related to the check list of characteristics of site and environs in a grid form. In a rectanglar grid, interactions or cause-effect relationships between specific activities and environment are identified by marking diagonal in the box or cell in the grid. After initial identification, the interactions should be described in terms of their relative significance as between zero and ten, etc. This system has been further improved by using 'Dolphi' technique wherein one thousand points termed as 'parametric importance units' (PIU) are distributed amongst 78 parameters. The value functions chosen for these parameters are for relating parameter estimates to environment quality (EQ) scales between zero and ten representing poor and superior quality respectively.

2.4. Network Method

This enlarges the scope of matrix method and introduces cause- condition-effect network. It is not a methodology itself but acts as guide to identification of impacts, particularly cumulative or indirect impacts not adqeuately reflected through cause-effect sequences represented by checklist for matrix methods.

2.5. Overlays

The methodology relies on set of maps of environmental characteristics. It displays spatial distribution of impact but it is not adequate to quantify effects.

2.6. Resource Management

These are aimed at finding a socially optimal rate of resource use. It attempts dynamic analysis of natural systems through simulation modelling and is well suited to handle indirect effects. The suitable system is not yet developed for want of consensus amongst diverse disciplinary experts.

3. METHODOLOGY ADOPTED

The methodology adopted for making EIA of Goan iron ore mines could be considered as a combination of the ad-hoc and overlays methods. While planning the study, geographical distribution of lease areas, present mining set up and activity were taken into account.

3.1. Distribution Pattern of the Lease Areas

The iron ore leases in Goa are distributed in Sanguem, Bicholim, Satari, Quepem, Ponda and Canacona talukas in order of their frequency. Bicholim area, located in the northern zone, contributes to over 60% of both total iron ore reserves and production of, Goa. The study covered sixty mines/areas which contribute 80% of the iron ore production of Goa.

3.2. Present Mining Activity

A large quantity of iron ore is handled in Goan iron ore mines where the mining operations are generally mechanised. Blast hole drills are employed for drilling and blasting of laterite and lumpy ore horizons that occur above the powder ore zone which is predominantly mined. Besides, for friable/powdery ore, ripper dozer is also used at many places to remove laterite that results in higher generation of fines than in drilling and blasting. Power shovels, hydraulic exacavators and front-end-loaders are used for loading powdery ore into dumpers. The laterite, lateritic clay, manganiferous clay and phyllite constitute rejects which have 2:1 ratio to the powdery ore. The rejects are dumped on hill slopes and undulating ground in the leaseholds. In some mines, the workings have gone much below the water table and pumping of water is necessary for excavating powdery ore. Most of the powdery ore is exported. The exporters have installed mechanised screening and beneficiation plants for sizing and reduction of alumina content. The iron ore is transported from mines by dumpers and trucks to jetties and then from jetties by barges through river to harbour as well as to the open sea.

4. ASSESSMENT OF DIRECT IMPACT

As mentioned earlier, the study was made to assess the direct impact on environment caused by mining activity. The methodology employed for this in respect of one selected iron ore mine of Goa, is illustrated below:

(i) The plan on 1 : 2000 scale showing lease boundary, topography with contours, drainage, working, dumps and roads etc. was used as reference for the study.

(ii) The leasehold area is about 100 hectares. It comprises NNW- SSE trending hillock which rises about 120 m from the surrounding ground level. The general slope of the area is westerly. The area has scrubby vegetation with sparse tree in isolated patches. One perennial nallah flows westerly from south-western part of the leasehold. The tar road running approximately north-south passes through the western part of the leasehold. The paddy fields exist to west of tar road up to the lease boundary, occupying about 12.0 hectares area. There are 2 working pits which are located along the hillock in the central part of the leasehold, occupying about 15.0 hectares area. The mine is fully mechanised and produces 8.0 lakh tonnes of ore annually. The ore-to-overburden ratio is 1:2. Total reserves estimated in the leasehold are of the order of 25.0 million tonnes. Commensurate with the reserves the total rejects of 50.0 million tonnes will have to be handled.

(iii) The reject dumps surround both the working pits and occupy hill slope as well as low grounds in southern part of the leasehold. There are in all six dumps out of which three are dead and three are active. The dumps are of terraced to sub-terraced type. The dead dumps range in height from 12 to 22m and active ones from 5 to 20 m. The volume of the dumps was measured during the study by theodolite survey. The total area occupied by the dumps is about 20 hectares.

(iv) The area experiences humid tropical monsoon climate with mean annual rain fall between 3000 and 5000 mm which mostly precipitates during July and September. Since the dumps are not fully stabilised and consolidated, wash-off from the dumps carried silt, rich in iron and alumina content, in the lower reaches of the area. The wash-off is more during monsoon period. Water accumulated in the working pits is used for washing plants during monsoon period. Immediately to west of the tar road there are paddy fields which receive silt from the nearby dumps. About 12.0 hectares paddy fields and nearby village are affected due to silting. A perinnial nallah flowing in south-western part of the leasehold is not affected.

(v) There is a practice to construct laterite bunds across tc arrest wash-off flowing from the dumps. Such laterite bunds are erected around periphery of the dumps and parellel to the tar road on the east and also along north eastern boundary of the leasehold. The laterite bunds are 0.6 to 1 m wide, 1 to 2 m high and are 80 to 150 m in length . At a place, three laterite bunds are constructed at different levels, viz. 66m, 30m, and 15 m parallel to each other to arrest wash-off from the terrace dump. The cumulative length of such bunds constructed in the area is about 1100m. The silt accumulation is more in trough portion between two adjacent dumps. To arrest silt flow at such places silt protecting laterite walls or check dams are constructed. Such check dams are usually 10 to 20m long and are located at 100 to 150m interval depending on the local typographical set up and rate of silt flow. The protective measures by constructing laterite bunds have been found to be quite effective.

(iv) It is found that the vegetal cover on dumps is effective in checking its erosion. Since the dumps, particularly dead dumps are not quite consolidated, plantation along the slopes and top of the dumps has been taken up. Species like Casuarina or Cashew were tried which gave encouraging results. The plantation certainly helped to consolidate and stabilise the dumps. At the time of the present study the plantation observed on the dumps was about one year old and had more than 50% survival rate. However, it is observed that phyllite and clay dumps do not support vegetation and erode faster during the monsoon period. It may be possible to provide a cover of laterite blocks on such dumps an if this measure is found effective then suitable plantation like casuarina, cashew, bonganvilla and lemon grass, etc. could be tried.

(vii) Keeping the future dumping requirements in view the availability of dumping site was examined. For about 50.0 million tonnes rejects, a requirement of 100 hectares area was estimated for dumping presuming the maximum height of dump as 30.0 m[4]. It was assessed that about 40 hectares area would be available for dumping within the leasehold. This leaves another 60 hectares area to be made available to meet future dumping requirements. The government land situation to east of the lease boundary has been identified during the study as suitable to meet the additional dumping requirements. Providing vegetal cover on the dead dumps that would be created on the additional area should be ensured to check erosion in future.

(viii) The iron ore is carried by dumpers/trucks to jetty which is 7 km away and for onward transport by barges through river. Mining area and roadside habitation faces dust hazard due to movement of machinery, loading unloading and transportation of powdery ore and reject. The approach roads are about 7 km long within active mining area. Those are mostly untarred one and cause dust hazard. The hazard is, however, controlled by sprinkling water on the mine roads. The air pollution due to dust hazard is reproted to be maximum during dry summer season. Dry drilling and blasting also contribute to dust hazard.

5. CONCLUSIONS

The following conclusions have been drawn from the study. The direct impact on environment observed in the area includes silting of agricultural fields, accumulation of mining wastes land degradation of active mining area occupying working pits and dumps; and dust hazard.

1. The paddy fields covering 12.0 hectares area have been affected by silting. The laterite bunds and check dams help in restricting silt inflow into paddy fields.
2. The nallah flowing in southwestern part of the leasehold is not affected by wash-off from the dumps.
3. About 35 hectares area is affected causing land degradation due to mining and reject dumping.
4. The plantation has been tried in the dead dumps. The results of plantation are encouraging which help dump stabilisation process.
5. About 40 hectares area is available in the leasehold for dumping purposes. Additional requirement of 60 hectares area has been identified to east of the present lease to meet future dumping requirements fully. This would add to the extent of area affected by land degradation.

6. SCOPE FOR IMPROVING PRESENT STUDY

The methodology adopted for the study was just one of the attempts to assess direct impact on environment due to mining activity in the leasehold. It is evident from the foregoing that the study was possible since the detailed survey plan, geological plan and reserves estimation and other data of the leasehold were already available. There is scope for further improvement in such studies for quantification of effects, by:

(i) Fixing limits of water, soil and air pollution for the mining district by evolving suitable parameters.

(ii) Collection and analysis of water samples from different points of discharge during and after monsoon. The water sample and to analysed for suspended solid concentration and dissolved pollutants.

(iv) Measuring dust content of air in active mining area and in nearby settlements.

(v) Exploring possibility of using remote sensing technique[5] for quicker assessment and monitoring of environmental impacts.

REFERENCES

Anon, 1975. A review and Analysis of Environmental Impact Assessment. Methodology - National Technical Information Service U.S. Department of Commerce.

Anon, 1986. Report and proceeding of Indo - US Workshop on Environmental Impact Analysis and Assessment, NEERI, Nagpur.

Raman,V., 1984. Lecture note on Environmental Impact Analysis with reference to Indian context.

Suresh Chandra, 1984. Lecture note on environmental aspect in Goa mining Sector – A case study.

Venkataraman, V., 1987. Remote sensing for monitoring the impact or iron ore mining in Goa on the environment. (Abstract), Role of earth science in Environtment, Semi, IIT, Powai.

22

MINING PRACTICES FOR INDUSTRIAL AND ENGINEERING RESOURCES : MINERAL AND RELATED GEO-ENVIRONMENTAL REPERCUSSIONS IN RAIPUR REGION

R.K. SINHA
Geological Survey of India
Patna-800 013.

1. INTRODUCTION

Environmental set-up in the Raipur Region of Madhya Pradesh is gradually deteriorating and the ecological balance is getting disturbed day by day. Once the area was densely forested but present day picture is altogether different. There is total absence of any natural vegetation and the prevailing climate is harsh, dry and desolate. Such drastic transformation may be attributed to rapid industrialisation and urbanisation. Reckless exploitation of natural resources without any remedial effort for environmental conservation is the crux of the problem. Quarrying and mining activities play important role in adversely affecting the local environment. Within the limited scope of this paper, an attempt has been made to analyse environmental impacts of the quarrying and mining activities in the area.

2. PHYSIOGRAPHIC SETTING

The city of Raipur is the premier commercial centre of Chattisgarh Region in the Mahanadi river basin. Situated at an altitude of about 300 metres a.m.s.l., the study area is drained by the Kharun and Chakra rivers flowing tc the north, following master gradient of the ground and exhibiting subdendritic drainage pattern. This forms part of the 'Rice Bowl' of Madhya Pradesh. The terrain presents basically an agrarian character. It experiences dry and warm climate with harsh summer when mercury touches 42°C point. Dry spell without any precipitation is comparatively longer and as many as 120 calm days with no wind are felt in a year. Annual rainfall is around 1400 mm which is barely sufficient to meet the agricultural requirements.

3. GEOLOGICAL RESOURCES

Chattisgarh Supergroup rocks exposed in the area provide a storehouse of useful geological resources currently being exploited for industrial purposes and for building construction. These include the pink stromatolitic Raipur limestone, grey limestone, shale and ferruginous Kumhari sandstone. Clay, river sand, terrace sand, laterite and morum are excavated from younger Quaternary formations. Some of the important geological resources being mined on large scale in the area are described below (Fig. 22.1).

Raipur limestone of cement and flux grade is the most sought for industrial mineral from the area. It has wide utilisation in various cement factories and other lime-based industries. Abundance of good quality limestone has led to establishment of numerous cement factories around Raipur city. Bhilai Steel Plant uses it as flux and operate a mine for its excavation. It is also used to a limited extent as road metal and for the building construction. Raipur Limestone occurs at a general depth of 0.30 to 6.00 m.b.g.l. Karstic features such as grikes, clints, gaping joins, shallow holes are characteristic features. At places this limestone is stromatolitic in nature.

Some important limestone quarries are located around Bhanpuri, Dangania, Deopuri, Dumar Tarai, Jora, Katoratalao, Boria Khurd, Khushalpur, Lalpur, Mandhar, Amareoni, Mana and Tikrapara localities.

Ferruginous Kumhari Sandstone and quartzite come next in important for exploitation as these are used mainly for building foundation and road construction. Small chips are utilised for reinforced cement concrete (R.C.C.). Being tough and sturdy, these are ideal engineering construction material. Some important quarries are located near Kumhari, Mathpurena Mahadeoghat and Rawanbhata localities.

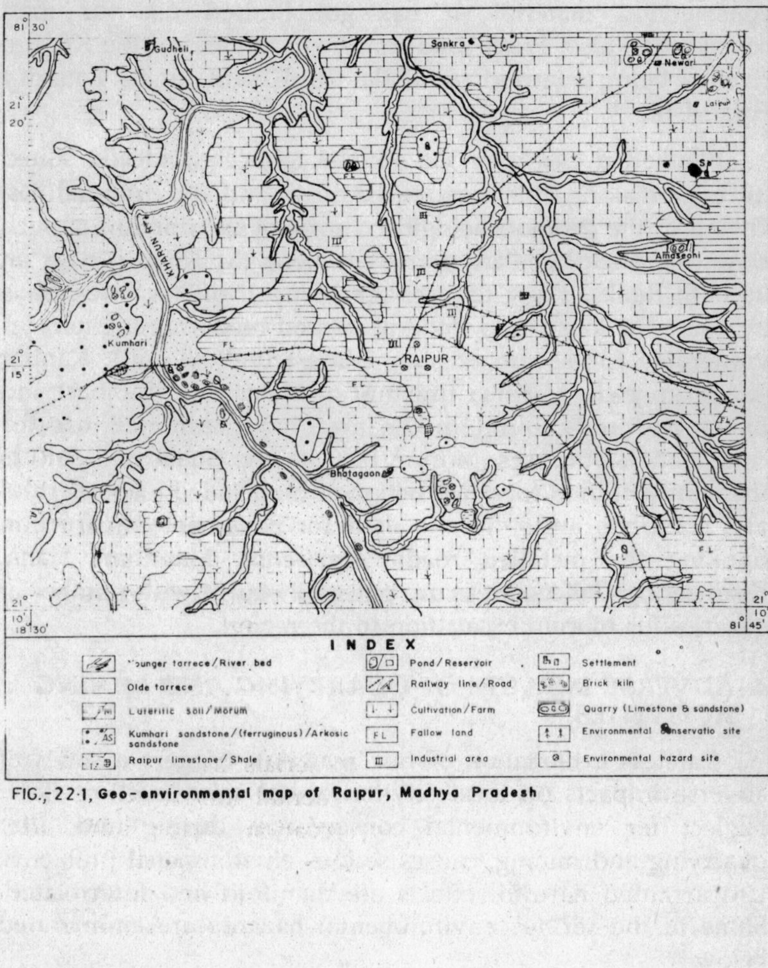

FIG.-22·1, **Geo-environmental map of Raipur, Madhya Pradesh**

River sand excavated from river channels is mostly used as construction material. It has got limited use for road construction also. Fresh sand from high terraces of the Kharun river is being quarried for Bhilai Steel Plant for its Foundry Forge Unit.

Blanketted clay over the alluvial terraces is ideally suited for brick making. Bricks produced are of 2nd and 3rd qualities. Owing to the geomorphological control of distribution of such clays, the brick kilns are dotted all along the Kharun river on its both flanks. River terraces are stripped off for brick clays exposing the loose sand underneath and rendering the terraces vulnerable for severe erosion. Matasi (yellow soil), Kanhar (black/grey clay), Dorsa (mixture of Matasi and Kanhar) and Bhata (red soil) found in the area have restricted use for construction purposes. Morum beneath the Bhata (red soil) is frequently utilised for construction of unmetalled roads in rural and suburban areas. This is used for pavement construction flanking the metalled roads. Amaseoni, Mandhar, Mana, Engineering College areas are potential source with number of quarries for morum excavation in the region.

4. ADVERSE IMPACTS OF QUARRYING AND MINING ACTIVITIES

Careless exploitation of raw materials triggers a series of adverse impacts on local environmental infrastructure. Total neglect for environmental conservation during and after quarrying and mining, causes serious environmenal problems. Unwarranted harmful effects are manifold and interrelated. Some of the serious environmental hazards are enumerated below.

4.1. Natural Landscape Defacing

Ideally sculptured natural landscape with its divine aesthetic beauty is disturbed and devastated due to quarrying and mining activities. Quarry areas present a morose look all around. Huge quarry pits and quarry dumps in the surrounding areas appear as ugly scar. Proximity of the quarry sites from the city dwellings make the situation more chaotic. Entire landscape in lease areas looks stable and the natural beauty appears mercilessly ravaged. Mathpurena, Mandhar, Dangania, Mahadeoghat, Sarona, Mana, Amaseoni and Boria Khurd localities display totally defaced landscape.

4.2. Loss of Soil Cover

Surface soil, a vital natural wealth produced and accumulated over hundreds of years is stripped off and wasted in no time in the very first stage of quarrying. Once the soil is lost, the land becomes unfit for vegetation growth. There is no effort or consciousness to preserve the soil for-reutilisation in reclaimed areas.

4.3. Loss of Flora and Fauna

The Raipur Region is already devoid of forests and wild-life due to excessive exploitation of forest wood for timber and domestic fuel. Remaining vegetation is also being wiped out to clear the land for quarrying activities. Around Sarona and Mahadeoghat areas mango orchards are being destroyed for sand quarrying. Quarry dumps and dust also affect the nearby vegetation. Though the number of affected vegetation is initially small, its cumulative effects are alarming since it is a continuous process. In absence of any significant plan for afforestation and preservation of left out vegetation, the terrain is gradually getting depleted of in flora and fauna.

4.4. Wasteland Generation

Abandoned quarries, quarry pits and quarry dumps continuously generate wasteland. It is very difficult to make any use of such wastelands at economically viable expenses. Such barren quarry sites pose tough problems to the town planners and architects. Abandoned Dangania quarry may be cited as an example.

4.5. Pollution Problems

Air and water pollution are the common problem linked up with quarrying and mining activities. Some of the common pollution problems are described below.

(i) *Dust pollution*: Stone quarrying immediately generates dust which is easily blown off by winds to longer distances. The dust thus generated affects not only the quarry lease areas but also the distal city dwellings. Use of stone crushers for making small chips etc. aggravates the dust problems. Morum and sand excavations also cause dust pollution. Bronchial and other respiratory disease are common in the region and such potients are again worst affected by dust in air. Chimney fall outs from Cement Plants also pollute the atmosphere.

(ii) *Stream pollution*: Quarrying of river terraces for clay, sand and stone lead to bank erosion and bank failure. Removal of top clay for brick making also exposes the river banks for easy erosion. Consequently heavy silting takes place in the streams. Charred remains of brick-making are swept into the rivers. Streams receive industrial affluents from the plants in their catchment. Other surface water bodies like ponds, tanks, reservoirs receive chimney fall outs from various cement factories and also dust from different quarries.

(iii) *Threat to Groundwater contamination*: Quarrying of the Raipur Limestone exposes various karstic features such as joints, solution holes solution channels etc. Quarry pits accumulate surface run-off along with city garbage which ultimately finds its way to groundwater flow. Thus the threat for groundwater contamination becomes imminent. Tube-well water contamination were once reported from the city core.

5. SUGGESTED MEASURES FOR ENVIRONMENTAL CONSERVATION

Though the adverse effects of various winning practices are alarming, it is not impossible to find out effective solution to the environmental hazards discussed above. It is feasible through sincere and scientific approach to atleast minimise the menace. Sincere and concerted efforts may help to ultimately overcome the problems. Some of the measures are suggested below:

5.1. Reclamation of abandoned quarries

Old and abandoned quarries may be reclaimed through remoulding the defaced landscape. Quarry pits may be filled up and levelled with quarry dumps and solid wastes from city garbage. Proper precaution must be taken to ensure against groundwater contamination. Once the ravaged ground in lease area is reshaped in accordance with the natural landscape, major task is done. Soil removed from the quarry surface may be spread over the reclaimed areas. Afforestation development of parks, orchards, picnic spots and settlements should follow subseqently. This may be experimented in the Dangania abandoned limestone quarry. Some pits may also be developed as small lakes etc. for recreation and town beautification.

5.2. New Lease Area Demarcation in Distal Parts

Earlier the quarrysites were situated far off from the city. Expansion of the city after coming up of the Bhilai Steel Plant reduced this distance considerably. Ill planning led to allotment of some quarrysites either very near to the town or even within the town limits. It is feared that further expansion of the city owing to the production capacity enhancement of B.S.P. will soon engulf the quarries in proximity. This may pose lot of many problems to the town planners. Visualising these facts, new lease areas must be allocated far away from the outer limit of the city-plan area and not from the city core only. This distance may be about 25-30 km.

5.3. Massive afforestation and Green Belt Development

At present there is total absence of forest in the area and the climate is harsh. Amelioration of the local-micro-climate may be possible through massive afforestation. Follow, lands, abandoned quarrysites, river embankments and every patch of vacant barren land may be utilised for forestry, social, urban, rural, roadside and environmental forestry should be implemented vigorously. Green belt should be developed around the city limits and also within the dwelling areas.

Disused old ponds with highly contaminated waters may be filled up and the space available should be utilised for urban and environmental forestry. Parks and orchards may be developed even in the congested city parts. Selection of species should be in accordance to the local climate conditions and specific requirements. Babut and Eucalyptus may be replaced by shady and fruit bearing varieties in second phase. Target for 33% forest cover must be achieved in short time.

5.4. River Front Development

Raipur Development (Draft) Plan envisages the concept of 'river front' development along the Kharun near Sarona and Mahadeoghat fair grounds. There is need for its speedly execution in wider perspective than the conceived plan. This may be developed on both the banks and similar efforts should be made for Chokra nala also. Farming may be replaced here by permanent vegetation and brick kilns, sand quarries should be shifted beyond the 'river front' zone. This zone should be exclusively utilised for forests, orchards, picnic spots and natural resorts. This may help in arresting bank erosion, bank failure, silting and pollution of stream water.

5.5. Pollution Control

Commendable efforts have been made by the Pollution Control Deptt. of Govt. of M.P. in monitoring water pollution in the area. Kharun water pollution due to abnoxius industrial affluents have been studied in detail. Now, there is need for data monitoring on other aspects of pollution especially air and grondwater pollution. Drinking water sources should be fully guarded against pollution due to industrial affluents, brick kilns, sand and clay quarrying and also from non-point sources of the urban and sub-urban areas.

6. CONCLUSIONS

Quarrying and mining activities around Raipur city for exploitation of different industrial and engineering raw material triggers a series of interrelated environmental problems in the area. Negligence for environmental conservation so far, has resulted in total chaos and confusions. The situation is alarming.

However, it is feasible to minimise the effects of environmental hazards through sincere and scientific approach. Need for detailed study and monitoring of relevant data is imminent. Town planning concepts must involve these aspects for ensuring ideal ecological set-up in the region. It is possible to ameliorate the environmental conditions in the area through early and systematic implementation of various environmental conservation measures as discussed in the previous paras.

REFERENCES

Coates, D.R. Environmental Geology. John Wiley and Sons : 20-21; 607-610.

Rao, Raman et.al, 1980. G.S.I. Misc. Pub. 44;57-67.

Sharma et. al, 1981. Impact of the development of Sc. and Tech. on Environment (Selected Papers presented in Focal Theme at 68th Session of India Science Congress).

Sinha, R.K. 1985. Geo-environmental studies of Raipur, Madhya Pradesh Unpublished Report of G.S.I.

23

ENVIRONMENTAL ASPECT OF LIMESTONE MINING IN NALGONDA DISTRICT, ANDHRA PRADESH — A PRELIMINARY STUDY

R.K. RAMAM
Mining Geological Consultant
Hyderabad-500 044.

1. PREAMBLE

Limestone mining in Nalgonda district of Andhra Pradesh has gained momentum since about a decade consequent to the setting up of several major and mini cement plants. There are 12 cement plants now functioning, of which three are major units and the rest mini plants. The three major plants cumulatively account for limestone consumption of about 14,000 tonnes per day. The mini plants account for about 6000 tonnes of limestone consumption per day. It means the daily production of limestone to meet the captive needs of the cement units is of the order of 20,000 tonnes. Thus about 7 million tonnes of limestone per annum shall be exploited in this district alone by all these cement units, taking into account their present rated capacity. The limestone output shall proportionally be increased if there is a capacity expansion of the existing units or with the setting up of new units. By and large all the existing plants produce ordinary Portlant Cement (OPC) excepting for one or two mini-plants which are making sulphate resistant (SR) cement.

Exploitation of about 7 million tonnes (cumulatively) of limestone per annum results in a substantial incidence of land degradation. Ostensibly, it shall have its impact on the prevailing environment and ecosystem. These aspects are analysed in this communication with an overview of the baseline information collected during the course of exploration of the leasehold and mining geological studies carried out at the operating mines.

2. LIMESTONE DEPOSITS — AN OVERVIEW

Limestone deposits in this direction form a part of the Proterozoic Palnad basin. It extends into Nalgonda, Guntur and Krishna districts of Andhra Pradesh.

The limestone deposits of the subject area, confined to the northern banks of Krishna river, are scattered over a length of about 40 km with an average width of about 1 to 1.5 km. They belong to the Narji limestone formation. To the north, the limestone deposits lie over the granite basement. Further south and across the Krishna river, the limestone extends into the adjoining Guntur and Krishna districts.

The Narji limestone has an estimated thickness of about 100m in this basin. However, from the industrial utilisation point of view, only certain sections of the Narji formation are proved useful whereas the rest constitute unproductive horizons. The lithostratigraphy of the Narji limestone formation occurring in the area to the north of Krishna river (Nalgonda district) has been worked out as follows:

Litho-unit	*Average thickness in metres*	*Remarks*
Grey limestone (Upper)	8	Pay zone
Variegated siliceous limestone	15	Not useful
Grey limestone (Lower)	10	Pay zone
Green limestone	4	Pay zone
Purple agrillaceous limestone	Base	—

This litho-stratigraphic sequence is valid only for the subject area. The limestone beds have a general NE-SW trend with low (10°) dips towards south-east. The purple argillaceous limestone constitutes the base of the Narji limestone formation in the entire area and this horizon, in turn, rests on the granite basement.

Majority of the cement plants draw their limestone from the lower grey and green limestone horizons. One of the plants, however, draws it limestone from the Upper grey limestone band. Some sections of siliceous limestone which constitute overburden and rejectstones are also recovered incidental to the mining of the useful limestone horizon. Therefore, there is the necessity to create dumping yards to stockpile such unproductive stone. This aspect is very important from the viewpoint of environmental management and hence a mention here.

3. MINING METHODOLOGY

All the major plants adopt opencast mechanised working whereas the mini plants practise opencast semi-mechanised method of working. The r.o.m. quality of limestone in the upper sections i.e. the first bench, is relatively better in the semi-mechanised mines, when compared to the mechanised ones albeit they draw the limestone from the same litho-stratigraphic horizon. In semi-mechanised mining, there is the possibility of elimination, to a large extent, of the highly admixed zones of limestone and clay from despatches whereas in the mechanised mines using hydraulic excavators, the total section gets excavated and despatched to the crusher. The r.o.m. quality has thus a subtle difference in view of the relatively high incidence of soil-clay-extraneous material, associated with the limestone sections in the mechanised mines. In such mines, there is the shovel-dumper combination for excavation from the face, and transportation of limestone to the plant. In the semi-mechanised mines, loading is either manual or with a pay loader into the tippers/trucks. The bench height in case of the mechanised mines is around 8m whereas in the semi-mechanised mines, it has an average height of 5.0 m. Dust generation is relatively more in mechanised mines.

In all the mines, ammonium nitrate in crystalline form with fuel oil (ANFO) is used as the explosive for blasting. Sequential blasting technique is adopted in two mines to control the vibrations *inter alia* minimise flying fragments. Blasting is normally done once in a week. There is no mine drainage problem in any of the mines at present. But the same is likely to be encountered in course of time when these mines go deep. There are 5 HP diesel/electrical pumps installed at all the mines for dewatering of the meteoric precipitation. Temporary stockpiles of the rejectstone including the top soil, are created close to the mines. The top soil, however, is being utilised in some of the plants. Rest sheds and first aid facilities have been provided almost at all the mines.

4. ENVIRONMENTAL ASPECTS

The environmental aspects of the area may be described and discussed under three categories. These are:

(1) Pre-mining scenario,

(2) Active mining phase, and

(3) Post-mining prognostications.

4.1 Pre-mining scenario

Nalgonda district is categorised as one of the chronic, drought prone districts in Andhra Pradesh. By and large all the leaseholds are situated in a monotonous, plain terrain. The maximum relief is about 20 m with an altitudinal range of 80 m to 100 m above mean sea level. The soil cover is practically negligible and most of the areas have outcrops of limestone protruding well above the normal non-rocky ground level. Barring occasional thorny bushes, there is practically no vegetation in any of the leaseholds. There is, therefore, no specific land use within the M.L. areas.

All the leaseholds are situated on the northern banks of Krishna river. The ground water table occurs 10 to 15 m blow the ground level. There is no wildlife in the area. There are scattered villages with limited habitation within 2 to 3 km radius from each of the mine. By and large they are agricultural and industrial labour. They are now absorbed in the nearby mines and cement plants. Close to the river there is some agriculture because of the occurrence of river alluvium. The areas underlain directly by the purple shale to the north of the subject area sustain agriculture. It means the areas underlain by pruple shale are favourable loci for growing vegetation/crops.

The area falls under the purview of a hot, tropical climate. The temperature fluctuates between 30°C and 45°C during the peak summer. The average annual rainfall is 71cm. Winds are generally light with some strengthening in force in the later parts of the summer. They are predominantly westerly and north-westerly. During the period October to February, north-westerly and easterly winds prevail. Relative humidity is high during south-west monsoon season. In essence, there is no land use as such in the subject area which is a monotonous plain terrain. There are no forest *sensu - strictu* either within the area or circumventing it. However, in one or two cases the mines are located in the Forest areas. Perhaps these are meant to grow future forests.

4.2. Active mining phase

About 20,000 tonnes of limestone gets exploited each day, cumulatively, from different places. Taking an average depth of 6 m of excavation, about 1650 Sq.m. of area gets degraded every day. It means about 0.6 Sq.km. or 60 hectares of land degradation cumulatively, per annum is the consequence of limestone mining. As there is no specific land use at present, there is no adverse effect due to mining on this count. The land degradation, however, is a reality and this sets in an element of geomorphic disequilibrium. Relief inversion of the existing landform is a direct consequence of mining. Hollows/depresions of mined out areas and hillocks of rejectstone are the new geomorphic elements instilled due to mining.

Drilling and blasting are regular operations. There is a certain amount of dust generation due to drilling and blasting. The haulage roads contribute further to the dust generation.

Dust levels, measured periodically, indicate a range of 150 to 170mg/m^3 which is well within the permissible limit. The quality of the water, tested at a number of places, is found to be good both for drinking and agriculture. The data is furnished in Table 1.

4.3. Post-mining prognostications

The floor of most of the mines shall expose the purple shale, after the overlying limestone sections are fully exploited, partly utilised and partly stockpiled. Purple shale is a proven bed rock to sustain vegetation. The most point that emerges here is that it gets exposed at varying depths from the ground level. Perhaps where the floor, as purple shale, is exposed at the end of first bench viz., 6 to 8 m depth from ground level it should be possible to reclaim the area without any back-filling by trying plantations in the mined out pit itself. Gulmohar, Guava and mango plantations have already been proved to be successful. Where the shale is exposed at deeper levels there is the water logging problems and the floor cannot be put to use for such plantations. In such deeper pits where two to three bench mining has taken place, the best way of reclamation seems to be to develop water reservoirs in them. These water reservoirs shall cater to (i) agricultural needs of the nearby areas, (ii) rearing fresh water fish (i.e. fish farming) and (iii) to meet the drinking water requirements as well of the nearby habitation after filtering the water. The area being drought prone, needs water sources and the mind out areas can be taken advantage of to develop the same. To this extent there is a certain amount of balancing. There is land degradation but the depressions created serve as water tanks/reservoirs. Even in the normal course, creation of artificial lakes/ponds involve land degradation. Here the material excavated is put to use and the space created through excavation is also put to use. Another important aspect as to why the land degradation here is not as adverse as it is so in other areas is due to the fact that the terrain is a monotonous plain land. If it is an undulating/sloping terrain there would be the problem of slopes and slope stability. Such a configuration is not there in topographic 'flats'. The advent of green belts and agriculture are on the anvil, in essence.

Table 1
Water Analysis

Sl. No.	Property	Values			
		Sample-1	Sample-2	Sample-3	Sample-4
1.	P.H.	7.80	8.2	8.30	7.40
2.	E.C. (micro mhos)	498	410	449	610
3.	Dissolved Solids (mg/l)	324	270	289	408
4.	Total hardness as $CaCo_3$ (mg/I)	156	92	108	280
5.	Alkalinity to methylorange as $CaCO_3$ (mg/l)	150	60	110	165
6.	Alkalinity to phenolphahtalein as $CaCO_3$ (mg/I)	Nil	Nil	20	Nil
7.	Non-carbonate hardness as $CaCO_3$ (mg/I)	6	32	Nil	115
8.	Calcium as $CaCO_3$ (mg/I)	148	48	72	260
9.	Magnesium as $CaCO_3$ (mg/I)	8	44	36	20
10.	Sodium as $CaCO_3$ (mg/I)	116	109	104	67
11.	Potassium as $CaCO_3$ (mg/I)	0.50	4	3	2
12	Chloride as $CaCO_3$ (mg/I)	50	60	45	65
13.	Sulphate as $CaCO_3$ (mg/I)	47	76	35	70
14.	Iron as Fe (mg/I)	Nil	10	5	—
15.	Silica as SiO_2(mg/I)	12	Trace	Nil	—
16.	Nitrate as NO_3 (mg/I)	23	7	14	45
17.	Fluoride as F(mg/I)	0.40	0.3	0.90	—

5. CONCLUSIONS

From what has been stated, it is axiomatic that there is a definite disequilibrium created in the landscape but yet the consequences on the environmental balance and ecosystem are not as adverse as one visualises, in this particular case. This is in contrast to the Dehradun-Mussoorie region where it has been establishd that limestone mining has adversely affected (i) the green cover (being a luxurious forest areas), (ii) instilled slope instabilities (being a rugged Himalayan hilly terrain), and (iii) polluted the surface water in their down-stream course with extra calcium. (Gupta et al, 1986). The subject area presents an altogether different picture. The pre-mining landscape is a monotonous, plain and barren land with no specific land use and no greenery worth the name. In the active mining phase (i.e now) there are clear evidences of green belts development around the mines as also the Plants and colonies. Though there is land degration, it is clear that the gradually modifying landscape is for the good of the terrain as new loci for storing water are created in this chronic drought prone area inter-alia several green belts are coming into being. Furthermore there is employment generation coupled with relative improvement in the per captia income of the local habitants. There is no adverse effect on the water regime too (either surface or ground water).

Environmental impact of any mineral based industry must be viewed from two angles. The environmental impact due to the captive mines on one hand and that from the unit itself on the other. Enventually, it is their cumulative effect that matters indeed.

By adopting systematic mining for the day to day operations, practicing preventive methods in respect of noise/air/water pollutions and resorting to simultaneous and post-mining reclamation measures, the adverse effects of mining could be balanced to a large extent in plain areas of this type where there is neither any land use nor greenery now. Environmental impact studies constitute an integral part of exploration and require periodical monitoring/updating of the data.

REFERENCES

Gupta, V.J., Singh, K.P., Rajeev Narang, Rajindra Gupta 1986. Environmental Problems due to Mining activities - case study of Dehradun - Musssorie region U.P. Himalaya, Geol Soc. India, Memoir - 5:235-240.

24

STUDIES ON THE ENVIRONMENTAL ASPECT OF THE HIMGIR COAL DEPOSITS, SUNDARGARH, ORISSA

ASHUTOSH NAIK
Dept. of Earth Sciences
Sambalpur University Burla
Sambalpur-768 019.

1. INTRODUCTION

Coal is the prime source of energy and about 65% of the total commercial energy comes from coal. Prior to the development of nuclear power plants and discovery of major oilfields, coal almost entirely met the energy requirements. Since India has a small reserve of petroleum and negligible reserve of uranium, planners are giving more emphasis on coal production and utilisation. To meet the energy requirement of the growing population and industries, there has been a phenomenal rise in the production of coal. It has increased from 76 million tonnes in 1970-71 to 145 million tonnes in 1983-84, more than double in 15 years. Such a rapid increase in production/consumption has not been witnessed for any other mineral/ ore in India. It is estimated that the demand for coal by the end of this century will be 430 million tonnes.

2. PLANS TO MEET THE NEED

As the demand on coal is growing, more emphasis is being given on the search of new deposits and more production from the existing coalfields. In the state of Orissa, the organisations (Geological Survey of India; Directorate of Mines and Geology, Govt. of Orissa; Western Coalfield Ltd.) engaged in the task of searching out new deposits have been able to prove a reserve of 12,000 million tonnes of coal in the Ib-Valley Coalfield only, as against the earlier estimate of 730 million tonnes (G.S.I., 1971). G.S.I. is presently engaged in resource evaluation work in Himgir Block and has estimated that 5,000 million tonnes will be available from this part of Ib-Valley Coalfield.

To increase the coal production, Govt. of India, through different organisations, has launched several new projects. The important of them are Singrauli and Jharia opencast coal mining projects where mining work will be done over 70 sq km and 100 sq km respectively in the coming years (Ghosh, 1987). Though details of the opencast coal mining project of Himgir area have not yet been made public, it has been planned to spend Rs. 10 crore in it keeping a target to mine 0.3 million tonnes of coal annually. The mining work will be over 100 sq km of the area.

3. THE CHANGING TREND OF COAL MINING

Estimate reveals that major portion of coal was obtained from underground mines in the past. At present 60% comes from underground mines. Underground mining does not affect the environment as much as an opencast mine can. But investment : profit ratio always plays an important role in choosing the mining method. May it be a government or private : organisation tries to have maximum benefit at minimum cost without much bothering for the environmental degradation and chooses a method. Now with the availability of heavy earth moving machines to remove overburden, mining the coal seams at shallow depth by opencast method has become cheaper in comparison to underground method and hence there is an increasing tendency to opt for opencast method. Government of India has planned to increase the production of coal from opencast mines in the coming years. Thus the trend of coal mining method is changing and by the end of this century it will be reverse of the present trend, i.e., opencast: underground will be 60 : 40 in this coalfield.

4. NATURAL RESOURCES OF HIMGIR AREA

The Himgir Block in the western part of Sundargarh district (Orissa) is represented by a undulated terrain with small hills and hillocks with wide and shallow valleys. The area is bestowed with huge quantity of natural resources.

4.1. Mineral

The area is occupied by Gondwana rocks with a huge reserve of coal and fireclay.

4.2. Forest

The area is moderate to thickly forested at present, but was densely forested in the pre-independence time especially with bamboo (*Babbusa sp.*). This led to the establishment of a paper mill at Brajarajnagar and the consequent destruction of the forest. Some of the important and valuable plants which are available in plently are *Shorea robusta* (sal), *Dalberoia latifolia* (sisso), *Plorrarpus marsaplum* (bija), *Gimelina anbornia* (gambhar), *Cleistanthus coolimus* (karla), and *Bassial atifolia* (mahul). The local people very much depend on the forest products for their food and fodder.

4.3. Land

The valley areas in between hills and hillocks are filled with Recent and Sub-Recent deposits which are used as agricultural land. The lands are quite fertile because lot of decomposed vegetal matter comes from the forest area every year with the rain water and is deposited. 90% of the families depend on agriculture.

4.4. Water

The Gondwana sandstones being porous and permeable, keep sufficient amount of ground water. The agricultural and other activity of the area depnd upon the water tapped from underground.

5. COAL MINING, ENVIRONMENTAL PROBLEMS AND PREVENTIVE MEASURES

Opencast mining and environmental degradation are directly related. A vast amount of cultivable and forested land will be permanently lost from use because of pits and dumped overburden. This will be accompanied by problems like land degradation, downfall in agricultural production, depletion in forest product, change in climatic condition, higher rate of soil erosion, change in surface water courses and groundwater resources. Another major problem is the human displacement.

Due to the opencast mining, forest will be removed from an area more than 100 sq km and either legally/illegally, a vast area will be destroyed by the displaced persons in the process of their settlement. It will have an adverse effect on environment. Mishra and Dash (1984) related the decrease in rainfall (av. 170 cms in 1957 to 140 cms in 1976) around the Hirakud Reservoir in Sambalpur (immediate south of Himgir area) with the decrease in forest area of the region. Therefore, before the project is started, an equal amount of forest be created in advance through social forestry or by govt. organisations.

More than 10 villages around Gopalpur will be directly affected by mining, losing atleast 800 hectares of fertile agricultural land. Since agricultural land of similar quality cannot be created, it is desired to recover the degraded land as far as possible. It is the top soil which needs protection, since it forms over a great length of time (1 cm in 100 years). Mine operation plans should be so made that the overburden removed is used in filling the pits and then the top soil is spread over it.

It has been seen in a large number of developmental projects that thousands of people are being displaced with monetary compensation for their property. A feeling is given to the people that the area will be developed and their income will increase. In fact many of the local people lose their property, get displaced and become poorer whereas the contractors, business persons and others engaged in the project get the real benefit. The study made by Panda and Panigrahi (1987) has revealed that some of the people who were displaced due to the construction of Hirakud Hydroelectric Project and settled in Brajarajnagar Coal Mining were again displaced with the beginning of Lajkura Opencast Mine. And in the process of nation's development, the people who were self-sufficient have been reduced to labourers. Therefore, proper care should be taken for the settlement of the people affected by mining.

REFERENCES

Ghosh, R., 1987. Land use and land protection in mining areas — A case study in Jharia Coalfield. Jour. Geol. Soc. India, 29, 2: 250-255.

G.S.I. 1971. Coal resourses of India, Mem. Geol. Sur. Ind., 88.

Mishra, A., Dash, M.C., 1984. Desertification around Hirakud Reservoir, The Environmentalist, 4, : 51-58.

Panda, P., Panigrahi, N., 1987. The problems of displacement of displaced people : A case study in the coal mines of Brajarajnagar, Sambalpur, Orissa. Seminar on Development and displacement, Inst. for Study of Soc. and Culture, Sambalpur. Dec. 20-21.

25

ENVIRONMENTAL IMPACT OF MINING IN THE HIMALAYAS—A STUDY ON SIKKIM HIMALAYA

MAMTA DESAI
National Institute of Asian Studies
283, Library Road, Calcutta-700 026.

1. INTRODUCTION

Environmental problems in the Himalayas have received great attention from the scientists of various fields. The State of Sikkim, one of the least populous states of Indian territory, is located in the Eastern Himalaya. The State is very rich in its natural resources, among which lumbering and mining occupy important positions. As the mountain serves as source of resources for the population in the plains, the form of environmental degradation in the mountain, due to large scale exploitation of natural resources, is probably quite extensive. This particularly may be applied to the extraction of timber, mining and agriculture.

One of the major human interferences in the mountain ecosystem is mining. Many of the landslides and flood in the Sikkim region are due to the increasing unauthorised mining activities, which are again accelerated by the related deforestation.

Geologically, the northernmost part of the state is occupied by dolomites and quartzites, containing fossils. South of it, there are crystalline rocks consisting mostly of granite laminated rocks (gneiss) which from the mighty Kanchenjunga peak and its surroundings.

Chungthang group of rocks are available south of the crystal-line rocks, consisting of schists, marble, etc., around Chungthang- Lachen and Lachung region in North District. In West Sikkim, in the Rangit valley and around Namchi-Naya Bazar there are occurrences of Buxa group of rocks, containing limestone, shalem dolomite, while to the further west, there are granites forming high hills. In the south-western parts of the State, there are coal bearing younger Gondwana sedimentary rocks containing coal.

2. GEOMORPHOLOGY

As the alignment of the National Highway 31 A is along the Tista River, most of the landslides occur along the road. It should be mentioned in this context that many of the mineral occurrences are found also along this road. So it is necessary to evaluate the general geomorphology of the region.

The Tista, which is the heart of State, originates in North Sikkim. In its course, it traverses various rock formations, namely from north to south, the migmatite and granites (Darjeeling gneissic group), the metamorphites of the Dalings, sandstone, shale and coal ensemble of the Gondwanas and sandstone, siltstone association of the Siwaliks. Alongwith these rock formations River Tista, assisted by its tributaries, has played a significant role in the evaluation of landform. A valley configuration is controlled by rock types it traverses. Thus, in the north, the valley wall is steep and narrow, where it traverses through the migmatites and gneisses, but the valley is comparatively wide when it traverses through the Daling metamorphites, Gondwanas or Siwaliks. In its journey to the plains, the river cuts across the orographic trends, and the major lineaments defined by the thrusts and faults between the different tectonic units.

In the evaluation of fluvially eroded landscapes, drainage plays a significant role, as beside climate and geology, the slope characteristics depend on the drainage density. Within the scope of the present investigation, it is not possible to explain the details of the slope characteristics. However, it has been observed that steepness of slopes varies remarkably from place to place depending on the nature of rocks. And as such, extent and magnitude of landslides also vary. Even it has been found that in the same locality, the slope characteristics vary on either side of a valley, such as in the stretch between Mangan and Chungthong along the North Sikkim Highway or near Rangpo copper mine along the National Highway 31 A. It has also been observed that along road sector in certain areas, run-off and erosion rates on the north facing slopes are relatively less because of lesser human interferences and greater vegetation density.

3. MINERAL WEALTH

Sikkim has a rich mineral wealth from the point of commercial and industrial exploitations but till to-day, the people are not well off about the resources. It should be mentioned in this context, that one of the reasons of people of Sikkim to rise in revolt against the former feudal rule was that the erstwhile rulers paid no attention towards the exploitation of natural resoruces; consequently the masses, steeped in poverty, realised that the rulers were interested only in their comforts and luxuries.

Geological Survey of India has carried extensive survey for the search of minerals resources in Sikkim Himalaya, except some parts around Kanchenjunga massif in the north-western part. The survey unearthed some metallic and non-metallic mineral resources. Among them copper, dolomite, zinc, lead, coal, etc. are important. Base metal occurrences have been recorded in the Daling group of rocks, coaly matters in the Gondwana rocks and dolomites with Buxa group of rocks.

Copper mining is practised in the State by the natives from the very early times. The Sikkim Mining Corporation has started scientific mining activities since 1960. The copper deposits are found at Dikchu, Rhenok, Lingui, Ronglichu, Barmiok, Bhotang, Pakyand, Rangpo, Rinchinpong, etc. The principal rock types found in the areas mainly belong to Daling series, and are comprised of quartz sericite schist, quartz-mica-schist, quartzite and phyllite. Occasional quartz veins occur within mica-schists. These quartz veins have been tightly folded alongwith the host rock. Geological Survey of India has discovered another possible copper ore deposit near Tamlog. The richest ore deposits are found at Panikhani and Bhotang. At present Sikkim copper mining corporation is mainly working at Rangpo, Bhotang and Dikchu mines. Beside copper, the Bhotang ore also contains lead and zinc with traces of silver, arsenic and bismuth. For which, very often in these areas unscientific and illegal mining activities are being carried on by the local people. The Bhotang mine has an estimated reserve of about 0.6 million tons of copper ore, while Dikchu and Gorubathan mines contain about 0.29 and 2.78 million tons respectively. An additional reserve of copper ore has been discovered by the Geological Survey of India, to the west of the Tista river, which is a continuing stretch of Bhotang mine, and the toal reserve of which is yet to be known. The monthly production of copper ore at Rangpo is about 25 tons, while production of zinc and silver at the same mine are 40 tons and 10 tons respectively. The Sikkim Mining Corporation is now engaged in exploring the feasibility of copper prospects at Dikchu.

Dolomites available in the State are of two types,

(1) The high grade massive type, and the

(2) low grade flaggy type.

The massive type, good quality dolomites are found in the Rangit valley in and around Rishi, while the low grade flaggy type occurs in the Gondwana rocks between Namchi and Jorethang. Commercial large-scale exploitation of dolomites by the mining corporation has not yet started. The minerals are mainly mined locally. The dolomite boulders, collected by the local farmers, are utilised for neutralising acidic soil. Flat and carrigeable boulders are collected by the local people from the hill slopes and river beds, and are being crushed into powder for the purpose.

Coal is mainly available in the Gondwana rocks near Namchi region. As the available coal is of very low grade and pulverised in most cases, it cannot be mined scientifically, but may be used for domestic purposes. Very often local people are used to collect coal through digging hole and putting fire in the hole which sometimes causes forest fire beside destroying the coal deposits.

A sizeable amount of graphite has been discovered near Chittery, for which Government is going to establish an undertaking.

According to an estimation made by the Centre for Monitoring Indian Economy in 1986, there are about one million tonnes of copper ore, and another one million tonnes of lead and zinc ore reserves in Sikkim.

4. MINING AND ENVIRONMENT

According to Khoshoo, (1984), "Mining is second only to agriculture as the world's oldest and most important industry. The dependence of primitive societies upon mined products is illustrated by the nomenclature of those epochs, Stone Age, Bronze Age and Iron Age, a sequence which also shows the increasing complexity of society's relationship with mining."

Thus mining industry occupies a vital position in the ever increasing economic activities of man. Due to over and unscientific exploitation of mineral and other natural resources, there is gradual degradation of natural environment in the Himalayan region.

Various environmental problems may be stemmed up due to unscientific mining activities. Among them water pollution, air pollution, deforestation and noise and ground vibration problems are most important.

As said earlier, geologically the state of Sikkim is quite unstable and young. These unstable geological structure and high amount of rainfall, along with steep slopes are the main causative factors, responsible for frequent natural calamites in the state. Very often these natural systems are again badly disturbed when unscientific human interferences occur. So in a mountainous region like Sikkim, mining requires very careful exploitation, for the preservation of surrounding environment. Because mining is always associated with deforestation, construction of roadways development of mining settlements etc.

To examine the mining activities, a survey was undertaken by the author during 1983. It should be mentioned here, that the survey was carried away only in some areas, which are generally landslide prone. The result of the survey reveals the following facts:

	1.	2.	3.	4	5
	Slide reference	*Material type type and rock type*	*Causes slides*	Mineral available	Environmental problems
1.	Slide near Rishi-Rangli Padamchen slide or 16.4 km slide.	Gneissic-rock with dolomites and clayey materials. Biotite gneiss with dolomites.	Heavy precipitation, toe erosion	Dolomite	The waste dumps created as a result of the collection of dolomite boulders, and leads to landslips because of slope stability problems, along with heavy rainfall and toe erosion.
2.	Manul slide, North Sikkim Highway between Dikchu and Manual.	Pulvarised slope wash materials consisting sand, silt with granite and dolomite boulders	Toe erosion heavy precipitation fault action disturbance of natural drainage system due extensive cardamon cultivation in the hill slopes and along the nallas.	Dolomite and copper	Massive deforestation in the hill slopes and along the nallas for cardamom cultivation, drastically changes the natural environment due to frequent and heavy landslides.
3.	Rangpo slide NH 31 A.,	Quartz-sericite schist, quartz-mica-schist, quartzite, phyllite saturated with water	Heavy rainfall gulley erosion and toe erosion which are again accelarated by ground vibration.	Mainly copper, mixed with zinc, lead and silver.	Heavy landslides and consequent road blockade, due to constant ground vibration for underground mining activities, and heavy vehicular movements, ultimate effects are deforestation and soil erosion.

The above mentioned three regions are noted for severe landslides, as well as for official and unofficial mining activities. In Rangpo copper mine area, mining settlement is located far below the National Highway 31A, on a river terrace, while mines are located just side of the road. As a result, frequent occurences of landslides, mainly due to ground vibration created by differential mining activities and heavy vehicular movements, along with heavy rainfall, sometimes paralyse the traffic and normal life of the rest of the state. It is interesting to note that the settlement areas consisting of terrace materials are quite stable, and usually unaffected by landslides and floods, but the Inner and Axial belts where mineral resources are mostly found are susceptible to landslides.

In Dikchu area, copper mining has started very recently by Copper Mining Corporation of Sikkim, but collection of dolomites for fertilising cardamom fields and horticultural gardens in Dikchu and Richi-Rongli region is a very old practice. As the local farmers do not know proper mining methods, very often these unauthorised collections cause natural hazards. As said earlier, in a similar way they collect coal for domestic consumption of Namchi region. It should be mentioned that this type of unauthorised coal mining is not only found in Sikkim but it is very regular feature in the other parts of the Himalayan region, as for example, Tindharia region of Darjeeling district in West Bengal.

Another important factor for land degradation in the Himalayan region, is unauthorised collection of boulders by the contractors. Very often it is found that quartzite boulders are being collected by the contractors as well as by the common people for the construction of building, roads, riverside embankment, etc.

Lastly, with increasing mining operations, heavy blasting has to be resorted to in the opencast mines. This not only results in ground vibrations, but disturbs the geological structure of the surrounding area, causes irritation to the local people and pollutes the air through emmision of dust particulates.

REFERENCES

Anon, 1974. Geology and Mineral Resources of the States of India, Assam and adjoining states: Geological Survey of India Miscellaneous Publication. 30.

Banerjee, B., 1980. Natural Resources of Sikkim. The Calcutta Review, 5, 3 and 4.

Centre for Monitoring Indian Economy 1986. Indian Economy, 2, States.

Khoshoo, T.N., 1984. Environmental concerns and Strategies. Indian Environmental Society: 113.

Sinha, B.N., Verma, R.S., Paul, D.K., 1975. Landslides in Darjeeling District (West Bengal) and Adjacent Areas - Bulletins of the Geological Survey of India - Series B, 36.

Singh, P., Bhattacharya, U., 1968. Report on Geological mapping and Mineral Investigation in parts of North and Eask Sikkim - Unpublished G.S.I. Report.

Verma, R.S., 1972. A note on the Geotechnical investigation of the stability of hill slope along stretches of Border Roads in Sikkim and Darjeeling District - West Bengal - unpublished G.S.I. Report.

26

GEO-ENVIRONMENTAL ASPECTS OF MAITHON AND PANCHET RESERVOIRS USING REMOTE SENSING IMAGES

V.K. SRIVASTAVA, B. RAI, S. SAHAI and R. MOHAN
Department of Applied Geophysics
Indian School of Mines,
Dhanbad-826 004.

1. INTRODUCTION

Water is one of the most important and prime resource for human survival on the earth and therefore its proper utilisation and management becomes necessary. Water is mainly available as surface and ground water. In our country, surface water is mainly rain-dependent but is highly irregular both in space and time. When rain exceeds the normal capacities of storage and flow system, natural as well as artificial flood occurs and when rainfall is much below normal, the drought is observed. In between these two extremes, water regime remains undisturbed in years of optimum or normal rainfall. Such natural hazards i.e. flood and drought in an area can be minimised by storing and controlling the flow of surface water by construction of dams on main water courses in accordance with precipitation. But such daming of water course directly or indirectly modify the environment of the area and contribute towards economic or industrial development. Therefore, it is essential to monitor activities of these reservoirs for prolonged proper functioning.

One of the major activity is sedimentation or siltation in reservoir which is caused by transportation of eroded soil from catchment area to reservoir through river and its tributaries. This erosion, in addition to rainfall, depends on geological and geomorphological environment of the catchment area.

Siltation poses following serious problems: increase in flood level, rising of bed, loss in storage capacity associated with loss of useful life.

Maithon and Panchet reservoirs being situated on natural river courses, face similar problems. Therefore, geo-environmental study in and around Maithon and Panchet reservoirs has been carried out to understand siltation problem and indifferent behaviour in reservoir water level during pre-monsoon and post-monsoon periods using remote sensing images.

Imagery provides synoptic view of large area of hydrological and geological interest. The repetitive and real time coverage of the same area and digital recording making amenable to computer processing for automatic information extraction are added advantage of remote sensing for providing static and dynamic information of water resources.

Application and importance of this technique in monitoring and assessment of water resources parameter have been shown by Rango and Solomonson (1978) and Solomon and Klohn (1978). Gupta and Bodechtel (1982) have shown its utility in study of geotechnical aspects of Bhakra dam in Punjab. Srivastava, Mohan and Rai (1988) have also studied some aspects of Maithon reservoir using these images.

In particular, present study deals with the following aspects of the two mentioned reservoirs using Landsat MSS, TM images and toposheet in 1:250,000 scale.

i. the morphostructural set-up of the area

ii. pre-monsoon and post-monsoon fluctuation in reservoir water levels.

iii. Siltation problem.

2. REGIONAL GEOLOGY AND GENERAL DESCRIPTION OF THE RESERVOIRS

Shome (1982) has compiled the details of major dams in India in his book entitled "Geotechnical features of major dams in India." The details given here are from this book with additional details from other sources.

Maithon Dam (23° 46′ N; 86°9′E) is situated on Barakar river, 8 km upstream of confluence of the Damodar and Barakar. It is a composite dam, 4789 m in length and 49.3 m in height

(D.V.C. Report, 1982), At F.R.L. the reservoir area spreads over an area of 107 sq. km. having a gross storage capacity of 1369.2 million cu.m. A hydroelectric power station is located on the left bank with generating capacity of 60 MW.

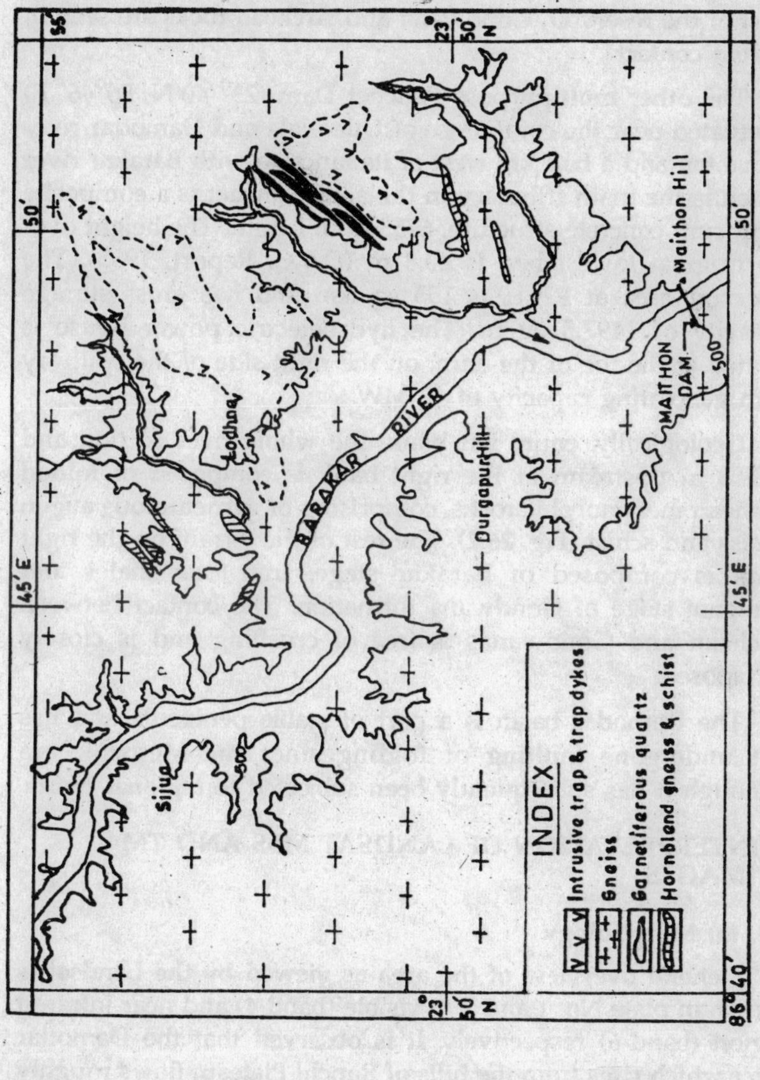

FIG.- 26.1, GEOLOGICAL MAP OF DAM SITE AND RESERVOIR AREA

Geologically, the dam is located on Archean rock at the fringe of Gondwana basin exposing sedimentary rocks consisting of shales, sandstone and coal seams (Fig. 26.1). The foundation of Dam is composed of hornblend gneissic schist and acid granulites belonging to Archean complex. In south west of the reservoir, Gondwana and Archean rocks are seen in faulted contact.

The other multipurpose Panchet Dam (23° 40′N, 86°46′ E) is situated near the confluence of Utla Nala and Damodar river above ten and a half km west of its junction with Barakar river which is the main tributary in the area. Panchet is a composite earth cum concrete structure, 6753 m in length. The height over the original lowest bed is 40.8 m (D.V.C. Report, 1985). The reservoir area at F.R.L. is 153 sq. km and has gross storage capacity of 1497.5 cu m. The hydroelectric power house is located at the toe of the dam, on the right side of the spillway with generating capacity of 40 MW.

Geologically, entire left bank, the whole river section and 1889.8 m upstream of the right bank is composed of folded Archean metamorphic rocks, comprising of garnetiferous augen gneiss and schist (Fig. 26.2). The rest of the terrain on the right bank is composed of Barakar stage, Ironstone shales and Raniganj stage of Gondwana formation. The contact between Archean and Gondwanas is free of crushing and is closely juxtaposed.

The Damodar basin is a part of stable peninsula and has not undergone faulting or folding since the Mesozoic era although it has subsequently been subjected to regional uplift.

3. INTERPRETATION OF LANDSAT MSS AND TM IMAGES

3.1. (a) Morphology

General overview of the area as viewed by the Landsat is shown in plate No. 1 and 2 in visible (band-4) and near infrared region (band-6) respectively. It is observed that the Damodar river which rises from the hills of Ranchi Plateau, flows roughly from west to east and Barakar river which rises from

Hazaribagh Plateau flows approximately in south easterly direction. Continued long flow of both the rivers suggests that the slope of the region is in south easterly to easterly direction. After meeting the Barakar river, Damodar suddenly changes its course to southeast and finally joins Hooghly river.

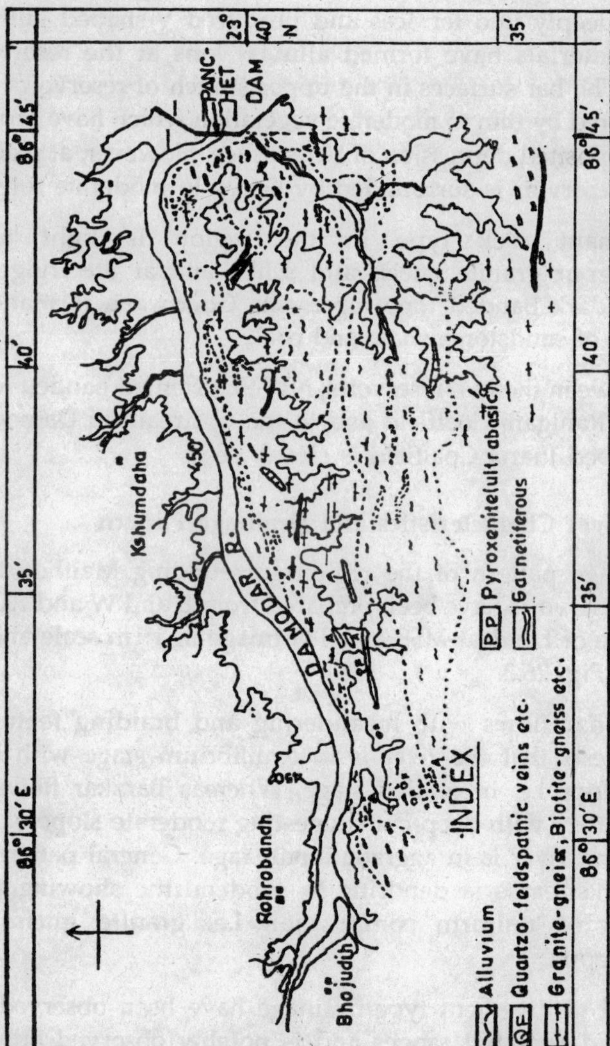

FIG., – 26·2, GEOLOGICAL MAP OF DAM SITE AND RESERVOIR AREA

A comparative study of Landsat image data and toposheets suggests that major changes have taken place in the morphology of the rivers since the construction of dams on them by changing the depositional pattern affecting landuse characteristics. Heavy downpours in the catchment area have favoured severe erosion. Rainfed streams entering the reservoirs have cut deeply into terraces and produced V-shaped gullies. Eroded materials have formed alluvial fans at the reservoir margins. The bar surfaces in the upper stretch of reservoirs are often covered by thin to moderate vegetation which have grown on clay deposited depression of bar surface. However, at places, Maithon reservoir is surrounded by heavy to moderate forest.

Dominant rock type in the region is light tone Chhotanagpur granite gneiss and schist and at the fringe of reservoir, dark banded tone represents Gondwana formations consisting of sandstone, shale and coal.

In between the two reservoirs, NW-SE oriented banded tone feature is Raniganj Coalfield and to the upstream of Damodar, sickle-shaped Jharia Coalfield is clearly seen.

3.2. (b) River Characteristics and Drainage Pattern

Drainage pattern of the region surrounding Maithon and Panchet reservoirs have been prepared from B and W and F.C.C. diapositive of Landsat-MSS and TM image in 1:1m scale and is shown in Fig. 26.3

Damodar flows with meandering and braiding features. This suggests that the river is in equilibrium stage with low country slope i.e. in graded stage. Whereas Barakar flows in straight valley with deep cut suggesting moderate slope of the country and river is in aggradational stage. General pattern of low order streams is dendritic to subdendritic showing that terrain is of uniform composition i.e. granite gneiss of Chhotanagpur.

Radial to divergent type drainage have been observed all around and near hill ranges and is notably observed around Tundi.

Parasnath Hill ranges in the upstream of Barakar vary in altitude from 1200 to 2500 m above sea level.

3.3. (c) Lineament analysis

Lineament characterises the spatial relationship of landscape features that include (i) crests or ridges or boundaries of elevated areas (ii) drainage line (iii) boundary lines of different rock type, or of lines of outcrops (iv) lines of fracture or zone of fault breccia, etc. and (v) shifting in fold alignment signalling basement control.

With above concept, lineament map of the region has been prepared from multiband image in 1:1 M scale and is shown in Fig. 26.3.

Sharp tonal contrast in the central and east portion represents the boundaries between Gondwana formation and granite gneiss of Chhotanagpur. Within this Gondwana basin, there are parallel sets of lineaments representing formation boundaries of shale, sandstone or coal seams.

Criss cross lineaments show regional fractures and parallel to subparallel eroded gullies within the granite terrain. Tonal lineaments mark the folded and hilly features of the region due to its shadow effect by its elevation.

4. PRE-MONSOON AND POST-MONSOON CHANGES IN RESERVOIR WATER LEVELS

Monitoring of reservoir lake with the help of remotely sensed data is useful in estimating water reserves of large bodies and its control and management. With the help of Landsat TM-single band and multiband images (also colour composite), temporal variation in the lake reservoirs area of the two dams have been studied during pre-monsoon and post-monsoon season and shown in Fig. 26.5, 26.6 and 26.7.

Fig. 26.5 shows extent of reservoir water in pre-monsoon period (15th March, 1986) and Fig. 26.6 shows extent of reservoir water in post-monsoon period (23rd Nov. 1985) in Panchet and Maithon dams. The seasonal difference in the areal extent of reservoir water are shown in Fig. 26.7 which is approximately

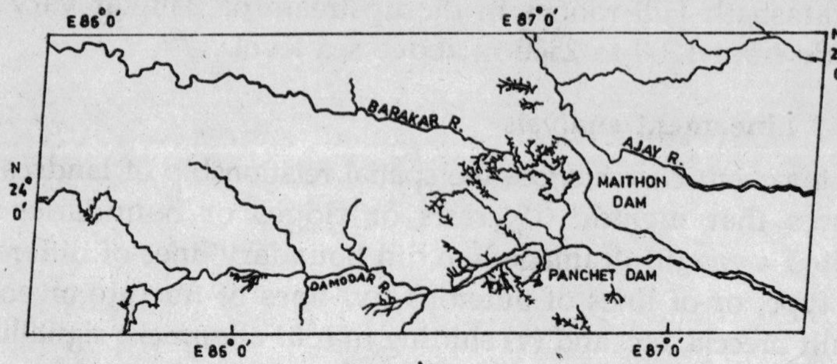

7 NOV. '72 MSS7

FIG.- 26·3, DRAINAGE MAP OF MAITHON & PANCHET DAM AREA

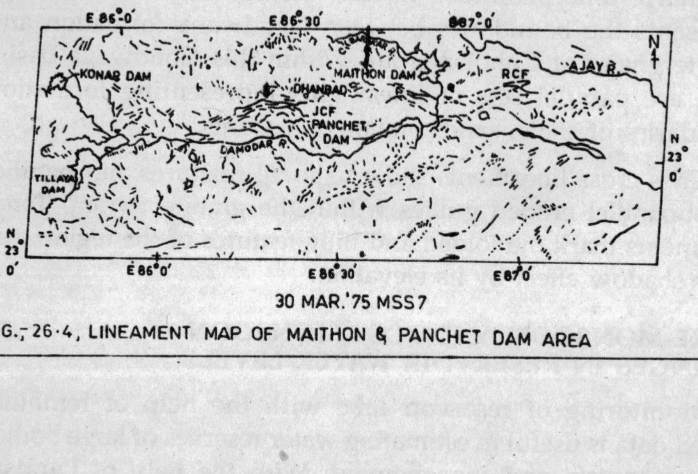

30 MAR.'75 MSS7

FIG.- 26·4, LINEAMENT MAP OF MAITHON & PANCHET DAM AREA

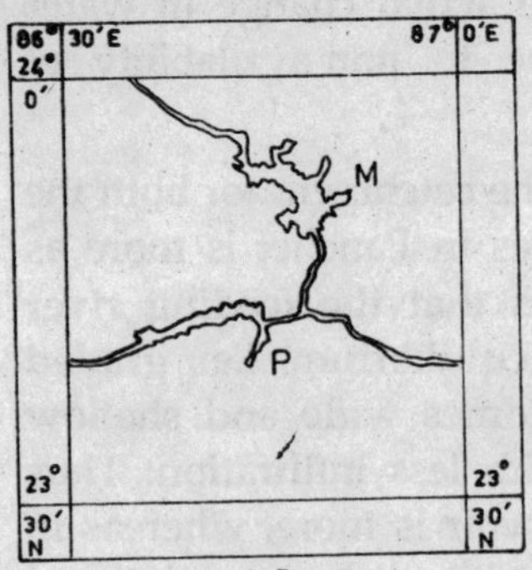

26·5
PRE-MONSOON
15th. MARCH 1986
BAND 3,4,7
(LANDSAT-TM)

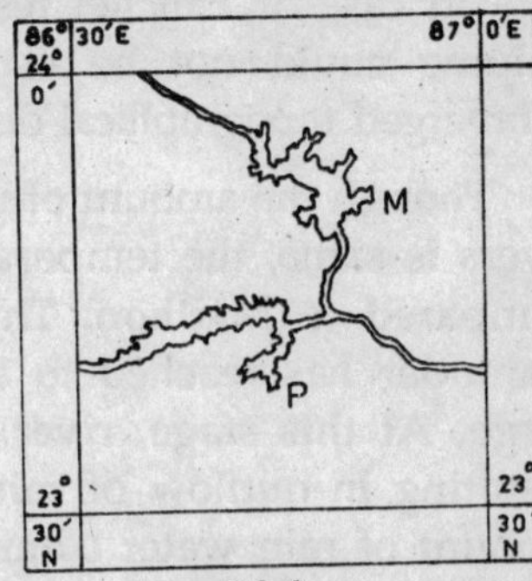

26·6
POST-MONSOON
23rd. NOV. 1985
BAND 2,3,4
(LANDSAT-TM)

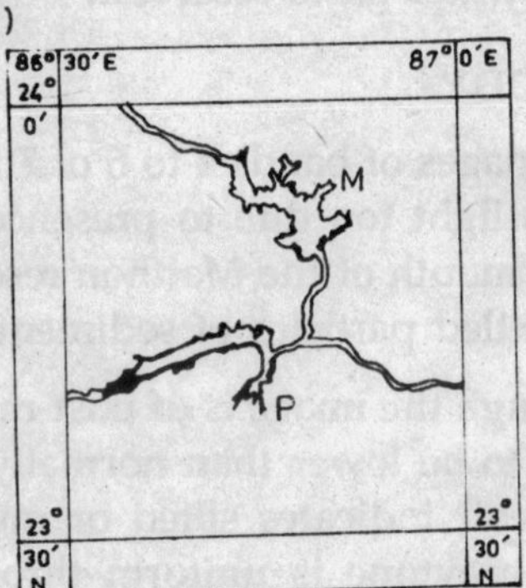

26·7
SEASIONAL VARIATION
BAND 2,3,4
(LANDSAT-TM)

FIG.,- 26·5,6,7, TEMPORAL VARIATION IN RESERVOIR WATER

5% of the original dimension in case of Maithon reservoir and 10% in case of Panchet reservoir. The actual change in water volume could not be estimated due to non-availability of submerged topographical details.

Though the amount of rainfall in the catchment for both the rivers is same, the temporal differences in Panchet is more as compared to Maithon. This indicates that the feeding river Damodar has reached to a stage of equilibrium, i.e., graded stage. At this stage, river valley becomes wide and shallow resulting in outflow of rain water with less infiltration. Thus amount of rain water coming to reservoir is more, whereas in case of Maithon, feeding river Barakar is still in aggradational stage with V-shaped valley sections. At this stage, there is more of erosion and infiltration of flowing water. Thus more silt and comparatively less water go to reservoir.

5. SILTATION STUDY

Landsat-MSS images of bands 4 to 6 of 7th Nov., 1972 show turbid water by its light ton due to presence of suspended to sediments near the mouth of the Maithon reservoir. Rest part is clear water with settled particles of sediments.

In Panchet, though the image is of post-monsoon period the water level is seen to be lower than normally it should be and whole of the reservoir indicates silted or muddy water by its grey tone. As the greytone is uniform throughout the water surface, it is indicative that silt-bearing currents travel deep into the reservoir. Considering the narrower profile of the reservoir, it is probable that the velocity of water-flow does not (immediately) die out just after entering the reservoir, resulting in transportation of silt to deeper part.

In case of Maithon, the reservoir is of eliptical shape and the entering water current loses its transporting energy at the margin itself. This results in silting of most of the sediments at the mouth and less to interior part.

However as discussed in above paragraph, the rate of siltation is more in case of Maithon reservoir than in Panchet reservoir. This is due to high erosion intensity of Barakar river and its aggradational stage of development whereas the equilibrium stage of Damodar river results in less erosion intensity with more outflow of water to Panchet reservoir.

6. CONCLUSION

Remote sensing images have been very must useful in the study of geo-environmental aspects of Maithon and Panchet reservoirs of Damodar Valley Corporation group of reservoirs. These reservoirs play important role in management and utilisation of surface water and hence their activities should be monitored periodically. With this view, the present study has been carried out and the following important conclusions have been obtained.

Chhotanagpur granite gneiss is the major rock type exposed in and around the reservoirs with two famous coalfields viz; Jharia and Raniganj. Region is undulating with plateau morphology and shows dentritic to subdentritic drainage pattern. Most of the linear features represent the regional fractures and eroded deep guillies in hill areas. Some of the major tonal lineaments demarcate the boundary between Gondwana basin and the Archaen terrain.

River morphology suggests that the Barakar river is in aggradation stage whereas the Damodar river is in gradational stage of development. As a result, Barakar carries more erosional materials and lose more rain water by way of infiltration and Damodar carries less sediments and does not lose rain water by way of infiltration. This may be a probable explanation for more siltation in Maithon and less in Panchet and could also explain comparatively more fluctuations in pre-monsoon and post-monsoon water reservoir levels in Panchet.

ACKNOWLEDGEMENT

The authors are grateful to Prof. D.K. Sinha, Director, Indian School of Mines, Dhanbad for providing all facilities to carry out the present work, Junior authors (Sri Basudeo Rai, Rajeev Mohan and Sri Sulabh Sahai) also express their gratitude for

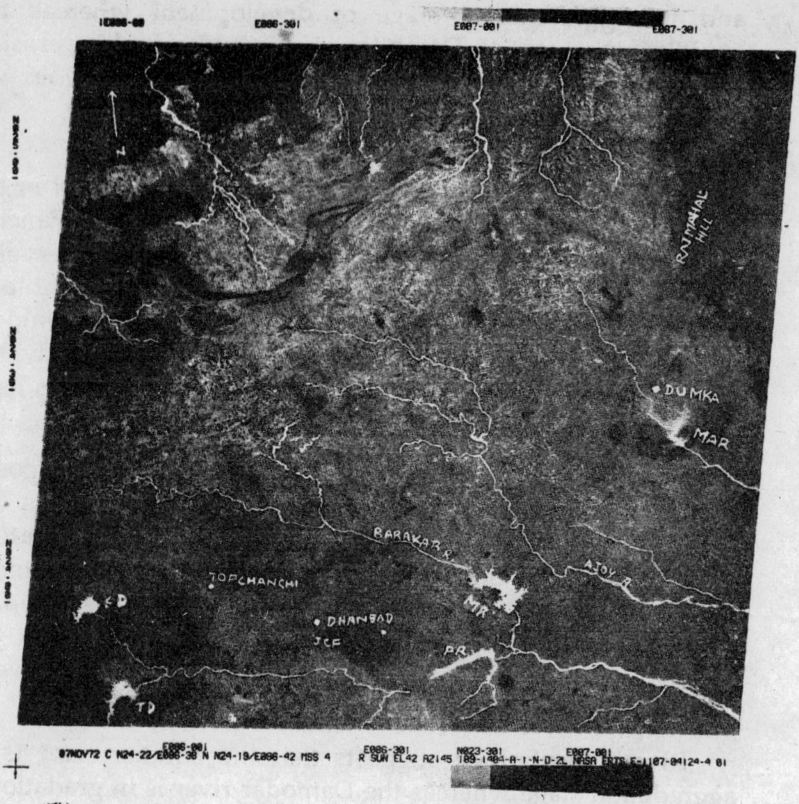

Plate No. 1: Lansat Overview of Maithon and Panchet Reservoir and Surrounding Region (Band-6)
(MR—Maithon Reservoir, PR—Panchet Reservoir, JCF—Jhari Coal Field

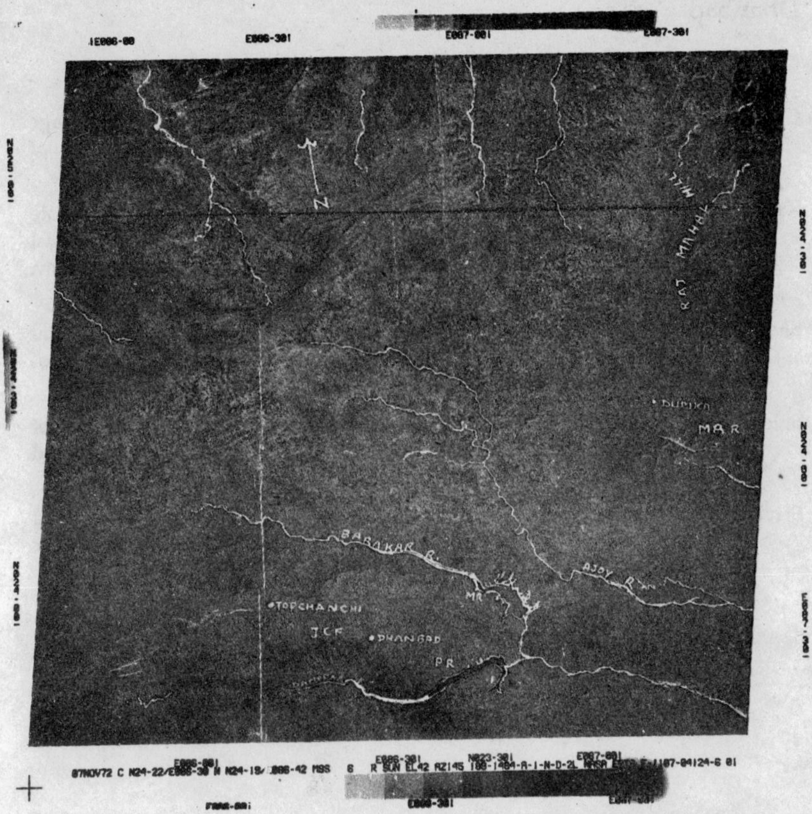

Plate No. 2: Lansat Overview of Maithon and (Band-6)
Panchet Reservoir and Surrounding Region
(MR—Maithon Reservoir, PR—Panchet Reservoir, JCF—Jhari Coal Field)

financial support in the form of research fellowships at I.S.M. Dhanbad.

REFERENCES

Gupta, R.P., J. Bodechtal, 1982. Geotechnical Application of landsat image analyses of Bhakra Dam Reservoir, India. Remote Sensing of Environment, 12: 3-13, Elsevier Science Pub. Co. The Netherlands.

Rango, A., V. Solomonson, 1978. The utility of short wave length (1 mm) remote sensing, techniques for the monitoring and assessment of hydrological parameter, Proc. of the 11th Int. Symp. on Remote Sensing of Env. RIM, Ann Arb., MI, 1: 55-66.

Shome, S.K (Ed), 1982. Geotechnical features of major Dams in India, Special Publication of Ind. Soc. of Eng. Geology on occasion of IV Cong. of Int. Association of Engineering Geology.

Solomon, S.I., W. Klohn, 1978. Application of remote sensing to assessment of water resources, Proc. Inter. Conference on Earth Obs. from Space and Management of Planetary Resources, Toulouse, ESCAP 134;49-61.

Srivastava, V.K., B. Rai, R. Mohan, 1988. Study of Maithon Reservoir using Remote Sensing Images, Pub. Proc. of Nat. Seminar on Water Resources. Regional Engineering College, Rourkela.

27

DIAMOND JUBILEE NATIONAL SYMPOSIUM ON "DEVELOPMENT OF INDIA'S MINERAL AND FUEL RESOURCES : GEOLOGICAL AND ENVIRONMENTAL ASPECTS"; I.S.M. DHANBAD

RECOMMENDATIONS

'Development of India's Mineral and Fuel Resources: Geological and Environmental Aspects' constituted the focal theme of in-depth deliberations among several leading specialists, practising earth-scientists and research-workers in a National Symposium organised by the Department of Applied Geology, Indian School of Mines, Dhanbad as part of its Diamond Jubilee celebrations on July 3 and 4, 1987. Some of the major recommendations, generated by discussions and contributions of this distinguished gathering on various facets of theme under its different sessions were, as follows:

(A) Mineral Resource Development

— The level of per capita production and consumption of minerals in India being much below the world's average, the development of country's mineral resources needs to be augmented rapidly such that it becomes a potential instrument of balanced socio-economic development of the country and her people — at least at par with the average of the world.

— With the rapid exhaustion of economically workable reserves of several important minerals, particularly of base and precious metals, efforts for systematic search and prospecting need to be directed sooner than later, to discovering their concealed and 'blind' categories of deposits. This calls for a serious consideration to reorient our strategies of mineral exploration in terms of research, technological as well as human resource development needs immediately.

— An integrated approach involving concept-based search which shall be guided by well-coordinated research on aspects such as global tectonics, metallogenetic analysis, basin analysis, paleogeographic studies, deposit modelling, etc. on the one hand and refinements in exploration technology aimed at locating the buried or blind categories of deposits on the other, will have to be devised object/programmewise and implemented carefully by well-trained geoscientific personnel at various levels.

— To this effect, realistic plans for modernisation and sophistication in the techniques of geoexploration particularly in the fields of remote-sensing, exploration geophysics, exploration geochemistry, cost-effective drilling, etc. need to be drawn up with follow-up programming and effective implementation.

— Integrated exploration programmes on such lines should be planned and programmed for identifying the resources of not only deficient and strategic categories of minerals, but also of better grades and tonnages as per the end-use demand of major minerals in which the country is presently more or less self-sufficient. These include iron ore, limestone, chromite, manganese, bauxite, phosphorite, etc.

— Application of geostatistical and computer techniques in problems such as estimation of ore-body variability in space, optimization of drilling, enhancing the degree of reliability of grade and reserve estimates, prediction of ore-tonnage relationship, ore-body modelling, evaluation of life of a mine, investment planning, etc. should be strengthened and expanded at various stages of development and exploitation of mineral deposits.

— Research directed at upgradation or value addition of lower grade ores, proper utilisation of fines/dust/rejects generated during mining, beneficiation or processing of higher grade ores, identification and recovery of by-product and coproduct metals from mineralogically complex ores, development of substitutes, etc. also needs impetus on a much larger scale in order to ensure best possible utilisation of country's indigenous resources.

— Available resources of industrial minerals and rocks including the dimension stones, have a vast potential in terms of export-oriented development for conventional as well as non-conventional uses particularly in new and emerging areas of material science. This can arrest their erratic output which is progressively on the declining side. The state governments can play an important role in this respect, if needed, establishing joint ventures with enterpreneurs and expert companies in India or abroad.

— Small-scale mining of industrial minerals for conventional as well as export-oriented new and unconventional uses and also of smaller metallic mineral deposits in isolated areas should be encouraged partly to offset regional imbalances in mineral-based socio-economic development.

(B) Coal Resource Development

— Systematic exploration of coal for establishing 'proved' reserves and delineating sub-surface structure of mining areas should be stepped up rapidly to facilitate exploitation commensurate with projected development of production-schedules that are planned to be taken to the commanding heights of 400 m.t. mark by the turn of the century.

— The conventional coal exploration methodology (including the existing standard procedure and norms) has proved inadequate to deal with the requirements of speed and accuracy desired for planning capital-intensive large coal mines, specifically those employing the longwall methodology. This calls for upgradation of technology and immediate revision of the standards and norms of coal exploration.

— The possibility of occurrences of additional coal resources in the proximity of or along the extensions of known Gondwana basins beneath a shallow cover of Deccan Trap or alluvium should be explored.

— Increased use of modern and sophisticated geophysical methods-both surface and in-seam ones, apart from the multiple bore-hole logging techniques, can ensure a better appraisal of coal-seem potentialities, seam structure, discontinuities, igneous intrustions, jhama geometry and configuration, etc. High resolution reflection seismic surveys hold a good promise for mapping of coal seams and their configuration, delineation of faults and channels, predicting the quality of coal, etc. Shear wave surveys can be used to locate and map water-logged bodies at depth in the abandoned mines.

— Serious R and D effort should be directed to upgrading the coal beneficiation methodology/technology to eliminate maximum possible ash content, specifically in the cooking and metallurgical grade coals, to ensure the maximum and best possible utilisation of indigenous resources and to minimise the imports.

— Geochemical studies of trace elements in Indian coals should be taken up for systematic investigations.

(C) Hydrocarbon Resource Development

An integrated approach to hydrocarbon exploration, involving the combined expertise of geologist, geophysicist and reservoir engineers and aiming at a clear and thorough understanding of the basin characteristics and its evolution, holds a good promise for locating and defining new oil traps and predicting the nature of fluid within a reservoir. In Jaiselmer area, this approach has brought rich dividends. It is recommended for systematic oil exploration in future, in general.

— Construction of representative reservoir and economic models and their integration in order to evolve the most optimal mode of exploration of hydrocarbon reserves and their periodic review under a 'Development Plan', is recommended as an effective strategy for oil and gas field development.

— The hydrocarbon pools in various oil-bearing areas need to be delineated faster, deciphering the geometry of reservoirs and the structural framework of the field for an effective development plan.

— Major exploration thrust needs to be given to plans for proving the extensions of oceanic lineaments in the continental margin areas of west and east coasts.

— Systematic study of the geomorphic relief of Indian platforms during different stages of Indian plate movement is recommended.

— On-land areas deserving exploration thrust include Assam Arakan folds belt, Krishna-Godavari, Cauvery and Jaisalmer basins.

— There are certain Gondwanas areas that appear favourable for hydrogen exploration. Those deserving priority for investigation from this viewpoint include the western part of Pench Valley and north-western part of Warora area in Wardha valley where marine Permian or deltaic environment is envisaged.

(D) Groundwater Resource Development

— Geological and geomorphological parameters of productive aquifers in various types of geological and geographic settings should be studied .in details in order to lay a sound base for systematic groundwater exploration in future.

— A systematic study of groundwater potential should be an essential and integral part of every study aimed at assessment of groundwater resources and their exploration in a region.

— In hard-rock terrains, the conventional pumping test method for evaluating aquifer parameters is circumscribed by some or the other limitations. An integrated approach involving lineament and fracture studies in the area combined with the use of electrical resistivity method to ascertain aquifer geometry, configuration and secondary discontinuities followed by the pumping tests, is recommended for a better and more realistic appraisal of aquifer parameters and potentialities.

— Drought-prone areas in a district can be probably mapped and delineated through systematic hydrogeological investigations.

— Aquifer inter sections in some of the mines act a perennial source of abundant discharge of water in the area. After suitable treatment, this water can be used easily for agricultural and domestic purposes.

(E) Environmental Issues in Mineral Resource Development

— The protection of environment should go hand in hand with development of mineral resource of an area. Proper planning and budgetary provisions for it should constitute integral part of a feasibility report and subsequently at all stages of development and mining of a mineral deposit.

— The best stage for environment base-line data generation is the period during which the deposit is explored and not after it. The exploration report should, therefore, incorporate basic/ambient environmental data regarding various attributes of environment. This data should be used as the basis for environmental monitoring, control and auditing during various stages of resource exploitation in the area/region.

— Modern remote sensing techniques provide the most dependable method of terrain mapping/evaluation and environmental appraisal/control. The technique should be employed, as far as possible, for proper environmental management.